国家哲学社会科学成果文库

NATIONAL ACHIEVEMENTS LIBRARY
OF PHILOSOPHY AND SOCIAL SCIENCES

藏缅语族羌语支研究

孙宏开　著

中国社会科学出版社

孙宏开　中国社会科学院荣誉学部委员、民族学与人类学研究所研究员、博导、国家民委民族语文工作专家咨询委员会委员、美国语言学会名誉会员等。一直从事少数民族语言研究，曾主持或参与30多个国家级、省部级和国际（地区）合作项目，参与联合国教科文组织有关语言规划和语言政策方面的一些重要活动。在国内外出版专著27种，发表论文280多篇。

《国家哲学社会科学成果文库》出版说明

为充分发挥哲学社会科学研究优秀成果和优秀人才的示范带动作用，促进我国哲学社会科学繁荣发展，全国哲学社会科学规划领导小组决定自2010年始，设立《国家哲学社会科学成果文库》，每年评审一次。入选成果经过了同行专家严格评审，代表当前相关领域学术研究的前沿水平，体现我国哲学社会科学界的学术创造力，按照“统一标识、统一封面、统一版式、统一标准”的总体要求组织出版。

全国哲学社会科学规划办公室

2011年3月

目　录

前言 ………………………………………………………………………… (1)

第一章　概论 ……………………………………………………………… (1)
　一　羌语支语言概况 …………………………………………………… (1)
　二　羌语支语言的调查研究和学术界的评论 ………………………… (4)
　三　从语言结构看羌语支语言的特点 ………………………………… (9)
　四　从历史文化特点看羌语支语言的形成 …………………………… (15)
　五　羌语支在藏缅语族中的地位 ……………………………………… (19)
　六　羌语支语言研究中需要讨论的几个问题 ………………………… (22)

第二章　羌语支语言语音系统 …………………………………………… (27)
　一　羌语音系 …………………………………………………………… (27)
　二　普米语音系 ………………………………………………………… (32)
　三　嘉戎语音系 ………………………………………………………… (38)
　四　木雅语音系 ………………………………………………………… (54)
　五　尔龚语音系 ………………………………………………………… (59)
　六　尔苏语音系 ………………………………………………………… (72)
　七　纳木依语音系 ……………………………………………………… (77)
　八　史兴语音系 ………………………………………………………… (83)
　九　扎坝语音系 ………………………………………………………… (87)
　十　贵琼语音系 ………………………………………………………… (92)
　十一　拉坞戎语音系 …………………………………………………… (96)

十二 却域语音系 …………………………………………………………（111）

第三章 羌语支语法专题研究 ………………………………………………（116）
一 名词的人称领属范畴 ………………………………………………（116）
二 量词用法比较 ………………………………………………………（128）
三 人称代词格范畴 ……………………………………………………（147）
四 反身代词的构成 ……………………………………………………（160）
五 动词的人称范畴 ……………………………………………………（173）
六 互动范畴研究 ………………………………………………………（189）
七 动词的趋向范畴研究 ………………………………………………（202）
八 动词的命令范畴研究 ………………………………………………（215）

第四章 羌语支语言的同源词 ………………………………………………（229）
一 关于同源词表的说明 ………………………………………………（229）
二 400 个同源词 ………………………………………………………（231）
1. 天文地理类 ………………………………………………………（231）
2. 方位、时间类 ……………………………………………………（246）
3. 动物类 ……………………………………………………………（262）
4. 植物类 ……………………………………………………………（305）
5. 人体器官类 ………………………………………………………（322）
6. 人物类 ……………………………………………………………（348）
7. 食物 ………………………………………………………………（352）
8. 工具、器物类 ……………………………………………………（355）
9. 文化、宗教类 ……………………………………………………（367）
10. 代词类 ……………………………………………………………（381）
11. 数词类 ……………………………………………………………（386）
12. 动词类 ……………………………………………………………（397）
13. 形容词类 …………………………………………………………（512）
14. 否定词类 …………………………………………………………（552）

参考文献 ……………………………………………………………………（555）

索引 ………………………………………………………………………（572）

后记 ………………………………………………………………………（578）

Contents

Introduction ·· (1)

Chapter 1 Overview ·· (1)

1. Brief overview of languages of the Qiangic Branch ···················· (1)
2. Studies of languages of the Qiangic Branch and remarks by other researchers ·· (4)
3. Structural characteristics of languages of the Qiangic Branch ········· (9)
4. On how to form languages of the Qiangic Branch from historical and cultural points of view ·· (15)
5. The status of the Qiangic Branch in the Tibeto-Burman branch ····· (19)
6. Questions in the study of the Qiangic Branch ························· (22)

Chapter 2 The phonological system of languages of the Qiangic Branch ·· (27)

1. The phonological system of the Qiang language ······················ (27)
2. The phonological system of the Pumi language ······················· (32)
3. The phonological system of the Jiarong language ···················· (38)
4. The phonological system of the Muya language ······················ (54)
5. The phonological system of the Ergong language ···················· (59)
6. The phonological system of the Ersu language ······················· (72)
7. The phonological system of the Namuyi language ···················· (77)
8. The phonological system of the Shixing language ···················· (83)
9. The phonological system of the Zhaba language ····················· (87)

10. The phonological system of the Guiqiong language ················ (92)
11. The phonological system of the Lavrong language ················ (96)
12. The phonological system of the Queyu language ················ (111)

Chapter 3 Grammmatical studies of the Qiangic Branch ············ (116)
1. The pronominal possessive category of the noun ················ (116)
2. Comparison of the classifiers ································ (128)
3. Case of the pronoun ·· (147)
4. On the reflexives ·· (160)
5. The pronominal category of the verb ·························· (173)
6. The study of the reciprocal category ·························· (189)
7. The study of the directional category of the verb ··············· (202)
8. The study of the imperative category of the verb ··············· (215)

Chapter 4 The cognates of languages of the Qiangic Branch ········ (229)
1. General explanations about the cognates ······················ (229)
2. 400 Vocabulary of 400 cognates ····························· (231)

Reference ··· (555)

Indexes ··· (572)

Acknowledgments ·· (578)

前 言

羌语支语言的调查研究，早在汉代就有一些记录，在学术界广泛传播的《白狼歌》是东汉时期记录的少数民族语言，学术界有许多文章讨论，这个文献究竟用哪个民族的语言记录的，众说纷纭。有彝语说、纳西语说、阿昌语说、普米语说、缅甸语说，等等，不一而足。但是，秦汉以来，根据史书记载，白狼人来自于羌语支分布地区，则是无可辩驳的事实，因为白狼人向中央王朝献歌所走的路线，以及他们所分布的地域，证明应该在今川西一带。其后四川西部这一带，一直是各种自称羌的一些支系在这一带活动，因此羌语支族群在地域上的分布，也是有明确记载的。明清时期华夷译语中的西番译语，记录了几种羌语支语言，其中有嘉戎译语、多续译语、栗汝译语等都是记录的羌语支语言。明清时期的地方志，也有记录少量羌语支语言的资料。如清道光十三年（1833 年）编纂的《石泉县志》[①]中，就有少量用汉字记载的羌语词汇。这是迄今为止，记录当代羌语最早的文献。对此聂鸿音先生在《民族语文》杂志（2000 年第 1 期）有专文讨论。

用现代语言学的方法，对个别羌语支语言的调查研究起始于 20 世纪 40 代，这里指的是对具体语言进行记录，并发表了一定成果的学者。如著名语言学家张琨、闻宥、傅懋勣等用现代语言学方法对羌语进行过一定数量的调查研究，发表了一系列的调查报告。例如，张琨 1967 年在《华裔学志》上发表了《羌语南部方言比较研究》，所用资料是他本人 20 世纪 40 年代在汶川、理县一带亲自调查的羌语记录。闻宥从 1940 年起，连续在《中国文化研究汇

① 《石泉县志》，10 卷本，清道光十三年赵德林等修，张沆等纂。巴蜀书社 1992 年影印本，见《中国地方志集成·四川府县志辑》第 23 册。此书卷二《舆第志·风俗部》末尾附有“番译”词语 80 余条。根据考释，记录的语言与今茂县一带的羌语基本上一致。

刊》以及相关的杂志发表了汶川县羌语的后二枯、萝卜寨、瓦寺以及理县的九子营、理番等地的词汇、语音系统以及语法方面的调查报告共九篇，其中与傅懋勣合写的一篇。但是调查点大都集中在离成都比较近的理县、汶川一带的羌语南部方言。

金鹏对嘉戎语的调查，起始于1943年，他在理县杂谷脑待了一年，调查研究嘉戎语东部方言，于1949年在法国发表了他的长篇研究报告《嘉戎语（杂谷脑方言）研究》。至于在羌族地区开展社会调查，拍摄一些照片，报道一些羌族风土人情等方面的文章，则还要早一些。

全面调查羌语以及羌语支语言，是在中华人民共和国成立以后。1956年，中国科学院和中央民族事务委员会，组织了7个工作队，共计700多人，对全国的少数民族语言进行普查，当时的第七工作队川北组，在金鹏先生的领导下，负责羌语和嘉戎语的调查。与此同时，第七工作队的另外一些调查组，对分布在四川、云南地区的西番语（当时国家尚未对普米族进行识别鉴定，普米人当时被称为西番）进行调查。至1958年民族语言普查工作基本结束，3种语言各调查记录了20—30个点，经过初步比较研究，对这3种语言的分布、特点、方言差异有了比较具体的了解。

改革开放以后，结合当时的民族识别工作，我们对分布在川西阿坝、甘孜和凉山3个自治州的羌语支语言逐个进行了深入的调查研究，除了上述3种羌语支语言以外，还新发现了一批共9种羌语支语言，掌握了这些语言和方言的大量第一手资料，初步公布了调查研究成果，引起了学术界的重视和关注。经过50年左右的调查研究和不断论证，羌语支这一学术观点已经被国内外学者基本上接受。而且成为学术界的一个热点。主要原因有六点：第一，羌语支语言大多数都是新发现的语言；第二，这些语言保留了汉藏语系尤其是藏缅语族许多古老的特点；第三，操这些语言的族群除了羌族和普米族外，其中有些曾经要求成为一个独立民族，但是后来都归入了藏族；第四，这些语言与文献语言——西夏语非常接近，是解读和研究西夏语的重要线索；第五，这一带语言和民族存在许多错综复杂的情况，如操普米语的族群分布在云南的称普米族，分布在四川的为藏族（约3万人）；在四川阿坝藏族羌族自治州汶川、理县、茂县、松潘等县操羌语的族群称羌族，分布在黑水县操羌语的为藏族（约5万人）；第六，费孝通在《关于我国的民族识别问题》

一文中提出的藏彝走廊理论指的就是这一地区，这一理论成为民族学界的一个研究热点。

由于上述原因，近几年在羌语支语言分布地区开展调查研究成为语言学界、民族学界、考古学界、宗教学界、人类学界甚至建筑学界（因为在羌语支语言分布地区建造的“邛笼”已经引起建筑学家的重视，申报了联合国教科文组织的文化遗产）的热门话题。在国内，除了中国社会科学院的学者外，中央民族大学、北京大学、南开大学、复旦大学、四川大学、西南交通大学、云南师范大学、浙江大学、西南民族大学等也都在这一地区进行羌语支语言的调查研究，发表了不少成果。在境外，也吸引了不少国家和地区的语言学家的重视，仅仅在这一地区开展某个语言调查研究的专家学者就有法国、美国、日本、澳大利亚、德国、荷兰、俄罗斯、捷克以及中国台湾、香港、澳门等地的专家学者，有的境外学者几乎每年都来这个地区开展语言调查研究，至少有 7 个国家和地区的学者将羌语支语言作为博士论文的研究对象，有的国家的专家学者，还申请了该国家的重大课题，获得上百万元的资助，对这一地区的语言进行长期的、多学科的调查研究。

自 1999 年以来，海峡两岸召开了三次以羌语支语言为研究对象的专题研讨会，进一步推动了羌语支语言的调查研究。但是对羌语支语言的综合比较研究，除了 1992 年开展的西夏语比较研究以及个别的专题研究，涉及羌语支语言的综合研究以外，基本上处于空白状态，于是 2005 年起我们申请了国家社会科学基金项目，开展羌语支语言综合比较研究，目的是研究羌语支语言的共同发展规律。

六年来，由于课题组主要成员受其他任务的干扰，没有能够专心致志地投入这一项目的研究工作，致使项目的最终完成一拖再拖。另一个重要原因是，羌语支语言的综合比较研究必须建立在具体语言的深入调查研究基础上，而这需要大量的经费投入。本项目在实施过程中分 7 批次共 20 多人到羌语支语言分布地区进行实地调查研究。本来申请本项目的时候希望作为重点项目研究，但是批准为一般项目。由于经费匮乏，只好依靠别的课题的资金来开展对具体语言的调查研究，在时间的保障上受到很大的局限。这也是项目一拖再拖的重要原因之一。但是问心无愧的是本课题的前期成果，一共完成了多个羌语支语言的描写研究和专题研究，为羌语支语言的进一步研究打下了坚实的基础。

现在已经完成的最终研究成果，是在多年专题研究的基础上积累的结果，不能够说是十全十美，但是课题组应该说是尽力了。面对课题组申请时候提出的目标，我们认为基本上是达到了。我们排比了所有羌语支语言的语音系统，每个系统都有具体的例证，目的是为了使读者对羌语支语言的语音状况有一个全面的了解。我们还对羌语支语言的许多重要语法现象开展了专题研究，几乎涉及所有羌语支语言的重大语法问题，这是在多年专题研究的基础上积累起来的，包括与藏缅语族其他语言的比较研究。列出了已经发现的400个羌语支语言的同源词。

对于羌语支语言的长期研究目标来说，现在的成果也仅仅是阶段性的，但是应该说是里程碑式的。在开展羌语支语言综合研究的进程中，我们发现了许多值得进一步深入研究的大问题。例如：羌语支语言的结构类型处在不同的发展阶段上，为什么一些语言保留了非常古老的面貌，而另一些语言则变化很大。已经发现的语言演变链（复辅音逐步简化、结尾辅音基本上消失、声调从无到有由少到多、形态由多到少、量词的增多功能在加强、语法范畴和语法形式在简化和消失……）是由大量的语言事实为依据的，它能不能成为语言演化的普遍性规律？或者仅仅是局部现象？

作为汉藏语系语言中一个仅仅分布在中国的语言集团，羌语支语言有大量的词缀，包括前缀、后缀和屈折形态现象，构成了非常丰富的语法范畴，形成了独特的语法体系。这些词缀和形态是否能作为汉藏语系语言的原始形式，是全部还是部分是？还是全都是一种后起的语言现象？我们发现，这些现象在藏缅语族内部有广泛起源上的一致性。这里涉及一个重大的理论问题，就是汉语与藏缅语族的关系问题。汉藏语系里的这两个学术界认为“铁板钉钉”的有同源关系的两个语言群体为什么在语法上有如此大的差异。他们的语法体系和语法形式哪个更古老，为什么？

我们从调查研究羌语支语言得来的词表排比中，初步遴选了400个同源词，它们中有的语音面貌变化不大，但是有的已经变化得面目全非。根据以往我们对羌语支语言音变规律的了解，我们不敢说列出的400个词每个都肯定同源，都有语音上的对应关系，但是至少部分同源是可能的，少量的也许是共同借自其他语言。我们现在还来不及构拟他们的语音系统和每个词的原始语音面貌，因为这是一项更加复杂、更加困难，需要排比更多资料的工作。现在仅仅把它列出来，提供给学术界进一步研究。在这个词表中，我们列出了台湾龚煌城先生关于西夏语的构拟，这并不是我们完全赞同他的构拟，而是作为一种参考，因为它也是羌语支语言中的一种古老语言，在适当的时候，我们会专门研究这个问题，也请学术界进一步考察各家已经构拟的西夏语是否妥当。

羌语支语言大都处在濒危状态或正在发展为濒危语言，有的语言和方言已经无人会说，如尔苏语的中部方言，有的语言也仅仅是一些老人还在使用。我们 1956 年在理县桃坪调查羌语时，这个公路沿线的大村子几乎全村老百姓都会说羌语，但是最近去调查，几乎已经没有人能够讲羌语了，他们还反过来要求我们去教他们羌语，这种情况不仅在羌区，在贵琼语、尔苏语、纳木依语、普米语、史兴语、木雅语等分布地区都存在，当前，摆在我们面前的一项重要工作是在这些语言彻底消失前尽可能多地记录一些资料，包括长篇语料和词汇，最好能够编写出各语言的词典。

明清时期翰林院录编的《华夷译语》中有《西蕃馆译语》，记录了十多种川西一带的藏语、藏语支语言和羌语支语言，我们在调查研究羌语支语言的过程中，对这些文献逐个进行了实地踏勘，基本上摸清了这些译语记录的确切地点和记录背景，其中《嘉绒译语》记录的是四川阿坝州理县这一带的嘉戎语，属嘉戎语东部方言。《栗苏译语》记录的是四川凉山彝族自治州冕宁、木里交界地点的尔苏语，属尔苏语西部方言，《多续译语》记录的是四川凉山彝族自治州冕宁县城关一带的尔苏语，属尔苏语中部方言。这是我们这个项目在开展实地调查研究的副产品。但是，该译语从记录到现在，已经经过了数百年的历史。数百年来，这些语言和方言发生了一定的变化，有的方面变化还很大，研究这些变化的内容、特点、过程、方式都具有一定的学术价值。

古羌人是华夏民族的先民，早在史前时期就有大量传说。现今西南地区的羌语支语言族群是周秦时期定居在这一带羌人中的一支，后来分化为许多小的群体，形成一个个独立的语言，各自发展，他们中有的曾经要求成为一个独立的民族实体，但未能如愿。他们由于长期居住在西南的崇山峻岭之中，社会状态相对封闭，语言发展变化相对缓慢而滞后，与此同时，在少数民族语言调查研究中，我们在这一带还发现了许多宗教活动者长期保存的图画经书，它们有的已经演变为原始文字，迈入文字的行列，有的仍然停留在图画阶段。但是每一种经书后面都保存着大量的历史、文化和口头传说，是人类学、民族学、考古学、历史学、语言学、文字学等多学科的重要园地，值得进一步整理和挖掘。

……

羌语支语言总体研究及个别语言深入研究涉及的问题还有许多，这里不能够一一列出来了。看来，羌语支语言研究需要继续前进，任重而道远！

第一章
概　论

一　羌语支语言概况

藏缅语族中的羌语支，是20世纪60年代初进行专题研究以后才初步确立的。当时仅包括羌、普米、嘉戎3种语言。70年代末，学术界在四川西部新发现了8种羌语支语言，与此同时又对西夏语的归属问题提出了不同于过去的一些看法，倾向于属于羌语支，这样，羌语支就从60年代的3种语言，发展到今天有13种语言。现将13种语言的分布、使用人口、方言情况等概况简要介绍如下：

1. 羌语。羌族有20万左右人口，但其中有12万人已经失去自己的母语，因此羌族使用母语的人口仅有8万左右，另外有5万左右的藏族使用羌语，所以羌语的使用总人口约有13万。使用羌语的人主要分布在四川省阿坝藏族羌族自治州的茂县、理县、汶川县、黑水县、松潘县等地，分南北两个方言，北部方言分5个土语，南部方言分7个土语[①]。北部方言内部各土语间基本上可以通话，南部方言内部各土语间基本上不能通话，因此南部方言内部差异大于北部方言。1990年，根据本民族人民的要求，四川省政府为羌族创制了拉丁字母形式的拼音文字。

2. 普米语。普米族有2.5万人左右，但其中有1.5万人已经失去自己的

① 过去我在《羌语简志》中将羌语南部方言划为5个土语，刘光坤在《麻窝羌语研究》中将南部方言划为7个土语，把《羌语简志》中的黑虎土语分为黑虎、三龙、较场3个土语，这种分法较客观地反映了羌语南部方言的差异情况，本文依刘光坤之说，详情请参阅刘光坤《麻窝羌语研究》，四川民族出版社1998年版，第16–18页，“羌语的方言土语”一节。

母语，因此普米族使用母语的人口仅有 1.1 万左右。另外有 2.4 万的藏族使用普米语，所以普米语的使用总人口约有 3.5 万人。使用普米语的人主要分布在云南省的兰坪县、宁蒗县、丽江县、永胜县、云县，四川省的木里县、盐源县、九龙县等地，分南北两个方言，南部方言分 4 个土语，北部方言分 5 个土语。北部方言内部差别小于南部方言。

3. 嘉戎语。是四川西北部部分藏族使用的一种语言。使用人口约 9.5 万。主要分布在阿坝藏族羌族自治州的马尔康县、理县、汶川县、小金县、金川县、壤塘县，甘孜藏族自治州的丹巴县、道孚县、炉霍县，雅安地区的宝兴县等地。分东部、北部、西北部 3 个方言。方言内部有一定的差别。

4. 尔龚语。四川西北部部分藏族使用的一种语言，有人把它称为“道孚语”。使用人口 4 万左右。主要分布在甘孜藏族自治州的丹巴县、道孚县、炉霍县、新龙县，阿坝藏族羌族自治州的金川县、壤塘县、马尔康县等地。分道孚、丹巴、金川、壤塘 4 个方言，方言间有较大差别。有人认为尔龚语属嘉戎语的一个方言，我不同意这种看法，理由后面详述。

5. 拉坞戎语。分布在四川阿坝州的金川、壤塘、马尔康等县，使用人口 1 万左右，过去被认为是尔龚语的一个方言，经孙天心、黄布凡等初步论证，大体可确定为独立语言。

6. 木雅语。四川省西部自称木雅的部分藏族使用的一种语言。使用人口约 1.5 万。主要分布的甘孜藏族自治州的康定县、九龙县和雅安地区的石棉县。分东、西两个方言，方言内部有较大差别。

7. 贵琼语。四川省西部自称贵琼的居民使用的一种语言。使用人口约 7000。主要分布在甘孜藏族自治州康定县的鱼通区，语言内部差别不大，多数人兼通汉语。

8. 扎坝语[①]。四川省西部部分藏族使用的一种语言。使用人口 7000 多人。主要分布在甘孜藏族自治州的道孚县和雅江县境内，语言内部差别不大。

9. 却域语。过去误把它称为扎坝语。出现这种误差的主要原因见拙作《六江流域的民族语言及其系属分类》中所作的说明。使用人口约 1.5 万。主要分布在四川省甘孜藏族自治州的理塘县、新龙县、雅江县、道孚县等地，语

① 我未调查过扎坝语，有关情况引自黄布凡《藏缅语十五种》和《汉藏语概论 • 羌语支》中的说法。

言内部有一定差异，因未作详细调查，故提不出划分方言的意见。

10. 尔苏语。四川省西南部自称“尔苏”旧称“西番”的居民所使用的一种语言，西田龙雄把它叫做“多续语”。“多续”实际上是冕宁县一带尔苏人的自称，黄布凡在《藏缅语十五种》中又把它叫做“吕苏语”，“吕苏”实际上是冕宁县西部和木里县一带尔苏人的自称。使用人口约 2 万。主要分布在凉山彝族自治州的甘洛县、越西县、冕宁县、木里县，甘孜藏族自治州的九龙县，雅安地区的石棉县和汉源县。语言内部差别很大，大体可分为东部、中部和西部 3 个方言。

11. 纳木依语。四川省西南部自称“纳木依”旧称“小西番”的居民使用的一种语言。有人把它叫做“纳木兹语”[①]，“纳木兹”是木里县境内纳木依居民的自称[②]。使用人口约 5000。主要分布在冕宁县、木里县、西昌县、盐源县，甘孜藏族自治州的九龙县等地，有方言差别，由于未作详细调查，暂不作结论。有人认为纳木依语属彝语支，我认为值得讨论，具体意见后面再详述。

12. 史兴语。四川省西南部自称“史兴”的居民使用的一种语言。使用人口约 2000。主要分布在凉山彝族自治州木里县一区水洛河及其下游冲天河两岸。语言内部一致，无方言差别。

13. 西夏语。历史上党项羌人使用的语言。目前已经消亡，留下大量西夏文献，是研究西夏语言的重要参考资料。过去学术界通常把它归入彝语支，近几年由于羌语支语言的特点逐步被揭示，学术界更多地认为，西夏语在词汇和语法方面与羌语支的同源关系更为密切，有倾向于把它归入羌语支的可能。

根据初步研究，上述 13 种羌语支语言的远近关系大体可以用以下图表加以说明：

---

① 见黄布凡等《藏缅语十五种》，北京燕山出版社 1991 年版。

② 详见拙作《六江流域的民族语言及其系属分类》，第 180 页，载《民族学报》第三期，云南民族出版社 1983 年版。

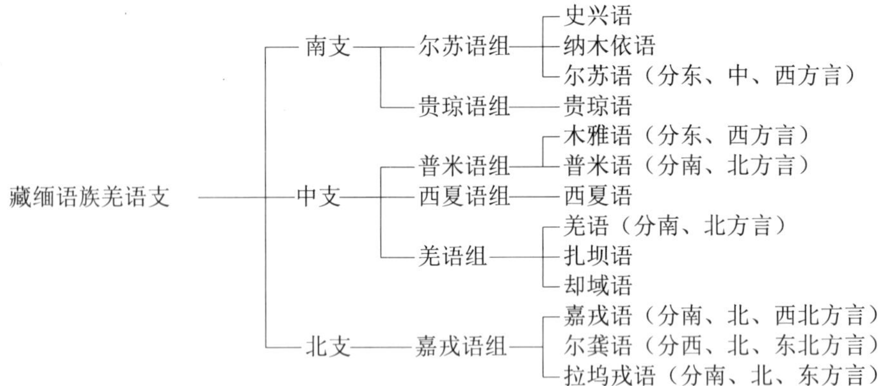

过去，我把羌语支分为南支和北支，经过近几年的深入研究，改变了原有的看法，重新分为南支、中支和北支，这样更能够比较贴切地反映羌语支内部的远近关系。

二　羌语支语言的调查研究和学术界的评论

羌语支语言的调查研究早在20世纪30年代就已经开始。王静如、闻宥、傅懋勣、张琨、金鹏等老一辈语言学家，先后对羌语支的某个或某些具体语言作过实地调查或研究，发表了一定数量的论文。西方也有一些人类学家和语言学家曾经在他们的著作中提及过羌语支语言，[①]但未见公布具体语言资料。到50年代，随着对少数民族语言的大规模普查的开展，羌语支语言的调查研究在这种大气候下有所扩展和深入。先后对羌语、普米语（当时称西番语）、嘉戎语的方言进行了全面的调查，从1956年到1958年，羌语共调查32个点，普米语调查13个点，嘉戎语调查26个点。1958年大规模调查结束以后，这几种语言的补充调查和大调查资料的核对工作仍然在不断进行。

1958年秋，在少数民族语言普查基本结束以后，当时的少数民族语言研究所提出了编写语言简志的任务，1959年，《羌语简志》稿送到北京初审，

① 见 F. W. Tomas: *NAM* An Ancient Language of the Sino-Tibetan Borderland, Publications of the Philological Society 14, Oxford University Press, London, 1948。

傅懋勣、罗季光、金鹏等专家在审查羌语简志时，认为羌语很有特点，与藏语差别比较大，提出了羌语的支属问题。1960 年 5 月，若干语言的支属问题作为悬案，组织人员进行专题研究。1960 年冬，羌语支属问题专题研究小组正式开始工作。有十多种语言的资料放在研究小组的面前。经过一年半左右的比较研究，于 1962 年秋提出了一份关于羌语支属问题的研究报告。这个报告的结论经有关专家审核同意，1962 年第一次公布在《中国语文》上[①]。文中写道："羌语的系属问题，经初步研究，属汉藏语系藏缅语族羌语支。在语言特点方面，羌语和普米等语言比较接近，有划入同一语支的可能。"这是在经过比较研究以后，首次明确提出在藏缅语族中建立羌语支的观点。此前，虽然隐隐约约也有人提出西番语支的设想，但未见明确观点，更未见详细论证。

1979 年，中国民族语言学会在北京正式成立，我向此次大会提供了《羌语支属问题初探》的论文，这篇文章初步论证了羌语支的主要特点。在此期间，我们在四川西部地区连续多年进行实地调查，新发现了尔苏、木雅、史兴、纳木依、却域、尔龚、贵琼等语言，它们与羌语支的羌、嘉戎、普米等语言都比较接近。1981 年，国家民委民族问题五种丛书会议在北京召开，我向此次大会提供了一篇题为《川西民族走廊地区的语言》的论文，简要介绍了新发现的羌语支语言。西南民族研究会会长马曜先生见到此文后欣喜若狂，当即要将此文发表在刚刚创刊的《西南民族研究》上。同时，他要我再写一篇详细介绍这些语言情况的文章，字数不限。两年后，一篇 26 万字的论文《川西民族走廊地区的语言及其系属分类》在马曜主编的《民族学报》第三期刊出。与此同时《羌语支属问题初探》一文也发表在青海民族出版社出版的《民族语文研究文集》上。这三篇文章基本上勾画出了羌语支语言的分布地区、使用人口、具体语言、结构特点以及相互关系等方面的情况。同时，我在文中，也涉及到西夏语的谱系分类问题，针对当时有人把木雅语看作西夏人灭亡后南迁的移民，把尔龚人看作西夏人未北迁的党项人后裔的简单结论，我在《六江流域的民族语言及其系属分类》一文的"木雅语"一节中指出："木雅语和西夏语在语音结构上比较接近，有较多的同源词，有类似的语法特征，

① 参见孙宏开《羌语概况》，载《中国语文》1962 年第 12 期。

有的表示语法意义的前后缀在语音上有明显的同源关系。因此可以认为，木雅语和西夏语有较密切的亲属关系。木雅语和西夏语存在着一定的差别，这种差别的程度大致相当于羌语支各语言之间的距离，它们各有自己的基本词汇和语法构造，应该认为它们都是羌语支中的独立语言。”[①]

1984 年以后，中央民族大学黄布凡等先后到新发现的羌语支分布地区做实地调查，取得了一定的进展，纠正了误将却域语当成扎坝语，并发现了真正的扎坝语。其后，1991 年在出版了马学良主编的《汉藏语概论》[②]，书中黄布凡执笔的《羌语支》一节，较深入地揭示了羌语支的特点，把羌语支的论证提高到了一个新的水平。与此同时，刘光坤在《西南民族学院学报》上也发表了题为《藏缅语族中的羌语支试析》[③]一文，对羌语支的来历、学术界对羌语支的评论、羌语支的主要特点等进行了简要论述。

此后，羌语支语言的调查研究形成了一个小小的高潮，港台地区的学者、美国的学者、日本的学者等都先后到羌语支分布地区进行实地调查，取得了一定的成果。本次会议的成功召开，更是体现了羌语支研究已经进入了一个新的历史阶段。

前面提到，羌语支的提出是在 1962 年。这个学术观点一经提出，就陆续得到语言学界、历史学界和民族学学界的支持和赞同。首先引用这一学术观点的是日本语言学家西田龙雄，他在 1970 年出版的专著《西番馆译语研究》一书中，就把羌语支（系）作为一节来介绍。1979 年，国家民委主编的民族问题五种丛书之一的《中国少数民族》所附的语言系属表，经过多个专家审定，正式把羌语支列为藏缅语族中的一个独立的语支。1980 年 5 月，周耀文、戴庆厦在《云南少数民族语言文字概况》一书中，介绍了云南少数民族语言的系属分类时，把普米语列为羌语支。1983 年，陆绍尊在《普米语简志》中明确指出：“普米语属汉藏语系藏缅语族羌语支。”[④]其后，在《扎坝语概况（实际应该是却域语）》一文中又说：“它（指却域语——引者注）属于汉藏语系

① 孙宏开：《六江流域的民族语言及其系属分类》，载《民族学报》第 3 期，云南民族出版社，1993 年版，第 163 页。

② 见马学良主编《汉藏语概论》，第 208—369 页，北京大学出版社 1991 年版。

③ 参阅刘光坤《藏缅语族中的羌语支试析》，载《西南民族学院学报》1989 年第 3 期。

④ 见陆绍尊《普米语简志》，第 2 页，民族出版社 1983 年版。

藏缅语族，与同语族的羌语、普米语比较接近，可划为一个语支。”[①]

1984 年 9 月，在美国奥勒冈州立大学召开的第 17 届国际汉藏语言及语言学会议上，马提索夫教授的论文《藏缅语族的数词和前缀的作用》中，他不仅将羌语支作为藏缅语族中的一个重要的语支，而且对羌语支的研究给予了高度评价。他在 1985 年 4 月 29 日给孙宏开的信中说：“十分感谢您漂亮的论文——六江流域的民族语言及其谱系分类，我计划将羌语支这一学术观点告诉这儿的每一个人。”1985 年，陈士林在《彝语语言学讲话》一书中提到汉藏语系的分类，在藏缅语族的分类中，他这样写道：“藏缅语族包括藏语支、彝语支、景颇语支、缅语支、羌语支。”[②]同年，黄布凡在《木雅语概况》中，对木雅语的谱系分类提出了看法，“从基本词汇和语法特征看，木雅语属汉藏语系藏缅语族羌语支”。对这段话她还加了一个小注：“在木雅语支系问题上，本文同孙宏开同志《六江流域的民族语言及其系属分类》一文（载《民族学报》1983）的看法相同。”[③]

1986 年日本出版了西田龙雄的《大黄河》，其中西夏王国一章中提到，过去根据劳费尔（Berthold Laufer）发表的文章认为西夏语属西—摩—罗语支，主要是根据它的词汇特点。近几年，西夏文法有了新的进展，从表达方向词头、人称词尾的特征看，与羌语支语言的形态有明显的共性，西夏语是否属于彝语支，有必要再研究。特别是近几年在中国西部四川省境内发现了川西走廊语言，以木雅为中心，其中有贵琼、尔苏、尔龚、扎坝、纳木依、史兴、普米、白马等。这些走廊语言，东部为汉语分布区，西部为藏语分布区，它夹在中间，形成了独特的文化特点，再往南是彝语支语言的分布区。今后西夏语的中心课题是解决它的词汇层次问题，西夏语的形态明显接近羌・西番语支。[④]西田龙雄先生所指的西番，当指普米、尔苏、纳木依等语言。1988 年 1 月，日本学习院大学诹访哲郎教授在他所著《中国西南纳西族的农耕民性和畜牧民性》一书中，详细介绍了提出成立羌语支的经过、立论依据和主

① 陆绍尊：《扎坝语概况》，载《民族语文》1985 年第 3 期，第 67 页。

② 参见陈士林《彝语语言学讲话》，第 3 页，四川民族出版社 1985 年版。

③ 参见黄布凡《木雅语概况》，第 62 页，载《民族语文》1995 年第 4 期。

④ 参见西田龙雄主编《大黄河》第二卷中“西夏王国”一章的第 281–283 页，日本放送出版协会 1986 年版。

要特点，书中还附有羌语支各语言的分布略图。

羌语支这一学术观点不仅得到语言学家同行的广泛支持和赞同，也被民族史学界、民族学学界等同行的广泛承认和引用。早在1981年刘尧汉、宋兆麟、严汝娴、杨光才合著的《一部罕见的象形文字历书》中提到："耳苏语属羌语支，有象形文字，这些都是重要的特点。"[①]其后，冉光荣、李绍明、周锡银在1985年出版的《羌族史》中也提到"羌语属汉藏语系藏缅语族羌语支"。与此同时四川民族研究所主编的《四川少数民族》以及云南省民族事务委员会主编的《民族工作手册》中，在语言谱系分类表中，都把羌语支列在藏缅语族条下。

但是，一个新的学术观点的确立，是需要深入研究、反复论证和不断实践的，特别是社会科学领域之中。因为在同一学术领域的人，由于个人的学术背景不同，掌握资料多少、深浅的不同，研究深度不同，对某些语言现象在谱系分类中地位的认识不同等，往往对语言谱系分类存在这样或那样的不同认识，这是非常自然的，也是允许的。

当前对羌语支的归属尚存在两种不同的看法，主要是：第一，认为羌语支并不存在。例如瞿霭堂在他所著《藏族的语言和文字》一书中明确指出："近年来，有人将藏语支的羌语、普米语、嘉戎语以及上述藏族所使用的各种语言划作所谓羌语支的失误，就在于既不顾语言使用者历史和民族关系的历史，又以类型学分类代替了发生学分类，即以现代语言代替古代的语言，混淆了语言的共时比较和历时比较，这就失去了科学性，羌语支也就无客观性可言。"[②]与此同时，张公瑾等在不久前出版的《民族古文献概览》一书的中国各民族语言系属表中，将羌语、嘉戎语放在藏语支，将普米语放在未定语支的语言中[③]。第二，羌语支语言归属及划分方法不同。例如戴庆厦、刘菊黄、傅爱兰合写的《关于我国藏缅语族系属分类问题》一文把羌语支语言和独龙语放在一起，称为嘉戎—独龙语支，其中包括嘉戎语组、羌语组和独龙语组。[④]这些不同意见，可以通过深入研究和反复讨论来加以解决。

① 参见刘尧汉等《一部罕见的象形文字历书》，第125页，载《中国历史博物馆馆刊》1981年第3期。

② 参见瞿霭堂《藏族的语言和文字》，第10页，中国藏学出版社1996年版。

③ 参见张公瑾主编《民族古文献概览》，第3页，民族出版社1997年版。

④ 参见戴庆厦《藏缅语族语言研究》，第434页，云南民族出版社。

三　从语言结构看羌语支语言的特点

从总体来看，羌语支语言在某些方面较多地保留了藏缅语族的早期面貌。换句话说，羌语支的一些语言，比藏缅语族其他语言相对发展得要稍微缓慢一些。下面从 3 个方面简要归纳羌语支语言的特点。需要说明一点的是，下面这些特点中的某个特点，并不是排他性的，但这些特点综合起来分析，则形成羌语支所特有的特点。

1. 语音方面的特点

（1）通过初步比较研究，羌语支语言同源词的语音对应严谨[①]，语音演变方式和规律接近，因此语音结构框架比较接近。不仅如此，语音的历史演变过程也比较接近，因此比较容易看出羌语支语言语音演变的历史脉络。

（2）羌语支语言都有复辅音，虽然复辅音的数量在不同的语言里演变不平衡，多的有 200 多个，如尔龚语、嘉戎语等；少的仅有几个，如史兴语、却域语等。有的语言方言中复辅音已经基本消失，如尔苏语中部方言、羌语南部方言的龙溪土语等。羌语支复辅音的特点是多数语言有前置辅音＋基本辅音＋后置辅音这种三合的复辅音。二合复辅音既有基本辅音加前置辅音组成的复辅音，也有基本辅音及后置辅音组成的复辅音。在前置辅音加基本辅音构成的复辅音中，部分羌语支语言还出现了鼻冠加浊音或浊塞擦音以及鼻冠加清送气塞音或塞擦音的对立现象。这在整个藏缅语族语言里都是少见的情况。此外，多数羌语支语言还有双唇或舌根塞音与舌尖前、卷舌、舌面前擦音组成的复辅音。

（3）羌语支语言的单辅音是藏缅语族中最复杂的，一般在 40 个以上，最多的语言是史兴语，有 52 个单辅音。这些辅音从发音部位看有双唇、唇齿、舌尖前、舌尖中、舌叶、舌面前、舌根、小舌、喉门等 9 个部位。有的语言还有舌面中辅音。其中唇齿部位的辅音是后起的，一些语言读音不稳定，个别语言唇齿音仅仅出现在汉语借词中。

---

① 关于羌语支语言对应规律的初步论证，请参阅拙作《羌语支属问题初探》，载《民族语文研究文集》，第 189–224 页，青海民族出版社 1982 年版。

（4）多数羌语支语言有舌尖前、舌尖中、舌叶、舌面前4套塞擦音，塞音、塞擦音一般都分清、浊、清送气3套，擦音一般分清、浊2套。这4套塞擦音往往与复辅音的简化有密切关系。①

（5）羌语支语言都有小舌部位的塞音和擦音，少数语言仅在部分方言中出现。小舌部位的塞音和擦音不仅出现在单辅音状态，部分语言还出现在复辅音中。小舌音在复辅音中一般均充当基本辅音。也就是说它前面可以带前置辅音，后面可以带后置辅音，甚至还可以组成三合的复辅音。有迹象表明，小舌部位的塞音和擦音很可能是原始汉藏语的遗存。因为从同源词分析，羌语支语言的小舌音与同语族、同语系中某些语言中的小舌音有明显的对应关系。

（6）羌语支语言的单元音普遍多于藏缅语族中的其他语言，单元音分鼻化与非鼻化、卷舌与非卷舌的对立，有的语言还有长短对立。这些特征大都出现在固有词中。少数与彝语支语言相邻的羌语支语言，也出现了松紧元音对立的现象，但读音不十分稳定，出现的频率不高，可以被认为是受彝语支语言影响的结果。

（7）羌语支语言大多数有[i]、[u]、[y]3个介音，构成较丰富的后响复元音系统。从方言和亲属语言同源词比较中的对应情况分析，介音主要来源于复辅音后置辅音消失过程中的遗存，我们在亲属语言比较中，经常可以发现复辅音后置辅音[-r]在演变过程中变为[i]，后置辅音[-l]在演变过程中变为[u]，而[y]介音则首先出现在舌尖中辅音和[iu]或[ui]相结合以及舌面前的辅音和后高元音[u]相结合的情况下。其次是部分高元音在语音历史演变过程中分化的结果。

（8）羌语支语言残存着元音和谐现象。这种元音和谐现象主要产生于词根和前、后加成分之间②，词根本身的和谐现象则并不典型。这种现象在羌语支语言里演变不平衡，少数语言已经消失，如纳木依语、史兴语等；多数语言残存，如嘉戎语、尔龚语、尔苏语、普米语等；部分语言较完整，如羌语、

---

① 详细情况请参阅拙作《藏缅语语音和词汇》一书导论部分的第20–25页“关于塞擦音问题”一节，中国社会科学出版社1991年版。

② 关于这个问题请参阅拙作《羌语简志》，第49–56页，民族出版社1981年版。黄布凡的《羌语支》，第266–271页，北京大学出版社1991年版。刘光坤：《麻窝羌语研究》，第67–77页，四川民族出版社1998年版。

木雅语等。元音和谐现象是原始羌语支共同语的特有现象，还是受阿尔泰语言影响后产生的现象，有待于进一步研究。

（9）羌语支语言的辅音韵尾基本上处于完全消失阶段，但演变不平衡，情况也比较复杂。个别语言有丰富的辅音韵尾，如羌语。但经初步研究，羌语中的辅音韵尾是后起的，它与原始藏缅语的辅音韵尾没有关系[①]；少数语言仍然有残存的辅音韵尾，如嘉戎语基本上较完整地保留了各类辅音韵尾，但值得注意的是嘉戎语中有相当一批与藏缅语族语言有同源关系应该有辅音韵尾的词，而嘉戎语已经脱落其韵尾，而大量藏语借词中的辅音韵尾基本上都保留了韵尾[②]；多数语言的辅音韵尾已经完全消失。因此，就辅音韵尾而言，中国境内的藏缅语族语言复辅音的态势是，彝语支：完全脱落；羌语支：基本脱落；缅语支：部分脱落；景颇语支和藏语支：基本保留，少部分脱落。

（10）羌语支语言多数有声调，但发展不平衡，有的语言或方言至今没有声调。声调在区别词义和语法意义的作用方面也有差别，有的语言作用大，有的语言作用小。从总体来看，因为羌语支语言都保留了原始藏缅语清浊对立的格局，声调的起源及其分化的因素看来主要是复辅音前置辅音的脱落和辅音韵尾的丢失。但各语言声调产生的机制及其过程有差别，因此羌语支内部形成统一调类的可能性不大。羌语支声调产生的机制也不同于藏缅语族的其他语支，有它自身的特殊性。

以上羌语支语音方面的 10 个特点，综合构成了羌语支语言的语音特征。

2. 词汇方面的特点

（1）羌语支是属于“前缀型”的一个语支，这一点马提索夫教授早在 1984 年已经在一篇文章中指出[③]。前缀型语言最主要的特征是构词和构形都有丰富的前缀。目前看来，有的前缀的附加意义比较清楚，如趋向、时态等，除了语法意义外，它们也起构词作用。有的前缀仅仅起构词作用，而且与某个词

① 详情请参阅刘光坤《羌语辅音韵尾研究》，载《民族语文》1984 年第 4 期。

② 关于这个问题的论证请参阅拙作《藏缅语语音和词汇·导论》的“关于辅音韵尾问题”的一节，中国社会科学出版社 1991 年版。

③ 马提索夫教授在第 17 届国际汉藏语会议上的论文《藏缅语的数词及其前缀的作用》一文中提到“藏缅语族中的一个十分明白的语支——前缀型的羌语支，经过精心的研究，已经取得了新的进展，这些语言主要分布在中国的四川省。……有关这些语言更广泛的出版物可望在今后几年内出版，这将对整个藏缅语族的研究带来巨大的影响。”

类相联系，它的意义和来源目前还不十分清楚，如嘉戎语中的各类构词词头。

（2）羌语支语言在词汇方面的另一个重要特点是同语支内部各语言之间的同源词数量大大多于不同语支的语言。这一点在60年代作系属问题研究和最近作羌语支内部比较时所得出的结论是基本一致的。一般来说，选择1500个常用词作比较，羌语支内部的同源词往往在18%–31%。以相同内容的词表将羌语支语言与其他语支的语言作比较，同源词一般都不超过15%。它们之间同源词数量依次的顺序是彝语支、缅语支、景颇语支和藏语支[①]。目前还没有与境外藏缅语作系统的比较，但根据已经掌握的资料所作的初步比较研究，这种大的格局不会发生大的变化，也不会影响羌语支分类的结论。

（3）羌语支语言词汇的另一个重要的特点是叠音词或双声词比较多，其中相当多的基本形容词采用叠音或双声形式。特别是表示颜色的形容词，各语言大都采用重叠形式，而且大部分语言都有同源关系。至于动词用重叠方式表达某种语法意义，则也是羌语支语言的共同特征。

（4）羌语支语言词汇的一个显著特点是比较开放，易于吸收邻近民族语言的词汇来丰富自己，特别是文化词和新词术语。例如，近几十年的新词术语几乎都使用汉语借词。以羌语为例，羌语桃坪话在调查的3000多个单词中，汉语借词接近1000个，占调查词汇总数的30%左右。由于羌语支语言大部分是在藏语的包围之中，因此，一些文化词、宗教词大都借用藏语。与彝语支相邻的一些语言，还借用了彝语支某些语言的借词，如尔苏语语中有彝语的借词，史兴语中有纳西语的借词等等。

3. 语法方面的特点

（1）羌语支语言有丰富的语法范畴，表达语法范畴的语法形式主要用前后缀、词根屈折变化、重叠词根等方式。其中加前缀是比较典型的方式，名词的人称领属，动词的人称、时态、趋向、态、式等语法范畴都用加前缀等方式表达。少数语言前缀还有区别词性的作用，如嘉戎语。这种前缀在同语族语言里，除了景颇语支还残存一些外，已经不多见了。值得指出的是，羌语支语言的前缀，在羌语支内部有明显起源上的一致性，少数前缀还是原始藏缅语的遗存。

① 关于词汇比较的详细情况请参阅拙作《川西民族走廊地区的语言》，第445–447页，载《西南民族研究》，四川民族出版社1983年版。同时参阅《六江流域的民族语言及其系属分类》，第103–105页。

（2）羌语支语言的可数名词一般都有多数的语法形式，少数语言还有双数语法形式。构成多数或双数主要在名词后加后缀或助词的方式表达，各语言表示多数的后缀在语音上有的有对应，说明它们来源相同。

（3）羌语支语言的动物名词一般都有指小语法形式，有的语言指小的后缀还可加在非动物名词的后面。所加的后缀相当于汉语中的“子”或“儿”。多数语言的指小后缀有同源关系。

（4）藏缅语族语言中的量词是后起的，就中国境内藏缅语族5个语支的情况而言，它们处在不同的发展层次上。也就是说各语支产生和发展的时间早晚有不同，数量不同，它们在语法体系中的作用不同，用法也不同。[①]目前各语支量词的特点大致可以用下表来加以表述：

语支	量词数量的多少	与数词结合的词序	量词能否单独和名词结合使用	数词能否单独和名词结合使用	语法体系中的作用
藏语支	少	量词＋数词	不能	能	小
景颇语支	较少	量词＋数词	不能	能	较小
羌语支	较多	数词＋量词	特殊情况可以	少数语言可以	较大
缅语支	多	数词＋量词	特殊情况可以	不能	大
彝语支	很多	数词＋量词	可以	不能	很大

上表大体说明了羌语支的量词在藏缅语族中所处的位置。实际上量词在羌语支内部各语言之间仍然有一些细微的差别，如量词和指代词的结合、动量词的使用特点、量词的语法功能等，都存在一些小的差别，这有待于对整个藏缅语族各语言的量词进行更深入的比较研究以后才有可能对其发展规律作更细致的阐述。

（5）羌语支语言人称代词都有格的语法形式，通常有主格（有时与施动格分离）、领格、宾格3种语法形式。多数语言的格形式采用元音或声调的屈折变化表达，少数语言除了元音屈折变化外，还有辅音（声母）屈折变化的形式。

① 详情请参阅拙作《藏缅语量词用法比较——兼论量词发展的阶段层次》，载《中国语言学报》总第3期，商务印书馆1989年版。

应该认为，辅音屈折变化的形式可能反映了藏缅语更古老的格语法形式[①]。

（6）羌语支语言人称代词第一人称双数和多数一般都有包括式和排除式的区别。各语言使用的语法形式彼此有一定的联系，有的语言有明显起源上的一致性。

（7）羌语支多数语言有人称－数－时态语法范畴，其中南支的部分语言人称语法形式已经消失，数和时态的形式还残存着。经初步研究，藏缅语族动词的人称范畴是原始藏缅语的历史遗留[②]。羌语支语言的人称–数–时态范畴往往用前后缀和动词词根的屈折变化（包括声调的屈折变化）综合表达，语支内部在表达方式上有一定的差异。人称后缀有时不仅与人称代词的辅音有关系，有时还与人称代词的元音有关系。人称前后缀一般与主语发生一致关系，在一些语言里，在一定条件下，往往还与宾语、定语发生一致关系。羌语支语言的人称语法形式在同语族里，与独龙语、景颇语以及喜马拉雅地区的部分藏缅语族语言接近。

（8）羌语支语言动词有趋向范畴。表达趋向范畴的语法形式是在动词前面加各种词缀，表示行为动作朝着不同的方向进行。各语言表达趋向范畴的前缀有多有少，最多的有 9 个，最少的仅有 3 个，一般有 4–6 个。表示相同语法意义的趋向前缀，有的明显有起源上的一致性，有的在语音上有对应关系。各语言的趋向前缀往往与动词的时态前缀、命令式前缀有密切关系，往往用趋向前缀兼表时态和命令。在藏缅语族一些语言里，有的语言动词也有方向语法形式，但在语法意义和语法形式上有较大的差别，它们似乎没有起源上的共同性[③]。羌语支语言用前缀的方式表达趋向范畴是这个语支的一个重要特征。

（9）羌语支语言动词都有互动态语法范畴。构成互动态语法范畴的基本形式一般是采用重叠动词词根的方式构成，有的是双声，有的是叠音。其语法

① 有关此问题的详情请参阅拙作《藏缅语人称代词格范畴研究》，载《民族语文》1995 年第 2 期，第 1–11 页。

② 有关此问题的详情请参阅拙作《我国藏缅语动词的人称范畴》载《民族语文》1983 年第 2 期，第 17—29 页和《再论藏缅语中动词的人称范畴》，载《民族语文》1994 年第 4 期，第 1–10 页。

③ 有关此问题的详情请参阅拙作《羌语动词的趋向范畴》，载《民族语文》1981 年第 1 期，第 34–42 页。西义郎《中国境内藏缅语族语言动词的方向指示词头》，载《藏缅语族诸语言的语言类型学研究》京都大学文学部编，1984 年。黄布凡《藏缅语动词的趋向范畴》载《藏缅语新论》，第 133–151 页，中央民族学院出版社 1994 年版。

意义是表示行为动作相互进行或反复多次进行，实际上是动作数量的增加[①]。虽然羌语支内部都有互动态的语法形式，其基本特点是一致的，可以认为是羌语支语言的一个重要特点，但是在羌语支不同的语言里，互动态正在发生一定的变化，主要表现在它的活跃程度、表达方式等方面。近几年来，在藏缅语族其他的一些语言里，也发现了互动态语法形式，少数语言与羌语支语言接近，但大多数采用分析形式，互动态是否是原始藏缅语的一个特点，值得研究。

（10）羌语支大多数语言中表示事物存在的动词有类别范畴，也就是用不同的存在动词表示不同客观事物的存在。有的表示动物名词的存在，有的表示领有物的存在，有的表示不能移动物品的存在，有的表示贵重物品的存在等等。多的有 7–8 个，少的有 4–5 个。各语言存在动词的分类及其包含的语法意义大同小异，表示相同语法意义的存在动词有的明显有起源上的一致性。藏缅语族中彝语支的部分语言存在动词也有类别范畴，但数量一般比羌语支少，与羌语支语言存在动词的同源关系也不明显。

（11）羌语支语言的动词和形容词在句中作谓语时有相同的语法范畴和它的表达方式，如谓语的数、时态、趋向、式、使动等语法意义都用前后缀表达，因此过去在研究羌语支语言语法系统时往往把动词和形容词合并为一类，统称为谓词。

（12）羌语支语言的结构助词比较丰富，多数语言有领属、施动、受动、工具、处所、从由、比较等类，有的语言还有随同和定指等类助词，它们在语法体系中的作用比较大。各语言表示相同语法意义的结构助词有的在语音上有明显的对应关系，说明它们同源关系比较密切。

四 从历史文化特点看羌语支语言的形成

我在《试论邛笼文化与羌语支语言》一文中简要论述了羌语支语言使用者的历史关系。古代的羌人，逐鹿在甘青及中原地带，是历史舞台上称雄的

① 关于此问题的详细讨论见拙作《藏缅语动词的互动范畴》，载《民族语文》1984 年第 4 期。《论藏缅语的语法形式》一文的重叠形式部分，载《民族语文》1996 年第 2 期。

大民族。周秦以后，众羌中的一部分受秦王朝的驱赶，“将其种人附落而西，出赐支河曲数千里，与众羌绝远，不复交通。其后子孙各自为种，任随所之，或为牦牛种，越西羌是也；或为白马种，广汉羌是也；或为参狼种，五都羌是也”。西迁或南迁的羌人，由于与中原隔绝，史书极少记载，只有在秦汉时期南迁居于四川西部的羌人，由于经常发生战乱，所以史书中记载连绵不断。但是“附落而西”“出赐支河曲数千里”的羌人，并没有从历史舞台上消失，他们有的西迁至雅鲁藏布江流域，与当地的土著相融合，不断发展壮大。有的南迁到喜马拉雅山的南麓，繁衍生息。有的沿六江南下，直至伊洛瓦底江领域定居。我们从藏缅语族语言的远近关系，大致可以推算出这些曾雄踞甘青一带的兄弟姐妹们，离别的先后和时间的久暂。

秦汉以后，甘青地区的羌人不断南下，陆续在川西定居，其中较有名的有牦牛羌、白马羌、参狼羌、青衣羌等，东汉时期向中央王朝献歌的白狼王也是羌人，根据学者们的考证，其部落应在今甘孜藏族自治州东南部。其后冉駹、白兰、党项、东女、嘉良诸羌，活跃在川西广大的土地上，直至隋唐时期，西山数十支羌人部落仍然活跃在岷江、大渡河、雅砻江、金沙江流域。《隋书附国传》云：“其东北连山绵亘数千里接于党项，往往有羌：大小左封、昔卫、葛延、白狗、向人、望族、林台、春桑、利豆、迷桑、婢药、大硖、白兰、北利莫徙、那鄂、当迷、渠步、桑吾、千碉，并在深山穷谷，无大君长。其风俗略同党项，或役属吐谷浑，或附附国。大业中来朝贡，缘西南边置诸道总管以遥管之。”[①]吐蕃势力强盛，兼并苏毗、羊同诸羌后，东进到川西，诸羌部落遂成为吐蕃与唐王朝争夺的基本群众，唐书中大量记载了吐蕃和唐王朝的战争情况。例如，《旧唐书吐蕃传》记载：“白兰、春桑及白狗羌为吐蕃所臣，借其兵为前驱。”《资治通鉴》记载广德元年（公元 763 年）吐蕃以吐谷浑、党项羌之众 20 余万攻长安。又载：贞元十年，“剑南、西山羌、蛮二万余户来降，诏加韦皋押近羌、蛮及西山八国使”。有时由于战争呈拉锯局面，羌人只得苦于两面应付，被史书称为“两面羌”。[②]

唐以后，随着吐蕃王朝的内乱，对川西诸羌的控制有所削弱，这一带

① 转引自李绍明《唐代西山诸羌考略》，载《四川大学学报》1980 年第 1 期，第 84 页。

② 详情请参阅冉光荣、李绍明、周锡银《羌族史》，第 168 页，四川民族出版社 1984 年版。

的众羌部落又有所活跃。宋元以后，由于喇嘛教在这一带的广泛传播，众羌部落逐渐融合于吐蕃，现今操羌语支语言的居民，是唐宋以后吐蕃比较薄弱的区域，本来彼此就有一定差别的众羌部落各自发展，形成了今天一个个彼此有明显亲缘关系的独立语言。当然，也有相当多的羌人部落及其语言完全同化于藏族，致使雅砻江、大渡河、金沙江一带的康区藏语，方言分歧远大于藏语的另外两个藏语方言，相关的情况也要复杂得多，其原因也就在于此。

羌语支语言的形成除了上述历史原因以外，还有传统的深层文化等其他一些特点。例如：

第一，操羌语支语言的居民都有崇拜白石的习惯，他们把雪白的石英石作为原始图腾加以供奉。我在羌族地区包括讲羌语的藏族地区进行语言调查，经常可以在他们的房顶、窗角、地边，看到供奉或镶嵌的白石，人们提醒我们，千万不要去动这些东西，这是他们的保护神。后来我在嘉戎语分布区也同样发现了类似的情况。1981 年，我在四川雅安地区石棉县调查木雅语东部方言时，正值他们过祭祖节，有一天早晨，发现房东老大爷从楼上搬下一件东西，放在神龛前面，然后对着它磕头。等他把一切事情都做完以后，我走近一看，原来是一块白石。我一下子明白了，原来木雅人也崇拜白石。后来我在村子里转了一下，也发现在他们的房檐、烟囱角、门框上，不少人家都供奉着白石。他们说，在祭祖节期间，一般要供奉白石半个月左右。这种情况我在从事羌语支语言调查过程中经常可以发现，在普米语分布区、尔龚语分布区、尔苏语分布区等都有类似的发现，只不过有多有少罢了。据了解，在羌语支语言使用地区，除了在生活中发现他们对白石的崇敬以外，还在他们传说的神话中，经常可以发现他们把白石作为战胜外来侵略者的武器。有的地区在近一二十年的考古发掘中，还发现了白石的随葬品。岷江上游的石棺墓葬里也发现了多处白石随葬品。由此可见，白石崇拜是羌语支语言使用者的一个古老、共同的文化特征。

第二，操羌语支语言的居民都有高超的建筑技能。他们就地取材，用不规则的乱石砌成高 7–8 米的二层或三层住房，坚固耐用。他们还有在村子周围的山梁上或村子里，建造“邛笼”的习惯。这种高 30–50 米类似工厂烟囱似的建筑，早在《后汉书：南蛮西南夷传》中就有所记载：“众皆依山居止，累石为室，高者至十余丈为邛笼。”[①]其后在正史或地方志中，关于邛笼的记载连绵不断。值得注意的是邛笼的分布，和目前羌语支语言的分布是如此的一致，北至羌语、嘉戎语分布区，沿四江南下，在岷江、大渡河、雅砻江、金沙江的一些支流等河谷地带，南至普米语分布区都有邛笼的遗迹。更使我们感到惊奇的是，凡使用羌语支语言的居民，特别是老人，对邛笼这个直径4–6米，有四角、六角、八角等形状的建筑物怀有特殊的感情。此外，他们对邛笼的称呼是那样惊人的一致。我曾经写过一篇短文，讨论过这个问题。[②]。我在该文中还讨论了汉语邛笼这个名称应该是从羌语支语言音译过来的借词。这种从秦汉时期就遗留下来的这么久远的建筑，是不是可以算羌语支语言使用者的一个传统文化的重要特征。

第三，操羌语支语言的妇女都有高超的刺绣技艺。刺绣和挑花是羌语支语言妇女普遍擅长的民间传统手工艺，我在羌语支语言分布地区进行语言调查，经常发现妇女们手里拿着“活路”，不论是开会，或者是妇女们聊家常，乃至田间地头的短暂休息，她们的手是永远不会停息的。这个活路不是别的，就是她们的绣花手工艺。往往七八岁的小姑娘就开始学习，到十多岁就已经可以比较熟练地绣出许多美丽的图案。她们在挑、绣时，不打样，不画线，仅以五色丝线或棉线，加上训练有素的娴熟技巧，就能信手挑绣成绚丽多彩的各种几何图案。她们的针法除了挑花外，还有纤花、纳花、链子扣等多种。挑花精美细致；纤花、纳花明快大方，立体感强；链子扣则粗犷豪放。挑绣的题材大都是自然景物，如花鸟鱼虫、飞禽走兽，并镶有几何图案的花边。我们在各地发现，她们刺绣的方法以及各地的图案都大同小异，似乎在来源上有某种共同之处。她们都喜欢把这些图案和花纹，装饰在她们的头帕、衣襟、领口和袖口、围腰及腰带、鞋袜等地方，美化着她们的生活。有时还把绣物作为传送爱情的信物，送给自己的意中人。这种内容丰富、色彩艳丽、工艺精湛的挑绣技艺，不仅显示了操羌语支语言劳动妇女的聪明才智，而且在中国工艺美术史上也占有一定的地位。

羌语支语言使用者还有一些共同的较明显的深层文化特征，如丧葬、服饰、自然崇拜等等，因篇幅所限，就不一一举例说明了。

---

① 引自翦伯赞等编《历代各族传记汇编》第一编，第564页，中华书局1958年版。

② 详见拙作《试论邛笼文化与羌语支语言》，载《民族研究》1986年第2期。

五　羌语支在藏缅语族中的地位

羌语支这个学术观点自二十世纪 80 年代陆续被语言学界接受以来，对它在藏缅语族语言中的历史地位也陆续有人展开讨论。我虽然对羌语支语言较早就开始研究，但是，它在整个藏缅语族语言中的历史地位仍然没有进行过深入研究，现在只能提出一个较初步的看法，其主要原因是藏缅语族语言实在是太复杂了，其中相当一部分语言在中国境外，要掌握全部情况谈何容易。即使如此，也必须有人来做此项工作。因此，我在此硬着头皮提出我个人的看法，以抛砖引玉。

1993 年，我在日本召开的第 26 届国际汉藏语会议上发表了题为《再论藏缅语中动词的人称范畴》一文，文中对藏缅语族进行了初步分类。主要内容如下：

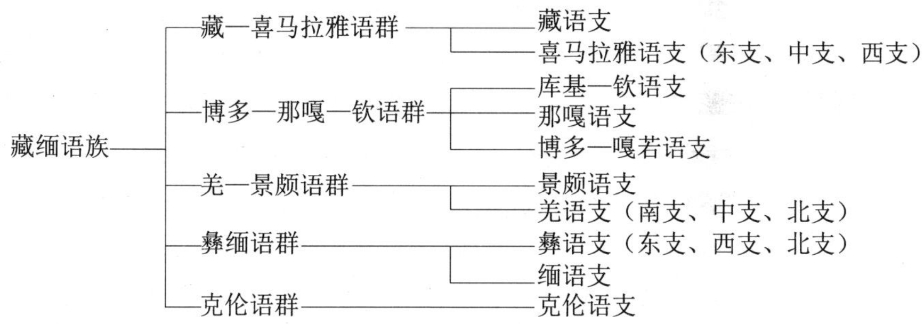

由于藏缅语族语言情况复杂，我认为应当在语族与语支之间增加语群的层次，在语支下面，增加语组（有人叫语团）的层次。这样，尽可能把有亲缘关系语言之间的远近关系表述清楚，这是我们划谱系分类树形图最主要的宗旨。过去，我曾经试图在语言谱系分类的树形图上表示出语言的接触关系[①]，看来，这样做不一定十分成功。

应该说，羌语支语言在藏缅语族中的语法上与景颇语支比较接近，但词

① 详见拙作《试论中国境内藏缅语的谱系分类》，载《东亚的语言和历史，纪念西田龙雄 60 诞辰文集》，日本松香堂，1988 年。

汇上又与彝语支比较接近。在羌语支语言学术讨论会期间，美国马提索夫教授对此意见有所保留，在没有提出更有说服力的证据以前，我还坚持这样的分类。最近，李永燧先生发表了《羌缅语群刍议》，提出羌语支语言与彝缅语群的关系较与其他语群更加接近①，他虽然没有对藏缅语族语言进行全面分类，但他所进行的论证是有一定道理的，值得进一步深入探讨。

对藏缅语族语言进行全面分类的著作和论文较多，仅就最近几种涉及羌语支语言分类观点的一些分类法，谈谈个人的一些看法。

1. 前面提到，早在 80 年代初期，马提索夫教授就肯定了羌语支的学术观点，近几年他又多次著文，论证了羌语支语言在藏缅语族中的历史地位。特别是在北京召开的第 30 届国际汉藏语会议上，他关于藏缅语族语言分类的论文，十分明确地告诉我们，他支持羌语支的观点。他在藏缅语族下面分成 7 个语支（他所分的这 7 个语支也许不在一个层次上，因为他用的名称词尾是不一样的，本文暂且都把它称为语支），即卡马鲁潘（Kamarupan）语支、喜马拉雅语支（其中包括藏语）、羌语支、景颇–怒–雷（Luish）语支、彝缅语支、白语支、克伦语支。马教授在文字说明中认为，嘉戎语和西夏语相信应当包括在羌语支里面，羌语支和景颇语支可能有特殊关系。这里不想全面讨论他对藏缅语族语言的分类，仅就他在对羌语支部分语言进行初步调查研究以后，所作出的这个结论，说明他在藏缅语族语言研究中敏锐的学术思想。

2. 90 年代出版的马学良主编的《汉藏语概论》在导言部分对中国境内的汉藏语系语言进行了全面分类，在分类表前面有这样一段话：“现据罗常培、傅懋勣分类表，结合近年来的调查研究成果，将中国境内的汉藏语系语言分类列表如下：”②该书在藏缅语族中对 23 种语言进行了分类，列出了 5 个语支，即藏语支、羌语支、景颇语支、彝语支、缅语支。另有 6 种语言作为藏缅语族中待定语支语言，未作语支归属分类。在羌语支里，除了文献语言西夏语外，基本上与本书列出的语种大体一致。这种分类观点，大体上反映了 80 年代的主要研究成果。

3. 戴庆厦、傅爱兰、刘菊黄三人合作的《关于我国藏缅语的系属分类》

---

① 详见李永燧《羌缅语群刍议》载《民族语文》1998 年第 1 期。

② 详见《汉藏语概论》，第 2 页，北京大学出版社 1991 年版。

一文，较全面地讨论了中国境内所有藏缅语的谱系分类问题[①]。此文多次转载，说明作者对此文的重视程度。下面仅就羌语支语言的分类问题，提出个人的一点不成熟的看法，以求教于作者。该文将中国境内的藏缅语族语言分为南部语群和北部语群，将羌语支语言和独龙语一起划分为北部语群。这里有以下几个问题值得讨论和研究：

第一，作者将这些语言划在一个语支的主要依据是语法，用作者的话说，“把独龙语归入嘉戎—独龙语支，更主要的是从语法系统方面考虑”，文章列出 3 个方面的理由：（1）名词都有指小的后加助词形式；（2）量词都很丰富；（3）动词语法范畴丰富，语法手段相似。作者们忽略了一个重要事实是，正如马提索夫教授指出的，羌语支语言是“前缀型的”，这主要表现在这个语支用丰富的有同源关系的前缀表达动词的趋向范畴，而这些前缀与动词的时态、式等语法范畴有密切的关系。独龙语虽然也有少量的前缀，但它与羌语支语言的前缀看不出发生学上的关系。再以互动范畴为例，虽然它们都有这一语法形式，但羌语支语言主要用重叠动词表达，而独龙语主要用前缀表达。此外，独龙语和景颇语都有丰富的有同源关系的构词词头，而这一特点，羌语支语言基本上是没有的。从另一个角度来看，作者承认：“独龙语和景颇语同源词比例较高，远高于独龙语与羌、嘉戎语的同源词比例。”根据黄布凡、李永燧等最新的研究结果，羌语支语言内部的同源词高于其他语支，羌语支语言的同源词在语族内部首先接近于彝语支，然后是缅语支，这些研究成果与我的研究结论是一致的。那么语言之间的亲疏关系是否首先应该考虑同源词的多少呢？

第二，作者在嘉戎–独龙语支中列出了 3 个语组，即嘉戎语组、羌语组和独龙语组。其中嘉戎语组和独龙语组都仅包括一种语言，而羌语组下列出了 8 种语言，这里有几个问题值得研究，作者把尔龚和嘉戎这两种比较接近的语言分在两个不同的语组里面，这是欠考虑的一点。其次，羌语组中的 8 种语言实际上并不在一个层面上，如果要仔细分，这里还可以分出不同的层次来，这一点我在前面已经做了初步讨论。再其次，既然这个语支的核心是羌语组，而语支的名称为什么不用羌语为代表呢？而要用嘉戎语和独龙语呢？

① 该文原刊载于 1989 年《云南民族学院学报》，后转载于戴庆厦《藏缅语族语言研究》，云南民族出版社 1990 年版；1994 年又转载马学良等《藏缅语新论》，中央民族学院出版社。

无论从使用人口、历史传统、影响大小、前人已经做过的研究等方方面面来考虑，都应该把这个语支叫做羌语支。

第三，作者把羌语支放在北支中和僜语支、藏语支放在一起，这又是一个值得进一步研究的问题。从语音类型来看，这几个语支是比较接近，但深层关系却远非如此。首先僜语支放在这里是否合适，值得研究。其次，羌语支和藏语支的关系究竟如何，也值得很好考虑。黄布凡先生在第30届国际汉藏语会议的论文中指出，“以往的分类法大都以为羌语支与藏语支关系最近，是受表层关系的影响所致。发生学分类法，应以深层关系为依据”。[①]因此，从总体来看，羌语支和景颇语支比较接近，其次是彝语支和缅语支。这是一个更广范围、难度更大的一个问题，只好留到以后再深入讨论了。

有关羌语支在藏缅语族语言中的地位问题，还有一些学者进行了研究，并发表了一些看法，这里就不逐一讨论了。

六　羌语支语言研究中需要讨论的几个问题

羌语支中的部分语言虽然调查研究较早，如羌语、嘉戎语等，但作为一个语支，是80年代才陆续被调查和研究，并被学术界陆续承认的。因此，在调查研究不断深入的过程中出现一些不同的看法，是很自然的现象。只要我们摆事实、讲道理，分歧的意见是不难统一的。本着这个精神，我想就羌语支语言调查研究中出现的一些不同意见，谈谈我个人的一些看法，以抛砖引玉。

1. 关于嘉戎语是否是羌语支语言的问题

目前，对嘉戎语的归属有3种不同意见，除了一部分人认为它属于羌语支外，还有两种不同意见：一种认为它属于藏语支，另一种认为它是藏语的一个方言。出现这种分歧的主要原因是，嘉戎语的特征具有两重性。第一，嘉戎语是藏缅语族中的一个语言，嘉戎语中有藏缅语族语言的一些共同成分是理所当然的；第二，自藏族实行政教合一制度以来，在他统治下的人民受

① 引自黄布凡《藏缅语族语支分化顺序和亲疏关系探讨》，见第30届国际汉藏语会议提要集第43页。

到它政治、经济、文化等各方面的影响，语言里吸收大量藏语借词是毫不奇怪的。这两种情况加在一起，显得嘉戎语与藏语接近是客观存在的事实。但是，语言的谱系分类是语言的发生学分类，要剥离哪些是原始共同语的遗存，哪些是互相影响的结果，是十分困难的。有人曾经做了这方面的尝试[①]，但不十分成功，但我认为这种尝试是有益的。除了词汇和语音方面的相似外，从语法上看，嘉戎语接近羌语支语言是毫无疑义的。其次是站的角度的问题。如果都站在学术的角度看问题，事情可能会简单一点，但实际上，有不同意见往往不是站在学术的角度讨论问题。增加了解决这个问题的复杂性和难度。

2. 关于嘉戎语和尔龚语的关系问题

早期研究嘉戎语的学者，当时未调查尔龚语，主要的调查研究区域是嘉戎语的东部方言。1957 年普查嘉戎语，也把大部分精力放在调查理县、马尔康县、小金县等地的嘉戎语上，直到大规模调查结束以后，才又到宝兴、丹巴等地做了短暂的补充调查。调查结束以后，也未对嘉戎语的方言资料进行认真的整理。直到 80 年代，对丹巴、道孚、壤塘等地的语言进行了较为深入的调查研究以后，才发现尔龚语和嘉戎语是两种较为接近的独立语言。为了摸清嘉戎语与尔龚语接壤地区两种语言的关系，我 1989 年在壤塘县开展了一个月左右的实地调查，除了记录了两种语言的结构特点外，还对这两种语言的关系进行了逐村的查访。首先，当地讲两种语言的居民，有的甚至在同一个村子里居住，并不认为他们讲的是同一种语言。我在《语言识别和民族》一文中提出，区别语言和方言要“调查这种语言的外缘是否清楚。一般来说，除了方言岛（或语言岛）外，语言的外缘是清楚的，方言的外缘是不清楚的。换句话说，一种语言的不同方言，在方言特点的标准地区（或称方言的代表点地区），彼此的界限是清楚的，但在两种方言的连接地带或结合地带，方言特点的界限是不清楚的或不明显的，有时呈犬牙交错状，有时呈模糊状，特点也不像代表点地区典型”[②]。尔龚语和嘉戎语的情况就是如此。

最近见到孙天心先生的几篇文章，内容和上面两个问题有关，他把尔龚

① 参见林向荣《嘉绒语马尔康话中的藏语借词》，载《民族语文》1990 年第 5 期。

② 详情请参阅拙作《语言识别与民族》，第 14 页，载《民族语文》1988 年第 2 期。

语分成霍尔–上寨语和观音桥语，同属于羌语支下的嘉戎语组，[①]孙天心先生已经注意到尔龚语和嘉戎语比较接近，是在一个层次上，这一点与事实是相符的。至于霍尔、上寨、官音桥之间的关系，是一种语言还是几种语言，值得深入研究，我注意到，黄布凡教授在藏缅语族羌语支语言和语言学研讨会的论文中，初步论证了观音桥话的语属是一个独立的语言，孙天心先生也有初步的论证，而且他们建议定名为拉坞戎语，我认为他们的意见值得重视。当然，拉坞戎语与嘉戎语的关系，仍有待于深入研究后作出准确的判断。

3. 纳木依语的归属问题

我注意到本次会议的第一号通知中未把纳木依语列入羌语支语言，我也注意到此前有人发表文章提到纳木依语与彝语支中的某些语言的关系。但是我仍然认为纳木依语是羌语支中的一个语言。羌语支南支的语言很明显在语法表达方式方面已经发生了大量的简化，乃至一些语法范畴和语法形式已经消失，这一点毫不奇怪。但是，纳木依语仍然具有羌语支语言的许多特点，这些特点彝语支是没有的，或者说只有个别语言有与羌语支语言的一些特点，如纳西语。我 1987 年在丽江纳西东巴语言与文字学术讨论会上有一个发言，后来 1991 年又在美国博克莱作过一次主题相同的学术讲演，说明纳西语在藏缅语族语言中的地位是介于彝语支和羌语支之间的一个语言，他既有彝语支的特点，又有羌语支的特点，因此，有人在论证纳木依语应属于彝语支的时候，说它有不少特点与纳西语接近，这是毫不奇怪的。黄布凡先生在一篇文章中指出："纳木兹语只有 3 个趋向前缀，冕宁的纳木依语已无趋向前缀，说明其趋向前缀正在趋向消亡的过渡阶段。因此，这两种语言的语法结构更靠近彝语支。"[②]这段话反映了纳木依语的一个动态特征。作者首先承认纳木依语具有羌语支的一个重要特征—趋向范畴，但由于它在彝语支语言的包围之中，一些特点正在逐步消失，并向彝语支语言靠拢，在这种情况下，考虑纳木依语的发生学分类时是根据它变化了的特点，还是根据它固有特点的残存呢？我想答案应该是后者而不是前者。当然，讨论纳木依语的支属问题是一

---

① 参见 Jackson t.-s. Sun 'Stem Alternations in Puxi Verb Inflection' and 'Parallelisms in the verb morphology of Sidaba rGyalrong and Guanyinqiao in rGyalrongic' (forthcoming)。

② 见黄布凡《同源词比较词表的选词范围和标准——以藏缅语同源词比较词表的制订为例》，第 14 页，载《民族语文》1997 年第 4 期。

个比较复杂的问题，并不局限在趋向范畴的讨论，可能会涉及更深层次的问题，我这篇文章仅仅是对纳木依语存在的不同意见表个态罢了。

4. 羌语支语言的名称问题。羌语支语言除了羌语、嘉戎语、普米语、木雅语、却域语、扎巴语（扎坝语）、西夏语等名称比较一致外，其他语言都有一些不同的名称。有的是单纯名称的用字问题，有的还涉及实质问题。例如，尔苏语有吕苏语①、多续语（西田龙雄华夷译语丛书的名称）等名称，其中吕苏可能是尔苏语西部方言自称的译音，多续语则是尔苏语中部方言或文献语言的名称。贵琼语有古戗语②的名称。纳木依语有纳木兹语、纳木义语等名称，其中纳木兹是木里县纳木依人的自称，纳木依是冕宁县纳木依人的自称。尔龚语有道孚语（黄布凡、多尔吉称）、霍尔–上寨语（孙天心称）等名称，这里除了名称以外，还涉及语言和方言的划分问题。有关这些语言的名称问题过去在一些著作或文章里有所讨论，但一直没有得到妥善的解决。我希望大家本着求同存异的精神，尽可能把它统一起来，以利于学术界使用和避免误解。

二十一世纪 80 年代以来，羌语支语言的研究取得了一些成绩，但总体来看，仍然是不够深入的，还有许多问题有待解决。就具体语言来看，它们的语法结构和面貌，它们的方言分布和特点，它们彼此的远近关系以及它们历史发展的脉络等等，都有待于不断地去深入调查研究和揭示。

参考文献

戴庆厦主编《二十世纪的中国少数民族语言研究》，书海出版社 1998 年版。

戴庆厦、黄布凡等《藏缅语十五种》，北京燕山出版社 1991 年版。

多尔吉《道孚语格什扎话研究》，中国藏学出版社 1998 年版。

傅爱兰《普米语动词的语法范畴》，中国文史出版社 1998 年版。

黄布凡《藏缅语动词的趋向范畴》载《藏缅语新论》，中央民族学院出版社 1994 年版。

《从藏缅语同源词看藏缅语族群的史前文化》载《民族语文》1998 年第 5 期。

《羌语支》载马学良主编《汉藏语概论》，北京大学出版社 1991 年版。

黄成龙《羌语动词的前缀》载《民族语文》1997 年第 2 期。

① 见戴庆厦、黄布凡等《藏缅语十五种》，北京燕山出版社 1991 年版。

② 见瞿霭堂《藏族的语言和文字》，第 7 页中国藏学出版社 1996 年版。该书还将史兴语称为“舒兴语”、将纳木义语称为“南义语”等。

李绍明《唐代西山诸羌考略》载《四川大学学报》1980年第1期。

李永燧《羌缅语群刍议》载《民族语文》1998年第1期。

林向荣《嘉绒语研究》，四川民族出版社1993年版。

刘光坤《麻窝羌语研究》，四川民族出版社1998年版。

《藏缅语族中的羌语支试析》载《西南民族学院学报》1989年第3期。

《论羌语动词的人称范畴》载《民族语文》1999年第1期。

陆绍尊《普米语简志》，民族出版社1983年版。

罗常培、傅懋勣《国内少数民族语言文字概况》，载《中国语文》1954年第3期。

Matisoff, J.A. 'Sino-Tibetan Linguistics: Present state and future prospects'. Annual Review of Anthropology 20, 1991.

'Issues in the subgrouping of Tibeto-Burman in the post-Benedict Era'. Paper on 30th ICSTLL.

Nagano, Yasuhiko 'A Historical Study of the rGyalrong Verb System' Tokyo, Seishido,1984.

瞿霭堂《藏族的语言和文字》，中国藏学出版社1996年版。

冉光荣、李绍明、周锡银《羌族史》，四川民族出版社1984年版。

孙宏开《羌语概况》，载《中国语文》1962年第12期。

《羌语支属问题初探》，载《民族语文研究文集》，青海民族出版社1982年版。

《六江流域的民族语言及其系属分类》，载《民族学报》第3期，云南民族出版社1983年版。

《试论中国境内藏缅语的谱系分类》，载《东亚的语言和历史，纪念西田龙雄60诞辰文集》，日本松香堂，1988年。

孙天心 'Stem Alternations in Puxi Verb Inflection' (forthcoming)。

"Parallelisms in the verb morphology of Sidaba rGyalrong and Guanyinqiao in rGyalrongic" (forthcoming).

西田龙雄《多续译语研究》，日本京都松香堂，1973年。

第二章
羌语支语言语音系统

一　羌语音系

羌族分布在我国四川省阿坝藏族羌族自治州的茂县、汶川县、理县和松潘县的镇江关一带，最近几年发现，在绵阳地区的北川县也有羌族居住。总人口约 30 万人（2000 年）。

羌族有自己的语言。居住在北川县、茂县土门一带、汶川县和理县的公路沿线，许多羌族居民已不讲本民族语言而使用汉语。黑水县的藏族大部分使用羌语，约有 4 万人。

凡使用羌语的居民都自称 χmɑ³³(各地还有 rma、ʐme³³、ma³³ 等不同语音)。羌语的系属，经初步研究，属汉藏语系藏缅语族羌语支。在语言特点方面，它和普米语、嘉戎语、木雅语、尔苏语、扎坝语、贵琼语、尔龚语、史兴语、纳木依语等比较接近，属同一语支。

羌语可分为南、北两个方言，南部方言分布在汶川县、理县、茂县的中部和南部，使用人口约有 6 万。北部方言分布在茂县北部、黑水县，使用人口约 7 万。这两个方言又各分 5 个土语。南部方言有大岐山土语、桃坪土语、龙溪土语、绵池土语、黑虎土语；北部方言有亚都土语、维古土语、茨木林土语、麻窝土语、芦花土语。①

下面以南部方言理县桃坪乡的羌语为代表，简要介绍其语音系统。

① 此划分方言土语意见属 20 世纪 50 年代。后来于 20 世纪 90 年代末又对羌语方言开展了深入研究，另在羌语南部方言增加了沟口土语，增加了松潘土语。

（一）声母

有声母 64 个，分单辅音声母和复辅音声母两类，分述如下：

1. 单辅音声母共 40 个。

p			t			k	q	
ph			th			kh	qh	
b			d			g	(ɢ)	
		ts		tʂ	ʧ	ʨ		
		tsh		tʂh	ʧh	ʨh		
		ʣ		dʐ	ʤ	ʥ		
	f	s		ʂ	ʃ	ɕ		χ
		z		ʐ	ʒ	ʑ		ʁ
m			n		ȵ	ŋ		
l								

说明：

（1）唇齿音 f 主要出现在汉语借词中，有部分人将 f 读成 ɸ。

（2）舌尖前塞擦音 ts、tsh、ʣ、s、z 和舌尖中塞音 t、th、d 等与高元音 u 相拼时，有明显的唇化现象；与复元音 uə 相拼时，唇化现象更明显。

（3）t、th、d 与 ə 元音相拼时，有齿化现象，音值近似 tθ、tθh、dð。

（4）小舌音ɢ仅出现在复辅音中，出现的频率也不高，部分人口语中读ʁ。

（5）小舌擦音χ、ʁ与高元音 i、u 相拼时，音值接近 x、ɣ，与其他元音相拼或出现在复辅音中时，音值近似 h、ɦ。

（6）辅音 m、ŋ可自成音节，ŋ自成音节时有明显的唇化现象。

（7）凡开元音起首的音节前面都带有喉塞音ʔ，ʔ在语流中常消失，故音系中不作音位处理。

例词：

p	pu^{33}	肚子	ph	phu^{55}	逃跑	b	bu^{33}	深
m	$mə^{33}$	人	f	$fu^{33}tsɿ^{33}$	麻疹	ts	$tsɑ^{33}$	骑
tsh	$tshɑ^{33}$	准，让	dz	$dzɑ^{31}$	痒	s	$sɑ^{33}$	血

z	zɑ^{33}	哭	t	tɑ^{33}	戴（帽）	th	thɑ^{33}	那（个）
d	dɑ^{31}ʁo^{33}	弯刀	n	nɑ^{33}	好	l	lɑ^{55}	狼
tʂ	tʂʅ^{13}	痣	tʂh	tʂhi^{33}tʂhi^{55}	跑	dʐ	dʐʅ^{33}	事情
ʂ	ʂʅ^{33}	月（份）	ʐ	ʐu^{55}	马	tʃ	tʃʅ^{33}	儿子
tʃh	tʃhʅ^{55}	肉	dʒ	dʒʅ^{33}	四	ʃ	ʃʅ^{55}	拖
ʒ	ʒʅ^{33}	有（人）	tɕ	tɕa^{33}	只，仅	tɕh	tɕha^{55}	酒
dʑ	dʑa^{241}	相信	ȵ	ȵi^{55}ȵi^{31}	黑	ɕ	ɕi^{55}	铁
ʑ	ʑo^{241}	唱（歌）	k	ko^{33}	枕头	kh	kho^{55}	猫头鹰
g	go^{33}	中间	ŋ	ŋɑ^{33}	有（物）	q	qɑ^{55}	我
qh	qhɑ^{55}	苦	χ	χa^{55}	铜	ʁ	ʁə^{33}	汉族

2. 复辅音声母分两类，一类是前置辅音加基本辅音构成，另一类是基本辅音加后置辅音构成。

前置辅音加基本辅音构成的复辅音有χp、χb、χm、χt、χd、χn、χtʂ、χdʐ、χtʃ、χdʒ、χtɕ、χdʑ、χȵ、χk、χg、χŋ、χq、χɢ共 18 个。它们有如下特点：

（1）凡浊塞音、浊塞擦音前面的 χ 都读浊音。

（2）前置辅音χ与小舌音结合后音值不变，与舌根音结合后音值为 x，与舌面音结合时音值为 ç，与其他辅音结合时，音值近似 h。与鼻音 m、n、ȵ、ŋ结合时，往往使鼻音清化，音值近似 m̥、n̥、ȵ̊、ŋ̊。

（3）在部分人口语中，前置辅音ɢ在脱落中。

基本辅音加后置辅音构成的复辅音有 pz、phz、bz、pʐ、phʐ、bʐ等 6 个。它们有如下特点：

（1）出现在 p、ph 后面的 z、ʐ实际读清音。

（2）部分人在口语中将后置辅音 z、ʐ读成 i 或 i 介音。例如 pzʅ^{31}dɑ^{33}“老虎”读成 pi^{31}dɑ^{33}；bʐe^{33}“绳子”读成 bie^{33}。

例词：

χp	χpɑ^{33}	豺狼	χb	χbɑ^{241}ȵi^{31}	休息
χm	χmɑ^{33}	羌族自称			
χt	χtə^{55}	蛋	χd	χde^{33}	云
χn	χnɑ^{33}tɑ^{33}	后面			

χtʂ	χtʂuə^{55}	汗	χdʐ	χdʐe^{33}	褪（色）
χtʃ	χtʃi^{33}	完			
χdʒ	χdʒi^{31}	扔掉	χtɕ	χtɕɑ^{33}χtɕɑ^{33}	喜鹊
χdʑ	χdʑɑ^{33}	下（雨）			
χȵ	χȵi^{31}ȵi^{33}	红	χk	χkə^{55}	偷
χɡ	χɡuə^{33}	九，锈			
χŋ	χŋu^{55}	银子	χq	χqɑ^{55}	口
χɢ	χɢɑ^{241}ɕe^{33}	啃			
pz	pzɿ^{33}	肠子	phz	phzɿ^{55}	獐子喘气
bz	bzɿ^{31}me^{33}	布			
pʐ	pʐe^{55}	粗（树）	phʐ	phʐe^{31}phʐe^{55}	湿
bʐ	bʐɑ^{33}	大			

（二）韵母

共有 44 个，分单元音韵母、复元音韵母和鼻尾韵韵母 3 类。

1. 单元音韵母共有 i、e、a、ɑ、o、u、ə、y、ɿ、əʴ 共 10 个。说明如下：

（1）前高元音 i 出现在舌尖后音和舌根音后面时，舌面稍靠后，稍低。

（2）e 元音出现在小舌音后面时，音值近似 e。

（3）a 元音出现在 i 介音后或 i 韵尾前时，音值近似 æ。

（4）舌尖元音ɿ出现在 tʂ、tʂh、dʐ、ʂ、ʐ及 tʃ、tʃh、dʒ、ʃ、ʒ后面时读 ʃ。例词：

ɿ	dʐɿ^{33}	事情	i	ȵi^{55}ȵi^{31}	黑	y	ȵy^{55}ȵy^{55}	乳房
e	ne^{55}	睡	a	na^{55}	和	ɑ	nɑ^{33}	好
o	no^{55}	你	u	phu^{55}	衣服			
ə	phə^{33}	吹	əʴ	qə^{31}əʴ^{55}	从前			

2. 复元音韵母分构词的复元音和构形的复元音（构形复元音本文暂略）两类。构词的复元音又可分为前响的、后响的和三合的 3 种。分述如下：

（1）前响的复元音由主要元音加韵尾 i、u 构成。共 5 个。这类复元音多数仅出现在汉语借词中。例如：

yi	yi^{31}	鸡	ei	pei^{55}	碑	ai	kai^{13}	盖子

ɑu tsɑu^{13} 灶 əu tɕhəu^{31} 球

（2）后响的复元音是由介音 i、u、y 加主要元音结合而成，共 11 个，其中 uə与舌尖前、舌尖后、舌叶等部位的塞擦音、擦音相拼时，其实际音值近似 uɿ。后响复元音举例：

ie	zie^{31}	容易	ia	phia^{33}	种	iɑ	miɑ^{55}	没有
io	dio^{241}	多	ue	ʁue^{33}	迟	ua	kua^{33}	锄头
uɑ	ʁuɑ^{33}	五	uə	ʁuə^{241}	麦子	ye	χgye^{33}	答应
ya	χgya^{33}	万	yɑ	kuə^{31}thyɑ^{55}	你们			

（3）三合复元音有 3 个，仅出现在汉语借词中。例如：

iɑu phiɑu^{13} 票 iəu ʂɿ^{33}liəu^{31} 石榴 uɑi liɑŋ^{31}khuɑi^{13} 凉快

3. 带鼻音韵尾的韵母共有 15 个，由元音加 n、ŋ韵尾构成。其中大部分仅出现在汉语借词中。举例如下：

in	in^{51}	瘾	an	than^{55}tʃɿ^{55}	他们
un	un^{55}tɑ^{33}	稳当	ən	sən^{51}	省
yn	tɕhyn^{31}tʂuŋ^{13}	群众	ian	kuɑ^{13}mian^{13}	挂面
uan	khuan^{55}tɑ^{13}pu^{33}	宽大	yan	ɕyan^{55}tʂhuan^{31}pu^{33}	宣传
iŋ	tsiŋ^{51}nə^{33}	井	ɑŋ	ɑŋ^{31}	几
uŋ	tsuŋ^{13}tʃɿ^{33}	我们俩	əŋ	ləŋ^{55}thɑ^{33}	嫩
iɑŋ	siɑŋ^{13}	象	uɑŋ	χuɑŋ^{55}thɑ^{33}	慌张
uəŋ	khuəŋ^{13}tʃɿ^{33}	你们俩			

（三）声调

共有 6 个声调，其调值分别为高平 55、低降 31、全降 51、低升 13、中平 33、升降 241。在这 6 个声调里，高平、低降、中平不仅出现在固有词中，而且也出现在汉语借词中，其中高平相当于汉语中的阴平，低降相当于汉语中的阳平，中平相当于汉语中的入声。升降调只出现在固有词中。全降和低升只出现在汉语借词和形态变化中，全降调相当于汉语中的上声，低升调相当于汉语借词中的去声。声调举例如下：

1. 高平 55：	tshie^{55}	山羊	dʑi^{55}	脚
2. 低降 31：	ʁu^{31}	鹅	dʑi^{31}	侄子

3. 全降 51：　pi^{51}thɑ^{33}　比赛　kai^{51}thɑ^{33}　改
4. 低升 13：　pi^{13}thɑ^{33}　避　kai^{13}thɑ^{33}　盖（动词）
5. 中平 33：　tshie^{33}　菩萨　dʑi^{33}　量（米）
6. 升降 241：ʁu^{241}　碗　dʑi^{241}　说

（四）音节结构

羌语一个音节最多由 5 个音素组成，最少有一个音素。一个音素构成的音节既可以是元音，也可以是辅音。下面设 F 代表辅音，Y 代表元音，将羌语音节结构的类型分析举例如下：

1. F	m̩^{33}dzua^{31}	荞子	2. FY	mə^{33}	人
3. FYY	kuə^{55}	你	4. FYF	tsuŋ^{55}	棕
5. FFY	χqɑ^{33}	困难	6. FFYY	χguə^{33}	九
7. FYYF	siɑŋ^{13}	象	8. FYYY	phiɑu^{13}	票
9. Y	a^{31}	一	10. YF	ɑŋ^{31}	几
11. YY	yi^{31}	鸡	12. YYY	iəu^{31}	油
13. YYF	yan^{31}liɑŋ^{13}pu^{33}	原谅			

二　普米语音系

普米族主要分布在云南省兰坪、宁蒗、永胜、丽江等县，迪庆藏族自治州的中甸、维西、德钦等县也有少数散居的，共 33600 人（2000 年）。此外，分布在四川省木里、盐源以及九龙等县的部分藏族也说普米语，约有 25000 人，其中木里县人数最多，约有 18000 人。凡说普米语的人都自称为 phʐə̃^{55} mi^{55}（“普英米”，“白人”的意思），各地还有称为 phʐõ^{55} mə^{55} 或 tʂhõ^{55} mi^{55} 的，这是同一个名称不同方音的变读。

根据历史记载，普米族原来居住在青藏高原，是青海、甘肃、四川等省边沿一带的游牧部落，随后从高寒地带沿横断山脉逐渐向南迁徙。13 世纪以后，普米族陆续迁入宁蒗、丽江、维西、兰坪等县定居下来。

普米族有自己的语言，没有文字。他们除了使用本族语言以外，多数人还兼通汉语和一些邻近民族的语言。普米语属汉藏语系藏缅语族羌语支。

普米语分为南北两个方言。方言间差别较大，互相通话有一定的困难，同一个方言内在词汇和语音上也有差别。

本书以云南省兰坪县河西区箐花乡普米语为代表（以下简称箐花话），简要介绍其语音系统。

（一）声母

有 65 个。

1. 单辅音声母有 43 个，如下：

p			t				k	q
ph			th				kh	qh
b			d				g	ɢ
		ts			tʂ	tʃ	tɕ	
		tsh			tʂh	tʃh	tɕh	
		dz			dʐ	dʒ	dʑ	
			l					
m̥			n̥					
m			n			ȵ		
	f	s	ɬ	ʂ	ʃ	ç	x	
	v	z			ʐ	ʒ	ɣ	

说明：

（1）f 和 v 在固有语词中出现得不多，但在汉语借词中大量出现。f 用来标写汉语借词中的［f］音，v 用来标写汉语借词中的［w］音。例如：

fei^{55} $tɕi^{55}$　飞机　　　va^{13} $tsə^{55}$　袜子

（2）边音 l 与前元音ɛ、y 相拼时，有舌面化的趋势，音值近似［ʑ］；和 ə、o 元音相拼时，又有卷舌的现象，音值近似［ɭ］。

（3）浊擦音 ʐ 出现在第二音节时发颤音，音值近似［r］，出现在第一音节时读［ʐ］。

（4）舌叶音 tʃ、tʃh、dʒ、ʃ、ʒ 与低元音相拼时舌尖稍抬起，音值近似［tʂ、tʂh、dʐ、ʂ、ʐ］；与高元音相拼时舌面稍抬起，音值又近似［tɕ、tɕh、dʑ、ɕ、ʑ］。

（5）舌根擦音 x、ɣ 各有两个变体，x 出现在汉语借词中读［h］，出现在固有词中，与高元音相拼时音值与［x］同，与低元音相拼时与［χ］同；ɣ 与前高元音相拼时音值与［ɣ］同，与后高元音相拼时音值近似［ʁ］。

例词：

p	pu^{13}	胸膛	ph	phu^{13}	价钱	b	bu^{55}	虫
m̥	m̥i^{55}	女儿	m	mi^{55}	人	f	fu^{13}	锯子
v	vu^{55}	旧的	ts	tsɑ^{13}	秋天	tsh	tshi^{13}	盐
dz	dzi^{55}	饭	s	si^{13}	柏枝	z	zi^{55}	种类
t	ta^{55}	衣柜	th	thu^{13}	奶渣	d	di^{13}	燃
l	la^{55}	种子	n̥	n̥i^{55}	（一）天	n	ni^{13}	二
ɬ	ɬi^{55}	放牧	tʂ	tʂõ^{55}	硬	tʂh	tʂhɑ^{55}	射
dʐ	dʐɑ^{13}	舔	ʂ	ʂi^{55}	百	ʐ	ʐo^{55}	鸡
tʃ	tʃə^{55}	水	tʃh	tʃho^{13}	读	dʒ	dʒɑ^{13}	油（总称）
ʃ	ʃə^{55}	去	ʒ	ʒi^{13}	月（份）	tɕ	tɕi^{55}	浇（水）
tɕh	tɕha^{55}	锋利	dʑ	dʑi^{55}	赊账	ȵ	ȵi^{55}	生长
ɕ	ɕi^{55}	龙	k	kui^{55}	饱	kh	khɑ^{13}	竹筐
g	gɑ^{13}	构	ŋ	ŋãu^{55}	银子	x	xa^{55}	剩余
ɣ	ɣa^{55}	原	q	qɑ^{55}	家	qh	qhɑ^{13}	苦
ɢ	ɢa^{13}	裁						

2. 复辅音声母有 22 个，分为甲乙两类：甲类由塞音 p、ph、b 以及鼻音 m 和擦音 ʑ、ʒ 结合而成。塞音、鼻音在前，擦音在后，结合较紧；乙类由擦音 s 和塞音、塞擦音结合而成。擦音在前，塞音、塞擦音在后，结合较松。

（1）甲类复辅音声母有 pʐ、phʐ、bʐ、mʐ、pʒ、phʒ、bʒ 7 个。ʐ、ʒ 的实际音值随前面辅音的清浊发生变化。前面是清辅音读［ʂ］、［ʃ］，浊辅音读［ʐ］、［ʒ］。例如 pʐ、phʐ 中 ʐ 的音值为［ʂ］，pʒ、phʒ 中 ʒ 的音值为［ʃ］。由于有条件变体，本文一律采用浊擦音符号表示。

（2）乙类复辅音有 15 个，由前置辅音 s 和 p、ph、b、t、th、d、tʃ、tʃh、

dʒ、k、kh、g、q、qh、ɢ结合为 sp、sph、sb、st、sth、sd、stʃ、stʃh、sdʒ、sk、skh、sg、sq、sqh、sɢ。其特点是擦音在前，塞音和塞擦音在后。这类复辅音的结合也是清音与清音结合，浊音与浊音结合。前置辅音 s 出现在复辅音中共有 7 个变体：出现在 p、ph 前为［f］，出现在 b 前为［z］，出现在 d、g 前为［ʐ］，出现在 tʃ、tʃh 前为［ʃ］，在 dʒ 前为［ʒ］，在 q、qh 前为［χ］，在 ɢ 前为［ʁ］，在其他辅音前则为［s］。

例词：

pʐ　pʐi^{55} ɣu^{55}　属猴　phʐ　phʐi^{55}　黄酒　bʐ　bʐɑ^{13}　梯子

mʐ　mʐĩ^{55}　菌子　pʒ　pʒi^{55}　肠子　phʒ　phʒi^{55}　好

bʒ　bʒi^{55}　腐烂　sp　spi^{13}　肚子　sph　sphi^{13}　歪

sb　sbɑ^{13}　扔　st　stu^{13}　泡沫　sth　sthɑ^{13}　滴（量词）

sd　sdĩ^{55}　云　stʃ　stʃə^{55}　乡村　stʃh　stʃhə^{55}　宰

sdʒ　sdʒə^{55}　裤子　sk　ski^{55}　卖　skh　skhyɛ^{55}　心

sg　sgiɯ^{55}　九　sq　squɑ^{55}　哭　sqh　sqho^{55}　熄灭

sɢ　sɢɑ^{55}　分枝

（二）韵母

有 59 个。

1. 单元音韵母 20 个，分为口元音和鼻化元音两类。口元音 13 个：i、y、e、ø、ɛ、a、ə、ɐ、ɑ、o、ɤ、u、ɯ。鼻化元音 7 个：ĩ、ẽ、ə̃、ɛ̃、ã、ɑ̃、õ。

（1）鼻化元音的音值比口元音略开一些。ĩ、ɛ̃、ã、ɑ̃ 4 个是纯鼻化元音。õ、ə̃两个除了元音鼻化外，还带有一个伴随的 ŋ 韵尾，实际音值为［õŋ、ə̃ŋ］。

（2）i 出现在舌面塞擦音声母后和出现在 ɯ 元音前，音值近似［ɨ］。

（3）o 元音的音值为［ʊ］，鼻化元音 õ可以自由变读为 ũ。

（4）ə 元音除出现在动词前加成分中时需随动词词根的韵母变化外，还有几个变体：出现在舌尖前辅音声母后，音值近似［ɿ］，出现在舌尖后、舌叶辅音声母后，音值近似［ʅ］。

例词：

i　mi^{55}　人　ĩ　stĩ^{55}　千　e　te^{13}　递

ẽ　tə^{55}skẽ^{55}　抱（小孩）　ɛ　tɛ^{13}　现在　ɛ̃　ʒɛ̃^{55}　粪

a	ma⁵⁵	万	ã	stã⁵⁵	柱子	ɑ	tɑ⁵⁵	衣柜
ɑ̃	mʐɑ̃¹³	瓦	o	to⁵⁵	上面	õ	tõ⁵⁵	看见
u	tu⁵⁵	油	y	by⁵⁵	太阳	ø	ɳ̥ø⁵⁵	红
ɯ	skɯ⁵⁵	蒜	ɤ	mɤ⁵⁵	天	ə	ʂə⁵⁵	百
ə̃	ʂə̃⁵⁵	铁	ɐ	nɐ⁵⁵	脑			

2. 复元音韵母共 39 个，分为二合和三合两类。二合复元音又分为两种类型：一种是前响的，一种是后响的。这三种复元音中，以后响的二合元音为最多。

（1）前响的二合元音有 6 个，都以 i、u 作韵尾，即 ei、ai、ɑu、ɑ̃u、əu、ɯu。其中 ei 和 əu 主要出现在汉语借词中，ɯu 中的 ɯ 舌位较低，音值近似［ɤu］。

（2）后响的二合元音有 27 个，其结合情况如下（左为介音，上为主要元音）：

	i	e	ɛ	ɛ̃	ɑ	ɑ̃	ə	ə̃	a	ã	o	õ	u	ɯ	ɐ
i		+	+	+	+				+	+		+	+	+	
u	+	+	+	+	+	+	+	+	+	+					+
y	+	+	+	+			+	+	+						

1）鼻化复元音的实际音值是整个韵母都鼻化，例如 uã的实际读音为 ũã，iə̃u 实际读音为 ĩə̃ũ。

2）iɛ 和 ia，iɛ̃和 iã自由变读，故并为 iɛ 和 iɛ̃。

3）三合元音有 iɑu、iɑ̃u、iɑ̃u、iəu、iɯu、uei 6 个，其中 iəu 只出现在汉语借词中。iɯu 比较特殊，既不同于 iəu，也不同于 iu 和 iɯ，实际音值是在 iɯ 的后面有个流音 u，听觉上近似［iu］，但有对立，不能合并。例如：tiu⁵⁵ “胃”，tiɯu⁵⁵ “种”。

例词：

ei	pei⁵⁵	倍	ai	xai⁵⁵	深
ɑu	thɑu⁵⁵	骂	ɑ̃u	kɑ̃u¹³	门
əu	ʂəu¹³	降（雨）	ɯu	tʃhɯu¹³	姓名
ie	bie⁵⁵	塌	iɛ	xiɛ⁵⁵	放
iɛ̃	siɛ̃¹³	柴	iɑ	sgiɑ⁵⁵	爱

ia	mia^{55}	眼睛	iã	siã^{13}	明天
iõ	xiõ^{13}	嘴	iu	tiu^{55}	胃
iɯ	sgiɯ^{55}	九	ui	gui^{55}	雨
ue	dʐue^{13}	（房）梁	uɛ	guɛ^{55}	佣人
uɛ̃	khuɛ̃	给	ua	sɢua^{13}	棱角
uã	suã^{55}	父亲	uɑ	quɑ^{55}	牛
uɑ̃	quɑ̃^{55}	清（水）	uə	ʐuə^{55}	牦牛
uə̃	tsuə̃^{55}	牵	uɐ	ʐuɐ^{55}	路
yi	tsyi^{13}	鞋	ye	thə^{13}ʂy^{55}ʂye^{55}	扫
yɛ	skhyɛ^{55}	心	yɛ̃	dʐyɛ̃^{13}	光明
yə	thyə^{55}	灰	yə̃	stʃyə̃^{55}	送
ya	sgya^{13}	薅（草）	iəu	tiəu^{13}	斗
iɯu	tiɯu^{55}	种	iɑu	tɛ^{13}tsiɑu^{55}	马上
iɑ̃u	sgiɑ̃u^{13}	草	iãu	a^{13}stiãu^{55}	胡子
uei	nõ^{55}kuei^{55}	衬衣			

（三）声调

普米语箐花话有两个声调，一个是高调，一个是低调。高调的调值为高平 55，低调的调值为低升 13。例如：

高平调：55	tu^{55}	油	tʂhi^{55}	切	by^{55}	太阳
低升调：13	tu^{13}	挑	tʂhi^{13}	脆	by^{13}	利息

（四）音节结构

普米语的音节结构最多由 5 个音素构成，最少的只有 1 个元音音素。从结合的形式来看，共有 9 种类型，其中元音构成的音节有 3 种，辅音和元音构成的音节有 6 种。每一个音节都有一个声调。现以 F 代表辅音，Y 代表元音，S 代表声调。例如：

1. YS	ɛ^{55}	我	2. YYS	iɛ̃^{13}	耕
3. YYYS	iɑ̃u^{55}	融化	4. FYS	dzi^{55}	饭
5. FYYS	xai^{55}	深	6. FYYYS	tiɯu^{55}	种

7. FFYS sto[55] 看 8. FFYYS sgiɑ[55] 爱

9. FFYYYS sgiɑ̃u[13] 草

上述 9 种音节结构形式中，4、5、7、8 四种形式出现频率最高，其次是 2、6 两种，出现频率最低的是第 3 种。

三 嘉戎语音系①

嘉戎语是我国四川西北部部分藏族说的一种语言，主要分布在四川省阿坝藏族羌自治州的理县、马尔康县、壤塘县、金川县、小金县、汶川县、黑水县以及甘孜藏族自治州的丹巴县和雅安专区的宝兴县。使用人口约 9 万。分东部、北部和西北部 3 个方言。嘉戎语属汉藏语系藏缅语族羌语支。

嘉戎语各方言间，单辅音数一般差距较大，如东部方言马尔康卓克基话只有 35 个单辅音，而西部方言二岗理话和西北部方言草登话等则多至 42 个单辅音。这些辅音如塞音、塞擦音和擦音都清浊分音位，对立关系十分严整。清塞音和塞擦清音又分送气与不送气对立，也非常严整。西部和西北部两个方言，各多一套小舌塞音和小舌擦音为其特色。嘉戎语的塞擦音分舌尖前、舌尖后、舌叶和舌面前四套对立。嘉戎语的舌面前音特别靠后，有时在后部元音前竟完全是舌面中音，这是本语的特色。此外嘉戎语的颤音 [r] 一般颤动度很小，有时颤动时似闪音只颤动一下，有时完全是擦音“ʐ”，这些都是它独具的特色。

单元音各方言一般都具有 i、e、a、o、u、ə、ɐ 7 个，唯独西部和西北部方言各多一个后 [ɒ] 圆唇元音是它们的特色。（嘉戎语的 a 元音实际读音为中 A。e 元音实际读音口形略开些。）

声调在嘉戎语中音位价值不大，没有大量区分词义和形态的功能。但极少量的词义和形态还靠声调来区分（后面专章介绍）。

① 1987 年夏，我带领北京大学的研究生在汶川调查嘉戎语，当时的发音合作人就是严木初先生。后来又对《西番译语》中的《嘉戎译语》开展过深入的调查研究工作，在嘉戎语东部方言地区开展了广泛的调查研究。但是当时的调查资料一直没有发表，近几年严木初先生潜心研究母语，发表了一定数量的论文和著作。可庆可贺。本音系主要引自严木初的专著《嘉绒语词汇研究》，中央民族大学出版社 2014 年版。特此感谢。

嘉戎语的音节，一般以单元音为主，复元音虽有几个，但出现的频率较少，一般都在汉语借词中出现，在本语中出现的不多。

嘉戎语东部方言一般都有严整的塞音尾-p、-t、-k，鼻音尾-m、-n、-ŋ，续音尾-r、-l、-s 9 个，而且在构词和构形中都有复辅音尾。

从语音结构上看，嘉戎语是一个复辅音极为丰富的语言，因此在元音前它一次可以并列三四个辅音作为复辅音声母，在元音后它也同时可以并列二至三个辅音作为复辅音尾。因此在一个音节里，元音的前后同时并列六七个辅音的现象是常事，所以相对而言，嘉戎语是一个辅音占绝对优势的语言。

嘉戎语的辅音和元音都不能自成音节，因此在它的一个音节里，声调可以没有（极少数需用声调区分词义的音节除外），但辅音声母和元音缺一不可，它们都同等重要。

与同语支语言比较来说，有以下主要特点：

1. 有丰富的复辅音声母和辅音韵尾；

2. 声调无音位价值；

3. 动词、形容词、数词、方位词和部分名词有在一定程度上表示语法类别意义的构词前缀；

4. 有丰富的屈折形态变化，表达方式以词缀为主，尤其是前缀；

5. 名词有能区别不同人称和数的前缀表示的从属范畴；

6. 谓语是前置表达系统（即谓语的语法意义除人称范畴外，主要由谓语之前的语法成分表示）；

7. 动词保留较完整的人称和趋向范畴。

本文以东部方言马尔康县的卓克基话为代表，简要介绍嘉戎语的语音系统：

一 辅音音位和声母

（一）辅音音位

梭磨话中有 36 个辅音音位。其中 4 个浊塞擦音出现在复辅音中，故表中用括号表示。举例也仅仅反应在复辅音的例词中。辅音音位列表如下：

发音方法 \ 发音部位			双唇	舌尖前	舌尖中	舌尖后	舌面前	舌面中	舌根
塞音	清	不送气	p		t				k
		送气	ph		th				kh
	浊		b		d				g
塞擦音	清	不送气		ts		tʂ	tɕ	cç	
		送气		tsh		tʂh	tɕh	cçh	
	浊			（ʣ）		（dʐ）	（ʥ）	（ɟj）	
擦音	清			s	ɬ	ʂ	ɕ	x	
	浊			z			ʑ		
颤音	浊				r				
边音					l				
鼻音			m		n		ȵ		ŋ
半元音	浊		w					j	

说明：

（1）r 有个变形体 ʐ，出现在单辅音和辅音的后置中。如：tsəu^{33} ri^{51}→tsəu^{33}ʐi^{51} 星 tə^{33} ru^{55}→tə^{33}ʐu^{55} 角 tə^{33}wrɔ^{55}→tə^{33}wʐɔ^{55} 筋 mbrɔ^{55}→mbʐɔ^{55} 马 kha ^{33}wre^{55}→kha ^{33}wʐe^{55} 蛇。

（2）浊塞擦音 ʣ，dʐ，ʥ，ɟj 不能单独作声母，只出现在复辅音声母中，这样梭磨话只有 32 个单辅音声母。

（3）ʂ 出现在后一音节时略颤。如：ta^{33}ʂti^{55}帽子，tə^{33}ʂtshɔs^{51}肺，tə^{33}ʂpi^{55}种子。

（4）tɕ，tɕh，ʥ 的发音，舌叶靠上略有摩擦接近舌叶 ʧ，ʧh，ʤ。

（5）f 只出现在汉语借词中，但不稳定，常与 x 音互换，故没算一个音位。

（二）声母

1. 单辅音声母　例词：

p	pɔ^{33}jɔ^{51}	今晚	pak^{55}	猪
ph	ka^{33}phɔ^{51}	逃跑	phɔs^{51}	薪金

b	ba^{33}bu^{55}	蜜蜂	bo^{33}la^{55}	黄公牛
t	ti^{55}	小麦	ka^{33}te^{51}	放置
th	tə^{33}tha^{51}	书	ta^{33}thu^{55}	麻布
d	ta^{33}dam^{55}	小腿	ka^{33}dət^{55}	递给
k	ki^{51}	乌鸦	kam^{55}	门
kh	tə^{33}kha^{51}	口	kə^{33}se^{33}khɛ^{51}	困难
g	ta^{33}gɔ^{55}	傻子	ta^{33} gam^{55}	蛋
ts	bər$^{51/33}$tsa^{51}	刀	tə^{33}tsi^{55}	寿命
tsh	ta^{33}tshɔk^{55}	销钉	tshar^{51}	岩羊
tʂ	kə^{33}tʂɔk^{55}	六	tʂo^{33}zɔn^{51}	干粮
tʂh	tʂha^{55}	茶	ta^{33}tʂhɔ^{55}	灯
tɕ	ta^{33}tɕɔs^{51}	足迹	tɕɛm^{55}	房
tɕh	tɕhət^{55}	山羊	tɕhɛks^{51}	马料
cç	cça^{51}	獐子	cçɔ^{33}kha^{55}	山沟
cçh	cçhɛ^{51}	酒	ka^{33}cçhɔp^{55}	打碎
m	mə^{51}	他	tə^{33}mu^{55}	雨
n	nɔ^{55}	你	kə^{33}nɛk^{55}	黑
ȵ	ɕa$^{55/33}$ȵi^{51}	鲜肉	ȵal^{33}wɛ^{51}	地狱
ŋ	ŋa^{55}	我	ŋan^{33}bɛ^{51}	坏
r	ra^{55}	要	ta^{33}rɔ^{55}	头人
l	tə^{33}lɔ^{55}	奶	ka^{33}lɔ^{55}	瞎子
s	ta^{33}sa^{55}	蕨	ta^{33}sɔŋ^{33}si^{51}	气息
z	ka^{33}za^{55}	吃	tə^{33}zu^{55}	角
ɬ	ɬɛ^{51}	神	zla^{33}ɬɛk^{55}	闰月
ʂ	ʂam^{33}scçɔk^{55}	马笼头绳	ʂɛm^{33} mdɛ^{51}	缰绳
ɕ	ɕe^{55}	柴	ɕa^{55}	肉
ʑ	ʑɔ^{55}	奶酪	ʑɛk^{55}	时候
x	ta^{33}xɔ^{55}	悬崖	mba^{33}xe^{51}	水牛
w	ta^{33} wu^{51}	祖父	ka^{33}wat^{55}	穿
j	jɔk^{55}	允许	ta^{33}ja^{55}	兄妹

2. 复辅音声母

32 个单辅音声母除 tʂh、ɬ 和 x 3 个外，其余 29 个都可以构成复辅音声母。加上 ʥ、dʐ、ʥ 和 ɟj 4 个，共有 33 个辅音可作为构成复辅音的成分。在构词中的结合形式有 212 个，其中二合复辅音声母 180 个，三合复辅音声母 32 个。

二合复辅音声母

二合复辅音从结构上可以分为以下 3 类。

两个性质相同的相拼

（1）续音对续音　这类复辅音共有 45 个，其结合形式如下：

基辅音 / 前置辅音	m	n	ŋ	ȵ	l	w	r	ʑ	j	s	ʂ	ɕ	z
s	/	/	/	/									
z					/								
ɕ	/	/			/	/	/						
ʑ						/							
r	/	/	/	/	/	/		/	/				
l	/	/	/			/							
m		/	/	/						/			
n	/		/	/									
ŋ	/	/			/						/		
w					/		/		/			/	
j	/	/	/		/	/				/			/

例词：

sm	smɔk^{55}	羊毛	sn	ka^{33}snar^{51}	挤（奶）
sȵ	sȵet^{55}	后鞦	sŋ	sŋɛr^{51}	霜
zl	mi^{33}zlɔk^{55}	几倍	ɕm	tə^{33}ɕme^{51}	舌
ɕn	tə^{33}ɕne^{55}	心脏	ɕw	ɕwa$^{55/33}$ɕwa^{55}	刷子
ɕr	ka^{33}ɕrə^{55}	引	ɕl	tə^{33}ɕlɔ^{55}	冬耕
ʑw	ʑwɛ$^{55/33}$ re^{51}	鸡冠帽	rm	ta^{33}rmɔ^{55}	梦

rn　kə^{33}rnak^{55}　深　　rȵ　ta^{33}rȵe^{55}　毛
rŋ　ka^{33}rŋa　借　　rʑ　ta^{33}rʑək^{55}　皱纹
rw　ka^{33}rwɛs^{51}　起来　　rj　ka^{33}rjap^{55}　站立
rl　kə^{33}rlɛk^{55}　消失　　lm　khɔ^{33}lmɔ^{51}　皮风箱
ln　ka^{33}lni^{51}　揉　　lŋ　khɔ^{33}lŋak^{55}　婴儿
lw　tɕə$^{51/33}$lwɛp^{55}　波浪　　mn　tə^{33}mnu^{55}　锥子
mȵ　mȵen^{33}gən^{51}　河　　mŋ　ta^{33}mŋam^{51}　病
ms　cça$^{55/33}$msɔ^{51}　麝香　　nm　tə^{33}nmu^{55}　盲人
nȵ　ta^{33}nȵat^{55}　垮方（名词）　　nŋ　ka^{33}nŋa^{51}　输
ŋm　kə^{33}ŋmɛn^{51}　低　　ŋn　ka^{33}rə^{33}ŋna^{55}　听
ŋl　kə^{33}ŋlɛk^{55}　涂掉（自动）　　ŋʂ　kə^{33}ŋʂɛŋ^{51}　硬
wɕ　ka^{33}wɕɛ^{55}　磨/付给　　wj　ta^{33}wja^{55}　跛子
wr　tə^{33}wre^{55}　绳子　　wl　tə^{33}wlɔ^{51}　办法
jm　ta^{33}jmɔ^{55}　菌子　　jn　tə^{33} jnɔ^{51}　菜
jŋ　kə^{33} jŋɔ^{55}　诅咒　　js　kə^{33}jsət^{55}　蒸发
jz　ka^{33}ŋa^{51}jzu^{55}　集会　　jw　ta^{33} jwak^{55}　邻居
jl　ta^{33}jlə^{51}　责任

塞音对塞音　这类复辅音共有 18 个，结合形式如下：

基辅音 / 前置辅音	p	b	t	th	d	k	kh	ts	tʂ	tɕ	tɕh	cç
p			/	/		/	/	/	/	/		/
b					/							
k	/		/					/	/	/	/	/
g		/			/							

例词：

pt　ka^{33} ɕə ^{33}ptak^{55}　记　　pth　ka^{33}ptham^{51}　弄到
pk　ka^{33} pkɛ^{51}　饱　　pkh　kə^{33} pkhɛ^{51}　褪色
pcç　ka^{33} pcçɔs^{51}　改变　　pts　ka^{33} ptsək^{55}　成立

ptɕ	ka³³ ptɕɔ⁵¹	使用	ptʂ	ɕtɕɔ⁵⁵/³³ ptʂɔk⁵⁵	十六
kp	tə ³³kpən⁵¹	和尚	kt	kə³³kte⁵¹	大
kcç	tə³³ kcçam⁵¹	一度	kts	tə³³ ktsak⁵⁵	鞋
ktʂ	ka³³ ktʂɛk⁵⁵	压制	ktɕ	ta³³ pu⁵¹ktɕɛm⁵¹	胎盘
ktɕh	ka³³ra³³ ktɕhɛk⁵⁵	减少	bd	bdɛ³³ stɕit⁵⁵	幸福
gb	kə³³ gbi⁵¹	灰	gd	gdɛn⁵¹	垫子

（2）续音前置型

可以作前置辅音的续音有 s、z、ɕ、ʑ、r、l、m、n、ŋ、w、j、ʂ 12 个，其中 s 和 z、ɕ 和 ʑ 为互补，s、ɕ 出现在清辅音前，z、ʑ 出现在浊辅音前。这类复辅音共有 94 个，是二合复辅音中最多的一类。结合形式如下：

基辅音 前置辅音	p	ph	b	t	th	d	k	kh	g	ts	tsh	dz	tʂ	dʐ	tɕ	tɕh	dʑ	cç	cçh	ɟj
s	/			/			/	/		/	/							/		
z			/			/			/											/
ɕ	/	/		/	/		/	/					/		/					
ʑ			/			/			/											
r	/	/	/	/		/	/	/	/	/	/	/			/	/	/	/		/
l	/			/		/						/			/		/			/
m	/	/	/	/	/	/	/	/	/	/	/	/	/		/	/		/	/	/
n				/	/	/			/	/	/	/		/	/	/	/	/	/	/
ŋ							/	/	/											
w			/			/														
j	/		/	/		/	/		/		/				/	/				
ʂ	/																			

例词：

sp	spən⁵¹	胶	st	wa ³³sta⁵⁵	痕迹
sk	ka³³skɔ⁵¹	努力	skh	kə³³ skhət⁵⁵	缩

sts	ka^{33} stsu^{55}	敲打	scç	scçaŋ$^{51/33}$ khu^{55}	火塘/家庭
stsh	tə^{33} stshɔt^{55}	钟表	zb	zbɛr^{51}	板壁
zd	tə^{33} zdɔ^{51}	凶兆	zg	ka^{33} zgɔm^{51}	忍受
zɟj	ka^{33} nə^{33} zɟju^{55}	吃亏	ɕp	ka^{33} ɕpak^{55}	喝
ɕph	khə^{33}ɕphɛs^{51}	雪猪	ɕt	kə^{33} mə^{33} ɕtak^{55}	冷
ɕth	tə^{33} ɕthɛk^{55}	腰带	ɕk	ɕkam^{51}	鹿子
ɕkh	tə^{33} ɕkhɔr^{55}	疮	ɕtɕ	ɕtɕe^{55}	十
ɕtʂ	ɕtʂɔ^{55}	鸽子	ʑb	tə ^{33}ʑba^{55}	面颊
ʑd	ʑdɔr^{51}	过量	ʑg	ʑgɔ^{33} lɔ^{55}	核桃
rp	ta^{33} rpɔ^{51}	冰	rb	tə^{33} rbɔ^{55}	鼓
rph	tə^{33} rphu^{51}	杉木	rd	ka^{33} rda^{55}	塞
rt	rtɛk^{55}	够	rkh	tə^{33} rkhɔ^{55}	空壳
rk	wu^{33} rku^{55}	周围	rg	tə^{33} rgi^{55}	一个
rts	rtsɛ^{51}	锈/脉	rtsh	tə^{33} rtshɔs^{51}	肺
rʣ	rʣɔ^{33} kɔ^{55}	山顶	rtɕ	ka^{33} rtɕi^{55}	洗
rtɕh	ŋkhu$^{51/3}$ rtɕhu^{51}	来回	rʥ	rʥɛ^{51}	山驴
rcç	ta^{33} rcçɔk^{55}	稀泥	rɟj	ka^{33} rɟjuk^{55}	跑
ld	ldɔ^{33} wu^{51}	弯刀	lp	tə^{33} lpɛk^{55}	一片
lɟj	ka^{33} lɟjɔ^{55}	冲洗	lʣ	ŋgɔ^{33} lʣaŋ^{51}	散发
lt	ka^{33} ltɛp^{55}	折	ltɕ	ltɕɛk$^{55/33}$ pɛ^{51}	土匪
lʥ	lʥɛŋ^{33}kə^{51}	绿色	mʥ	mʥə^{33} rn̥a^{51}	线头
mp	wu ^{33}mpɔ^{51}	外面	mph	ta^{33} mphi^{51}	补丁
mtɕh	ka^{33} mtɕhɛt^{55}	背后说别人	mb	mbɔ^{33} tu^{55}	梨
mt	ta^{33} mtut^{55}	结子	mth	tə^{33} mthɛk^{55}	腰
md	wu ^{33}mdɔk^{55}	颜色	mk	tə^{33} mki^{55}	颈
mkh	kə^{33} mkhɛs^{51}	熟练	mg	ka^{33} nə^{33}mga^{5}	占有
mcç	kə^{33} mcçɛ^{51}	乞丐	mcçh	kə ^{33}mcçhɛn^{51}	先知
mɟj	tə^{33} mɟja^{55}	下巴	mts	ka^{33} mtsɛ^{55}	跳
mtsh	mtshɔ^{51}	湖	mʣ	mʣa^{33} ti^{55}	桃子
mtʂ	kə^{33} mtʂɔ^{55}	老	mtɕ	ka^{33} mtɕɔk^{55}	尖儿

nt tə^{33}ntua^{55} 镰刀 nth ka^{33} nthɛn^{51} 拉
nd ta^{33} nder^{51} 垃圾 ng kə^{33} ngu^{51} 九
ncç ɕna ^{33} ncçɛt^{55} 塌鼻子 ncçh ka^{33} ncçhɔk^{55} 凹
nɟj nɟja^{33} na^{55} 公绵羊 nts ka^{33}ntsət^{55} 撕（毛）
ntsh ntsham^{33} ʑus^{51} 慰问 ndʑ ka^{33} ndʑaŋ^{51} 留神
ndʐ tə^{33} ndʐi^{51} 皮子 ntɕ ka^{33} ntɕi^{51} 运
ntɕh ka^{33} ntɕha^{55} 杀/宰 ndʑ ndʑa^{55} 虹
ŋg ta^{33} ŋgu^{55} 肉皮子 ŋk ka^{33} nə^{33} ŋkas^{51} 分开
ŋkh tə^{33} ŋkhu^{55} 背后 wb tsha^{33} wbɔ^{55} 石臼
wd kə ^{33}wdi^{51} 四 wɟj ʑgru^{33} wɟja^{55} 桨
jb thai^{33} jbra^{55} 耙子 jp kə^{33}jpɛm^{51} 粗
jk ta^{33} jkɔk^{55} 钩 jd khɔ^{33} jdu^{51} 洞
jt ka ^{33}jtak^{55} 叉子 jg jgɛ^{51} 羊角树
jtɕ thɛ^{33} jtɕɛn^{51} 秤杆 jtɕh ta^{33} jtɕhɛ^{51} 柱子
jtsh ka^{33} ŋa^{33} jtshə^{33} jtshə^{51}喘 ʂp ta^{33} ʂpak^{55} 肩

（3）续音后置型　这类复辅音共有 25 个。结合如下：

前置辅音 \ 基辅音	s	j	r	l	ç	ʑ	z	ʂ
p	/	/	/	/				
ph	/	/	/	/	/			
b		/	/	/		/	/	
k	/		/	/	/			
kh			/	/				/
g			/			/	/	
ts			/					

例词：

ps ma^{33} kə^{33} psɔs^{55} 调皮 pj ka^{33} pja^{55} 抓
pr prak^{55} 岩 pl ka^{33} plɔt^{55} 消灭

phs	ma^{33} kə^{33} phsɔk^{55}	不亮	phç	ka ^{33}phɔət^{55}	扔弃
phj	phjɔ^{33} phjɔ^{51}	被子	phr	ka^{33} phram^{51}	晒
phl	ka^{33} phlu^{51}	烧	bʑ	kha^{33} bʑi^{51}	山歌
bz	ka^{33} bzər^{51}	收拾	br	kha^{33} bre^{55}	毒蛇
bj	kə^{33} bjɔk^{55}	稀	bl	kə^{33} blɔ^{51}	污浊
ks	ksər^{51}	金	kç	kçɛl$^{51/33}$ zgɔ^{51}	镜子
kr	tə^{33} kru^{55}	肘	kl	ka^{33} klɔk^{55}	卷起
khr	khri^{55}	米	khl	ta^{33} khlak^{55}	袖子
khʂ	khʂɔŋ^{33} khri^{55}	呼噜	gz	kə^{33} wa^{33} gzɛp^{55}	热闹
gʑ	tə^{33} gʑə^{51}	习惯	gr	tə^{33} grɛ^{51}	敌人
tsr	ta^{33} tsru^{55}	青苗			

三合复辅音声母

三合复辅音声母可分为续音前置型和塞音前置型两类。

续音前置型的有 25 个，结合形式如下：

基辅音 / 前置辅音	pr	pj	kr	br	bj	gr	kl	phç	phr	gl	ʤr	khr	zd	rn̥	ndʐ
s	/	/	/												
z				/	/	/									
ç	/		/				/								
ʑ						/									
m		/	/	/	/			/	/	/					
n											/				
ŋ			/			/				/		/			
w													/	/	
j															/

例词：

spr	sprə^{33} skə^{51}	活佛	spj	spjaŋ^{33} kə^{51}	狼
skr	kə^{33} skren^{51}	长	zbr	ta^{33} zbrɔ^{55} kɛ^{33} lɛt^{55}	踢

zbj　ka^{33} zbjaŋ^{51}　练习　zgr　ka^{33} zgrɔk^{55}　捆
ɕpr　tə^{33} ɕprɔ^{55}　咒　ɕkr　ɕkra$^{51/33}$ta^{55}　界限
ɕkl　ka^{33} ɕkli^{51}　斜眼　ʑgr　ʑgrək^{55}　一定
mpj　kə^{33} mpja^{51}　湿的　mphɕ　kə^{33} mphɕɛr^{51}　美丽
mphr　mphrəs^{51}　氆氇　mbr　kə^{33} mbrɛk^{55}　断（自动）
mbj　mbjuŋ^{33} khuŋ^{51}　来源　mkr　ka^{33} mkrak^{55}　横
mgl　ka^{33} nə^{33} mgla^{51}　跨　nʥr　ta^{33} nʥru^{55}　指甲
ŋkhr　kə^{33} ŋkhruŋ^{51}　转世　ŋkr　tə^{33} wɛ^{51} ŋkra^{51}　破衣服
ŋgr　kə^{33} ŋgrɛk^{55}　垮　ŋgl　tə^{33}ŋgle^{55}　谎话
wzd　ka^{33} wzdu^{51}　汇集　wrɳ　kə^{33} wrɳe^{51}　红
jndʐ　kə^{33} jndʐɔt^{55}　粗糙的

塞音前置型的有 7 个，结合情况如下：

前置辅音＼基辅音	kr	sr	sk	sɳ	st	pr	pj
p	/	/	/	/	/		
k						/	/

例词：

pkr　pkra^{33} ɕəs^{51}　吉祥　psr　ka^{33} psruŋ^{51}　维护
psk　ka^{33} pskɛt^{55}　解雇　psɳ　kə^{33} psɳɔ^{51}　疯子
pst　ka^{33} pstɔt^{55}　称赞　kpr　tə^{33} kprɛ^{51}　口信
kpj　ka^{33} kpjɛt^{55}　预测

除了以上的声母外，在构形中还出现个别上面没有出现过的复辅音结合形式。如：gl 出现在清浊交替的自动词和使动词中：ka^{33} klɛk^{55}擦掉（他动），kə^{33} glɛk^{55}擦掉（自动）。

二　韵母

梭磨话的韵母可以分为单元音韵母、复元音韵母和带辅音韵尾的韵母 3 类。

（一）单元音韵母

共有单元音韵母 8 个：i 、e、ɛ、a、ɔ、u、ə、ɿ。

1. 说明

（1）i 在半元音 w 后读 y。如：ta^{33} wi（y）a^{55} 跛子。

（2）e 的实际音值介于 e 和 ᴇ 之间，并且前面在弱 i。如：tə^{33} ɕn（i）e^{55} 心脏。

（3）ɔ 的实际音值略高，在复合元音中略闭，似 o。如：ɕɔ（o）u^{33}pha^{55} 头巾。

（4）ə 出现在舌根音 k 或 ŋ 作辅音尾之前时读 ɯ。如：ka^{33} bək^{55} 寂寞，tɕhɔs$^{51/33}$ zlək^{55} 教派，sa^{33} ʐəŋ 田地。因不跟 ə 对立，一律记为 ə。

2. 元音音位例词

（1）i	khi^{55}	碗	e	ɕ^{55}	柴
（2）a	ɕa^{55}	肉	ɛ	tə^{33} ɕɛ^{55}	本性
（3）ɔ	ɕɔ^{55}	牛毛	u	ta^{33} pu^{55}	小孩
（4）ə	tə^{33} lə^{55}	酒糟	ɿ	ɬɛ$^{51/33}$ ndzɿ^{51}	鬼

（二）复元音韵母

1. 在词根内出现的复元音

梭磨话中复元音韵母极少，从结构上可以分为两类。

（1）在主要元音前加元音 i 或 u 构成的复元音有 ua，uɛ，uɔ 三个，其中 uɔ 只出现在汉语借词中。如：

ua	tə^{33} ntua^{55}	镰刀
uɛ	ka^{33} wa^{33} nduɛ^{33} nduɛt^{55}	颤抖
uɔ	thuɔ^{33} li^{33} ka^{33} pa^{55}	脱粒

（2）在主要元音后加元音 i 或 u 构成的复元音有 ei，ui，əi，ɛi，ɔi，au，ɔu，əu，ai 九个。

ei	kə^{33} lei^{51}	枯萎	ui	kə^{33} thui^{51}	狐狸
əi	pəi^{33} pa^{55}	今年	ɛi	pɛi^{33} pɛi^{51}	面条
au	tshau^{33} bɔ^{55}	石臼	ɔu	ta^{33} rgɔu^{33} sɔ^{51}	朋友
əu	tsəu^{33} ri^{51}	星星	ai	tai^{33} tɕhɛ^{51}	柱子

ɔi tə^{33} si^{33} ma^{33} sa^{33} pɔi^{51} 突然

还有少量出现频率较低的三合复元音，由上述 b 类二合复元音前再加一个 i 构成。如：

xa^{33} tshiɔu^{55} 喷嚏 fən^{55} thiɔu^{33} 粉条

2. 在构形中出现的复元音和长元音

元音 i 加在开音节动词词根后，表示动词是第一人称复数将要实现；元音 u 加在开音节动词词根后，表示这个动词是由第二人称或第三人称单数进行的，元音 u 加在表示现在时或过去时的动词前缀元音，表示这个动词是由第三人称复数进行的。构形中的复元音形式在构词中出现过的这里就不再列举，只把构词复元音中没有出现过的列出来。

ka^{33} ki^{51}	买	kiː ^{51}	（我们）将买
ka^{33} lda^{55}	解开	ldai^{55}	（我们）将解开
ka^{33} ki^{51}	买	ŋa^{33} tə^{33} kiu^{51}	（你）正在买
ka^{33} sre^{55}	拴	ŋa^{33} sreu^{55}	（他）正在拴
kɛ^{33} wu^{55}	给	ŋa^{33} tə^{33} wuː ^{55}	（你）正在给

（三）带辅音尾的韵母

1. 在词根内出现的带辅音尾的韵母

梭磨话中能作辅音尾的有塞音 p、t、k，续音 r、l、s 和鼻音 m、n、ŋ 九个，其中 p、k、m、ŋ 都可以加续音 s，这样梭磨话在构词中有 13 个辅音尾，与元音的结合情况见例词。

ip	jip^{55} ji$^{55/51}$	黄昏	ik	tə^{33} mcçik^{55}	火
is	ka^{33} phis^{51}	擦	in	bzin^{33} bɛ^{51}	施舍
et	ka^{33} skhet^{55}	取	ep	ksep^{55}	种马
ek	ka^{33} ndʑek^{55}	追赶	er	ta^{33} nder^{51}	渣滓
es	saŋ^{33} rɟjes^{51}	佛	em	sa^{33} zdem^{51}	雾
en	ka^{33} skren^{51}	长	eŋ	tə ^{33}mphreŋ^{51}	一行
ap	ka^{33} cçap^{55}	搓	at	wu^{33} rjat^{55}	八
ak	tə^{33} nak^{55}	罪	ar	tə ^{33}ŋar^{51}	痰
al	kə^{33} tal^{55}	缓慢者	as	tə^{33} pjas^{51}	收入

am	ta ^{33}dam^{55}	小腿	an	səm^{33} çtɕan^{51}	牲畜
aŋ	saŋ^{33} rɟjɛs^{51}	天堂	aks	kə^{33} rnaks^{51}	深
ams	kə^{33} wams^{51}	傻	aŋs	ka^{33} ndʑaŋs^{51}	小心
ɔp	ka^{33} tɔp^{55}	打	ɔt	ta^{33} ŋkrɔt^{55}	木炭
ɔk	tə^{33} srɔk^{55}	生命	ɔr	ta^{33} tsɔr^{51}	裂缝
ɔs	spɔs^{51}	香	ɔl	zgɔ^{33} jɔl^{51}	走廊
ɔn	tɔn^{55}	意思	ɔm	ka^{33} zgɔm^{55}	忍耐
ɔks	phɔks^{51}	薪金	ɔŋ	stɔŋ^{33} pɛ^{51}	每年
uk	ka^{33} ra^{33} ȵuk^{55}	堆	ut	ka^{33} kçut^{55}	出来
us	ta^{33} tsus^{51}	秘密	ur	wu^{33} zur^{51}	角落
uŋ	suŋ^{33} lɛ^{51}	锯子	un	ta ^{33}zgun^{51}	驼背
uŋs	sa ^{33}zbjuŋs^{51}	来源	uks	tɕhɛ^{33} jluks^{51}	风俗
ət	tɕhət^{55}	山羊	əp	kə^{33} ŋgrəp^{55}	成功
ər	ksər^{51}	金子	ək	ta^{33} rʑək^{55}	皱纹
əs	kə^{33} çnəs^{51}	七	əl	kə^{33} rȵəl^{51}	枯萎
ən	spən^{51}	胶	əm	kə^{33} ndʑəm^{51}	完整
əks	tə^{33} rmi^{51} wu^{33} ləks^{51}	人类	əŋ	sȵəŋ^{33} wu^{51}	竹笔
ɛp	rɟjɛ^{33} thɛp^{55}	灶	ɛt	tə^{33} smɛt^{55}	下身
ɛk	ta^{33} jɛk^{55}	手	ɛr	ka^{33} ndɛr^{51}	抖
ɛl	ȵɛl$^{51/33}$ wɛ^{51}	地狱	ɛs	ka^{33} rtshɛs^{51}	鹿
ɛm	tə^{33} ntsɛm^{55}	囚犯	ɛn	kə^{33} kçɛn^{51}	平安
ɛŋ	spjɛŋ^{33} kə^{51}	狼	ɛks	tɕhɛks^{51}	马料
iaŋ	scçiaŋ^{33} khu^{55}	火塘	iaŋs	ka^{33} zbiaŋs^{51}	训练
uat	ka^{33} tɕhuat^{55}	回来	uan	tʂuan^{55}	砖
uaŋ	xuaŋ^{33} thaŋ^{55}	红糖	uɛt	kə^{33} wa^{33} nduɛ^{55} nduɛt^{55}	颤抖
uɛs	ka^{33} tɕhuɛs^{51}	翻	uak	ŋkhu^{33} rcçhuak ^{55}ka^{33} lɛt^{55}	换头

2. 构形中的辅音尾

在嘉戎语中，动词有人称范畴，在动词词根后加后缀表示。这些后缀的语音形式都是辅音，并且和词根的元音组成一个音节，成了音节中的辅音尾。构形中出现的辅音尾有-tɕh，-ntɕ，-n，-ȵ，-ŋ 5 个，其中构词中一出现了-n

和-ŋ，除-iŋ、-ieŋ、-ien 结合形式没有出现外，其他形式都出现了，这里就不再列举。其余三个构形辅音尾和动词词根元音的结合形式如下：

itɕh	kɔ^{33} ki-tɕh^{24}	（我俩）正在买
intɕh	tə^{33} ki-ntɕh^{51}	（你俩）正在买
iȵ	ŋa^{33} tə^{33} ki-ȵ^{24}	（你们）正在买
atɕh	kɔ^{33} za-tɕh^{24}	（我俩）正在吃
antɕh	ŋa^{33} tə^{33} za-ntɕh^{24}	（你俩）正在吃
aȵ	ŋa^{33} tə^{33} za（ɛ）-ȵ^{24}	（你们）正在吃
ɔtɕh	kɔ ^{33}nɔ-tɕh^{24}	（你俩）正在赶
ɔȵ	ŋa^{33} tə^{33} nɔ-ȵ^{24}	（你们）正在赶
utɕh	kɔ^{33} ɕa^{33} jwu-tɕh^{24}	（我俩）已经收集了
uȵ	ŋa^{33} tə^{33} ɕa^{33} jwu-ȵ^{24}	（你们）正在收集
untɕh	ŋa^{33} tə^{33} ɕa^{33} jwu-ntɕh^{24}	（你俩）已经收集
ətɕh	rtsə-tɕh^{51}	（我俩）将要数
əntɕh	rtsə-ntɕh^{51}	（你俩）将要数
əȵ	rtsə-ȵ^{51}	（你们）将要数
ɛtɕh	zɛ-tɕh^{51}	（我俩）将要吃
ɛntɕh	zɛ-ntɕh^{51}	（你俩）将要吃
ɛȵ	zɛ-ȵ^{24}	（你们）将要吃
eitɕh	wa^{33} ŋkei-tɕh ^{24}	（我俩）将要嚼
eintɕh	tə ^{33}wa^{33} ŋkei-ntɕh^{24}	（你俩）将要嚼
eiȵ	tə^{33} wa^{33} ŋkei-ȵ^{24}	（你们）将要嚼
ietɕh	kɔ ^{33}prie-tɕh^{51}	（你俩）正在撕
ieȵ	ŋa^{33} tə^{33} prie-ȵ^{51}	（你们）正在撕

如果动词词根是闭音节，再和这几个构形辅音结合，复辅音韵尾的形式就更多了，为了节省篇幅这里就不再列举。

三　音节结构

嘉戎语是一个多音节的语言，单音节词极少。梭磨话在 1578 个常用词中，单音节词只有 106 个，占总数的 6.2%，其余大都是双音节词，还有些少量的三音节、四音节和五音节的词。双音节词 1151 个，占 72%，三音节词 228 个，占 14.4%，四音节词 77 个，占 4.8%，五音节的词 13 个，占 0.8%。嘉戎语有词缀，双音节词多也是这个原因。梭磨话的词缀有两种：一种是由单元音充当，如：a^{33} ta^{55}上面，a^{33} ma^{55}母亲。一种是一个单辅音声母的开音节充当，一般来说，ta，tɛ，tə 为名词词缀，kə 为形容词词缀，ka，kɛ，kə 为动词词缀。个别词缀有交叉现象。

（一）构词中的音节结构

构词中的音节结构类型（F 代表辅音，Y 代表元音，S 代表声调，F'代表复辅音尾，Y'代表元音尾）。有以下 11 种。

1）FYS	ɕa^{55}	肉
2）FYF'S	tɕhət^{55}	山羊
3）FYYF'S	cçuat^{55}	回来（自动）
4）FFYY'S	zdei^{51}	墙
5）FFYS	ɕtʂɔ^{51}	鸽子
6）FFYF'S	smɔk^{51}	羊毛
7）FFYF'F'S	rnaks^{51}	深
8）FFFYS	mbrɔ^{55}	马
9）FFFYF'S	zgrɔk^{55}	手镯
10）FFFYF'F'S	mphrəks^{51}	氆氇
11）FFFYY'S	ŋgrei^{51}	毁坏（自动）
12）FYYS	tsəu^{33} ri^{51}	星星
13）FYYYS	xa^{33}tshiɔu^{55}kə^{33}pa^{55}	打哈欠
14）FFFYYF'S	kə^{33}mphɕier^{51}	美丽

（二）构形中的音节结构

构形中的音节结构类型（F 代表辅音，Y 代表元音，S 代表声调，F'代表复辅音尾，Y'代表元音尾）。有以下 16 种。

FYF'Y'	phek-i	（我们）将劈开
FYF'F'	cçhɔp-tɕh	（我俩）将打碎

FYYF’F’	cçhuat-tɕh	（我俩）将转回
F FY F’Y’	prɛk-i	（我们）将拴
FFYF’ F’	ktɔr-tɕh	（我俩）将泼洒
FFYF’F’F’	tə ktɔr-ntɕh	（你俩）将泼洒
FFYY’	srə-i	（我们）将缠
FFYYF’	tə wɛ nduɛnduɛ-ɳ̥	（你们）将颤抖
FFYYF’Y’	wɛ nduɛ nduɛt-i	（我们）将颤抖
FFYYF’F’	tə wɛ nduɛ nduɛ-ntɕh	（你俩）将颤抖
FFYY’F’	wa ŋkei-i	（我们）将嚼
FFYY’YF’	wa ŋkei-tɕh	（我俩）将嚼
FFYY’F’F’	tə wa ŋkei-ntɕh	（你俩）将嚼
FFFYF’Y’	psruŋ-i	（我们）将保护
FFFYF’F’	psruŋ-tɕh	（我俩）将保护
FFFYF’F’F’	tə psruŋ-ntɕh	（你俩）将保护

四 木雅语音系

木雅语是我国四川省西南部贡嘎山周围藏族居民使用的一种语言。分布在四川省甘孜藏族自治州的康定、九龙及雅安地区的石棉等县，以康定县的沙德区较为集中。使用人数约 10000 人（20 世纪 90 年代估算）。贡嘎山西南部居民兼用藏语，东部居民兼用汉语，木雅语一般只在家庭或村内使用，对外交际一般用藏语或汉语。

说木雅语的居民自称 mə^{33}ɳ̥æ^{53}。前人已考出 mə^{33}ɳ̥æ^{53} 即藏文史书上的 mi nyag，汉文史籍中的“弥药”。国内外不少学者对木雅与西夏的关系极为关注，有的认为说木雅语的居民是古党项羌未北迁的遗民，有的则认为是西夏灭亡后南迁的党项移民的后裔。对这个问题，学术界还在讨论。从基本词汇和语法特征看，木雅语属汉藏语系藏缅语族羌语支。本书以甘孜藏族自治州康定县沙德区六巴乡木居村话的材料，简要介绍木雅语的语音系统。

（一）声母

声母共 51 个。单辅音声母 44 个。

p、ph、b、m、β、w；f、v；ts、tsh、dz、s、z；t、th、d、n、l、r；tʂ、tʂh、dʐ、ʂ；tɕ、tɕh、dʑ、ȵ、ɕ、ʑ、j；k、kh、g、ŋ、x、ɣ；q、qh、[ɢ]、ɴ、χ、ʁ；[ʔ]、ɦ。

复辅音声母 7 个：mb、ndz、nd、ndʐ、ȵdʑ、ŋg、ɴɢ。

说明：

1. ɢ不单独作声母，只与ɴ组成复辅音声母。凡以元音开头的词前ʔ都省略了。这两个辅音未计入单辅音声母内。

2. β—v、k—q、kh—qh、g—ɢ、ŋ—ɴ、x—χ、ɣ—ʁ 共 7 对辅音与松紧元音的配合较有规律：每对辅音的前一个只同松元音结合，后一个只同紧元音结合，但除 ŋ、ɣ 外都能同元音 o 结合，而且各自在声学上的特点非常明显，所以作两套音位处理。

3. β 实为双唇、唇齿浊擦音 β͡v。

4. f 仅在汉语借词中出现。

5. r 在松元音和 o 前可自由变读为 ʐ 或 ɾ。

6. 处于介音 u 之前的辅音实为唇化辅音，例如 tshuə^{53}“肺”实为 tshwə^{53}。

7. 复辅音声母的鼻冠音在多音节词的非词首音节中使前音节的元音鼻化，本身不发音，例如 nɑ^{33}mbɑ^{24}“聋”实读为 nɑ̃^{33}bɑ^{24}。

单辅音声母例词：

p	pə^{53}	纬线	ph	phə^{53}	吹
b	bə^{53}	灰灰菜	m	mə^{53}	天、火
β	βɐ^{53}	猪	w	wɐ^{53}	绳子
f	fu^{33}fu^{55}	玉米核	v	vɐ^{53}	霜
ts	tsə^{53}	药	tsh	tshə^{53}	山羊、盐
dz	dzi^{53}	柱子	s	si^{24}	白天
z	zi^{53}	犏牛	t	ti^{53}	芝麻
th	thi^{53}	印章	d	di^{53}	土罐
n	nə^{53}	二	l	lə^{53}	土坑

r	rə^{53}	四	tʂ	tʂə^{53}	胆
tʂh	tʂhə^{53}	万	dʐ	dʐæ^{53}	声音
ʂ	ʂə^{53}	裂缝	tɕ	tɕə^{53}	水、河
tɕh	tɕhə^{53}	现在	dʑ	dʑə^{53}	裤子
ȵ	ȵuə^{53}	七	ɕ	ɕɐ^{53}	东
ʑ	nɐ^{33}ʑæ^{53}	瘫痪	j	jæ^{53}	对手
k	ko^{55}mɐ^{53}	皮子	kh	kho^{55}pɑ^{53}	身体
g	gui^{24}	晚饭	ŋ	ŋæ^{53}	鼓
x	xə^{55}xə^{53}	快	ɣ	ɣə^{24}	种子
q	tə^{33}qo^{53}	锄	qh	ɦɑ^{33}qho^{53}	解开
ɴ	ɴa^{53}	金子	χ	χə^{55}χə^{53}	松
ʁ	ʁə^{24}	门	ɦ	ɦæ^{33}nə^{53}	十二

复辅音声母例词：

mb	mbo^{53}	山	ndz	ndzi^{53}	豹子
nd	ndo^{53}	肉	ndʐ	ndʐə^{53}	鹤
ȵdʑ	ȵdʑə^{53}	在	ŋg	ŋguæ^{33}ŋguæ^{53}	可惜
ɴG	ɴGua^{33}ɴGua^{53}	坚固			

（二）韵母

共 43 个。单元音韵母 27 个：松元音 i、y、e、ø、æ、ə、ɐ、u、ɚ；紧元音 i̱、e̱、ø̱、a̱、ə̱、ɐ̱、ɑ̱、o̱；鼻化松元音 ĩ、ẽ、ø̃、æ̃、ə̃、ɐ̃、ɑ̃、õ、ũ；鼻化紧元音 ə̱̃。

复元音韵母 16 个：ui、uy、ue、uø、uæ、uə、uɐ；ui̱、ue̱、uø̱、ua̱、uə̱、uɐ̱、uɑ̱；uæ̃、uɑ̃。

说明：

1. i、i；e、e；ø、ø；æ、a；ə、ə；ɐ、ɐ 这 6 对元音除松紧不同外，舌位的高低前后也略有不同。前 4 对紧元音的舌位比松元音要低一些；ə 大致相当于国际音标的［ɘ］；ə 比 ə 要低一些后一些；ɐ 比 ɐ 靠后，相当于国际音标的［ʌ］。

2. y、u、ɑ、o 从语音特征上看与松元音是一类，但从构词和形态变化上看，y、u 总是同松元音和谐配套，ɑ 总是同紧元音和谐配套，o 既可同松元音但更多地是同紧元音和谐配套，因而将 y、u 列入松元音，ɑ、o 列入紧元音。

3. ə、ə̲ 在舌尖前塞擦音、擦音后音值分别为 ɿ、ɿ̲；在舌尖后塞擦音、擦音后音值分别为 ʅ、ʅ̲；在舌面前塞擦音、擦音后音值分别接近于 ɯ、ɯ̲。

4. o 在双唇音后音值相当于 ɔ，例如 mo^{24}“毛”、mbo^{53}“斗、山岭”。

5. 复元音的介音 u 在舌面前音后音值为 y，例如 tɕue^{24}“儿子”实读 tɕye^{24}。

6. 双唇与小舌音后的紧元音都轻微卷舌，例如 phə^{53}“毡子”实读 phə^{ɹ53}，qø^{24}“小麦”实读 qø^{ɹ24}。

7. 紧元音 i、e、ø 等在词中较少见，主要在形态变化中出现。

8. 鼻化元音大部分在藏语和汉语借词中出现。ɚ 只在汉语借词中出现。

9. 有些韵母读法不稳定：借词中的鼻化元音有时读口元音，例如 ne^{33}bɑ̃^{53}/bɑ^{53}“浸泡”；复元音的介音 u 有时也不读出来，例如 dzuə^{53}/dzə^{53}“狐狸”。后者表现一种语音变化趋向。

例词：

i	ni^{53}	是	i̲	ni̲^{53}	（我们）敢
y	ly^{53}	海螺	e	se^{53}	（你们将）死
e̲	se̲^{53}	（我们）想、愿	ø	nø^{53}	往下
ø̲	nø̲^{53}	（你）敢	æ	sæ^{53}	土地
a	sa^{53}	血	ə	pə^{53}	利息
ə̲	pə̲^{53}	艾叶	ɐ	thɐ^{53}	办法
ɐ̲	thɐ̲^{53}	（他）能	ɑ	thɑ^{53}	（你）能
o	ndo^{53}	肉	u	pu^{53}	上面
ɚ	li^{33}ɚ^{24}	梨儿	ĩ	tʂĩ^{24}	恩惠
ẽ	tʂhẽ^{55}tʂhe^{53}	横	ø̃	tʂhø̃^{33}tʂhø^{53}	勤快
æ̃	phæ̃^{33}tʂhɐ^{55}	盘缠	ə̃	thə̃^{53}	符合
ɐ̃	tɐ̃^{55}tɕhɐ^{53}	谣言	ɑ̃	ȵdʑɑ̃^{53}	纳西族
õ	gõ^{53}	刺猪	ũ	mbũ^{53}	十万
ə̲̃	tə̲̃^{55}qhuɐ^{33}	打呼噜	ui	nɐ^{33}kui^{53}	（我们）塞
ui̲	ɦɑ^{33}qui̲^{53}	（我们）挖	uy	nɐ^{33}kuy^{53}	（你）塞

ue	thɐ^{55}kue^{53}	（你们）割	ue̱	ɦɑ^{33}que̱^{53}	（你们）挖
uø	khə^{33}tʂuø^{53}	（我）到达	uø̱	nɑ^{33}tʂhuø̱^{53}	（你）抢
uæ	dʐuæ^{53}	牛毛帐篷	ua	qua^{53}	下方
uə	tʂuə^{24}	船	uə̱	tshuə̱^{24}	老鼠
uɐ	tʂhuɐ^{24}	晒麦架	uɐ̱	nɑ^{33}tʂhuɐ̱^{53}	（我）抢
uɑ	tʂuɑ^{24}	蚂蚁	uæ̃	tɕuæ̃^{33}tɕhə^{53}	蚊子
uɑ̃	tɕuɑ̃	土墙			

（三）声调

声调有 5 个：高降 53 中升 24 高平 55 中平 33 全升 15

单音节词只有 53 调和 24 调，55 调和 33 调只出现在多音节词中，15 调只出现在词的形态变化中。木雅语声调除音高不同外，并伴有明显的音长特征：53 调和 33 调较短，24 调和 55 调较长，15 调最长。24 调在多音节词中（不论前后）读 35 调。

例词：

mə^{53}　天、火　mə^{24}　尾巴　tə̱^{55}te̱^{33}　（你们）戴

tə̱^{33}te̱^{24}　（你们）拿出　ni^{55}ni^{53}　少　ni^{33}ni^{53}　使变少

ɦæ^{24}tshæ^{33}　（你）量　ɦæ^{15}tshæ^{33}　（你）量了吗

53 调与 24 调在双音节词的后一音节中读法不稳定，常可互换或读 55 调。例如：

kə^{33}lø^{24} / ^{53} / ^{55}　背篓　thɐ^{33}dæ^{24} / ^{55}（你）完成

多音节词或四音节词组的末尾音节或后面两个音节常读 33 调。语流中的虚词、词缀或作谓语的动词、形容词也常变读为 33 调。例如：

khə^{33}mu^{55}mu^{33}　习惯　ni^{55}zə̱^{33}zə̱^{33}　红艳艳　gæ^{33}gæ^{53} nɐ^{33}βə^{33}　喜欢

ŋə^{33}nə^{53}　le^{33}(^{24})[①]　xu^{53}　khui^{33}(^{24})　ŋɐ^{33}(^{24})。我们有力气。

我们　（结构助词）　力气有　（语气助词）

---

① 括弧内的为原调。

（四）元音和谐

木雅语在构词中词头与词根元音一般有松紧和谐，例如：khi³³ndʐæ⁵³（各音节是松元音）“比较”、qhe̱³³se̱⁵⁵Na³³（各音节是紧元音）“听”。在构形中前缀与词根元音除松紧和谐外，还有舌位（高、低；前、中、后）和唇形（圆、展）和谐（详见动词、形容词有关部分）。

五 尔龚语音系

尔龚语又称道孚语或霍尔语，分布在我国四川省甘孜藏族自治州的丹巴、道孚、炉霍、新龙等县，阿坝藏族自治州金川县观音桥一带也有少量分布。

操尔龚语的居民自称 bøpa，汉称藏族，约有 3.5 万人（20 世纪 90 年代估算）。在不同的居住地区，他们与操藏语和嘉戎语的居民互相杂处，彼此亲密无间，生活方式、风俗习惯等方面会稍有区别，但大同小异。常出门的人除使用尔龚语外，还兼通藏语和汉语。

中华人民共和国成立前，马长寿在他所著《嘉戎民族社会史》一文中，曾提到此语言不同于藏语，也不同于嘉戎语，并把这个语言叫做“尔龚语”，①但未记录具体语言材料。前不久，四川民族研究所李绍明同志著文提及此语言，他说：“革什咱、巴旺司居民操‘尔龚’语（rgu），俗称道孚语，与哥邻语相近，又杂有霍尔语言……”②

尔龚（rgu）这一名称的来源及含义已不可考，本民族居民中也没有明确的解释，本文仍暂沿用此名。本文认为尔龚语与哥邻语相近，文献上的哥邻语即嘉戎语，经初步比较，它们都是属于同一语支的独立语言，虽然在语音结构及某些语法特点上有相同或相类似的地方，但他们各有自己的基本词汇和语法体系，至于他们之间的关系，我将另文专门论述。

美国明尼苏达大学（University of Minnesota）王士宗教授（Stephen S.Wang）曾于 1969 年夏在尼泊尔遇到了两个操尔龚语的居民，并记录了他们的语言。之后，在《Monumenta Serica》发表了他的论文《道孚语中藏语借词

① 参阅马长寿《嘉戎民族社会史》，《民族学研究集刊》1945 年第 4 辑。

② 参阅李绍明《唐代西山诸羌考略》，《四川大学学报》1980 年第 1 期，第 87 页。

的复辅音》，[①]经核对，他所指的道孚语（Stau Lanɢuaɢe）就是尔龚语。例如：

汉义	stau 语	尔龚语	嘉戎语
一	ro	ʐau、ɛ	kətɛk
二	ɣŋe	wne	kənɛs
三	xsu	wshu	kəsam
四	ɣlə	wʑɛ	kəwdi
五	ŋ（g）wɛ	wŋuɛ	kəmŋo
六	xco	wtɕhau	kətʂok
七	zɲi	snie	kəʃnəs
八	r．yɛ	ʐɣiɛ	werjat
九	ŋgə	ngiɛ	kəngu
十	zɣazga	zʁa	ʃtʃᴇ
百	r．yə	ʐɣiɯ	pərjɐ
耳朵	ɲə	ȵaŋ	tərna
头	ɣɔ	ʁuə	tako
人	vdzi	vdzi	tərmi
狗	kəta	kɯta	khəna
猪	va	va	pak
马	r．yi	ʐɣi	mbro
鱼	ʁ．yə	ʁajɯ	tʃujo
火	ɣrə	wmɯ	tətʃi
水	ɣmə	wʐɯ	təmtʃik

从以上 20 个词的对照可以清楚看到，stau 语和尔龚语的基本词是一致的，王士宗先生记录的 stau 语是道孚县的尔龚语，我记的是丹巴县的尔龚语，中间相隔几百里，根据材料说明他们是同一语言的方言是有充分根据的，但是叫什么语言好，值得研究。它肯定不属于藏语的方言，从与嘉戎语的词比较看也不同于嘉戎语，它不只分布在道孚一县，因此，用道孚（stau）这一名称显然不十分恰当，况且道孚县里还有操藏语康方言（被当地居民称为官

① Stephen S. Wang *Consonantal Clusters of Tibetan Loan Words in Stau*，*Monumenta Serica*，1970–1971.

话)、藏语安多方言（被当地居民称为牛场话)、嘉戎语的居民。

尔龚语属汉藏语系藏缅语族，在同语族各语支中，它与羌、普米、木雅、嘉戎、扎巴等语言最接近，应属羌语支。尔龚语内部有方言差别，分布在丹巴县和道孚县的有一定的差别，由于未作全面深入调查，目前还提不出划分方言土语的具体意见。由于尔龚语是保留藏缅语族早期面貌较多的一种语言，如保留 200 多个复辅音，无声调，语法上也颇有特点，因此，尔龚语的材料，对于藏缅语乃至汉藏语系的比较研究，具有比较重要的参考价值。下面拟根据丹巴县大桑乡尔龚语的材料，简要介绍其语音特点。

（一）声母

尔龚语的声母是汉藏语系中最复杂的，共有 240 个，其中单辅音声母 44 个，复辅音声母 196 个。这个音位系统是从 2000 多个常用单词及初步整理了语法系统后归纳的，可能有遗漏，待今后深入调查研究后再补充。现分述如下：

1. 单辅音声母

部位 方法			双唇	唇齿	舌尖前	舌尖中	卷舌	舌面前	舌根	小舌	喉
塞	清	不送气	p			t			k	q	
		送　气	ph			th			kh	qh	
	浊		b			d			g		
塞擦	清	不送气			ts		tʂ	tɕ			
		送　气			tsh		tʂh	tɕh			
	浊				dz		dʐ	dʑ			
鼻			m			n		ȵ	ŋ		
边						l					
边擦	清					ɬ					
	浊					ɮ					
塞	清	不送气		f	s		ʂ	ɕ	x	χ	
		送　气			sh			ɕh			
	浊			v	z		ʐ	ʑ	ɣ	ʁ	ɦ
半元音			w					j			

说明：

（1）ʑ 可以自由变读为 r，单独作声母时不怎么颤动，有时发音摩擦较重。

（2）送气擦音的音感与同部位的送气塞擦音相近，但 tsh 与 sh、tɕh 及 ɕh 是对立的。音系中尚未发现 fh、ʂh 和 xh。

（3）凡元音起首的音节都有一个明显的喉塞音。

（4）半元音 w、j 的摩擦较重，j 的音值接近于［ɣi］。

（5）单辅音 m、n、ŋ、l 既可作声母又可作韵尾。

（6）声母 f 主要出现在汉语借词中。

例词：

p	paʐe	头巾	pəvi	今年
ph	pho	棵（量词）	phiɯso	外面
b	be	也	baʴbaʴ	低
m	mɛ	雨	mau	眼睛
w	wo	熊，房子	wumɛ	疮
f	kuŋfəʴ	工分	faŋtue	反对
v	va	猪	vɛu	肚子
ts	tsɛ	切（菜）	tsuʑɯ	犁（地）
tsh	tshɛ	山羊，菜	tshɯ	盐
dz	dzo	桥	dza	掉下，坐
s	sɛtɕa	地	ɦasɛʴ	金子
sh	shɛvi	明年	she	血，肝
z	ze	塞住	zʅ	最
t	tau	到达	mətɔ	花
th	thɛphe	脱（衣）	thɛvɛ	现在
d	daudau	小	de	做（工）
n	nunu	乳房	nɛnɛ	叔母、姑母、姨母
l	lɯ	沸	luɕɯ	裤子
ɬ	ɬɯ	独木梯	ɬɯva	月亮
ɮ	ɮe	得到	ɮi	虎
tʂ	spɔtʂaŋ	干净	xɔtʂɔ	号召

tʂh	sɯntʂhɛn	生产	tʂhitʂa	侵略
dʐ	dʐi	骡子	dʐɔ	积极
ʂ	fanʂen	翻身	suʂe	宿舍
ʐ	ʐɯ	吠	ʐəʑo	上（山）
tɕ	tɕɛne	近	tɕa	胜利
tɕh	tɕhɛ	大	tɕhi	开（门）
dʑ	dʑi	长	dʑidʑa	皮肤
ȵ	ȵo	后面	ȵaŋ	耳朵
ɕ	ɕiŋ	去	ɕuwɛ	寻找
ɕh	ɕhɛvtsu	打闪	ɕhɯ	嫁
ʑ	ʑe	下（雨）	ʑi	点（灯）
j	jau	长大	jɛme	骗
k	ko	过（河），年，岁	kɯta	狗
kh	khi	晒（衣）	khio	生气
g	guɛ	倒塌	gi	穿（衣）
ŋ	ŋo	病	ŋuə	是
x	ngoxaɹ	缎子	xotso	合作
ɣ	ɣoskiɯ	大蒜	tsəɣa	野鸡
q	qa	山，赢	qo	犁（总称）
qh	qhɛn	笑	qhɛsi	明天
χ	χazi	几	χɯ	他
ʁ	ʁo	帮助	ʁuə	头
ɦ	ɦuɔŋ	欠	ɦɛsu	肛门

2. 复辅音声母的结合情况颇有规律，可分四类：

（1）由前置辅音加基本辅音构成。充当前置辅音的有 m、n、w、v、s、z、l、ʐ、ɦ 等，结合情况如下：

1）以 m 为前置辅音构成的复辅音，共 14 个。例如：mp、mph、mb、mv、mts、mtsh、mdz、mt、md、mtɕ、mtɕh、mdʑ、mkh、mg。这类复辅音的前置鼻音除 mp、mph、mb 外，都不是同部位的。

2）以 n 为前置辅音构成的复辅音，共 23 个。例如：nt、nth、nd、nl、

ntsh、ndz、nz、nsh、ntʂ、ntʂh、ndʐ、ntɕ、ntɕh、ndʑ、nɕ、nɕh、nʑ、nk、nkh、ng、nɣ、nqh、nχ 等。这类复辅音的前置鼻音其实际音值都和基本辅音是同部位的。

3）以 w 为前置辅音构成的复辅音，共 18 个。例如：wb、wph、wm、wv、wdz、ws、wsh、wz、wth、wd、wn、wl、wʐ、wtɕh、wdʑ、wɕ、wʑ、wŋ 等。这类复辅音的前置辅音 w 既可和清辅音相拼，又可和浊辅音相拼，音值不变。

4）以 v 为前置辅音构成的复辅音，共 11 个。例如：vts、vtsh、vdz、vt、vth、vd、vl、vtɕ、vtɕh、vdʑ、vkh 等。这类复辅音的前置辅音 v 出现在清辅音前时，其实际读音为 f。

5）以 s 为前置辅音构成的复辅音，共 15 个。例如：sp、sph、sm、sw、st、sth、sn、stɕ、stɕh、sȵ、sk、skh、sŋ、sq、sqh 等。前置辅音 s 除与次浊或半元音结合外，一般不与全浊塞音或塞擦音相结合。

6）以 z 为前置辅音构成的复辅音，有 8 个。例如：zb、zd、zl、zdʐ、zdʑ、zk、zg、zŋ 等。

7）以 l 为前置辅音构成的复辅音，有 18 个。例如：lp、lph、lb、lm、lw、lv、ldz、lt、ld、lth、ltɕ、ltɕh、lk、lg、lŋ、lɣ、lχ、lʁ 等。

8）以 ʐ 为前置辅音构成的复辅音有 19 个。例如：ʐb、ʐm、ʐts、ʐtsh、ʐdz、ʐt、ʐth、ʐd、ʐl、ʐtɕ、ʐtɕh、ʐdʑ、ʐȵ、ʐk、ʐkh、ʐg、ʐŋ、ʐq、ʐqh 等。前置辅音 ʐ 在清塞音、塞擦音前时，实际读为 r̥，在浊塞音或塞擦音、鼻音、边音前时，实际读音接近 r。

9）以 ɦ 为前置辅音构成的复辅音有 6 个。例如：ɦm、ɦt、ɦd、ɦn、ɦl、ɦtɕ 等。

（2）由基本辅音加后置辅音构成。通常是以双唇、舌根和小舌部位的塞音来充当基本辅音，充当后置辅音的有 ʂ、ʐ、ɕ、ʑ、l 等。共结合成 10 个复辅音声母。例如：pʂ、phʂ、bʐ、bʑ、khʂ、gʐ、qʂ、qhʂ、ql、qhl 等。

（3）由两个性质相近或相同的基本辅音结合而成的复辅音，共 29 个。例如：mn、mȵ、mŋ、wj、vs、vz、vʐ、vɕ、vɕh、vʑ、vj、sʐ、sx、zv、zʐ、zɣ、zʁ、ʐw、ʐv、ʐz、ʐʑ、zj、ʐɣ、ʐʁ、ʑw、ɦv、ɦʐ、ɦʑ、ɦj 等。

（4）由前置辅音加基本辅音再加后置辅音构成的三合复辅音，共 25 个。

例如：mphʂ、mphɕ、mbʐ、mbl、mkhʂ、mkhl、nzʐ、nzɣ、nkʂ、nkhʂ、ngʐ、vkʂ、vqhl、spʂ、sphʂ、sphɕ、skʂ、skhʂ、sqʂ、sqhʂ、sql、sqhl、zbʑ、zgʐ、ʐphɕ 等。

例词：

mp	mpau	遗失	mph	mphi	交媾
mb	mbɯvɛ	背（孩子）	mv	mvɯ mvɯ	软
mts	mtsi	磨（刀）	mtsh	mtshi	牵（牛）
mdz	mdzo tɕha	中午	mt	ɕha mto	弯刀
md	mdɔ	颜色	mtɕ	mtɕe	獐子
mtɕh	mtɕhɛ khuəvə	腋下	mdʑ	mdʑo	鸟窝
mkh	mkhaʴ	碉堡	mg	mgo mga	背子①
nt	ntɯ	破（碗）	nth	nthyi	（用瓢）接（水）
nd	ndyi	扎（针）	nl	nɛ nli	读
ntsh	ntshɛ	插	ndz	ndzɛ	钉（动词）
nz	nzɛ tsɔ	蹲	nsh	nshio nshio	亮
ntʂ	ntʂa	锁	ntʂh	ntʂhɛ	拿
ndʐ	ndʐɯ gɯ	前天	ntɕ	ntɕɯ	量（衣服）
ntɕh	ntɕho	有	ndʑ	ndʑɯʴ	变
nɕ	nɕɯ pho	跳	nɕh	nɕhɛʐɛ	节约
nʑ	nʑɛ	生（孩子）	nk	tɕhi nkɛʴ	旋涡
nkh	nkhɛva	雪	ng	ngiɛ	九
nɣ	nɣiɔ	奴隶	nqh	nqhi nqhi	瘦
nχ	nχai	蒸	wb	wbɯ	太阳
wph	wpha	升（量词）	wm	wmɯ	火
wv	wvi	磨子	wdz	wdzɛʴ	筷子
ws	wsi	膀胱	wsh	wshu	三
wz	wzɯ za	猴子	wth	wthi	喝
wd	wdo	桶	wn	wne	二
wl	wlau	海螺	wʐ	wʐɯ	水

① 四川方言，指背夫所背运的货物。

wtɕh	wtɕhau	六	wdʑ	wdʑi	镰刀
wɕ	wɕau	虱子	wʑ	wʑɛ	四
wŋ	wŋuɛ	五	vts	vtse	富裕
vtsh	vtsha	生锈	vdz	vdzi	人
vt	vti	剁（肉）	vth	thɛvthɛu	马上
vd	vdempa	七月	vl	vlɛ	发（工资）
vtɕ	vtɕɯ	老鼠	vtɕh	vtɕhɯ	深，飘
vdʑ	vdʑeɕi	朋友	vkh	vkhiɔŋ	饱
sp	spo	草坝	sph	sphɔŋ	渴
sm	smɛŋa	女人，女儿	sw	swele	挂
st	sti	放置	sth	sthɔ	豆子
sn	sni	天（量词）	stɕ	stɕɔ	瓢
stɕh	stɕhɯ	锌头	sȵ	sȵɔva	麦芒
sk	skiɛ	声音	skh	skhuɛskhuɛ	锋利
sŋ	sŋaʴ	霜	sq	sqa	（一）把（刀）
sqh	sqha	根	zb	zbi	堆
zd	zdo mɛ	云雾	zl	zlɛ	念（书）
zdʐ	zdʐomie	徒弟	zdʑ	zdʑo	桃子
zk	zkəldɯ	石杵	zg	zge	埋
zŋ	zŋui	排头	lp	ʐdʑɛ lpɯ	富
lph	lphɛle	补丁（衣服上的）	lb	lba la	叶子
lm	lmu	冰雹	lw	lwɯ	粗（树）
lv	lvo	冰	ldz	ldzɯ	指甲，柱子
lt	lte	卷（袖子）	ld	ldɯ	重
lth	lthiɛ	连接	ltɕ	ltɕɔ ltɕi	蚊子
ltɕh	ltɕhɛvɯ	回廊	lk	lkɯuvɯ	灯盏碗
lg	lguə	男性生殖器	lŋ	lŋa	儿童
lɣ	lɣilɣi	短	lχ	lχuaŋ	来，去
lʁ	lʁuə	哑巴	ʐb	ʐbau	开花
ʐm	sȵoʐmɛ	穗子	ʐts	ʐtsau	梁
ʐtsh	ʐtshe	肺	ʐdz	ʐdze	回答

ʐt	mtɕhɛ ʐtən	嘛尼堆	ʐth	ʐthue	砌
ʐd	ʐdɔŋqhuə	臼	ʐl	ʐlɛn ʐlɛn	潮湿
ʐtɕ	ʐtɕɔɕɯ	粪	ʐtɕh	ʐtɕhe	捆
ʐdʑ	ʐdʑɛ vdʑo	鸟	ʐȵ	ʐȵo	河
ʐk	ʐko	脚	ʐkh	ʐkho	冷
ʐg	ʐgiɛ vɛ	石头	ʐŋ	ʐŋui	炒（青稞）
ʐq	ʐqua	脖子	ʐqh	mtɕhɯ ʐqhue	结子
ɦm	ɦmɔmɯ	兵	ɦt	ɦtaʴbo	碗柜
ɦd	ɦdukaʴ	经旗	ɦn	ɦnɛ ɦnɛ	暗
ɦl	ɦlaŋbɯtɕhi	大象	ɦtɕ	ɦtɕɯl	中间
pʂ	pʂi	撕	phʂ	phʂɯphʂu	白
bʐ	bʐɯ	（衣）破	bʑ	bʑi	高
khʂ	khʂɯ	床，万	gʐ	gʐɔ gʐɔ	蜘蛛
qʂ	qʑiqʂɛqʂɯu	七姊妹星	qhʂ	qhʂɯ	裂开
ql	qlɛmbɛla	角	qhl	qhlo	凹
mn	mna	咒	mȵ	mȵa	是
mŋ	ʁa mŋuɛ	十五	wj	wji wji	轻
vs	vsau	客气	vz	vzɯ vzɛ	修理
vʐ	vʐa	阉（母猪）	vɕ	vɕɛ	土
vɕh	ɛ vɕhɛʴ	缺口	vʑ	vʑɛ	春天
vj	ɦjɛ vjɛ	孔雀	sʐ	sʐo	两（量词）
sx	ʐə sxi	浮起	zv	zvau	颈瘤
zʐ	zʐɯ	扫帚	zɣ	zɣiaʴ	心
zʁ	zʁa	十	ʐw	ʐə ʐwɛ	抱
ʐv	ʐvɛ ɕɯu	关节	ʐz	ʐzau ʐzau	辣
ʐʑ	wmə ʐʑa	毛	zj	zjau	妻子，儿媳
ʐɣ	ʐɣi	马	ʐʁ	ʐʁo	跛
ʑw	ʐə ʑwɛ	掷，扔	ɦv	dɔɦvi	瘾
ɦʐ	gɛɦʐau	升起	ɦʑ	ɦʑa bʑa	石板
ɦj	ɦjɛ vjɛ	孔雀	mphʂ	mphʂi	蛇

mphɕ	mphɕiva	念珠	mbʐ	mbʐɛχa	牧场
mbl	mbla mbla	光滑	mkhʂ	mkhʂe	石梯
mkhl	mkhlɛ	懒	nzʐ	nzʐɯ	露水
nzɣ	dɛ nzɣiaŋ	学（了）	nkʂ	nkʂɛ	发抖
nkhʂ	nkhʂɛ	发抖（使）	ngʐ	ngʐən	躺下
vkʂ	mphʂi vkʂala	花蛇	vqhl	vqhlɯu	分
spʂ	spʂo	（猪）食	sphʂ	sphʂe	浇（水）
sphɕ	sphɕa	筛子	skʂ	skʂɯ	胆
skhʂ	skhʂi	涮	sqʂ	sqʂa sqʂa	粗（粉）
sqhʂ	sqhʂi	擦洗	sql	sqlən	迟
sqhl	nɛ sqhlɛ	吞	zbʑ	zbʑɔŋʐɛ	拉稀
zgʐ	zgʐe	星星	ʐphɕ	ʐphɕimphʂi	大蟒

（二）韵母

1. 单元音韵　母单元音韵母有 17 个，分两类。一类是普通元音，共 13 个。即：i、e、ɛ、a、ɔ、o、u、y、ø、ʉ、ɯ、ə、ɿ。另一类是卷舌元音，共 4 个。即：ɛʴ、aʴ、ɯʴ、əʴ。说明如下：

（1）单元音韵母 y 主要出现在汉语借词中。

（2）a 的实际音值为 A，ɿ 出现在 ts、tsh、dz、s、z 的后面时读 ɿ，出现在 tʂ、tʂh、dʐ、ʂ、ʐ 后面时读 ʅ。

（3）ø、ʉ 出现的频率不高。ʉ 出现在双唇音后时音值接近 y。ø 的实际音值介于 ø 与 æ 之间。

（4）卷舌元音在元音右上角加 ʴ 表示，尔龚语中的卷舌元音除了发元音时舌尖卷起外，元音后面还有半元音ʴ尾。

例词：

i	khi	鸽子	ɮi	虎	dzi	饭
e	wde wde	平坝	tɕe	帽子	ʐtshe	肺
ɛ	mɛ	雨	tshɛ	山羊	vɕɛ	土
a	qa	山	va	猪	dza	掉下，坐
ɔ	gʐɔgʐɔ	蜘蛛	sthɔ	豆子	stɕɔ	舀

o	ko	年，岁	ʐn̥o	河	spo	草坝
u	lmu	冰雹	nthu	肉	wʐu	干
y	y tsɿ	芋头	tɕhy	区	ɕy se	宿舍
ø	ltø	（射）中	sthøthɯ	（戴）正	ndø	蜇
ʉ	a pʉ	祖母	sɿ dʉ	时候	lbʉ stɛn	席子
ɯ	lmɯ	名字	khʂɯ	床，万	ɬɯ	梯子
ə	ʐəʐo	上	məka	害羞	ʐəʑwɛ	扔
ʅ	sʅpho	树	zʅ	最	ʐʅʐɛ	买
ɛʴ	kɛʴkɛʴ	圆	nkhɛʴ	呕吐	stɕɛʴ	拍
aʴ	ɕhaʴɕhaʴ	快	daʴ	老	baʴbaʴ	低
ɯʴ	wtɕhɯʴwtɕhɯʴ	酸	ndʐɯʴ	变（好）		
əʴ	ʐɛməʴ	池塘	shɔsəʴ	紧	ʐɛməʴ	井

2. 复元音韵母　复元音韵母有 25 个，分前响、后响和三合三类。前响的复元音以 i、u 为韵尾，组成的复元音有 ɛi、ai、ɛu、au、ɯu 等 5 个。后响的复元音丰富，有 17 个，以 i、u、y 作介音和其他元音组成，有 ie、iɛ、ia、iɔ、io、iɯ、iaʴ、ui、ue、uɛ、ua、uaʴ、uə、uɯ、yi、ye、yɯ 等。三合元音不多，仅有 iau、iɔu、uɛi 等 3 个。例词：

ɛi	zʁɛi	煮（肉）	ai	a qai	一样
ɛu	lmɛu	菌子	au	skhʂau	蚂蚁
ɯu	ɮɯu	跳蚤	ie	snie	七
iɛ	lthiɛ	连接	ia	zgia	脸上黑斑
iɔ	zgiɔ vɕɯ	麦种	io	nshio nshio	亮
iɯ	phiɯ so	外面	iaʴ	zɣiaʴ	心
uaʴ	ʐgi kuaʴ kuaʴ	硬邦邦	ui	ŋui	前面
ue	ʑɛkhue	手镯	uɛ	wŋuɛ	五
ua	ʐqua	脖子	uə	ʁuə	头
uɯ	wɯkhuɯ	火塘上首方	yi	ndyi	扎，戳
ye	zdʑye	学	yɯ	dʑyɯ	融化
iau	spiau	用	iɔu	ntiɔu	听见
uɛi	quɛi	挖			

3. 带辅音韵尾的韵母　尔龚语有 4 个辅音韵尾，它们是 m、n、ŋ、l，其中出现频率较高的是 n、ŋ，m、l 出现频率较低，看来是在不断消失的过程中。由上述 4 个辅音韵尾，共构成韵母 32 个，其中带 m 韵尾的有 4 个，即：ɛm、am、əm、iam；带 n 韵尾的有 12 个，即：in、en、ɛn、an、un、ən、yn、iɛn、uen、uən、yɛn、uɛn；带 ŋ 韵尾的有 11 个，即：iŋ、ɛŋ、aŋ、ɔŋ、oŋ、uŋ、əŋ、iɔŋ、uaŋ、uɔŋ、iaŋ；带 l 韵尾的有 5 个，即：il、ɛl、al、əl、ɯl 等。例词：

ɛm	çhɛldɛm	瓶子	am	ɛsam ȵo	后面
əm	snəm	油	iam	ʐgiam	箱子
in	ʐgin	睡	en	çentʂaŋ	县长
ɛn	smɛn	药	an	methan	煤炭
un	ngɛdun	早	ən	ʐŋən	银子
yn	tçhyntʂuŋ	群众	iɛn	tiɛntən	电灯
uen	ʁo ʁuen	打架	uən	ʁuən	枕头
yɛn	ʂɛ yɛn	社员	uɛn	thuɛn yɛn	团员
iŋ	nɣiŋ nɣi	红	ɛŋ	wʑɛŋ	来
aŋ	ȵaŋ	耳朵	ɔŋ	mdɔŋ	箭
oŋ	tsoŋ	葱	uŋ	dzuŋ	站
əŋ	xəŋ	很	iaŋ	ɮiaŋ	灯
uaŋ	lχuaŋ	出去	uɔŋ	gɯŋuɔŋ	欠
iɔŋ	vkhiɔŋ	饱	il	ʐɔŋ jil	村子
ɛl	çhɛl	玻璃	al	spoŋqal	青蛙
əl	vzapəl	主人	ɯl	ʁuə tçɯl	山脚

（三）声调

尔龚语中未发现用声调高低区别词义和语法意义的现象。但单音节词都有一定的音高，念错了，虽不会在意义上发生误解，但听话人至少感到不像，或者不自然。单音节词有读成高平的。例如：ʐɣi^{55}“马”、wo^{55}“熊”、stçi^{55}“刺”、ŋua^{55}“脑髓”。也有读成高降调的。例如：vçɯ^{53}“种子”、va^{53}“猪”、mɛ^{53}“雨”、wbɯ^{53}“太阳”。

多音节词中则调型更多一些。例如：

高平＋高平：	zdo^{55} mɛ^{55}	云	quɛ^{55} ʐɛ^{55}	沟	wde^{55} wde^{55}	平坝
高平＋高降：	nɛ^{55} lɛ^{53}	白天	qa^{55}va^{53}	野猪	tsɛ^{55}ɣa^{53}	野鸡
高升＋高平：	ʐa^{35} mɛ^{55}	母鸡	wa^{35} le^{55}	兔子	zə^{35} sti^{55}	放置
中平＋高平：	dɛ^{33} zɳi^{55}	借	gɛ^{33} vo^{55}	肿	ɛ^{33} wpha^{55}	一升
高升＋高降：	wu^{35} la^{53}	老鹰	ʁa^{35} jɯ^{53}	鱼	ʁo^{35} zja^{53}	鸡

双音节词中还有一些其他结合形式，多音节词中声调的结合形式更多，但从调值看，一般仅有上述 4 类。根据现有资料分析，尔龚语的声调属于习惯调性质，尚未发展成为音位调。

（四）音节结构

尔龚语的音节结构共有 14 种，其中一个音素构成的音节有 1 种，两个音素构成的音节有 1 种，三个音素构成的音节有 3 种，4 个音素构成的音节有 5 种，5 个音素构成的音节有 4 种。例如：（F 代表辅音，Y 代表元音）

1. Y	ɛ	一（与量词结合）	ɛ ȵi	南
2. FY	dzi	饭	ʑe	小麦
3. FFY	vdzi	人	smɛ	闭（眼）
4. FFFY	spʂo	（猪）食	mbla mbla	光亮
5. FYY	ʁuə	头	ŋui	前面
6. FYYY	quɛi	挖	phiautsɿ	钱
7. FFYY	lmɛu	菌子	snie	七
8. FFYYY	ntiɔu	听见	spiau	用
9. FYF	ȵaŋ	耳朵	ɕhɛl	玻璃
10. FFYF	zgin	睡	gʐɛl	庹
11. FFFYY	vqhlɯu	分	skhʂau	蚂蚁
12. FYYF	ʁuən	枕头	ɮiaŋ	灯
13. FFYYF	lχuaŋ	来，去	vkhiɔŋ	饱
14. FFFYF	sqlən	迟	zbʑɔŋ zɛ	拉稀

六 尔苏语音系

在四川省凉山彝族自治州、甘孜藏族自治州和雅安地区交界的若干县里，居住着使用尔苏语的一些居民。尔苏语又称多续语。1973 年，日本著名语言学家西田龙雄出版了《多续译语研究》。多续译语属西番译语中的一种。西田龙雄把它看作是藏缅语中的一种新语言，并根据译语中的“西番”、“番人”、“番僧”、“番汉”、“番字”等条目中的“番”字译成了“多续”二字，因而命名此语言为多续语。

这部分居民的自称，在不同的地区，语音上有些差别。分布在凉山州甘洛、越西县以及雅安地区汉源县的自称 $ə^{ɹ55}su^{55}$“尔苏”（$ə^{ɹ55}$ 是“白”的意思，su^{55} 是“人”的意思）。分布在凉山州冕宁县的自称 $do^{55}ɕu^{55}$“多续”，分布在凉山州木里县和甘孜藏族自治州九龙县的自称 $li^{55}zu^{55}$“栗苏”，分布在雅安地区石棉县的自称 $lu^{55}su^{55}$“鲁苏”。上述各种自称都是同一名称的方音。

说尔苏语的居民有 2 万人左右（20 世纪 90 年代估算），中华人民共和国成立前他们和分布在这一带的普米、纳西、羌等少数民族统统被称为“西番”，但他们彼此之间却有着明显的界线，在西番内部，分“大西番”和“小西番”，而“小西番”往往就是指使用尔苏语的这部分人。中华人民共和国成立后，分布在不同地区的使用尔苏语的人有不同的他称，分布在甘洛、越西县的称为“番族”；分布在木里、冕宁和九龙县的大部分称为藏族，少数称为“番族”；分布在汉源、石棉部分地区的称为汉族。

尔苏语内部有方言差别，分东部、中部和西部 3 个方言：东部方言（或尔苏方言）分布在甘洛、越西、汉源和石棉等县，约有 13000 人；中部方言（或称多续方言）分布在冕宁县，约有 3000 人；西部方言（或称栗苏方言）分布在木里藏族自治县、冕宁县和九龙县，约有 4000 人。3 个方言之间，在语音、语法和词汇上都有相当大的差别，讲不同方言的人彼此很难用自己的话进行交际。经初步分析研究，尔苏语的语音结构尽管和彝语支语言有相近的地方，但从语音、语法、词汇综合起来分析，它更接近羌语支的语言，因此，归入羌语支比归入彝语支更合适一些。本文根据甘洛县玉田乡则洛林的尔苏话材料，介绍尔苏语的语音系统。

（一）声母

1. 单辅音声母共 42 个。如下：

p			t				k	
ph			th				kh	
b			d				g	
m			n			ȵ	ŋ	
		ts		tʂ	tʃ	tɕ		
		tsh		tʂh	th	tɕh		
		dz		dʐ	dʒ	dʑ		
			l					
			ɬ					
			r					
	f	s		ʂ	ʃ	ɕ	x	h
	v	z		ʐ	ʒ	ʑ		
w						j		

例词：

p　pu^{55}　土豆　　ph　phu^{55}　变（脸）　　b　bu^{55}　茎

m　mo^{55} mo^{55}　老　　w　wo^{55}　个（量词）　　f　fu^{55}　蒜

v　vu^{55}　酒　　ts　tsu^{55}　沸，开　　tsh　tshu^{55}　开始

dz　dzu^{55}　锥子　　s　su^{55}　人　　z　zu^{55}　鱼

t　tɑ^{55}　旗子　　th　thuɑ^{55}　骡子　　d　do^{55} sɛ^{55}　眼珠

n　nuɑ^{33}　彝族　　l　lo^{55}　（斤）两　　ɬ　ɬɛ^{33} ɬɛ^{33}　涮

r　ru^{55}　剃（头）　　tʂ　tʂu^{55}　汗　　tʂh　tʂhu^{55}　六

dʐ　dʐo^{55}　锅　　ʂ　ʂu^{55}　结婚　　ʐ　ʐu^{33}ʐu^{55}　窄

tʃ	tʃo55	煮	tʃh	tʃhu55	开（门）	dʒ	dʒu55	腰
ʃ	ʃu55	黄	ʒ	ʒu55	套	tɕ	tɕo55	还
tɕh	tɕho55	捆（量词）	dʑ	dʑo55	推	ȵ	ȵo55	铜
ɕ	ɕo55	扫，借	ʑ	ʑo55	下（雨）	j	jo55	绵羊
k	ku55	舀	kh	khu55 khu55	弯	g	gu55	搓
ŋ	ŋ55	做	x	xi55	竹子	h	hĩ55hĩ55	闻

说明：

（1）卷舌塞擦音 tʂ、tʂh、dʐ 的塞音成分较重，音值近似［ʃ］、［ʃh］、［ɿ］。

（2）舌尖前音 ts、tsh、dz、s、z 与 u 相拼时，和舌叶音 tʃ、tʃh、dʒ、ʃ、ʒ 有相混的现象。

（3）r 与 ʐ 在部分词中可以自由变读。

（4）w 有时带舌根摩擦。

（5）舌根音 k、kh、g、ŋ、x 与 i 相拼时音值近似［c］、［ch］、［ɟ］、［ɲ］、［ç］，在部分词里，其音值近似［q］、［qh］、［ɢ］、［χ］，老人尤其明显，但未发现对立的现象。

（6）边擦音 ɬ 发音时，擦音成分不明显，音值近似［l̥］。

（7）浊塞音、浊塞擦音音值近似发清音时带浊气流。

（8）ŋ自成音节时有明显的圆唇化现象，音值近似［ɟ］。

（9）凡元音起首的音节，前面都有一个明显的喉塞音［ɟ］。

2. 复辅音声母有 33 个，可以分成 3 小类：一类是前置辅音加基本辅音构成的，例如：nph、nb、ntsh、ndz、nth、nd、ntʂh、ndʐ、ntʃh、ndʒ、ntɕh、ndʑ、nkh、ng、hp、hts、ht、htʂ、htʃ、htɕ、hk、hkh 等；另一类是基本辅音加后置辅音构成的，例如：ps、phs、bz、pʂ、phʂ、bʐ 等；再一类是三合复辅音，例如：nphs、nphʂ、nbʐ、nbz、hps 等。

塞音、塞擦音前面的鼻冠音与后面结合的基本辅音是同部位的，本文一律用 n 表示。鼻冠音只和清送气音、浊音结合，喉清擦音只和清不送气音结合。塞音、塞擦音和擦音结合成复辅音时，一般是浊音和浊音相结合，清音和清音相结合。在部分老年人口语中，浊塞音和浊塞擦音前面还有带喉浊擦音 ɦ 的复辅音，但由于读音不稳定，而且大多数人口语中已经脱落，故音系中未作复辅音处理。

例词：

nph	nphi^{55}	冰	nb	nbi^{55}	山
ntsh	pha^{33}ntshi^{55}	家族	ndz	ndzɿ^{33}ji^{55}	面粉
nth	ntho^{55}	滴	nd	nda^{55}vaʴ^{53}	客人
ntʂh	ntʂhu^{55}	蒸	ndʐ	ndʐu^{55}	瓦
ntʃh	ntʃho^{55}	早晨	ndʒ	ndʒu^{33}khuɑ^{55}	筷子
ntɕh	ntɕho^{33}	生姜	ndʑ	ndʑo^{33}ndʑo^{55}	穗
nkh	nkhu^{55}	锁	ng	ngo^{55}	拾
hp	hpo^{55}	香炉	hts	htsɿ^{33}psɿ^{55}	舌头
ht	hto^{55}	跳	htʂ	htʂɿ^{33}pa^{55}	造谣
htʃ	htʃɿ^{33}	（绳子）断	htɕ	ȵi^{55}htɕi^{55}	药
hk	mi^{55}hku^{55}	喉咙	hkh	hkhuaʴ^{55}	转
ps	psɿ^{55}	剖	phs	phsɿ^{55}	扔掉
bz	bzɿ^{33}	蜜蜂	pʂ	pʂɿ^{55}	绳子
phʂ	phʂɿ^{55}	藏族	bʐ	bʐi^{55}	日晕
nphs	dʒo^{33}nphsɿ^{55}	口水	nbz	nbzɿ^{55}	跨，埋
nphʂ	nphʂɿ^{55}	（酒味）淡	nbʐ	nbʐʅ^{55}	参观
hps	hpsɿ^{55}	大蚕匾①			

（二）韵母

1. 单元音韵母有 9 个　单纯元音：i、ɛ、a、ɑ、o、u、ə、y、ɿ。有 6 个鼻化元音：ĩ、ã、ɑ̃、ũ、ə̃、ỹ。有 2 个卷舌元音：aʴ、əʴ。ɛ 的实际音值接近［e］，并略偏后，在部分词中可与 ə 自由变读。a 的实际音值接近［æ］，ɑ 的实际音值为［A］。o 的实际音值近似［ʊ］，u 作介音时音值接近［ʊ］，与双唇塞音结合时，有明显的颤唇作用，与舌根音结合时，音值近似［ɣ̩］，与其他辅音结合时音值近似［ʉ］。出现在 m、ŋ 后面的 u 以及出现在 ȵ 后面的 i 在语流中经常脱落。鼻化元音和 y 元音主要出现在汉语借词中，也在少部分

① 养蚕用的筐箩。下同。

固有词中出现。ə 元音单独出现时音值近似［ɯ］。元音无松紧对立，但有少数词的元音明显读得较紧。舌尖元音可同时出现在舌尖前、卷舌、舌叶等部位的辅音后。

例词：

i	tshi^{55}	山羊	ɛ	tshɛ^{55}	喝
a	ba^{55}	（自己）背	ɑ	tshɑ^{55}	件（量词）
o	ntsho^{55}ɬo^{55}	跳蚤	u	tshu^{55}	开始
ə	xə^{55}mo^{55}	舅舅	y	y^{55}thəu^{55}	芋头
ʅ	tshʅ^{33}	盐	ĩ	tɕĩ^{55}tɕi^{55}	经济
ã	ɕã^{33}tʃɑ̃^{55}	县长	ɑ̃	tɑ̃^{55}yã^{55}	党员
ũ	tsũ^{55}li^{55}	总理	ə̃	tʂə̃^{33}fu^{55}	政府
ỹ	ỹ^{55}tũ^{55}	运动	a^{ɹ}	ma^{ɹ55}	吹
ə^{ɹ}	ə^{ɹ55}	白			

2. 复元音韵母　复元音韵母有三类共 23 个：后响的复元音韵母有：iɛ、iɑ、io、iã、iɑ̃、ui、uɛ、uɑ、uã、uɑ̃、uə̃、ua^{ɹ}、yɛ、yã 14 个；前响的复合元音韵母有：ɛi、ɑi、əi、ɑu、əu、ou 6 个；三合元音有：uɑi、iɑu、iəu 3 个。大部分复元音都能出现在固有词中，少数只出现在汉语借词中，如：yã、iəu、iɑu 等。复元音 uɑ 有时可变读为［ɔ］。

例词：

iɛ	kho^{55}tshiɛ^{55}	累	iɑ	xiɑ^{55}mɛ^{55}	大头蝇	io	xio^{55}	粥
iã	iã^{33}	鸭子	iɑ̃	liɑ̃^{33}khuai^{33}	凉快	ui	gui^{33}	很
uɛ	kuɛ^{33}tɕɑ^{55}	国家	uɑ	guɑ^{33}	雨	uã	thuã^{33}yã^{33}	团员
uɑ̃	uɑ̃^{33}	鹅	uə̃	khuə̃^{55}mĩ^{33}	昆明	ua^{ɹ}	ŋua^{ɹ55}	银子
yɛ	yɛ^{33}ndzɛ^{55}	自由	yã	tɑ̃^{55}yã^{55}	党员	ɛi	jo^{55}tsɛi^{33}	自己
ɑi	tsɑi^{55}	真的	əi	xəi^{55}	锡	ɑu	phɑu^{55}	炮
əu	y^{55}thəu^{55}	芋头	ou	ʐou^{55}	碗	uɑi	suɑi^{55}ɬɑ^{33}	三月
iɑu	ʂəu^{55}piɑu^{55}	手表	iəu	liəu^{33}	刘（姓）			

（三）声调

尔苏语只有两个声调：一个高平，调值为 55；一个中平，调值为 33。在语流中因受语调的影响，高平常变成高降，中平常变成中升。

例词：

高平：	ntɕho^{55}	拍	tshɛ^{55}	喝	ndzɑ^{55}	炒
中平：	ntɕho^{33}	生姜	tshɛ^{33}	洗	ndzɑ^{33}	汉族

（四）音节

由于尔苏语没有辅音韵尾，因此只有开音节，没有闭音节。音素结合为音节共有 9 种形式，其中 3、4、7 三种出现的频率最高（C 代表辅音，V 代表元音）：

1. V	ə^{ɹ55}	白	4. CCV	ntho^{55}	滴	7. CVV	kuɑ^{55}	脱
2. C	ŋ^{55}	啼	5. CCVV	nguɑ^{55}	野鸡	8. CVVV	xuɑi^{55}	鸟
3. CV	tshi^{55}	山羊	6. CCCV	nphsɿ^{55}	吐	9. VV	iã^{33}	鸭子

七　纳木依语音系

在我国四川省西南部的部分地区约有 5000 藏族人（20 世纪 90 年代估算）使用一种不同于藏语的语言。中华人民共和国成立前使用这种语言的人被泛称为“西番”。分布在冕宁、西昌、盐源一带的自称为 na^{55}mu^{31}ji^{31}（纳木依）；分布在木里、九龙一带的自称为 na^{55}mu^{55}zɿ^{55}。na^{55} 是“黑”的意思，mu^{31}ji^{31} 或 mu^{55}zɿ^{55} 都是“人”的意思。[①]纳木依和纳木兹的语言均属于藏缅语族，两者之间未构成方言差别而是土语的差异。经初步比较研究，纳木依语与羌语支的语言最接近，特别是与尔苏、木雅、贵琼等语言比较，同源词多，语法特点接近，许多语法范畴有着起源上的共同性。因此，我认为纳木依语应是汉藏语系藏缅语族羌语支的一个独立语言。关于纳木兹语，黄布凡教授有过介绍，[②]。本文简要介绍的是四川省凉山彝族自治州冕宁县里庄区联合乡锣锅

① 这里所称的 na^{55}“黑”，笔者认为是历史上曾经居住在这个地区的一个古老部落的名称。na^{55}“黑”，是历史上沿用下来的称呼，不是指体质或等级的概念。

② 见黄布凡《藏缅语十五种》，“纳木兹语”，北京燕山出版社 1991 年版。

底纳木依语的语音系统。①

一 语音

(一) 声母

1. 共 44 个。单辅音声母 41 个。p、pʰ、b、t、tʰ、d、k、kʰ、g、q、qʰ、ɢ、ts、tsʰ、dz、tʂ、tʂʰ、dʐ、tɕ、tɕʰ、dʑ、m、n、ȵ、ŋ、r̥、r、l、ɬ、f、v、s、z、ʂ、ʐ、ɕ、x、ɣ、ʁ、h、j。

说明:

(1) 塞音 t、d 与元音 u 结合时，普遍有颤唇现象。

(2) 鼻音 m 可以自成音节。例如：m̩^{31}pʰyo^{53} “效率”。

(3) r 音的颤动度较大。

(4) 清化颤音 r̥有时可以自由变读为 ʂ。例如：r̥u^{31}ta^{53} “淹（死）”，可以读成 ʂu^{31}ta^{53}。

(5) 清擦音 h 与鼻化复元音 ỹo 结合时，喉壁摩擦，嘴唇翘起有较强的送气现象，发音部位靠前，音值近似 ħ。例如：hỹo^{31}hỹo^{53} “嗅”，hỹo^{31}qʰa^{53} “打猎”。

(6) 半元音 j，有时摩擦较重，音值近似 ʑ。

单辅音声母例词:

p	pa^{53}	爬（山），攀登	pu^{13}	送（东西）
pʰ	pʰu^{55}	锅	pʰo^{55}	打开（门）
b	ba^{55}	小竹篼	bu^{53}	虫
t	to^{31}	行，能，搂	ti^{31}	关，闭
tʰ	tʰa^{31}	钉	tʰu^{31}	踩，糟蹋
d	di^{55}	是	da^{13}	砍
k	ki^{53}	铜	ko^{31}	给

① 锣锅底(lo^{31}ko^{53}ti^{31}，地名)及其附近，居住着说纳木依语的居民 432 人(根据 1982 年的统计资料)。就整个锣锅底看，说纳木依语的居民与汉族、彝族居民杂居，但就每一个小的地区来看，说纳木依语的居民又往往是几户或十几户比邻而居。据锣锅底的纳木依居民介绍，他们能背诵家谱四十五代，到锣锅底定居已有二十五代。据笔者调查，该地保存下来的纳木依语较完整，西昌、盐源、木里、九龙和冕宁各地的纳木依居民都能听懂锣锅底话。

kʰ	kʰi^{31}	线	kʰu^{53}	早
g	ga^{31}	骡子	go^{53}	痛，病
q	qa^{13}	老鹰	qæ^{53}	（日）落
qʰ	qʰo^{53}	摘（花）	qʰu^{31}	六
ɢ	ɢo^{13}	戳	ɢæ^{13}	挖（药）
ts	tsɿ^{31}	咳，咳嗽	tsa^{31}	锄头
tsʰ	tsʰo^{53}	跳舞	tsʰu^{13}	剃（头发）
dz	dzo^{55}	有，存在	dza^{31}	瘦的
tʂ	tʂu^{55}	生长（指人）	tʂa^{13}	煮（饭）
tʂʰ	tʂʰæ^{53}	鬼	tʂʰu^{31}	吸（烟）
dʐ	dʐu^{13}	来源	dʐo^{31}	钻，钻探
tɕ	tɕe^{31}	骑（马）	tɕi^{13}	牵
tɕʰ	tɕʰe^{31}	铅	tɕʰi^{31}	盐
dʑ	dʑi^{31}	准确	dʑa^{31}	饭
m	mi^{53}	禽（雌的）	mo^{53}	马
n	na^{55}	和	nu^{53}	豆子，杂豆
ȵ	ȵu^{53}	生（病）	ȵo^{13}	唢呐（乐器）
ŋ	ŋo^{31}	牲畜圈	ŋu^{55}	银
r̥	r̥æ^{31}tɕi^{53}	碍面子	a^{53}r̥ə^{31}	巫师
r	ro^{13}	称（重量）	ræ^{13}	收（收到）
l	lo^{31}	青麂子（一种动物）	la^{13}	炉灰
ɬ	ɬe^{55}	月份	ɬa^{31}	菩萨
f	fo^{13}	孵（小鸡）	fu^{53}	吹，刮（风）
v	vu^{13}	烧	va^{31}	猪
s	so^{31}	教	sa^{31}	气息
z	zu^{53}	好，正确	zo^{53}	（日）照
ʂ	ʂo^{55}	说，说话	ʂu^{53}	找（你）
ʐ	ʐu^{53}	草	ʐʅ^{53}	肥料
ɕ	ɕi^{53}	杀，宰	ɕy^{53}	比，比较
x	xæ^{53}	钉	xə^{53}	角，角落

ɣ ɣə^{31} 牛 ɣa^{13} 烤，晒

ʁ ʁu^{53} 山 ʁo^{53} 硬的，强的

h ha^{31} 老鼠 hæ^{31} 买

j ja^{13} 涂，抹 je^{31} 豹子

2. 复辅音声母 3 个。其中二合复辅音声母 2 个，三合复辅音声母 1 个。二合复辅音是由塞音加擦音构成，清音与清音结合，浊音与浊音结合。例如：

p^{h}s p^{h}sɿ^{53} 削，削开 p^{h}sɿ^{53}p^{h}sɿ^{53} 叶子 bz bzɿ^{55} 蜜蜂

bzɿ^{31}ta^{53} 挂，挂上

三合复辅音是在二合复辅音 bz 的前面再加一个同部位的前置鼻辅音构成。例如：

mbz mbzɿ^{31} 布 sa^{31}mbzɿ^{31} 麻布

（二）韵母

1. 共 28 个。单元音韵母 14 个。

其中 1 个舌尖元音：ɿ；9 个舌面元音：i、y、ɨ、u、e、o、ə、æ、a；2 个卷舌元音：əʴ、æʴ；2 个鼻化元音：ĩ、ũ。

说明：

（1）舌尖元音 ɿ 出现在舌尖前的辅音声母后读 ɿ，出现在舌尖后的辅音声母后读 ʅ。

（2）元音 e 读 e。

（3）元音 a 舌位略靠后，出现在舌根、小舌和喉门辅音声母后，接近 ɑ。

（4）元音 u 出现在舌尖后、小舌和喉门辅音声母后是 ʊ。

（5）鼻化元音 ĩ、ũ 只出现在喉门辅音声母 h 后。

（6）卷舌元音 æʴ 可以自由变读为 aʴ。

（7）元音 o、a、ə 自成音节时，前面带有喉门清塞音ʔ。

（8）元音 u 和复元音 ua 自成音节时，前面带有双唇半元音 w。

例词：

ɿ ts^{h}ɿ^{55} 割（麦子） tʂʅ^{31} 星星

i bi^{55} 飞，桃子 ji^{55} 分（长度单位）

y ȵy^{31} 剥开（剥皮） jy^{31} 睡

ɨ	dɨ^{31}	屋基地	rɨ^{31}	写（字）
u	u^{53}	熊	du^{55}	野猫
e	dʑe^{13}	有	tɕ^{h}e^{31}	鹿
o	p^{h}o^{55}	打开（门）	o^{31}ro^{53}	嗝
ə	p^{h}ə^{53}	嫁（女）	k^{h}ə^{53}	戥子
æ	mæ^{31}	后代	hæ^{53}	迟，晚
a	ha^{13}	仍然，还	a^{55}	连（副词）
əʴ	məʴ	薅（草），除（草）	pəʴ^{31}	根子
æʴ	p^{h}æʴ^{31}	糠	qæʴ^{53}	床
ĩ	hĩ^{55}	百（数词）	hĩ^{53}hĩ^{53}	嫩的
ũ	hũ^{31}	毛，羽毛	hũ^{13}	松鸡

2. 复元音韵母 12 个。在构词里出现的复元音韵母分二合和三合的两类。

（1）二合元音有前响的和后响的两类。前响的二合元音有 ai、au 两个，都以 i、u 作韵尾。后响的二合元音有 yo、iu、ie、iæ、ia、uə、ua、ỹo、ũa 9 个，它们以 i、y、u 作介音，其中 ỹo、ũa 是鼻化复元音。例词如下：

ai	lai^{55}	至于
	pai^{53}	谈天，摆谈（汉语借词）
au	mo^{31}gau^{55}	老朽，旧
	k^{h}au^{13}	依靠（汉语借词）
yo	p^{h}yo^{31}	好
	lyo^{53}ho^{31}	红
iu	liu^{53}	稳当，安全
ie	t^{h}ie^{13}	咬
	vie^{31}mi^{53}	斧头
iæ	piæ^{53}da^{31}rə^{31}	清的，稀疏的
ia	dia^{55}	对待，狐狸
	bia^{13}	崩塌
uə	ŋuə^{55}	告诉
ua	ʁua^{55}	前面（表示顺序数词的词头）

	nua^{53}	外面
ỹo	a^{53}hỹo	下面
	hỹo^{31}hỹo^{53}	嗅
ũa	hũa^{13}	全部，全体

（2）三合元音只有 iau 一个。

iau　qo^{31}ɢo^{31}pa^{31}diau^{55}　惹，激怒

3. 带辅音韵尾的韵母有两个。即 n、ŋ。例如：

an　an^{53}鸭子　oŋ^{55}oŋ^{55}dyo^{53}　圈套（狩猎用的）

此外，还有 ui、əi、æi、əu、ye 5 个复元音韵母和 ɿn、in、yn、ən、an、uŋ、aŋ、ian、uan、uaŋ 10 个带 n、ŋ 鼻辅音韵尾的韵母。它们只出现在汉语借词中。

（三）声调

有 55、31、53、13 四个声调。13 调出现的频率较低。例如：

dzɿ^{55}	水	dzɿ^{31}	权利	dzɿ^{53}	吃	dzɿ^{13}	驮
hũ^{55}	回	hũ^{31}	毛，羽毛	hũ^{53}	去	hũ^{13}	松鸡
va^{55}	抬	va^{31}	猪	va^{53}	汉族	va^{13}	爬（地）
mi^{55}	女人	mi^{31}	猴子	mi^{53}	火	mi^{13}	母的，熟的
bzɿ^{55}	蜜蜂	bzɿ^{31}	满，溢	bzɿ^{53}	甜	bzɿ^{13}	吊

（四）音节结构

共有 9 种类型。每一个音节都有一个声调。以 C 代表辅音，V 代表元音，T 代表声调。分述如下：

1. 辅音自成音节的。例如：

CT　m̩^{31}dʑi^{31}　大麦

2. 声母加韵母构成音节的。例如：

（2）CVT　sɿ^{13}　懂，了解　（3）CCVT　p^{h}sɿ^{31}　片，块

（4）CVVT　dia^{13}　来　（5）CCCVT　mbzɿ^{31}　布

（6）CVVVT　qo^{31}ɢo^{31}pa^{31}diau^{55}　惹，激怒

3. 韵母自成音节的。例如：

（7）VT　a^{53}　已经　（8）VCT　an^{53}　鸭子

（9）VVT　ua^{31}　继续地

上述各种音节类型中，（2）、（3）、（4）三种出现频率最高；（1）、（7）、（8）、（9）四种出现频率较低；（5）、（6）两种出现频率最低。

八　史兴语音系

史兴语是四川省凉山彝族自治州木里藏族自治县一区水洛河及其下游冲天河两岸的藏族使用的语言，人口有 2000 左右（20 世纪 90 年代估算）。他们自称 ʂɿ^{55}hĩ^{55} “史兴”，和他们杂居的有使用普米、纳西、彝等语言的居民。另外过去地方志中曾提到木里地区有一种叫“虚米”的居民。日本语言学家西田龙雄在他所著《多续译语研究》第 21 页的小注中有这样一段话：“盐源、盐边的县境，旧称‘盐源九所’，地域包括：1. 木里安抚司，所属六种少数民族：喇嘛、呷迷、约古、虚迷、么些、西番。2. 瓜别安抚司……”[①]木里县使用普米语的居民自称为 phʐə̃^{55}mi^{55} “普米”，对使用藏语（康方言）的居民称 ka^{35}m^{55}“呷米”，对使用尔苏语西部方言的居民称 bu^{35}lã^{55}mi^{55}“布兰米”，对使用史兴语的居民称 ɕy^{55}mi^{55} “虚米”。因此，上述“虚米”这一名称的来源是操普米语的居民对讲史兴语的居民的称呼。

经初步分析，史兴语是藏缅语族羌语支中的一个独立语言，它受到藏语、普米语、彝语、纳西语的一些影响，吸收了上述语言的一些借词。

史兴语使用的范围较小，仅在家庭或聚居的村落中使用，外出使用普米语或汉语。史兴语内部比较一致，没有方言差别。下面根据木里县水洛乡的史兴语的材料，简要介绍其语音系统。

（一）声母

单辅音声母比较复杂，共有 52 个。列表如下：

① 引自西田龙雄《多续译语研究》，第 21 页，日本松香堂，1973 年。

p		t				k	q	
ph		th				kh	qh	
b		d				g	ɢ	
	ts		tʂ	tʃ	tɕ			
	tsh		tʂh	tʃh	tɕh			
	dz		dʐ	dʒ	dʑ			
ɸ	s		ʂ	ʃ	ɕ	x	χ	h
ß	z		ʐ	ʒ	ʑ	ɣ	ʁ	ɦ
m		n			ȵ	ŋ		
m̥		n̥						
		l						
		ɬ						
		r						
w			ɹ		j			

例词：

p	pε^{55}（ji^{55}）	漂浮	l	lε^{55}	狼	ȵ	ȵε^{35}	火
ph	phε̃^{55}	脸	ɬ	ɬe^{53}	风	ɕ	ɕε^{55}mi^{33}	虱子
b	bε^{53}	水蛭	r	rε^{55}	笑	ʑ	ʑε^{33}zi^{55}	左
m	mε^{35}	天	tʂ	tʂε^{55}	爪	j	jε^{33}zi^{55}	右
m̥	ʁo^{33}m̥ε^{55}	下身	tʂh	tʂhũ^{35}	凿	k	ke^{55}	老鹰
ɸ	ɸĩ^{55}	粮食	dʐ	dʐɑ^{35}	敌人	kh	khε^{55}	蹄
ß	ßε^{55}	牙齿	ʂ	ʂε̃^{55}	水獭	g	giε^{35}	茄子
w	wε̃^{55}ji^{55}	对，正确	ʐ	ʐy^{35}	猴子	ŋ	ŋe^{55}	我
ts	tsi^{55}	锁	ɹ	ɹuε^{35}	铜	x	xiε^{35}	金子
tsh	tshε^{33}	量（衣）	tʃ	tʃuε^{55}	汗	ɣ	ɣε̃^{35}	脖子
dz	dzε^{53}	吃	tʃh	tʃhʅ^{55}	卖	q	qε^{55}	搬
s	sε^{55}	血	dʒ	dʒuε^{35}	朋友	qh	qhε^{55}nɯi^{55}	痰
z	zε^{35}	洗	ʃ	ʃuε^{55}ji^{55}	淘气	ɢ	ɴɢε^{35}	剪

t	tiɛ^{35}	旗子	ʒ	ʒu^{55}	抢	χ	χuɛ̃^{55}jĩ^{55}	平
th	thẽ^{35}	裙子	tɕ	tɕɛ^{55}	星星	ʁ	bu^{33}ʁɛ̃^{55}	缺口
d	duɛ^{55}	线	tɕh	tɕhe^{55}sə̃^{33}	腰	h	hɛ̃^{55}hɛ̃^{33}	切
n	niɛ^{55}	奶	dʑ	dʑɛ^{55}	水	ɦ	ɦuɛ^{35}	牛
n̥	n̥i^{55}sẽ^{33}	桦树						

说明：

1. ɸ、ß 有其变体 f、v，后者主要出现在汉语借词中，读音尚不稳定，故合并于 ɸ、ß。

2. 清化鼻音只有 m̥、n̥，未发现 ȵ̊、ŋ̊，可能因记的词少（2000 左右），所以尚未出现。

3. ɢ不单独作声母，一般前面都带同部位的鼻音 N。有些音出现的频率很低，例如 ŋ、χ、ʃ 等。

复辅音声母较少，有 6 个，都是浊塞音、塞擦音前面带同部位鼻冠构成。也有少量清送气塞音、塞擦音前面带同部位鼻冠的现象，但只出现在第二音节，未发现出现在第一音节，而且第一音节往往有鼻化音或鼻音韵尾，我们把它看作是语音的连读变化，不把它看作是复辅音。例如：

喉咙	ɣɛ̃^{33}thiɛ^{35}	读作［ɣɛ̃^{33}nthiɛ^{35}］
星期	ɕĩ^{55}tɕhi^{55}	读作［ɕĩ^{55}ȵtɕhi^{55}］
半天	mɛ̃^{53}qhɑ^{33}	读作［mɛ̃^{35}ɴqhɑ^{33}］

复辅音例词：

nb	nbu^{35}	抬	nd	ndo^{55}ʁe^{55}	跛子	ng	nguɛ^{33}jĩ^{55}kĩ^{55}	答复
ɴɢ	ɴɢɛ^{35}	剪	ndʐ	ndʐi^{55}	和气	ndʑ	mɛ^{55}ndʑɑ̃^{55}	听见

（二）韵母

有单元音韵母 21 个，分两套，一套是基本元音，一套是鼻化元音。基本元音有 i、e、ɛ、ɑ、ɔ、o、u、y、ɐ、ɯ、ʅ 11 个，鼻化元音有 ĩ^{55}、ẽ^{55}、ɛ̃^{55}、ɑ̃^{55}、ɔ̃^{55}、õ^{55}、ũ^{55}、ỹ^{55}、ɯ̃^{55} 9 个，还有一个卷舌元音 əʴ。

单元音韵母例词：

i	li^{33}pu^{55}	身体	y	ly^{55}	放牧	ɛ̃	ɛ̃^{55}	绵羊
e	le^{55}mi^{33}	跳蚤	ɐ	rɐ^{35}	绳子	ɑ̃	ʂɑ̃^{55}	清（水）

ɛ	lɛ^{55}	狼	ɯ	khɯ^{35}	根	ɔ̃	rɔ̃^{35}	马
ɑ	lɑ^{55}	虎	ɿ	rɿ^{55}	牛皮	õ	dʐõ^{35}lɑ^{55}	坡
ɔ	lɔ^{55}tɕhɑ̃^{55}	歌	əʴ	dʑɑ^{33}əʴ^{55}	沟	ũ	rũ^{35}	蛆
o	lo^{35}	再	ĩ	gĩ^{55}	熊	ỹ	kuɔ̃^{55}ỹ^{33}	光荣
u	lɑ^{33}lu^{55}	规矩	ẽ	dẽ^{35}	地	ɯ̃	rɯ̃^{55}	刈（草）

单元音韵母说明：

1. 鼻音尾 ŋ 主要出现在后元音后面，但读音不稳定，经常可读成元音鼻化，故音系中一律作鼻化元音处理。

2. 基本元音中有些读得短一些，有些读得长一些，读短元音的字多半出现在高平或高降调，而且后面有喉塞尾，因未出现对立，故音系中未作长短元音处理。有少数词的元音读得较紧，与彝语支语言的紧喉音相似，但出现频率低，未发现对立，音系中也未作独立音位处理。

3. õ、ũ在许多词中可以混读，在部分词中不混，音系中分为两个音位。

4. ɯ 的实际音值接近［ɤ］，有时靠近［ə］，y 出现在唇音后的实际音值接近［ʉ］。

复元音韵母有 27 个，分两类，一类是后响的，另一类是前响的，以后响的为主，前响的很少。后响的复元音由 i、u、y 介音加主要元音构成。带 i 介音的复元音有：ie、iɛ、iɑ、iɔ、io、iu、iɯ、iɛ̃、iɑ̃ 9 个，带 u 介音的复元音有：ui、ue、uɛ、uɑ、uɯ、uɐ、uɛ̃、uɑ̃、uɔ̃、uɯ̃ 10 个，带 y 介音的复元音有：yi、ye、yɛ、yɛ̃ 4 个。前响的复元音只有 ei、ɛi、ɯi 3 个。上述各类复元音中的 ɯ 实际读音接近［ə］，故根据其实际读音来处理其复元音性质，有三合复元音 uɛi 一个。例如：

ie	bie^{35}	猪	ui	tui^{55}	骡子
uɯ̃	suɯ̃^{55}	肝	iɛ	xiɛ^{35}	金子
ue	due^{55}	浑（水）	yi	ɑ^{33}yi^{55}	哥哥
iɑ	liɑ^{55}ȵi^{33}	输	uɛ	ɹuɛ^{35}	铜
ye	hɑ^{55}lye^{33}	种子	iɔ	tɛ^{35}piɔ^{35}	代表
uɑ	ʁuɑ^{35}ly^{55}	生气	yɛ	yɛ^{33}	叶子
io	io^{55}ɕo^{55}	脾气	uɯ	guɯ^{33}yɛ^{35}	瓦板
yɛ̃	dʐɯ̃^{55}yɛ̃^{35}pũ^{35}	垃圾	iu	liu^{55}	来

uɐ	qhuɐ^{55}	角	ei	mei^{35}	沙子
iɯ	tsɿ^{33}iɯ^{33}	自由	uɛ̃	quɛ̃^{55}	哭
ɛi	tɕhi^{55}pɛi^{53}	什么	iɛ̃	tiɛ̃^{35}	电
uɑ̃	kũ^{35}tɕhi^{55}thuɑ̃^{33}	共青团	ɯi	bɯi^{35}	（绳子）断
iɑ̃	kɔ^{55}liɑ̃^{33}	高粱	uɔ̃	kuɔ̃^{55}ỹ^{33}	光荣
uɛi	tsuɛi^{55}	犏牛			

（三）声调

有 4 个声调，其调值大致如下：（1）高平 55，（2）中平 33，（3）高升 35，（4）高降 53。高降调出现在浊音中实际调值接近 341，高升调出现在全浊音中时调值接近 14，中平调在单音节词中出现的频率低，在多音节词中出现的频率较高。例如：

高平	mɛ^{55}	没有	bũ^{55}	堆	中平	mɛ̃^{33}	听	bu^{33}bu^{35}	花
高升	mɛ^{35}	天	bu$^{\sim 35}$	粗	高降	mɛ$^{\sim 53}$	日（量）	bie^{35}bu^{53}	猪崽

九　扎坝语音系

扎坝语是我国四川省甘孜藏族自治州部分藏族居民使用的一种语言。分布于道孚县扎坝乡和雅江县扎麦乡，两个乡的话差别不大，互相可以听懂。使用人数共有 7700 余人（20 世纪 90 年代估算）。扎坝语一般在家庭和村寨内使用，对外交际多使用汉语。

使用扎坝语的居民将其居住地称作 ndʐa^{33}pa^{55}，将这个地区的人称作 ndʐa^{33}pi^{55} “扎人”。按藏文写法，ndʐa^{33}pa^{55} 写作 ɦdra pa（国际音标转写，下同），扎坝乡写作 ɦdra tod（扎兑，意为“上扎”），扎麦乡写作 ɦdra smad（扎麦，意为“下扎”）。原来都是乾宁县辖区，1978 年取消乾宁县县制后，扎兑便划入道孚县，改称扎坝，扎麦划入雅江县，仍称扎麦。

扎坝语与周围语言都不相通，北部相邻地区使用道孚语（又称尔龚语），南部相邻地区使用却域语，西部和东部相邻地区通行藏语康方言。现以道孚县扎坝乡扎拖村话为代表，简要介绍扎坝语的语音系统。

一 语音

（一）声母

共 124 个，其中单辅音声母 53 个：

p、pʰ、b、m、m̥、w；f、v；ts、tsʰ、dz、s、sʰ、z；t、tʰ、d、n、n̥、l、ɬ；tʂ、tʂʰ、dʐ、ʂ、ʂʰ、ʐ；tʃ、tʃʰ、dʒ、ʃ、ʒ；tɕ、tɕʰ、dʑ、ȵ、ȵ̊、ɕ、ɕʰ、ʑ；cç、cçʰ、ɟj、j；k、kʰ、g、ŋ、ŋ̊、x、ɣ；h、ɦ。

复辅音声母 71 个：

mpʰ、mb、mts、mtsʰ、mdz、mt、md、mn、mtʂ、mdʐ、mȵ、mɟj；npʰ、nts、ntsʰ、ndz、ntʰ、nd、ntʂ、ntʂʰ、ndʐ、ntɕʰ、ndʑ、ncçʰ、nɟj、nk、nkʰ、ng；pts、ptsʰ、pt、ptʂ、ptʂʰ、pʐ、ptɕ、ptɕʰ、pcç；pʰʐ；bd、bdʐ、bʐ、bdʑ、bʑ、bɟj；fts、fs、ft、fɬ、ftʂʰ、fʂ、fɕ；vz、vn、vl、vʐ、vʑ、vɟj、vj；ʂp、ʂts、ʂt、ʂn、ʂtʂ、ʂtʃ、ʂtɕ、ʂȵ、ʂcç、ʂk；ʐd、ʐg；mbʐ。

说明：

1. 双唇塞音在 i 之前腭化，例如 sʌ³³pʰi⁵⁵“跳蚤”中的 pʰ，念 pʰj。

2. 双唇塞音作复辅音的前置辅音时只成阻，无除阻。

3. n 在 a、ə、ʌ 等元音前卷舌，例如 mʌ³³na⁵⁵“下巴”中的 n 读 ɟ。

4. ʂ、ʐ 作声母的前置辅音时常分别读若 r̥、r。ʂ 伴随有舌根擦音成分，在第二音节舌根音前常读成 x，加 ʐi³³ʂkə⁵⁵“线”中的 ʂ。ʐ 在第二音节作声母的前置辅音时读成 r，例如 ŋo³³ʐgo⁵⁵“钩”中的 ʐ。

5. 舌叶音出现频率低，多出现于 i、u 前。

6. 舌根音 k、kʰ、g 在 ʌ、ɔ、o 等元音前部位靠后，分别读成 q、qʰ、ɢ。

7. 复辅音声母有下列自由变读现象：（1）前置辅音 ʂ 加鼻音的声母读成清化鼻音，例如：ʂne⁵⁵～n̥e⁵⁵“鼻涕”、ʂȵʌ¹³～ȵ̊ʌ¹³“白天”；（2）双唇塞音后面的 ʐ 读成舌尖后塞擦音，例如：pʐʅ¹³～ptʂʅ¹³“船”、a³³pʰʐʅ⁵⁵～a³³ptʂʰʅ⁵⁵“开荒”、a³³bʐa⁵⁵～a³³bdʐa⁵⁵“安装”；（3）部分词的前置辅音可读出，也可不读出，例如：mɟji¹³～ɟji¹³“铧”、ntʰei¹³～tʰei¹³“肉”、ʂka⁵⁵～ka⁵⁵“难”。有些词根的前置辅音在第一音节中不读出，在第二音节中读出，例如：to³³（词根）-ʐɛ⁵⁵（后缀）“（我）害怕”，to⁵⁵（前缀）-ʂto⁵⁵（词根）“（我）害怕了”。

三合复辅音只有 mbʐ，常自由变读为 mbdʐ～mdʐ，例如：mbʐo^{13}～mbdʐo^{13}～mdʐo^{13} “马”。

例词：

p	pε^{55}	雪猪	pʰ	pʰa^{55}	合(多少钱)
b	ba^{13}	亲（小孩）	m	ma^{55}	兵
m̥	m̥a^{55}	梦	w	wa^{55}	瓦
f	fʌ^{13}	脓	v	va^{55}	猪
ts	tsɿ^{55}	青稞	tsʰ	tsʰɿ^{55}	十、关节
dz	dzɿ^{33}ma^{55}	假的	s	sə^{55}	狐臭
sʰ	sʰə^{55}	谁	z	zɿ^{13}	鞋
t	ti^{55}	胶	tʰ	tʰi^{55}	印章
d	di^{13}	灰尘	n	na^{33}na^{55}	黑的
n̥	n̥a^{55}n̥a^{55}	深的	l	lo^{13}	蛆
ɬ	ɬo^{55}	读	tʂ	tʂi^{55}	界线
tʂʰ	tʂʰi^{55}	叫（名字）	dʐ	dʐa^{55}	仇人、回音
ʂ	ʂʌ^{13}	露水	ʂʰ	ʂʰa^{13}	筷子
ʐ	ʐi^{55}	母牦牛	tʃ	tʃi^{55}	犬齿
tʃʰ	tʃʰu^{55}	拿去（命令式）	dʒ	kʌ^{55}dʒi^{33}	粘住
ʃ	ʃi^{55}	有、夜里	ʒ	ʒi^{13}	射、弓
tɕ	tɕi^{13}	茶	tɕʰ	tɕʰε^{13}	山羊
dʑ	dʑi^{55}	痕迹	ȵ	ȵʌ^{13}	火
ȵ̊	ȵ̊ʌ^{13}	白天	ɕ	ɕi^{55}	铁
ɕʰ	ɕʰʌ^{13}	血	ʑ	ʑi^{13}	脂肪油
cç	cço^{55}	腰	cçʰ	cçʰo^{55}	泥巴
ɟj	a^{33}ɟjo^{55}	甩、扔	j	ji^{13}	口
k	ke^{13}	（鸟）鸣	kʰ	kʰu^{55}	天
g	ge^{13}	箱子	ŋ	ŋa^{13}	我
ŋ̊	tʌ^{13}ŋ̊ə^{55}la^{33}	蔫了	x	xui^{55}	出去
ɣ	ɣu^{13}	完成	h	ha^{55}ja^{55}	铝
ɦ	ɦo^{33}lo^{55}	肩膀	m	pʰa^{55}mpʰi^{33}	困

mb	mbo^{13}	斗	mts	kə^{33}mtsi^{55}	叮
mtsʰ	mtsʰe^{55}mtsʰe^{55}	削	mdz	tə^{55}mdzɪ^{55}	飞
mt	ɕe^{55}mto^{55}	弯刀	md	mda^{55}	箭
mn	mno^{55}	豌豆	mtʂ	mtʂə^{55}	龙
mdʐ	mdʐe^{13}	米	mȵ	ȵe^{33}mȵõ^{55}	经验
mɟj	mɟji^{13}	铧	npʰ	npʰei^{55}	冰
nts	tsɿ^{33}ntsɿ^{55}	扣子	ntsʰ	sɿ^{55}ntsʰɿ^{55}	痣
ndz	ndzy^{55}ndzy^{55}	粗糙	ntʰ	a^{33}ntʰo^{55}	踩
nd	ndə^{55}	地震	ntʂ	a^{33}ntʂo^{55}	雕塑
ntʂʰ	zʌ^{13}ntʂʰʅ^{33}	姑娘	ndʐ	ndʐʅ^{55}	木头
ntɕʰ	kʌ^{13}ntɕʰi^{33}	看	ndʑ	ndʑi^{55}	打赌
ncçʰ	tə^{55}ncçʰi^{55}	卖	nɟj	tə^{55}nɟjə^{55}	变
nk	ʌ^{33}nkə^{55}	爬（树）	nkʰ	tsy^{55}nkʰʊ̃^{55}	牢
ng	ngɪ^{13}	门	pts	ptsia^{13}	鸡
ptsʰ	ptsʰu^{55}	湖	pt	tɛ^{33}ptɛ^{55}	嚼
ptʂ	ptʂu^{13}	胸	ptʂʰ	ptʂʰʌ^{13}	酒
pʐ	pʐʅ^{13}	船	ptɕ	je^{55}ptɕi^{55}	马镫子
ptɕʰ	ptɕʰo^{55}	出产	pcç	tʌ^{33}pcçe^{55}pcçe^{33}	闭（口）
pʰʐ	pʰʐʌ^{55}	氆氇	bd	dy^{55}bdy^{55}	打架
bdʐ	bdʐʅ^{33}lu^{55}	属蛇	bʐ	a^{33}bʐa^{55}	安装
bdʑ	bdʑõ^{13}	学	bʑ	bʑi^{13}	野牦牛
bɟj	o^{55}bɟjʊ^{55}bɟjʊ^{33}	（水）漩	fs	fsi^{55}	羚羊
fts	ȵa^{33}ftsa^{55}	网	ft	a^{55}fte^{55}	压
fɬ	a^{33}fɬi^{55}	扬（场）	ftʂʰ	tʂʰə^{55}ftʂʰə^{55}	幸福
fʂ	ŋʌ^{33}fʂɛ^{55}fʂɛ^{33}	摊开	fɕ	ɕi^{55}fɕi^{55}	光滑
vz	zɿ^{33}vzɿ^{55}	（手）巧	vn	a^{33}vne^{55}	关（门）
vl	vli^{55}	风	vʐ	vʐo^{13}	帽子
vʑ	vʑʌ^{13}	种子、核	vɟj	a^{33}vɟja^{55}	丢失
vj	vje^{55}	针	ʂp	ʂpi^{55}	比方
ʂts	ʂtsɪ^{55}	冬天	ʂt	ʂta^{55}	老虎

ʂn	ʂnɛ^{55}	七	ʂtʂ	ʂtʂə^{55}	星
ʂtʃ	ə^{55}ʂtʃi^{33}	挂、吊	ʂtɕ	ʂtɕi^{55}ve^{55}	面粉
ʂȵ	ʂȵʌ^{13}	白天	ʂcç	ʂcço^{13}	空闲、圈套
ʂk	ʂke^{55}	声音	ʐd	ʐdi^{55}	裤子
ʐg	ŋo^{33}ʐgo^{55}	钩	mbʐ	mbʐo^{13}	马

（二）韵母

共 39 个。其中，单元音韵母 18 个：i、ɪ、e、ɛ、a、ʌ、y、ø、u、ʊ、o、ə、ɿ；ĩ、ẽ、ɛ̃、ã、ʊ̃。

复元音韵母 21 个：ɪi、ei、ɛi、ʌi、yi、øi、ui、oi、əi、ɿi；iɛ、ia、iɛ̃；yɛ、ya、yø、yɛ̃；uɛ、ua、uʌ、uã。

说明：

1. ʌ 在 13 调单音词和声母为 t 的低调音节中读成复元音 ʌo 或 ɑo，在其他情况下读 ʌ，有时自由变读为 ʌo～ɑo。

2. ə 在舌尖辅音后读作 ɯ，例如 tə^{33}tsʰə^{55}“砍”中的 ə。

3. ɿ 在舌后辅音后读作 ʅ。

4. 鼻化元音只在汉语和藏语借词中出现。固有词中的口元音当后音节的声母带鼻冠音 n 时也鼻化，例如 a^{33}ntʰa^{55}，“编”前音节的 a 读作 ã。

5. ui 在 13 调音节中读作 uei，例如 xui^{13}“蛋”中的 ui；øi 在双唇音节后读作 uøi，例如 sʰi^{55}pøi^{13}“麦秸”中的 øi。

例词：

i	ji^{13}	口	ɪ	jɪ^{13}	房子	e	me^{55}	药
ɛ	mɛ^{55}	竹子	a	va^{55}	猪	ʌ	vʌ^{55}	到
y	tɕʰy^{55}	收割	ø	tɕø^{55}	有、在	u	tʂu^{13}	筋
ʊ	tʂʊ^{13}	草、街	o	tʂʰo^{55}	六	ə	ʂtʂə^{55}	星
ɿ	ʂtʂɿ^{55}	汗	ĩ	pʰĩ^{33}ko^{55}	苹果	ẽ	mẽ^{13}	名字
ɛ̃	pɛ̃^{55}tɪ^{55}	板凳	ã	wã^{55}	网	ʊ̃	tʰʊ̃^{13}	松树
ɪi	sɪi^{55}	三个	ei	sei^{13}	肝	ɛi	tɛi^{55}	一个
ʌi	ngʌi^{13}	九个	yi	ɕyi^{13}	年纪	øi	pʰøi^{33}pʰøi^{55}	（脉）跳
ui	tʂui^{55}	大雁	oi	tʂʰoi^{55}	六个	əi	tsʰɿ^{55}təi^{55}	十一个

ʅi	tsʰʅi^{55}	十个	iɛ	kʰiɛ^{55}nkʰiɛ^{55}	相似	ia	pia^{13}	马肚带
iɛ̃	piɛ̃^{55}ta^{33}	扁担	yɛ	ndyɛ^{13}	会（写）	ya	tʌ^{33}tya^{55}	腻
yø	syø^{55}	放牧	yɛ̃	syɛ̃^{33}pʰɛ^{55}	算盘	uɛ	ptʂʰuɛ^{55}	舒服
ua	tʂʰua^{33}tʂʰua^{55}	疮	uʌ	nguʌ^{55}nguʌ^{55}	坚固	uã	tʂuã^{55}	砖

（三）声调

3 个：即 55（53）、13（35）、33（31）。单音节词大多为 55 调和 13 调。55 调和 33 调在单音节词或多音节词的末音节中常分别念作 53 调和 31 调。少数单音节词 13 调不大稳定，可念作 31 调，例如 ptʂʅ$^{13\sim31}$ “船”、tsa$^{13\sim31}$ “斧头”。例如：

ȵa^{55}	眼睛	ȵa^{13}	咱们
dʑy^{55}	树干	dʑy^{13}	鱼
kʰa^{55}kʰa^{55}	其他	cço^{55}	腰
cço^{13}	同伴	ȵi^{55}ȵi^{55}	低
ȵi^{55}ȵi^{33}	红	kʰa^{33}kʰa^{55}	硬

13 调在多音节词中变读为 35 调，例如 kʌ^{33}ji$^{13\rightarrow35}$“种植”、zʌ$^{13\rightarrow35}$ntʂʰʅ^{33} “姑娘、女儿”。

十　贵琼语音系

分布在四川省甘孜藏族自治州康定县鱼通地区的藏族，自称 gui^{33}tɕhɔ̃^{53}，“贵琼”是他们自称的译音。他们有自己的语言，与周围的汉语、藏语不同，与羌语的差别也很大。不可能是羌语的方言。

使用贵琼语的居民约有 7000 人，大部分居住在泸定县以上大渡河两岸的台地上，少部分居住在泸定县、天全县的西北部。他们主要和汉族杂居，但又分别聚居在不同的村寨之中。他们平时在家庭或村寨里使用自己的语言，外出则使用汉语。各村寨的贵琼语比较一致，语音上稍有差别，彼此都能听懂。贵琼语属汉藏语系藏缅语族，在同语族的语言中，基本词汇和语法构造更多地接近羌语，因此划入羌语支比较合适。下面以康定县鱼通区麦苯乡的贵琼话为材料，简要介绍贵琼语语音的基本特点。

（一）声母

分单辅音声母和复辅音声母。单辅音声母有 43 个。如下：

p			t				k	q
ph			th				kh	qh
b			d				g	
		ts		tʂ	tʃ	tɕ		
		tsh		tʂh	tsh	tɕh		
		dz		dʐ	dʒ	dʑ		
	f	s		ʂ	ʃ	ɕ	x	
	v	z		ʐ	ʒ	ʑ	ɣ	
m			n			ȵ	ŋ	
			l					
			ɬ					
w						j		

例词：

p	pu^{53}	脓	n	nɔ^{35}	耳朵
tɕh	tɕhɑ^{53}	欠	ph	phu^{53}	肝
l	lɔ^{35}	倒塌	dʑ	dʑɑ^{35}	肥
b	bu^{33}	背（柴）	ɬ	ɬɔ̃^{35}	放牧
ȵ	ȵɑ^{35}	眼睛	m	mʉ^{35}	吹
tʂ	tʂi^{53}	簸箕	ɕ	ɕi^{53}	皮肤
w	wu^{55}wu^{33}	骨头	tʂh	tʂhʅ^{53}	草木灰
ʑ	ʑi^{35}ʑi^{35}	后（副词）	f	fu^{55}tɕɑ^{55}	路
dʐ	dʐʅ^{35}	是	j	ji^{55}	走，去
v	vu^{33}ȵɑ^{53}	脸	ʂ	ʂʅ^{55}	剥（皮）

k	ki^{53}	卖	ts	tsɿ^{53}	血
ʐ	ʐi^{35}	布	kh	khi^{55}	含（口）
tsh	tshɿ^{55}tshɿ^{33}	挑选	tʃ	tʃʅ^{53}	水
g	gi^{35}	甜荞	dz	dzɔ̃^{35}	话
tʃh	tʃhʅ^{55}	几（个）	ŋ	ŋi^{35}	喊
s	sɿ^{55}	磨（刀）	dʒ	dʒʅ^{35}sɛ^{55}	青冈树
x	xi^{53}	裤子	z	zi^{35}	饭
ʃ	ʃʅ^{53}	牵	ɣ	ɣi^{35}	笑
t	tũ^{35}	浇（水）	ʒ	ʒʅ^{33}tʃʅ^{55}	四十
q	qɑ^{55}	摘	th	tho^{55}	推
tɕ	tɕɑ^{55}	补（衣）	qh	qhɑ^{53}	根
d	dɔ^{35}	米			

单辅音中，老年人口语中有混合舌叶音和小舌音，年轻人口语中舌叶音经常可变读为舌尖前或舌尖后的塞擦音或擦音，小舌音变读为舌根音。

复辅音声母共 21 个。主要是由前置鼻音加基本辅音构成，前置辅音 n 与基本辅音都是同部位的，它既可以和清塞音、塞擦音相结合，也可和浊塞音、塞擦音相结合，还可和清送气塞音、塞擦音相结合。这一点与藏语或彝语支语言不同。藏语康方言及彝语支语言一般前置鼻音只和浊音相结合。例如：

np	mɔ̃^{35}npɑ^{53}	腿肚子	ntsh	ntshɿ^{35}	赢
ndʒ	ndʒʅ^{35}	磨子	nph	nphɔ̃^{35}	输
ndz	ndzɿ^{55}	松香	ntɕ	mu^{55}ntɕɔ^{35}	木匠
nb	nbu^{35}	马	ntʂ	thu^{33}ntʂʅ^{35}	同志
ntɕh	ntɕhɔ̃^{55}	跳（舞）	nt	mi^{33}ntɑ^{53}	火
ntʂh	ntʂhuɛ̃^{53}	串（量词）	ndʑ	ndʑu^{33}	变（天）
nth	nthɑ^{55}	织（布）	ndʐ	ndʐue^{35}	流
nk	pɑ^{55}nku^{55}	饱	nd	ndɑ^{55}	扔
ntʃ	dĩ^{33}ntʃʅ^{53}	船	nkh	mi^{55}nkhɔ̃^{55}	问
nts	ȵi^{33}ntsɿ^{53}	绿的	ntʃh	ntʃhʅ^{55}	挤（奶）
ng	ngɑ^{35}	脚			

（二）韵母

分单元音韵母和复元音韵母。单元音韵母有两套，一套是普通元音，有11个。一套是鼻化元音，有8个。鼻化元音出现的频率较高，没有韵尾。例如：

i	mi^{53}	闭（眼）	ø	mø^{33}xø^{53}	烟子	ɛ̃	fɛ̃^{55}ji^{33}	翻译
e	me^{53}	竹子	ʉ	mʉ^{35}	吹	ɑ̃	xɑ̃^{33}mɑ̃^{55}tsi^{53}	慢慢地
ɛ	mɛ^{53}	药	y	tsy^{55}tsy^{33}	吮	ɔ̃	mɔ̃^{35}	尸体
ɑ	mɑ^{35}xɑ̃^{53}	棉花	ɿ	ʂɿ^{55}	剥（皮）	õ	jõ^{55}kɛ̃^{53}	勇敢
ɔ	mɔ^{55}	帽	ĩ	mĩ^{33}	名字	ũ	tũ^{35}	浇（水）
o	tɕhyi^{35}mo^{55}	咳嗽	ẽ	ʃẽ^{53}	弓	ỹ	ỹ^{35}tõ^{35}	运动
u	tshø^{55}mu^{55}	侄女						

复元音韵母主要由i、u、y作介音，组成较丰富的后响复元音。结合情况列表如下：

介音＼元音	i	e	ɛ	ɑ	ɔ	o	ẽ	ɛ̃	ɑ̃	ɔ̃
i		/			/	/		/	/	
u	/	/	/	/	/		/	/	/	/
y	/	/						/		

例词：

ie	gie^{35}	好	ue	mi^{33}kue^{53}	尾巴	uɑ̃^{55}	ʃuɑ̃^{53}	锣
iɔ	sø^{55}piɔ^{53}	手表	uɛ	nguɛ^{35}	磨（面）	uɔ̃	kuə̃^{35}	量（衣）
io	tɕhĩ^{55}lio^{33}	侵略	uɑ	quɑ^{33}sɑ^{55}	喜鹊	yi	tɕhyi^{55}	种子
iɛ̃	kiɛ̃^{53}	麦芒	uɔ	ʂuɔ^{53}	柏香	ye	ye^{33}nɛ̃^{33}	越南
iɑ̃	liɑ̃^{33}khuɛ^{55}	凉快	uẽ	ji^{35}khuẽ^{55}	一捆	yɛ̃	yɛ̃^{33}tsɿ^{53}	菜园
ui	xui^{53}	牙	uɛ̃	suɛ̃^{35}	玩耍			

（三）声调

有4个声调。

（1）高平 55	me⁵⁵u⁵⁵ 再		ɳ̊i⁵⁵	天	sɿ⁵⁵	磨（刀）
（2）中平 33	me³³	不	ɳ̊i³³	鞣（皮子）	sɿ³³	事情
（3）高升 35	me³⁵	门	ɳ̊i³⁵	牛	suɛ̃³⁵	玩耍
（4）高降 53	me⁵³	竹子	ɳ̊i⁵³	金子	sɿ⁵³	糠

十一　拉坞戎语音系[①]

拉坞戎语是四川省阿坝藏族羌族自治州大金川河流域藏族居民所说的一种语言，俗称观音桥话。其分布地区，以金川县的观音桥镇为中心，向西顺俄热河（大金川河分支）通向俄热乡的一、二、三、四村；向北沿大金川河上游延伸至观音桥镇下辖的二嘎里乡，壤塘县上寨区蒲西乡斯跃武、蒲西、小伊里等村的杜柯河西岸；向南沿大金川河下游西岸延伸至观音桥镇下辖的太阳河乡麦地沟村和周山区集沐乡的业隆村，沿大金川河东岸延伸至马尔康县白湾区的木尔宗乡以及白湾乡的年克村和大石凼村。这一地区隋唐时期为东女国所在地，五代至宋、元、明先后改名为克罗斯甲布和绰斯甲布，清代在此设绰斯甲安抚司（1702 年）和宣抚司（1776 年），绰斯甲这一名称一直沿用到 1959 年才改名为金川县。

拉坞戎语使用人数不到一万人，其周边相邻语言为嘉戎语（俗称四土话）和藏语安多方言（俗称草地话）以及道孚语（亦称尔龚语或霍尔上寨语）。多数人会双语（母语加汉语）或三语（母语和汉语加四土话或草地话）。根据通话程度和语音特征，拉坞戎语可初步划分为 3 个方言，即观音桥方言、业隆方言[②]和蒲西方言[③]。

20 世纪 80 年代至 90 年代初，对拉坞戎语的语属问题有两种不同的看法：一种认为是嘉戎语的西部方言（瞿霭堂 1990，林向荣 1993），瞿文并认为嘉戎语与羌、普米等语言同属藏语支；一种认为是道孚语[④]的一种方言（孙宏开

① 本音系主要引自孙宏开等主编的《中国的语言》一书中黄布凡执笔的“拉坞戎语”。
② 业隆方言情况可参看尹蔚彬《业隆话概况》，《民族语文》2000 年第 6 期。
③ 蒲西方言分布于壤塘县蒲西乡。近期台湾学者孙天心曾调查记录其中的小伊里话。
④ “道孚语”即本书前面提到的尔龚语，下同。

1983[①]，黄布凡 1990、1991[②]），道孚语属于羌语支。黄布凡在《道孚语》一文中曾经说明，将道孚语划作道孚、格什扎、观音桥 3 个方言，只是在当时对道孚语方言土语情况尚未普查比较的条件下“根据这种语言的使用者的介绍，按照各地话互通程度的不同划分的”。近年来有过几次接触观音桥一带语言的机会，根据实地调查材料，将其词汇和带有特征的语法现象与道孚语、嘉戎语做了比较，得出新的认识，认为观音桥话是不同于道孚语和嘉戎语的独立语言，并提出根据周围地区对这一地区的习称 lavruŋ 或 lovro，将此语言称作拉坞戎语（见《观音桥话语属问题研究》[③]）。与此同时，台湾学者孙天心先生调查了马尔康县的木尔宗话，认为这种话与观音桥话同属一种语言，也认为是不同于道孚语和嘉戎语的独立语言，并提出在藏缅语族羌语支之下再分出一个嘉戎语分支，将嘉戎语、霍尔上寨语（即本文所述道孚语）与拉坞戎语平行并列于嘉戎语分支之下（孙天心 2000）。此观点得到本文作者的认同。

由于观音桥方言通行范围广，在地理位置上又是这一语言分布区的中心，接受相邻语言的影响相对要少些，因此选取这一方言作为代表[④]，介绍其语音概况。

（一）声母

1. 单辅音 44 个。

双唇	p	ph	b	m	w	唇齿	f	v				
舌尖前	ts	tsh	dz	s	z	舌尖中	t	th	d	n	ɬ	l	r
舌尖后	tʂ	tʂh	dʐ	ʂ		舌面前	tɕ	tɕh	dʑ	ȵ	ɕ	ʑ
舌面中	cç	cçh	ɟj	j		舌面后	k	kh	g	ŋ	x	ɣ
小舌	q	qh	χ	ʁ		声门	ʔ					

说明：

① 孙文的“尔龚语”即道孚语。

② 黄文中称作观音桥话。

③ 此文发表于 1999 年 11 月台北举行的藏缅语族羌语支语言及语言学研讨会，后刊《语言暨语言学》（台湾）第二卷第一期。

④ 发音合作人才朗斯基（tsherɑŋ^{55}　ɬɛˈscçə^{55}）是观音桥镇观音桥乡（grəm^{53}de）斯滔村（sthɑɣ^{55}）别斯切（bie^{55}ɬcçhe）寨人，47 岁，是金川县国土局干部。对于她的热心帮助，谨表谢忱。

（1）f、ʂ、x 单独作声母只限于汉语借词。

（2）r 有 5 个变体：单独作声母或作复辅音的基本辅音时读［ʐ］；在浊音前、后或清不送气辅音后读［r］；在清音前读［ʂ］；在清送气辅音后读［r̥］；作韵尾时读［ɹ］或［ɚ］。

（3）ʔ出现在音节首时不与其他辅音结合，出现在开音节末尾时总是伴随着高平调，因其出现环境有限，本文一律省略不标（即零声母实际有声母ʔ，高平调开音节实际带韵尾ʔ）。

例词：

p	pɑ^{53}	一切、都	ph	phæ^{55}	山
b	bɛ^{53}	泥石流	m	mə^{53}	天、雨
w	ɕo^{55}wo^{55}	白头翁（鸟名）	f	ə^{55}fən^{55}	一分
v	vɑɣ^{55}	酒	ts	tsu^{55}	紧
tsh	tshu^{55}	胖	dz	dzɛ^{55}	（狗）叫
s	sə^{53}	血	z	zə^{53}	嫩（草）
t	tɛ^{53}	清楚	th	thə^{53}	甜
d	do^{55}	滴、漏	n	nu^{53}	你、满意
l	lu^{53}	湿	ɬ	ɬæ^{55}	神
r	ræ^{53}	元根	tʂ	tʂuŋ^{55}	公平
tʂh	ə^{55}tʂhətʂhə	一点点	dʐ	dʐe^{55}le^{55}	死而复生
ʂ	ʂuɑ tsə^{55}	刷子	tɕ	tɕu^{53}	事情
tɕh	tɕhɑ^{53}	苦	dʑ	dʑə^{55}	关（门）
ȵ	ȵɑ^{55}	黑	ɕ	ɕə^{53}	青稞
ʑ	ʑɑ^{53}	游	cç	cçə^{53}	他、这
cçh	cçho^{53}	碉楼、打开	ɟj	ɟjɑɣ^{53}	腰
j	jo^{55}	守卫	k	kə^{53}	陈（油）
kh	khə^{53}	给	g	gu^{55}	背篓
ŋ	ŋæ^{53}	我	x	xuxi^{53}	回族
ɣ	ɣəm^{53}	门	q	qɑ^{53}	尖锄
qh	qho^{55}	猫头鹰	χ	χo^{53} vi	夸耀
ʁ	ʁu^{53}	头	ʔ	ʔæ^{55}mæ（写作 æ^{55}mæ）	母亲

2. 复辅音 393 个。有二合、三合、四合、五合等类型。

（1）二合复辅音 232 个。分续音前置型和续音后置型两种类型。

续音前置型：

m-　mp　mph　mb　mtsh　mdz　mt　mth　md　mn　mtɕh　mɳ̊　mkh　mg　mŋ

n-　nph　nm　nv　nts　ntsh　ndz　ns　nt　nth　nd　nl　nr　ndʐ　ntɕ　ntɕh　ndʑ　nɳ̊　nɕ　ncç　ncçh　nɟj　nj

ŋ-　ŋph　ŋv　ŋd　ŋk　ŋkh　ŋg　ŋɣ　ŋqh　ŋʁ

f-　fts　ftsh　fs　ft　fth　ftɕ　ftɕh　fɕ　fk　fkh　fq

v-　vdz　vz　vd　vl　vr　vdʑ　vʑ　vɟj　vj　vg　vɣ　vʁ

s-　sp　sph　sm　sv　st　sth　sn　sl　sr　sɳ̊　scç　scçh　sj　sk　skh　sŋ　sɣ　sq　sqh　sʁ

z-　zb　zv　zd　zl　zɳ̊　zɟj　zg　zʁ

ɬ-　ɬts　ɬtɕ　ɬk

l-　lp　lph　lb　lm　lv　ltsh　ldz　lt　lth　ld　ln　ltʂh　ltɕh　ldʑ　lkh　lg　lŋ　lɣ　lqh　lʁ

r（ʂ）-　rp　rph　rb　rm　rv　rts　rtsh　rdz　rz　rt　rth　rd　rn　rl　rtɕh　rɳ̊　rɕ　rʑ（～rdʑ）　rcç　rcçh　rɟj　rj　rk　rkh　rg　rŋ　rɣ　rq　rqh　rʁ

ɕ-　ɕp　ɕɣ

ʑ-　ʑɣ

x-　xp　xph　xts　xtsh　xs　xt　xth　xtʂ　xtɕ　xɕ　xcçh

ɣ-　ɣb　ɣm　ɣv　ɣdz　ɣz　ɣd　ɣn　ɣl　ɣr　ɣdʑ

χ-　χp　χph　χts　χtsh　χs　χt　χth　χtɕ　χtɕh　χɕ　χcç　χcçh　χk　χkh　χq

ʁ-　ʁb　ʁm　ʁv　ʁdz　ʁz　ʁd　ʁn　ʁl　ʁr　ʁdʑ　ʁɳ̊　ʁʑ　ʁɟj　ʁj

续音后置型：

-v　thv　tɕv　cçhv

-l　pl　phl　bl　kl　khl　gl　ql　qhl

-r　pr　phr　br　tsr　tshr　dzr　kr　khr　gr　qr　qhr

-j　pj　phj　bj　thj　dj

-ɣ　tɣ　dɣ

（2）三合复辅音 141 个。三合复辅音中的第一个辅音都是续音；第二个辅音有的是阻塞音（塞音、塞擦音），有的是擦音；第三个辅音可能有各种类型的辅音。

m-　mpl　mpj　mphr　mphj　mbl　mbr　mbj　mskh　mqhr

n-　nvs　nvz　nvd　nvl　ntshr　ntshj　ntshɣ　ndzr　nsph　nsv　nst　nsth　nscç　nsj　nsk　nskh　nsɣ　nzd　nzg　nɬk　nlv　nlɣ　nlʁ

ŋ-　ŋsl　ŋsr　ŋzd　ŋzʁ　ŋrp　ŋrph　ŋrts　ŋrz　ŋrcçh　ŋrd　ŋrʑ　ŋrkh　ŋrq　ŋrʁ　ŋkhl　ŋkhr　ŋgr　ŋxɕ　ŋɣb　ŋql　ŋqhl　ŋχp　ŋχt　ŋχcç　ŋʁs　ŋʁl　ŋʁr　ŋʁcçh　ŋʁj

f-　fst　fsth　fsn　fsl　fsr　fsn̥　fscç　fsk　fskh　fsɣ　fkr　fqr

v-　vzl　vzɟj　vzg　vrj　vgr　vŋg

s-　spr　sphr　spj　sphj　sthɣ　skhr　sqr　sqhr　sqhl

z-　zbl　zbr　zbj　zgl　zgr

l-　lphj　ltshɣ　ldʑɣ

r-　rphj　rbj　rsv

ɕ-　ɕkr

x-　xsn　xsl　xsr　xsj

ɣ-　ɣbj

χ-　χphr　χpj　χphj　χftsh　χtshr　χtshj　χsp　χsph　χsm　χst　χsth　χsn　χsl　χsr　χsn̥　χscçh　χthj　χrp　χrtsh

ʁ-　ʁbr　ʁmph　ʁmn̥　ʁvd　ʁvdʑ　ʁdzr　ʁzb　ʁthj　ʁrm　ʁrdz　ʁrz　ʁrd　ʁrn　ʁrn̥　ʁrʑ　ʁrj　ʁgr

（3）四合复辅音 17 个。

n-　nspr　nzbr　nzgr

ŋ-　ŋmphr　ŋvsth　ŋvsl　ŋvsr　ŋvsk　ŋvzɟj　ŋʁbj　ŋʁrkh　ŋʁrj

ɣ-　ɣmbj

χ-　χfst　χrsj

ʁ-　ʁvgr　ʁvɾɟj

（4）五合复辅音 1 个。

ʁ-　ʁvrdʑɣ

复辅音例词：

mp	mpəm^{55}tsəm^{55}	粗细	mph	mphɛ^{55}	擤（鼻涕）
mb	mbo^{55}	聋	mtsh	mtsho^{53}	湖
	mdzmdzær^{55}	钉子	mtɕ	mtɕɛmˈtu^{55}[①]	锤子
mth	mthu^{53}	（心）高	md	mdɑ^{55}zə	弓箭
mn	mnu^{53}	软	mtɕh	mtɕhə^{53}	嘴
mɲ̥	mɲ̥ælæ^{53}	田地	mkh	mkhə^{55}	烟
mg	mgəˈmgo^{53}	（桌子）上	mŋ	mŋæ^{55}	五
nph	nə-npho^{53}	自己逃走	nm	nmɑuˈmɑu^{55}	假装
nv	nvəɣ^{53}	发酵	nts	ntse^{55}ftse	跳
ntsh	ntshəˈntshə^{55}	踩（脚）	ndz	ndze^{55}	学
ns	nsə^{55}se	想（去）	nt	ntɛv^{55}tɛv	摸索
nth	nthɛ^{55}	脱（衣）	nd	ndi^{55}	留给
nl	nlɛ^{55}	开（花）	nr	nrevæ^{53}	要求
ndʐ	ndʐəru^{55}	寻找	ntɕ	ntɕɑ^{55}tɕɑ	嚼
ntɕh	ntɕhe^{55}	使用	ndʑ	ndʑe^{53}	带（东西）
nɲ̥	nɲ̥i^{55}ɲ̥i^{55}	肯	nɕ	nɕo^{55}	寄存
ncç	ncço^{53}	扔掉	ncçh	ncçhɑ^{53}	雕
nɟj	nɟju^{55}	吃亏	nj	nje^{55}	等候
ŋph	ŋphəˈmphu^{53}	性交	ŋv	ŋvə^{55}	自己来
ŋd	ŋdɛ^{55}ndɛ	相爱	ŋk	ŋkæˈkæ^{53}	分离
ŋkh	ŋkhe^{55}	垫	ŋg	ŋgə^{53}	九
ŋɣ	ŋɣɛˈvɣər^{53}	做工	ŋqh	ŋqhɛ^{53}	笑
ŋʁ	ŋʁo^{55}le	转动	fts	ftse^{53}	跳
ftsh	ftshur^{55}	靶子	fs	fse^{55}	肝

① ˈ为分音节符号。两个以上辅音或元音相连，又无声调符号隔开，音节不易划分时使用。

ft　fte^{55}　额头
ftɕ　ftɕɛ^{53}　骟（牛、马）
fɕ　fɕɛ^{53}　说
fkh　fkhi^{55}　疮
vdz　vdzu^{55}　刺儿
vd　vdə^{55}　四
vr　vrəˈvri^{53}　痕迹
vʑ　vʑe^{53}　中午、午饭
vj　vjæ^{55}　八
vɣ　vɣi^{55}　饱
sp　spi^{55}　藏
sm　smi^{53}　听见
st　stɑ^{53}　老虎
sn　sni^{53}　鼻子
sr　sru^{55}　肉
scç　scçi^{53}　三脚架
sj　sji^{55}　声音
skh　skhə^{53}　抢
sɣ　sɣə^{53}　十
sqh　sqhɛɕu^{55}　姐妹俩
zb　zbo^{55}bəm　催
zd　zdəm^{53}　云
zɳ　ɛ^{55}zɳɑ^{55}　冷杉
zg　zgi^{53}　仓库
ɬts　ɬtse^{53}　木柱
ɬk　ɬkə^{55}ɬku　一段
lph　lphɑlɑ^{55}　叶子
lm　lmi^{53}　尾巴
ltsh　ltshi^{55}　麻
lt　ltɛv^{53}　折叠

fth　fthi^{55}　发霉
ftɕh　ftɕhi^{53}　走路
fk　fkə^{55}　偷
fq　fqə^{53}　脖子
vz　vzəɣ^{55}　母犏牛
vl　vlə^{53}　孙子
vd　zvdʑə^{55}　伴儿
vɟj　vɟje^{53}　下巴
vg　vgɑu^{53}　结巴
vʁ　vʁei^{53}　赢
sph　sphi^{55}　补丁
sv　svə^{53}　脓
sth　sthɑu^{55}　蛋
sl　slæv^{55}　闪电
sɳ　sɳi^{55}　舌头、七
scçh　scçhæ^{55}　能
sk　ski^{55}　热
sŋ　sŋær^{55}　霜
sq　sqəˈsqei^{55}　妹妹
sʁ　sʁo^{55}le　使转动
zv　zvæl^{55}tɕɑ　鞭子
zl　zlæ^{55}zən^{55}　月食
zɟj　zɟje^{55}thɛ^{55}　感冒
zʁ　zʁæ^{55}　张（嘴）
ɬtɕ　ɬtɕɑɕəm^{53}　生铁
lp　lpʁɛ^{55}lpə　头皮屑
lb　lbe^{55}　尿
lv　lviu^{55}　雪
ldz　ldze^{53}　教、告诉
lth　lthə^{55}lthəm^{53}　一会儿

ld ldæve^{53} 蕨苔
ltʂh ltʂhən'tʂhən^{55} （身材）匀称
ldʑ ldʑən^{55}kəu 绿
lg lgi^{53} 啼
lɣ lɣɑu^{55} 布谷鸟
lʁ lʁu^{55} 睾丸
rph rphəm^{53} 冰
rm rme^{53} 名字
rts rtsɛ^{53} 山鹿
rdz kɛ-rdzo^{53} 刺、扎
rt rtili^{53} 黄鼠狼
rd rdəm^{53} 树条子
rl rlɛ^{55} 剥、削
rɳ rɳɑŋ^{53}bæ 旧的
rʑ rʑə^{53} 洗
rcçh rcçhe^{53} 捆、绑
rj rje^{53} 住、在
rkh rkho^{53} 冷
rŋ rŋi^{53} 膝盖、借
rq rqe^{53} 喉咙
rʁ sthɛ^{55}rʁæ^{55} 爪
ɕɣ ɕɣi^{53} 牙齿、年龄
xp xpɛ^{53} 獾（土猪子）
xts xtsi^{53} 玉米粥
xs xsəm^{53} 三
xth xthi^{55} 狐狸
xtɕ xtɕu^{55} 六
xcç xcçə'fcçhə^{55} 所有的
ɣm ɣmo^{53} 尸体
ɣdz ɣdzær^{53} 筷子

ln lni^{53} 揉（面）
ltɕh ltɕhə^{55} 子
lkh lkhɑu^{55} 肘
lŋ lŋə^{55} 羽毛
lqh lqhæl^{55} 脏
rp rpi^{53} 蜂蜜
rb rbo^{55} 水坑
rv rvi^{55} 斧头
rtsh rtshɛ^{53} 试
rz bə'rzi^{55} 刀
rth rthɑu^{53} 墙
rn rnɑluŋ^{53} 男耳环
rtɕh væ^{55}rtɕhɑu^{55} 枷
rɕ rɕɑ^{53} 推托
rcç rcçɑŋ^{55}pu^{55} 跛子
rɟj rɟjæl^{55}pu 土司
rk rki^{53} 捻（线）
rg rgɑu^{55} 粮食
rɣ rɣɛ^{55} 问
rqh rqho^{53} 皮、壳
ɕp ɕpə-ɕpə^{53}vi 模仿
ʑɣ rɟjæ'ʑɣæ^{53} 礼帽
xph xphə^{55} 斗篷
xtsh xtshəm^{55} 钩锄
xt xtəl^{53} 短
xtʂ xtʂə^{55}tsəu^{55} 算
xɕ xɕɑu^{55} 刷、剥
ɣb ɣbo^{53} 鼓
ɣv ɣvi^{53} 磨子
ɣd ɣdu^{53} 腹部

ɣz　ɣzi^{53}　鞋
ɣl　ɣlə^{53}　空气、微风
ɣdʑ　ɣdʑər^{53}　磨（米）
χph　χphɑuˈphɑu^{53}　翻身
χtsh　χtshe^{53}　急需
χt　χtə^{53}　戴
χtɕ　χtɕo^{55}　麻风病
χɕ　χɕi^{55}　青草
χcçh　χcçho^{55}me^{53}　锁
χkh　nɑ-χkhə^{55}　已交给
ʁb　ʁbo^{53}　多、洒（水）
ʁv　ʁvæ^{55}　火绒（棉花草）
ʁz　ʁzo^{53}　鼷鼠（鼷兔儿）
ʁn　ʁni^{53}　黑暗、皮口袋
ʁr　ʁru^{55}　干的、枯的
ʁɳ　ʁɳo^{53}　泥
ʁɟj　ʁɟjo^{53}　洞、穴
thv　tɕhə^{55}thvɑ^{55}　水泡
cçhv　cçhvɑ^{53}　桦树皮
phl　phlɛv^{55}　闪（电）
kl　kləm^{53}　钝
gl　glɛ^{55}　消亡、灭亡
qhl　qhlə^{53}　海龙王
phr　phrəm^{53}　白的
tsr　tsræ^{53}　窄
dzr　dzrə^{55}lu　拧（衣服）
khr　khru^{55}　床
qr　qre^{53}　（粥）稀
pj　pjæ^{53}　擦
bj　bjəm^{53}　快

ɣn　ɣnə^{55}　太阳
ɣr　ɣrəˈɣru^{53}　茎
χp　χpær^{53}　豺狗
χts　χtsə^{55}　烂
χs　χsər^{53}　炒、炸
χth　χthɛv^{53}　泡沫
χtɕh　χtɕhe^{55}　黄土
χcç　χcçə^{55}cçæ^{55}　扁的
χk　χkə^{55}ku^{55}　蜷缩
χq　χqə^{55}mkhə　后颈窝
ʁm　ʁmə^{55}　火
ʁdz　ʁdzəˈldzəu^{53}　黏
ʁd　ʁdo^{53}　商量
ʁl　ʁlə^{53}　漩涡
ʁdʑ　ʁdʑe^{55}dʑe　握（手）
ʁʑ　ʁʑuŋ^{55}læm　大路
ʁj　ʁje^{53}　绵羊
tɕv　skə^{55}tɕvær　左撇子
pl　pləm^{53}　涮洗
bl　nɛ-blɛ^{55}　沉、（日）落
khl　khlɛ^{53}　消灭
ql　phæˈqlo^{53}　山谷
pr　prɛˈvlɑ^{55}　狡猾
br　bre^{53}　绳子、响
tshr　tshrə^{53}　咸
kr　krə^{53}　劈
gr　gru^{55}　筋
qhr　qhri^{55}　犁、母牦牛
phj　phji^{53}　灰色
thj　thjæ-thjɑu^{53}　vi　打喷嚏

dj	dje^{53}	山谷、山沟
dɣ	dɣu^{55}	年、年龄
mpj	mpjæˈpju^{55}	抿、含
mphj	mphjær^{53}	美丽
mbj	mbjæˈvlɑ^{53}	玩耍
mskh	mskhə^{55}rə^{55}	熏（肉）
nvs	nvse^{55}	早晨
nvd	nvdɑ^{55}vdi	嗦
ntshr	ntshri^{55}	看
ntshɣ	ntshɣə^{55}	卖
nsph	nsphər^{55}phu^{55}	抖动、摇动
nst	nstær^{55}	痛改
nscç	nscçər^{53}	害怕
nsk	nskə^{55}	收缩
nsɣ	nsɣər^{55}	受雇
nzg	nzgo^{53}	坚持
nlv	nlvɑu^{55}	挑、扛
nlʁ	nlʁo^{55}	懒
ŋsr	ŋsræ^{55}	扫
ŋzʁ	ŋzʁæ^{55}	自己张（嘴）
ŋrts	kɛ-ŋrtsæ^{55}	生锈
ŋrz	ŋrzo^{53}	爬
ŋrd	ŋrdo^{55}	积攒
ŋrkh	rə-ŋrkhɑu^{55}	推（走）
ŋrʁ	ŋrʁæ^{53}	搓（玉米）
ŋkhr	ŋkhru^{53}	迎接
ŋxɕ	ŋxɕɑu^{55}	啃
ŋgl	və-ŋqlɑu^{55}	吞、咽
ŋχp	ŋχpoŋ^{53}khre	摔跤
ŋχcç	ŋχcçæ^{53}lɑu	癣

tɣ	tɣə^{53}	拳头
mpl	mpləm^{55}	自己涮
mphr	mphrɛ^{53}	收到
mbl	kɛ-mbliu^{55}	跨
mbr	mbrɛ^{53}	米、稻
mqhr	mqhru^{55}	脆
nvz	kə-nvzu^{55}	自己已做
nvl	nvlu^{53}	背诵
ntshj	ntshje^{55}	领、拿取
ndzr	ndzræv^{55}	吸（气）
nsv	nsvə^{53}	化（脓）
nsth	nstho^{55}tho	安装
nsj	nsjɑuˈslə^{55}	簸
nskh	nskhə^{55}	选（种）
nzd	nɛ-nzdəu^{55}	可怜
nɬk	sji^{55}nɬkəɣ^{53}pæ	声音嘶哑者
nlɣ	nlɣe^{55}	碍事
ŋsl	ŋslə^{55}	簸（米）
ŋzd	（mə^{53}）ŋzdəm^{55}	（天）阴
ŋrp	kɛ-ŋrpin^{53}	自己凝固
ŋrph	ŋrphəm^{55}	结（冰）、冻（冰）
ŋrcçh	ŋrcçhæ^{55}	咬、叼
ŋrʑ	ŋrʑə^{55}	自己洗
ŋrq	ŋrqiu^{53}	歪、斜、弯
ŋkhl	ŋkhlæ^{55}	脱（臼）
ŋgr	ŋgrɛ^{55}	排队
ŋɣb	ŋɣbu^{53}	泡胀
ŋqhl	ŋqhlɛ^{53}	出现
ŋχt	ŋχtə^{55}	自己戴
ŋʁs	ŋʁso^{55}	大声讲话

ŋʁl ŋʁlæ^{53}ge 装（病）

ŋʁcçh ŋʁcçhu^{53} 加入

fst fstu^{53} 竖立

fsn fsnə^{53} 今天

fsr fsro^{53} 珍宝项圈

fscç fscçər^{53} 使惊吓

fskh fskhə^{55} 晚、迟

fkr fkræmɛɕɛ^{53} 淘气、调皮

vzl vzlɛ^{53} 调皮

vzg vzgə^{55}gəu 吵闹

vgr vgre^{55} 长矛

spr sprɛ^{53} 安装

spj spjæ^{55}ŋgəu 狼

sthɣ sthɣə^{55} 戳

sqr sqri^{53} 界限

sqhl æ-sqhlɛ^{53} 抽、取出

zbr zbrə^{55} 羊皮船

zgl zgle^{55} 闩（门）、杠（门）

lphj ɣdə^{55}lphjæv^{55} 波浪

ldʑɣ ldʑɣæ^{53} 垂涎

rbj rə^{55}-rbjæ^{55} 到达

ɕkr ɕkrɑ^{53} 聪明

xsl xslə^{55}lɛ^{55} 扬场

xsj xsje^{53} 屁

χphr χphrə^{53} 狗熊

χphj χphji^{55} 灰

χtshr χtshru^{55} 知道、认（字）

χsp χspi^{55} 癞蛤蟆

χsm χsmær^{55} 麦芒

χsth χsthəˈsthə^{53} 传染

ŋʁr ŋʁrəlu^{53} 污垢

ŋʁj ŋʁjo^{53} 吝啬

fsth fsthir^{55} 醒

fsl fsle^{55} 哄、耽误

fsɳ sɣɛˈfsɳi^{53} 十七

fsk fski^{55} 热（饭）

fsɣ fsɣɑu^{55} 盖（房子）

fqr fqrə^{53} 圈套

vzɟj vzɟjər^{55} 损坏

vrj vrji^{53} （一）百

vŋg sɣɛˈvŋgə^{53} 十九

sphr sphrɑu^{55} 筛

sphj sphji^{55} 补（衣）

skhr skhrə^{55} 胆

sqhr sqhrɛ^{53} 木炭

zblz blæv^{53} 水蒸气

zbj zbje^{53} 薄石板

zgr zgrə^{53} 星星

ltshɣ ltshɣɑu vi^{53} 打嗝儿

rphj ə^{55}rphjəm 一轮、一遍

rsv ʁməˈrsvə^{55} 铁钩

xsn xsnə^{55} 昨天

xsr xsre^{53} 长

ɣbj ɣbjem^{55}bjæ^{55} 飞禽

χpj χpjæ^{53} 观察

χftsh χftshur^{53} 竖起的

χtshj ɑ-χtshjɑu^{55} 取出

χsph χsphəm^{55} 孵

χst χsto^{53} 显露、出现

χsn χsni^{55} 发蔫

χsl	na-χslu^{55}	已被挖	χsr	χsrə^{53}	牛皮条
χsɳ	χsɳəɳər^{55}	皱	χscçh	χscçho^{55}	锁
χthj	χthjɑu^{55}	升起、发生	χrp	χrpo^{55}rpo	拥抱
χrtsh	χrtshɛ^{55}rtshɛ	对打、互攻	ʁbr	ʁbro^{53}	公牦牛
ʁmph	sə^{53} ʁmphər	淤血	ʁmɳ	rə-ʁmɳəu^{53}	瞄准
ʁvd	ʁvdəm^{53}	横	ʁvdʑ	ʁvdʑe^{55}	共有
ʁdzr	ʁdzrə^{53}	歪、拧着	ʁzb	ʁzbɑɣ^{55}	炸（石头）
ʁthj	rə^{55}-ʁthjɑu^{55}	到达	ʁrm	ʁrmi^{55}	麻鸡
ʁrdz	ʁrdze^{55}	指甲	ʁrz	ʁrzɑɣ^{53}	豹子
ʁrd	ʁrdə^{53}	重	ʁrn	ʁrnæm^{53}ɕæ	魂
ʁrɳ	ʁrɳəm^{53}	芽儿	ʁrʑ	ʁrʑə^{53}	已洗净
ʁrj	ʁrju^{55}	痒	ʁgr	ʁgræ^{55}	敌人
nspr	nspre^{53}	讨（饭）	nzbr	nzbre^{55}	踢
nzgr	rə-nzgriu^{55}	靠	ŋmphr	ŋmphrɛˈmphrɛ^{53}	符合
ŋvsth	ŋvsthu^{55}	（打得）准	ŋvsl	ŋvslɑu^{55}	练
ŋvsr	ŋvsruŋ^{53}	保卫	ŋvsk	ŋvskɛ^{53}	爱
ŋvzɟj	fsæm^{53}bæ ŋvzɟjɑ	放心	ŋʁbj	ŋʁbjæ ɕə^{55}ɕo	滑（雪）
ŋʁrkh	ŋʁrkhæ^{55}lɑu	老茧	ŋʁrj	ŋʁrju^{53}	（马）跑
ɣmbj	ɣmbjəm^{53}	飞	χfst	χfste^{55}	堵住
χrsj	bre χsrjəɣ^{53}	跑马	ʁvgr	ʁvgre^{55}	清（水）
ʁvrɟj	ʁvrɟjəˈrɟjə^{53}	繁殖、增多	ʁvrdʑɣ	ʁvrdʑɣə^{55}	孵出

（二）韵母

1. 单元音 8 个：i、e、ɛ、æ、ɑ、o、u、ə。

说明：

（1）ɛ 音值近［ɐ］。

（2）ə 有 4 个变体：在舌尖前辅音后读［ɿ］；在舌尖后辅音后读［ʅ］；在韵尾 m 前读［ʌ］；在其他辅音后读［ə］。

例词：

i　tshi^{53}　暖和　e　tshe^{53}　寿命　ɛ　tshɛ^{53}　油漆　æ　sæ^{53}　地

ɑ tshɑ^{53} 好 o so^{53} 努力 u tshu^{55} 胖 ə tshə^{53} 打

2. 复元音 9 个：

iɑ、(uɑ)、ei、(æi)、(ui)、iu、ɑu、ou、əu。

说明：带括弧的复元音只在汉语借词中出现。

例词：

iɑ	mnəɣ^{53} liɑliɑ	红艳艳	uɑ	ʂuɑ tsə^{55}	刷子
ei	khei^{53}	细筛子	æi	tshæi tu^{53}	菜刀
ui	miɑn sui^{55}	棉絮	iu	lviu^{55}	雪
ɑu	mɑu^{53}	眼睛	ou	rpou^{53}	抱（1、双、未）①
əu	rŋə^{53}gəuˈgəu	绿油油			

3. 带辅音尾韵母共 108 个，有的可在构词和构形中出现，有的只在构形中出现。单元音和复元音都可带辅音韵尾。在构形中已带辅音韵尾的动词还可添加别的辅音韵尾，构成复辅音韵尾。构词、构形中共有 12 个单辅音韵尾，21 个复辅音韵尾（仅就现已记录的材料统计，实际数目可能还不止于此）。

说明：

（1）-s、-t 出现极少。χ 只在藏语借词中出现，对应于藏文的-g 尾。

（2）-ŋ̥ 只起使其前面的元音鼻化的作用，本身不发音。-ɣ 音值近似元音[ɯ]。-l 常与-z 自由变读。

（3）-j 主要在构形中出现，与元音韵尾-i 对立，试比较 vɣei^{53} 赢≠vɣej^{53} 赢（1、复、未）。

（4）复辅音韵尾只出现在构形中，是由原有辅音韵尾的动词加上一个表示形态成分的辅音构成。有些读音较特殊，例如 mɣ 读 [ũ]，mj 读 [ĩ]，ml 读 [mn]。有特殊读音的用方括弧加注。

例词：

ɛm	thɛm^{55}	瘦肉	æm	sræm^{53}	水獭
əm	xsəm^{53}	三	iv	sqriv^{55}	脱落的干脐带
ɛv	dʑɛv^{55}lɛ^{55}	（棍子）断	æv	tɕhæv^{53}	缝

① 简缩语：1——第一人称，2——第二人称，3——第三人称；单——单数，双——双数，复——复数；未——未完成时态，完——完成时态。

əv　jəv^{53}　睡
æt　thæt^{55}pæ ɕɛrə　头盖骨
en　ftsen^{55}　结实
æn　tʂæn^{55}　回忆
on　ftson^{55}bæ　囚犯
ən　ʑən^{55}　习惯
el　thel^{53}　喝（2、双、未）
æl　tæl^{53}　打（人）
ol　bolˈvə^{55}　蓿（一种爬地草）
əl　ftəl^{53}　征服
er　fser^{53}　牵、引
ær　mær^{53}　今晚
or　skor^{53}　院墙
ər　vər^{53}　露水
eɳ　theɳ^{53}　喝（2、复、未）
æɳ　zbjæɳ^{53}　编（2、复、未）
oɳ　rpoɳ^{53}　抱（2、复、未）
əɳ　khəɳ^{53}　给（2、复、未）
ej　thej^{53}　喝（1、复、未）
æj　zbjæj^{53}　编（1、复、未）
oj　rpoj^{53}　抱（1、复、未）
əj　khəj^{53}　给（1、复、未）
ɑŋ　brɑŋ^{53}　溜索桥
uŋ　spuŋ^{53}　草坝
eɣ　theɣ^{53}　喝（1、双、未）
ɑɣ　tsɑɣ^{53}　剁
ɑχ　nɑχtɕin^{53}　森林
uɑ　ntʂuɑn^{55}　砖
eɑ　ŋtheɑŋ^{53}　喝（1、单、未）
əml［əmn］thɛrŋəml^{53}　病（2、双、未）

ɛs　phɛs^{55}　呕吐物
in　nrpin^{55}　凝固
ɛn　tɛlɛn^{53} vi　打赌
ɑn　fsɑn^{53}　积（2、单、未）
un　khun^{55}　装（2、单、未）
il　dzil^{53}　吃（2、双、未）
ɛl　ntshɛlˈʁe^{53}　挑选
ɑl　fsɑl^{53}　积（2、双、未）
ul　khul^{55}　装（2、双、未）
ir　mir^{53}　晚上
ɛr　sɛr^{55}　虱子
ɑr　ʁɑr^{55}　（碗）口
ur　dzur^{53}　站
iɳ　dziɳ^{53}　吃（2、复、未）
ɛɳ　ŋɛɳ^{55}　是（2、复、未）
ɑɳ　fsɑɳ^{53}　积（2、复、未）
uɳ　khuɳ^{55}　装（2、复、未）
ij　nə-zbjij^{55}　编（1、复、完）
ɛj　ŋɛj^{55}　是（1、复、未）
ɑj　fsɑj^{53}　积（1、复、未）
uj　khuj^{55}　装（1、复、未）
iŋ　phiŋˈko^{53}　苹果
oŋ　rpoŋ^{53}　抱（1、单、未）
iɣ　dziɣ^{53}　吃（1、双、未）
ɛɣ　ndzɛɣ^{53}　舔（1、双、未）
əɣ　bəɣ^{55}　想（家）
iæn　tiæn^{55}　电
iɑŋ　dziɑŋ^{53}　吃（1、单、未）
əmz　nɛ^{55}-thɛ^{55}rŋəmz^{55}病（2、双、完）
əmn　thɛˈrŋəmn^{53}　病（2、单、未）

əmj	[əĩ] thɛ'rŋəmj^{53}	病（1、复、未）	əmɣ	[əũ] thɛ'rŋəmɣ^{53}	病（1、双、未）
ɛvl	ɬtɛvl^{53}	叠（2、双、未）	əvz	kɛ-ɬtəvz^{55}	叠（2、双、完）
ɛvn	ɬtɛvn^{53}	叠（2、单、未）	əvn	kɛ-ɬtəvn^{55}	叠（2、单、完）
ɛvɳ	ɬtɛvɳ^{53}	叠（2、复、未）	əvɳ	kɛ-ɬtəvɳ^{55}	叠（2、复、完）
ɛvj	ɬtɛvj^{53}	叠（1、复、未）	əvj	kɛ-ɬtəvj^{55}	叠（1、复、完）
ɑvŋ	ɬtɑvŋ^{53}	叠（1、单、未）	uvŋ	kɛ-ɬtuvŋ^{55}	叠（1、单、完）
æln	tæln^{53}	打（2、单、未）	iln	nɛ-tiln^{55}	打（2、单、完）
ærz	skærz^{55}	称（2、双、未）	irn	æ-skirn^{53}	称（2、单、完）
ærn	skærn^{55}	称（2、单、未）	ərn	nsçərn^{53}	害怕（2、单、未）
irɳ	æ-skirɳ^{53}	称（2、复、完）	ærɳ	skærɳ^{55}	称（2、复、未）
irj	æ-skirj^{53}	称（1、复、完）	ærj	skærj^{55}	称（1、复、未）
ɑrŋ	skɑrŋ^{55}	称（1、单、未）	ærɣ	skærɣ^{55}	称（1、双、未）
ɑɣv	ɬtɑɣv^{53}	叠（1、双、未）	əɣv	nɛ-ɬtəɣv^{55}	叠（1、双、完）
iɣz	nə^{55}-sə^{55}rqiɣz^{55}	弄弯（2、双、完）	ɛɣz	ndzɛɣz^{53}	舔（2、双、未）
ɑɣz	nnəvɑɣz^{55}	醉（2、双、未）	əɣz	bəɣz^{55}	想（2、双、未）
iɣn	nə^{55}sə^{55}rqiɣn^{55}	弄弯（2、单、完）	ɛɣn	ndzɛɣn^{53}	舔（2、单、未）
ɑɣn	nnəvɑɣn^{55}	醉（2、单、未）	əɣn	bəɣn^{55}	想（2、单、未）
iɣɳ	nə^{55}sə^{55}rqiɣɳ^{55}	弄弯（2、复、完）	ɛɣɳ	ndzɛɣɳ^{53}	舔（2、复、未）
ɑɣɳ	nnəvɑɣɳ^{55}	醉（2、复、未）	əɣɳ	bəɣɳ^{55}	想（2、复、未）
iɣj	nə^{55}sə^{55}rqiɣj^{55}	弄弯（1、复、完）	ɛɣj	ndzɛɣj^{53}	舔（1、复、未）
ɑɣj	nnəvɑɣj^{55}	醉（1、复、未）	əɣj	bəɣj^{55}	想（1、复、未）

（三）声调

有3个有辨义作用的声调：

高平（调值55）、高降（调值53）、低调（调值33～31）。在音节右上角标角码表示，不加角码的为低调。

高平调常自由变读为高升调（调值35），低调在词末音节时读低降调（调值31）。

不少单音节词靠高平调与高降调的对立区别意义，但在语流中它们又受语调的制约往往变读成低调；在词内低调只出现在双音节或多音节词中，靠与高调配合的不同区别意义。

开音节的高平调均伴有喉塞韵尾，因其为伴随特征，一律省略不标。例如：

phæ^{55}	山	phæ^{53}	猪	bre^{55}	马
bre^{53}	响、绳子	χtshətshə^{53}	碰撞	χtshə^{55}tshə	打架
skhə^{55}khə^{55}	推迟	skhə^{55}khə	后面		

在语流中变调。例如：

ŋæ^{53}　mnəɣ^{53}tə（<tə^{53}）ŋvskaŋ^{55}，　cçə^{53}ŋ̣a（<ŋ̣a^{55}）

我　　红（定指）　　喜欢　　　他　　　黑

tə^{53}ŋvskɛ（<ŋvskɛ^{55}）

（定指）　　喜欢

我喜欢红的，他喜欢黑的。

十二　却域语音系

却域语是分布在四川省甘孜藏族自治州雅江、道孚、新龙、理塘等县部分地区的藏族居民使用的一种语言，大约有 20000 人。从目前我们掌握的语言材料来看，这种语言既不是当地藏语，也不是木雅语和尔龚语，而是一种独立的语言。它属于汉藏语系藏缅语族，与同语族羌语支的羌语、普米语等比较接近，可以同划为一个语支。

却域语是上述县内部分地区藏族人民的主要交际工具，其中大多数中青年人兼通当地藏语，还会讲汉语。

现根据四川省甘孜藏族自治州雅江县团结乡却域语的材料，简要介绍却域语的语音情况。

（一）声母

分单辅音声母和复辅音声母。

1. 单辅音声母有 44 个。

p			t			k	q
ph			th			kh	qh
b			d			g	
		ts		tʂ	tɕ		
		tsh		tʂh	tɕh		
		dz		dʐ	dʑ		
m̥			n̥		ȵ̊	ŋ̊	
m			n		ȵ	ŋ	
			l				
			r				
	f	s	ɬ	ʂ	ɕ	x	h
		z		ʐ	ʑ	ɣ	ɦ
w					j		

例词：

p	pe^{53}	尿	ph	phi^{53}	灰（草木灰）	b	bu^{55}	肚子
m̥	m̥ɯ^{53}	人	m	mu^{53}	弟弟	w	we^{55}	猪
f	fə̃^{55}	面粉	ts	tsɛ^{35}	他	tsh	tshɛ^{53}	山羊
dz	dzi^{35}	是	s	sai^{53}	血	z	zi^{35}	男人
t	tu^{35}	毒	th	thõ^{55}	肉	d	du^{35}	手镯
n̥	n̥u^{53}	敢	n	nu^{53}	牛奶	l	le^{55}	土地
r	ri^{53}	撕	ɬ	ɬai^{55}	跳蚤	tʂ	tʂɛ^{53}	土
tʂh	tʂhɛ^{53}	鹰	dʐ	dʐʅ^{53}	翅膀	ʂ	ʂa^{53}	小麦
ʐ	ʐũ^{35}	鱼	tɕ	tɕi^{53}	腰	tɕh	tɕhɯ^{53}	狗
dʑ	dʑɨ^{35}	裤子	ȵ̊	ȵ̊e^{53}	穗子	ȵ	ȵe^{35}	你
ɕ	ɕə^{53}	走	ʑ	ʑɨ^{35}	水	j	jɛ^{55}	房子
k	ku^{53}	牙	kh	kho^{53}	声音	g	gi^{35}	马
ŋ̊	ŋ̊ua^{55}	吠	ŋ	ŋa^{35}	我	x	xo^{53}	头
ɣ	ɣa^{35}	门	q	qo^{55}	钥匙	qh	qhɛ^{53}	屎
h	hõ^{55}tõ^{55}	膝盖	ɦ	ɦõ^{35}	鹅			

说明：

（1）擦音 s 和 ɕ 发音时气流较强，音值近似送气的［sh］、［ɕh］，但两者并不对立。

（2）辅音 l 有些清化，在部分固有词中与 ɬ 可以自由变读。

（3）辅音 r 和 ʐ 可以自由变读，如 ri^{35} / ʐi^{35} “山”；但出现在第二个音节时只能发 r 音，例如 thõ^{55}rə^{53} “喝”。

（4）鼻音 n 与 ȵ 与高元音 i 相拼时，可以自由变读，例如 a^{55}ni^{55} / a^{55}ȵi^{55} “伯母”。

（5）擦音 x 与 h 是对立的音位，h 多出现在藏语借词中。

（6）浊擦音 ɦ 虽然只出现在高升调里，但与 ɣ 对立。

2. 复辅音声母有 9 个，分两种结构形式：一种是鼻音与同部位的浊塞音、浊塞擦音结合而成，例如 mb、ndz、nd、ndʐ、ȵdʑ、ŋg；另一种是以双唇塞音 p、ph、b 作为基本辅音与擦音 ʐ 结合而成，例如 pʐ、phʐ、bʐ，后置辅音 ʐ 出现在 p、ph 后面的实际音值为 ʂ。

例词：

mb	mbu^{35}	锥子	ndz	ndze^{53}	钉子
nd	ndɐ^{35}	箭	ndʐ	ndʐɛ^{35}	米
ȵdʑ	ȵdʑɐ^{35}	虹	ŋg	ŋgɐ^{35}tə^{53}	铁墩
pʐ	pʐɐ^{35}rə^{53}	（马）打滚	phʐ	phʐɐ^{53}	核仁
bʐ	bʐõ^{35}	蛆			

（二）韵母

分单元音韵母和复元音韵母。

1. 单元音韵母有 22 个，分口元音和鼻化元音两类：

i ɿ y e ø ɛ ə ɐ a o u ɯ ɨ ĩ ỹ ẽ ø̃ ɛ̃ ə̃ ã õ ũ

例词：

i	tɕi^{53}	腰	ɿ	tshɿ^{53}	盐	y	tɕy^{35}	拧
e	tɕe^{53}	生（小孩）	ø	tɕø^{53}	沸（水）	ɛ	ʂɛ^{35}	鞍子
ə	ɕə^{53}	走	ɐ	ɕɐ^{53}	利息	a	ʂa^{53}	小麦
o	xo^{53}	头	u	xu^{53}	雨	ɯ	mɯ^{55}	天

ɨ	dʐɨ^{35}	裤子	ĩ	xĩ^{55}xĩ^{55}	深	ỹ	tỹ^{35}	事情
ẽ	ɳẽ^{55}pi^{33}	旧的	ø̃	tʂhỹ^{33}tʂhø̃^{53}	横	ɛ̃	ɬɛ̃^{35}	工钱
ə̃	ɦə̃^{35}ɳe^{55}	咱们	ã	dzã^{55}	桥	õ	ʐõ^{35}tʂa^{53}	甜荞
ũ	ʐũ^{35}	鱼						

说明：

（1）元音ɿ与ts、tsh、dz、ndz、s、z等辅音相拼时为舌尖元音［ɿ］，与tʂ、tʂh、dʐ、ndʐ、ʂ、ʐ和r等辅音相拼时为元音［ʅ］。

（2）央元音ɨ虽然只与舌面前塞擦音和擦音相拼，但与i对立。

（3）元音a实际音值为［A］，与舌根或小舌辅音相拼时，舌位靠后，音值近似［ɑ］。

（4）ɐ、ɯ没有与之相对应的鼻化元音，元音ɯ出现频率高，几乎能和所有辅音相拼。

（5）有少量的元音韵尾，但没有辅音韵尾。

2. 复元音韵母分二合元音和三合元音两类：二合元音有 11 个，又分前响和后响两种：前响的有ei、ɛi、ai、əu、au 5个，后响的有ui、ue、uɛ、uɐ、ua、yɛ 6个；三合元音只有uei和iau 2个。其中前响的二合元音和三合元音在固有词中出现不多，主要出现在藏语和汉语借词中。

例词：

ui	kui^{53}	炭	ue	tʂhue^{53}	弄断	uɛ	tʂuɛ^{35}	哭
uɐ	khuɐ^{35}	要	ua	xua^{53}	老鼠	yɛ	ɬə^{35}tʂhyɛ^{53}	赶
ei	tə^{35}dzei^{55}	滴	ɛi	qɛi^{53}	脖子	ai	sai^{53}	血
əu	tsa^{55}tsəu^{33}	剁（肉）	au	wã^{55}tau^{55}	弯刀			
uei	ʂuei^{35}	扫帚						
iau	tai^{35}piau^{55}	代表						

（三）声调

有高平、高降、高升、中平 4 个调。

高平调 55	ma^{55}	酥油	ɕi^{55}	虱子	高降调 53	ma^{53}	妈妈	ɕi^{53}	蒜苗
高升调 35	ma^{35}	不	ɕi^{35}	有	中平调 33	ma^{33}	麻	ɕi^{33}	席

（四）音节结构

音节结构比较简单，有 6 种类型。以 F 代表辅音，Y 代表元音，例如：

（1）Y	$a^{55}ji^{33}$	祖父	（2）FY	$ŋa^{35}$	我
（3）FYY	kui^{53}	炭	（4）FYYY	$ʂuei^{35}$	扫帚
（5）FFY	$ndɐ^{35}$	箭	（6）FFYY	$ndzɛi^{35}$	麻风

说明：

① 却域语的每个音节都伴随一个声调。

② 第（2）、（3）、（5）这三种形式是主要的，出现频率很高，约占 75%。第（1）和第（4）这两种形式是次要的，出现频率不高，约占 20%。

③ 第（6）种形式出现频率最低，约占 5%，而且大多数出现在借词中。

第三章
羌语支语法专题研究

羌语支语言有丰富的语法范畴，大都用词缀（前缀和后缀）、词根屈折形态、重叠以及虚词等语法形式表达。本章以羌语支语言资料为主，比较若干羌语支语言的重要语法现象。为了深入讨论语法范畴的共有现象，排比资料兼及藏缅语族其他语言的，也尽可能列出，并加以比较说明。

一　名词的人称领属范畴

我国藏缅语族的部分语言中，名词有人称领属范畴，其中包括羌语支的嘉戎、尔苏等语言。构成人称领属范畴，是将人称代词的缩减形式作词头，加在亲属称谓或其他名词的前面，表示人称领有。

值得提到的是，这一语法现象是我国著名语言学家罗常培早在 1942 年就已经发现了。当时他去云南西部地区调查少数民族语言，在国立大理师范学校遇到了从我国云南西部边境贡山县四区来学习的孔志清（独龙族）[①]，就抽暇调查记录了他的语言。后来，罗先生在昆明整理发表了《贡山俅语初探》的油印稿。罗先生在该文中叙述了“表示主位人称的动词词头或词尾”以后，接着说：“人称代词的缩减形式也可用以做表示领位的

① 俅语即独龙语，国外称 Rawang，解放前汉文记载把分布在缅甸北部及我国云南西部地区的独龙族称为俅人。解放后经国家正式识别，征求本民族意愿，并根据本民族自称（tɯ³¹⇌ŋu⁵³），定名为独龙族。于 1956 年 10 月，成立了贡山独龙族怒族自治县，孔志清同志是该县第一任县长。

词头”①。由于当时条件的限制，罗先生仅举了两个很简单的例子，未能就此问题展开深入的探讨。

解放后，随着我国少数民族语言普查工作的全面展开，我们曾对藏缅语族尤其是羌语支的语言多次进行深入的调查研究。本专题拟就我国部分藏缅语中人称领属范畴的基本特点以及各语言间的异同情况，作简要介绍。

人称领属范畴的基本特点

下面以独龙语为例，分析人称领属范畴的构成、语法意义、语音特征及用法。

1. 人称领属范畴的构成

用单数人称代词的缩减形式或变式作亲属称谓名词或其他名词的词头。词头与人称代词之间有明显的对应关系，试列表比较如下：

人　称	单数　　人称代词	词　　头
一	ŋɑ^{53}　　我	ɑ^{31}
二	nɑ^{53}　　你	nɯ^{31}
三	ǎŋ^{53}　　他	ɑŋ^{31}

第一人称。加词头ɑ^{31}
ɑ^{31}pǎi^{53}（我或我们的）父亲　ɑ^{31}mǎi^{53}（我或我们的）母亲
ɑ^{31}kɯ^{53}（我或我们的）舅舅　ɑ^{31}kɑŋ^{53}（我或我们的）祖父
ɑ^{31}kǎŋ^{53}（我或我们的）外甥　ɑ^{31}tɕ m^{55}（我或我们的）婶母
ɑ^{31}tɕǐ^{55}（我或我们的）山羊　ɑ^{31}mɹɑ^{55}（我或我们的）土地

第二人称。
nɯ^{31}pi^{55}（你或你们的）外祖母
nɯ^{31}pǎi^{55}（你或你们的）父亲
nɯ^{31} ǎŋ^{53}（你或你们的）伯伯、叔叔
nɯ^{31}kɑŋ^{53}（你或你们的）祖父

加词头 nɯ^{31}　nɯ^{31}sǎŋ^{53}（你或你们的）外甥　nɯ^{31}m⇌ɑ^{55}（你或你们的）土地
nɯ^{31}tɕit^{55}（你或你们的）山羊　nɯ^{31}kɯ^{53}（你或你们的）舅舅

① 罗常培：《贡山俅语初探》，载北京大学《国学季刊》第 7 卷第 3 期，第 317—318 页。

第三人称。加词头ɑŋ^{31}

ɑŋ^{31}mǎi^{53}（他或他们的）母亲
ɑŋ^{31}pǎi^{53}（他或他们的）父亲
ɑŋ^{31} kɯ^{53}（他或他们的）舅舅
ɑŋ^{31}wɑŋ^{53}（他或他们的）伯伯、叔叔
ɑŋ^{31}ni^{53}（他或他们的）姑母，舅母
ɑŋ^{31}sǎŋ^{53}（他或他们的）外甥
ɑŋ^{31}tɕǐt^{55}（他或他们的）山羊
ɑŋ^{31}mɹɯ^{55}（他或他们的）土地

2. 人称领属范畴的意义及用法

名词加人称领属词头以后，除了表示各人称领有的语法意义外，还表示说话者对该人或动物或其他事物带有尊敬、亲昵、可爱、赞许或亲切的感情。如对亲属称谓名词的长辈，加词头后带有尊敬或亲切的感情，对晚辈，则带有赞许、亲昵的感情，对其他事物，如上例中的“山羊”，则带有可爱或内心喜爱的感情。

加人称领属词头的代词在句子中使用时，仍可再加人称代词，但所加的人称代词（单数、双数、复数均可）必须和词头所表示的人称相一致。例如：

第一人称

ŋɑ^{53} ①③(或ǐŋ^{55}ne^{55}、ǐk^{55})ɑ^{31}pǎi^{53}　　我（或我俩、我们）的父亲
我　我俩　我们　（词头）父亲

ŋɑ^{53}(或ǐŋ^{55}ne^{55}、ǐk^{55})ɑ^{31}wǎŋ^{53}　　我（或我俩、我们）的伯伯、叔叔
我　我俩　我们（词头）伯伯、叔叔

ŋɑ^{53}(或ǐŋ^{55}ne^{55}、ǐk^{55})ɑ^{31}tɕǐt^{53}　　我（或我俩、我们）的山羊
我　我俩　我们（词头）山羊

① 独龙语人称代词有格范畴，此处应用领格形式，但独龙语单数、双数的领格形式使用时已不严格，仅在老年口语中保留较完整，此处不用也可，但复数人称代词必用。如：

格	第一人称	第二人称	第三人称
主格	ǐŋ^{55} 我们	nɯ^{55}nǐŋ^{55} 你们	ǎŋ^{55}nǐŋ^{55} 他们
领格	ǐk^{55} 我们的	nɯ^{55}nǐk^{55} 你们的	ǎŋ^{55}nǐk^{55} 他们的

第二人称
nɑ^{53}(或 nɯ^{31}ne^{55}、nç^{31}nǐk^{55})nɯ^{31}pǎi^{53}　你（或你俩、你们）的父亲
你　　你俩　　你们　　（词头）父亲
nɑ^{53}(或 nɯ^{31}ne^{55}、nɯ^{31}nǐk^{55})nɯ^{31}kɯ^{35} 你（或你俩、你们）的舅舅
你　　你俩　　你们　　（词头）舅舅
nɑ^{53}(或 nɯ^{31}ne^{55}、nɯ^{31}nǐk^{55})nɯ^{31}sǎŋ^{53} 你（或你俩、你们）的外甥
你　　你俩　　你们　　（词头）外甥

第三人称
ǎŋ^{53}(或ǎŋ^{55}ne^{55}、ǎŋ^{55}nǐk^{55})ɑŋ^{31}mǎi^{53}　他（或他俩、他们）的母亲
他　　他俩　　他们　（词头）母亲
ǎŋ^{53}(或ǎŋ^{55}ne^{55}、ǎŋ^{55}nǐk^{55})ɑŋ^{31}ni^{53} 他(或他俩、他们）的姑母、舅母
他　　他俩　　他们　（词头）姑母、舅母
ǎŋ^{53}(或ǎŋ^{55}ne^{55}、ǎŋ^{55}nǐk^{55})ɑŋ^{31}tɕǐt^{55}　他（或他俩、他们）的山羊
他　　他俩　　他们　（词头）山羊

3. 人称领属词头的语音特征

从前面的比较可以看出，人称领属词头是由人称代词演变而来，第一人称领属词头是人称代词的韵母，第二人称是将人称代词的韵母由ɑ变ɯ，声调由高降变低降，第三人称代词的主要元音由短变长①，声调由高平变低降。

此外，人称领属词头与人称代词相比，总的来看，语音上还有：读音轻、音调低、音时短、音色模糊的特征。因此，在实际语言里，由于词头带有明显的语音特征，是比较容易辨别的。

上述比较告诉我们，构成人称领属范畴的词头，尽管与人称代词有明显的对应关系，有的甚至在语音上区别不大，但是，它已经不是单纯的人称代词。首先，它们不能像代词那样独立使用，在句子中充当句子成分；其次，它们仅给名词以附加意义；第三，加了人称领属词头的名词仍可再加领属代词；第四，语音上具有词头的明显特征。

各语言人称领属范畴的比较

藏缅语中，有不少语言有在名词前加人称领属词头，构成人称领属范

① 独龙语的构词或构形中，都用元音长短区别意义。独龙语的词头，不管构词的词头或构形的词头，韵母主要元音都不分长短，此处的ɑŋ^{31} 实际读音并不长，因词头不分长短，故不标短元音符号。

畴的。但更多的语言仅有这一范畴留下的遗迹。下面就独龙语、怒苏语、尔苏语①、达让僜语、嘉戎语中的人称领属范畴的构成及其基本特点作一简要比较。

1. 各语言构成人称领属范畴的词头基本一致，它们之间有明显的语音对应关系。如：

语言 人称	独龙语	怒苏语	尔苏语	达让语	嘉戎语
一	ɑ^{31}—	ʔɑ^{31}—或 jɑ^{35}—	ɑ^{55}—	ɑ^{31}	ŋə—, ŋɑ—
二	nɯ^{31}—	n̥o^{31}	n̥ɑ^{55}—	nɑ^{55}—	nə—, nɑ—
三	ɑŋ^{31}—	ʔn̥o^{31}—	tɕhɑ^{55}—	—	wə—, wɑ—

上表有两点说明：第一，嘉戎语的词头有两套，主要是因为嘉戎语的名词很多都带有构词词头，当该名词不带词头或带有 tɑ-词头时，表人称领属范畴时，则加 ŋə—、nə—、wə—领属词头，当该名词已带有 tɑ—词头时，则加 ŋɑ—、nɑ—、wɑ—领属词头。第二，达让语人称领属范畴仅有第一、二人称两种形式，无第三人称形式。它们加在名词前，表示的语法意义和前面独龙语的情况大致相同。试举例比较如下：

第一人称：

独龙语：　ɑ^{31}pǎi^{53}（我）父亲　　ɑ^{31}kɯ^{53}（我）舅舅
　　　　　ɑ^{31}mǎi^{53}(我)母亲

怒苏语：　ʔɑ^{31}bɑ^{31}（我）父亲　　ʔɑ^{31}phɯ^{53}（我）舅舅
　　　　　ʔɑ^{55}m^{31}（我）母亲
　　　　　jɑ^{35}bɑ^{31}　　ʔɑ^{31}phɯ^{53}
　　　　　jɑ^{35}m^{31}

① 尔苏语或称多续语，分布在我国四川省凉山彝族自治州的甘洛、越西、冕宁、木里，雅安地区的汉源、石棉，甘孜藏族自治州的九龙等县，操此语者约二万人。嘉绒语人称领属范畴的详细情况，请参阅金鹏等：《嘉绒语梭磨话的语音和形态（续）》，载《语言研究》1958 年第 3 期，第 77 页。本文部分材料引自该文。嘉绒语无声调。

尔苏语：　ɑ^{55}hɑ^{55}（我）父亲　　ɑ^{55}n̥ɑ^{55}（我）舅母
　　　　　ɑ^{55}mɑ^{55}（我）母亲
达让语：　ɑ^{31}bɑ^{35}（我）父亲　　ɑ^{31}kɑu^{53}（我）舅舅
　　　　　ɑ^{55}mɑ^{55}（我）母亲
嘉戎语：　ŋɑpɐ（我）父亲　　ŋɑku（我）舅舅
　　　　　ŋəmo（我）母亲
　　　　　第二人称：
独龙语：　nɯ^{31}pǎi^{53}（你）父亲　　nɯ^{31}kɯ^{53}（你）舅舅
　　　　　nɯ^{31}mǎi^{53}（你）母亲
怒苏语：　n̥o^{31}bɑ^{31}（你）父亲　　n̥o^{31}phɯ^{35}（你）舅舅
　　　　　n̥o^{31}m^{31}（你）母亲
尔苏语：　n̥ɑ^{33}bɑ^{55}（你）父亲　　n̥ɑ^{55}n̥ɑ^{55}（你）舅母
　　　　　n̥ɑ^{55}mɑ^{55}（你）母亲
达让语：　nɑ^{55}bɑ^{35}（你）父亲　　nɑ^{55}bɑu^{35}（你）舅舅
　　　　　nɑ^{55}mɑ^{55}（你）母亲
嘉戎语：　nɑpɐ（你）父亲　　nɑ　ku（你）舅舅
　　　　　nə mo（你）母亲
　　　　　第三人称：
独龙语：　ɑŋ^{31}pǎi（他）父亲　　ɑŋ^{31}kɯ^{53}（他）舅舅
　　　　　ɑŋ^{31}mǎi^{53}（他）母亲
怒苏语：　ʔn̥o^{31}bɑ^{31}（他）父亲　　ʔn̥o^{31}phɯ^{35}（他）舅舅
　　　　　ʔn̥o^{31}m^{31}（他）母亲
尔苏语：　tɕhɑ^{55}bɑ^{55}（他）父亲　　tɕhɑ^{55}n̥ɑ^{55}（他）舅母
　　　　　tɕhɑ^{55}mɑ^{55}（他）母亲
嘉戎语：　wɑpɐ（他）父亲　　wɑku（他）舅舅
　　　　　wəmo（他）母亲

2. 各语言构成人称领属范畴的词头，都与本语言的人称代词有密切关系。比较如下：

语言	独龙语		怒苏语		尔苏语		达让语	
代词与词头人称	代词	词头	代词	词头	代词	词头	代词	词头
一	ŋɑ⁵³	ɑ³¹	ŋɑ³⁵	ʔ ɑ⁵⁵,jɑ³⁵	ɑ⁵⁵	ɑ⁵⁵	xɑŋ³⁵	ɑ³¹
二	nɑ⁵³	nɯ³¹	n̥o⁵⁵	n̥o³¹	nɛ⁵⁵	n̥ɑ⁵⁵	n̥oŋ³⁵	nɑ⁵⁵
三	ǎŋ⁵³	ɑŋ³¹	ʔn̥o⁵⁵	ʔn̥o³¹	tɕhɛ⁵⁵	tɕhɑ⁵⁵	tɕhɛ⁵⁵	—

从各语言单数人称代词与领属词头的比较中，可以明显看到，人称领属的词头都来自人称代词，仅在语音上发生了一定变化。由于各语言的人称代词有同源关系，因此，由人称代词演变而来的词头，也有明显的对应。藏缅语中，不少语言的第三人称代词往往来源于指示代词“这”、“那”或名词“人”、“别人”，因此，各语言由于来源不同，因而表现在词头上也有较大区别。

各语言带人称领属词头的名词，前面仍可再加人称代词。有格范畴的语言，一般都用领格人称代词。例如：

怒苏语：

第一人称：ŋe³⁵（或 ŋe³⁵dɯ³¹e³¹）jɑ³⁵m³¹　我（或我们）的母亲
　　我　　我们　　（词头）母亲

第二人称：ne⁵⁵e³¹（或n̥o³¹dɯ³¹e³¹）n̥o³¹m³¹　你（或你们）的母亲
　　你　　你们　　（词头）母亲

第三人称：ʔne⁵⁵e³¹（或ʔn̥o³¹dɯ³¹e³¹）ʔn̥o³¹m³¹　他（或他们）的母亲
　　他　　他们　　（词头）母亲

尔苏语：

第一人称：ɛi⁵⁵（或ɑ⁵⁵rəi⁵⁵）ɑ⁵⁵mɑ³³　我（或我们）的母亲
　　我　　我们　（词头）母亲

第二人称：ni⁵⁵（或 nɛ⁶⁵rəi⁵⁵）n̥ɑ⁵⁵mɑ⁵⁵　你（或你们）的母亲
　　你　　你们　　（词头）母亲

第三人称：thi^{55}（或 thɛ^{55}rəi^{55}）tɕhɑ^{55}mɑ^{55}　他（或他们）的母亲
　　　　　他　　他们　　（词头）母亲

达让语：

第一人称：xɑŋ^{35}（或 ŋ^{55}tɕu^{31}）ɑ^{31}mɑ^{55}　　我（或我们）的母亲
　　　　　我　　我们　　（词头）母亲

第二人称：n̥oŋ^{35}（或ɑ^{31}ne^{55}tɕu^{31}）nɑ^{55}mɑ^{55}　你（或你们）的母亲
　　　　　你　　你们　　（词头）母亲

3. 独龙语、怒苏语、尔苏语、达让语中的人称领属词头都无“数”的区别，当带词头的名词在句中单独出现，前面并无人称代词领有时，其包含单数的语法意义，当其前面被相应的双数或复数人称代词领有时，其“数”与领有的人称代词相一致。但嘉戎语的情况不同，不仅有单数人称领属词头，而且有双数和复数。双数、复数的领属词头与双数、复数人称代词相一致。

带领属词头的名词在句中使用时，若再被人称代词所领有，则人称代词不仅其人称需和领属词头相一致，而且“数”也要一致。例如：

单数第一人称：ŋɑ　ŋə　mo　我的母亲　ŋɑ　ŋɑ　ku　我的舅舅
　　　　　　　我（词头）母亲　　　　　我（词头）舅舅

单数第二人称；no　nə　mo　你的母亲　no　nɑ　ku　你的舅舅
　　　　　　　你（词头）母亲　　　　　你（词头）舅舅

单数第三人称：mə　wə　mo　他的母亲　mə　wɑ　ku　他的舅舅
　　　　　　　他（词头）母亲　　　　　他（词头）舅舅

复数第一人称：jo　　　咱们　　jo　　　咱们
　　　　　　　ŋən̥ie　ji　mo 我们的母亲　ŋən̥i　jɑku　我们的舅舅
　　　　　　　（词头）　母亲　　（词头）　舅舅

复数第二人称：n̥o　n̥i　mo　你们的母亲　n̥o n̥ɑ　ku　你们的舅舅
　　　　　　　你们（词头）母亲　　　　你们（词头）舅舅

复数第三人称：men̥ie　ni　mo 他们的母亲　men̥iE　nɑ　ku 他们的舅舅
　　　　　　　他们（词头）母亲　　　　他们（词头）舅舅

双数一、二、三人称；nʤo　咱俩或你俩　nʤo　咱俩或你俩
　　ŋənʤɐ　nʤəmo　我俩的母亲　ŋənʤɐ　nʤɐku　我俩的舅舅
　　mənʤɐs　　他俩　　mənʤɐs　　他俩

4. 人称领属范畴在怒苏语、尔苏语、达让语主要用在亲属称谓名词的前面，而且长辈的居多。独龙语中除了用在亲属称谓名词前外，还可用在少量动物名词及个别非生物名词的前面。嘉戎语用得比其他语言要更广泛一些，它除了加在亲属称谓名词前面外，还可以普遍地加在动物名词和非生物名词的前面。例如：

ŋɑ ŋəpɑk	我的猪	ŋɑ ŋəthɑ	我的书
ŋɑ ŋɑmɑ	我的活儿		
no ŋəpɑk	你的猪	no ŋəthɑ	你的书
no nɑmɑ	你的活儿		
mə wəpɑk	他的猪	mə wəthɑ	他的书
mə wɑmɑ	他的活儿		
jo jipɑk	咱们的猪	jo jithɑ	咱们的书
jo jɑmɑ	咱们的活儿		
ŋən̥iE jipɑk	我们的猪	ŋən̥iE jithɑ	我们的书
ŋən̥iE jɑmɑ	我们的活儿		
n̥o n̥ipɑk	你们的猪	n̥o n̥ithɑ	你们的书
n̥o n̥ɑmɑ	你们的活儿		
n̥on̥iE n̥ipɑk	他们的猪	mən̥iE n̥ithɑ	他们的书
mən̥iE n̥ɑmɑ	他们的活儿		

与人称领属范畴有关的两个问题

1. 人称领属范畴在亲属语言中的遗迹

藏缅语中，名词有领属范畴的语言，相对来说，往往是发展得比较缓慢，保留原始特征较多的一些语言。现在多数藏缅语的名词已经设有领属范畴了，但是有少数藏缅语中，仅保留了人称领属范畴第一人称的词头和第二人称的词头，其使用范围已大大缩小。如傈僳语中仅在少数长辈亲属称谓名词前，可以加表示第二人称的领属词头 na^{44}①。但第一人称的领属词头ɑ-却可以广泛地加在各类名词的前面。例如：

① 详见木玉璋：《谈谈傈僳语中的词头ɑ-》，载《民族语文》1982 年第 2 期，第 47 页。

第一人称：ɑ^{44}pɑ^{44}（我的）祖母　　ɑ^{44}vu^{33}（我的）舅舅

ɑ^{44}ɣo^{33}（我的）叔叔

第二人称：nɑ^{44}pɑ^{44}（你的）祖母　　nɑ^{44}vu^{33}（你的）舅舅

nɑ^{44}ɣo^{33}（你的）叔叔

ɑ—词头除了加在亲属称谓名词的前面外，还可加在动物名词和非生物名词的前面。如：

ɑ^{55} n̥i^{31} 牛　　ɑ^{55}nɑ^{31} 狗　　ɑ^{55}mo^{31} 马　　ɑ^{55}ɣɑ^{55} 鸡

ɑ^{55}thɑ^{31} 刀子　　ɑ^{55}lu^{31} 锅　　ɑ^{55}ntsho^{35} 斧子　　ɑ^{55}mu^{33} 白薯

景颇语中的情况则稍有不同。虽然亲属称谓名词的前面可以加三个不同词头，但语法意义稍有变化。其中词头ɑ^{55}—并不明显表示第一人称领有，只有第二、三人称的词头才具有人称领属词头的语法意义。例如①：

ɑ^{55}nu^{51} 母亲　　niŋ^{55}nu^{51}（你）母亲　　kǎ^{31}nu^{31}（他）母亲

ɑ^{55}wɑ^{51} 父亲　　niŋ^{55}wɑ^{51}（你）父亲　　kǎ^{31}wɑ^{31}（他）父亲

ɑ^{55}phu^{51} 哥哥　　niŋ^{55}phu^{51}（你）哥哥　　kǎ^{31}phu^{31}（他）哥哥

lɑ^{33}ʃɑ^{31} 儿子　　niŋ^{55}ʃɑ^{51}（你）儿子　　kǎ^{31}ʃɑ^{31}（他）儿子

景颇语人称领属词头与人称代词也明显同源，带领属词头名词前面仍可加相应人称代词。

人称 / 代词与词头	第一人称	第二人称	第三人称
代词	ŋɑi^{33}	nɑŋ^{33}	khji^{33}
词头	ɑ^{33}—	niŋ^{55}—	kǎ^{31}—

如：nɑn^{55} the^{33}　phun^{55}　khɹɑi^{33}　　kɑ^{31}thɑm^{31}　　n^{31}nɑ^{55}　nɑn^{55}the^{33}　eʔ^{55}

　　你们　　树　　经常　　砍　　（连词）你们　　（助词）

niŋ^{55} wɑ^{51}　e^{31}　　n^{31}thu^{33}　n^{33}　　lɑŋ^{33}　ʃǎ^{31}ŋun^{55}　mǎ^{55}nit^{55}ɑi^{33}

（词头）父亲（助词）　刀　　不　　用　　让　　（语尾助词）

① 景颇语材料引自刘璐：《景颇语语法纲要》，中国科学出版社 1959 年版．引文经校核后，稍有改动。

由于你们经常砍树，你父亲才不让你们用刀的。（《景颇语语法纲要》第100页）

khji^{33} ko^{31} Khji^{33} ɑʔ^{31} kǎ^{31} nu^{31} eʔ^{55} mjit^{31} tum^{55}nu ʔ^{31}ɑi^{31}

他（助词）他 （助词）（词头）母亲 （助词 想念 （语尾助词）

他想念他的母亲。（《景颇语语法纲要》第101页。）

niŋ^{55} ʃɑ^{51} khɹɑp^{31} tɑ^{55} nit^{55} toŋ^{33}ʔ

（词头）儿子 哭 下 （语尾助词）

你的儿子在哭吧？（《景颇语语法纲要》第80页。）

khjiʔ^{55} kǎ^{31} ʃɑ^{31} kǎ^{31} pɑ^{31} wɑ^{31} nuʔ^{55} toŋ^{33}ʔ

他的 （词头）儿子 大 来 （语尾助词）

他的儿子长大了吧？（《景颇语语法纲要》第80页。

除了傈僳语、景颇语中表现出来的不完整的人称领属范畴外，更多的亲属语言里已经完全没有了。但是在藏缅语中，乃至汉语中，（如方言中阿哥、阿妹、阿娘、阿婆中的“阿”），亲属称谓名词前的ɑ—词头却是普遍存在的。这些语言中的ɑ—词头尽管已不具备人称领属的性质，但它的语音形式和所包含的语法意义却与人称领属范畴中的第一人称词头有明显的相似和同源关系，我们是不是可以认为，这些语言中加在亲属称谓名词前的ɑ—词头是人称领属范畴的一点遗迹呢？

美籍德国人劳费尔（Berthold Laufer）在他的论文《汉藏语系语言中的前加成分A—》中，分析了汉藏语系三十多种语言和方言使用ɑ—词头的材料，他说：“仔细地对几种语言写成的能够带有前加成分ɑ—的词表加以检查，我们看到它们，首先，和公众的社会生活，其次，和说话者都有一种特殊的关系。它们等于个人都占有其中的一分的在社会上的重要性，因此说话者总是强调这种重要性。它们是爱称，这就是说，它们是作为社会成员的个人表示喜爱感情的指人或事物的词。”[①]劳费尔的分析是有道理的，他把这个领属词头的语法意义基本上勾画出来了。但是他对ɑ—词头来源的解释是混乱的。原因是他把各种不同来源的ɑ—词头混杂在一起进行比较，必然会理不出个头绪来。

我们知道，藏缅语中的ɑ—词头，除表示人称领属外，还有多种意义：

① 劳费尔：《汉藏语系语言中的前加成分ɑ一》，载《英国皇家亚细亚学会杂志》1915年号。赵衍荪译。译稿载《藏语中的借词》，中国科学院民族研究所1981年印。

有表示疑问的，有表示数量的，有表示呼唤的，有来自复辅音前置辅音音变后分化出来的。其中前两种在一定条件下也有词头性质，而后两种则是词根的一部分。由于与人称领属无关，这里暂不涉及。

2. 名词的人称领属范畴和动词人称范畴的联系

我国藏缅语的三十多种语言中，约有三分之一的语言中动词目前有人称范畴，名词的人称领属范畴与动词的人称范畴本来是表达不同语法意义的两个不同的范畴，但是，在两种不同的范畴之间，其表现手段有惊人的相似之处。下面以独龙语和嘉戎语为例，作一简要比较。独龙语的人称代词、人称领属范畴的词头、动词人称范畴的前后缀三者之间有明显的对应关系。试列下表比较如下：

人称 / 数 / 代词或词头、词尾	第一人称		第二人称		第三人称	
	单数	复数	单数	复数	单数	复数
代词	ŋɑ^{53}	ĭŋ^{55}	nɑ^{55}	nɯ^{31}nĭŋ^{55}	āŋ^{53}	ăŋ^{53}
动词人和附加成分	v-ŋ	v-i	nɯ^{31}-v	nɯ^{31}-v-n	Ø	
人称领属词头	ɑ^{31}-		nɯ^{31}-		ɑŋ^{31}	

上表中 v 代表动词词根，从比较中可以看到，独龙语人称领属词头和动词人称附加成分均来自人称代词的缩减形式和变式，其中人称领属词头明显地与单数人称代词关系密切，动词单数第一人称后加成分使用代词的声母作后缀，人称领属词头用代词的韵母作词头[①]，单数第二人称动词人称前缀和名词领属词头完全相同，第三人称动词人称范畴用零形态，人称领属词头则用单数人称代词的变式。

下面再请看嘉戎语中的例子，嘉戎语中名词人称领属词头和动词人称范畴都有数的区别，所加的词头词尾与人称代词相比较也更明显地呈现出同源关系。例如：

① 动词用人称代词 ŋɑ^{55} 的韵母作单数第一人称后缀的情况，在羌语支语言如羌语、普米语中较普遍地使用。例如羌语 dʑi^{241} 说，dʑi-ɑ241（我）说，ku55 收割，ku-ɑ^{51}（我）收割。此处所列独龙语和嘉绒语动词人称变化仅是一个概括情况，有关藏缅语动词人称范畴的较详细情况，请参阅拙文《我国藏缅语中动词的人称范畴》，载《民族语文》 1983 年第 2 期。

人称 代词或 数 词头、词尾	第一人称			第二人称			第三人称		
	单数	双数	复数	单数	双数	复数	单数	双数	复数
代词	ŋɑ	nʤo（包）ŋənʤə（排）	jo（包）ŋəȵiE（排）	no	nʤo	ȵo	mə	mənʤɐs	məȵiE
动词人称附加成分	v- ŋ	v-tʃh	v- i	tə-v-n-u	tə-v-ntʃh	tə-v-ȵ	v-u	wu-v	wu-v
人称领属词头	ŋə-, ŋɑ-	nʤə-, nʤɐ-	ji-, jɑ-	ŋə-, ŋɑ-	nʤə-, nʤɐ-	ȵi-, ȵɑ-	wə-, wɑ-	nʤə-, nʤɑ-	ȵi-, ȵɑ-

在这里，我们作了人称代词、动词人称范畴的附加成分以及名词人称领属词头之间的初步比较，目的是为了说明名词的人称领属范畴构成的历史证据，说明它和人称代词之间的内在联系，说明构成名词人称领属范畴和动词人称范畴所采用的相同语法形式之间的密切关系，从而揭示了这些语言之间的某种亲属联系。

藏缅语族语言的历史比较尚在准备阶段，这里仅根据部分藏缅语的材料进行了初步的比较，要建立这些语言之间的历史联系还需要做大量的工作。

二 量词用法比较

量词是汉藏语系语言的特点之一。《辞海》在汉藏语系条下共列了四个特点，其中第四条写道："大多数语言有相当多的表示事物类别的量词。"[①]大家知道，藏缅语族以外的语言中不管汉语也好，壮侗语族语言也好，苗瑶语族语言也好，量词都比较丰富，只有藏缅语族里，量词发展不平衡，有的语言量词很丰富，有的语言量词却很少。除了数量上的悬殊差别外，用法上也有很大差别，这里试图简要比较藏缅语族各语言量词在句子中和其他各词类

① 见《辞海》，第887页，上海辞书出版社1979年版缩印本。

之间的关系，讨论藏缅语中量词发展不平衡的一些主要表现，它们在用法上的差别以及这种不平衡性在语言分类问题上的意义。

（一）量词和数词的关系

藏缅语中，量词（Classifier，简称 C）和数词（Numeral 简称 N）的关系大致可以分为两大类：一类是量词和数词结合时，其词序是数词在后，量词在前，即 CN 型。属于这一类型的语言大致有藏语支诸语言、景颇语支诸语言、纳嘎—波多—嘎若语支诸语言和部分喜马拉雅语言。例如：

藏语：①

kaŋ^{55} tɕiʔ^{54} 一根（毛） thy^{55} tɕiʔ^{54} 一剂（药） thik^{54}pɑ^{54} tɕiʔ^{54} 一滴（水）
根 一 剂 一 滴 一

门巴语：

cɑ^{31}mɑ^{54}sum^{54} 三斤（盐） koŋ^{55}sum^{54} 三条（河） jɑ^{55}theʔ^{54} 一双（鞋）
斤 三 条 三 双 一

仓洛语：

budɑŋ thor 一根（木头）jɑ thor 一只（鞋）roŋnɑŋŋɑ五庹（绳子）
根 一 只 一 庹 五

格曼语：

nɑu^{55}kɯ^{31}jin^{54} 二头（牛） doŋ^{55}kɯ^{31}len^{55} 五节（竹）
头 二 节 五

thɑl^{55}kɯ^{31}mu^{54} 一群（马）
群 一

达让语：

bɹɯ^{54}mɑ^{31}ŋɑ^{35} 五棵（树） nɑ^{45}gie^{54} 一本（书） pe^{54}kɑ^{31} 二间（房）
棵 五 本 一 间 二

景颇语：②

kum^{31}lɑ^{44}khoŋ^{31} 二个（果子） mǎ^{11}ʒɑi^{31}mǎ^{11}li^{33} 四个（人）

① 金鹏主编：《藏语简志》，第 62 页，民族出版社 1982 年版。
② 刘璐：《景颇族语言简志》（景颇语），第 49 页，民族出版社 1984 年版。

果　二　　　　　　　　　个　四

man^{33}mji^{33} 一双（鞋）

双　一

诺克特（Nocte）语：①

phaŋ the 一间（房）kha the 一张（纸）　tɕhu the 一块（食物）

间　一　　　　　　张 一　　　　　　块　一

嘎若（Garo）语：②

sak gini 二个（人）maŋ sa 一只（大象）pat gini 二件（衣）

个 二　　　　　　只 一　　　　　　件 二

博嘎尔语：

adoŋ ako 一棵（树）apɯ ako 一只（鸡）dʑa ma api：四斤（肉）

棵 一　　　　　　只 一　　　　　　　斤　　四

白马语：

tshʅ^{13}kha^{54}ȵi^{231} 二句（话）ndʐe^{35}so^{54} 三块（肉）　na^{35}ʂu^{54}　六件（事）

句　　二　　　　　　块　三　　　　　　件　六

另一类是量词和数词结合时，数词在前，量词在后，属 NC 型。属于这一类型的语言有彝语支诸语言、羌语支诸语言、缅语支诸语言、克伦语支诸语言等。例如：

彝语：③

ȵi^{31}ma^{33} 二个（人）sɔ^{33}tsi^{33} 三对（羊）hi^{55}gu^{31} 八回，八次

二 个　　　　　　三　对　　　　　八　回

白语④：

a^{31}kho^{55} 一件（衣）a^{31}tɕĩ^{33} 一双（鞋）　a^{31}tshi^{33} 一尺（布）

一 件　　　　　　一 双　　　　　　一 尺

土家语：⑤

---

① Robins Burling. A Garo Grammar，第 51—52 页，Poona, 1961 年，嘎若语主要分布在印度北部，不丹南部雅鲁藏布江下游的南岸丘陵地带，原文未标调——引者注。

② 陈士林、边仕明、李秀清：《彝语简志》，第 111—118 页，民族出版社 1985 年版。

③ 徐琳、赵衍荪：《白语简志》，第 28—32 页，民族出版社 1984 年版。

④ 田德生：《土家语概况》载《民族语文》1982 年第 4 期，第 71—72 页。

⑤ 姜竹仪：《纳西语概况》载《民族语文》1980 年第 3 期，65 页。

nɑ^{55}Φ u^{31}　一个（人）nɑ^{55}mi^{31} 一片（肉）　ne^{55}non^{55} 二头（牛）

一 个　　　　　　　一 片　　　　　　　二 头

纳西语：①

dɯ^{33}kv^{55} 一个（人）　dɯ^{33}phu^{55} 一头（牛）dɯ^{33}ly^{33} 一粒（粮）

一　个　　　　　　一　头　　　　　一　粒

羌语：

ɑ^{31} lə^{33} 一个（人）　ɑ^{31}χgy^{33} 一座（房）　ɑ^{31}ziɑ^{33} 一匹（马）

一 个　　　　　　一 座　　　　　　一　匹

普米语：

ni^{12} ts^{1}1 二个（人）　sãu^{12}sgie^{55} 三个（碗）　ti^{12} stie^{12} 一条（麻绳）

二 个　　　　　　三　个　　　　　　　一　条

西夏语：②

[illegible]　一匹　　[illegible]　十句　[illegible]　七尺

一匹　　　　　十句　　　　七尺

嘉戎语：③

tə kcçɑm 一庹　tə khi 一碗（酒）　tə thu 一匹（马）

一 庹　　　　　一 碗　　　　　一 匹

克伦（Kɑren）语：[12]

tə^{55} klo^{33} 一条（河）　təʔ^{33} jɑ^{31} 一个（人）　lwi^{31} ni^{55} 四年

一 条　　　　　　一 个　　　　　　四 年

缅甸语：

də^{55} pĩ^{11} 一棵（树）　də^{55} te^{11} 一条（路）　də^{55} po^{11} 一堆（石头）

一 棵　　　　　　一 条　　　　　　一 堆

载瓦语：④

ŋo^{31}tu^{31} 五只（鸡）　sum^{31} khɑt^{55} 三支（笔）　lǎ^{31} kɑm^{51} 一棵（树）

五　只　　　　　　三　支　　　　　　一　棵

---

① 徐悉艰、徐桂珍：《景颇族语言简志（载瓦语）》，第 57—66 页，民族出版社 1984 年版。

② 骨勒茂才：《番汉合时掌中珠》，贻安堂经籍铺刊行。

③ 金鹏等：《嘉绒语梭磨话的语音和形态》载《语言研究》，1957 年，第 71—108 页、1958 年，第 124—154 页。

④ Robert B. Jones JR Kɑren Linguistics Studies，第 19—20 页，美国加州大学出版社 1961 年版。克伦语主要分布在缅甸南部与泰国接壤的广大地区，泰国也有一定数量分布。

从上述若干语言的例词可以清楚地看到，在数词和量词的关系问题上，数词在前的属一类，数词在后的为另一类。除了词序上的明显区别性特征外，它们还各有下列几方面的不同特征：

1. 凡是CN型语言，量词一般很不丰富，专用量词极少，只有几个，大多数借用其他词类（多数为名词）表量。如藏语、门巴语、珞巴语、僜语、景颇语等都属于这种情况。NC型语言的情况则相反，量词比较丰富，其中彝语支语言最丰富，依次是缅语支语言、羌语支语言和克伦语支语言。在这一点上，白马语稍有例外。他属于CN型语言，但量词比较丰富，比一般CN型语言里的量词要多得多，在收集到的2300百多个常用词中，专用量词有30多个，借用名词表量的则更多。但值得注意的是，在白马语中已经出现了NC型词序。例如：

ŋgɔ³⁵ȵi²³¹ ndyɛ³⁵ 二层房子　ʃhɑ¹³kie³⁵ tʃʅ³¹ 1ɛ³⁵ 一份肉
房子 二 层　　　　　　　肉　　一　份

尽管这种词序在白马语中尚未成为普遍现象，它似乎是一种后起现象，使我们不解的是，白马语中的这类词序的并存现象是受另一种语言影响的结果呢？还是由于量词增多而引起的词序转换呢？如果这后一假设成立，那么，是否意味着量词由少到多的变化过程必然要引起CN转换成NC呢？那么，目前藏缅语中的NC型语言，是否都经历了CN型向NC的转换呢？这些问题值得深入研究。

2. 凡是CN型语言，数词可以直接和名词结合而不带量词。例如：

藏语：mi¹² ŋɑ⁵⁴ 五个人　　景颇语：ŋɑ³³kɹuʔ⁵⁵ 六头牛
人　五　　　　　　　　牛　六

仓洛巴语：khailɑ thor 一只老虎　　博嘎尔语：ɯɕɯŋ oŋo 五棵树
老虎　一　　　　　　　　树　五

格曼语：sa⁵⁵kɯ³¹sam⁵³ 三个孩子　　诺克特语：minjian wanram 三个人
孩子　三　　　　　　　　人　三

嘎若语：mɑnde boŋɑ 五个人　　义都语：mɑ⁵⁵tsu⁵⁵i⁵⁵lioŋ³⁵ 八头牛
人　五　　　　　　　　牛　八

NC型语言中，绝大多数语言数词一般不能直接和名词结合（像汉语“过了一山又一山”是特殊句型，不在此列），但有少数量词相对较贫乏的语言，则数词可以直接和名词结合。例如：

嘉戎语：tərmi kəsɑm 三个人　　普米语：sgyɛ^{12} ni^{12} 两匹马

人　三　　　　　　　　马　二

3. 部分 NC 型语言中，数词与量词结合得非常紧，一至九的基本数词不仅不能单独与名词结合，甚至连点数目时，也必须带着量词。例如，贵琼语中基数词一至九一般需带一个量词 tɕɑ^{54}，组成 tɑ^{33}tɕɑ^{54}“一”、n̥i^{33}tɕɑ^{54}“二”、sɔ^{55}tɕɑ^{55}“三”、tsɿ^{55}tɕɑ^{55}“四”等。扎坝语的数词一般也不能单用，通常加一个 tɕă^{55}，结合成 ti^{35}tɕă^{55}“一”、nɑ^{35}tɕă^{55}“二”、so^{55}tɕă^{55}“三”……等。木雅语也有类似情况，数词通常与量词 lØ^{54} 连用。

（二）量词和名词的关系

藏缅语中，大多数语言的量词是和数词结合成数量词组与名词（Noun 以下简称 No）发生关系，上一节提到的两种类型的语言，不管词序如何，量词一般都是和数词结合，放在名词的后面，作名词的定语，形成 NoCN 型或 NoNC 型结构关系。

值得注意的是，在不同类型的语言里，量词和名词关系的疏密程度存在着一定的区别，这种差别直接反映了量词发展阶段的不同层次。试分析如下：

1. 分化型　多数 CN 型语言属于这一类型。在这些语言里，量词刚刚从名词中分化出来，因而，它与名词的界限还不太容易划清楚，尽管它已处在量词的位置，但其中大多数词和名词没有什么区别。例如：

藏语：tɕhu^{54} pho^{55} pa^{54} sum^{55} 三碗水

水　碗　三

景颇语：phun^{55} ʃiŋ^{55} noi^{55} lă^{55} khoŋ 两篮柴

柴　篮　二

这两个例子中“碗”和“篮”虽然都是量词，但与名词的形式相同，要确定它是量词属性，要靠别的手段。由于 CN 型语言与名词结合的词序是 NoCN，名词和量词相连，而这些语言数词又可以直接限制名词，于是就产生了一些词组的歧义。以格曼僜语和达让僜语为例：

ɕat wɑn kɯ jin 两个饭碗或两碗饭（格曼）

饭碗　二

tɑ peŋ^{55} wɯn^{55} kɑ^{31} n^{55} 两个饭碗或两碗饭（达让）

饭 碗 二

在上述这组例子中，“碗”兼有名词和量词的两种使命，名词“饭”可以和“碗”组成名词词组“饭碗”，数词“二”也可以和“碗”组成数量词组“二碗”。因此我们可以认为 NoCN 型语言，量词虽然已从名词中分化出来，因为已有少数量词和名词的形式不同，多数是相同的，特别是它处在与名词相连的地位，因此，它的地位是不稳固的，结构上是含混的，意义是模糊的。

2. 反响型　部分 NC 型语言里，或多或少较普遍地使用着这种结构类型。在这些语言里，量词和名词在形式上相同或基本相同，但由于它和名词的组合形式是 NoNC，中间用数词相隔，因此，它的性质已经发生了变化，与名词在功能上产生歧义的可能性比分化型要小得多。例如：

独龙语：

ɯɹ^{55} ti^{55} ŭɹ^{55} 一只手　sǎɹ^{55} ti^{55} sǎɹ^{55} 一条腿　mĕʔ^{55} ti^{55} mĕʔ^{55} 一只眼

手 一 手　腿 一 腿　眼 一 眼

kɑ^{55} ti^{55} kɑ^{55} 一句话　bɹɯŋ^{55} ti^{55} bɹɯŋ^{55} 一条绳　wăt^{55} ti^{55} wăt^{55} 一朵花

话 一 话　绳 一 绳　花 一 花

载瓦语：

jum lă jum 一户人家　loʔ lă loʔ 一只手　ʋap i ʋap 二个房间

家 一 家　手 一 手　房间 二 房间

傈僳语：②

khu thi khu 一个洞　tʃua thi tʃhua 一条藤子　ko ȵi ko 两座山

洞 一 洞　藤子 一 藤子　山 二 山

Fu sa fu 三个蛋　he thi he 一座房子　ue thi ue 一朵花

蛋 三 蛋　房子 一 房子　花 一 花

纳西语：

mbɑ ndɯ mbɑ 一朵花　ʂər ndɯ ʂər 一件事　pɯ^{55} ndɯ pɯ^{55} 一颗核

花 一 花　事一事　核一核

① 徐琳等《傈僳语语法纲要》，第 30—48 页，科学出版社 1959 年版。

② 杨焕典《纳西语中的数量词》，载《民族语文》1983 年第 4 期。

phiə^{55} ndɯ phie^{55} 一片叶子　kho lo ndɯ kho lo 一个洞

叶子　一　叶子　　　　　　洞　　一　　洞

le^{55}　ndɯ le^{55}一个饼子

饼　　一　饼

阿侬语：

n̡i^{55} thi^{55} n̡i^{55} 一只眼 phɑn^{55} thi^{55} phɑn^{55} 一条腿ɕɛm^{55} thi^{55} ɕɛm^{55} 一片树叶

眼 一 眼　　　　　腿　一　腿　　　　　树叶　一　树叶

vɛn^{55} thi^{55} vɛn^{55}　一朵花　ɭoŋ^{55} thi^{55} ɭoŋ^{55} 一块石头

花　一　花　　　　　石头 一 石头

lɑŋ　thi^{55} lɑŋ 一块板子

板子 一　板子

上面所举的例词中量词和名词的形式完全一样，它显然来源于名词，但它已明显不具备名词的属性，在句子结构里起表示事物类别的一个单位的作用。但它表示类别的概括性还不强，抽象意义还不明显，这是因为它刚从名词中脱胎出来，在词义上还与名词有着难以分割的千丝万缕的联系。

另外还有一种反响型结构，或者叫部分反响型，即从双音节或多音节的名词中分化出一个音节来作量词用。这种反响型比上面完全重复名词的形式更普遍。例如：

独龙语：

ɕiŋ^{55}dzɯŋ^{55}　ti^{55} dzɯŋ^{55} 一棵树　ŋɑ^{55}plǎʔ^{55} ti^{55} plǎ^{55} 一条鱼

树　　一　棵　　　　　　鱼　一　条

载瓦语：

xiŋ^{51} kho^{55} la^{21} kho^{55} 一块金锭　lai^{21} ka^{55} pap^{21} lǎ^{21} pap^{21}　一本书

金锭　　一　块　　　　　　书　　　一　　本

傈僳语：

si^{45}dzi^{33} thi^{21} dzi^{33}　一棵树　lɛ^{21} ni^{33} thi^{21} ni^{33}一个手指

树　一　　棵　　　　　手指 一　　个

纳西语：

ku^{33} ku^{11} tshe^{11} n̡i^{33} ku^{11} 十二道弯子 kho^{33} lo^{33} ndɯ^{33} kho^{33} 一个洞

弯子　十二　　弯　　　　　　　洞　　一　　洞

阿侬语：

ȵi^{55} ɭoŋ^{55} thi^{55} ɭoŋ^{55} 一只眼睛 khɑ^{55} lim^{21} thi^{55} lim^{21} 一条路

眼睛 一 只 路 一 条

尔苏语：

si^{55} pu^{55} tɛ^{55} pu^{55} 一棵树 ʤo^{55} bu^{55} tɛ^{55} bu^{55} 一条水沟

树 一 棵 水沟 一 条

阿昌语：[①]

a^{21} ʐau^{21} ta ^{21}ʐau^{21} 一根骨头 a^{55} mu^{55} ta^{21} mu^{55} 一件事情

骨头 一 根 事情 一 件

哈尼语[②]：

xa^{33} ma^{33} tɕhi^{21} ma^{33} 一只母鸡 la^{21} xø^{55} tɕhi^{21} xø^{55} 一座房子

母鸡 一 只 房子 一 座

凡是有前一种反响形式的语言里，必定有第二种反响形式，这后一种反响形式，量词和名词的界限比前一种更明显，似乎是量词和名词完全脱钩的一种过渡形式。目前在许多语言里，这类量词已经逐渐扩大了它的应用范围，使量词的计量作用、类别作用更突出地显示出来。例如傈僳语的 phiɛ^{21} 是 si^{45} phiɛ^{21} “树叶” 中的一个音节，表量时用 si^{45} phiɛ^{21} thi^{21} phiɛ^{21} “一叶树叶”，在傈僳语中，phiɛ^{21} 的应用范围已大大扩展，经常可以用在 tho^{21} ɣɯ^{21}（书）thi^{21}（一）phiɛ^{21} “一页（书）” ma^{33} phi^{21} （“竹篾”）thi^{21} （一）phiɛ^{21} “一块篾笆” 等表示薄片形的事物后面。又如 khu^{55} 是ʃua^{44} khu^{55} “饼子” 中的一个音节，ʃhuɑ^{44} khu^{55} thi^{21} khu^{55} “一个饼子”，现在 khu^{55} 的应用范围也已大大扩展。凡块形的物品大多可用它来表量。例如：

tshɑ^{55} bo^{44} ti^{55} khu^{55} 一块盐巴 la^{55} tʃa^{55} thi^{55} khu^{55} 一坨茶

盐巴 一 块 茶 一 坨

a^{55} ɣa^{55} fu^{55} thi^{55} khu^{55} 一个鸡蛋 ny^{55} hy̩^{55} thi^{55} khu^{55} 一块泥巴

鸡蛋 一 个 泥巴 一 块

以上这组例词反映了量词逐步与名词脱钩的一种方式，我们在部分藏缅语中还发现另一种脱钩的方式，即双音名词脱落其中与量词相关的一个音节，

---

① 戴庆厦、崔志超：《阿昌语概况》，载《民族语文》1983 年第 3 期，第 76 页。

② 李永燧：《哈尼语概况》载《民族语文》1979 年第 2 期，第 139 页。

使名词与量词的关系完全分离。例如在柔若语中，大量反响型的结构向区别型转化：

miɑ^{21}khɑ^{54}tɯ^{21}khɑ^{54} 一把刀 → miɑ^{21}tɯ^{21}khɑ^{54} 一把刀

刀 一 把　　刀 一 把

mi^{33}kɯ^{55} tɯ^{21} kɯ^{55} 一件衣服 → mi^{33} tɯ^{21}kɯ^{55} 一件衣服

衣服 一 件　　衣服 一 件

nɑ^{55}se^{55}phɑu^{54}tɯ^{21}phɑu^{54}一只耳朵 → nɑ^{55}se^{55}tɯ^{21}phɑu^{54}一只耳朵

耳朵 一 只　　耳朵 一 只

miou^{54}tɕi^{45}tsɛ^{45}tɯ^{21}tsɛ^{45}一对眼睛 → miou^{54} tɕi^{45} tɯ^{21} tsɛ^{45} 一对眼睛

眼睛 一 对　　眼睛 一 对

miɑ^{21} ko^{55} tɯ^{21} kho^{55} 一匹马 → miɑ^{21}tɯ^{21} ko^{55} 一匹马

马 一 匹　　马 一 匹

3. 区别型在藏缅语中，凡是NC型语言，绝大多数都属于这一类型。例如：

羌语：dzʅ^{33} ta^{21} zia^{33} 一条鱼　　贵琼语：pi^{33} tɑ^{33} tɕɑ^{54} 一支笔

鱼 一 条　　笔 一 支

尔龚语：wzi ɛ vtɕɛ 一双鞋　　木雅语：ndzɯ^{55} tɐ^{55} ɣɯ^{55} 一顿饭

鞋 一 双　　饭 一 顿

普米语：mi^{55} ni tsə^{55} 二个人　　彝语：tsho^{33} sə^{33} ʑɔ^{33} 三个人

人 二 个　　人 三 个

白语：ji^{55} ɑ^{21} khō^{55} 一件衣服　　土家语：ze^{13} na^{55} su^{55} 一碗酒

衣 一 件　　酒 一 碗

克伦语：de təʔ beʔ 一只青蛙　　史兴语：hĩ^{55} ɦã^{45} ko^{33} 五个人

青蛙 一 只　　人 五 个

基诺语：① khe^{33} thi^{33} tsø^{33} 一双鞋　　拉祜语：②va^{21} te^{54} khɛ^{33} 一头猪

鞋 一 双　　猪 一 头

上述这些语言里，量词与名词已经完全区别开来。虽然在这些语言里，有的还残存着一些反响型的例证，但区别型已占主导地位，有的已占绝对优势。当然也有个别语言，如独龙语，反响型的结构还占有相当重要的地位，

① 盖兴之：《基诺语概况》，载《民族语文》1981年第1期，第72页。

② 马世册：《拉祜语概况》，载《民族语文》1984年第3期，第76页。

但十分明显的是它正在向区别型过渡，区别型量词的比例已占优势。值得注意的是独龙语属景颇语支，从它的总特点看，它接近景颇语支的语言，而景颇语支大多数语言是 CN 型语言，独龙语却是 NC 型语言，这个语言里的量词比景颇语支其他语言要多得多，这就使我们不得不怀疑，在量词发展的阶段上，独龙语在景颇语支中是走在前面的。另外，从目前景颇语中，也已经出现了如 ni^{33} ni^{55} “两天”、ni^{33} $naʔ^{55}$ “两夜”、ni^{33} $niŋ^{33}$ “两年”的 NC 型词序，这就使我们进一步怀疑，独龙语在 CN 型语言向 NC 型语言转变过程中是走得比较快的一种语言，目前它已经基本完成了这种转变，而景颇语则似乎刚刚开始，在这种转变过程中，量词的反响型结构也许是一种重要的过渡形式。在藏缅语中，还有相当多的语言，NoNC 型的反响结构已基本绝迹，在这些语言里，量词和其他词类结合的词序虽不同于其他语族的语言，但其数量的丰富程度已接近汉语和壮侗、苗瑶等语族的语言。我们已知的有彝语支的大部分语言、羌语支的大部分语言、缅语支的部分语言和克伦语支的部分语言等，这些语言的量词已经完全从别的词类中分离出来，在语法上形成一个有自己属性的独立类别。

4. 结合型结合型是在区别型的基础上新发展起来的量词的一种用法，目前仅在彝语支语言中广泛使用着。在这些语言里，量词不仅可以和数词结合用来表量，而且可以直接和名词结合，形成 NoC 型结构。在彝语里，NoC 型结构中的量词，既有计量作用，又包含数词“一”的意思，而且兼有一定的指示作用。例如：

ve^{55} ga^{55} gu^{33} 一件衣服　　va^{33} $gɯ^{33}$ 一些鸡
衣服　件　　　　　　　鸡　些

$tsho^{44}$ ma^{33} 一个人　　$dʐu^{21}$ dzi^{21} 一双筷子
人　个　　　　　　筷子　对

he^{33} $tsɿ^{33}$ $khɯ^{33}$ 一窝鸟　ve^{33} ve^{33} pu^{33} 一朵花
鸟　窝　　　　　　花　朵

在怒族柔若语中，几乎所有的可数名词都可以带相应的量词。在这个语言里，量词加在名词后面，其词汇意义已不明显，除了像彝语那样表示“一”的数量外，特别突出了它的类别作用，名词可以从它后面所用的量词来对名词加以分类。例如：

表示飞禽走兽家禽家畜等动物的，在名词后加ʔō^{33}。

khyi^{21} ʔō^{33} 一条狗　vɑu^{33} ʔō^{33}　一只熊　ɣō^{35} ʔō^{33}　一条蛇

狗　只　　　熊　只　　　　蛇　条

ŋɑu^{55} ʔō^{33}　一只鸟

鸟　只

表示条形或以条形计算的动物，在名词后加 kō^{55}。

miā^{21} kō^{55}　一匹马　ŋo^{33} kō^{55}　一条鱼　nu^{21}kō^{55}　一头牛

马　匹　　　鱼　条　　　牛　头

表示植物的，在名词后加 tsẽ^{21}。

sẽ^{53} tse^{21}　一棵树　khɑu^{33} ts ẽ^{21}　一根竹子　p ẽ^{45}　ts ẽ^{21}　一株棉花草

树　棵　　　竹　根　　　棉花草　株

表示块形或圆形物体的，在名词后加 lɛ。

ʔou^{55} tu^{21} lɛ^{21}　一个头　kɛ^{55} lɛ^{21}　一个苦胆　pu^{21}　lɛ^{21}　一个核桃

头　个　　　苦胆 个　　　核桃　个

表示扇形物体的，在名词后加 phɑu。

nã^{55} se^{55} phɑu^{54}　一个耳朵　tshuẽ^{55} phɑu^{54}　一叶肺

耳朵　个　　　肺　叶

tō^{55} phɑu^{54}　一扇翅膀

翅膀 扇

表示带柄的工具的物体，在名词后加 khɑ。

khɑu^{21} khɑ^{54}　一架犁　miɑ^{21} khɑ^{54}　一把刀　xɑu^{33} pɑu^{45} khɑ^{54}　一把斧子

犁　架　　　刀　把　　　斧子　把

表示成双成对的事物，在名词后加 tsɛ^{45}。

miou^{54} tɕi^{45} tsɛ^{45}　一对眼睛 nɑ^{12}　tsɛ^{45}　一对乳房 tɕhi^{33} kẽ^{33} tsɛ^{45}　一双鞋

眼　对　　　乳房　对　　　鞋　双

在柔若语中，这类量词十分普遍，在一定程度上，它还起构词作用。

在白语中，量词的这种作用也十分明显，有的甚至区别得十分细微。例如，指人名词后加不同的量词区别不同类型、不同性格、不同特征的人：kɑ^{44} 表示个子高大奇特的人；khe^{44}　表示举止特别可笑的人；ve^{44} 表示傲慢无礼貌的人；fɛ^{21}　表示脑满肠肥的人；ɕi^{55}　表示个子瘦小的人；tɕu^{55} 表示个子细高的人；te^{44}表示矮小的人； po^{21}表示刁滑的人；mo^{55} 表示瘦削的人；tu^{21}表示矮胖的人；tsuã^{55} 表示尖下巴且又瘦削的人……

量词和名词结合使用这一特点，在部分羌语支语言中也已经出现，如纳木依语、尔苏语、史兴语等，但不及彝语、白语、柔若语那样普遍。这种用法表明，量词的语法功能在扩大，除了计量作用外，还派生了指示作用和类别作用。在句子结构上也发生了一定的变化，由 NoNC 型简化成 NoC 型，当然这种简化具有一定的条件。我们认为，量词结合型的用法，是量词语法作用不断扩大的表现，也是藏缅语中量词发展的最高层次。

（三）量词和指示代词的关系

在藏缅语中，量词除了和数词结合或直接修饰名词外，还和指示代词、（Demon-strative Pronoun 以下简称 D）结合使用，这种结合形式错综复杂，现简要归纳分析如下：

1. 在 CN 类型语言里，指示代词一般直接修饰名词，而不与量词结合。它和名词的结合形式大多是 NoD。例如：

藏语：ta^{54} ti^{12} 这匹马 门巴语：chem^{54} tso^{12} 这座房子
马 这 房子 这

白马语：ʑi^{121} ndɛ^{54}
书 这

这本书也有部分语言使用 DNo 形式的。在 NC 类型语言里，有少数语言也可以使用这种形式。例如：.

仓洛语：ʔu thi do 这条绳子 义都语：i^{55} he^{55} me^{55} 这个人
这 绳 这 人

尔龚语： je bɯɹzi 这把刀子 普米语：ti^{55} mi^{55} 这个人
这 刀子 这 人

有少数语言既可以使用 DNo 型结构，也可使用 NoD 型结构，但当指示的人物是复数时，则用 NoDN 形式。例如：

景颇语：n^{33} tai^{33} phun^{55} ～ phun^{55} n^{33} tai^{33} 这棵树
这 树 树 这

phun^{55} n^{33} tai^{33} mǎ^{21} sum^{33} 这三棵树

树 这 三

有部分语言有 DNoD 的结构类型，在这些语言里 DNo 与 NoD 可任意使用。例如：

博嘎尔语：ɕi:ɯɕɯŋ ～ ɯɕɯŋ ɕi:～ ɕi: ɯɕɯŋ ɕi: 这棵树
这 树 树 这 这 树 这

格曼语：ɑn^{55} ɑ^{21} ti^{45} ～ ɑ^{21} ti^{45} ɑn^{55} ～ ɑn^{55} ɑ^{21} ti^{45} ɑn^{55} 这条河
这 河 河 这 这 河 这

达让语：e^{55} me^{45} ～ me^{45} e^{55} ～ e^{55} me^{45} e^{55} 这个人
这 人 人 这 这 人 这

2. 在 NC 型语言里，指示代词和量词结合成 DC 型指量结构，作名词的定语时，位置比较固定，大多组成 NoDC 型结构。这种指量词组，一般都包含着数字“一”的意思。例如：

白语：jĩ^{21} Iɯ^{21} phĩ^{21} 这（一）把镰刀 ji^{55} tã^{55} mɯ^{21} tsi^{33} 那（一）把刀子
镰刀 这把 刀子 那 把

彝语：i^{33} ti^{55} tsɿ^{44} gu^{33} 这（一）件上衣
上衣 这 件
vo^{55} pɑ^{33} ɑ^{33} dzɿ^{44} ma^{33} 那（一）只猪
猪 那 只

哈尼语：tsho^{55} ɕi^{55} ɣa^{21} 这（一）个人 tsho^{55} thø^{55} ɣɑ^{21} 那（一）个人
人 这 个 人 那 个

载瓦语：vaʔ^{21} xji tu^{51} 这（一）头猪 vaʔ^{21} xje^{51} tu^{21} 那（一）头猪
猪 这 头 猪 那 头

羌语：phu^{55} tsɑ^{33} lɑ^{33} 这（一）件衣服ʐu^{55} tha^{33} zia^{33} 那（一）匹马
衣服 这 件 马 那 匹

尔苏语：nʤo^{55} ndzɿ^{55} thɛ^{55} pu^{55} 这（一）本书
书 这 本
tiã^{55} jĩ^{55} ɑ^{33} thɛ^{55} wo^{55} 那（一）部电影
电影 那 部

纳西语：lɯ^{33} tʂhɯ^{33} phe^{55} 这（一）块田 ɣɯ^{33}
田 这 块
thɯ^{33} phu^{55} 那（一）头牛

牛 那 头

但是，也有一些语言的指量词组，数词“一”一般不能省略。例如：

傈僳语：e^{21} ma^{33} go^{33} thi^{21} du^{21} 那一条河 ma^{55} mi^{21} thi^{44}

河 那 一 条 故事 这

thi^{21} tʃy^{45} 这一个故事

一 个

有的语言不用数词“一”，而在指示词和量词中插入一个虚词。例如，独龙语在指示代词和量词间插入 pǎi^{54} 表示。

ɟɔʔ^{55} ɟɑ^{55} pǎi^{54} tǎp^{55} 这一件衣服 cɯm^{54} kɔ^{55} pǎi^{54} tɯʔ^{55} 那一间房子

衣服 这 件 房子 那 间

在克伦语里，用来修饰名词的指量结构中，不仅不能省去数词“一”，而且词序也与其他语言有所不同。这种形式在藏缅语里比较少见。例如：

liʔ^{11} təʔ^{33} beʔ^{54} ʔi^{21} 这一本书 liʔ^{11} təʔ^{33} beʔ^{54} neʔ^{54} 那一本书

书 一本 这 书一 本 那

在独龙语中，类似的情况往往采用将指示代词前移到名词前面的方式表示。例如：

ɟǎʔ^{55} mɯ^{21}gɯ^{54} ti^{55} gɯ^{55} 这一匹马

这 马 一 匹

kɔʔ^{55} ɑ^{21} tsǎŋ^{54} ti^{55} ɟɔʔ^{55} 那一个人

那 人 一 个

3. 如果指量词组所表示的数在“一”以上，则数词插在指示代词和量词之间，形成 NoDNC 型结构。例如：

白语：ji^{21} ɕo^{21} lɯ^{55} kō^{33} ne^{21} 这两把笊篱

笊篱 这 二 把

哈尼语：tsho^{55} thø^{55} n̥i^{21} ɣɑ^{21} 那两个人

人 那 二 个

阿昌语：tʂo^{55} xai^{55} sək^{55} ʐuʔ^{55} 这两个人

人 这 两 个

羌语：mə^{33} tsɑ^{33} n̥i^{55} tʃʅ^{33} 这两个人

人 这 二 个

4. 在指量词组作名词定语时，有少数藏缅语中，也存在着反响型结构，共两种。这两种反响型结构很不普遍，是新起现象还是一种临时的特殊用法，尚待进一步研究。其中一种是 NoCDC。例如：

哈尼语：bɯ^{55} kha^{55} ɕi^{55} kha^{55} 这（一）把伞

伞（把）　这　把

柔若语：khyi^{21} ʔo^{33} xou^{54} ʔo^{33} 那（一）条狗

狗（条）　那　条

另一种结构是 DCNOC 型，仅出现在羌语中。例如：

tsa^{33} lə^{33} tʂi^{33} bʐi^{33} lə^{33} 这（一）个孩子

这（个）　孩子　个

tha^{33} χgy^{33} tɕi^{33} χgy^{33} 那（一）座房子

那　座　房子　座

（四）量词与动词的关系

在藏缅语中，量词和动词的关系与量词和名词的关系类似，所不同的是量词用来表示行为动作的量时，它与动词（Verb，简称 V）的关系是量词在前，动词在后。而量词修饰名词时，一般都在名词的后面。

量词用来表示行为动作的数量时，多数情况也必须与数词结合，量词与数词结合时的词序与第一节中介绍的相同，属于 CN 型语言的构成 CNV 结构。例如：

藏语：the^{54} sum^{55} tʂo^{13} 去三次　达让语：tiɑ^{55} kɑ^{51} n^{55} mɑ^{21}ɹo^{55} 说两遍

次　三　去　　　　遍　二　说

白马语：ɑ^{12} ku^{54} n̥i^{121} tɕhɛ^{45} 去两次

次　二　去

格曼语：lɑ^{54} kɯ^{21} jin^{54} thoŋ^{55} 看两次

次　二　看

景颇语：laŋ^{21} mji^{33} sa^{33} 去一次

次　一　去

门巴语：tʌ^{55}py^{55} theʔ^{54} te^{55} 看一次

次　一　看

仓洛语：rap niktsiŋ de 去两次
次 二 去

博嘎尔语：lako apɛ：休息一次
次一休息

属于 NC 型语言的构成 NCV 结构。例如：

彝语：sɔ^{33} gɯ^{21} hɯ^{21} 看三回 拉祜语：te^{54} pɔ^{54} lɑ^{21} 来一次
三 回 看 一 次 来

阿昌语：ta^{21} pɔk^{55} so^{21} 走一次 土家语：so^{55} thɑ^{55} xɑ^{21} 打三顿
一 次 走 三 顿 打

基诺语：thi^{33} la^{33} le^{33} 去一次 载瓦语：i^{55} liŋ^{51} lo^{55} 去两次
一 次 去 二 次 去

羌语：a^{21} tʂhə^{55} tsia^{33} 看一下 普米语：sɑu^{12} skiu^{55} sto^{55} 看三次
一 下 看 三 次 看

纳木依语：tɕi^{33} kie^{33} ndo^{55} 看见一次 木雅语：so^{55} ku^{55} we^{45} 转三圈
一 次 看见 三 圈 转

在藏缅语中，用来表示行为动作数量的动量词和用来表示事物数量的名量词在不同类型的语言中用法稍有差别。大致有以下几方面：

1. 在 CN 型语言里，由于量词数量少，数词可以直接表示事物的数量，但在这类语言中，数词一般不能直接表示行为动作的量，而必须带量词。少数语言里，表示行为动作的量出现了 NCV 型结构，例如，景颇语基本上属于 CN 型语言，但当动量词所表示的数在“一”以上时，则数词在前，量词在后。如：

mǎ^{21}sum^{33} lɑŋ^{31} sɑ^{33} 去三次 mǎ^{21}sum^{33} lɑŋ^{31} mǎ^{21}kɑŋ^{33} 薅三次
三 次 去 三 次 薅

2. 在部分 NC 型语言里，反响型用来表示动量时，变成了重叠型。例如：

独龙语：

ti^{55}gɑn^{55}gɑn^{55} 迈一步 ti^{55}klɑʔ^{55}klɑʔ^{55} 踢一脚
一 迈 迈 一 踢 踢

ti^{55}mɯ^{31}lɯp^{55} mɯ^{31}lɯp^{55} 绕一圈
一 绕 绕

傈僳语：

ȵi^{21} ŋo^{44} ŋo^{44}挖两下　thi^{21}na^{31} na^{31} 休息一下　thi^{21}dza^{31}dza^{31}吃一顿

二　挖　挖　　　　一　休息　休息　　　　一　吃　吃

3. 在少数语言里，动量词可以不和数词结合而直接表示行为动作的量（数量为“一”）。请看彝语中的例子：

tsɿ^{33}m(u)^{21}pa^{55} tɕo^{33}hu^{55}o^{44}.他赶了一趟马。

他　马　转　赶　了

ŋa^{33} thɯ^{21}ʑɿ^{33} vi^{55}zo^{33} lo^{44}.我读了一遍书。

我　书　遍　读　了

4. 在个别语言里，采用变换数词词头的方式表示动量。请看博嘎尔珞巴语的例子：

ako 一 → lako 一次　　　　aȵi 二 → laȵi 二次

ɑɦum 三 → laɦum 三次　　　api: 四→ lapi: 四次

lako apɛ: to.　　休息一次。

次一休息（语助词）

lo: ɦəm　ake: laɦum mo: dəna.　每天做三次饭。

天（助词）　饭　次三　做（助词）

5. 还有少数语言，因受汉语影响，出现了动量词在动词后面的现象，形成 VNC 结构。例如：

白语：

kuɛ^{33} ɑ^{21}pɯ^{55} 玩一次　ŋɛ^{21}ɑ^{21} kɛ^{21}去一下　pho^{31} ɑ^{21} pɯ^{44}　劈一斧

玩　一　次　　　去一　下　　　　劈　一　斧

土家语：

thi^{55} liɑn^{55} ti^{21}等一下　xɯ^{55} liɑn^{55} zi^{55}休息一下

等　一　下　　　休息一　下

（五）量词发展不同阶段的主要特征

从藏缅语族各语言量词用法上的异同，可以看到量词发展的不平衡状况，这种不平衡状况，反映出一定的层次，每一个层次的特征，既表现为各语言类型上的差异性，也表现出历史发展过程中的继承性。下面拟从量词的数量、与其他词类结合时的结构关系、作用等方面，简要综合量词形成阶段、发展阶段和丰富阶段各层次的主要特征：

1. 形成阶段　在这一阶段专用的量词数量很少，其中大多刚刚从其他词类（主要是名词，也有少量动词）中分化出来，它虽然已具有量词的作用，但在许多方面又保持了名词的特征。它和数词结合的次序是 CN 型，而且在 NoCN 词组中，C 经常可以省略，在实际口语中，NoCN 型少于 NoN 型。在这一发展阶段，量词一般不能与指示代词结合；表示动量时一般可省略量词。属于这一类型的语言有藏语支、景颇语支，那嘎—波多—嘎若语支和喜马拉雅诸语言。描述这些语言的许多语言学著作，甚至不把量词作为词的语法分类的一个独立类别，如《景颇语语法纲要》、《门巴、珞巴、僜人的语言》一书中墨脱门巴语部分、《藏语拉萨、日喀则、昌都话的比较研究》等。处在这一阶段的语言，彼此之间也略有差异，从地域来看，处在藏缅语分布区最东端与汉区接壤的白马语，虽然属于 CN 型，但量词的数量显然多于藏、珞巴、嘎若等语言，而且已经出现了 CN 与 NC 可以自由变读的语序。处在南端与壮侗语族的傣语接壤的景颇语，虽然量词的数量不如白马语多，但也比藏、珞巴等语言稍多一些，语言中也出现了 NC 型语序。这一阶段的量词计量作用不明显，不具有指示作用，更无类别作用。

2. 发展阶段，在这一阶段，量词使用的一个重要特征是它与数词结合的次序由 CN 型转换成 NC 型，专用量词的数量也大大增加，它已经完全区别于其他词类，形成了词的语法分类中的一个独立的类别。在这一发展阶段，大多数语言数词一般不能直接和名词或动词结合而必须带量词，形成 NoNC 结构或 NCV 结构，与指示代词结合修饰名词时，一般形成 NoDC 结构或 NoDNC 结构。属于这一发展阶段的语言是羌语支语言、缅语支语言、克伦语支语言和部分彝语支语言。

处在这一发展阶段的语言，量词的结构类型最复杂，其中有以下几方面的重要特征：

（1）存在与名词或动词的外部形式基本相同但内涵不同的反响型结构。这种反响型结构不仅表现为名量结构的反响，还表现为指量结构、动量结构的反响，这种反响型结构，在一定程度上反映了量词在发展阶段过程中残存的原始形式。

（2）少数语言仍残存有数词直接与名词结合的 NoN 型结构。如普米语、嘉戎语等。

（3）指示代词与量词结合的次序比较自由，它们用来作名词的定语时有NoDC（这种形式最常见）、NoDNC、NoNCD、DNoNC等不同类型的结构。这一发展阶段的量词，其语法作用除了计量外，已兼有类别作用。

3. 丰富阶段这一阶段实际上是在发展阶段的基础上，量词的数量不断增加，使用范围和作用不断扩大。具体表现为：

（1）反响型量词的使用不活跃，逐渐成为量词使用中的残迹，多数情况可以被专用量词所替代。

（2）量词可以单独用来修饰名词或动词，在这种情况下，量词既有表量作用，又有表示数目“一”的作用，有时还有定指作用和替代作用。

（3）名量词的类别作用特别突出。它可以加在名词后面，表达名词的属性、形状等不同的类别特征，此时兼有构词作用。

（4）指量结构由多种类型逐渐固定为NoDC型或NoDNC型。属于这一发展阶段的语言有部分彝语支的语言和少数羌语支的语言。

在藏缅语中，量词的有无、量词数量的多少、量词在句中使用时组合的结构类型等，均属于类型学范畴，但它在自身漫长的历史演变过程中，从形成、发展到不断地丰富，它内涵的变化，语法意义的增殖和扩大，语法形式的转换等等，都属于历史语言学的范畴。因此，对藏缅语族各语言量词用法的比较研究，不仅能帮助我们了解这些语言中量词使用的结构特征，而且对于我们了解各语言量词所处的发展阶段有一定帮助，对于我们进一步从发生学的角度确定藏缅语族各语言关系的远近也有一定的参考意义。

三　人称代词格范畴

羌语支及部分藏缅语中，部分语言人称代词有格语法范畴。在不同的语言中，这种范畴的具体表现形式有一定差别。这里所指的格范畴是指人称代词在句子中充当不同角色的时候，它的语音形式发生一定的屈折变化。这种变化有的表现在声母（辅音）方面，有的表现在韵母（元音）方面，有的表现在声调方面。有的语言既表现在声母，又表现在韵母；也有的语言既表现在韵母，又表现在声调。这里拟简要介绍并讨论一些藏缅语族羌语支语言人称代词格语法范畴的表现形式、来源以及相关的问题。

1. 一些语言人称代词格表现形式

（1）羌语（桃坪方言） 以羌语南部方言为例，人称代词不仅用声母屈折表示格，也用韵母表示。但这种屈折变化仅表现在第一、二人称单数：

表 1

	主 格	领 格	宾 格
第一人称单数	ŋɑ⁵⁵	qo⁵⁵	qɑ⁵⁵
第二人称单数	no⁵⁵	ko⁵⁵	kuə⁵⁵

值得注意的是这种格语法形式不仅表现在人称代词上，而且也表现在疑问代词和泛指代词上。例如：

表 2

	单数第一人称	单数第二人称	疑问代词	泛指代词
代词原形	ŋɑ⁵⁵	no⁵⁵	sɿ⁵⁵	mə³³
主格	ŋɑ⁵⁵	no⁵⁵	sɑ⁵⁵ 或 sɿ⁵⁵	mi³³
领格	qo⁵⁵ 或 qɑ⁵⁵	ko⁵⁵	so⁵⁵	mo³³
宾格	qɑ⁵⁵	kuə⁵⁵	sɑ⁵⁵ 或 sɿ⁵⁵	mə³³
施动格	ŋɑ⁵⁵	no⁵⁵	si⁵⁵	mi³³

羌语桃坪话单数第一人称、第二人称和泛指代词各有 3 种语音形式，疑问代词有 4 种语音形式，人称代词有声母屈折形式，而疑问代词和泛指代词仅有韵母屈折形式。在使用上，人称代词主格和宾格间使用非常严格，领格其次。疑问代词和泛指代词虽不如人称代词主、宾格那样严格，但也不是可用可不用那样随意。另外还有一点值得注意，一向被认为羌语北部方言保留古羌语特点较多，但在这一特点方面，北部方言及南部方言的部分地区，人称代词却仅保留宾格形式而没有主格形式，例如羌语北部方言麻窝话的第一人称单数为 qɑ，第二人称单数为 kuə。

（2）木雅语（康定县六坝乡西部方言） 木雅语的情况比羌语更复杂一些，既有声母屈折，又有韵母屈折，还有声调变化。此外，还有黏附性格后缀。例如：

表 3

	人称代词	主 格	领 格	宾 格
第一人称单数	ŋɯ⁵⁵	ŋi⁵⁵	ŋgɛ³⁵ni³³	ŋgɛ³⁵

第二人称单数	nε^{55}	nε^{55}i^{55}	nε^{55}ɣɯ^{35}ni^{33}	nε^{55}
第三人称单数	ɐ^{33}tsɯ^{55}	ɐ^{33}tsi^{55}	ɐ^{33}tsε^{35}ni^{33}	ɐ^{33}tsε^{55}
第一人称双数（包）	ŋɯ^{33}nɯ^{55}nɯ^{33}	ŋɯ^{33}ni^{55}nɯ^{33}	ŋɯ^{33}nε^{55}ni^{33}	ŋɯ^{33}nε^{35}
第一人称双数（排）	jɐ^{33}nɯ^{55}nɯ^{33}	jɐ^{33}ni^{55}nɯ^{33}	jɐ^{33}nε^{55}ni^{33}	jɐ^{33}nε^{35}
第二人称双数	nε^{33}nɯ^{55}nɯ^{33}	nε^{33}ni^{55}nɯ^{33}	nε^{33}nε^{55}ni^{33}	nε^{33}nε^{55}
第三人称双数	ɐ^{33}tsɯ^{55}nɯ^{33}	ɐ^{33}tsi^{55}nɯ^{33}	ɐ^{33}tsε^{55}ni^{33}	ɐ^{33}tsε^{55}
第一人称多数（排）	ŋɯ^{33}nɯ^{53}	ŋɯ^{33}ni^{55}	ŋɯ^{33}ni^{55}nε^{55}ni^{33}	ŋɯ^{33}nɯ^{55}
第一人称多数（包）	jɐ^{33}nɯ^{53}	jɐ^{33}ni^{55}	jɐ^{33}ni^{55}nε^{55}ni^{33}	jɐ^{33}nɯ^{55}
第二人称多数	nε^{33}nɯ^{53}	nε^{55}ni^{55}	nε^{33}nε^{55}ni^{33}	nε^{55}nɯ^{55}
第三人称多数	ɐ^{33}nɯ^{33}	ɐ^{33}ni^{55}	ɐ^{33}nε^{55}ni^{33}	ɐ^{33}nɯ^{55}

木雅语的格形式在句中的使用相对比较严格，其中主、宾格又比领格形式更严。领格的黏附性格后缀 ni^{33} 有时可省去不用。

（3）尔龚语 尔龚语是一个无声调的语言。格的语法形式有主格、领格和宾格。不仅人称代词有格，疑问代词、泛指代词都有格的语法形式，用韵母屈折变化或黏附性后缀表达。例如：

表 4

	人称代词	主　格	领　格	宾　格
第一人称单数	ŋε	ŋɑ	ŋεi	ŋεke
第二人称单数	ȵi	ȵɯu	ȵi	ȵike
第三人称单数	χɯ	χɯu	χɯi	χɯke
第一人称双数	ŋεnε	ŋεnεu	ŋεnεi	ŋεnεke
第二人称双数	ȵinε	ȵinεu	ȵinεi	ȵinεke
第三人称双数	χɯnε	χɯnεu	χɯnεi	χɯnεke
第一人称多数	ŋεȵɯ	ŋεȵɯu	ŋεȵi	ŋεȵɯke
第二人称多数	ȵiȵɯ	ȵiȵɯu	ȵiȵi	ȵiȵɯke
第三人称多数	χɯȵɯ	χɯȵɯu	χɯȵi	χɯȵɯke
疑问代词“谁”	sɯ	sɯu	si	sɯke
泛指代词“别人”	Imaȵɯ	Imaȵɯu	Imaȵi	Imaȵɯke
泛指代词“大家”	aʁelɔ	εʁelɔu	εʁelε	εʀelɔke

尔龚语代词格形式的使用比较严格，主格兼表施动，宾格形式用原形代

词后加黏附性格附加成分 ke 表示。

（4）普米语（箐花，南部方言） 人称代词的格形式与羌、木雅稍有不同，一般有主宾形式、领属形式和强调施动形式。另外要说明一点，普米语中还有以家庭为单位的集体代词，它也和人称代词一样有以上 3 种不同形式，疑问代词“谁”也有类似的变化表示格形式。例如：

表 5

	主宾形式	领属形式	施动形式
第一人称单数	ε^{55}	ā^{35}	ε^{55}niε^{55}
第二人称单数	nε^{13}	nā^{55}	ni^{55}iε^{13}
第三人称单数	tə^{55}gɯ^{55}	tə^{55}gɑ^{55}	tə^{55}gue^{55}
第一人称双数	ε^{55}zā^{55}	ε^{55}zā^{55}	nε^{55}zā^{55}iε^{13}
第二人称双数	nε^{13}zā^{55}	nε^{13}zā^{55}	nε^{13}zā^{55}iε^{13}
第三人称双数	tε^{55}zā^{55}	tə^{55}zā^{55}	tə^{55}zā^{55}iε^{13}
第一人称多数	ε^{55}ʐə^{55}	ε^{55}ʐɑ^{55}	ε^{55}ʐue^{55}
第二人称多数	nε^{13}ʐə^{55}	nε^{13}ʐɑ^{55}	nε^{13}ʐue^{55}
第三人称多数	tə^{55}ʐə^{55}	tə^{55}ʐɑ^{55}	tə^{55}ʐue^{55}
第一人称集体	ε^{55}by^{55}	ε^{55}bɑ^{55}	ε^{55}biε^{55}
第二人称集体	nε^{13}by^{55}	nε^{13}bɑ^{55}	nε^{13}biε^{55}
第三人称集体	tə^{55}by^{55}	tə^{55}bɑ^{55}	tə^{55}biε^{55}
疑问代词	ε^{13}gɯ^{13}	ε^{13}gɑ^{13}	ε^{13}gue^{55} iε^{13}

普米语中有一类集体代词，这类代词以家庭为单位，它和人称、疑问两类代词一样，用词根韵母的屈折变化表示格。但普米语主格和宾格为同形，主格、领格和宾格为必用的，施动格仅在句中有间接宾语强调施动者时才使用。

（5）尔苏语（或称多续语 T' osu） 是近几年新发现的语言，日本语言学家西田龙雄（Tɑtsuo Nishidɑ）曾对（华夷译语）中的多续译语进行过专门研究。“多续”实际上是操尔苏语中部方言居民的自称（do^{55}ɕu^{55}），属藏缅语族羌语支。其人称代词也有格的屈折变化。例如：

表 6

	主 格	领 格	宾 格
第一人称单数	ɑ^{55}	εi^{55} 或ɑi^{55}	ɑ^{55}（vɑ^{55}）

第二人称单数	nε^{55}	ni^{55}或 nεi^{55}	nɑ^{55}（vɑ^{55}）
第三人称单数	thε^{55}	thi^{55}或 thεi^{55}	thɑ^{55}（vɑ^{55}）
泛指代词“别人	su^{55}	sui^{55}	suɑ^{55}（vɑ^{55}）

尔苏语人称代词用韵母屈折变化表示格语法意义。这一形式与普米语类似，但尔苏语格形式所表示的内容与普米语又有一定区别，尔苏语有主格、领格和宾格，主格用代词的原形，而普米语主、宾同形，有施动格。另外，尔苏语 3 个格的使用较严格。宾格代词后面带不带结构助词 vɑ^{55} 倒不十分严格。另外尔苏语还有一类泛指代词，与羌语的泛指代词同类，它在句中使用时韵母也有屈折变化，在此一并列出。

说明一点，尔苏语也有双数和多数人称代词，但它和羌语一样，没有用韵母屈折变化表示格的语法意义，而是加结构助词表示。

（6）基诺语　代词有主格、领格和宾格。列表说明如下：

表 7

	主　格	领　格	宾　格
第一人称单数	ŋɔ^{42}	ŋɔ^{55}、ŋui^{33}、ŋuɑ^{35}、ŋuε^{35}	ŋɔ^{35}
第二人称单数	nə^{42}	nε^{35}	nɑ^{35}
第三人称单数	khə^{42}	khə^{42}ε^{55}	khə^{35}
第一人称双数	ɑ^{33}n^{55}	ɑ^{33}n^{55}nε^{55}	ɑ^{33}n^{55}nɑ^{33}
第二人称双数	ni^{55}n^{55}	ni^{55}n^{55}nε^{55}	ni^{55}n^{55}nɑ^{33}
第三人称双数	khə^{42}n^{55}	khə^{42}n^{55}nε^{55}	khə^{42}n^{55}nɑ^{33}
第一人称多数（排）	ŋɑ^{55}vu^{33}	ŋɑ^{55}vε^{55}	ŋɑ^{55}vu^{33}ɑ^{33}
第一人称多数（包）	ŋu^{55}vu^{33}	ŋu^{55}vε^{55}	ŋu^{55}vu^{33}ɑ^{33}
第二人称多数	ni^{55}vu^{33}	ni^{55}vε^{55}	ni^{55}vu^{33}ɑ^{33}
第三人称多数	khə^{42}mɑ^{55}	khə^{42}mε^{55}	khə^{42}mɑ^{55}ɑ^{33}

基诺语人称代词有主格、领格、宾格 3 种形式，主格与代词原形相同，领格和宾格是采用元音（韵母）屈折和声调变化表示。基诺语双数和多数领格和宾格元音的屈折变化都表现在末尾音节，这种变化所表达的语法意义与前面几种语言有类似的地方，也有不同的地方。

（7）白语　人称代词有格的语法形式，但多数人称代词没有格语法形式。其内容比基诺语稍简单。例如：

表 8

	主宾格	领　格
第一人称单数	ŋo31	ŋɯ55
第二人称单数	no31	nɯ55
第三人称单数	mo31	mɯ55

白语人称代词主格和宾格形式相同，用人称代词原形表达，领格用元音和声调屈折变化表达。

（8）载瓦语　载瓦语与基诺、白等语言在格形式上相类似，用韵母兼声调变化表示，但内容稍有不同。例如：

表 9

	主　格	领　格	宾　格
第一人称单数	ŋo51	ŋɑ55	ŋo31
第二人称单数	nɑŋ51	nɑŋ55	nɑŋ31
第三人称单数	jɑŋ31	jɑŋ51	jɑŋ31

载瓦语第一人称主格为代词原形，除声调变化外，领格形式还有元音屈折变化，第二人称只有声调屈折变化，第三人称主、宾格同形，仅领格有声调屈折变化。

（9）怒苏语和景颇语　这两种语言人称代词也有格的变化，仅表现在领格形式，主要用韵母屈折变化的形式表达。例如：

表 10

	怒苏语		景颇语	
	人称代词原形	领格	人称代词原形	领格
第一人称单数	ŋɑ35	ŋe35	ŋai33	ŋjeʔ55
第二人称单数	no55	ne55	nɑŋ33	nɑʔ55
第三人称单数	ʔn̠o55	ʔne55	khji33	khjiʔ55

怒苏语的领格声调不发生变化，但第三人称代词声母以舌面鼻音变为舌尖中鼻音。景颇语除韵母变化外，声调也由原形代词的中平调一律变为高平调。这种代词的领格形式有时被认作为代词中的一个小类，称领属代词。

（10）藏语（拉萨）、错那门巴语、白马语这 3 种语言人称代词在格形式上比较接近。下面比较它们的第一人称单数：

表 11

	代词原形	施动	领属	受动
藏语	ŋɑ^{12}	ŋɛʔ^{12}	ŋɛ^{14}	ŋɑ^{14}
错那门巴语	ŋe^{35}	ŋɑi^{35}	ŋu^{35}（ko^{31}）	ŋe^{35}
白马语	ŋɑ^{35}	ŋɑ^{35}	ŋo^{35}	ŋɑ^{35}

上述白马语第一人称代词格仅有领属形式、用元音屈折变化表示，错那门巴语除了领属形式外，还有施动形式。而拉萨藏语还有受动形式。拉萨藏语除了韵母屈折变化外，还有声调的变化。这几种语言格形式的使用都不十分严格。从语法意义来看，拉萨藏语施动形式还可以兼表工具、方式和动作的原因。受动形式还可表示领有者或时间、地点状语等。

（11）史兴语　史兴语也是近几年新发现的语言，属藏缅语族羌语支。它的人称代词有格形式，单纯用元音屈折变化表达。例如：

表 12

	主　格	领　格	宾　格
第一人称单数	ŋɑ^{55}	ŋɛ^{55}	ŋo^{55}
第二人称单数	n̥i^{55}	n̥ɛ^{55}	n̥o^{55}
第三人称单数	thi^{55}	thɛ^{55}	thɑ^{55}

史兴语的主格形式为人称代词原形，领格代词如后面与表领有的结构助词连用则使用得不甚严格。复数人称代词无格屈折变化。

扎坝语代词也有与史兴语类似的屈折变化，但仅有领格形式，无宾格形式。博嘎尔珞巴语在人称代词后加-m 表示宾格。独龙语中人称代词也有领属和强调施动等形式，但使用得不甚严格。

（12）彝语和阿昌语　这两种语言的格语法形式和内容大体一致，即用声调变化表示格语法意义。它们的主、宾形式与人称代词的原形一致，领格发生声调变化。例如：

表 13

	彝　语		阿昌语	
	主宾格	领　格	主宾格	领　格
第一人称单数	ŋɑ^{33}	ŋɑ^{55}	ŋɔ^{55}	ŋɔ^{51}

第二人称单数	nɯ^{33}	ni^{55}	nuaŋ^{55}	nuaŋ^{51}
第三人称单数	tshʅ^{33}	tshʅ^{31}	ȵaŋ^{31}	ȵaŋ^{31}

彝语第一、三人称单数用声调变化表示领格，第二人称除声调变化外还用元音屈折。阿昌语领格变化仅表现在第一、二人称单数，第三人称领格无声调变化。这与纳西语用声调变化表示领格的形式基本相同。

（13）哈尼语　哈尼语虽然也用声调表示格语法意义，但它与彝语、阿昌语、纳西语所不同的是，除了领格形式不同外，主格和宾格形式也不相同，通常主格形式用人称代词原形，领格或宾格形式则用变形。例如：

表 14

	主　格	领　格	宾　格
第一人称单数	ŋɑ^{55}	ŋɑ^{33}	ŋɑ^{31}
第二人称单数	no^{55}	no^{33}	no^{31}
第三人称单数	ɑ^{31}jo^{31}	ɑ^{31}jo^{31}	ɑ^{31}jo^{31}

哈尼语主、领、宾 3 个格仅表现在第一、二人称单数上，第三人称及多数没有格变化。

2. 讨论

上面列出了藏缅语族十多种语言人称代词用各种屈折手段表示格语法意义的具体形式。所列出的 14 个表仅仅是该语言人称代词格形式的一个大概面貌。并对他们的用法作了简要的说明。在这一节里，拟就人称代词格形式的有关问题进行讨论。

（1）人称代词在藏缅语中乃至汉语中都有同源关系，这一点是所有汉藏语比较研究的学者都一致的认识。但藏缅语人称代词的格，却并不一定大家都有共同的认识。在第一节里，我所列出的例证，都是中国境内的藏缅语，只有少数语言没有用屈折形态手段表示格语法意义，而大多数语言都有格语法形式。这里所指的格不包括格助词表达的分析形式，只包括人称代词本身的屈折形式和黏着形式，即语法化的格代词。

从前面所列 14 个表中格代词的形式大体可以归纳为 4 种形式。

① 人称代词声母（辅音）屈折变化表示格语法意义；

② 人称代词韵母（元音）屈折变化表示格语法意义；

③ 人称代词声调高低的变化表示格语法意义；

④ 在人称代词后面加黏附性格后缀表示格语法意义。

这4种形式在具体某语言中有的用声母兼韵母屈折变化表示，如羌语支的羌语、木雅语等；有的要用韵母屈折变化表示，如羌语支的普米、尔苏、史兴、扎巴等语言，藏语支的白马、门巴等语言和景颇语支的独龙语；有的主要用韵母屈折兼声调屈折变化表示，如拉萨藏语、景颇语、载瓦语、白语、基诺语等；有的主要用声调高低变化表示，如彝语支的彝语、哈尼语、纳西语和缅语支的阿昌语等；还有的用韵母屈折变化兼添加黏附性后缀表示，如尔龚语、博嘎尔语等。

这几种形式都可以被认为是代词本身的形态变化，它与代词后面加格助词的分析形式之间虽有一定联系，但后者已不能被看作为代词本身的语法范畴或语法形式。

（2）为什么人称代词的格形式在藏缅语族多数语言里仅主要表现为主格（施动格）、宾格（受动格）、领格等几种形式。而实际上表示格语法意义的形式在具体语言里远不止这些。例如藏文通常有8个格：主格（原形格）、业格（受动格）、具格（施动格）、为格（目的格）、从格（来源格）、属格（领属格）、于格（处所格）、呼格（呼语格）。而往往仅有少数几个格助词引起人称代词演变为屈折形式。在分析了藏缅语中许多语言人称代词屈折形式形成的条件时，我认为有以下几个方面的情况值得注意：

第一，大多数语言人称代词格的形成是来源于格附加成分与代词相结合所引起的连读音变。这种变化主要表现为韵母（元音）和声调的变化。我在《论藏缅语语法结构类型的历史演变》（《民族语文》1992.5—6）一文中，简要论述了藏缅语中许多语法范畴的语法形式由黏附性前后缀在历史演变过程中，变为词根元、辅音和声调变化的例证。那么，代词所具有的格范畴以及它的各种屈折形式，也明显的由于格后缀在历史演变过程中与代词词根相结合并经过长期语音磨损所产生的结果。这种音变现象在藏缅语中可以被认为是普遍存在的。

第二，我在上述论文中还提到，藏缅语语法形式的演变过程与该语言语音系统的演变几乎是同步进行的，换句话说，前缀的演变与复辅音前置辅音的演变同步进行，后缀的演变与音节韵尾的演变大体一致。那么，原始藏缅语的格后缀（有时是音节，有时是音素）必须附着在开音节的代词后，才有可能在语音演变过程中对代词词根的元音产生影响。

第三，原始藏缅语中格形式不仅附着在代词上，也同时附着在名词上，但目前保存在藏缅语中的仅在代词上有屈折形式，这也许与格形式的历史演变有关。我认为，早期藏缅语的格形式是黏附性的，数量也比较少，随着语言表达功能的需要，格形式逐渐增多，其中有的与词根结合得很紧，有的与词根结合得较松。能够使代词词根发生屈折变化的后缀，肯定是与代词词根结合得比较紧的那一类。而这类后缀往往在句中起指明主语（施动者）、宾语（受动者）、定语（领有者）的作用。因此也可以被认为这几类格后缀是早期藏缅语的遗存。其中一些后缀到现代演变为格助词。

（3）格代词语法形式的屈折手段大体分为3种类型，其中元音屈折和声调高低变化的来源比较清楚，多数是黏附性格后缀与词根相结合，在历史语音演变过程中，对代词的元音或声调产生影响，而形成格代词元音或声调的屈折变化。下面以尔苏语为例，分析格代词的形成过程：

表15

领格　原形代词 + i^{55}	宾格原形代词 + $vɑ^{55}$
$ɛi^{55} < ɑ^{55} + i^{55}$	$ɑ^{55} < ɑ^{55} + vɑ^{55}$
$ni^{55} < nɛ^{55} + i^{55}$	$nɑ^{55} < nɛ^{55} + vɑ^{55}$
$thi^{55} < thɛ^{55} + i^{55}$	$thɑ^{55} < thɛ^{55} + vɑ^{55}$

从上表中领格和宾格的形成可以清楚地发现，领格代词的形成是由于人称代词与表示领属的后附成分 i^{55} 连用时带来的屈折变化，宾格形式是由于人称代词与指示宾语的后附成分 $vɑ^{55}$ 连用时带来的屈折变化。

类似的情况我们可以从藏文与拉萨口语人称代词的语音变化中得到启示。例如藏语拉萨话单数第一人称代词原形为 $ŋa^{12}$，它的施动形式为 $ŋɛ^{12}$（<ŋas）。领属形式为 $ŋɛ^{14}$（<ŋaɦi），受动或处所形式为 $ŋa^{14}$（<ŋar）。

我们无需对每一种语言格代词的屈折形式逐一分析它的形成过程，上面两组例证足以说明形成格代词韵母（元音）或声调屈折变化的主要原因。这种变化看来是由于音节减缩现象形成的语音变化。在此我们不妨把另外一些语音的演变现象联系起来观察，也许能得到进一步的启示。藏语及部分藏缅语中，我们都发现了相当普遍的语法形式上的音节减缩现象（参见谭克让《阿里藏语语法形式上的音节减缩现象》，《民族语文》1983.5.），这种是早期藏缅语从黏附形式向屈折形式过渡，最后转化为分析形式的主要途径。人称代词格形式的残存，正是这种语法形式演变链中的一个历史阶段。

除了用元音屈折和声调高低变化表示格语法意义外，少数语言还有用声母（辅音）屈折变化表示主格和宾格的不同。如羌语和木雅语。我认为这种语法形式比元音（韵母）屈折变化更古老、更原始。1993 年我在日本大阪举行的 26 届国际汉藏语会议上提供的论文中曾提到由于动词人称后缀在一定条件下除了与主格代词发生一致关系外，还与宾格代词发生一致关系，因此出现了藏缅语中部分语言的人称后缀与人称代词的声母（辅音）发生一致关系，部分语言与韵母（元音）发生一致关系，少数语言还将整个代词缀于动词词根前后。这一现象反过来证明藏缅语中确有用声母（辅音）屈折变化来表示主格和宾格的痕迹。另一方面，羌语北部方言的人称代词已失去主格形式 ŋɑ，如麻窝羌语第一人称单数为 qɑ，第二人称单数为 kuə，与桃坪话的宾格形式一致，这一现象也许可以解释目前部分藏缅语中单数第一人称的形式为什么不是* ŋa，如普米语 a^{35}、尔苏语ɑ^{55}、罗塔（Lotha）那嘎语和安嘎米（Angami）那嘎语均为 a^{33}，仓洛语 dzaŋ、格曼语 ki^{55}、巴兴（Bahing）语go、苏龙珞巴语goh^{55}、毕傈（Bịsu）语ga、迪马尔（Dhimal）语 kɑ、库基（Kuki）语 kɑ、林布（Lim-bu）语 aŋgaʔ、基兰提（Kirami）语ɑŋ。第二人称羌语北部方言为 kuə，藏文为 khjod 或 khjed，古绒（Gurung）语为 kxi、哈尤（Hɑyu）语为gon，尼瓦里（Newari）语为 chi，巴兴语为ga。以上这些单数第一人称和第二人称代词的形式与通常藏缅语不同，我怀疑它像羌语北部方言那样是历史上宾格代词的遗存。如果这一推断成立的话，那么，这种格语法形式比韵母或声调屈折形式更古老、历史更悠久。

由于藏缅语中第一人称单数出现了 ŋa 和 ka、ga 等形式，因此有人在构拟原始藏缅语第一人称单数形式时在 ŋa 的前面增加了一个前缀g-成为*g-ŋa，我认为这种可能性不大，如果要是那样的话，我们是否也要为第二人称代词构拟为*k-no 或*k-naŋ 呢？

据此，我认为藏缅语中人称代词 3 种格形式最古老的应该算声母（辅音）屈折形式，其次是韵母（元音）屈折形式，声调高低变化的形式是藏缅语代词格语法意义即将处于消失的前兆。

（4）我们从分析人称代词格标记的来源中得知不同的格代词与表示格

语法意义的后缀有密切关系。那么，它与目前许多语言中的格助词是什么关系呢？

藏缅语语法结构系统的历史演变是一个十分漫长的历史过程，目前存在于藏缅语中的表示各种语法意义的格助词也有一个历史演变过程。从整个语法体系来看，目前藏缅语族的多数语言表达句子结构关系的格形式已不是黏附性后缀，而是相对自由、较独立的虚词——格助词。我们在分析了许多具体语言里格助词系统的构成及其来源时发现，它们是一个多源的混合体。

有证据表明，它们中的一部分来源于原始藏缅语的格黏附后缀，经过长期的历史演变，逐渐由语法形态成分变成虚词，这一过程有以下几个特征：

① 语音上往往由一个音素变为一个音节；

② 它和词根结合的紧密程度逐渐减弱；

③ 它不仅成为一个词的语法特征，有时可以还成为一个词组乃至一个短语的语法特征；

④ 它不仅加在一类词的后面，有时还可以加在多类词的后面。

另一部分格助词明显来源于实词。有的来源于方位词，有的来源于指示词，有的来源于处所词，甚至有的来源于动词。这部分助词形成的历史不太久，以至我们目前仍能观察到它本来面目的一些痕迹。这一部分由实词演变来的表示格语法意义的助词，即使加在代词后面，也不可能引起代词本身元音或者声调的变化。有关这一问题我将另外讨论。

正因为这样，我们大体可以得到 3 点认识：第一，格助词本身是不同层次不同历史时期的产物，有的历史较悠久，有的发展较晚。第二，使人称代词词根韵母（元音）或者声调发生屈折变化以表示格语法意义的是由早期的黏附型格后缀引起的，而不大可能是由后起的实词变来的格助词引起的。第三，目前藏缅语中的格助词是多源的，因此大多数助词很难构拟它的原始形式。即使有少数源于早期藏缅语，但由于处于语法后缀形式的它在语法意义上和语音上都是多变的，以至目前在构拟它的原始形式时遇到了很大的困难。

（5）从对格代词的使用特点的分析中我们可以看到，一些语言的格形式使用很严格，一些语言的格形式使用较严格，一些语言的格形式使用不严格。一般声母（辅音）屈折形式使用得最严格，韵母（元音）兼声调屈折比较严格，单用声调高低变化的格形式相对来说不甚严格。一般来说，在一个语言中，既有主格形式，又有施动形式的是少数，在这些语言里，主格是必用的，施动形式是有条件使用的。藏缅语中大多数语言主格形式与施动格形式是一致的。由于藏缅语中基本上没有语法上的被动形式，不管句子语序如何，施动形式往往处于主语位置，而动词如果有人称范畴的话，往往与施动者发生一致关系（verb agreement）。在这一点上，格范畴包括屈折形式和分析形式就显得十分重要。

根据上述情况，藏缅语中的作格系统（ergative）应该是比较原始的，可以认为，在发生阶段它的使用是严格的，随意性比较小，随着时间的推移，出现了许多复杂的变化。这种变化主要表现为语法意义的扩大和缩小，语音形式的变化和使用状况的变化 3 方面。以至目前藏缅语格形式存在着巨大的差别。但我们不能因为它在各语言中演变得面目全非，而怀疑它的可构拟性。比较好的办法是先做低层次的构拟，然后再逐步构拟中层次的和高层次的。当然这部分可构拟的格形式的范围是比较小的，因为我们首先一个重要的任务是要分清哪些是早期藏缅语的格形式，哪些是后起的，哪些是新近产生的。

3. 值得进一步研究的几个问题

藏缅语中人称代词格标记的研究是一个难度很大的题目，在这篇文章里，我罗列了一些材料，并根据所罗列的材料提出了一些较笼统的看法，这些看法仅仅是一些线索，因此在这一节中，我不想对我的研究工作做什么总结，倒是想提出一些问题，这些问题是我在研究工作中未能解决的，或者说需要进一步收集材料加以更深入研究的，现在写在下面，以求教于同行或有兴趣的学者们。

（1）格语法形式不仅表现在代词上，也表现在名词上，目前只有格代词发生语音的屈折变化，而在名词上基本不发生屈折变化。这是否意味着名词也经历过与代词同样的屈折变化过程，而现在已逐步消失？还是有其他别的什么原因？

（2）汉语和藏缅语被认为是汉藏语系的两大语言集团，这一点似乎没有多少人怀疑。那么汉语仅有领属形式的格助词与藏缅语位置一致，放在名词或代词的后面。藏缅语中的其他格助词不管早期的也好，后来发展的也好，都放在名词或代词的后面，而汉语起同样语法作用的虚词被称为介词，它的位置几乎全部移到了名词、代词或类似的句子成分前面。那么，这两种形式哪一种是原始形式？为什么它们的位置要发生这种变化？原因是什么？它与

sov（藏缅）和 SVO（汉）的差异是否有某种内在的联系？

（3）藏缅语的格代词的形成与黏附性后缀的影响有密切关系。藏缅语格代词的形式、内容使我联想与英语中的格代词有某些相似之处。例如：

表 16

	主格	宾格	领格
第一人称	I	me	my
第二人称	you	you	your
第三人称	he	him	his
疑问代词	who	whom	whose

它们一般都有常见的 3 种格形式，构成方式也是采用辅音、元音或加黏附后缀等。它们这种类型上的一致性，我们是否可以得到一些语法规则中普遍性原则的启示。至于它们的来源是否也有类型上的某种近似性，也值得我们去深究。

四　反身代词的构成

反身代词（Reflexive Pronoun）是代词中的一个小类。相当于汉语的"自己"。是反指主体自身的一种人称代词，往往用来强调自身的施动作用，所以又叫强势代词（Inten-sive Pronoun）。不同的语言中，反身代词的构成或使用特点是很不相同的。英语中的反身代词是在人称代词后面加表示反身的词缀-self 构成的。例如：

数 / 人称	第一人称	第二人称	第三人称
单数	myself	yourself	himself
复数	ourself	yourselves	themselves

-self 还可和 it"它"结合构成指代物的反身代词 itself；和数词 one 结合构成反身代词 oneself，单独表示"自己"。self-还是一个能产的构词前缀，由它构成的派生词数以百计，例如：

self-abasement 自卑　　self-appointed 自封的

self-conceit 自命不凡　　self-culture 自学，自修

self-murder　自杀　　　　　self-support　自给，自立

self 还能单独作名词用，表示“自我”、“本性”、“个人”、“私利”、“自己”等意思。例如：

Have no thought of self.　　不考虑个人利益。

His true self was reveajed.　　他的本来面目被揭露了。

这里有一点不清楚的是英语中的反身代词为什么第一、二人称必须和领格代词结合，而第三人称却和宾格代词相结合。

藏缅语中的反身代词的构成方式有的与英语基本相同，有的比较类似，有的则有很大的差别。用法上也不完全一样。其构成方式和用法大体可以分为三大类，一类是重叠形式，一类是黏附形式，再一类是分析形式。三类构成方式相异的反身代词各有一些不同的使用特点。现简要分析如下。

（一）重叠方式

用重叠人称代词的方式构成反身代词是缅语反身代词构成的一种基本形式。目前有相当多的语言采用这种方式构成。例如独龙语中人称代词分单数、双数和多数，它们又各分 3 个人称，其重叠形式大体如下表：

数	人称	人称代词		反身代词	
单	一	ŋ53	我	ŋɑ53ŋɑ53	我自己
	二	nɑ53	你	nɑ53nɑ53	你自己
数	三	ǎŋ53	他	ǎŋ53ǎŋ53	他自己
双	一	ǐŋ55ne55	我俩	ǐŋ55ne55ǐŋ55ne55	我俩自己
	二	nɯ55ne55	你俩	nɯ55ne55nɯ55ne55	你俩自己
数	三	ǎŋ55ne55	他俩	ǎŋ55ne55ǎŋ55ne55	他俩自己
多	一	ǐŋ55	我们	ǐŋ55ǐŋ55	我们自己
	二	nɯ55nǐŋ55	你们	nɯ55nǐŋ55nɯ55nǐŋ55	你们自己
数	三	ǎŋ55nǐŋ55	他们	ǎŋ55nǐŋ55ǎŋ55nǐŋ55	他们自己

尔苏语中的反身代词也是由重叠人称代词构成，但第三人称在重叠时，韵母发生了一点小变化。例如：

人称 / 数	单数	双数	多数
一	ɛi55ɛi55	ɑ55dzi55ɑ55dzi55	ɑ55ɽɑ55rəi55

二	ni^{55}ni^{55}	nɛ^{55}dzi^{55}nɛ^{55}dzi^{55}	nɛ^{55}ɿ^{55}nɛ^{55}rəi^{55}
三	thi^{55}thi^{55}	thɛ^{55}dzi^{55}thɛ^{55}dzi^{55}	thɛ^{55}ɿ^{55}thɛ^{55}rəi^{55}

彝语反身代词也是重叠人称代词，但重叠的方式与上两种语言又稍有不同。其中单数是重叠领格代词，第一、二人称语音无变化，第三人称声调由 21 变 44；双数重叠主宾格代词，语音无变化；多数重叠主宾格代词，但要去掉表示多数的ɣo^{44}“们”，重叠后声调由 21 调变为 44 调。①例如：

人称		单数 主宾	单数 领属	单数 反身	双数 主宾	双数 反身	多数 主宾	多数 反身
一	直接	ŋɑ^{33}	ŋɑ^{55}	ŋɑ^{55} ŋɑ^{33}	ŋɑ^{21}ȵi^{55}	ŋɑ^{21}ȵi^{55}-ŋɑ^{21}ȵi^{55}	ŋo^{21}ɣo^{44}	ŋo^{21} ŋo^{44}
	间接	i^{33}	i^{55}	i^{55}i^{55}	i^{21}ȵi^{55}	i^{21}ȵi^{55} i^{21}ȵi^{55}	o^{21}	o^{21}o^{44}
二		nɯ^{33}	ni^{55}	ni^{55}ni^{55}	nɯ^{21}ȵi^{55}	nɯ^{21}ȵi^{55}-nɯ^{21}ȵi^{55}	no^{21}ɣo^{44}	no^{21}no^{44}
三		tshɿ^{33}	tshɿ^{21}	tshɿ^{21}tshɿ^{44}	tshɿ^{21}ȵi^{55}	tshɿ^{21}ȵi^{55}-tshɿ^{21}ȵi^{55}	tsho^{33}ɣo^{44}	tsho^{21}tsho^{44}

上表中第一人称分“直接”和“间接”，是指代词的使用场合，直接用语用在直称，间接用语用在引称。试比较：

ŋɑ^{33} ɑ^{21} lɑ^{33} o^{44}. 我不来了。 i^{33} ɑ^{21} lɑ^{33} o^{44} di^{44}.（××）说：“我不来了。”

我不来（语气） 我不 来（语气）说

木雅语反身代词构成的情况较复杂，其中单数、复数采用重叠人称代词，双数采用黏附形式。采用重叠方式的也与以上几种语言有所不同，元音发生异化。试列表比较并说明如下：

数	人称	人称代词	反身代词	构成和变化方式
单数	一	ŋɯ^{55}	ŋɯ^{55}eŋ^{55}	重叠词根，元音变化
	二	ŋɛ^{55}	nɯ^{55}ne^{35}	重叠词根，元音、声调变化
	三	ɐ^{33}tsɯ^{55}	ɐ^{33}tsɯ^{55}tse^{35}	重叠部分词根，元音、声调变化

① 参阅陈士林等《彝语简志》，第 120 页，民族出版社 1985 年版。

续表

数	人称		人称代词	反身代词	构成和变化方式
复数	一	包括式	jɐ^{55}nɯ^{53}	jɐ^{55}nɯ^{33}jɐ^{33}nɛ^{33}	重叠词根，元音、声调变化
		排除式	ŋɯ^{33}nɯ^{53}	ŋɯ^{55}nɯ^{33}ne^{35}nɛ^{33}	重叠词根，元音、声调变化
	二		ŋɛ^{33}nɯ^{53}	ne^{35}nɯne^{35}nɛ^{33}	重叠词根，元音、声调变化
	三		ɐ^{33}nɯ^{53}或ɐ^{33}tsɯ^{55}nɯ^{53}	tsɯ^{55}nɯ^{33}tse^{35}nɛ^{33}	重叠部分词根，元音、声调变化
双数	一	包括式	jɐ^{33}ni^{55}nɯ^{33}	jɐ^{33}ni^{55}nɯ^{33}jɐ^{33}ɣø^{35}	主格后加黏附后缀
		排除式	ŋɯ^{33}nɯ^{55}nɯ^{33}	ŋɯ^{33}ni^{55}nɯ^{33}jɐ^{33}ɣø^{35}	主格后加黏附后缀
	二		nɛ^{33}nɯ^{55}nɯ^{33}	nɛ^{33}ni^{55}nɯ^{33}jɐ^{33}ɣø^{35}	主格后加黏附后缀
	三		ɐ^{33}nɯ^{55}nɯ^{33}	tse^{33}ni^{55}jɐ^{33}ɣø^{35}	主格音变后加黏附后缀

普米语反身代词的构成形式与木雅语比较接近。重叠方式和音变内容大体一致。但也有一定的差别，主要是普米语除 3 个人称各分单、双、多数外，还多一套集体代词，这套代词也同样有反身形式。另外，音变的内容和重叠的方式也有一些细微的差别。例见下页表一：

表一

数	人称		人称代词		反身代词	
单数	一		ɛ^{55}	我	ɛ^{55}ɑ^{55}	我自己
	二		nɛ^{13}	你	nɛ^{13}nɑ^{55}	你自己
	三		tə^{55}gɯ^{55}	他	tə^{55}gɯ^{55}ni^{55}niɑ^{13}	他自己
双数	一	包括式	ɛ^{55}zã^{55}	咱俩	ɛ^{55}zã^{55}ɛ^{55}zã^{55}	咱俩自己
		排除式	ɛ^{55}zã^{55}	我俩	ɛ^{55}zã^{55}ɛ^{55}zã^{55}	我俩自己
	二		nɛ^{13}zã^{55}	你俩	nɛ^{13}zã^{55}nɛ^{13}zã^{55}	你俩自己
	三		tə^{55}zã^{55}	他俩	tə^{55}zã^{55}tə^{55}zã^{55}	他俩自己
多数	一	包括式	ɛ^{55}ʐə^{55}	咱们	ɛ^{55}ʐə^{55}ɛ^{55}ʐɑ^{55}	咱们自己
		排除式	ɛ^{55}ʐə^{55}	我们	ɛ^{55}ʐə^{55}ɛ^{55}ʐɑ^{55}	我们自己
	二		nɛ^{13}ʐə^{55}	你们	nɛ^{13}ʐə^{55}nɛ^{13}ʐɑ^{55}	你们自己
	三		tə^{55}ʐə^{55}	他们	tə^{55}ʐə^{55}tə^{55}ʐɑ^{55}	他们自己

续表

数	人称		人称代词		反　　身	代　　词
集体	一	包括式	ɛ^{55}by^{55}	咱家	ɛ^{55}by^{55}ɛ^{55}bɑ^{55}	咱们自己
		排除式	ɛ^{55}by^{55}	我家	ɛ^{55}by^{55}ɛ^{55}bɑ^{55}	我们家自己
	二		nɛ^{13}by^{55}	你家	nɛ^{13}by^{55} nɛ^{13}bɑ^{55}	你们家自己
	三		tə^{55}by^{55}	他家	tə^{55}by^{55} tə^{55}bɑ^{55}	他们家自己

还有一些藏缅语族语言，反身代词也是用重叠人称代词构成，但它们在重叠时，在两个重叠的人称代词中间要插入一个音节。属于这种构成方式的语言有拉祜语①、傈僳语②、怒苏语等。例如：

表二

数	人　称		拉 祜 语	傈 僳 语	怒 苏 语
单数	一		ŋɑ^{2}qhɑ^{3}ŋɑ^{2}	ŋuɑ^{33}ɣɯ^{31}ŋuɑ^{33}	ŋɑ^{35}tuɑ^{53}ŋo^{35}
	二		nɔ^{2}qhɑ^{3}nɔ^{2}	nu^{33}ɣɯ^{31}nu^{33}	n̥o^{55}tuɑ^{53}n̥o^{55}
	三		zɔ^{3}qhɑ^{3}zɔ^{3}	e^{33}ɣɯ^{31}e^{33}	ʔ n̥o^{55}tuɑ^{53}ʔn̥o^{55}
多数	一	包括式	ni^{1}xɯ^{1}qhɑ^{3}nixɯ^{1}	ʒo^{31}ɣɯ^{31}ʒo^{31}	ʔɑ^{55}iɯ^{31}tuɑ^{53}ʔɑ^{55}iɯ^{31}
		排除式	ŋɑ^{2}xɯ^{1}qhɑ^{3}ŋɑ^{2}xɯ^{1}	ŋuɑ^{44}nu^{31}ɣɯ^{31}ŋuɑ ^{44}nu^{31}	ŋɑ^{35}dɯ^{31}tuɑ^{53}ŋɑ^{35}dɯ^{31}
	二		nɔ^{2}xɯ^{1}qhɑ^{3}nɔ^{2}xɯ^{1}	nu^{33}uɑ^{31}ɣɯ^{31}nu^{33}uɑ^{31}	n̥o^{31}dɯ^{31}tuɑ^{53}n̥o^{31}dɯ^{31}
	三		zɔ^{3}xɯ^{1}qhɑ^{3}zɔ^{3}xɯ^{1}	e^{55}uɑ^{31}ɣɯ^{31}e^{55}uɑ^{31}	ʔn̥o^{31}dɯ^{31}tuɑ^{33}ʔ n̥o^{31}d ɯ^{31}

从表中可以看到，拉祜语重叠后中间插入了 qhɑ^{3}，傈僳语插入了ɣɯ^{31}，怒苏语插入了 tuɑ^{53}。在不同的语言中插入成分的意义和作用不十分清楚，傈僳语的ɣɯ^{31} 有“力气、力量”的意思。但此处作力量解释似乎不大贴切，有待于进一步研究。

① 常竑恩主编：《拉祜语简志》，第 39 页，民族出版社 1986 年版。

② 徐琳、木玉璋、盖兴之：《傈僳语简志》，第 44 页，民族出版社 1986 年版。

类似上述用重叠人称代词构成反身代词的例证还可举出一些语言。例如柔若语中，与拉祜、傈僳、怒苏的形式相类似，只不过插入重叠两个人称代词的音节是 sɑ^{31} ①。另外，羌语北部方言、扎坝语也有用重叠形式表示反身现象的，基诺语人称代词也可重叠，但其语法意义主要表示行为动作者的重复出现，与反身意义虽有一定联系，但已相去甚远。不再一一加以举例分析了。

（二）黏附形式

黏附式反身代词是在人称代词后面黏附一个基本上不能独立运用的后缀，这种构成方式与本文引言中在英语人称代词后加-self 构成反身代词的形式有点相似。所不同的是英语的 self 可以单独作名词用，而藏缅语中黏附于人称代词后面的词缀虽然词汇意义比较具体，但一般不能独立运用。例如：

数	人称	尔龚语	纳木依语	格曼语
单	一	ŋɛbɯʐɑŋ	ŋɑ^{55}y^{33}bi^{33}	ki^{53}kɯ^{31} toŋ^{35}
	二	ȵibɯʐɑŋ	no^{33}y^{33}bi^{33}	ȵo^{53}kɯ^{31} toŋ^{35}
数	三	χɯbɯʐɑŋ	tɕhi^{55}y^{33}bi^{33}	wi^{53}kɯ^{31} toŋ^{35}
双	一	ŋɛnɛbɯʐɑŋ	ŋɑ^{55}ku^{55}y^{33}bi^{33}	kɯ^{31}tɕin^{35}kɯ^{31} toŋ^{35}
	二	ȵinɛbɯʐɑŋ	no^{33}ku^{55}y^{33}bi^{33}	ȵo^{31}tɕin^{35}kɯ^{31} toŋ^{35}
数	三	χɯnɛbɯʐɑŋ	tɕhi^{33}ku^{55}y^{33}bi^{33}	wi^{53}tɕin^{35}kɯ^{31} toŋ^{35}
多	一	nɛȵbɯʐɑŋ	ŋɑ^{55}χo^{33}y^{33}bi^{33}	kin^{55}kɯ^{31} toŋ^{35}
	二	ȵiȵɯbɯʐɑŋ	no^{33}χo^{33}y^{33}bi^{33}	ȵo^{53}nin^{35}kɯ^{31} toŋ^{35}
教	三	χɯȵɯbʐɯɑŋ	tɕhi^{55}χo^{33}y^{33}bi^{33}	win^{55}kɯ^{31} toŋ^{35}

以上 3 种语言都是在人称代词后加后缀构成反身代词，尔龚语中加-bɯʐɑŋ，纳木依语中加-y^{33}bi^{33}，格曼经语中加-kɯ^{31} toŋ^{35}，所加的后缀一般都不单独使用，而前面的人称代词都不发生语音变化。

在藏缅语中，有些语言在缀附后缀的同时，人称代词词根要发生一定的语音变化。其中主要表现为辅音和声调的变化。请看阿侬语的例子：

---

① 请参阅拙作《怒族柔若语概况》，载《民族语文》1985 年第 4 期。

数	人称		人称代词		反身代词	
单数	一		ŋɑ^{55}	我	ŋɑ^{31}luŋ^{35}	我自己
	二		ɳɑ^{55}	你	ɳɑ^{31} luŋ^{35}	你自己
	三		ŋ^{55}	他	ŋ^{31} luŋ^{35}	他自己
双数	一	包括式	ɑ^{31}iɯŋ^{55}si^{31}	咱俩	ɑ^{31} ŋɯŋ^{55}si^{31}luŋ^{35}	咱俩自己
		排除式	ŋɑ^{55}iɯŋ^{55}si^{31}	我俩	ŋɑ^{31} ŋɯŋ^{55}si^{31}luŋ^{35}	我俩自己
	二		ɳɛ^{31}ɳɯŋ^{55}si^{31}	你俩	ɳɛ^{31}ɳɯŋ^{55}si^{31}luŋ^{35}	你俩自己
	三		ŋ^{55}ŋɯŋ^{55}si^{31}	他俩	ŋ^{31} ŋɯŋ^{55}si^{31}luŋ^{35}	他俩自己
多数	一	包括式	ɑ^{31}iɯŋ^{55}	咱们	ɑ^{31} ŋɯŋ^{55}luŋ^{35}	咱们自己
		排除式	ŋɑ^{55}iɯŋ^{55}	我们	ŋɑ^{31}ɳɯŋ^{55}luŋ^{35}	我们自己
	二		ɳɯ^{31}ŋɯŋ^{55}	你们	ɳɛ^{31}ŋɯŋ^{55}luŋ^{35}	你们自己
	三		ŋ^{55} ŋɯŋ^{55}	他们	ŋ^{31}ŋuŋ^{55}luŋ^{35}	他们自己

还有一些语言，加在单数人称代词和加在双数或多数人称代词后面的词缀语音形式有一定的差别，试比较达让语和义都语中反身代词的构成方式：

数	人称	达让语	义都语
单	一	xɑŋ^{35} tio^{55} pɯi^{55}	ŋɑ^{35} iɑŋ^{55}
	二	ȵoŋ^{35} tio^{55} pɯi^{55}	ȵo^{35} jɑŋ^{55}
数	三	tɕe^{55} tio^{55} pɯi^{55}	e^{31} tɕɑ^{55} he^{55} jɑŋ^{55}
双	一	xɑŋ^{35} kɑ^{31} n^{55} thɯi^{55}	ŋɑ^{35} kɑ^{31} ni^{55} weŋ^{55} jɑŋ^{55}
	二	ȵoŋ^{35} kɑ^{31} n^{55} thɯi^{55}	ȵo^{35} kɑ^{31} ni^{55} weŋ^{55} jɑŋ^{55}
数	三	tɕe^{35} kɑ^{31} n^{55} thɯi^{55}	tɕɑ^{55} kɑ^{31} ni^{55} weŋ^{55} jɑŋ^{55}
多	一	ŋ^{55} boŋ^{35} xɑŋ^{35} thɯi^{ss}	ŋɑ^{35} ɑ^{31} loŋ^{35} weŋ^{55} jɑŋ^{55}
	二	ɑ^{31} ne^{35} D.oŋ^{35} xɑŋ^{35} thɯi^{55}	ȵo^{31} Ioŋ^{35} weŋ^{55} jɑŋ^{55}
数	三	tɕe^{35} ɑ^{31} lɯŋ^{35} thɯi^{55}	tɕɑ^{55} ɑ^{31} Ioŋ^{35} weŋ^{55} jɑŋ^{55}

达让语和义都语是两种较为接近的语言，它们的反身代词构成的形式十

分相似，但所加的后缀又各不相同。达让语单数人称代词后加-tio^{55}pɯi^{55}，有时也可加-thɯi^{55}，第三人称还可加 pɯi^{55} 或-pɯi^{55}thɯi^{55}；双数人称代词后加- thɯi^{ss}；多数人称代词第一、二人称加-oŋ^{35} xɑŋ^{35}thɯi^{55}，第三人称加-thɯi^{35}。义都珞巴语单数人称代词后面加-jaŋ^{55}；双数和多数人称代词后加-weŋ^{55} jɑŋ^{55}。

羌语南部方言反身代词也使用黏附后缀构成，但与达让语和义都珞巴语有两点不同。

第一，表示反身的后缀单数第一人称只与宾格代词结合，单数第二人称只和主格代词结合；第二，所加的后缀第一、二人称为 kuə^{31} sie^{55}，第三人称为 u^{55} sie^{55}。试比较如下：

<table>
<tr><th rowspan="2">数</th><th rowspan="2" colspan="2">人称</th><th colspan="2">人称代词</th><th rowspan="2">反身　　代词</th></tr>
<tr><th>主格</th><th>宾格</th></tr>
<tr><td rowspan="3">单数</td><td colspan="2">一</td><td>ŋɑ^{55}</td><td>qɑ^{55}</td><td>qɑ^{55}kuə^{31}siə^{55}</td></tr>
<tr><td colspan="2">二</td><td>no^{55}</td><td>kuə^{55}</td><td>no^{55} kuə^{31}siə^{55}</td></tr>
<tr><td colspan="2">三</td><td>tha^{55}lə^{55}</td><td>tha^{55}lə^{55}</td><td>tha^{55}lə^{55}u^{55}sie^{55}</td></tr>
<tr><td rowspan="4">双数</td><td rowspan="2">一</td><td>包括式</td><td colspan="2">tsuŋ^{13}tʃʅ^{33}</td><td>tsuŋ^{13}tʃʅ^{33}kuə^{31}siə^{55}</td></tr>
<tr><td>排除式</td><td colspan="2">qɑŋ^{13}tʃʅ^{33}</td><td>qɑŋ^{13}tʃʅ^{33}kuə^{31}siə^{55}</td></tr>
<tr><td colspan="2">二</td><td colspan="2">kuəŋ^{13}tʃʅ^{53}</td><td>kuəŋ^{13}tʃʅ^{33}kuə^{31}siə^{55}</td></tr>
<tr><td colspan="2">三</td><td colspan="2">than^{55}tʃʅ^{55}</td><td>than^{55}tʃʅ^{55} u^{55}sie^{55}</td></tr>
<tr><td rowspan="4">多数</td><td rowspan="2">一</td><td>包括式</td><td colspan="2">tsuə^{31}thyɑ^{55}</td><td>tsuə^{31}thyɑ^{55}kuə^{31}siə^{55}</td></tr>
<tr><td>排除式</td><td colspan="2">qɑ^{31}thyɑ^{55}</td><td>qɑ^{31}thyɑ^{55}kuə^{31}siə^{55}</td></tr>
<tr><td colspan="2">二</td><td colspan="2">kuə^{31}thyɑ^{55}</td><td>kuə^{31}thyɑ^{55}kuə^{31}siə^{55}</td></tr>
<tr><td colspan="2">三</td><td colspan="2">tha^{55}χuɑ^{55}</td><td>tha^{55}χuɑ^{55}u^{55}sie^{55}</td></tr>
</table>

羌语单数人称代词有格语法范畴，分主格、宾格、领格和施动格。用辅音和元音的屈折变化表达①。此处唯第二人称用主格形式，推测是一种语音结合的排序现象，因为单数第二人称宾格形式为 kuə^{55}，而后缀的第一音节正好

① 详情请参阅刘光坤的《试论羌语代词的“格”》，载《民族语文》1987 年第 4 期。

与宾格代词同声、韵。另外，加在第三人称代词后面的 u^{55} sie^{55}，与人称代词结合得不如 kuə^{31} sie^{55}紧，有时也可单独使用。

除了上面已经介绍的语言使用黏附形式外，藏缅语族中还有一大批语言使用这种形式，例如怒苏语加-tuɑ^{53} m^{55}、仓洛门巴语加-ten^{55}（或 tet^{55}）、错那门巴语加-nAŋ^{55} rAŋ^{35}、白马语加-rɔ^{13} ngɐ^{53}、却域语加-ȵō^{35}、独龙语加-lǔʔ^{55}、纳西语加-u^{33}tu^{33}u^{31}、白语加-tɯ^{42} tɑ^{55}-jĩ^{21}、贵琼语加 rɔ^{35}、尔苏语加-jo^{55} tsɛi^{33}，等等。它们各自的使用特点和构成方式都大同小异。其中有几个与藏语关系较近的语言，使用的后缀与藏语的 ra 比较接近或基本相同，但用法上有一定差别。例如错那门巴语在单数人称代词后加-nAŋ^{55} rAŋ^{35}，在多数人称代词后加 rAŋ^{35}；白马语单数加-rɔ^{53} ngɐ^{53}，多数加ȵi^{13} ngɑ^{35} rɔ^{53} ngɐ^{53}，贵琼语加-rɔ^{35}；这些成分与藏语的 raŋ 都有一定的关系。现比较如下：

数	人称		藏语①	白马语	贵琼语
单数	一		ŋa^{12}raŋ^{14}raŋ^{14}	ŋa^{35}rɔ^{13}ngɐ^{53}	ŋø^{35}rɔ^{35}
	二		chøʔ^{54}raŋ^{14}raŋ^{14}	tɕhø^{53}rɔ^{13}ngɐ^{53}	nū^{35}rɔ^{35}
	三		kho^{54}raŋ^{14}raŋ^{14}	kho^{13}ȵe^{53}rɔ^{13}ngɐ^{53}	zø^{35}rɔ^{35}
双数	一	包括式	ŋa^{12}raŋ^{14}raŋ^{14}	ʑe^{13}ȵi^{341}ȵi^{13}ngɑ^{35}rɔ^{13}ngɐ^{53}	dʑu^{55}ȵi^{33}pi^{53}rɔ^{35}
		排除式	ŋa^{12}ȵiʔ^{54}raŋ^{14}	ŋe^{35}ȵi^{341}ȵi^{13}ngɑ^{35}rɔ^{13}ngɐ^{533}	ŋø^{35}ȵi^{33}pi^{53}rɔ^{35}
	二		khø^{54}raŋ^{14}ȵiʔ^{55}raŋ^{14}	tɕhe^{13}ȵi^{341}ȵi^{13}ngɑ^{35}rɔ^{13}ngɐ^{53}	nu^{35}ȵi^{33}pi^{53}rɔ^{35}
	三		kho^{54}ȵiʔ^{54}raŋ^{14}	kha^{13}rɐ^{13}ȵi^{341}ȵi^{13}ngɑ^{35}rɔ^{13}ngɐ^{53}	zø^{35}ȵi^{33}pi^{53}rɔ^{35}
多数	一	包括式	ŋa^{12}raŋ^{14}tsho^{54}raŋ^{14}	ʑo^{13}ko^{53}ȵi^{13}ngɑ^{35}rɔ^{13}ngɐ^{53}	dʑu^{55}zi^{55}rɔ^{35}
		排除式	ŋã^{12}tsho^{54}raŋ^{14}	ŋe^{35}ko^{53}ȵi^{13}ngɑ^{35}rɔ^{13}ngɐ^{53}	ŋɔ^{35}zi^{55}rɔ^{35}
	二		chøʔ^{54}raŋ^{14}tsho^{54}raŋ^{14}	tɕho^{13}ko^{53}ȵi^{13}ngɑ^{35}rɔ^{13}ngɐ^{53}	nu^{53}zi^{55}rɔ^{35}
	三		khō^{54}tsho^{54}raŋ^{14}	ko^{53}ȵi^{13}ngɑ^{35}rɔ^{13}ngɐ^{53}	to^{33}zi^{55}rɔ^{35}

从比较中可以清楚的看到，表示反身意义的基本语素藏语是 raŋ^{14}，白马

① 藏语材料主要引自金鹏主编：《藏语简志》，民族出版社 1983 年版。

语是 rɔ^{13}，贵琼语是 rɔ^{35}，各语言与人称代词结合时各有特点，这种黏附型后缀有的已有一定的独立性，向分析型转化，如贵琼语的 rɔ^{35} 在一定条件下可以单用，据说藏语也可以单用。有的语言中有两类类似的反身形式，一类与藏语完全相同，另一类似乎是固有的。例如嘉戎语中既有与藏语相同的 raŋ，另有 wujo 和 tәjo，看来前者是借自藏语。至于另一些语言，如门巴、白马、贵琼等语言与藏语的关系如何，是借用还是同源，很值得进一步研究。

（三）分析形式

藏缅语中大多数语言都有用分析形式表示反身意义的词，少则 1 个，多则 3—4 个。这些词的词汇意义比较明确，都是“自己”的意思，但独立性不强，多数是加在名词或代词的后面，表示反身，只有少部分语言中，有单独作句子成分的例证。在这些词中，有的与上面一节的黏附型后缀有一定的联系，有的明显是实词虚化后采用一定的方式构成的，我把既可加在人称代词后面，又可加在名词后面表示反身意义的这类词看作是构成反身的一种分析形式，而不把那些可以独立作句子成分的词（相当于英语中单独使用的名词 self）包含在分析形式之中。属于这一类形式的语言很多。例如，哈尼语的ɣa^{55}du^{31} 和 bu^{55}du^{31} 则属于这种形式①。

ŋa^{55} ja^{33} ɣa^{55} du^{31} ɔ^{55} ȵa^{33}. 我们自己会干。

我们　　自己　干　会

a^{31} jo^{31} bu^{55} du^{31} ju^{31}. 他自己睡。

他　　自己　　睡

拉祜语中除了用重叠形式外，也有用分析形式，其构成方式是在名词或代词后加ɔ^{2}mi^{3}ɔ^{2} qha^{3}。例如：

ŋa^{2}xɯ^{1} qha^{1} pɣ^{2} e^{2} ɔ^{2} mi^{3} ɔ^{2} qha^{3} te^{1} tsa^{3}。　　我们大家自己做吃的。

我们　　大家　　自己　　做吃

义都语中的分析形式是在名词或代词后加ȵu^{55} jɑŋ^{55} 或 me^{55} li^{55}，ȵu^{55} jɑŋ^{55} 中的第二音节 jɑŋ^{55} 与前面的黏附形式有一定联系。与ȵu^{55} 结合以后，增

① 参阅李永燧、王尔松《哈尼语简志》，第 79 页，民族出版社 1986 年版。

加了它的独立性，例如它们同在名词后的例子：

mɑ^{55} ɹoŋ^{53}ȵu^{55} jɑŋ^{55} i^{55} hɑ^{55} nɑ^{55} poŋ^{55}.　　马自己回来了。

马　　自己　　回来　　（后加）

mɑ^{55} seŋ^{55} boŋ^{35} me^{55} li^{55} liɑ^{55} pɹɑ^{55} hɑ^{55}.　　树自己倒了。

树　　　　自己　　倒（后加）

独龙语中也有分析形式，既可加在名词后，也可加在代词后。例如：

tăn^{55} ni^{53} ŋɑ^{53} ɑ^{31} dɯ^{53} wă$ʔ^{55}$ săn$ʔ^{55}$ niŋ^{31}　　今天我自己杀猪！

今天　　我　　自己　猪　　杀（后加）

nuŋ^{55} ŋwɑ^{53} ɑ^{31} dɯ^{53} pɑ^{55} ɹuŋ^{55} !e^{31} lɔ$ʔ^{55}$.　　牛自己回到圈里来了。

牛　　自己　　圈　　（助词）回来

独龙语中的ɑ^{31} dɯ^{53}在一定的语言环境中也可以单独使用，一般是当两个ɑ^{31} dɯ^{53}在句中前后呼应使用时。例如：

ɑ^{31} dɯ^{53} mɯ^{31} ɟăl^{53} ɑ^{31} dɯ^{53} ɑ^{31} gă$ʔ^{55}$.　　自己的事自己管。

自己　　事情　　自己　　管理

这类例句的用法大体反映了一些分析形式的虚词逐渐向实词转化。目前藏缅语族中相当多的语言还没有用在名词后面或单独作句子成分表示“自己”意思的反身代词，而往往采用第三人称重叠形式或黏附形式的反身代词来表示。例如：

怒苏语　si^{53} dzəɹ^{35} mɣ^{55} ɑ^{31} ɕi^{31} dzəɹ^{35} ʔn̥o^{55} tuɑ^{55} m^{55} dʑo^{31} gɑ^{31}.

树　　老　这　棵　它　　　自己　　　倒（助词）

这棵老树自己倒了。

木雅语　ɣui^{35} ɐ^{33} tsɯ^{55} tse^{35} xui^{35} ʐ̥ə^{35}.　　马自己回来了。

马　　它自己　回来（后加）

纳木依语　mo^{55} tɕi^{55} y^{33} bi^{33} dɛ^{35} ku^{55}.　　马自己回来了。

马　它　自己　回来

达让语　mɑ^{31} ɹoŋ^{35} ʨe^{55} thɯi^{ss} ɑ^{31} lim^{55} kɑ^{31} sɑ^{55} xo^{31}.　马自己认识路。

马　　它　　自己　路　　认识　（助词）

ŋ^{55} je^{31} tɕe^{55} pɯi^{55} thɯi^{55} ŋɑ^{53} dɯ^{55} gɑ^{55} bo^{31}.　房子自己倒了。

房子（助词）　它　　自己　　倒　（助词）

达让语可用在名词后表示反身的有两类词，一类是tɕe^{55} thɯi^{55}，主要用在动物名词的后面，另一类是，tɕe^{55} pɯi^{55}、tɕe^{55} tio^{55} pɯi^{55}、tɕe^{55} pɯi^{55} thɯi^{55}，

主要用在非动物名词后面。上面两例一个是动物名词作主语，另一个是非动物名词作主语。

柔若语 sɛ^{53} dzẽ^{33} dzẽ^{33} tu^{35} sɑ^{31} tu^{35} ɕi^{55} zɑu^{31}. 树自己死了。

树 棵 它 自己 死（助词）

以上共列了 5 种语言的例证，其中木雅语、柔若语用的是单数第三人称重叠形式，另外 3 种语言用的是第三人称黏附形式。这一事实表明，在这些语言里，不和人称代词结合的表示反身意义的反身代词尚未发展起来。

（四）讨论

1. 藏缅语中，根据反身代词的构成方式和使用特点，大体可以将它们分为 4 种类型。第 1 种是由重叠人称代词构成的；第 2 种是人称代词后加黏附型后缀构成的；第 3 种是在人称代词或名词后加半虚半实独立性较强的表示"自己"意义的词构成，我们暂且把它当作分析形式；第 4 种是独立的词。其中大多数与人称代词没有关系，少数是由人称代词复合而成。这 4 种类型中第 1 种与其他几种比较容易区别，第 2 种与第 3 种的区别是：第 2 种所带的黏附成分只和人称代词结合，而且结合得很紧，中间无法插入任何其他成分，黏附成分既不能与名词结合使用，更不能单独作句子成分使用。而第 3 种形式虽然能和人称代词结合，但结合得比较松散，有时代词和分析成分之间可以插入其他虚词。另外，它既可加在代词后，也可加在名词后，其中一些语言甚至在一定条件下还可以单独使用，但不能完全独立作句子成分。第 3 种与第 4 种的区别是：第 4 种的构成方式一般不是在人称代词的基础上采用屈折或分析形式构成，它可以在句子中自由运用，可以单独作句子成分，也有不少语言借自汉语。如彝语中有 tsɿ^{55} tɕe^{33}，傈僳语中有 tʃi^{55} tʃhɛ^{31} 等。有极少数语言是用第一人称代词和第二人称代词复合构成的。如达让语中的n̥oŋ^{35} xɑŋ^{31}。"自己"，是由n̥oŋ^{35}"你"、xɑŋ^{31}"我"结合而成的复合词；格曼语中的n̥o^{53} ki^{53}"自己"也是由人称代词n̥o^{53}"你"和 ki^{53}"我"结合而成。它们都可在句子中单独作句子成分。

2. 前面分析了藏缅语中反身代词构成方式和使用特点的 4 种不同类型。就具体语言来讲，有的语言以第 1、第 3 为主，有的语言以第 2、第 3 为主，有的语言以第 4 为主，但也有少数语言，前三种形式都经常使用，而且第 3

种形式有向第 4 种形式过渡的趋势。例如独龙语中有重叠形式，也有黏附形式，还有分析形式。这些反身代词在语言中交替使用。列表说明如下：

数	人称	重叠形式	黏附形式	分析形式
单	一	ŋɑ^{53}ŋɑ^{53}	ŋɑ^{53} Iǔʔ^{55}	ŋɑ^{53}ɑ^{31}dɯ^{53}
	二	nɑ^{53}nɑ^{53}	nɑ^{53} lǔʔ^{55}	nɑ^{53}ɑ^{31}dɯ^{53}
数	三	ǎŋ^{53}ǎŋ^{53}	ǎŋ^{53}lǔʔ^{55}	ǎŋ^{53}ɑ^{31}dɯ^{53}
双	一	ǐŋ^{55}ne^{55}ǐŋ^{55}ne^{55}	ǐŋ^{55}ne^{55}lǔʔ^{55}	ǐŋ^{55}ne^{55}ɑ^{31}dɯ^{53}
	二	nɯ^{55}ne^{55}nɯ^{55}ne^{55}	nɯ^{55}ne^{55}lǔʔ^{55}	nɯ^{55}ne^{55}ɑ^{31}dɯ^{53}
数	三	ǎŋ^{55}ne^{55}ɑŋ^{55}ne^{55}	ǎŋ^{55}ne^{55}lǔʔ^{55}	ǎŋ^{55}ne^{55}ɑ^{31}dɯ^{53}
多	一	ǐŋ^{55}ǐŋ^{55}	ǐŋ^{55}lǔʔ^{55}	ǐŋ^{55}ɑ^{31}dɯ^{53}
	二	nɯ^{55}nǐŋ^{55}nɯ^{55}nǐŋ^{55}	nɯ^{55}nǐŋ^{55}lǔʔ^{55}	nɯ^{55}nǐŋ^{55}ɑ^{31}dɯ^{53}
数	三	ǎŋ^{55}nǐŋ^{55}ǎŋ^{55}nǐŋ^{55}	ǎŋ^{55}nǐŋ^{55} lǔʔ^{55}	ǎŋ^{55}nǐŋ^{55}ɑ^{31}dɯ^{53}

这 3 类反身代词在使用时意义上似乎有一定的差别，重叠式较多地使用于故事及口头文学中，强调主语亲自施动。黏附形式和分析形式较常用于日常口语中，分析形式的ɑ^{31}dɯ^{53} 已发现可单独出现于对称句中，看来有可能逐步脱离人称代词或名词单独使用。

彝语中既有重叠形式，也有用独立的词表示“自己”的意思，这些词有ʑi^{21}dɯ^{33}、mi^{21}ʑi^{55}、tsɿ^{55}、tɕe^{33} 等，其中ʑi^{21}dɯ^{33}”、mi^{21}ʑi^{55} 均可和汉语借词连接成ʑi^{21}dɯ^{33}tsɿ^{55}、tɕe^{33}、mi^{21}ʑi^{55} tsɿ^{55}、tɕe^{33} 在句中单独使用。

普米语中既有重叠形式，也有分析形式，分析形式既可加在人称代词后，也可加在名词后，目前未发现单独使用的例证。加在名词后的分单数和多数，单数用 ni^{55} niɑ^{13}，复数用 ni^{55} ʐɑ^{55}。

也有的语言，不同的方言构成反身代词的方式有较大差别。例如羌语北部方言主要用重叠和分析形式，而南部方言主要用黏附形式，但黏附形式中的第三人称又逐步向分析形式转化。也有一些语言，既未发现重叠形式，也未发现黏附和分析形式，而主要用独立的词表示。例如景颇语中用 khɔ^{44} to^{33} 或 ni^{55} jə^{44}，土家语中用 ko^{35} to^{21}。

3. 从现有的材料来分析，藏缅语中反身代词的产生晚于人称代词，它是在人称代词的基础上逐步演变和发展起来的，各语言除了重叠形式在起源上和构成方式上有明显的对应关系外，黏附形式和分析形式从整个语族来说看不出明显的同源关系，当然这不排斥少数关系较接近的语言彼此的反身代词比较接近或同源。从出现的时间先后排列，推测重叠形式产生较早，其后产生黏附形式，随着语法类型的演变逐渐发展成分析形式，最后形成独立的反身代词。但这并不意味着所有的语言都经过了重叠——黏着——分析——独立的词这一演变模式。

4. 藏缅语反身代词构成方式中尚有一些值得进一步研究的问题，例如多数语言反身代词的构成是在原形代词的基础上采用屈折、黏着、分析等手段构成，但是也有少数带格语法范畴的语言，反身代词是在领格或宾格的基础上构成的，这一现象与本文引言中所举的英语的例证是巧合，还是在语言演变过程中有某些普遍法则在制约着，这确实是一个值得深入研究和令人深思的问题。

五　动词的人称范畴

一　藏缅语族及羌语支各语言动词人称范畴的异同情况

藏缅语动词的人称范畴[①]，在语法意义上大致相同，在表现形式上，有一致的地方，也有不一致的地方。现择要比较如下：

（一）单数第一人称

嘉戎语动词有人称范畴，表示单数第一人称将来时也是在动词后加-ŋ。例如：[②]

kɑno　　赶　　　　　noŋ　　（我将）赶

kɑmtʂo　变老　　　　mtʂoŋ　（我将）变老

由于动词词根带各种不同的韵尾，加表示单数第一人称的后缀-ŋ时有下列几种情况：

1. 当韵母带p、t、k、ks韵尾时，其变化为：p→m，t→n，k→ŋ，ks→ŋs。例

① 国外有部分藏缅语动词也有人称范畴，如Chepɑng、Limbu、Bɑhing、Nocte等语言，本文暂不涉及。

② 本文嘉戎语动词人称变化的情况，参阅并引证了金鹏，谭克让、翟霭堂、林向荣《嘉戎语梭磨话的语音和形态（续）》的材料，载《语言研究》1958年第8期。

如：

kəndʐɑp	滑倒	ndʐɑm	（我将）滑倒
kawɑt	穿	wɑn	（我将）穿
kajok	举起	joŋ	（我将）举起

2. 当韵母带 r、l、s 和 i 韵尾时，后缀往往插入韵尾和主要元音之间。例如：

kaʒdɐr	怕	ʒdɐŋr	（我将）怕
kaphul	献	phuŋl	（我将）献
karkos	雕刻	rkoŋs	（我将）雕刻
kawɑŋkEi	嚼	wɑŋkEŋi	（我将）嚼

独龙语带 l、r、i 韵尾的变化与嘉戎语不同，独龙语用主要元音变短来表示。

3. 当韵母带 m、n、ŋ、ms、ŋs 韵尾时，则动词韵尾无变化。例如：

kasŋɐm	馋	sŋam	（我将）馋
kandon	念	ndon	（我将）念
kazbjaŋs	练习	zbjaŋs	（我将）练习

尔龚语动词单数第一人称变化的特点与嘉戎比较接近。木雅语、扎坝语也基本相同，但仅存一些遗迹，使用也不甚严格。羌语单数第一人称往往是用人称代词 ŋɑ^{55} 的韵母ɑ缀于动词词根后来表示。由于动词结尾元音不同，有两种不同变化[①]：（以南部方言桃坪话为例）

1. 当动词结尾音节的韵母为高元音 i、u、y，则在 i、u、y 后缀以-ɑ。例如：

ku^{55}	收割	kuɑ^{51}	（我将）收割
dʑi^{121}	说	dʑiɑ^{121}	（我将）说
xty^{33}	放牧	xtyɑ^{51}	（我将）放牧

2. 如动词结尾音节主要元音为其他元音，则加后缀时需去掉结尾音节的主要元音。例如：

sie^{33}	撒（种子）	siɑ^{51}	（我将）撒（种子）
pɑ^{33}	贴	pɑ^{51}	（我将）贴
xpo^{33}	簸（米）	xpɑ^{51}	（我将）簸（米）

如为过去时，则ɑ加在表过去时的后缀 s-的后面，ɑ变 a。例如：

① 羌语动词的人称变化的详细情况请参阅拙著《羌语简志》，第 98—103 页，民族出版社 1981 年版。

ʤʅ^{33}　吃　ʤʅ^{121}sɑ^{31}　（我已）吃

dʑi^{121}　说　dʑi^{121}sɑ^{31}　（我已）说

普米语动词的变化与羌语比较接近。景颇语和格曼语动词单数第一人称的变化往往用第一人称代词整个音节缀手动词末尾来表示。例如景颇语的单数第一人称代词为“我”，单数第一人称未完成体的变化如下：

wɑ^{31}　来　wɑ^{31}n^{31}ŋɑi^{33}　（我）来

ju^{31}　看　ju^{31}n^{31}ŋɑi^{33}　（我）看

thɑ^{31}　砍　thɑ^{31} n^{31}ŋɑi^{33}　（我）砍

格曼语单数第一人称代词为，ki^{53} 动词过去时的变化往往在词根后缀以ki^{55}。例如：

khɹut^{55}　扎　khɹut^{55}ki^{55}（我已）扎

bɹɑi^{35}　买　bɹɑi^{35}ki^{55}　（我已）买

但是格曼语个别动词的特殊变化中，单数第一人称后却缀以jin^{55}ŋɑ^{55}。例如：

tɑi^{55}　去　thɑi^{55}jin^{55}ŋɑ^{55}（我已）去

由此可以推断，尽管格曼僜语人称代词的语音已经发生了很大的变化，但在某些动词的特殊变化中，还保留了汉藏语单数第一人称代词的原始形式 ŋɑ。

（二）单数第二人称

独龙语单数第二人称是在动词前加人称代词的变式 nɯ^{31} 构成（双数、复数也加同一前缀），嘉戎语则加 tə-。嘉戎语除加前缀外，还加后缀，及物动词或他动词加-u，不及物动词或自动词加-u，例如：

kɑno　赶（及物）　tɑnou　（你将）赶

kɑmtʂo　变老（不及物）　təmtʂon　（你将）变老

当动词带韵尾时，韵尾一般无变化，例如：

kanəpjɐms　烤火（不及物）　tənəpjɐms　（我将）烤火

kawaŋkEi　嚼（及物）　təwaŋkEi　（你将）嚼

在羌语中，均用加后缀的方法表示。在南部方言桃坪话中人称代词为 no^{31}，将来时、现在时以人称代词的声母作后缀，过去时则以人称代词的韵母作后缀。例如：

汉义	动词	将来时	现在时	过去时

吃	ʤʅ^{33}	ʤʅu^{121}nə^{31}	ʤʅ^{31}nə^{31}	ʤʅ^{121}so^{31}
堆	bo^{121}	bou^{121}nə^{31}	bo^{31}nə^{31}	bo^{121}so^{31}.

在北部方言麻窝话中，则单数第二人称均在动词后加-n 表示。例如：

汉义	动词	将来时	现在时	过去时
吃	dzə	dzɑ:n	dzən	dɑdzən
堆	bu	buɑ:n	bun	dɑbun

从南北两个方言的对比中，可以看到，南部方言主要用声调高低的变化，加后缀等方法表示人称和时间，第二人称代词的韵母-o，与表示时间的后缀 s-结成 so^{31} 表示第二人称过去时。北部方言没有声调，除了用长短元音区别时间外，过去时还用加前缀 dɑ-表示。另外，北部方言的第二人称后缀-n，与南部方言第二人称将来时，现在时的 nə^{31} 有明显的对应关系。普米语的人称变化与羌语南部方言正好相反，将来时在动词后加-o，过去时加鼻音尾-n（元音的鼻化）。由于普米语南部方言的鼻音韵尾正处在脱落过程中，因此-n 仅留下了鼻化元音的痕迹。例如：

汉义	动词	将来时	过去时
买	ʂy^{55}	ʂy^{55}ʃo^{55}	（də^{13}）ʂuə^{55}si^{31}
去	ʃə^{55}	ʃə^{55}ʃo^{55}	（də^{13}）ʃo^{55}si^{31}

但是，也有的动词人称变化时，已失去鼻化的性质，仅有词根元音的屈折变化。例如：

汉义	动词	将来时	过去时
看	sto^{55}	sto^{55}ʃo^{55}	stu^{55}si^{31}
泡（衣服）	ʤə^{55}	ʤə^{55}ʃo^{55}	ʤɯu^{55}lsi^{31}

景颇语和僜语中第二人称均用后缀表示，它们在语音上与人称代词差别较大，但景颇语表示第二人称的后缀 tɑi^{33} 与嘉戎语第二人称的前缀 tə 较近；它们与第二人称代词 n-发音部位相同，但发音方法发生了变化。格曼语第二人称用加后缀-i 表示。例如：

xu^{55}	来	xui^{55}măŋ^{31}	（你将）来
pho^{55}	打开	phoi^{55}măŋ^{31}	（你将）打开

带 p、t、k、l 及 i、u、ɯ、韵尾的动词，第二人称一般无变化，但带 m、n、ŋ 韵尾的动词表第二人称时，后缀-i 可以插入动词的韵尾和主要元音之间。例如：

tham^{53}　　含　　thaim^{55}mǎŋ^{31}　　（你将）含

tɕon^{55}　　骑（马）　　tɕoin^{55}mǎŋ^{31}　　（你将）骑

看来，-i 后缀很可能是僜语第二人称代词ȵ̥o^{53} 的声母ȵ̥-长期语音演变的结果。

（三）复数第一人称

独龙语和嘉戎语的动词复数第一人称都是在动词后加-i 构成，-i 是人称代词的缩减形式，前面已介绍，独龙语的-i 仅加在无韵尾的动词后面，带元音韵尾或辅音韵尾的动词韵尾都没有变化，只是韵母主要元音变长。嘉戎语的后缀-i 不仅可以加在单元音韵母后面。例如：

kano　　赶　　noi　　（我们将）赶

kamtʂo　　变老　　mtʂoi　　（我们将）变老

还可以加在带韵尾的动词后面。动词带单辅音韵尾时，一般缀在韵尾的后面。例如：

kəndʐap　　滑倒（自动）　　ndʐapi　　（我们将）滑倒

kajok　　举起（及物）　　jok-i.　　（我们将）举起

kaʒdɐr　　怕（不及物）　　ʒdɐr-i　　（我们将）怕

有些动词的韵尾可以和人称后缀-i 互换，有时后缀-j 还可以插到动词的韵尾和主要元音之间去。例如：

kawat　　穿（及物）　　wai　　（我们将）穿

karkos　　雕刻（及物）　　rkois　　（我们将）雕刻

动词带复辅音韵尾时，-i 则插入复辅音韵尾的两个辅音中间。例如：

kanəpjɐms　　烤火（不及物）　　nəpjɐm-is（我们将）烤火

kazbjaŋs　　练习（及物）　　zbjaŋ-is（我们将）练习

羌语也是在动词后加一 i 表示复数第一人称，但-i 只加在动词过去时后缀 s 的后面，而将来时、现在时则用卷舌元音表示。

例如：

汉义	动词	将来时	现在时	过去时
吃	ʤʅ^{33}	ʤʅu^{121}əɹ^{31}	ʤʅ^{31}əɹ^{31}	ʤʅ^{121}si^{31}
堆	bo^{121}	bou^{121}əɹ^{31}	bo^{31}əɹ^{31}	bo^{121}si^{31}

木雅、尔龚、扎坝、普米等语言复数第一人称均用动词词根或附加成分韵母的屈折变化表示。例如普米语复数第一人称将来时用后缀ʃə⁵⁵，过去时则动词词根发生屈折变化：

汉义	动词	将来时	过去时
买	ʂy⁵⁵	ʂy⁵⁵ʃə⁵⁵	(də¹³)ʂuə⁵⁵si³¹
去	ʃə⁵⁵	ʃə⁵⁵ʃə⁵⁵	(də¹³)ʃōə⁵⁵si³¹
看	sto⁵⁵	sto⁵⁵ʃə⁵⁵	(də¹³)stuə⁵⁵si³¹

这些变化与人称代词的关系已不明显，这是由于长期语音演变的结果，这种演变与普米语语音系统的变化有直接关系。例如，亲属语言中收 m、n、ŋ 韵尾的词，在普米语中大都读成了主要元音的鼻化，因此表现第一、二人称范畴的-n、-ŋ 韵尾，在普米语中读成鼻化，这是符合普米语自身语音演变规律的。

景颇语在动词后加 kaʔlai³³. 表示复数第一人称[①]。例如：

kǎ³¹lau³¹	犁（田）	kǎ³¹lau³¹kaʔ³¹ai³³	（我们）犁（田）
jup⁵⁵	睡	jup⁵⁵kaʔ³¹ai³³	（我们）睡
ʃa⁵⁵	吃	ʃa⁵⁵kaʔ³¹ai³³	（我们）吃

后缀 kaʔ³¹ai³³ 与复数人称代词an⁵⁵the³³之间已无明显语音联系，但是在藏缅语族部分语言中复数第一人称用 q（k）或a作复数第一人称代词的不少，那么，景颇语表示动词复数第一人称的后缀是否反映了早期人称代词的语音面貌，尚待进一步研究。格曼语动词复数第一人称将来时加前缀 taŋ⁵⁵，现在时加后缀 mai⁵³，过去时加 ki⁵⁵jauŋ⁵³。例如：

扎、戳 khɹut⁵⁵　将来时：taŋ⁵⁵khɹut⁵⁵
现在时：khɹut⁵⁵mai⁵³
过去时：khɹut⁵⁵ki⁵⁵jauŋ⁵³

含　tham⁵³　将来时：thaŋ⁵⁵tham⁵³
现在时：tham⁵³mai⁵³
过去时：tham⁵³ki⁵⁵jauŋ⁵³

打开　pho⁵⁵　将来时：taŋ⁵⁵pho⁵⁵
现在时：pho⁵⁵mai⁵³
过去时：pho⁵⁵ki⁵⁵jauŋ⁵³

---

① 本文景颇语动词人称变化的材料主要引自刘璐《景颇语语法纲要》，科学出版社 1959 年版。

这些附加成分一般兼有多种语法意义，不太容易分析出同一音节中各音素所表示的语法意义，但在动词变化系统以及亲属语言比较中可以大致看出，taŋ^{55}的韵尾-ŋ、mai^{53}的韵尾-i 以及 ki^{55}jauŋ^{53}的第一音节 ki^{55}，都与第一人称有关。

（四）复数第二人称

独龙语复数第二人称是在动词前后同时加附加成分，前面加 nɯ^{31}（与单数同），后面加-n（单数后面不加），这与嘉戎语十分近似，嘉戎语复数第二人称在动词前加 tə（与单数同），后面加-n̥（复数第二人称代词n̥o 的声母）。

例如：

kano　　赶（及物）　　tanon̥　　（你们将）赶

kamtʂo　　变老（不及物）　　təmtʂon̥　　（你们将）变老

如动词带 p、t、k、b 等塞音韵尾的，则加-n̥后缀时将塞音韵尾同化为发音方法相同的鼻音。例如：

kəndʐap-　　təndʐamn̥

滑倒（自动）　　（你们将）滑倒

kajok　　təjoŋn̥n̥

举起（及物）　　（你们将）举起

kawarnaks　　təwarnaŋn̥s

弄深（他动）　　（你们将）弄深

这种变化与收 m、n̥、ŋ、ms、ŋs 的变化结果相同。例如：

kasŋɐm　　馋（不及物）　　təsŋɐmn̥　　（你们将）馋

kanəpjɐms　　烤火（不及物）　　tənəpjɐmn̥s　　（你们将）烤火

kazbjaŋs　　练习（及物）　　təzbjaŋn̥s　　（你们将）练习

如动词带 s、r 韵尾，则-n̥插入韵尾与主要元音之间。如动词带 l、i 韵尾，则-n̥缀于韵尾之后。例如：

karkos　　雕刻（及物）　　tərkon̥s　　（你们将）雕刻

kaʒdɐr　　怕（不及物）　　təʒdɐn̥r　　（你们将）怕

kaphul　　献（及物）　　təphuIn̥　　（你们将）献

kawaŋkEi　　嚼（及物）　　təwaŋkEin̥　　（你们将）嚼

羌语动词复数第二人称将来时、现在时、过去时均在动词后加 nə^{31}。例如：

吃	ʤʅ^{33}	将来时：	ʤʅu^{121}sʅ^{31}nə^{31}
		现在时：	ʤʅ^{31}sʅ^{31}nə^{31}
		过去时：	ʤʅ^{31}sʅ^{31}nə^{31}
堆	bo^{121}	将来时：	bou^{121}sʅ^{31}nə^{31}
		现在时：	bo^{31}sʅ^{31}nə^{31}
		过去时：	bo^{31}sʅ^{31}nə^{31}

尔龚语第二人称与羌语十分接近，也是在动词加后缀-n 尾。例如：

mgo	背（柴）	dɛmgonsi	（你们已）背（柴）
qhuɑ	挖	dɛqhuɑnsi	（你们已）挖
tɕi	骑（马）	dɛtɕhinsi	（你们已）骑（马）

尔龚语与羌语不同的是表复数的后缀 si（羌语为 si^{31}、so^{31}）在最后，与普米语相同，表人称的后缀 -n 在前。

木雅、扎坝等语言动词复数第二人称已无明显区别性特征。景颇语复数第二人称的人称后缀 tɑi^{33} 与单数相同，表现形式与羌语类似。格曼语复数第二人称除了在动词词根末尾音节缀以-i（与单数第二人称相同）外，将来时还在动词末尾缀以复数第二人称代词n̥o^{53}nin^{35}“你们”的第二音节-nin^{31}。例如：

xu^{55}	来	xui^{55}măŋ^{31}nin^{31}? （你们将）来	你们将来（吗？）
thoŋ^{55}	看	thoiŋ^{55}măŋ^{31}nin^{31} （你们将）看	你们将看（吗？）
pi^{55}	给	pi^{55}măŋ^{31}nin^{31} （你们将）给	你们将给（吗？）

（五）关于双数各人称

藏缅语动词有人称范畴的语言中，并不是所有的语言都有双数形式。独龙语动词双数第一、二人称主要在单数动词后加ɕɯ^{31}（第一人称包括式加ɕiŋ^{31}）第三人称不加。嘉戎语与独龙语比较接近，双数一、二人称加 tʃh，第三人称也不加。例如：

赶（及物）　　kano

　第一人称：　notʃh

　第二人称：　tənotʃh

　第三人称：　wuno

变老（不及物）　kamtʂo

　第一人称：　mtʂotʃh

　第二人称：　təmtʂotʃh

　第三人称：　kəmtʂo

嘉戎语双数第一人称无包括式和排除式的区别。如动词词根韵尾为-s，加 tʃh 时将 s 同化为ʃ，变为ʃtʃh，其他音结尾时一律加 tʃh。第二人称韵尾为 p、t、k、ks 时，塞音变为同部位的鼻音。

羌语动词双数无一、二、三人称的区别，但第一人称双数包括式的后缀与嘉戎语双数后缀 tʃh 和独龙的ɕɯ^{31}有明显的对应关系。例如：

ʤʅ^{33}　吃　　ʤʅ^{33}ʂʅ^{31}（咱们俩）吃

bo^{121}　堆　　bo^{121}ʂʅ^{31}（咱们俩）堆

普米、木雅、尔龚、景颇等语言动词没有双数人称后缀。格曼语动词人称变化有双数，第一人称将来时加前缀 ta^{55}，现在时加 mun^{31}xa^{53}，过去时加 kɯ^{31}ntshaɯ^{53}。例如：

扎、戳　khɹut^{55}　　将来时：ta^{55}kɹut^{55}

　　　　　　　　现在时：khɹut^{55} mɯn^{31}xa^{53}

　　　　　　　　过去时：khɹut^{55}kɯ^{31}ntshaɯ^{53}

第二人称除塞音韵尾外，一般需在动词词根缀以-i 尾，动词末尾再缀 nǎŋ^{31}。三种时间变化举例如下：

扎、戳　khɹut^{55}　　将来时：khɹut^{55}mǎŋ^{31}nǎŋ^{31}

　　　　　　　　现在时：khɹut^{55}mɯn^{31}nǎŋ^{31}

　　　　　　　　过去时：khɹut^{55}ka^{31}nǎŋ^{31}

第三人称双数各种时间的变化如下：

扎、戳 khɹut^{55}　　将来时：khɹut^{55}mǎŋ^{55}phɹaŋ^{55}

　　　　　　　　现在时：khɹut^{55}mɯn^{31}phɹaŋ^{55}

　　　　　　　　过去时：khɹut^{55}a^{31}ka^{35}

格曼语双数除第二人称外，一、三人称与人称代词或其他亲属语言均无明显对应关系。

（六）第三人称

动词第三人称一般都没有与人称代词相一致的语尾变化；因为第三人称不仅用在人称代词作主语的句子中，也用在其他名词作主语的句子中，作为区别性特征，独龙语第三人称用零形态表示，嘉戎语在动词前或后加 wu 或 u 表示。单数第三人称不带韵尾的及物动词或他动词去掉动词原前缀，加后缀 -u，带韵尾的动词、不及物动词或自动词仅去掉前缀。例如：

kano　　赶（及物）　　nou　　（他将）赶

kamtʂo　　变老（不及物）　　mtʂo　　（他将）变老

复数第三人称若为及物动词或他动词，则将动词原前缀换成 wu，若为不及物动词或自动词，则换成 kə。例如：

kano　　赶（及物）　　wuno　　（他们将）赶

kamtʂo　　变老（不及物）　　kəmtʂo（他们将）变老

kəndʐap　　滑倒（自动）　　kəndʐap（他们将）滑倒

kawarnaks　　弄深（他动）　　wuwarnaks（他们将）弄深

羌语南部方言第三人称将来时、现在时用零形态表达，过去时加-i、-ji，-i 在北部方言是第三人称标志。例如南部方言桃坪：

	动词	将来时	现在时	过去时
吃	$ʤʅ^{33}$	$ʤʅu^{121}$	$ʤʅ^{31}$	$ʤʅ^{121}i^{31}$
堆	bo^{121}	bou^{121}	bo^{31}	$bo^{121}i^{31}$

北部方言麻窝：

	动词	将来时	现在时	过去时
吃	dzə	dza:ji	dzəji	dadzəji
堆	bu	bua:ji	buji	dabuji

木雅、普米、尔龚、景颇等语言的动词第三人称，也仅有区别性特征，与人称代词并无直接关系。这是因为，藏缅语中，第三人称代词与一、二人称不同，有不少语言往往是来源于指示代词或名词。例如:

第三人称代词与指示代词有密切关系的语言有：

语　言	第三人称代词		指示代词	
羌语	tsɑ^{55}lə^{55}	他	tsɑ^{55}	这
	thɑ^{55}lə^{55}	他	thɑ^{55}	那
木雅语	ɐ^{33}tsɯ^{55}	他	ɐ^{33}tsɯ^{55}	这，那
普米语	tə^{55}gɯ^{55}	他	ti^{13}	这
格曼僜语	wi^{53}	他	wăn^{35}	那
纳西语	thɯ^{33}	他	thɯ^{33}	那（远指）
基诺语	khɯ^{31}	他	khɯ^{55}	那

第三人称代词与名词有关的语言有嘉戎、景颇等，嘉戎语第三人称代词mə与“人”、“别人”有关，景颇语书面语的ʃi^{33}“他”ʃɑn^{33}the^{33}“他们”也与mă^{31}ʃɑ^{31}“人”有关。

（七）动词变化兼表宾语的人称

独龙、嘉戎、羌（北部方言）、普米、尔龚、僜、景颇等语言、动词人称变化除与主语发生一致关系外，在一定条件下还兼表宾语（有的还兼表主语的定语、宾语的定语）的人称和数。各语言在表现这一语法形式时，情况错综复杂，现择要比较如下：

主语	宾语	独龙语	羌语（北部方言麻窝）	嘉戎语	景颇语
一	单二	v-ŋ	v-ɑ	tɑ-v-n	v-teʔ^{31}ɑi^{33}
一	双二	v-ŋ	—	tɑ-v-ntʃh	——
一	复二	v-ŋ	v-ɑ	tɑ-v-ɲ̥	v-mă^{31}teʔ^{31}ɑi^{33}
单一	三	v-ŋ	v-ɑ	v-ŋ	v-weʔ^{33}ɑi^{33}
双一	三	v-ɕɯ^{31}- ŋ	—	v-tʃh	——
复一	三	v-i	vɹ	v-i	v-măʔ^{31}weʔ^{31}ɑi^{33}
二	单一	nɯ^{31}-v- ŋ	v-n	kəu-v-ŋ	v-niʔ^{3} (mă^{31}niʔ^{31})

独龙语当主语为第三人称，宾语为第一、二人称时，动词兼表直接宾语的人称和数。羌语和格曼语和独龙语相类似。嘉戎语、景颇语的情况有所不同，动词的变化不局限于主语为第三人称，主语是第一、二人称，宾语为第一、二、三各人称时，动词变化同时兼表主语和宾语的人称和数。大致情

况比较如下表：

		独龙语	羌语麻窝话
二	双一	nɯ^{31}-v-ɕɯ^{31}	——
二	复一	nɯ^{31}-v-i	v-n
单二	三	nɯ^{31}-v	v-n
双二	三	nɯ^{31}-v-ɕɯ^{31}	——
复二	三	nɯ^{31}-v-n	v-tɕi-n
三	单一	nɯ^{31}-v- ŋ	v-sɑ-ji
三	双一	nɯ^{31}-v-ɕɯ^{31}	——
三	复一	nɯ^{31}-v--i	v-sɑɹ-ji
三	单二	nɯ^{31}-v	v-sɑ-n-ji（ȵi）
三	双二	nɯ^{31}-v-ɕɯ^{31}	——
三	复二	nɯ^{31}-v-n	v-sɑ-tɕi-ji(ȵi)
单三	三	v	v-ji～v-sɑ-ji
双、复三	三	v	v-tɕi-ji

		嘉戎语	景颇话
二	双一	kəu-v-tʃh	——
二	复一	kəu-v-i	v-mjiʔ^{31} (mǎ^{31}niʔ^{31})
单二	三	tə-v	——
双二	三	tə-v-ntʃh	——
复二	三	tə-v-ȵ	——
三	单一	wu-v-ŋ	v-mjiʔ^{31}ɑi^{33}
三	双一	wu-v-tʃh	——
三	复一	wu-v-i	v-mjiʔ^{31}ɑi^{33}
三	单二	təu (wu) -v-n	v-nit^{31}ɑi^{33}
三	双二	təu (wu) -v-ntʃh	——
三	复二	təu(wu)-v-ȵ	v-mǎ^{31}nit^{31}ɑi^{33}
单二	三	v	v-nuʔ^{31}(wuʔ^{31})ɑi^{33}
双、复三	三	wu-v	v-muʔ^{31}ɑi^{33}

上表中 V 代表动词词根，羌语、景颇语动词的变化主要用后缀表示，嘉

戎语既有前缀，又有后缀，从表现形式来看，嘉戎与独龙接近，羌语北部方言第三人称作主语，宾语为第一、二人称时所加的附加成分与嘉戎有明显的对应关系，但羌语第一、二人称作主语时，即使宾语为人称代词，动词也并不体现宾语的人称和数。位语也和羌语的情况相同，仅在第三人称作主语，宾语为第一、二人称时动词变化兼表宾语的人称。宾语为第一人称动词将来时加 mi^{35}xɑm^{55}，第二人称加 mǎŋ^{31}xɑm^{55}，第三人称时加 mǎŋ^{55}。动词过去时宾语为第一人称时加 pu^{55}，第二人称时加 pu^{55} 或 kɑ^{55}，第三人称加 kɑ^{55}，均不分数。

此外，羌、普米、独龙等语言中，动词的人称变化还兼表主语的定语或宾语的定语的人称和数。在这种情况下，动词除了加表示人称的前后缀外，往往还加其他前缀或后缀，表示人称标志是与处在定语地位的人称代词发生一致关系。例如独龙语加 nɯ^{31}，羌语北部方言第一、二人称加-sɑ-，第三人称加-tʃə-。由于篇幅限制，不再赘述。

三　与动词人称范畴有关的几个问题

1. 动词人称范畴与人称代词藏缅语中，动词有人称范畴的语言，有时主语并不出现，往往根据动词的变化，就能判断主语是第几人称，单数还是复数。当动词同时兼表宾语或定语的人称和数时，从所加的前缀和后缀也能大致判断出宾语或定语的人称和数。这是因为，动调变化所添加的人称前、后缀与人称代词有十分密切的关系，这种关系主要表现在以下三个方面：

（1）人称代词直接加在动词后面，表示动词的人称。这在景颇语、格曼语、西夏语中表现得最为明显。例如：

ŋɑi^{33}　jup^{55} mǎ^{31}ju^{33}n^{31}ŋɑi^{33}.

我　睡　想　（后缀）

我想睡觉。　（景颇语）

ki^{53}　kɑ^{35}　sǎŋ^{35} thɑl^{55}kɑ^{55}ki^{55}(ki^{53}).

我（助词）　树　断　（后缀）

我把树弄断了。　（格曼语）

巯敝曩褫蕊覆觥①。

① 引自《莲华经》卷 5，西夏语材料由史金波同志提供，仅致谢意。

我　大　乘法　一有（我）

我有大乘。（西夏语）

巯数覆姥。

我　宝　有（我）

我有财宝。（西夏语）

（2）人称代词的变式或缩减形式作动词前缀或后缀，表示动词的人称。这几乎是表示动词人称范畴的最普遍的一种形式。所谓变式，即人称代词的韵母发生某种语音变化（主要是弱化）。变化后的人称代词仍是一个单独的音节，作动词的前缀或后缀。所谓缩减形式，即人称代词的声母或韵母作前缀或后缀，在这种情况下，表示人称的某一形素，不单独构成一个音节，往往与动词词根或表示语法意义的其他形素结合为一个音节。例如：

ɑ^{31}jɯ^{55}! (nɑ^{53})　tǎŋ^{53}wɑ^{53} dɯ^{31}gɹɑŋ^{55}ɟɔʔ^{55} nɯ^{31}guɑ^{55}!　（独龙语）

啊呀！（你）　这么　漂亮　衣服（前加）穿

啊呀！（你）穿这么漂亮的衣服！

ŋi^{35}　ɐ^{33}tsɯ^{55} le^{33}　ɕo^{55}vɯ^{55} ŋɑ^{55}vɛ^{55} thi^{33}ze^{55}ŋɐ^{33}　（木雅语）

我　他　（助词）　钱　五元　（前加）借（后加）

我借给他五元钱。

n̥o　təmtʂon̥.　（嘉戎语）

你们（前加）变老（后加）

你们将变老。

no^{55} tɕhy^{55}tɑ^{33} nɑ^{13}　ʁu^{121} ʂʅ^{31}thie^{55} so^{31}　nɑ^{31}ʔ（羌语）

你　中午　几　碗　（前加）吃（后加）（语气词）

你中午吃了几碗？

（3）动词人称范畴所加的附加成分，与人称代词虽有关系，但并不明显。这有多种可能，一种是动词的附加成分长期语音演变的结果。例如普米语表示动词第一、二人称的标志主要为动词的屈折变化和鼻化元音，从普米语语音演变的规律来看，鼻化元音是来自一、二人称代词的声母 ŋ、n，当它作动词的人称后缀附加于动词后面时，成为鼻音韵尾-ŋ、-n，这种构形中出现的鼻音韵尾随着普米语音系中鼻音韵尾的逐步消失而消失，它和构词中的鼻音韵尾一样，仅留下了元音鼻化的痕迹。例如：

ɛ^{55} skhiɑu^{13} ʂə^{55}ʂə^{13} gui^{13}ʐo^{55}.

我 衣服 新 穿（后加）

我穿着新衣服。

另一种可能是人称代词本身发生一定的变化。例如嘉戎语动词第三人称的标志为 wu 或 u，wu 很可能是指示代词 wutə“那”变化而来，这在亲属语言中能找到明显的对应关系。格曼语的第三人称代词 wi^{53}“他”也是从指示代词 wăn“那”变化而来，动词第三人称在动词后加后缀 wi^{55} 表达。但嘉戎语目前第三人称代词已改用 mə（可能来源于“人”、“别人”），因此动词第三人称标志与现在的人称代词已没有关系。当然，动词的人称附加成分也并不是每一个都和人称代词有同源关系，有的作为区别性特征，也可能来源于其他成分。

2. 动词人称范畴与时间

藏缅语中，动词的人称范畴往往与时间（或体）有密切关系。主要表现在以下两个方面：

（1）表示人称范畴的附加成分往往与表示时间（或体）的附加成分交织在一起（有时还有态、趋向的附加成分），形成动词词根前后十分复杂的黏着体系。有时动词表示人称的前缀或后缀，兼有表示时间的作用。例如，羌语 dʐʅ^{241}“说”，dʐʅɑ^{241}“（我将）说”，动词后加-ɑ，既表单数第一人称，又兼表将来时。又如格曼语 khɹut^{55}“扎、戳”，khɹut^{55}ki^{55}“（我已）扎、戳”，后缀 kil 既表单数第一人称，又兼表过去时。下面再比较羌、普米、尔龚、景颇等语言动词各人称表示行为动作已经进行的变化情况：

数	人称	羌 语	普米语	尔龚语	景颇语
单	一	v-sɑ^{31}	(də^{31})-v'-sã^{31}	(dɛ) -v-u-si	v-sǎ^{33}ŋɑi^{33}
	二	v –so^{31}	(də^{31})-v'- si^{31}	(dɛ) -v-i-si	v-sin^{33}tɑi^{33}
数	三	v-i^{31}	(də^{31})-v'- si^{31}	(dɛ) -v-si	v-sɑi^{33}
多	一	v-si^{31}	(də^{31})-v'- si^{31}	(dɛ) -v-ŋ-si	v-sǎ^{55}kɑʔ^{55}ɑi^{33}
	二	v-sʅ^{31}nə^{31}	(də^{31})-v' - si^{31}	(dɛ) -v-n-si	v-mǎ^{33}sin^{33}tɑi^{33}
数	三	v-i^{31}	(də^{31})-v'-si^{31}	(dɛ) -v-si	v-mǎ^{33}sɑi^{33}

上表 V 代表动词，V'代表有屈折变化的动词。羌语、普米语、尔龚语中，动词表示行为动作已经进行时当成过去时处理，而景颇语中则当成完成体处

理，“体”和“时”本来是两种不同的语法范畴，但就上述这四种语言的实际语法意义来说，差别不是很大，况且，表示行为动作已经进行这一语法意义时，它们都在动词后加 s-表示，表示语法意义的语音形式上有明显的同源关系。其中普米、尔龚等语言除用后缀外，还用前缀（羌语方言中也用 dɑ-前缀）。从比较中可以清楚地看到，尔龚语的过去时前后缀与人称后缀是分开的，普米语单数第一人称的后缀已和表时间的 s-结合成一个音节，羌、景颇语中时间（或体）后缀与人称后缀已经紧紧地结合在一起。

（2）往往用人称代词的不同部分兼用作不同时间的后缀。例如羌语南部方言中有用人称代词的声母表示单数第二人称将来时、现在时，用人称代词的韵母表示过去时。（例见前面第二部分）语中也有类似的情况。用单数第一人称代词的韵母表示将来时，用整个人称代词表示过去时。例如：

ki^{53} dɯ^{31}ɹoŋ^{35} ɕɑt^{53} ɕɑ^{53}mi^{35}.

我 鸡爪谷 饭 吃（后加）

我将吃鸡爪谷饭。 （将来时）

ki^{53} dɯ^{31}ɹoŋ^{35} ɕɑt^{53} ɕɑ^{53}ki^{35}.

我 鸡爪谷 饭 （后加）

我已吃鸡爪谷饭。 （过去时）

3. 从动词人称范畴看语言关系

我国藏缅语中，动词有人称范畴的仅限于羌语支语言和景颇语支语言。载瓦语中动词后也加不同的谓语助词表示人称，但与人称代词无关，本文暂不讨论。藏语中也有人认为有人称范畴（尚有争议），但它的系统与本文介绍的不同，本文也不涉及。

羌语支的部分语言及景颇语支①语言的人称范畴在语法意义、构成方式及语音手段上都能找到同源关系，这种关系是由动词的人称附加成分和人称代词相一致显示出来的。揭示这种关系不仅使我们对这些语言的内部发展规律有了较深刻的认识，对于建立这些语言之间的亲属关系也提供了确凿的证据。

---

① 关于藏缅语族语言的系属划分，请参阅《中国民族语言系属简表》。该表载于国家民委民族问题五种丛书编委会主编的《中国少数民族》1981 年 5 月版，第 585 页。关于羌语支的一些特点，我曾在 1980 年 11 月底召开的中国民族语言学术讨论会上发表的论文《羌语支属问题初探》中作了简要叙述，该文载《民族语文研究文集》，第 189—224 页，青海人民出版社 1982 年版。

羌语支语言过去曾经发现了一些区别于其他语支的语音、语法及词汇特征，动词人称范畴的探讨，揭示了羌语支语言不同于藏语支或彝语支的新例证，建立了它与景颇语支的历史联系。

动词人称范畴的研究进一步促进我们对西夏语系属问题产生一些新的看法。过去，中外研究西夏语的专家都把西夏语与彝语支的语言联系在一起，随着羌语支语言调查研究的深入，例如木雅、尔龚等语言的新材料，现在越来越多的事实证明，西夏语更多地接近羌语支，特别是基本词汇和语法构造。西夏语动词人称范畴的特征，与羌语支语言有明显同源关系，这对于建立西夏语与羌语支语言的牢固联系增添了新的例证。

当然，单凭某一语法范畴的探讨，来肯定语言之间的亲疏关系是不全面的，但是各语言之间的亲属关系，往往就是通过这样一条条逐步被揭示并建立起来的纽带交织而成的。

六　互动范畴研究

我国羌语支语言中，动词有互动范畴。考察互动范畴的有无，揭示互动范畴的语法特征及其表现形式，对于我们了解羌语支内部各语言之间的亲疏关系有一定帮助。

一　互动范畴的语法意义和语法形式

请看以下几组例词：

（一）羌语北部方言麻窝话

quɑ	打	quəquɑ	互相打，打架，反复打
ʁdʐ̩i	咬	ʁdʐəʁdʐ̩i	互相咬，反复咬
tʂhi	追	tʂhətʂhi	互相追逐，追来追去
sti	相信	stəsti	互相信赖
χtɕi	爱	χtɕiχtɕi	相爱
ʁuɑɹ	帮助	ʁuəʁuɑɹ	互相帮助，反复帮助

从上面的一组例词我们可以看到以下几点：

1. 互动范畴仅出现在部分自主的及物动词中，在不及物动词和不自主动词中则很少出现。

2. 互动范畴采用动词词根的重叠形式表达。但是重叠后的前后音节，韵母主要元音发生异化现象，异化的一般规律是：不管词根主要元音是什么，前一音节韵母的主要元音：一律变央元音ɑ。但也有例外，如出现在舌面辅音后面时，则为i，这是因为羌语麻窝话中的ɑ不出现在舌面辅音后面的缘故。

3. 动词重叠后表达行为动作互相进行（部分词中兼有反复进行）的语法意义。

与羌语支语言较按近的其他藏偭语族语言里，也有类似语法意义的互动语法形式：

（二）独龙语独龙江方言龙拉话

kɹi⁵³	问	ɑ³¹kɹi³¹	互相问，反复问
lɑ⁵⁵	找	ɑ³¹lɑ⁵⁵	互相寻找
kwɑn⁵⁵	追赶	ɑ³¹kwǎn⁵⁵	互相追赶
ɟɑŋ³¹	看	ɑ³¹ɟǎŋ³¹	互相看，反复看
ɑ³¹klɑi³¹	换	ɑ⁵⁵klǎi³¹	交换
ɑ³¹ɹet⁵⁵	压	ɑ⁵⁵ɹět⁵⁵	互相挤压
sɯ³¹nɑŋ⁵⁵	帮助	sɑ⁵⁵nǎŋ⁵⁵	互相帮助
tɯ³¹kɯʔ⁵⁵	拉	tɑ⁵⁵kɯʔ⁵⁵	互布目拉

从这一组例词我们可以看到：

1. 独龙语的互动范畴，其语法意义与羌语基本一致，但表达方式与羌语不同，羌语用重叠动词词根表示，而独龙语主要是在动词前加前加成分来表示。

2. 由于动词词根有长短元音的区别，以及动词是否带词头等不同的情况，加前加成分叫时，还有以下三种不同的语音特征：

（1）当动词词根韵母的主要元音为带韵尾的长元音，加词头叫时，主要元音一律变为短元音。如前面例词中的“追赶”、“看”即是。

（2）当动词带词头ɑ³¹，表示互动意义时，不再加前加成分，而将词头ɑ³¹的低降调变为高平调。如前面例词中的“换”、“压”即是。

（3）如动词带其他词头，则将该词头的韵母改为ɑ。声调由低降变成高平。如前面例词中的“帮助”、“拉”即是。

（三）达让语夏尼话

ɳɯŋ^{55} 推 ɳɯŋ^{55} dɑ^{35}gɑ^{31} 互相推
mɑ^{31}goŋ^{55} 拉 mɑ^{31}goŋ^{55} dɑ^{35}gɑ^{31} 互相拉
tsɑi^{55} 尊敬 tsɑi^{55} dɑ^{35}gɑ^{31} 互相尊重
ɑ^{31}bɹɯŋ^{55} 帮助 ɑ^{31}bɹɯŋ^{55}dɑ^{35}gɑ^{31} 互才目帮助

达让语动词的互动范畴与羌语、独龙语的语法意义相同，但表达方式不同，达让语用动词后加助词 dɑ^{35}gɑ^{31} 的方式表达。

以上三种语言的例证，分别代表藏缅语族中行为动作互相进行的三种不同表达形式，其中羌语用词根重叠形式，独龙语用动词加前加成分的形式，达让语用动词后加助词的形式。尽管它们所表示的意义基本一致，但由于形式不同，因此看不出这几种语言在动词互动范畴方面表现出来的同源关系。但是，在我国藏缅语族语言内部，却有相当一部分语言，分别使用上述几种不同的语法形式，表达动词的互动范畴。现分别进行比较。

二 重叠式

用动词词根的重叠形式表示互动范畴，是羌语支语言动词的一个重要的语法特征。羌语支语言不仅表示互动范畴的语法意义基本相同，而且表现语法意义的语法形式也基本一致，甚至语法形式中的某些音变手段都十分类似。下面介绍羌语支语言动词互动范畴的特征，并进行比较：

（一）普米语南部方言箐花话

tso^{13} 踢 tsɛ^{55} tso^{13} 互相踢
dʐi^{13} 唱 dʐɛ^{55}dʐi^{13} 对唱
qu^{55} 帮助 qɛ^{55}qu^{13} 互相帮助
syɛ^{55} 学习 sɛ^{55}syɛ^{13} 互相学习
khue^{13} 咒骂 khɛ^{13}khuɛ^{13} 互相咒骂
tsiɯu^{55} 打 tsɛ^{55}tsiɯu^{13} 互相打

qo^{55}ʐɛ^{55} 喊 qɛ^{55}qo^{55}ʐɛ^{31}ʐɛ^{31} 对喊，互相喊
sy^{13}sdø^{13} 想 sɛ^{55}sy^{13}sdɛ^{13}sdy^{55} 互相想念
ʂi^{55}iɑu^{13} 抚摸 ʂɛ^{55}ʂi^{13}iɛ^{13}iɑu^{13} 互相抚摸

从以上这组例词可以看出以下几个特点：

1. 普米语互动范畴的语法意义和语法形式与羌语基本相同。

2. 普米语动词重叠时，重叠的前一音节的韵母变为ɛ。与羌语相比，变音方式相同，但内容不同，羌语变为ə。上例中“踢”、“唱”、“帮助”即是。

3. 普米语中动词重叠后，前一音节的韵母如带有介音 i、u、y 或韵尾 u 的，整个韵母（包括介音）一律用ɛ交替，但元音起首的音节除外，而羌语只是交替主要元音。

4. 普米语动词重叠后，声调也发生一些变化，但变化不规则，待以后研究。

5. 普米语双音节动词可用 AABB 式表示互动，叠音后第一、三音节韵母发生异化，而羌语双音节动词一般不能重叠。

由此可见，普米语动词互动范畴的表达方式与羌语基本一致，仅在音变的具体内容上稍有差别。

（二）嘉戎语梭磨话①

katop 打 kaŋatoptop 互相打
kɐkor 帮助 kaŋakorkor 互相帮助
karzok 剪，割 kaŋarzəkrzək 互相剪，互相割
kaklɐk 抹 kaŋaklɐkklɐk 互相抹去

从上例可以看到嘉戎语的互动范畴和羌、普米等语言基本相同，都是用重叠词根的方式表达，但由于嘉戎语的动词一般都带有词头 ka，构成互动范畴时，除了词根重叠以外，在词头和词根之间需加中加成分 ŋa。此外，嘉戎语重叠词根以后，有时变换中加成分，语法意义会有一定的变化。这种变化不能说与互动范畴的历史演变毫无关系。例如：

katop 打 kanatoptop 反复打，打来打去
kakrɐk 拆 kanakrɐkkrɐk 反复拆，拆了又拆

① 嘉戎语的材料引自金鹏等《嘉戎语梭磨话的语音和形态》，载《语言研究》1958 年第 3 期。

此处中加成分由 ŋa 变 na，语法意义已经发生一定的变化，而这种语法意义在羌语中是由重叠动词词根的方式表示。例如前面羌语中的 quɑquə，既有“互相打”之意，也有“反复打”之意。

嘉戎语还有用改变词头的韵母来表示行为动作似进行非进行，或经常进行的语法意义。例如：

katop　打　kənatoptop　似打非打，有打的样子
karzək　剪　kənarzəkrzək　似剪非剪，有剪的样子
karn̥i　坐　kanan̥in̥i　老是坐，常常坐
karɟju　跑　kanarɟjurɟju　老是跑，常常跑

这类语法意义的衍生和变化，既反映了嘉戎语与羌语支语言互动范畴的一致性，也反映了动词重叠所表现的互动范畴在历史演变过程中的多样性。嘉戎语中的这种多样性，其中部分语法意义又与景颇语中动词重叠所表示的语法意义相同，但表现形式稍有差别。在景颇语中，动词也可以重叠，但重叠后没有互动的语法意义，而是与嘉戎语中动词重叠后所表示的经常进行、似进行非进行相类似。例如：①

tsun^{33}　说　tsun^{33}tsun^{33}ʒe^{33}　常常说
kă^{31}lo^{33}　做　kă^{31}lo^{33}lo^{33}ʒe^{33}　常常做
kă^{31}ʒai^{33}　散开　kă^{31}ʒai^{33}kă^{31}ʒai^{33}ʒe^{33}　有点散开的样子
ʃă^{31}mu^{55}　动　ʃă^{31}mu^{55}ʃă^{31}mu^{55}ʒe^{33}　有点动的样子

（三）贵琼语②

di^{35}　打　di^{35}di^{35}　打架，互相打
ʐo^{33}　帮助　ʐo^{33}ʐo^{55}　互相帮助
dʐuɔ^{35}　骂　dʐuɔ^{35}dʐuɔ^{35}　互相骂
ndʑo^{35}　看　ndʑo^{35}ndʑo^{35}　互相看，对看

贵琼语互动范畴的表达方式与羌语也基本一致，但重叠后韵母不发生变化，仅中平调的动词一音节异化为高平。

① 景颇语的材料引自刘璐《景颇语语法纲要》，第 87 页，科学出版社 1959 年版。

② 本文所提到的贵琼语、尔苏语、尔龚语、扎坝语、木雅语、纳木依语、史兴语，主要分布在四川西部甘孜藏族自治州和凉山彝族自治州，详情请参阅拙文《川西民族走廊地区的语言》，载《西南民族研究》，四川人民出版社 1983 年版。

（四）尔苏语

$htsu^{55}$	打	$htsu^{33}htsu^{55}$	互相打
gu^{55}	踢	$gu^{33}gu^{55}$	互相踢
nphsɿ^{55}	吐（口水）	nphsɿ^{33}nphsɿ^{55}	互相啐（口水）
htʃo^{55}	扎，戳	htʃo^{33}htʃo^{55}	互相扎，互相戳

尔苏语也用重叠表示互动，特点与贵琼语一致，但高平调的动词前一音节异化为中平。

（五）尔龚语

ʐa	打	ʐaʐa	互相打
ʁo	帮助	ʁoʁo	互相帮助
ntsɔ	啄	ntsɔntsɔ	互相啄
mphʂɛ	团结	mphʂɛmphʂɛ	已互相团结

尔龚语没有声调，动词重叠既没有韵母上的异化，也没有声调上的变异，其表达方式与前几种语言相同。

（六）扎坝语[①]

tho^{55}	技	$tho^{55}tho^{55}$	互相拉
gu^{35}	换	$gu^{35}gu^{35}$	交换
kuɐ^{35}	骂	knɐ^{35}kuɐ^{35}	互相骂
kho^{35}	送	$kho^{35}kho^{35}$	互相赠送

（七）木雅语

si^{55}	爱，喜欢	$si^{55}si^{55}$	互相爱，彼此喜欢
khɯ^{33}ʁo^{55}	帮助	khɯ^{33}ʁo^{55}ʁo^{33}	互相帮助
tɯ^{55}da^{33}	打	tɯ^{55}dɯ^{33}da^{33}	互相打，反复打
$khi^{55}li^{55}$	等待	$khi^{55}li^{55}li^{33}$	互相等待，反复等待
tɯ^{55}vɐ^{33}	咬	tɯ^{55}vi^{55}vɐ^{33}	互相咬，反复咬

① 扎坝语材料由陆绍尊同志提供，谨此致谢。

木雅语的互动范畴用动词的重叠方式表示，与上述语言基本相同，但重叠后的语音变异不同于某些羌语支语言的特点，如：

1. 部分词重叠后的语法意义，既有互动又有反复动作的意思，这一点与羌语接近。

2. 带词头的双音节词只重叠词根，不重叠词头，这与嘉戎语相类似，不同的是嘉戎语需加中加成分 ŋa，木雅语不加。

3. 叠音动词的前一音节韵母要发生异化，这与羌、普米等语言一致。

4. 重叠后声调的变化规律是：不带词头的单音节动词重叠时不变，带词头的动词重叠时，不管动词词根的原调是什么，均变作前高平，后中平，词头声调不变。

（八）纳木依语

ndy^{55}	打	$ndy^{55}ndy^{55}$	互相打
so^{55}	学习	$so^{55}so^{55}$	互相学习
dzu^{55}	连接	$dzu^{55}dzu^{55}$	互相连接
hu^{35}	炒	$hu^{35}hu^{35}$	反复炒，炒来炒去
$ʐu^{55}$	切	$ʐu^{55}ʐu^{55}$	反复切
$mphi^{55}$	簸	$mphi^{55}mphi^{55}$	反复簸

纳木依语动词重叠的方式与尔龚、扎坝、贵琼等语言相同，但重叠后有两种不同的语法意义，上例中“打”、“学习”、“连接”主要表示互相动作，“炒”、“切”、“簸”主要表示反复多次动作。

（九）史兴语

ge^{55}	拉	$gɛ^{33}ge^{55}dɛ^{55}$	互相拉
$ȵɑ^{35}$	推	$ȵɑ^{33}ȵɑ^{35}dɛ^{55}$	互相推
$kĩ^{55}$	换	$kɛ^{33}kĩ^{55}dɛ^{55}$	交换
due^{35}	问	$dɛ^{33}due^{35}dɛ^{55}$	互相询问
$ʁo^{35}$	帮助	$ʁa^{33}ʁo^{35}dɛ^{55}$	互相帮助

史兴语动词重叠以后在意义上和形式上有以下几方面的特点：

1. 动词重叠表示互相动作，无别义。

2. 重叠后的双音节词前一音节韵母发生异化，如主要元音为 o，前一音节用 a。韵母如为其他元音，则一律用ɛ。

3. 声调采用前低后高形式，不管原调是什么，叠音的前一音节用中平调。

4. 史兴语与羌语支其他几种语言所不同的是：表达动词互动范畴时，除了用重叠动词词根外，又添加了后加成分 dɛ^{55}。

藏缅语中还有一些有类似羌语支语言用动词重叠的表达方式。例如：

（十）纳西语[①]

sɯ^{33}	知道，认识	sɯ^{33}sɯ^{33}	互相认识，知道
la^{55}	打	la^{55}la^{33}	互相打，打架
kha^{33}	换	kha^{33}kha^{31}	交换
tʂu^{55}	接	tʂu^{55}tʂu^{33}	互相连接

纳西语互动范畴表达的方式与贵琼、尔苏、扎坝等语言相类似，重叠后韵母不发生异化，声调多半采用前高后低的形式。

（十一）仓洛语背崩话

dʑaŋ^{13}pa^{55}	拉	dʑaŋ^{13}dʑaŋ^{13}pa^{55}	互相拉
got^{13}pa^{55}	看	got^{13} got^{13}pa^{55}	互相看
koŋ^{55}ma^{13}	打	koŋ^{55}koŋ^{55}ma^{13}	互相打
nuŋ^{13}ma^{13}	送	nuŋ^{13}nuŋ^{13}ma^{13}	互相送

仓洛语的互动范畴与纳西语等相类似，如动词表互动，兼表体时，则表示体的附加成分加在重叠动词的后面。上面 pa^{55}、ma^{31} 等后加成分，即是表示将行体的附加成分。

此外，西夏语也有用动词重叠表示互动语法意义的，西田龙雄所著《西夏语研究》一书的语法部分偶见少数用动词重叠表示互相动作语法意义的例证。史金波等同志所著《文海研究》中，在词义的注释中，用重叠动词的方式表示互动的例证则较为常见。例如：

[illegible]	接续	[illegible][illegible]	互相接续[②]

① 纳西语材料引自姜竹仪《纳西语概况》，载《民族语文》1980 年第 3 期。

② 见西田龙雄《西夏语研究》下卷，第 285 页，日本座右宝刊行会发行所 1966 年发行。

[illegible]	执，抓	[illegible]	相执，勾[①]
[illegible]	聚，聚扰	[illegible]	相聚，聚集[②]
[illegible]	扑打	[illegible]	相扑，角力[③]
[illegible]	异，区别	[illegible]	相异，相区别[④]

由上例可知，西夏语中，也有用动词重叠表示相互动作的语法范畴。

以上我们分析了羌、普米、嘉戎、贵琼、尔苏、尔龚、扎坝、木雅、纳木依、史兴、纳西、墨脱门巴、西夏等语言的动词用重叠词根的语法形式表示互动语法范畴的情况。从这些分析中，我们可以得到以下几点启示：

1. 动词重叠所表示的语法意义，十三种语言都有互相动作的意思，有的语言还兼有经常动作、反复动作的语法意义。我们初步认为，互动是目前这十三种语言动词重叠的基本语法意义，但也不排除在历史上动词重叠可能有多种语法意义，在历史演变中，语法意义发生了变化，在某些语言里作用缩小，仅表示互动。我们也不排除动词重叠本来就是表示互动的，但在历史发展过程中，语法意义有所扩大，甚至发生了转移，因为互动本身也包含着多次、反复进行动作的意思。因此像景颇语中，动词重叠不表示互动，而表示经常、反复动作，或似动非动的样子，我们不能完全切断这些语法意义和语法形式之间的历史联系。这种历史演变的多种可能性是存在的，有待于我们去深入研讨。

2. 从语法形式来看，表达动词互动范畴的基本方式是重叠词根，这是共性。但各语言还有一些细微的差别，例如有的语言重叠以后前后音节不发生异化，有的语言发生声调异化，有的还有韵母异化，异化的内容也不尽相同。双音节动词重叠在不同的语言里有 AABB 和 aBaB 两种不同形式。这种差异性，反映了不同的语言在自身发展过程中的特殊性。揭示这种共性和特殊性之间的辩证关系，对于我们认识一些具体语言之间的历史联系大有帮助。

3. 羌语支的十种语言在语法意义和语法形式上大体一致，可以认为动词

① 见史金波、白滨、黄振华《文海研究》，第 434 页，中国社会科学出版社 1983 年版。

② 同上，第 550 页。

③ 同上，第 488 页。

④ 同上，第 427 页。在收集西夏语例证的过程中，得到史金波同志的帮助，谨此致谢。

的互动范畴是羌语支的一个共同特征。纳西语经常被认为是彝语支的语言，大家知道，纳西语在彝语支中是不太合套的一种语言，纳西语动词的互动范畴和羌语支完全一致。此外纳西语方言中还有一些语音、词汇和语法现象，与羌语支语言相一致。纳西语是羌语支和彝语支之间的“临界”语言。即在语言谱系分类上兼有两种语言集团的某些不同的特征。也就是说，纳西语同时兼有彝语支和羌语支所特有的某些特征，而动词互动范畴，则是纳西语兼有羌语支的一种重要语法特征。墨脱门巴语也有类似的情况，墨脱门巴语是藏语支和川西走廊语言之间的临界语言，它在藏缅语族语言中的地位，也值得进一步研究。

4. 值得注意的是羌语支中的史兴语，除了用动词重叠表示互动外，还兼用在重叠的动词后加附加成分的形式，这种形式是否反映了由一种语法形式向另一种语法形式的过渡呢？因为藏缅语族中还有一部分语言是用后加成分表示互动的。

三　附加式

在动词后加附加成分或助词也是藏缅语族中部分语言表达互动范畴的一种语法形式。前面第一部分介绍了达让语在动词后加助词 da^{35}ga^{31} 表示互相动作语法意义的情况。da^{35}ga^{31} 在达让语中是语尾助词，有时可以简化为ga^{31}。例如：

tsɑi^{55}　尊敬　tsɑi^{55}gɑ^{31}　互相尊敬
ɑ^{31}bɹɯŋ^{55}　帮助　ɑ^{31}bɹɯŋ^{55}gɑ^{31}　互相帮助
we^{55}lɯŋ^{55}　信任　we^{55}lɯŋ^{55}gɑ^{31}　互相信任

动词后加助词gɑ^{31} 以后，前面仍可再加副词“互相”等修饰。例如：

sɑ^{55}dʑi^{55}　ɑ^{31}tɯ^{31}mɹoŋ^{55}　lɯn^{55}koŋ^{55}go^{31}　xɑ^{31}pieŋ^{35}xɑ^{31}tio^{55}
革命　同志　之间（助词）　互相
tsɑi^{55}(dɑ^{35})gɑ^{31}　we^{55}lɯŋ^{55}　(dɑ^{35})gɑ^{31}，ɑ^{31}bɹɯŋ^{55}(dɑ^{35})gɑ^{31}
尊敬（助词）　信任　（助词）　帮助（助词）

革命同志之间要互相尊敬、互相信任、互相帮助。

下面再介绍几种在动词后加后加成分或助词以表示互动语法意义的情况。

（一）义都语

hu^{53}	打	$hu^{53}ga^{35}$	互相打，打架
$pa^{55}ti^{35}$	踢	$pa^{55}ti^{35}da^{55}ga^{35}$	互相踢
kho^{55}	骂	$kho^{53}ga^{35}$	互相骂，骂架
$a^{55}thu^{53}$	看	$a^{55}thu^{53}da^{55}ga^{35}$	互相看

义都语互动的语法意义和表达方式与达让语极为相似，所不同的是达让语 $da^{35}ga^{31}$ 也可加在单音节动词后，而义都珞巴语ga^{35}一般加在单音节动词后，$da^{55}ga^{35}$一般加在双音节或多音节动词后。

（二）格曼语

$g\check{a}ŋ^{35}$	拉	$g\check{a}ŋ^{35}kɹam^{55}$	互相拉；
$d\check{a}m^{55}$	打	$d\check{a}m^{55}kɹam^{55}$	互相打
$pɯt^{55}$	推	$pɯt^{55}kɹau^{55}$	互相推
$ntshɯm^{55}sam^{55}$	爱慕	$ntshɯm^{55}sam^{55}kɹau^{55}$	互相爱慕
$ɹa^{55}$	团结	$ɹa^{55}kɹau^{55}kɹam^{55}$	互相团结

格曼僜语在动词后加 $kɹam^{55}$ 或 $kɹau^{55}$ 表示互动，有时 $kɹau^{55}$ 与 $kɹam^{55}$ 可以连用，连用的次序是 $kɹau^{55}$ 在前，$kɹam^{55}$ 在后，如上例中“互相团结”即是。

（三）白马语①

$dzuɛ^{121}$	推	$dzuɛ^{121}re^{35}$	互相推
nba^{121}	跑	$nba^{121}re^{35}$	互相跑动，赛跑
kho^{53}	背（柴）	$kho^{53}re^{35}$	互相背，争背
ga^{121}	爱，喜欢	$ga^{121}re^{35}$	互相爱，彼此喜欢

白马语在动词后加附加成分 rel 表示互动语法意义。

（四）傈僳语②

mo^{33}	遇	$mo^{33}lɛ^{31}xo^{44}$	相遇

① 白马语分布在甘肃省反县、四川省平武县以及阿坝州九寨沟县，约有两万人使用。有关情况请参阅孙宏开《历史上的民族和甘肃地区的白马人》，载《民族研究》1980 年第 3 期。

② 傈僳语材料引自木玉璋《傈僳语概况》载《民族汉究》1983 年第 4 期。

se^{23}	杀	$se^{23}lɛ^{31}xo^{44}$	战争，互相残杀
dzo^{31}	好	$dzo^{31}lɛ^{31}xo^{44}$	和好
$ʤɑ^{33}$	帮助	$ʤɑ^{33}lɛ^{31}xo^{44}$	互相帮助

傈僳语在动词后加助词 $lɛ^{31}xo^{44}$表示互动范畴。傈僳语的紧元音用反声调表示，上面例词中的 42、44 调都是出现在紧元音作韵母的音节中。

（五）拉祜语

$mɔ^{31}$	看见	$mɔ^{31}dɑ^{31}$	互相看见，见面
$gɑ^{33}$	帮助	$gɑ^{33}dɑ^{31}$	互相帮助
$dɔ^{53}$	打	$dɔ^{53}dɑ^{31}$	互相打，打架
$pɑ^{33}$	换	$pɑ^{33}dɑ^{31}$	交换

拉祜语在动词后加附加成分 $dɑ^{31}$ 表示互动语法意义。

以上我们分析了 6 种藏缅语言用动词后加附加成分或助词来表示互相动作语法意义的情况，从比较中，我们可以看到，虽然它们的语法意义，语法形式大体一致，但由于语音手段之间看不出明显的同源关系，因此还不能十分肯定地确认这几种语言的互动范畴都有同源关系。我们认为动词后面所加的成音节的附加成分和表示语法意义的助词之间，作为语法手段来看，是比较接近的，关键的是表达语法意义的附加成分之间或者助词之间，在语音上是否有对应关系。根据以上原则，6 种语言的互动范畴可以分为 3 类，其中拉祜语、达让语和义都珞巴语为一类，达让语的 $dɑ^{35}gɑ^{31}$ 或$gɑ^{31}$，与义都珞巴语的$gɑ^{35}$，虽然前者处理成助词，后者处理成附加成分，但语法意义、语音形式都一致，因此可以确认它们是有同源关系的。拉祜语的 $dɑ^{31}$，出现在紧元音声调，其来源是带有塞音韵尾，与达让语的 $dɑ^{35}gɑ^{31}$ 似同出一源。其次是白马语和傈僳语，虽然这两种语言相隔千里，但白马语的附加成分 re^{35} 与傈僳语的助词 $lɛ^{31}xo^{44}$ 在语音上似有一定的联系。这种联系比起达让语和义都珞巴语来，其紧密程度似乎差一些。至于格曼语的 $kɹɑm^{55}$、$kɹɑu^{55}$ 或 $kɹɑu^{55}kɹɑm^{55}$，似乎差距更远，表面上看起来，较难建立它与$gɑ^{31}$、$dɑ^{35}gɑ^{31}$、$dɑ^{31}$，re^{35}、$lɛ^{31}xo^{44}$ 等语法形式之间的历史联系。但是在藏缅语中，kɹ 复辅音有与 k、g 对应的例证，也有与 r、l，对应的例证，在漫长的历史发展过程中，语音上发生巨大变异是完全可能的，因此，这几类附加成分或助词之间是否有历史联系可以进一步研究。

独龙语在动词前加附加成分表示互动，目前在藏缅语中还是罕见的一种语法形式，这种语法形式怎样发展起来的，它与其他语言互动范畴之间的关系如何？也有待于进一步研究。

通过以上的讨论我们可以看到，表达动词互动范畴的方式，在具体的语言里有时不止一种，有可能是为了强调其互相动作，但也有可能是一种语法形式向另一种语法形式的过渡。例如前面曾提到的史兴语，表达互动范畴既有重叠形式，又有后附形式。从目前看，后附形式是一种补充，但史兴语中的重叠形式已不像其他语言那样活跃，有的动词可以不用重叠形式，而在动词后加 de^{55}表示互相动作，我们不能排除，在语言不断发展的过程中，重叠形式有可能逐步让位于后附形式。重叠形式和前加形式之间也有相通之处，在独龙语中，部分动词既可以用前加成分表示互动意义，也可用重叠式表示，这种重叠，是加强互相动作的程度，强调其多次、反复地互相动作。例如：

wɑl^{55}	分配	ɑ^{31}wăl^{55}wăl^{55}	多次互相分配，反复分配
mɔi^{55}	爱	ɑ^{31}mɔi^{55}mɔi^{55}	反复、多次持续不断地相爱
ɟɑŋ^{53}	看	ɑ^{31}ɟăŋ^{53}ɟăŋ^{53}	多次互相看，反复互相看
ɑ^{31}klăi^{53}	换	ɑ^{55}klăi^{53}klăi^{53}	多次反复互相交换

但是，在藏缅语中，没有发现表示互动范畴的前附形式与后附形式同时出现在动词词干前后的情况。

另外，亲属语言之间关系的远近，除了分析同源词及其语音对应关系外，重要的一方面，要分析语法范畴方面的一致性，我们在比较语法范畴的对应时，不仅要比较语法意义，更重要的要比较表达语法意义的语音形式。在语法意义一致或基本一致的前提下，语法形式及表达语法形式的语音手段是否相对应，对亲属语言之间关系的远近有重要意义。过去我们曾经讨论了藏缅语族中羌语支部分语言动词的人称范畴、趋向范畴，初步建立了羌语支语言在动词人称前后缀和趋向前缀问题上的亲属关系，现在我们进一步揭示了羌语支语言互动范畴方面的一致性，使这种亲属关系得到了进一步的证明。

七 动词的趋向范畴研究

羌语支语言中，动词有趋向语法范畴。表现动词趋向范畴的手段是在动词前加前加成分。

先以羌语为例。羌语分南、北两个方言，分歧比较大。但在动词的趋向范畴方面，两个方言却是基本一致的。本文以羌语北部方言麻窝话为代表，介绍羌语的趋向范畴。另外，普米语和嘉戎语的动词也有趋向范畴，本文在介绍羌语动词[①]的趋向范畴后，并和普米语、嘉戎语作一简单的比较。

一 趋向范畴的基本特点

羌语动词所加的各种趋向前加成分与当地的山势河流等自然环境有着密切的关系。这些表示行为动作趋向的前加成分共有九个。[②]

1. tə-：表示行为动作是朝着山岭或器物的上方进行的。例如：

tsi	看	tətsi	向上看，看上去
phɤ	吹	təphɤ[③]	向上吹，吹上去
bi	背	təbi	向上背，背上去
ɤʤə	拴	təɤʤə	向上拴，拴上去

2. ɑ-：表示行为动作是朝着山岭或器物的下方进行的，例如：

χli	塌	ɑχli	向下塌，塌下去
ʁuʁuɑɹ[④]	弯（腰）	ɑʁuʁuɑɹ	向下弯，弯下去
qhuɑɹ	切	ɑqhuɑɹ	向下切，切下去
dzə	吃	ɑdzə	吃下去

① 羌语语法中，动词、形容词等合并为一类统称为谓词，这里为叙述方便起见，仍称动词。

② 羌语南部方言桃坪话里动词趋向范畴共有 8 个前加成分，比北部方言麻窝话少一个。见拙作《羌语概况》，载《中国语文》1962 年 12 期。

③ 羌语麻窝话中，两个音节连读，声母、韵母都发生一些有规律的语音变化。本文一律按该音节的原来面貌标音，而不按变化后的情况标音。

④ 羌语元音后加ː，表示该元音为卷舌元音，如 eː、aː等，在元音后面加两点，表示该元音为长元音，如 ɑː、iː 等；普米语中，在元音上加˜符号，表示该元音为鼻化元音，例如 ã 等。

3. n̥u-；表示行为动作是朝着水源方向进行或向容器及某一空间里面进行的。例如：

qhuɹ	扔	n̥uqbuɹ	向水源方扔，扔进（屋里）去
phiphi	挖	n̥uphiphi	向水源方挖，向（洞）里挖，挖进去
ly	来	n̥uly	向水源方来，进来
tshɑ	装	n̥utshɑ	装进去

4. sə-:表示行为动作是朝着下游方向进行的，或者表示向山岭或空间的斜下方进行的。例如：

χuɑ	卖	səχuɑ	向下游方去卖
tʂhu	举、伸	sətʂhu	向下游方举，向斜下方伸
bi	背	səbi	向下游方背
stɤ	插	səstɤ	向下游方插，向斜下方插

5. thiu-：表示行为动作是朝着有溪水的山谷中靠水方向进行的。例如：

ʁueɹ	挂	thiuʁueɹ	向靠水方挂
phu	逃跑	thiuphu	向靠水方逃跑
phɑtɤI	抖（衣）	thiuphɑtɤi	向靠水方抖
tsɑq	削（皮）	thiutsɑq	向靠水方削

6. kuə-：表示行为动作是朝着有溪水的山谷中靠山方向进行的。例如：

tʂhɤi	追	kuətʂhɤi	向靠山方追
ʂpu	送	kuəʂpu	向靠山方送
stɑ	搬	kuəstɑ	向靠山方搬
tshɤ	派遣	kuətshɤ	向靠山方派遣

7. dzə-：表示行为动作是朝着说话者这一方进行的。例如：

ly	来	dzəly	过来，向这边来
tʂhɤi	追	dzətʂhɤi	追过来，向这边追来
bi	背	dzəbi	背过来，向这边背来
qhuɹ	扔	dzəqhuɹ	扔过来，扔到这边来

8. thɑ-：表示行为动作是以说话者为中心朝外进行的。例如：

lɑ	拿	thɑlɑ	拿过去，拿出去
phɑɹ	伸（手）	thɑphɑɹ	伸过去

tshə	照	thɑtshə	照过去

9. rgə-： 表示行为动作是朝后面或相反方向进行的。例如：

stɑ	搬	rgəstɑ	向后搬，向反方向搬
ʂɑʐ	走（路）	rgəʂɑʐ	向后走，倒着走
tsi	看	rgətsi	向后看

这 9 个趋向前加成分所表示的语法意义一般来说是成对的：tə-和ɑ-分别指山岭或空间的上下；n̥u-和 sə-指河流流水方向的上游方和下游方；thiu-和 kuə-指有溪水山谷中的靠水方和靠山方；dzə-和 thɑ-配成一对，dzə-表示以说话者为中心的向心方，thɑ-表示离心方。thɑ-和 rgə-这两个趋向前加成分在口语中出现的频率较其他 7 个为少。

这 9 个前加成分，可以加在同一个动词上，使它具有 9 种附加意义。

例如：bi（背）和 tsi（看）。

təbi	向上背	tətsi	向，上看
ɑbi	向下背	ɑtsi	向下看
n̥ubi	向水源方背	n̥utsi	向水源方看
səbi	向下游方背	sətsi	向下游方看
thiubi	向靠水方背	thiutsi	向靠水向看
kuəbi	向靠山方背	kuətsi	向靠山方看
dzəbi	背过来	dzətsi	看过来
thɑbi	背过去	thɑtsi	看过去
rgəbi	向后背	rgətsi	向后看

羌语中，不少动词可以加九个趋向前加成分，如扔、走、来、去、搬、仰、拿、追、送，跑、抬……有些动词因为词义的限制，只能加其中的一个或几个。例如：dzə（吃）一般只加 adzə，sədzə（都是“吃下去”的意思）。quəɹ（包）一般也只能加 təquəɹ（向上包）、aquəɹ（向下包），与此相类似，qhua（倾倒）只能加n̥u-、ɑ-、sə-、rgə-，pu（买）只能加 dzə-，χuɑ（卖）只能加 sə-等。

二 动词的趋向范畴和方位概念

与羌语动词趋向前加成分所表示的语法意义相类似，羌语中还有比较丰富的方位名词。方位名词共有 6 个基本方位。每个方位又有泛指、近指、中指、远指之分。

方 位	泛 指	近 指	中 指	远 指
直上方	ti:q	tɕaχu	tiuwatɕu	tiuwaha
直下方	qəli	tɕista	qəlatɕu	qəlaha
水源方	ȵutʃha	tɕuȵum	tɕuȵuzka	tɕunaha
下游方	khʂətʃha	tɕukhɕum	tɕukhɕizka	təkhʂaha
靠山方	kuətʃha	tɕukum	tɕukuizka	təkuaha
靠水方	thiutʃha	tɕuthium	tɕuthiuzka	thiutaha

羌语中的方位概念，除了表中所列的 6 种以外，还有一般语言中所具有的东、西、南、北、左、右、前，后等方向概念，但没有近指、中指、远指之分。羌语方位名词和趋向前加成分之间有着密切的关系；现列表比较如下：

方 位	方位名词泛指	趋向前加	以动词 qhsu“跳”为例
直上方	ti：q	tə-	təqhsu
直下方	qəli	ɑ-	ɑqhsu
水源方	ȵutʃhɑ	ȵu-	ȵuqhsu
下游方	khʂotʃhɑ	sə-	səqhsu
靠山方	kuətʃhɑ	kuə-	kuəqhsu
靠水方	thiutʃhɑ	thiu-	thiuqhsu

从以上的比较，我们可以看出，动词趋向前加成分不仅在内容上和方位名词基本一致，而且在语音形式上也和方位名词有一定的对应关系。上表中“直上方”，“水源方”，“下游方”、“靠山方”、“靠水方”等趋向前加成分与其相应的方位名词之间有着明显的语音对应关系。“直下方”的 qəli 和表向下的趋向前加成分ɑ-之间，看起来关系比较远，但在羌语的方言中，[q]声母和零声母的词互相对应的例子是存在的。它们在历史上，可能是同源的。

在这里，我们从动词趋向前加成分和方位词之间的联系，可以提出这样的假设，即在长期的历史发展过程中，动词的趋向前加成分是由方位名词的词根经过长期语法化的过程以后，成为一个词缀，缀于动词之前，以表示方向概念的。这种情形正像藏缅语族中的羌、普米、嘉戎、景颇、独龙、格曼等语言中，目前仍保留有人称代词的缩减形式作动词的前加成分或后加成分（语尾助词）缀于动词词根的前后，以表示动词的人称范畴一样。

目前在羌语中，动词趋向范畴的前加成分和方位词之间尽管在起源上有密切联系，但它们在句中的作用和用法却是完全不同的。

第一，趋向范畴的前加成分和动词表示其他语法意义的前加成分一样，不能离开动词词根单独使用。

第二，当构成动词趋向范畴以后，它和方位名词已经属于两种不同的语言成分。方位名词是实词，有实在的词汇意义，在句中可作主语、宾语、定语、状语等，而趋向前加成分则是表示语法意义的形态成分。正因为如此，所以他们在句中可以同时出现。

带趋向前加成分的动词在句中作谓语时，前面还可加方位名词或其他表示方位概念的限制语。例如：

ti:q təʈʂhɤi	向上面追，追上去
qəli aʈʂhɤi	向下面追，追下去
n̥utʂba n̥uʈʂhɤi	向水源方追，追进去
khʂətʃha səʈʂhɤi	向下游方追，追下去
kuətʃha kuəʈʂhɤi	向靠山方追
thiutʃha thiuʈʂhɤI	向靠水方追
staka rgəʈʂhɤi	向后追，向反方向追
tsa：dzəʈʂhɤi	向这儿追宋

三 趋向范畴和动词其他语法范畴之间的关系

羌语动词除了趋向范畴是在动词前面加附加成分来表示以外，还有一些语法范畴，如动词时间变化中的过去时、动词的命令式等，也是在动词前加附加成分来表示的，而大部分地区的动词前面只有一个前加成分。那么动词既要表过去时或命令式，又要表趋向范畴，它的前加成分如何表达多种语法意义呢？下面分两个方面来谈：

（一）趋向范畴和动词过去时之间的关系

羌语北部方言里，动词将来时、现在时是用韵母的屈折变化和在动词后加附加成分表示的，而过去时是在动词前加附加成分 dɑ-表示。例如：

汉义	动词	过　去　时
吃	dzə	dadzə（已吃）
听	khɕust	dakhɕust（已听）
擦（桌子）	ʂɑmɑ	daʂamɑ（已擦）
借	ŋuəsa	daŋuəsa（已借）
抱	ɹəχuɑ	daɹəχuɑ（已抱）

表示过去时的动词，同时又要表示动作趋向时，在北部方言中用两种不同的方式表示。一种是芦花土语，在表过去时的动词前加表趋向的重前加成分。例如：

趋向前加	过去时动词同时	成分	表趋向	
tə-	ti——	dɑ——	qhsu	已向上跳
	（趋向前加）	（过去时前加）	跳	
ɑ-	ɑi——	dɑ——	qhsu	已向下跳
	（趋向前加）	（过去时前加）	跳	
kuə-	kui——	dɑ——	qhsu	已往靠山方跳
	（趋向前加）	（过去寸前加）	跳	
thø-	thøi——	dɑ——	qhsu	已往靠水方跳
	（趋向前加）	（过去时前加）	跳	
no-	noi——	dɑ——	qhsu	已向上游方跳
	（趋向前加）	（过去时前加）	跳	
sə-	si——	dɑ——	qhsu	已向下游方跳
	（趋向前加）	（过去时前加）	跳	

上述趋向前加成分加在表过去时动词前面时，语音发生了一点变化。以ə元音结尾的趋向前加成分，其结尾元音都变成 i，其他元音结尾的趋向前加成分，都增加了一个 i 韵尾。

芦花土语以外的其他地区，采取了另外的方式。例如麻窝话中基本上采用以下两种方式：

1. 一些与趋向有密切关系的常用动词，词根本身就把时间范畴区别开来。例如：

将来时		过去时	
təʁɑ	将上去	təqe	已上去
aʁɑ	将下去	aqe	已下去
ȵuʁɑ	将向上	ȵuqe	已向上游方去 游方去
səʁɑ	将向下	səqe	已向下游方去 游方去
kuəʁɑ	将向靠	kuəqe	已向靠山方去 山方去
thiuʁɑ	将向靠	thiuqe	已向靠水方去 水方去

再以 ly“来”为例：

təly	将上宋	təɬə或 tətɕu	已上来
aly	将下来	aɬə或 atɕu	已下来
ȵuly	将到上游方来	ȵuɬə或ȵutɕȵu	已到上游方来
səly	将到下游方来	səɬə或 sətɕu	已到下游方来
kuəly	将到靠山方来	kuəɬə或 kuətɕu	已到靠山方来
thiuly	将到靠水方来	thiuɬə或 thiutɕu	已到靠水方来

类似这种用不同词根区别动词时态的情况在麻窝话里还有一些，如：“拿……来”、“拿……去”、“取”等。这类动词词根，除 ly（来）外，多半不能脱离趋向前加成分单独在句中使用：另外，上面“来”的过去时有ɬə和 tɕu 两种形式，其意义基本相同。

2. 去掉表过去时的前加成分 dɑ-，用表趋向的前加成分兼表过去时。仍以麻窝话的 qhsu“跳”为例：

过去时	趋向前加	汉义兼表过去
dɑqhsu	təqhsu	已向上跳
dɑqhsu	ɑqhsu	已向下跳
dɑqhsu	ȵuqhsu	已向水源方跳
dɑqhsu	səqhsu	已向下游方跳
dɑqhsu	kuəqhsu	已向靠山方跳
dɑqhsu	thiuqhsu	已向靠水方跳

这个动词加上将采时或其他时态的后加减分时（包括词根的屈折变化），

趋向前加成分兼表过去时的作用立即消失。例如：

qɑ　　taqhsuɑ:　　我将向上跳。
我　（前加）跳

kuə　taqbsuɑ：n.　　你将向上跳。
你　（前加）跳

thɑ：　taqhsuɑ：ji.　　他将向上跳。
他　（前加）跳（后加）

qɑ　　səbia：　　我将向下游方背。
我　（前加）背

kuə　səbia：n.　　你将向下游方背。
你　（前加）背

tha：　səbia：ji.　　他将向下游方背。
它　（前加）背（后加）

（二）趋向范畴和动词命令式之间的关系

羌语中，动词有“式”的语法范畴，其中命令式的表达方式和动词趋向范畴的表达方式有一定的联系。麻窝话动词命令式是在动词前、后同时加附加成分表示。动词命令式是用趋向前加成分兼表的。另外，在 9 个趋向前加成分以外，还有两个能表命令的前加成分 hɑ-和 dɑ-。这两个前加成分在方言中也有表示动作趋向的作用。但在麻窝话中，用在命令式动词前，并没有动作趋向的语法意义。现举例如下：

动词	汉义	单数命令式	复数命令式
ʂtɕiʐ	筛	təʂtɕiʐən	təʂtɕiʐtɕin
zdi	休息	təzdin	təzditɕin
dzə	吃	adzən	adzətɕin
nɤ	睡	anɤn	anɤtɕin
khɕust	听	kuəkhɕustən	kuəkhɕusttɕin
tsha	装	sətshan	sətshatɕin
khaʁu	仰	hakhaʁun	hakhaʁutɕin
guə	穿	thiuguən	thiuguətɕin

ly	来	dzəlyn	dzəlytɕin
kə	走、去	dakən	dakətɕin

动词表命令式时，加哪一个前加成分，完全是根据长期形成的习惯，约定俗成。但是，所加的趋向前加成分多半和发出命令的人当时当地所处的地势环境有一定的关系。同时，还和这个词所表达的词义有一定的关系。如"吃"、"睡"的动作一般是向下的，"听"是向里面的，"装"是向下的，"来"是向心的……有的动词，如"休息"、"走"、"仰"等，尽管其中有的也用趋向前加成分兼表命令式，但基本上已没有动作趋向的语法意义了。

命令式的动词如需强调表示行为动作的各种不同趋向时，可换成其他表趋向的前加成分。例如：

趋向前加	单数命令式	复数命令式
tə-	təlyn	tolytɕin
ɑ-	ɑlyn	ɑlytɕin
ŋ̊u-	ŋ̊ulyn	1)ulytɕin
sə-	səlyn	solytɕin
kuə-	kuolyn	kuolytɕin
thiu-	thiulyn	thiulytɕin

四 亲属语言中的趋向范畴

动词的趋向范畴不仅在羌语中有，在汉藏语系藏缅语族的一些亲属语言中，也有与羌语相类似的趋向范畴。就目前我们所了解到的语言材料看，要数羌语支中的普米语和嘉戎语中的动词趋向范畴和羌语最为相似。另外，景颇语、独龙语、格曼语的动词也有趋向范畴（或者叫方向范畴）。那是属于另外一种类型的趋向范畴，其语法意义和语法形式都不同于羌语支语言。它们在发生学上没有同源关系，因此，没有比较的价值。下面拟将羌语、普米语，嘉戎语[①]中动词的趋向范畴，作一简要的对比。

① 此处引用普米语的材料是云南省丽江专区兰坪县箐花村的普米语，1964 年本人曾和陆绍尊同志对该地的普米语进行了调查。嘉戎语的材料主要根据金鹏等著《嘉戎语梭磨话的语音和形态》，载《语言研究》第 2—3 期。另外，普米语、嘉戎语都有声调，动词的趋向范畴因与声调关系不大，所以音标的调号都省略了。

羌、普米、嘉戎 3 个语言，都至少有 6 个常用的表示动词趋向范畴的前加成分。

	羌语	普米语	嘉戎语		语法意义
1	tə	tə	to	to	直上方
2	ɑ	nə	nɑ	nɑ	直下方
3	n̥u		ko	ko	水源方
4	sə		di	nə	下游方
5	kuə	khə	ro	ro	嚣山方
6	thiu	xɛ	ri	rə	靠水方
7	dzə	də			向心方
8	thɑ	thɛ			离心方

从这个对照表中可以看出：

（1）三个语言表示山势或空间的直上方和直下方都用有语音对应关系的前加成分，其中羌语与嘉戎语的语法意义完全相同。普米语中的趋向前加成分 tə-和 nə-，除了表示直上方和直下方外，还兼有羌语、嘉戎语中第 3、4 两类趋向前加成分的语法意义，即既表直上方和直下方，又表示水源方和下游方。

（2）第 5、6 两类趋向前加成分所表示的语法意义，羌语和嘉戎语基本相同。第 5 类表示有溪水的山谷中靠山方，第 6 类表示有溪水的山谷中靠水方。但普米语中的第 5、6 两类趋向前加成分在表示有溪水的山谷中的来去方面与羌、嘉戎语基本相同。但在山势地形方面却不是依据靠山、靠水为方位，而是依据日出与日落为方位。khə-表示日出方，xɛ-表示日落方。

（3）第 7、8 两类趋向前加成分，羌语和普米语中的语法意义基本相同。嘉戎语中表示水源方的趋向前加成分 ko-，有时也有表示以说话者为中心的向心方的语法意义；表示下游方的趋向前加成分 nə-，有时也有表示离心方的语法意义。

（4）嘉戎语动词的趋向前加成分有两套。前一套主要用在未来时和正在进行时的动词前面；后一套主要用在过去时的动词前面。在趋向前加成分与动词过去时的关系方面，嘉戎语的使用特点近似羌语芦花土语。羌语芦花土语中动词趋向前加成分使用在将来时和现在时的为一类，使用在过去时的重前加为另一类。表趋向的重前加成分和一般表趋向的前加成分之间，在语音上也有一定的变化，不过变化的情况与嘉戎语不完全相同。

另外，在三个语言中，趋向前加成分在与过去时的关系方面，都有同样的特点，即在一定的条件下，表趋向的前加成分有兼表过去时的作用。表趋向的前加成分加在将来时和现在时动词前时，羌语和普米语中的情况相类似。在动词用后加成分和屈折形态表示时间时，趋向前加成分立即失去表时间的作用，而嘉戎语中则用改变声调的方式来表示时间。未来时动词前的趋向前加成分用高平调，过去时动词前的趋向前加成分用低平调。动词词根的声调也有类似的变化。

2. 普米语和嘉戎语动词的趋向范畴和羌语一样，趋向前加成分所表示的语法意义也是成对的，而且有一部分动词可以加所有的趋向前加成分。下面以“赶”为例说明三个语言趋向范畴的表现形式：

羌　语	普米语	嘉戎语	汉义
təzdi(ji)	təȵɛ	tonou	（他）已往直上方赶
ɑzdi(ji)	nəȵɛ	nɑnou	（他）已往直下方赶
ȵuzdi(ji)		konou	（他）已往水照方赶
səzdi(ji)		nənou	（他）已往下游方赶
kuəzdi(ji)	khəȵɛ	ronou	（他）已往靠山方赶（羌、嘉）已往日出方赶（普）
thiuzdi(ji)	xɛȵɛ	rənou	（他）已往靠水方赶（羌、嘉）已往日落方赶（普）
dzəzdi(ji)	dəȵɛ		（他）已赶过来
thɑzdi(ji)	thɛȵɛ		（他）已赶过去

嘉戎语中，如果需要特别强调行为动作的趋向，可以在第二类趋向前加成分之前再加第一类趋向前加成分，羌语和普米语中没有这一现象。例如：

to to not	（他）已往直上方赶了
nɑ nɑ nou	（他）已往直下方赶了
ko ko nou	（他）已往水源方赶了

di nə nou　　　（他）已往下游方赶了

ro ro nou　　　（他）已往靠山方赶了

ri rə nou　　　（他）已往靠水方赶了

羌、普米、嘉戎语中，都有一部分动词因为词义的限制，只能加某一个或某几个表示趋向的前加成分，至于加哪个趋向前加成分，根据词义和本民族人民的习惯来确定。

3. 羌、普米、嘉戎语中，表达动词趋向范畴的前加成分都和方位名词之间有着密切的联系。如嘉戎语中也有六小类方位名词。它的概念和语音形式和六种趋向前加成分基本上是一致的。嘉戎语中的方位名词和羌语相类似，可以分为近指、远指和极远指。其构成方式也是在同一词根上使用形态变化的手段。试将嘉戎语中趋向前加成分和方位名词之间的关系列表说明如下：

趋向前加成分		方位近指	方位远指	方位极远指	意　义
to	to	ʔata	ʃata	ʃatata或ʃatawata	直上方
na	na	ʔana	ʃana	ʃanana或ʃanawana	直下方
ko	ko	ʔaku	ʃaku	ʃakuku 或ʃakuwaka	水源方或室内上首方
di	nə	ʔadə	ʃadi	ʃadidi 或ʃadiwadi	下游方或室内下首方
ro	ro	ʔato	ʃato	ʃatoto 或ʃatowato	靠山方
ri	rə	ʔarə	ʃari	ʃariri 或ʃarwari	靠水方

普米语中也有与动词趋向前加成分有关的方位词，但没有羌语和嘉戎语中每个方位分近指，远指和极远指之分。

4. 羌、普米、嘉戎语中，动词都有命令式。普米语中，动词命令式主要用动词词根韵母的屈折变化来表示。用趋向前加成分兼表命令只是一种残存现象，只有少数动词用表趋向的前加成分兼表命令式，或用趋向前加成分和动词词根韵母的屈折变化相结合表示命令式。例如：

动词	汉义	单数命令式	复数命令式
tsyɛ	牵	dətsio	dətsyə
tu	挑	tətu	tətuə
mɐlɛ	烤火	xɛmɐliau	xɛmɐlɛ

tʃhuɑ　　请　　dətʃhuɑ　　dətʃhuɑ

在羌语和嘉戎语中，动词的命令式一般都需要加一个前加成分。它与动词表示趋向的前加成分基本上是一致的。但两个语言中，同一动词所加的趋向前加成分并不完全一致。例如：

羌　语	嘉戎语	汉　义
ɑrguə	kowɑt	（你）盖（被子）
sətsɑqkən	nəbʒok	（你）削（皮）
kuəzdɤn	nɑndon	（你）念（书）

如该命令式动词需要强调表示某一方位时，则去掉原前加成分，再加上所需的趋向前加成分。例如：

羌　语	普米语	嘉戎语	汉　义
təzdikən	təȵɑu	tonou	（你）往直上方赶
ɑzdikən	nəȵɑu	nɑnou	（你）往直下方赶
ȵuzdikən	təȵɑu	konou	（你）往水源方赶
səzdikən	nəȵɑu	nənou	（你）往下游方赶
kuəzdikən	khəȵɑu	ronou	（你）往靠山方赶（羌、嘉）赶日出方（普）
thiuzdikən	xɛȵɑu	rənou	（你）往靠水方（羌、嘉）赶日落方（普）
dzəzdikən	dəȵɑu	konou	（你）往里赶
thɑzdikən	thɛȵɑu	nənou	（你）往外赶

我们从羌语、普米语、嘉戎语中动词趋向范畴的初步比较可以看到，这3种语言的趋向范畴在语法意义、表现语法意义的手段、语音形式方面都相似或有明显的对应关系。这说明羌、普米、嘉戎语的趋向范畴有起源上的共同性。同时，他们在各自发展的过程中，表趋向范畴的某些前加成分，在语法意义和使用范围等方面，又出现了一些彼此不完全相同的错综复杂的情况。

动词的趋向范畴，在羌语、普米语、嘉戎语中，是一个共有的比较重要的特征。[①]它们之间的异同情况，在一定程度上说明这三个有亲属关系的语言，

① 本项研究完成于20世纪80年代，后来笔者有机会去四川贡嘎山附近的康定县、九龙县调查木雅（弥药）语，去甘洛县调查尔苏语，木里县调查史兴语，丹巴县调查尔龚语……这些语言和邻近的几种少数民族语言的动词都有趋向范畴，与羌语动词的趋向范畴十分接近。看来，动词趋向范畴是羌语支语言语法上的一个重要的特征。有关这一问题，中央民族大学黄布凡教授也有专文讨论，此处不再赘述。

在历史发展过程中的某一个重要侧面的相似性。当然，单纯根据动词的某一语法范畴就断定这几个语言之间的亲疏关系的程度是不客观的。但它至少可以给我们提供一些线索，以便在进一步探讨藏缅语族诸语言之间亲疏关系时作参考。

八　动词的命令范畴研究

藏缅语族羌语支语言中，有相当多的语言动词有“式”范畴。通常“式”是指语气，现代藏缅语中，句子的语气一般由加在句子末尾的语气词来表达整个句子的语气；但是，本文要讨论的式以及它所包括的命令式，却与用语气词表达的句子语气在语法形式上有所不同。本文所要讨论的“式”，不是指用语气词放在句子末尾所表示的语气，而是指动词用屈折或黏附形式表示的动词语法范畴。它在语法意义方面与句子的语气有某些相似之处，但语法形式却完全不同。

在藏缅语族语言中，“式”有多种语法形式，有命令、祈求、疑问等，有的语言还把否定形式也作动词的语法形式处理。本文不准备全面讨论藏缅语族语言中的“式”范畴，而是仅就藏缅语中动词的命令式作一点初步研究。

一　命令式在一些语言里的表现形式

藏缅语里，动词的命令式大体有 4 种基本表现形式。一种是在动词前面加前缀表示，另一种是在动词后面加后缀表示，再一种是用动词词根的屈折变化表示，还有用零形态表示的。以上的语法形式都是属于动词的形态变化。也有少数语言用分析形式即虚词来表达动词命令式的，但这种形式由于虚词加在句子末尾，而这种虚词与动词之间的关系也比较松散，因此，它与句子的语气词很难加以区别，也许它是从动词的分析形式向句法形式过渡的一种表现形式吧，此问题以后再详细讨论。下面分别举例说明藏缅语族语言中动词命令式的具体表达方式。

1. 在动词前加前缀表示的

（1）羌语 南部方言桃坪话里，动词命令式主要在动词前面加 kuə³¹①表示。例如：

动词	汉义	单数命令式	多数命令式
$guə^{33}$	穿	$kuə^{31}guə^{33}$	$kuə^{31}guə^{33}sɿ^{31}nə^{31}$
ku^{55}	收割	$kuə^{31}ku^{55}$	$kuə^{31}ku^{55}sɿ^{31}nə^{31}$
dzo^{33}	坐	$kuə^{31}dzo^{33}$	$kuə^{31}dzo^{33}sɿ^{31}nə^{31}$
$tsiɑ^{33}$	看	$kuə^{31}tsiɑ^{33}$	$kuə^{31}tsiɑ^{33}sɿ^{31}nə^{31}$

桃坪话动词命令式有单数和多数的区别，动词多数命令式所加的后缀与动词人称变化是一致的。有关此问题的详细情况，请参阅拙作（羌语简志）第 97—108 页。但是在北部方言里，动词命令式是用表示趋向的前缀兼表的。请看北部方言麻窝话的例子：

动词	汉义	单数命令式	多数命令式
guə	穿	thiu guən	thiu guə tɕin
kə	走	dɑ kən	dɑ kə tɕin
dzə	吃	ɑ dzən	ɑ dzə tɕin
khɕust	听	kuə khɕustən	kuə khɕust tɕin
tsɑ	骑	tə tsɑn	tə tsɑ tɕin
ly	来	dzə lyn	dzə ly tɕin
qhe	咧（嘴）	hɑ qhen	hɑ qhe tɕin
χuɑ	卖	sə χuɑn	sə χuɑ tɕin

羌语麻窝话的上述 8 个例子，分别表示行为动作的 8 个不同的方向的趋向前缀，动词表示命令式时加哪一个趋向前缀，是根据当时说话时的地理位置和本民族的心理状态而决定的，但这些趋向前缀用来表示命令式时，已经基本上失去原来趋向的意义，并不特别强调动作的方向。麻窝话和桃坪话的命令式表达方式有几点是基本一致的：第一，它们都用前缀表示命令式，桃坪话的前缀与单数第二人称代词实词形式相同；第二，它们都有单数和多数

① 我在《民族语文》1994 年第 4 期发表的《再论藏缅语中动词的人称范畴》中曾推测，这个 kuə³¹ 命令式前缀正好与第二人称代词的宾格形式 kuə³⁵ 一致，这里的命令式是否体现了人称值得研究。因为 kuə³¹ 也是一个动词的趋向前缀，为什么选用这个趋向前缀来表示命令，也值得深入研究。

的区别；第三，它们都和第二人称的表达方式一致。但是，它们也有不同的地方：第一，桃坪话用单一前缀表示命令式，而麻窝话用多个趋向前缀兼表命令式；第二，它们表示多数的词缀的语音形式稍有不同；第三，桃坪话单数命令式动词用零形态表示人称，用 nə^{31} 表示多数第二人称，而麻窝话则不管单数还是多数，都用黏附型后缀-n 表示第二人称。

（2）独龙语　动词命令式主要在动词前加 pɯ^{31} 表示。例如：

动词	汉义	单数命令式	双数命令式	多数命令式
di^{53}	走	pɯ^{31}di^{53}	pɯ^{31}di^{53}ɕɯ^{31}	pɯ^{31}din^{55}
du^{53}	挖	pɯ^{31}du^{53}	pɯ^{31}du^{53}ɕɯ^{31}	pɯ^{31}dun^{55}
lɑ^{55}	找	pɯ^{31}lɑ^{55}	pɯ^{31}lɑ^{55}ɕɯ^{31}	pɯ^{31}lɑn^{55}

如动词末尾音节的韵母带有韵尾，则单数和双数命令式的动词其末尾音节的主要元音为长元音，多数命令式的主要元音为短元音。命令式动词韵尾的变化与第二人称陈述式的变化相同。例如：

动词	汉义	单数命令式	双数命令式	多数命令式
kɑi^{55}	吃	pɯ^{31}kɑi^{55}	pɯ^{31}kɑi^{55}ɕɯ^{31}	pɯ^{31}kɑi^{55}
ĭp^{55}	睡	pɯ^{31}ip^{55}	pɯ^{31}ip^{55}ɕɯ^{31}	pɯ^{31}ĭmʔ^{55}
gɯʔ^{55}	说	pɯ^{31}gɯʔ^{55}	pɯ^{31}gɯʔ^{55}ɕɯ^{31}	pɯ^{31}gɯnʔ^{55}
xɹet^{55}	锯	pɯ^{31}xɹet^{55}	pɯ^{31} xɹet^{55}ɕɯ^{31}	pɯ^{31}xɹĕnʔ^{55}

如动词本身带有构词词头，则表示命令式的词头发生一些变化。当动词带ɑ^{31}-词头时，则命令式词头 pɯ^{31}-与ɑ^{31}-词头合二而一，声调变为高平，即 pɑ^{55}-；如果动词带其他词头，则在动词词头前加 pɑ^{55}-。韵尾变化则同上面一组的例证。例如：

动词	汉义	单数命令式	双数命令式	多数命令式
ɑ^{31}glăi^{55}	跳	pɑ^{55}glai^{55}	pɑ^{55}glai^{55}ɕɯ^{31}	pɑ^{55}glăi^{55}
sɯ^{31}nɑŋ^{55}	帮助	pɑ^{55}sɯ^{31}nɑŋ^{55}	pɑ^{55}sɯ^{31}n̩ɑŋ^{55}ɕɯ^{31}	pɑ^{55}sɯ^{31}năŋ^{55}
pɯ^{31}ɑ^{55}ɕɯ^{31}	张（口）	pɑ^{55}pɯ^{31}ɑ^{55}ɕɯ^{31}	pɑ^{55}pɯ^{31}ɑ^{55}ɕi^{55}ɕɯ^{31}	pɑ^{55}pɯ^{31}ɑ^{55}ɕin^{55}

此外，动词还有一些特殊的变化，这里就不一一举例了，详情请参阅拙著《独龙语简志》第 106—109 页。独龙语中的命令式，与羌语南部方言比较接近，它们都用单一前缀（少数动词有用其他前缀的），动词一般都用第二人称的后缀等等。

（3）尔苏语 在动词前加前缀表示。例如：

动词	汉义	命令式	
gu^{55}	踢	$d\varepsilon^{55}gu^{55}$	（你或你们）踢！
$tsi^{33}tsi^{55}$	切	$n\varepsilon^{55}tsi^{33}tsi^{55}$	（你或你们）切！
mphsɿ[55]	吐	ŋε[55]mphsɿ[55]	（你或你们）吐！
$tsho^{55}$	射击	khε[55]tʂho[55]	（你或你们）射击！
ʃɿ[33]ɕo[55]	擦	thε[55]ʃɿ[33]ɕo[55]	（你或你们）擦！

尔苏语命令式没有“数”的语法意义。在上述 5 个命令式前缀中，有 4 个与趋向前缀有关，但也不是所有的趋向前缀都可以用来表示命令式。尔苏语有 7 个趋向前缀，其中有 4 个可以用来兼表命令式，而表示命令式的前缀中，thε[55]-是专用于命令式的，但 thε[55]-明显地与羌语支其他语言的趋向前缀有同源关系。羌语支中的趋向前缀兼有多种功能，既有趋向语法意义，也有命令语法意义，还有时态语法意义，它们的历史渊源和演变过程还有待于进一步探索。这里值得注意的是，独龙语的前缀 pɯ[31]-，与藏文的前缀 b-是否有渊源关系值得进一步研究。

藏缅语族中，类似上述用趋向前缀兼表动词命令式的情况还有嘉戎语。嘉戎语中动词表示命令式的方式与羌语北部方言相类似，这里就不一一举例说明了。

2. 在动词后面加后缀表示的

（1）仓洛语在动词后面加后缀 tɕo[55]、ɕo[55]、jo[31] 构成。它们分别加在不同韵尾的动词词根后面。一般塞音韵尾和擦音韵尾后面加 tɕo[55]，鼻音韵尾和颤音韵尾后面加 ɕo[55]，有时也可加 tɕo[55]，元音（除ɑ、u、o 外）后面加 jo[31]，有时也可加 tɕo[55] 或ɕo[55]。①例如：

动词	汉义	命令式	
got[31]	看	got[31]tɕo[55]	（你或你们）看！
jip[31]	睡	jip[31]tɕo[55]	（你或你们）睡！
bɑʔ[31]	锄（地）	bɑʔ[31]tɕo[55]	（你或你们）锄（地）！
tshɑs[55]	要	tshɑs[55]tɕo[55]	（你或你们）要！

① 参见张济川《仓洛门巴语简志》，第 83—86 页，民族出版社 1986 年版。

lam^{31}	想	$lam^{31}ɕo^{55}$	（你或你们）想！
ben^{31}	舔	$ben^{31}ɕo^{55}$	（你或你们）舔！
$thuŋ^{55}$	舂（米）	$thuŋ^{55}ɕo^{55}$	（你或你们）舂（米）！
zer^{31}	称	$zer^{31}ɕo^{55}$	（你或你们）称！
si^{55}	挑选	$si^{55}jo^{31}$	（你或你们）挑选！

以上是动词词根由于音节结尾的不同情况，所加的后缀也不同。但是可以清楚地看到，所加后缀的元音都是[o]，仅仅是由于音节结尾的原因，后缀的辅音才有不同变化，这种变化也许是历史音变造成的，有待于进一步研究。

仓洛语中还有用动词词根元音屈折变化表示命令式的，这和屈折变化仅仅出现在动词词根韵母为ɑ、o、u 的。例如：

动词	汉义	命令式	
$thɑ^{55}$	耕（地）	$thɑi^{55}$	（你或你们）耕（地）！
pho^{55}	烤	$phoi^{55}$ 或 $phø^{55}$	（你或你们）烤！
tu^{55}	连接	tui^{55} 或 ty^{55}	（你或你们）连接！

这种动词词根的屈折变化明显是由于动词词根后面加缀了一个[i]元音，这个元音和词根元音相结合后，造成这种屈折形态的形成。我们也可以看到，动词词根加了[i]元音后，形成了复元音，而在仓洛语中这种复元音正在单元音化，即 oi 变 ø，ui 变 y，ɑi 是否变ɛ，目前还没有这种迹象，因为，仓洛语里没有ɛ元音音位。

（2）景颇语在动词后面加后缀表示。表示命令式的后缀有 $uʔ^{31}$（单数，一般命令式）、$muʔ^{31}$（多数，一般命令式）、$nuʔ^{55}$（单数，强调命令式）、$mǎ^{55}$ $nuʔ^{55}$（多数，强调命令式）。①

例如：

动词	汉义	命令式	
$ʃɑ^{55}$	吃	$ʃɑ^{55}uʔ^{31}$	（你）吃！（一般式）
$thot^{31}$	搬	$thot^{31}muʔ^{31}$	（你们）搬！（一般式）
$phai^{33}$	扛	$phai^{33}nuʔ^{55}$	（你）扛！（强调式）

① 参见刘璐《景颇语语法纲要》，第 50—52 页，科学出版社 1959 年版。同时参阅戴庆厦、徐悉艰《景颇语语法》，第 290 页，中央民族学院出版社 1992 年版。

ʃă31tu33　　煮　　ʃă31tu33mă55nuʔ55　（你们）煮！（强调式）

景颇语里动词命令式往往与“数”语法意义糅合在一起，但从单数一般命令式来看，表示命令式的主要后缀是 uʔ31，它似乎和仓洛语表示命令式的形态语素[o]有一定的关系，这一点我们后面再讨论。

用后缀的形式表示动词命令式的语言还有一些，这里就不一一列出了。

3. 用动词词根元音的屈折变化表示命令式的

（1）普米语动词命令式有单数和多数的区别。分别用动词词根韵母的变化表示。例如：

汉义	穿	洗	念	问	换	卖	拿
动词	guji13	tsa55	tʃho13	zdua13	zgø55	ski55	skhyɛ̃55
单数命令式	gu13	tsu55	tʃhu13	zdu13	zgiu55	skiāu55	skhiō55
多数命令式	guə̃13	tsuə̃55	tʃhuə̃13	zduə̃13	zguə̃55	skĩ55	skhyē55

普米语动词命令式的词根韵母屈折变化十分复杂，一般规律是：动词的韵母如为 ui、y、ɑ、o、u、uɑ，则单数命令式动词韵母变为 u，多数变为 uə，见上面左第四列例子；动词韵母如为 ø、yi、iu，则单数变为 iu，多数变为 yə，见上面左第五列例子；动词韵母如为ī、iɛ，则单数命令式变为 iãu，多数命令式变为ĩ，见上面左第六列例子；动词韵母如为 yɛ，则单数命令式变为 iõ，多数命令式变为 yə̃，见上面左第七列例子。此外动词韵母还有一些不规则变化，也有一些动词韵母不发生变化的。

（2）尔龚语　动词的命令式也有单数和多数的区别，主要用词根韵母屈折、添加韵尾和前缀的方式综合表达。例如：

汉义	动词	单数命令式	多数命令式
喝（水）	thi	wu thi	wu thin
扫（地）	zʐɯ	dɛ zʐɿ	dɛ zʐən
背（柴）	mgo	dɛ mgui	de mgon
钉（钉子）	ndzɛ	nɛ ndzɛi	nɛ ndzɛn
抱（孩子）	lwa	ʐə lwai	ʐə lwan
劈（柴）	pia	nɛ piai	nɛ pian
切（菜）	tsau	nɛ tse	nɛ tsaun
戴（帽）	tɕe	nɛ tɕei	nɛ tɕen

上面列出的 8 个例子，分别选用了 8 个不同韵母的例词，以说明动词韵母屈折变化的大体规律。从实际例子来看，尔龚语动词命令式的表达方式和普米语稍有不同，动词词根韵母屈折变化的规律是：单数命令式一般在动词后面缀以元音[i]，多数命令式则在动词后面缀以辅音尾[n]。由于动词词根韵母的复杂情况，动词词根缀以元音或辅音以后，往往会发生有规则的音变现象。其变化规则是：动词韵母结尾元音为 e、ɛ、ɑ，则单数命令式在结尾元音后面缀以 i；动词结尾元音为 i、ɯ，则将结尾元音改为 i；动词主要元音为 o、u，则改为 ui；动词韵母为ɑu，则改为 e；动词如带辅音韵尾，则不变。多数命令式在动词后加[n]，[n] 一般只加在开音节的动词后面，收辅音韵尾的动词则不加，而且语音情况也有一些细微的差别，往往动词结尾元音为前元音 i、e、ɛ等，则加[n]，如为 a、o、u 等后元音，则[n]的实际音值为后鼻音[ŋ]，听起来很像元音的鼻化。此外，尔龚语的命令式还用前缀兼表，前缀的语法意义有两种，即既表示趋向，又表示时态，在这一点上，尔龚语和羌语北部方言比较接近。

（3）藏语　书面语动词有三时一式的语法范畴，其中式即指命令式。从书面语我们可以清楚地看到，命令式的主要表示方式是用动词词根韵母的屈折变化。例如：

汉义	吃	站，起立	睡，躺下	看	说	织，磨	塞进，挤入
动词	za①	laŋ	ȵl	lta	smra	ɦthag	ɦtshɑ
命令式	zo	loŋs	ȵol	ltos	smros	ɦthogs	ɦtshos

在藏语书面语里，命令式的表达方式是十分复杂的，它往往和时态紧紧地联系在一起，有时候很难判断它是命令还是时态的标志，但是主要元音为[a]的，动词词根元音变[o]，则是命令式特有的特点，这一点是毋庸置疑的，但可惜的是我们现在仅能看到 a 变 o 的例子，其他元音只能在少量 e 元音上见到。金鹏先生在总结藏语动词命令式的表达方式时说："动词表示命令的形态共有 4 种变化：（1）如果动词词根元音是ɑ的变 o。（2）如果动词词根元音是 e 的，有的也变 o。（3）如果动词词根的辅音是不吐气的（塞音或塞擦音），

① 这一组例词主要引自黄布凡《古藏语动词的形态》，载《民族语文》1981 年第 3 期。

有些变作吐气的。（4）加词尾 s。”[①]由此可见，藏语书面语中动词的命令式，已经不是一个完整的表达方式了。

在藏缅语族语言里，用动词词根语音（主要是韵母）的屈折变化表示命令式的语言比较多，除上面所举的语言外，还有木雅语、扎坝语、白马语、门巴语等，它们的表现形式和上面的语言大同小异。

4. 用零形态表达的

藏缅语族部分语言中，由于动词有前缀、后缀、词根语音屈折变化等丰富的语法形式，因此，一旦动词本身既无前缀，又无后缀，也无词根语音屈折变化时，它作为一种零形式，其区别于其他语法形式，也不失为一种语法意义的表达方式。金鹏先生在分析藏语现代口语时，就已经注意到这种语法形式。他认为：“在现代 3 处话（指拉萨、日喀则、昌都 3 地藏语——引者注）里表示命令语气的基本方法是在动词的后面不加任何附加成分或助动词，单把这个动词说出就是表示命令语气。”[②]可见，藏语书面语与口语之间，在命令式这一问题上，也正在发生着一些变化。

藏缅语族有一些语言，动词往往用零形态表示命令，如藏语口语、贵琼语、纳木依语、史兴语、格曼语，等等。

二 命令式和动词有关语法形式之间的关系

从前面若干语言动词命令式的具体表现形式我们已经可以看出，命令式和时态、趋向、人称等语法范畴及其语法形式有密切关系。

1. 命令式和时态的关系

在部分藏缅语里，动词往往用词缀表示时态，有的用前缀，有的用后缀。而这些前后缀往往与动词的命令式在语法形式方面有相通的地方。以羌语为例，羌语南北方言都用词缀表示时态，南部方言用多个前缀，北部方言用单一前缀，而表示时态的词缀往往与表示命令的词缀部分一致。在许多场合，表示命令的词缀和表示时态的词缀在形式上几乎没有区别。而要依靠相关的其他语法形式来加以区别。有关这方面的详细例证请参阅拙作《羌语简志》

① 参见金鹏《藏语拉萨日喀则昌都话的比较研究》，第 199 页，科学出版社 1958 年版。

② 同上书，第 198 页。

动词部分和方言部分。羌语的这种情况，在羌语支的部分语言里，如普米语、嘉戎语、尔龚语、木雅语等相类似，表示时态的前缀都兼有表示命令的作用，它们的形式和意义所表现出来的关系，情况大体一致。

藏语的命令式的表达形式则与羌语支稍有不同。但藏语命令式的表达方式和时态的表达方式交织在一起这一点却是一样的。上面所引金鹏先生关于命令式表达的 4 种方式，往往也是动词过去时的表达方式，它们在许多场合的语法形式是相同的。

还有一点值得指出的是，命令式的表达方式往往与表示过去时态相联系。有的用表示已行时态的前缀兼表命令；有的则与表示过去时态的语法形式交织在一起，几乎分不出哪个是命令式的语法形式，哪个是时态的语法形式；还有的表示命令的词缀和表示过去时态的词缀在不同的语言或方言里互相转换，表现出它们在历史演变过程中所扮演的角色可以替换。这些，都表明命令式和时态特别是已行时态有着十分密切的关系。

2. 命令式和趋向范畴的关系

藏缅语里，部分语言动词有趋向范畴，它的表现形式也是用前缀等形式表达，而且表示趋向的前缀和表示命令的前缀是一致的。上面凡是用前缀表示命令式的语言里，除了独龙语以外，几乎动词都有趋向范畴，而且表示命令式的前缀往往都用表示趋向范畴的前缀兼表。特别是羌语支语言，大多数语言或方言表示命令式的前缀和表示趋向的前缀完全一致。试比较一些语言的前缀情况：

羌语		尔龚语		普米语	
趋向前缀	命令前缀	趋向前缀	命令前缀	趋向前缀	命令前缀
tə	tə	ʐə	ʐə	tə	tə
a	a	nɛ	nɛ	nə	nə
thiu	thiu			thə	thə
dzə	dzə			də	də
kuə	kuə	gɛ	gɛ	xə	xə
sə	sə	wɯ	wɯ	khə	khə

从上面 3 种语言部分趋向前缀和命令前缀的比较中我们可以看到，凡是有趋向范畴的语言几乎都用趋向前缀同时来表示命令式。类似这种情况的语

言还有嘉戎语、木雅语、却域语、尔苏语等。值得注意的是表示相同语法意义的这些前缀，在亲属语言中，在语音上相同或相似，表现出它们在起源上的共同性。在羌语支语言中，多数语言的命令式类似于上面的表达方式，但也有部分语言，趋向前缀已经日趋萎缩，它们已经不再用前缀来表示命令式，而是用零形态来表示。也有个别语言的方言，如羌语南部方言的桃坪话，改用单一前缀来表示命令式，这种在命令式前缀使用方面的变化，是反映了藏缅语族语言语法结构的历史演变呢，还是一种特殊演变方式呢？有待于深入探索。

在藏缅语族中，还有一些语言残存着用趋向动词的词根屈折变化来表示命令式的情况。例如怒苏语中就有以下几组虚词或虚化动词用在命令句里的情况。

第一组（无方向）：语气缓和 e^{31} 语气强硬 o^{55}

第二组（离心方）：ke^{31} ko^{31}

第三组（向心方）：li^{31} lɑɹ^{53}

上面三组虚词都是加在动词后面表示命令语气的助词，第一组助词加在动词后面，基本上不带方向意义，只不过用 e 的地方语气缓和，用 o 的地方语气强硬。第二组助词加在动词后面，表示离心方向，前者语气缓和，后者语气强硬。第三组表示向心方向。它们和语气词稍有不同。它跟在动词后面，与动词结合得比较紧密；同时，这些助词在句中使用时，它们后面仍可再跟语气词。类似的情况在柔若语中也有所发现。这种用分析形式表达动词命令式的现象，目前在藏缅语里并未普遍发现，况且，它和命令式其他表达方式的关系以及它和语气词的关系仍值得研究。因此，在前面命令式的表达方式中，未把这种语法形式作为一种代表形式来介绍。但是，这种形式与动词的方向有关，甚至与人称有关这一点确是应该引起我们重视的。

3. 命令式和人称范畴的关系

动词的命令式不管是哪种表达方式，加前缀也好，加后缀也好，还是词根屈折变化也好，都和人称有一定关系，这一点恐怕已经表现得十分明显了。要认识到这一点，必须联系动词人称范畴的表现形式来讨论。我过去曾经两次写文章讨论过动词的人称范畴，揭示了藏缅语动词人称范畴的基本表达方式是采用人称代词的辅音、元音或整个代词缀于动词词根前后，以构成动词和主语、宾语等的人称一致关系。命令式通常用第二人称，因此，命令式动词与第二人称代词作主语发生一致关系是理所当然的事情。有的语言不仅与主语的人称发生一致关系，而且与数也发生一致关系。我在《再论藏缅语中动词的人称范畴》一文中，用了一定的篇幅，比较了人称范畴在陈述式和命令式中相关的具体形式和差异，肯定了人称语法形式与命令语法形式之间的相互关系，指出它们的共同来源是人称代词的缩减形式，只不过不同语言中有的使用了人称代词的辅音，有的使用了人称代词的元音，有的使用了成音节的人称代词作词缀罢了。不过，凡是有人称范畴的语言，其命令式的语法形式一般都和人称语法形式的表达方式在主要方面保持一致。下面拟简要比较羌语支的一些语言里命令式和人称的一致关系。

（1）羌语麻窝话。命令和人称都在动词后缀以第二人称代词的辅音-n，而且都分单数和多数，另用表示多数的词缀加以区别。

（2）嘉戎语。命令和人称除了前缀变化外，都在动词后面缀以第二人称代词的辅音，单数-n，多数缀-ɲ。

（3）尔龚语。命令和人称在动词后缀以相同的后缀，单数缀人称代词的元音-i，多数缀人称代词的原始形式-n。

（4）却域语。命令和人称均以相似特征的内部词根屈折变化表示，不分单数和多数。

（5）木雅语。命令和人称以动词相同形式的内部屈折变化表达，单数和多数屈折变化的内容依动词词根韵母性质而异。

（6）普米语。动词命令和人称的变化情况与木雅语相似，但动词命令和人称表示多数的屈折变化残留人称代词辅音的痕迹——鼻化元音。

动词的命令和人称用相同或相关的语法形式表达的语言还有独龙语、阿侬语以及喜马拉雅地区的一些语言，这里就不一一举出了。还有部分语言，虽然动词已经没有人称语法范畴，但动词命令式的表现形式却可以明显感觉到是人称的遗迹。这一点我们在下面再讨论。

三　讨论

从上面若干语言动词命令式不同表达形式的介绍中，以及命令式和时态、趋向、人称的关系的情况说明中，我们可以提出以下几个问题进行讨论：

1. 动词的各类语法范畴及其表达形式是一个统一体系，在这个体系中，各种语法意义及其形式互相依存、互相影响、互相渗透、互相融合，在漫长的历史演变过程中，有时比较难以区别不同语法意义和形式之间的界限。但通过排比、筛选和剥离，通过不同语境的分析，我们仍然可以基本界定现存的各类语法意义及其形式的特征和来源。藏缅语中的命令式在某一具体语言里几乎同动词其他所有语法范畴发生关系，有的是意义上的关系，有的是形式上的关系，有的在意义和形式上都有关系。通过上述方法，命令式的语法意义和形式是可以大体确定的。

2. 1993 年，在日本举行的第 26 届国际汉藏语会议上，我提交的论文《再论藏缅语中动词的人称范畴》中，涉及动词人称和命令式的关系，我作了初步分析，提出了藏缅语族特别是藏语支部分语言命令式用词根元音屈折变化为[o]是人称的残存形式。该文于 1994 年编入《藏缅语语法研究的新进展》文集在日本出版。西义郎先生在此文集的首篇评论文章《藏缅语动词语法化问题的争论》中指出，这一观点是难以接受的。因此有必要对此作进一步分析和讨论。

第一，动词的人称范畴与人称代词的关系是大家一致公认的，对人称范畴采用人称代词的辅音作词缀几乎已经被大家普遍认可，用人称代词元音作词缀似乎仅仅被部分藏缅语研究者认可，当前分歧最大的地方是这些词缀是原始藏缅语就有的呢？还是后来分别陆续产生的？如果是后来逐步发展起来的，那么为什么中国、缅甸、印度、不丹、尼泊尔等这么多国家的藏缅语以及藏缅语族的各个语支里动词都有相同或相似人称范畴或者它们的遗迹，它们的语法意义和语法形式都同出一源。如果是它们后来发展起来的，那么人们不禁要问，为什么这么广大的地区、这么多不同支系的语言要同时出现语法意义和语法形式都有同源关系的语法范畴？

第二，表达命令式的语法形式是否与人称有关？在第二部分的第三节作了讨论，列出了一部分语言的例证，并作了进一步的分析。其中，以辅音[n]作命令式前后缀与动词人称范畴第二人称的前后缀是一致的，因为人们在构拟原始藏缅语时，对第二人称的人称代词的声母从来没有不同意见。问题是在于用元音[o]或相近元音作前后缀表示人称的例证似乎没有把握。对待这一点有必要多作一些分析和讨论。

首先，中国境内的藏语支语言动词都有命令式或它的残存形式，而且都是在动词词根或它的相关语法形式中融合进一个[o]，无论藏语、门巴语、白马语、仓洛语等都是如此。我们再看看羌语支语言，羌语支中的普米语、扎坝语、木雅语、却域语等也是采用与藏语支相类似的语法形式，它们所不同的是，羌语支这些语言的动词，不仅有命令语法形式，而且有人称语法形式，互相一比较，就可以一目了然的看到命令形式和人称形式是一致的。可是，在藏语支中却不同，因为动词命令式仅仅是一种残存的语法形式，而人称范畴已经无影无踪，看不到命令式的参照点，因此怀疑它是否与人称有关也就毫不奇怪了。但是，如果我们把藏语支中命令式的表达方式放到整个藏缅语族中来考察，它与亲属语言中语法形式的一致关系也就一目了然了。

其次，在彝语支的个别语言以及景颇语中，也有类似的残存形式，前面怒苏语中动词用分析形式表示命令，但是这种表示命令的助词和单纯表示整个句子语气的语气词不同，最显著的一点是表示命令的助词后面，仍然可以再加命令语气词。我们可以注意到怒苏语中与方位结合在一起的命令式助词，当表示语气强硬时，和仓洛语一样，融合进了一个[o]，景颇语的命令式后缀 $uʔ^{31}$、$nuʔ^{55}$、$muʔ^{31}$、ma^{55} $nuʔ^{55}$ 等后缀中融合进去的[u]，难道这些都是偶然的现象吗？

再其次，需要说明一点的是，在藏缅语里，单数第二人称的形式大多数语言都是 no 或与 no 相近的语音形式。例如：羌语 no^{55}；嘉戎语 no:贵琼语 nu^{35}；纳木依语 no^{33}；彝语 $nɯ^{33}$；傈僳语 nu^{33}；纳西语 no^{33}；哈尼语 no^{55}；拉祜语 no^{31}；基诺语 n^{31}：白语 no^{31}；珞巴语 no:；嘎龙语(Gallong)no；昂嘎米那加语(Angami Naga)no；科波罗语(Kokborok)nɔ（用在多数）；塔金语(Tagin) nɔ;帕达姆语(Padam) no 等等。即使有部分语言的语音形式发生了一些变化，我们仍然可以根据多数语言和动词形态所反映的语音形式，构拟原始藏缅语单数第二人称代词的形式为*no。那么，命令式的表达方式可以肯定与第二人称有密切关系。

3. 从藏缅语中各语言命令式的表达方式虽然可以看出它们之间有着十分密切的关系，但是从另一个角度看，它们的差异也是十分明显的。好在它们的差异仅仅反映了它们在历史演变中的不平衡性，差异之间存在着联系，从差异中可以窥见它们之间的共性和历史演变的连续性。从上面的论证和讨论中，我们还可以看到，一种语法形式所表达的语法意义和词汇意义一样，在不同的语言或同一语言的不同历史阶段是会改变的。最典型的例证是前缀，特别是羌语支的趋向前缀，在不同的语言或同一语言的不同方言里，在表示趋向、时态、命令的语法意义时表现出来的互相转化是经常发生的，也是非常典型的。这就使我们怀疑语法意义、语法形式的稳固性，它似乎并不像人们所想象的那样稳固。而事实恰恰相反，它们处在经常的变化之中。

4. 藏缅语族中动词有人称范畴的语言，一般都有命令的表达方式，但有命令式的语言却不一定有人称语法形式。这就说明人称范畴在藏缅语族语言中，要比命令式消失得快。羌语支有 3 种语言已经用零形态表示命令式，而这 3 种语言里的人称范畴也早已不复存在。可以想象，一旦其他语法形式逐步消失，这种区别性特征将不复存在，命令式将完全失去它的存在条件。由此看来，所谓的零形态往往是某种语法形式在其消失前的一种临界状态。前面我曾经提到，藏缅语族里，一些语法意义和语法形式存在着互相联系、互相依存的情况，在尔苏语里，命令式靠趋向前缀的支撑使其得以延存，藏语方言、贵琼语、纳木依语、史兴语、格曼语等则凭零形态这一区别性特征得以残存。在前面我也曾经提到，一些语法形式往往存在互相转化的情况。我们看到，在藏缅语族语言里，有时甚至在一个语言的方言里，人称、时态、命令等语法形式经常发生转化。这里，语法范畴和语法形式似乎和词汇的语义变化一样，也处在经常的变动之中。认识到这一点十分重要，它有助于我们对整个藏缅语语法体系历史演变认识的深化，它也有助于我们对某个具体语言语法框架的认识。

第四章
羌语支语言的同源词

一　关于同源词表的说明

经过 6 年左右的艰苦努力，在收集 12 种语言近 30 多个点词表的基础上，经过反复筛选，确定了下列 400 个羌语支语言的同源词。其中有的词表，在项目开始前就已经完成了，如羌语、普米语等，但是也有许多录入计算机的工作。大部分词表是本课题立项后，逐步收集起来的。我们将收集到的数量不等的词表（有的语言有 3000 多词，有的语言有 2000 多词，个别语言有 4000 多词，有的语言已经有上万条词的词典，如羌语和嘉戎语），做成一个数据库，设计一个自动排序的软件，再从中提取同源词。目前提取的这个词表是初步成果，没有被选中的词，不一定不是同源词，已经选入的同源词，也还有许多问题，还需要进一步完善。现在对这个词表做如下说明：

1. 我们在提取同源词的过程中，心目有许多音变规则，这些规则在本书中没有详细涉及，而是在过去的文章、著作中已经交代过了。例如，羌语支部分语言中有鼻音变塞音或擦音的规则；复辅音有简化的规则；复辅音前置辅音和基本辅音都有被替代的规则，等等。因此读者也许会怀疑这些语音面貌面目全非的词是否有同源关系，要解决这个问题必须结合过去已经发表的与讨论音变规则和对应规律相关的著作和文章，才能够明白。

2. 羌语支语言基本上是多音节的词根语，单音节的单纯词比较少，尤其是动词和形容词基本上都带前缀或后缀。因此各音节中并不是所有的音节都是词根，而是仅仅其中之一或之二，加上各语言音变十分复杂，因此如何判断哪个音节位置是词根，是一个判断同源词的重要问题。这一点需要参考并结合语法专题研究，才能够大体知道什么样的情况可能是词缀，而不是词根。在这个基础上再来判断是否有同源关系。

3. 列出的 400 个同源词中，有的词在羌语支内部基本上全部同源，有的大部分都同源，也有的只有小部分同源，其中不同源的部分词有各种各样的原因，有的是借自相邻民族语言的词，有的是词义开始分化，使用了另一个词，因此出现了不同源的情况。但是我们把所有的词都列出来，目的是说明词汇演变的复杂性和多样性。

4. 同源词表中，我们将龚煌城先生关于西夏语的构拟也列了进来。西夏语是羌语支的一个语言，这一点学术界已经基本上形成共识。我们并不完全赞同他构拟的语音形式，把它列出来的用意有三，一是证明西夏语确实与羌语支语言关系密切；二是作为进一步构拟羌语支语言共同语时作为参考；三是检验西夏语的构拟在现代羌语支语言里的读音形式有了哪些具体反映，它的确切位置在哪里，有哪些商榷的余地。

5. 我们列出的同源词表并不整齐，有的词点多，有的词少，有的词还有缺项，有的用明表，有的用暗表。这些缺陷是我们在定稿的过程中需要进一步完善和改进的地方。羌语支有许多语言内部差异极大，如羌语、嘉戎语、尔苏语、普米语、尔龚语、木雅语等。实际上我们收集到的羌语支语言包括它的方言土语的词表，已经超过 70 个，许多语言虽然开展了方言内部的比较研究，但直到现在还没有一个活着的羌语支语言进行过某个具体语言原始母语的构拟工作。因此，严格来说，整个羌语支语言的构拟现在仍然缺乏一定的条件。主要原因是寻找到的同源词数量还不够多，建立系统的语音对应规则的例词太少，例外太多。另外，由于语言之间的差异太大，缺乏具体语言的构拟作为基础，仅仅只有西夏语的构拟。这项工作有待于进一步加强。

6. 我们在做同源词表的过程中，也发现某些具体语言应该有的同源词，但是实际上列出的词表并不同源。我们怀疑在记录词表的过程中，也许发音合作人对词义的理解有问题。课题组不可能对每一个词表都做到亲自去实地进行核对，这些疑点只有待有机会的时候来解决，也许只有等待后人去弥补和改进了。

二 400个同源词

1. 天文地理类

（1）太阳

尔龚语道孚话	ɣbə
尔苏语则拉话	ȵi^{33} mi^{53};ȵi^{33} me^{53}
贵琼语麦崩话	mĩ^{31} tshə^{55}
嘉戎语二岗理话	ʁnɑ
嘉戎语日部话	tɑ-ŋi
嘉戎语卓克基话	kə jɑm
拉坞戎语观音桥话	ɣnə^{55}
拉坞戎语业隆话	ʁbɣi^{53}
木雅语六巴话	nə̠^{24}
木雅语石棉话	naɹ^{35}
纳木依语倮坡话	ȵi^{55} mi^{55}
普米语九龙话	bi^{35}
普米语兰坪话	by^{55}
普米语鲁甸话	by^{55}
普米语箐花话	by^{55}
普米语三岩龙话	bʉ^{53}
普米语桃巴话	bʉ^{55}
普米语拖七话	bʉ^{53}
普米语新营盘话	by^{55}
普米语左所话	bʉ^{53}
羌语曲谷话	mujaq
羌语麻窝话	mun
却域语尤拉西话	pu^{55}
史兴语兰满话	ȵe^{53} mi^{33}

西夏语	ljịj^{2};so^{2};be^{2}
扎坝语扎拖话	ȵʌ^{55} mi^{55}

（2）月亮

尔龚语道孚话	ɬə ɣnə
尔苏语则拉话	ɬæ^{33} phe^{53}
贵琼语麦崩话	le^{35} mɔ̃^{31}
嘉戎语二岗理话	sləu li
嘉戎语日部话	zdɐ ŋi
嘉戎语卓克基话	tsə lɑ
拉坞戎语观音桥话	snau^{55} ɣli^{55}
拉坞戎语业隆话	snə^{33} ɣli^{55}
木雅语六巴话	le̠^{35} nə̠^{53}
木雅语石棉话	ɭə^{55}ve^{55}
纳木依语倮坡话	ɬi^{55} mi^{55}
普米语九龙话	ɬi^{55}ŋɯ^{55}
普米语兰坪话	ɬi^{55}
普米语鲁甸话	ɬi^{55}
普米语箐花话	ɬi^{55}
普米语三岩龙话	ɬi^{53}
普米语桃巴话	ɬi^{55}
普米语拖七话	ɬi^{53}
普米语新营盘话	ɬi^{55}
普米语左所话	ɬi^{53}
羌语曲谷话	çye
羌语蒲溪话	χluçya
羌语麻窝话	tʃhəʂa
却域语尤拉西话	slə^{55} mnə^{33}
史兴语兰满话	ɬa^{33} mu^{33} tshu^{53}
西夏语	çjow^{1};lhjị^{2}

扎坝语扎拖话　　ɬe^{33} vʑʌ^{55}

（3）星

尔龚语道孚话　　zgre

尔苏语则拉话　　kəɹ^{35}

贵琼语麦崩话　　ɣi^{35} tʃə^{31}

嘉戎语卓克基话　　tsəu ri

拉坞戎语观音桥话　　zgrə^{53}

拉坞戎语业隆话　　zgrə^{53}

木雅语六巴话　　ndʐi^{24} βu^{33}

木雅语石棉话　　ndə^{55}

纳木依语倮坡话　　tʂʅ^{31};lʉ^{55}

普米语九龙话　　dʐʅ^{35}

普米语兰坪话　　dʐə^{13}

普米语鲁甸话　　gʐə^{13}

普米语箐花话　　dʐə^{13}

普米语三岩龙话　　dʐə^{13}

普米语桃巴话　　dʐə^{35}

普米语拖七话　　dʐə^{13}

普米语新营盘话　　gʐə^{13}

普米语左所话　　dʐ^{13}

羌语曲谷话　　ɣdʐə

羌语蒲溪话　　ʁdʐəpa

羌语麻窝话　　ʁdʐə

却域语尤拉西话　　skar^{55} ma^{55}

史兴语兰满话　　tɕɐ^{53}

西夏语　　gjɪ^{2};gjịj^{1};rjur^{1}

扎坝语扎拖话　　ʂtʂə^{55}

（4）水

尔龚语道孚话　　ɣrə

尔苏语则拉话 ndʐu^{35}
贵琼语麦崩话 tʃə^{55}
嘉戎语卓克基话 tə tʃi
拉坞戎语观音桥话 ɣdə^{53}
拉坞戎语业隆话 ɣrə^{55}
木雅语六巴话 tɕə^{53}
木雅语石棉话 ʨi^{55}
纳木依语倮坡话 ndʐʅ^{53}
普米语九龙话 tɕɯ^{55}
普米语兰坪话 tʃə^{55}
普米语鲁甸话 tʃə^{55}
普米语箐花话 tʃə^{55}
普米语三岩龙话 tɕɨ^{53}
普米语桃巴话 tɕɨ^{53}
普米语拖七话 tɕɨ^{53}
普米语新营盘话 tʃə^{55}
普米语左所话 tɕɨ^{53}
羌语曲谷话 tsə
羌语麻窝话 tsə
却域语尤拉西话 ʒi^{13}
史兴语兰满话 dʑɐ^{53}
西夏语 zjɪɪr^{2}
扎坝语扎拖话 tʌ^{13}

（5）火

尔龚语道孚话 ɣmə
尔苏语则拉话 me^{35}
贵琼语麦崩话 mĩ^{31} ta^{55}
嘉戎语二岗理话 ʁmə
嘉戎语日部话 sə mə

嘉戎语卓克基话	tə mtʃək
拉坞戎语观音桥话	ʁmə^{55}
拉坞戎语业隆话	ʁmu^{55}
木雅语六巴话	mə^{53}
木雅语石棉话	mə^{53}
纳木依语倮坡话	mi^{53}
普米语九龙话	mɐ^{35}
普米语兰坪话	mɐ^{55}
普米语鲁甸话	mɐ^{13}
普米语箐花话	mɐ^{55}
普米语三岩龙话	mɐ^{13}
普米语桃巴话	mɐ^{35}
普米语拖七话	mɐ^{13}
普米语新营盘话	mɐ^{13}
普米语左所话	mɐ^{13}
羌语曲谷话	mə
羌语蒲溪话	mə
羌语麻窝话	mə
却域语尤拉西话	mɔ^{13}
史兴语兰满话	ȵɐ^{35}
西夏语	mə^{1};mjɪ^{2};khie^{2}
扎坝语扎拖话	ȵʌ^{13}

（6）烟子

尔龚语道孚话	mkhə
尔苏语则拉话	me^{33} nkhɯ^{53}
贵琼语麦崩话	mø^{31} xø^{55}
嘉戎语卓克基话	tɐ khə
拉坞戎语观音桥话	mkhə^{55}
拉坞戎语观音桥话	mkhə^{55}

拉坞戎语业隆话	mkhut⁵⁵
拉坞戎语业隆话	mkhut⁵⁵
木雅语六巴话	mu³³ khə⁵³
木雅语石棉话	ji⁵⁵tɕhye⁵⁵
纳木依语倮坡话	mu⁵⁵ nkhu³¹
普米语九龙话	khi⁵⁵
普米语兰坪话	skhiɯ¹³
羌语曲谷话	muxu̟
羌语蒲溪话	ŋkhue
羌语麻窝话	muxu̥
却域语尤拉西话	ʂkhɯ⁵⁵
史兴语兰满话	ȵɐ³³ khuɐ⁵³
西夏语	ɣju¹
扎坝语扎拖话	khə⁵⁵ li³³

（7）金子

尔龚语道孚话	xser
尔苏语则拉话	ȵi³⁵
贵琼语麦崩话	ȵi⁵⁵
嘉戎语卓克基话	khsər
拉坞戎语观音桥话	χser⁵³
拉坞戎语业隆话	χser⁵⁵
木雅语六巴话	na⁵³
木雅语石棉话	ŋɑ⁵⁵
纳木依语倮坡话	hæ̃⁵³
普米语九龙话	ŋɛi³⁵
普米语兰坪话	ɣã⁵⁵
普米语鲁甸话	ɣᾱ⁵⁵
普米语箐花话	ɣã⁵⁵
普米语三岩龙话	ŋei⁵⁵

普米语桃巴话	ŋɛ^{55}
普米语拖七话	ŋĀ^{55}
普米语新营盘话	hĀ^{55}
普米语左所话	ɣĀ^{55}
羌语曲谷话	ʂqu
羌语蒲溪话	χqɑ
羌语麻窝话	ʂqu
却域语尤拉西话	ŋ̊ə^{55}
史兴语兰满话	hæ^{35}
西夏语	kie̩^{1}
扎坝语扎拖话	ʂȵʌ^{55}

（8）银子

尔龚语道孚话	rŋəl
尔苏语则拉话	ŋu^{35}
贵琼语麦崩话	ũ^{55}
嘉戎语卓克基话	po ŋi
木雅语六巴话	ŋu^{53}
木雅语石棉话	ŋu^{55}
纳木依语倮坡话	ŋu^{55}
普米语九龙话	ŋɯ̃^{35}
普米语兰坪话	ŋɑ̃u^{55}
普米语鲁甸话	ŋy^{55}
普米语箐花话	ŋãu^{55}
普米语三岩龙话	ŋy^{55}
普米语桃巴话	ȵõ^{55}
普米语拖七话	ŋəu^{53}
普米语新营盘话	ŋəu^{55}
普米语左所话	jõ^{55}
羌语曲谷话	ɦũ

羌语蒲溪话 ʐə,əɹŋu
羌语麻窝话 ŋuəzi
却域语尤拉西话 ŋε^{55}
史兴语兰满话 jũ^{53}
西夏语 sjuu^{1};ŋwo^{2}
扎坝语扎拖话 ȵi^{13}

（9）铜
尔龚语道孚话 rɑ;zoŋ
尔苏语则拉话 ȵuo^{35}
贵琼语麦崩话 tõ^{31} tɕɛ̃^{55};zõ^{31} mʉ^{55}
嘉戎语卓克基话 bzɑŋ
拉坞戎语观音桥话 zuŋ^{55}
拉坞戎语业隆话 zaŋ^{53}
木雅语六巴话 ra^{24}
木雅语石棉话 la^{35}
纳木依语倮坡话 tsɿ^{53} ʂɿ^{55} qa^{31}
普米语九龙话 ȵẽ^{55};ʐɑ^{11} ɣã^{55}
普米语兰坪话 nε^{55}
普米语鲁甸话 ni^{55}
普米语箐花话 nε^{55}
普米语三岩龙话 ni^{53}
普米语桃巴话 ni^{53}
普米语拖七话 ni^{53}
普米语新营盘话 ȵe^{55}
普米语左所话 ni^{53}
羌语曲谷话 xɬəmu（黄铜）
羌语麻窝话 χɑɸi
却域语尤拉西话 ra^{13} ɣε^{35};zo^{13} xme^{55}
史兴语兰满话 ruɐ^{35}

西夏语　rər^{2}
扎坝语扎拖话　ʐa^{13}

（10）铁

尔龚语道孚话　tɕo
尔苏语则拉话　ʂɯ^{53}
贵琼语麦崩话　ʃɑ̃^{31}
嘉戎语二岗理话　ɕəm
嘉戎语二岗理话　ɕəm
嘉戎语日部话　ɕɑm
嘉戎语卓克基话　ʃɑm
拉坞戎语观音桥话　ɕəm^{53}
拉坞戎语业隆话　ɕam^{55}
木雅语六巴话　ɕe^{53}
木雅语石棉话　sɿ^{55}
纳木依语倮坡话　ʂu^{53}
普米语九龙话　ɕẽ^{55}
普米语兰坪话　ʂə̃^{55}
普米语鲁甸话　ʂə̃^{55}
普米语箐花话　ʂə̃^{55}
普米语三岩龙话　ɕẽ^{55}
普米语桃巴话　ɕĩ^{55}
普米语拖七话　ɕĩ^{55}
普米语新营盘话　ɕə̃^{55}
普米语左所话　ɕẽ^{55}
羌语曲谷话　soəɹmu hæ̃
羌语蒲溪话　ɕi
羌语麻窝话　sɯɹ mu
却域语尤拉西话　ɕo^{55}
史兴语兰满话　ʂõ^{35}

西夏语 ɕjow^{1}
扎坝语扎拖话 ɕi^{55}

（11）锡

尔龚语道孚话 ntsha la
尔苏语则拉话 ɕi^{31}
嘉戎语二岗理话 ho jɐ
嘉戎语日部话 ʑɐ ȵ̥i
嘉戎语卓克基话 kɑ ʒik
拉坞戎语观音桥话 lə^{55}
拉坞戎语业隆话 tha^{55} la^{55}
木雅语六巴话 ti^{55} tsæ^{53}
木雅语石棉话 ʥu^{33}xua^{55}
纳木依语倮坡话 ɕi^{31}
普米语兰坪话 si^{13}
普米语鲁甸话 si^{13}
普米语箐花话 si^{13}
普米语三岩龙话 ɕẽ^{55} phʐĩ^{53}
普米语桃巴话 xᴀ^{55} jᴀ̄^{55}
普米语拖七话 si^{13}
普米语新营盘话 si^{13}
普米语左所话 si^{13}
羌语曲谷话 xtʂə
羌语麻窝话 ʐaȵ̥i
史兴语兰满话 ʂõ^{33} dʑɐ^{53}
西夏语 tshe^{2}
扎坝语扎拖话 ti^{55} tsa^{53}

（12）石头

尔龚语道孚话 rgə ma

尔苏语则拉话	luo^{33} bo^{53};luo^{33} mæ^{53}
贵琼语麦崩话	hũ^{31} phə^{55};phɔ̃^{55} wɔ̃^{55}
嘉戎语二岗理话	rgə me
嘉戎语日部话	tə-ʁo
嘉戎语卓克基话	ɟjə lək
拉坞戎语观音桥话	rgə^{33} me^{53}
拉坞戎语观音桥话	ə^{55} rgɑɣ^{33}
拉坞戎语业隆话	rge^{33} me^{53}
拉坞戎语业隆话	ə^{55} rgək^{33}
木雅语六巴话	dʑo^{53}
木雅语石棉话	gə^{33}le^{55}
纳木依语倮坡话	lu^{55} qua^{31}
普米语九龙话	guo^{11} lũ^{55}
普米语兰坪话	zgø^{13}
普米语鲁甸话	ɣu^{13} bõ^{13}
普米语箐花话	sgø^{13}
普米语三岩龙话	go^{13} rõ^{53}
普米语桃巴话	jᴀ̄^{35} bᴀ^{53}
普米语拖七话	gu^{13} tʂõ^{53}
普米语新营盘话	gy^{13} tᴀ^{55}
普米语左所话	gu^{13} tᴀ^{53}
羌语曲谷话	je ʁluaɹ fa（岩石）
羌语蒲溪话	ʁlotu
羌语麻窝话	ʁlu
却域语尤拉西话	rdə^{13} tɕe^{55}
史兴语兰满话	jũ^{33} guɐ^{53}
西夏语	lụ^{1}
扎坝语扎拖话	je^{55} po^{55}

（13）炭

尔龚语道孚话	doŋ zʑi

尔苏语则拉话 me^{33} fu^{53}
贵琼语麦崩话 khã^{31} mɑ̃^{55}
嘉戎语二岗理话 sqhe
嘉戎语日部话 tɑ-ʁrot
嘉戎语卓克基话 tɑ ŋkrot
木雅语六巴话 wæ^{33} sə^{53}
木雅语石棉话 mə^{55}ʦa^{55}
纳木依语倮坡话 sɿ^{35} mi^{55} su^{31}
普米语九龙话 xue^{55}
普米语兰坪话 syi^{55}
普米语鲁甸话 mə^{13} zï^{55}
普米语箐花话 mɐ^{13} zi^{55}
普米语三岩龙话 mɐ^{13} ʑi^{55}
普米语桃巴话 mɐ^{35} dʑi^{55}
普米语拖七话 mɐ^{13} ʑi^{53}
普米语新营盘话 mɐ^{13} dʑi^{55}
普米语左所话 mɐ^{13} dʑi^{55}
羌语曲谷话 muʑi
羌语蒲溪话 mphə
却域语尤拉西话 skɛ^{13}
史兴语兰满话 xu^{55} ʁa^{33}
西夏语 ɣjɪ̣^{1}
扎坝语扎拖话 khə^{55} tʃi^{33}

（14）路

尔龚语道孚话 tɕɛ
尔苏语则拉话 zɿ^{35};zɿ^{33} phæ^{53}
贵琼语麦崩话 hu^{31} tɕa^{31}
嘉戎语二岗理话 tɕhi
嘉戎语日部话 tʃɑm mbɑ

嘉戎语卓克基话 tʂə lɑ

拉坞戎语观音桥话 tɕhi^{53}

拉坞戎语业隆话 ɣrə^{55} ɣar^{33}

木雅语六巴话 dʑɐ^{33} lɐ^{53}

木雅语石棉话 li^{35}

纳木依语倮坡话 əɹ^{55} gu^{55}

普米语九龙话 ʐuə^{35}

普米语兰坪话 ʐuɐ^{55}

普米语鲁甸话 ruə^{13}

普米语箐花话 ʐuɐ^{55}

普米语三岩龙话 ruɐ^{53}

普米语桃巴话 ruɐ^{53}

普米语拖七话 ruə^{53}

普米语新营盘话 ruə^{55}

普米语左所话 ruɐ^{53}

羌语曲谷话 juwəɹ

羌语蒲溪话 uɹ

羌语麻窝话 guɹβɑ

却域语尤拉西话 rdʑa^{13} la^{55}

史兴语兰满话 ru^{55} mi^{53}

西夏语 tɕja^{1}

扎坝语扎拖话 ɟje^{33} lɛ^{55}

（15）桥

尔龚语道孚话 dzo

尔苏语则拉话 dʑe^{35}

贵琼语麦崩话 zɑ̃^{31} pʉ^{55}

嘉戎语二岗理话 zəm

嘉戎语日部话 tɑ-ndzɑm

嘉戎语卓克基话 tɑ ndzɑm

拉坞戎语观音桥话	zəm$^{55-35}$
拉坞戎语业隆话	dzam^{53}
木雅语六巴话	ndzo^{24}
木雅语石棉话	ndzo^{35}
纳木依语倮坡话	dzuo^{55}
普米语九龙话	dzã^{35}
普米语兰坪话	dziɑ̃u^{13}
普米语鲁甸话	dzõ^{55}
普米语箐花话	dziɑu^{13}
普米语三岩龙话	dzõ^{13}
普米语桃巴话	dzᴀ̄^{35}
普米语拖七话	dzõ^{13}
普米语新营盘话	dzõ^{13}
普米语左所话	dzõ^{13}
羌语曲谷话	tshua
羌语蒲溪话	tshi
羌语麻窝话	tshi
却域语尤拉西话	tso^{55}
史兴语兰满话	zɛ̃^{55}

（16）窟窿，洞

尔龚语道孚话	doŋ
尔苏语则拉话	ɦɯɹ^{33} wu^{53}
贵琼语麦崩话	tʂa^{55} po^{55}
嘉戎语卓克基话	khɐi jdu
拉坞戎语观音桥话	ʁɟjo^{53}
拉坞戎语业隆话	ʁɟjo^{55}
木雅语六巴话	lə^{53}
木雅语石棉话	li^{35}
纳木依语倮坡话	qu^{55} tu^{31}

普米语九龙话	dʑõ^35^
普米语兰坪话	dʒõ^13^
普米语鲁甸话	mᴀ^13^ dʐõ^55^
普米语箐花话	mʐã^55^ spõ^55^
普米语三岩龙话	tɕᴀ^55^ dʑũ^55^
普米语桃巴话	dᴀ^35^ dʑõ^35^
普米语拖七话	su^55^ dʑõ^53^
普米语新营盘话	tʂᴀ^55^ jəu^55^
普米语左所话	tɕᴀ^55^ dʑõ^53^
羌语曲谷话	ʐopu（洞、孔）
羌语麻窝话	dʑu(χɑ)
却域语尤拉西话	ptɕy^13^
史兴语兰满话	qhu^33^ tɕu^55^
扎坝语扎拖话	cçu^55^

（17）污垢

尔龚语道孚话	rə ʁja
尔苏语则拉话	tʂu^53^ ɣæɹ^35^
贵琼语麦崩话	dʐə^35^ mo^55^
嘉戎语卓克基话	tə wri
拉坞戎语观音桥话	rŋə^33^ lu^53^
拉坞戎语业隆话	ʁrut^55^；ʁrət^55^
木雅语六巴话	tʂə^55^ mæ^53^
木雅语石棉话	pʉ^35^
纳木依语倮坡话	ʂʅ^31^ ɦæɹ^31^
普米语九龙话	dʐɛi^35^；dʐa^35^
普米语兰坪话	dʐe^55^
羌语麻窝话	khuəɹ
却域语尤拉西话	tʂi^55^ ɳa^33^
史兴语兰满话	sɐ^53^ zɛ̃^33^

西夏语　　ɕjwii^{2}
扎坝语扎拖话　　tʂʅ^{33} ma^{55}

2. 方位、时间类

（1）前面

尔龚语道孚话　　ŋə ste；ŋə
尔苏语则拉话　　ʂæ^{33} phu^{53}
贵琼语麦崩话　　ʃə^{33} ka^{55}
嘉戎语卓克基话　　tə tʂi
拉坞戎语观音桥话　　ə^{55} dʑə^{55}；dʑə^{55}
拉坞戎语业隆话　　ə^{33} dʑi^{53}
木雅语六巴话　　mo^{33} khæ^{53}
木雅语石棉话　　ŋgəɹ^{33}rə^{55}
纳木依语倮坡话　　tha^{33} ʁuo^{55}
普米语九龙话　　zʅ^{11}
普米语兰坪话　　ʐə^{55}
普米语鲁甸话　　rə^{13} tʂhe^{55}
普米语箐花话　　ʐə^{55} tʂhɛ^{55}
普米语三岩龙话　　rə^{13} tɕho^{53}
普米语桃巴话　　rə^{35} tɕho^{53}
普米语拖七话　　rə^{13} tɕhue^{53}
普米语新营盘话　　rə^{13} tɕhyɛ^{55}
普米语左所话　　rə^{13} tɕhəu^{53}
羌语曲谷话　　qəəɹ
羌语蒲溪话　　qeʂ
羌语麻窝话　　tiaq
却域语尤拉西话　　ŋgu^{13} wu^{55}
史兴语兰满话　　ki^{55} ʁu^{55}
西夏语　　rjir^{2}；·ju^{2}
扎坝语扎拖话　　ŋu^{55} pi^{55}

（2）后面

尔龚语道孚话　ɕu；ʁə n̥u

尔苏语则拉话　ge^{33} n̥u^{53}

贵琼语麦崩话　ŋga^{35} ʐe^{55}

嘉戎语卓克基话　tə ŋkhu

拉坞戎语观音桥话　ə^{55} khə^{55}；ə^{33} skhə^{55} khə^{33}

拉坞戎语业隆话　ə^{33} khu^{55}

木雅语六巴话　pə^{33} nɑ^{24}

木雅语石棉话　khə^{33}di^{35}

纳木依语倮坡话　gu^{55} nu^{55}

普米语九龙话　go^{11} n̥o^{55}

普米语鲁甸话　dʑə^{13} tʂhe^{55}

普米语箐花话　dʑɐ^{13} tʂhɛ^{55}

普米语三岩龙话　dʑᴀ^{13} tɕho^{53}

普米语桃巴话　dʑᴀ^{35} tɕho^{53}

普米语拖七话　dʑɨ^{13} tɕhue^{53}

普米语新营盘话　dʑɐ^{13} tɕhyɛ^{55}

普米语左所话　gõ^{13} tɕhəu^{53}

羌语曲谷话　məʂ

羌语麻窝话　asu，əstəɣu

（3）里面

尔龚语道孚话　noŋ

尔苏语则拉话　khu^{33} phu^{53}

贵琼语麦崩话　tɕhã^{31} mã^{55}

嘉戎语卓克基话　wu gu

拉坞戎语观音桥话　ə^{33} gə^{53}

拉坞戎语业隆话　ə^{33} gu^{55}，　ə^{33} sne^{55}

木雅语六巴话　khu^{24}

木雅语石棉话　Khu^{35}

纳木依语倮坡话　quo^{33} luo^{31}
普米语九龙话　qhũ^{55}
普米语兰坪话　khõ^{55}
羌语曲谷话　tɕiqqua，tɕikụ
羌语蒲溪话　kou
羌语麻窝话　kuku
却域语尤拉西话　qo^{13} ŋa^{55}
史兴语兰满话　qhũ^{35}；qhu^{33} nõ^{55}
西夏语　ʻu^{2}
扎坝语扎拖话　khə^{55} pi^{55}

（4）中间
尔龚语道孚话　bar ma
尔苏语则拉话　guo^{33} ɬa^{53}
贵琼语麦崩话　bə^{33} zə^{33} gə^{55}
嘉戎语卓克基话　tə lɑ
拉坞戎语观音桥话　ə^{33} χcçəl^{53}
拉坞戎语业隆话　ə^{33} χcçəl^{55}
木雅语六巴话　qo^{53}；pɐ^{55} mæ^{53}
木雅语石棉话　ŋgi^{55}li^{55}
纳木依语倮坡话　qæ^{31} dʐu^{55}
普米语九龙话　ɣo^{35} ji^{55}
普米语兰坪话　qo^{13} ɣu^{13}
普米语鲁甸话　gu^{13} ʑi^{55}
普米语箐花话　gu^{13} ʒi^{55}
普米语三岩龙话　gu^{13} ʑi^{55}
普米语桃巴话　gu^{35} ʑi^{55}
普米语拖七话　gu^{13} ʑi^{55}
普米语新营盘话　gu^{13} ʑi^{55}
普米语左所话　gu^{13} ʑi^{55}

羌语曲谷话　degu̥

羌语蒲溪话　ɕetɕe

羌语麻窝话　tiuɣu

却域语尤拉西话　tha^{13} və^{55}

史兴语兰满话　qɛ̃^{55} lɐ^{33}

西夏语　lja^{1}；khwə^{1}；gu^{2}

扎坝语扎拖话　ʂcçi^{55} ku^{33}

（5）左面

尔龚语道孚话　ʁlun

尔苏语则拉话　le^{33} ji^{53}

贵琼语麦崩话　wi^{55} la^{55}

嘉戎语卓克基话　kou wlɑ；kɑwi

拉坞戎语观音桥话　skə^{55}gə^{33}

拉坞戎语业隆话　ɕki^{55}

木雅语六巴话　ʁɐ̰^{55} rɐ^{53}

木雅语石棉话　Vu^{33}zə^{55}

纳木依语倮坡话　ja^{33} ta^{31}

普米语九龙话　we^{35}

普米语兰坪话　uɑ^{13}

羌语曲谷话　ʐʁuaj

羌语蒲溪话　ʁzuəqɑ

羌语麻窝话　ʁuaɹ

却域语尤拉西话　spu^{55} ʁʑye^{55}

史兴语兰满话　jæ^{33}；li^{55}

西夏语　ʑjɪ̩^{1}

扎坝语扎拖话　ɕy^{55} ŋo^{55}；nu^{55} ŋo^{55}

（6）右面

尔龚语道孚话　ʁje

尔苏语则拉话	le^{33} tɕy^{53}
贵琼语麦崩话	tʂuɑ̃^{31} la^{55}
嘉戎语卓克基话	kɑ cçhɑ
拉坞戎语观音桥话	Scçhi^{33}gə^{55}
拉坞戎语业隆话	Scçhe?s^{53}
木雅语六巴话	mi^{55} rɐ^{55}
木雅语石棉话	vu^{33}də^{55}
纳木依语倮坡话	ja^{33} næ^{31}
普米语九龙话	ʑi^{35}
普米语兰坪话	ʒɛ^{55} dʑe^{13}
羌语曲谷话	naj
羌语蒲溪话	ʐdeqɑ
羌语麻窝话	na
却域语尤拉西话	sto^{55} ʁʑye^{55}
史兴语兰满话	ʑæ^{33}；li^{55}
西夏语	tɕier^{1}
扎坝语扎拖话	ʂty^{55} ŋo^{55}

（7）周围

尔龚语道孚话	mtha kha
尔苏语则拉话	khe^{33} əɹ^{35} wa^{31}
贵琼语麦崩话	jɛ̃^{55} ji^{55}
嘉戎语卓克基话	wu rkə
拉坞戎语观音桥话	khə^{55} scçi^{33}
拉坞戎语业隆话	ə^{55} rkhu^{55}
木雅语六巴话	kɐ^{55} re^{53}
木雅语石棉话	Ta^{33}kuæ^{55}le^{53}
纳木依语倮坡话	ʁa^{55} ʁa^{55}
普米语九龙话	tə^{55} kə^{55} tɕo^{11}
普米语兰坪话	ʐə^{55} dʑe^{13}

羌语曲谷话　ˀaʂkʊ̥ɦotsu
羌语蒲溪话　tshuetshue
却域语尤拉西话　mtha^{55} kha^{55}
史兴语兰满话　gi^{55} rʉ^{55} gua^{33} ra^{33}
扎坝语扎拖话　tha^{55} kha^{55}

（8）从前

尔龚语道孚话　ʁna
尔苏语则拉话　jæ^{53} ji^{53} ʂʅ^{53} khæ^{53}
贵琼语麦崩话　ʃə^{55} ka^{55}
嘉戎语卓克基话　kə scçɐi
拉坞戎语观音桥话　ʁna^{53}
拉坞戎语业隆话　so^{33} dʑi^{55}
木雅语六巴话　jɐ^{55} βə^{53}
木雅语石棉话　ŋgə^{33}ɭə^{53}
纳木依语倮坡话　jĩ^{31} tæ^{31}
普米语九龙话　ʑə^{35} n̥ɛ̃^{55}
普米语兰坪话　ʒɛ^{13} ne^{13}
普米语鲁甸话　ʐə^{13} n̥i^{55}
普米语箐花话　ʒɛ^{13} ne^{13}
普米语三岩龙话　ʐï^{13} pe^{53}
普米语桃巴话　ʐə^{35} be^{55}
普米语拖七话　rə^{13} be^{53}
普米语新营盘话　ʑɛ^{13} nõ^{55}
普米语左所话　rə^{13} pi^{53}
羌语曲谷话　be^{55} jɑ^{55}
羌语蒲溪话　qeʂ̥
羌语麻窝话　nəpɑthɑ
却域语尤拉西话　ʁna^{55}
史兴语兰满话　ji^{55} n̥ɹ^{33}

西夏语	pjɪ^{1}；njwo^{2}
扎坝语扎拖话	nda^{13}

（9）年

尔龚语道孚话	kvo
尔苏语则拉话	dʐu^{53} tʂhɯ^{31}
拉坞戎语观音桥话	dɣu^{53}
拉坞戎语业隆话	dɣuk^{55}
木雅语六巴话	kui^{53}
石棉木雅语	ku^{53}
纳木依语倮坡话	khu^{55} əɹ^{55}
普米语九龙话	ko^{35}
普米语新营盘话	kio^{55}
普米语左所话	kəu^{53}
羌语曲谷话	pə
羌语蒲溪话	pə
羌语麻窝话（每年）	ˀapnaqa
却域语尤拉西话	kuə^{55}

（10）今年

尔龚语道孚话	pə vi
尔苏语则拉话	tshe^{33} hĩ^{53}
贵琼语麦崩话	tʃhə^{55} ʒɑ̃^{55} mɛ^{55} lʉ^{35}
嘉戎语二岗理话	pə vi
嘉戎语日部话	pə vi
嘉戎语卓克基话	pəi pɑ
拉坞戎语观音桥话	pə^{55} vi^{33}
拉坞戎语业隆话	pi^{55} vi^{33}
木雅语六巴话	pə^{33} βə^{53}
木雅语石棉话	pə^{33}zɿ^{55}

纳木依语倮坡话　tshi^{53} ji^{31}
普米语九龙话　py^{11} pi^{55}
普米语兰坪话　pə^{55} pə^{13}
普米语鲁甸话　pu^{55} pu^{55}
普米语箐花话　pə^{55} pə^{13}
普米语三岩龙话　pu^{13} pə^{53}
普米语桃巴话　pʉ^{55} pʉ^{53}
普米语拖七话　pʉ^{55} pʉ^{53}
普米语新营盘话　pø^{55} pø^{55}
普米语左所话　pɐ^{55} pu^{53}
羌语曲谷话　tsəp
羌语蒲溪话　tsepe
羌语麻窝话　pəʂk
却域语尤拉西话　po^{55} bʐ̩i^{55}
史兴语兰满话　tʂhu^{55} bʉ^{55}
西夏语　pjɪ^{1}；wji^{1}
扎坝语扎拖话　tshe^{33} ne^{33}

（11）明年
尔龚语道孚话　she vi
尔苏语则拉话　suo^{53} hĩ^{53}
贵琼语麦崩话　ȵĩ^{31} ɣi^{55}
嘉戎语二岗理话　fsɐ pi
嘉戎语日部话　fsᴇˊʁu
嘉戎语卓克基话　mb̆or so
拉坞戎语观音桥话　fsɛ^{33} pi^{53}
拉坞戎语业隆话　fso^{33} pi^{55}
木雅语六巴话　sæ^{33} βə^{53}
木雅语石棉话　Se^{33}zɿ^{55}
纳木依语倮坡话　suo^{53} ȵi^{31}

普米语九龙话	ʑə^{11} khi^{55}
普米语兰坪话	ʒɛ^{13} khəu^{55}
普米语鲁甸话	zɿ^{13} khu^{55}
普米语箐花话	ʒɛ^{13} khəu^{55}
普米语三岩龙话	ʑᴀ^{13} ki^{53}
普米语桃巴话	ʑɐ^{35} khio^{55}
普米语拖七话	ʑɛ^{13} khəu^{53}
普米语新营盘话	ʑə^{13} khiəu^{55}
普米语左所话	ʑᴀ^{13} khəu^{53}
羌语曲谷话	tsəm̥əʂa
羌语蒲溪话	suɑpə
羌语麻窝话	ˀeɹe
却域语尤拉西话	mɔ^{55} ʂse^{55}
史兴语兰满话	su^{55} bʉ^{53}
西夏语	sjij^{1}；wji^{1}
扎坝语扎拖话	so^{55} ne^{55}

（12）去年

尔龚语道孚话	a və ʑa
尔苏语则拉话	jæ^{33} hĩ^{53}
贵琼语麦崩话	mɔ^{35} nã^{55}
嘉戎语二岗理话	ʔɑ xpi
嘉戎语日部话	ki mi
嘉戎语卓克基话	ndo mor
拉坞戎语观音桥话	ɕɑχ^{33} pi^{55}；χaχ^{33} pi^{55}
拉坞戎语业隆话	a^{33} χpi^{55}
木雅语六巴话	jø^{33} zɑ^{24}
木雅语石棉话	Ja^{33}zua^{53}
纳木依语倮坡话	ji^{33} ȵi^{31}
普米语九龙话	ʑa^{11} pi^{55}

普米语兰坪话　ʒɛ^{55} pə^{13}

普米语鲁甸话　ʐ̥ə^{13} pu^{55}

普米语箐花话　ʒɛ^{55} pə^{13}

普米语三岩龙话　ʑᴀ^{13} pi^{53}

普米语桃巴话　ʑɐ^{55} pʉ^{53}

普米语拖七话　ʑɛ^{55} pʉ^{53}

普米语新营盘话　ʑə^{55} pø^{55}

普米语左所话　ʑᴀ^{55} pu^{53}

羌语曲谷话　nəp

羌语蒲溪话　nepə

羌语麻窝话　nəp

却域语尤拉西话　ɣɯ^{13} bʑi^{33}

史兴语兰满话　ji^{55} bʉ^{55}

西夏语　·jɪ^{2}；wji^{1}

扎坝语扎拖话　jɪ^{55} zi^{55}

（13）白天

尔龚语道孚话　sɲ̥ɛ lɛ

尔苏语则拉话　ɲ̥i^{33} la^{53} wu^{31}

贵琼语麦崩话　mʉ^{35} lʉ^{55}

嘉戎语二岗理话　snə go

嘉戎语日部话　ɕəs

嘉戎语卓克基话　sni ŋglɑ

拉坞戎语观音桥话　snə^{55} go^{33}

拉坞戎语业隆话　sno^{33} go^{55}

木雅语六巴话　si^{24}

木雅语石棉话　Sʅ^{33}tɕi^{55}

纳木依语倮坡话　ɲ̥i^{55} mi^{55} ɲ̥i^{33} gu^{55}

普米语九龙话　ɲ̥ĩ^{55} tio^{55}

普米语兰坪话　ɲ̊i^{55}

普米语鲁甸话 n̥i^{55} tshə^{13}
普米语箐花话 n̥i^{55}
普米语三岩龙话 n̥i^{55} gõ^{55}
普米语桃巴话 n̥ə^{55}
普米语拖七话 n̥ə^{53}
普米语新营盘话 n̥i^{55}
普米语左所话 n̥ə^{53}
羌语曲谷话 ɦĩχlu
羌语蒲溪话 ȵeχlɑ
羌语麻窝话 Stiaχuɹ lu
却域语尤拉西话 ʃi^{55} ʃi^{55} phe^{33}
史兴语兰满话 ȵi^{55} læ^{33} ʁu^{33}
西夏语 njɪɪ^{2}；zjɪ̩^{1}
扎坝语扎拖话 ʂȵʌ^{13}；ȵ̥n^{13}

（14）今天
尔龚语道孚话 pə sȵi
尔苏语则拉话 tæ^{33} ȵʉ^{53}
贵琼语麦崩话 tɕha^{55} ji^{55}
嘉戎语二岗理话 snə
嘉戎语日部话 fɕə
嘉戎语卓克基话 mə sni
拉坞戎语观音桥话 fsnə^{53}
拉坞戎语业隆话 sni^{53}
木雅语六巴话 pə^{33} sə^{53}
木雅语石棉话 pə^{33}sɿ^{53}
纳木依语倮坡话 tæ^{33} ȵi^{55}
普米语九龙话 py^{11} n̥ĩ^{55}
普米语兰坪话 pə^{55} n̥i^{55}
普米语鲁甸话 pu^{55} n̥i^{55}

普米语箐花话　pə^{55} n̥i^{55}
普米语三岩龙话　pə^{55} n̥i^{55}
普米语桃巴话　pʉ^{55} n̥ə^{55}
普米语拖七话　pə^{55} n̥ə^{53}
普米语新营盘话　pø^{55} n̥i^{55}
普米语左所话　pɐ^{55} n̥ə^{53}
羌语曲谷话　pəs
羌语蒲溪话　pesi
羌语麻窝话　pəsi
却域语尤拉西话　pu^{55} ʃi^{55}
史兴语兰满话　ma^{55}
西夏语　pjɪ^{1}；njɪɪ^{2}
扎坝语扎拖话　a^{55} nə^{55}

（15）明天
尔龚语道孚话　ɬha si
尔苏语则拉话　suo^{53} ȵ̥ʉ^{53}
贵琼语麦崩话　nã^{55} ji^{55}
嘉戎语二岗理话　no ri
嘉戎语日部话　fsə fsis
嘉戎语卓克基话　so sni
拉坞戎语观音桥话　na^{55} ru^{33}
拉坞戎语业隆话　fso^{55} na^{55} re^{53}
木雅语六巴话　sæ^{24} sə^{33}
木雅语石棉话　Se^{55}sʅ^{53}
纳木依语倮坡话　ʂuo^{55} əɹ^{55}
普米语九龙话　sɛ^{11} mbi^{35}
普米语兰坪话　siɑ̃u^{13}
普米语鲁甸话　sᴀ^{13}
普米语箐花话　siã^{13}

普米语三岩龙话 sẽ^{13} pi^{55}

普米语桃巴话 sẽ^{35} bo^{55}

普米语拖七话 sẽ^{13} pu^{53}

普米语新营盘话 sẽ^{13} n̥i^{55}

普米语左所话 sẽ^{13} po^{13}

羌语曲谷话 təp，təpn̥ɹi

羌语蒲溪话 tepəi

羌语麻窝话 ˀasuqu

却域语尤拉西话 a^{33} se^{55}

史兴语兰满话 ma^{33} sʅ^{55}

西夏语 na^{1}；rar^{2}

扎坝语扎拖话 so^{33} mə^{55} nɪ^{33}

（16）后天

尔龚语道孚话 she de

尔苏语则拉话 ndzʅ^{33} suo^{53}

贵琼语麦崩话 nã^{55} ji^{55} tɕhi^{55} tʂa^{31}

嘉戎语二岗理话 ɣsɐ ndi

嘉戎语日部话 fsɐ ndᴇ

嘉戎语卓克基话 so ndi sni

拉坞戎语观音桥话 fsɛ^{33} diu^{53}

拉坞戎语业隆话 fso^{55} di^{55}

木雅语六巴话 ʁo^{24} sə^{33}

木雅语石棉话 o^{55}sʅ^{53}

纳木依语倮坡话 nu^{53} ʂuo^{33} əɹ^{31}

普米语九龙话 qhu^{11} sɛ̃^{55}

普米语兰坪话 kho^{13} siɑ̃u^{13}

普米语鲁甸话 kho^{13} sᴀ^{13}

普米语箐花话 kho^{13} kiã^{13}

普米语三岩龙话 khu^{13} sẽ^{13} n̥i^{55}

普米语桃巴话　kho^{35} sẽ^{35} n̥ə^{55}
普米语拖七话　khu^{13} sẽ^{13} n̥ə^{53}
普米语新营盘话　khu^{13} sẽ^{13}
普米语左所话　khu^{13} sẽ^{13}
羌语曲谷话　sudʑu
羌语蒲溪话　sude
羌语麻窝话　syt
却域语尤拉西话　qha^{55} se^{55}
史兴语兰满话　kuɐ^{55} sũ^{55}
西夏语　sja^{2}；djij^{1}
扎坝语扎拖话　ʑe^{55} su^{55}

（17）昨天

尔龚语道孚话　a və sȵi
尔苏语则拉话　jæ^{53} ȵʉ^{53}
贵琼语麦崩话　tɕhõ^{55} ȵũ^{55}
嘉戎语二岗理话　snəɣ
嘉戎语日部话　rə ɕᴡᴇr
嘉戎语卓克基话　mə ʃᴇr sni
拉坞戎语观音桥话　xsnəz^{55}
拉坞戎语业隆话　χsni^{55}
木雅语六巴话　ji^{33} sə^{53}
木雅语石棉话　ji^{33}sɿ^{53}
纳木依语倮坡话　ʐʅ^{55} ȵi^{31}
普米语九龙话　ʑa^{11} n̥ĩ^{55}
普米语兰坪话　ʒɛ^{55} n̥i^{55}
普米语鲁甸话　ʐə^{55} n̥i^{55}
普米语箐花话　ʒɛ^{55} n̥i^{55}
普米语三岩龙话　ʑᴀ^{13} n̥i^{55}
普米语桃巴话　ʑɐ^{55} n̥ə^{55}

普米语拖七话 ʑᴀ55 n̥ə53
普米语新营盘话 ʑe55 n̥i55
普米语左所话 ʑɛ55 n̥ə53
羌语曲谷话 nəj
羌语蒲溪话 neʥe
羌语麻窝话 nisi
却域语尤拉西话 ɣɯ13 ʃi33
史兴语兰满话 ji33 ma55
西夏语 ·jɪ2；njɪɪ2
扎坝语扎拖话 jɪ33 nə55

（18）前天
尔龚语道孚话 ndʐə sȵi
尔苏语则拉话 ʂu53 ȵʉ53
嘉戎语二岗理话 snəɣ dʑə
嘉戎语日部话 ndʒə rʁo jᴇ ɕəs
嘉戎语卓克基话 mə ʃᴇ tʂi sni
拉坞戎语观音桥话 xsnə55 dʑəz55
拉坞戎语业隆话 χsni55 dʑi55
木雅语六巴话 rə55 si33
木雅语石棉话 ɭə55sɿ53
纳木依语倮坡话 ʂɿ33 tɕi53 ȵi31
普米语九龙话 ʂy11 ȵ̊ĩ55
普米语兰坪话 ʂə55 n̥i55
普米语鲁甸话 ʂə55 n̥i55
普米语箐花话 ʂə55 n̥i55
普米语三岩龙话 ʂəu13 n̥i55
普米语桃巴话 ʂə55 n̥ə55
普米语拖七话 ʂə55 n̥ə53
普米语新营盘话 ʂʐə55 n̥i55

普米语左所话	ʂï^{55} n̥ə^{53}
羌语曲谷话	dʐəs
羌语蒲溪话	dʐeʥu
羌语麻窝话	dʐəsi
却域语尤拉西话	si^{55} ʃi^{33}
史兴语兰满话	ɕa^{55} ma^{33}
西夏语	dəə^{1}；njɪɪ^{2}
扎坝语扎拖话	jɪ^{33} nə^{55} ȵʌ^{33}

（19）日子

尔龚语道孚话	tshe dʐoŋ
尔苏语则拉话	ȵi^{33} mæ^{53}
贵琼语麦崩话	tshi^{55} pa^{55}
嘉戎语二岗理话	snə
嘉戎语日部话	ɕəs
嘉戎语卓克基话	sni
拉坞戎语观音桥话	snə^{53}
拉坞戎语业隆话	ʑaq^{55}
木雅语六巴话	tshe^{55} pæ^{53}
木雅语石棉话	ȵi^{33}mæ^{53}
纳木依语倮坡话	hã^{31} thæ^{55}
普米语九龙话	ɕe^{35}；n̥ĩ^{55}
普米语兰坪话	n̥i^{55}
羌语曲谷话	sə，zet
羌语蒲溪话	si，tsese
羌语麻窝话	ʐæktshæt
却域语尤拉西话	tshe^{55}
史兴语兰满话	hæ^{53}

3. 动物类

（1）狮子

尔龚语道孚话 sə ngi

尔苏语则拉话 sɿ^{53} ngi^{53}

贵琼语麦崩话 sə^{55} ŋge^{55}

嘉戎语二岗理话 səŋ gi

嘉戎语日部话 səŋ ŋgᴇ

嘉戎语卓克基话 sə ŋgə

拉坞戎语观音桥话 seŋ^{55} gi^{33}

拉坞戎语业隆话 seŋ^{33} ge^{55}

木雅语六巴话 si^{55} ŋge^{53}

木雅语石棉话 Si^{55}ŋgi^{53}

纳木依语倮坡话 sɿ^{55} tsɿ^{31}

普米语九龙话 si^{55} ŋgi^{55}

普米语兰坪话 sẽ^{55} ge^{55}

羌语曲谷话 sə:tsə

羌语蒲溪话 sə:tsə

羌语麻窝话 siŋgi

却域语尤拉西话 si^{55} ŋgi^{55}

史兴语兰满话 sɿ^{33} ngi^{55}

西夏语 ka^{2}；tɕjij^{2}

扎坝语扎拖话 se^{55} ngi^{55}

（2）豹子

尔龚语道孚话 rzo

尔苏语则拉话 dzɿ^{33} mu^{53}

贵琼语麦崩话 zə^{35} na^{55}

嘉戎语二岗理话 xpɒɹ

嘉戎语二岗理话 χpɒʴ

嘉戎语日部话 kə-sɑ

嘉戎语卓克基话	kə ʃtʃək
拉坞戎语观音桥话	ʁrzɑɣ^{53}
拉坞戎语业隆话	ʁrzək^{55}
木雅语六巴话	ndzi^{53}
木雅语石棉话	ndzʅ^{55}
纳木依语倮坡话	zæ^{31}
普米语九龙话	sui^{55}
普米语兰坪话	syi^{55}
羌语曲谷话	sə
羌语蒲溪话	χpɑ
羌语麻窝话	sə
却域语尤拉西话	rzi^{13}
史兴语兰满话	tsʅ^{55}
西夏语	zewr^{2}
扎坝语扎拖话	ʐe^{55} mei^{55}

（3）熊

尔龚语道孚话	dəm
尔苏语则拉话	ŋu^{33} mu^{53}
贵琼语麦崩话	ã^{31} gui^{55}
嘉戎语卓克基话	tə wɑm
拉坞戎语观音桥话	χphrə^{53}
拉坞戎语业隆话	χphrə^{55}
木雅语六巴话	re^{33} we^{55}
木雅语石棉话	Lu^{55}wu^{55}
纳木依语倮坡话	vu^{55}
普米语九龙话	ŋuɛ̃^{35}
普米语兰坪话	uẽ^{55}
普米语鲁甸话	wẽ^{55}
普米语箐花话	uə^{55}

普米语三岩龙话　ɣuẽ^{53}
普米语桃巴话　guẽ^{55}
普米语拖七话　guẽ^{53}
普米语新营盘话　jyẽ^{55}
普米语左所话　ɣuẽ^{53}
羌语曲谷话　tɕi
羌语麻窝话　ti
却域语尤拉西话　wɛr^{13}
史兴语兰满话　gĩ^{35}
西夏语　rjɪj^{2}；dow^{2}
扎坝语扎拖话　ȵi^{55} ʐʌ^{55}；ȵi^{33} vʐʌ^{55}

（4）野猪
尔龚语道孚话　phɑ rgu
尔苏语则拉话　ɣu^{55} tɕi^{53}
贵琼语麦崩话　pha^{55} gui^{55}
嘉戎语卓克基话　pɑ rŋɑ
拉坞戎语观音桥话　pha^{33} rŋi^{55}
拉坞戎语业隆话　pha^{33} rŋe^{55}
木雅语六巴话　phɑ^{55} gø^{53}
木雅语石棉话　Vi^{33}ŋə^{55}
纳木依语倮坡话　væ^{31} ȵu^{55}
普米语九龙话　tɕə^{11} ȵe^{55}
普米语兰坪话　phʃɛ^{13} ȵø^{55}
普米语鲁甸话　tʂhuʌ^{13} ȵi^{55}
普米语箐花话　phʒɛ^{13} ȵø^{55}
普米语三岩龙话　tɕhyɛ^{13} ȵe ^{55}
普米语桃巴话　tɕyɛ^{35} ȵe^{35}
普米语拖七话　tɕhyɛ^{13} ȵe^{55}
普米语新营盘话　tɕhye^{13} ȵe^{55}

普米语左所话　tɕhyɛ^{13} n̥e^{55}
羌语曲谷话　piehũɹ
羌语蒲溪话　paɕe
羌语麻窝话　piɑχu
却域语尤拉西话　pha^{55} rge^{55}
史兴语兰满话　bi^{55} wu^{55}
扎坝语扎拖话　pha^{33} go^{55}

（5）鹿
尔龚语道孚话　ʂtsɛ
尔苏语则拉话　ʂæ^{53} mæ^{53}
贵琼语麦崩话　ɕu^{55} wu^{55}；ɕə^{55} wə^{55}
嘉戎语二岗理话　rtshɐ
嘉戎语日部话　ʁɑ-rtsʀs
嘉戎语卓克基话　kɐ rtshɐs
拉坞戎语观音桥话　rtsɛl^{53}
拉坞戎语业隆话　rtsar^{53}
木雅语六巴话　tsɔ^{53}
木雅语石棉话　tsi^{55}
纳木依语倮坡话　ntshæ^{35}
普米语九龙话　tsə^{35}
普米语兰坪话　tsɐ^{55}
羌语曲谷话　zdu
羌语麻窝话　zdu
却域语尤拉西话　tsɔ^{55}
史兴语兰满话　tshʊ^{55}
西夏语　lha；sjuu^{1}
扎坝语扎拖话　ʂtsɛ^{33}

（6）獐子

尔龚语道孚话	zʒə
尔苏语则拉话	la^{33} nphæ^{53}；la^{33} mæ^{53}
贵琼语麦崩话	hi^{55}
嘉戎语卓克基话	cçɑ
木雅语六巴话	ɣə^{33} tshi^{53}
木雅语石棉话	zə^{33}ʦhɿ^{53}
纳木依语倮坡话	li^{31}
普米语九龙话	lɯ^{35}
普米语兰坪话	lə^{55} pa^{13}
羌语曲谷话	ʐækə
羌语蒲溪话	letshy
羌语麻窝话	khʂəʐ
却域语尤拉西话	rli^{55}
史兴语兰满话	lʉ^{53} phɐ^{33}
西夏语	ŋewr^{2}
扎坝语扎拖话	je^{33} phi^{55}

（7）麝香

尔龚语道孚话	ʁlɛ ʂtsə
尔苏语则拉话	la^{33} hũ^{53}
贵琼语麦崩话	lə^{55} tsə^{55}
嘉戎语二岗理话	ʁhle r̥tsə
嘉戎语日部话	lɑ rtsə
嘉戎语卓克基话	cçɑ mso
拉坞戎语观音桥话	ʁla^{55} rtsə^{33}
拉坞戎语业隆话	dji^{33} fso^{55}
木雅语六巴话	lɐ^{53} tsə^{33}
木雅语石棉话	zɿ^{33}ɦo^{55}
纳木依语倮坡话	li^{33} fu^{31}

普米语九龙话	lə^{11} ŋuẽ^{55}
普米语兰坪话	lə^{55} xuə̃^{55}
羌语曲谷话	ɭuxɕu
羌语蒲溪话	letshy
羌语麻窝话	khʂəʐ
却域语尤拉西话	ʁla^{55} tsi^{55}
史兴语兰满话	lyɐ^{53} ki^{33}
扎坝语扎拖话	jɛ^{33} pʌ^{55}

（8）猴子

尔龚语道孚话	ɣzə mdə
尔苏语则拉话	gæ^{33} tʂʉ^{53}；mi^{35}
贵琼语麦崩话	ȵyɔ^{35}
嘉戎语二岗理话	zə
嘉戎语日部话	ʁzə
嘉戎语卓克基话	kə tsu
拉坞戎语观音桥话	ɣzə^{53}
拉坞戎语业隆话	ɣzu^{55}
木雅语六巴话	zə^{55} ndə^{53}
木雅语石棉话	Zũ^{33}ndu^{55}
纳木依语倮坡话	ga^{31} tʂu^{55}
普米语九龙话	tsɛ^{11} ʑy^{55}
普米语兰坪话	tsə^{55} ʒə^{13}
普米语鲁甸话	tʂə^{55} ʐi^{55}
普米语箐花话	tsə^{55} ʒə^{55}
普米语三岩龙话	tsə^{55} ʑy^{53}
普米语桃巴话	diu^{55} diu^{53}
普米语拖七话	tsə^{55} ʑi^{13}
普米语新营盘话	tsə^{55} ʑi^{55}
普米语左所话	tsə^{55} ʑi^{13}

羌语曲谷话	ʁuasa
羌语蒲溪话	ʁzu
羌语麻窝话	ʁuasi
却域语尤拉西话	ʂtʂi^{55} vu^{55} a^{55} rgi^{33}
史兴语兰满话	zʮ^{35}
西夏语	ba^{1}
扎坝语扎拖话	zo^{33} ty^{55}

（9）狐狸

尔龚语道孚话	dʑi vɛ
尔苏语则拉话	dzʉ^{33} mæ^{53}
贵琼语麦崩话	wə^{35}
嘉戎语二岗理话	ʁdzɐ wɐ
嘉戎语日部话	ʁɑ cçwi
嘉戎语卓克基话	kə thwi
拉坞戎语观音桥话	χthi^{55}
拉坞戎语业隆话	χthje^{55}
木雅语六巴话	ndzə^{53}
木雅语石棉话	ndzɿ^{55}
纳木依语倮坡话	da^{55}
普米语九龙话	zyə^{35}
普米语兰坪话	guɐ^{13} po^{55}
普米语鲁甸话	ɣue^{55}
普米语箐花话	gue^{13}
普米语三岩龙话	guei^{53}
普米语桃巴话	guei^{53}
普米语拖七话	guei^{53}
普米语新营盘话	guɐ^{13}
普米语左所话	gue^{53}
羌语曲谷话	zgue

羌语蒲溪话　　ʐgua
羌语麻窝话　　rgua
却域语尤拉西话　　ptʃa^{55}
史兴语兰满话　　dæ^{55}
西夏语　　nə^{1}；dʑiə^{1}
扎坝语扎拖话　　cçʌ^{55} kʌ^{55} mi^{33}

（10）水獭
尔龚语道孚话　　ʂsəm
尔苏语则拉话　　ʂe^{35}
贵琼语麦崩话　　tʃhə^{55} sɑ̃^{55}
嘉戎语二岗理话　　srɑm
嘉戎语日部话　　tʃhə srɑm
嘉戎语卓克基话　　tʃhə srɑm
拉坞戎语观音桥话　　sram^{53}
拉坞戎语业隆话　　tɕhi^{33} sram^{53}
木雅语六巴话　　dzuə̱^{24}
纳木依语倮坡话　　ʂui^{53} tha^{31}
普米语九龙话　　ʂẽ^{55}
普米语兰坪话　　skhɛ̃^{55}
普米语鲁甸话　　sɛ̃^{55}
普米语箐花话　　skhɛ̃^{55}
普米语三岩龙话　　tʂᴀ̃^{53}
普米语桃巴话　　xĩ^{55}
普米语拖七话　　kẽ^{55}
普米语新营盘话　　kẽ^{55}
普米语左所话　　tʂhɛ̃^{53}
羌语曲谷话　　ɣdʐæ:
羌语麻窝话　　ɣdʐi
却域语尤拉西话　　ʂsɛ^{55}

史兴语兰满话 ʂɛ̃^{55}

（11）鼠

尔龚语道孚话 ftɕə

尔苏语则拉话 ɣuo^{33} jʉ^{53}

贵琼语麦崩话 tshyi^{55}

拉坞戎语观音桥话 pi^{53}

拉坞戎语业隆话 Pu^{33} juk^{55}

木雅语六巴话 tshuə̠^{24}

木雅语石棉话 tshʅ^{35}

纳木依语倮坡话 χa^{31} tsɿ^{33} tsɿ^{55}

普米语九龙话 wo^{35}；ɣo^{35}

普米语兰坪话 ɣo^{55}

羌语曲谷话 zəʂku̥

羌语蒲溪话 zeka

羌语麻窝话 zəʂkuə

却域语尤拉西话 xue^{55}

史兴语兰满话 xu^{55} mi^{55}

西夏语 tsej；ɕiwə^{1}

扎坝语扎拖话 ʐa^{33} pha^{55}

（12）牦牛

尔龚语道孚话 ʁjɑ；qrə

尔苏语则拉话 bu^{33} khɯ^{53}；hĩ^{33} mæ^{53}

贵琼语麦崩话 ja^{55}

嘉戎语卓克基话 kə brə

木雅语六巴话 ndʐõ^{53}

拉坞戎语观音桥话 ʁbro^{53}

拉坞戎语业隆话 ʁbro^{55}

木雅语石棉话 ŋgu^{35}ɦo^{35}（公牦牛）

纳木依语倮坡话　bu^{53}；bu^{55} mi^{53}
普米语九龙话　ʐuɐ^{35}
普米语兰坪话　jo^{55}
普米语鲁甸话　ruʌ^{55}
普米语箐花话　ʐuɐ^{55}
普米语三岩龙话　ruɐ^{53}
普米语桃巴话　ruɐ^{53}
普米语拖七话　ruɐ^{53}
普米语新营盘话　ruɐ^{55}
普米语左所话　ruɐ^{53}
羌语曲谷话　ʐwə
羌语麻窝话　ʁuɹbu
却域语尤拉西话　bra^{55}；ʁja^{55}
史兴语兰满话　bõ^{33} ra^{33} wu^{53}；bo^{33} mi^{53},
扎坝语扎拖话　ptʂʅ^{55}；ʑi^{55}

（13）犏牛
尔龚语道孚话　xə；zu
尔苏语则拉话　ndzuo^{33} zʉ^{53}；ndzuo^{33} mæ^{53}
贵琼语麦崩话　zɔ^{35}
嘉戎语卓克基话　tə jiɑ
拉坞戎语观音桥话　Li^{53}（公的），vzəɣ^{55}（母的）
拉坞戎语业隆话　ti^{33}la^{55}（公的）,vzuk^{55}（母的）
木雅语六巴话　zi^{53} zə^{53} mɑ^{53}
纳木依语倮坡话　zʉ^{55} ɣə^{31}；zʉ^{55} ɣə^{31} mi^{53}
普米语九龙话　dzø^{35}
普米语兰坪话　dzo^{13} quɑ^{35}
普米语鲁甸话　dzü^{13}
普米语箐花话　dzo^{13}
普米语三岩龙话　dzo^{55}

普米语桃巴话　　dzo^{35}
普米语拖七话　　dzui^{55}
普米语新营盘话　　tsiu^{55}
普米语左所话　　dzui^{55}
羌语曲谷话　　xɕehæ̃
羌语麻窝话　　khɕi
却域语尤拉西话　　zye^{13}
史兴语兰满话　　giæ^{53}；tsyi^{53}
扎坝语扎拖话　　a^{33} ʂko^{55}；zo^{55}

（14）驴

尔龚语道孚话　　krə
尔苏语则拉话　　ku^{33} liu^{53}
贵琼语麦崩话　　ku^{55} ʐu^{55}
嘉戎语卓克基话　　lɑ pki
拉坞戎语观音桥话　　buŋ^{33} və^{55}
拉坞戎语观音桥话　　ʁbə^{55} lə^{33}
拉坞戎语业隆话　　la^{33} pɣi^{55}
拉坞戎语业隆话　　ndvo^{33} vo^{53}
木雅语六巴话　　ɣə^{33} pə^{53}
木雅语石棉话　　Su^{33}phu^{55}tɕi^{55}
纳木依语倮坡话　　ku^{33} əɹ^{35}
普米语九龙话　　tə̃^{35} py^{55}
普米语兰坪话　　tʃo^{13} li^{55}
羌语曲谷话　　dʐewe
羌语蒲溪话　　dʐɑbɑ
羌语麻窝话　　dʐaβa
却域语尤拉西话　　po^{13} ŋgɯ^{55}
史兴语兰满话　　thõ^{33} rõ^{53}
西夏语　　ljɪ̣^{2}；we^{2}

扎坝语扎拖话	ku^{55} ʐu^{33}

（15）黄牛

尔龚语道孚话	pə ke；ŋə mɛ
尔苏语则拉话	ŋu^{33} zʉ^{53}；ŋu^{33} mæ^{53}
贵琼语麦崩话	ȵ̥i^{35}
嘉戎语卓克基话	bo lɑ
拉坞戎语观音桥话	bu53
拉坞戎语业隆话	Bu^{33} la^{55}
木雅语六巴话	bə^{33} lɐ^{24}；ŋuə^{53} mɑ^{53}
木雅语石棉话	ŋu^{33}ɦo^{55}（公黄牛）
纳木依语倮坡话	li^{55} ɣə^{53}；ɣə^{31} mi^{55}
普米语九龙话	kuɐ^{33}
普米语兰坪话	m̥iɑ^{13} quɑ^{55}
普米语鲁甸话	kuᴀ^{55}
普米语箐花话	m̥ia^{13} qka^{55}
普米语三岩龙话	kuᴀ^{53}
普米语桃巴话	kuɐ^{53}
普米语拖七话	kuᴀ^{53}
普米语新营盘话	kuᴀ^{55}
普米语左所话	kuᴀ^{53}
羌语曲谷话	suʁu
羌语蒲溪话	ʐmɑm
羌语麻窝话	səʁu
却域语尤拉西话	ba^{13} rge^{55}；a^{13} nda^{55}
史兴语兰满话	ʐu^{33} bɐ^{53}；wu^{55} mi^{33}
扎坝语扎拖话	ʃo^{55} pu^{55}；ji^{33} mi^{55}

（16）马

尔龚语道孚话	rɣi

尔苏语则拉话	nboɹ^{35}
贵琼语麦崩话	mbu^{35}
嘉戎语二岗理话	mbro
嘉戎语日部话	mbrɐ
嘉戎语卓克基话	mbro
拉坞戎语观音桥话	bre^{55}
拉坞戎语业隆话	bro^{55}
木雅语六巴话	ɣui^{53}
木雅语石棉话	Ti^{35}
纳木依语倮坡话	mo^{53}
普米语九龙话	ʐuẽ^{35}
普米语兰坪话	zgyɛ̃^{13}
普米语鲁甸话	ɣue^{13}
普米语箐花话	sgyɛ^{13}
普米语三岩龙话	guẽ^{13}
普米语桃巴话	ɣuẽ^{35}
普米语拖七话	guẽ^{13}
普米语新营盘话	guẽ^{13}
普米语左所话	guẽ^{13}
羌语曲谷话	wuɹ
羌语蒲溪话	ʐu
羌语麻窝话	ɹu
却域语尤拉西话	bre^{13}
史兴语兰满话	rõ^{35}
西夏语	rjar^{2}；lji̩^{2}；rjijr^{1}
扎坝语扎拖话	mdʐo^{13}；mbʐo^{13}

（17）骡子

尔龚语道孚话	xtɛ
尔苏语则拉话	tæ^{53}

贵琼语麦崩话	lɔ^{31} tsə^{55}
嘉戎语二岗理话	tɐ-rko
嘉戎语日部话	tɐ-rkɐ
嘉戎语卓克基话	tɐ rkɐ
拉坞戎语观音桥话	ta^{33} rka^{53}
拉坞戎语业隆话	ta^{33} rka^{53}
木雅语六巴话	thɐ^{24}
木雅语石棉话	thi^{35}
纳木依语倮坡话	nga^{35}
普米语九龙话	tʂy^{35}
普米语兰坪话	dʐe^{13}
羌语曲谷话	keɹtɕi
羌语麻窝话	tʂə
却域语尤拉西话	tʂe^{13}
史兴语兰满话	tyi^{53}
西夏语	tja̩^{1}
扎坝语扎拖话	tʂʅ^{13}

（18）绵羊

尔龚语道孚话	lɑ ʁɑ
尔苏语则拉话	ȵu^{35}
贵琼语麦崩话	tɕhɑ̃^{31}
嘉戎语卓克基话	kə jo
拉坞戎语观音桥话	ʁje^{53}
拉坞戎语业隆话	ʁjo^{55}
木雅语六巴话	ʁa^{53}
木雅语石棉话	ᴀ^{55}
纳木依语倮坡话	jo^{55}
普米语九龙话	ʒõ^{35}
普米语兰坪话	ʒɑ̃u^{55}

普米语鲁甸话	ʐũ55
普米语箐花话	ʒãu55
普米语三岩龙话	ʐõ55
普米语桃巴话	ʐA̅55
普米语拖七话	ʐõ55
普米语新营盘话	ʐõ55
普米语左所话	ʐõ55
羌语曲谷话	ɳ̥oəɹwu
羌语麻窝话	ɳ̥u
却域语尤拉西话	ʑe13
史兴语兰满话	ʔɛ̃53
西夏语	·jij2
扎坝语扎拖话	gu55

（19）山羊

尔龚语道孚话	tshɛ；tɛ pu
尔苏语则拉话	tshe35
贵琼语麦崩话	tɕhi55
嘉戎语卓克基话	tʃhət
拉坞戎语观音桥话	tshɛ55
拉坞戎语业隆话	tshet55
木雅语六巴话	tshə53
木雅语石棉话	Zu55
纳木依语倮坡话	tshɿ35
普米语九龙话	tshɿ55
普米语兰坪话	tshɤ55
普米语鲁甸话	tshi55
普米语箐花话	tshɤ55
普米语三岩龙话	tshï53
普米语桃巴话	tɕhĩ35 dʐA35

普米语拖七话　tshə^{53}
普米语新营盘话　tshə^{55}
普米语左所话　tshï^{53}
羌语曲谷话　khəɹwe
羌语蒲溪话　ʨha
羌语麻窝话　ʦha
却域语尤拉西话　tshɛ^{55}
史兴语兰满话　tshʅ^{53}
西夏语　rar^{1}；tshjɪ^{1}
扎坝语扎拖话　tɕhɛ^{13}

（20）猪
尔龚语道孚话　va
尔苏语则拉话　ɣu^{35}；pha^{31}
贵琼语麦崩话　pha^{55}
嘉戎语卓克基话　pɑk
木雅语六巴话　ʑy^{24}；sɐ^{53}
木雅语石棉话　pha^{55}
纳木依语倮坡话　væ^{31}
普米语九龙话　tɕə^{35}；tɕyə^{35}
普米语兰坪话　phʃɑ^{13}
羌语曲谷话　pie
羌语蒲溪话　pie
羌语麻窝话　pi
却域语尤拉西话　ve^{13}
史兴语兰满话　bi^{35}
西夏语　wa^{1}
扎坝语扎拖话　va^{55}

（21）狗

尔龚语道孚话　kə ta

尔苏语则拉话　tɕhu^{53}

贵琼语麦崩话　khu^{55}

嘉戎语二岗理话　kə to

嘉戎语日部话　ku ᴢᴇ

嘉戎语卓克基话　khə nɑ

拉坞戎语观音桥话　kə^{55} ta^{55}；khə^{55}

拉坞戎语业隆话　khe^{33} ne^{55}

木雅语六巴话　khuə^{53}

木雅语石棉话　ʨhi^{35}

纳木依语倮坡话　tʂhʅ^{31}

普米语九龙话　khi^{55}

普米语兰坪话　tʂhə^{13}

普米语鲁甸话　tɕhe^{13}

普米语箐花话　tʂhə^{13}

普米语三岩龙话　khi^{53}

普米语桃巴话　khɯ^{35} dʐʌ^{35}

普米语拖七话　tʂhə^{13}

普米语新营盘话　tɕhə^{13}

普米语左所话　tʂhï^{13}

羌语曲谷话　khuə

羌语蒲溪话　khue

羌语麻窝话　khuə

却域语尤拉西话　ʃtʃhi^{55}

史兴语兰满话　khuɐ^{53} ȵi^{33}

西夏语　khjwɪ^{1}

扎坝语扎拖话　khʌ^{13}

（22）猫

尔龚语道孚话　tsə lə

尔苏语则拉话　mu^{33} tsɿ^{53}

贵琼语麦崩话　ŋa^{55} wũ^{55}

嘉戎语二岗理话　ȵɑ ʁo

嘉戎语日部话　lɐ qɑ

嘉戎语卓克基话　to ru

拉坞戎语观音桥话　to^{55} rə^{55}

拉坞戎语业隆话　to^{33} ru^{55}

木雅语六巴话　tsə̱^{55} lə^{53}

木雅语石棉话　tsʉ^{55}lo^{55}

纳木依语倮坡话　χa^{31} la^{53}

普米语九龙话　mu^{11} ȵi^{55}；mə^{11}ni^{55}

普米语兰坪话　mɐ^{13} tsə^{55}

普米语鲁甸话　mə^{13} li^{55}

普米语箐花话　mə^{13} tsə^{55}

普米语三岩龙话　mɐ^{13} tsï^{55}

普米语桃巴话　mʌ^{35} tsə^{55}

普米语拖七话　mɐ^{13} tsə^{55}

普米语新营盘话　mə^{13} tsə^{55}

普米语左所话　mɐ^{13} tsï^{13}

羌语曲谷话　puȵu

羌语蒲溪话　man

羌语麻窝话　lutɕi

却域语尤拉西话　mu^{13} ȵi^{55}

史兴语兰满话　a^{33} zɿ^{53}；mɐ^{33} zɿ^{53}

西夏语　bioo^{1}；ʑji^{1}

扎坝语扎拖话　mi^{55} tsɿ^{55}

（23）兔子

尔龚语道孚话	rve qe
尔苏语则拉话	mi³³ tsɿ⁵³
贵琼语麦崩话	zə³⁵ kũ⁵⁵
嘉戎语二岗理话	ʁle
嘉戎语日部话	rə ʁuŋ
嘉戎语卓克基话	ka lɑ
拉坞戎语观音桥话	ɣli⁵⁵；ɣla³³ tɕo⁵³
拉坞戎语业隆话	ɣle⁵⁵
木雅语六巴话	ri³³ βø⁵³
木雅语石棉话	
纳木依语倮坡话	thuo⁵⁵ li⁵³
普米语九龙话	ɬi¹³ tsɿ⁵⁵
普米语兰坪话	ɬy¹³ tsə⁵⁵
普米语鲁甸话	ɬu¹³ tsi⁵⁵
普米语箐花话	ɬy¹³ tsə⁵⁵
普米语三岩龙话	tho¹³ li¹³
普米语桃巴话	tho³⁵ li³⁵
普米语拖七话	rə¹³ kõ⁵⁵
普米语新营盘话	tho¹³ tsə⁵⁵
普米语左所话	tho¹³ li¹³
羌语曲谷话	zəts qupu
羌语蒲溪话	zdə gugu
羌语麻窝话	ɣʤə
却域语尤拉西话	ɬi¹³
史兴语兰满话	thu⁵³ lu³³
西夏语	ljɪ²；·o²
扎坝语扎拖话	si³³ pu⁵⁵ ta³³

（24）鸡

尔龚语道孚话 ɣra

尔苏语则拉话 ɣua^{35}

贵琼语麦崩话 na^{31}

嘉戎语卓克基话 pkɑ tʃu

拉坞戎语观音桥话 pa^{33} ku^{55}

拉坞戎语业隆话 Pa^{33} ku^{55}

木雅语六巴话 u^{55} ɣi^{33}

木雅语石棉话 vəɹ^{55}

纳木依语倮坡话 ɦiæɹ^{53}

普米语九龙话 ʐo^{35}

普米语兰坪话 ʐo^{55}

羌语曲谷话 jy

羌语蒲溪话 la

羌语麻窝话 tɕiwə

却域语尤拉西话 rdʑa^{13} bʑa^{55}

史兴语兰满话 ra^{35}

西夏语 wor^{1}；·jaar^{2}

扎坝语扎拖话 ptsia^{33}

（25）鸟

尔龚语道孚话 vdʑɛ vdʑu

尔苏语则拉话 bʑe^{33} xua^{53}

贵琼语麦崩话 phʉ^{55} wu^{55}

嘉戎语卓克基话 pɑ tsɑ

拉坞戎语观音桥话 ɣbjem^{53} bja^{55}

拉坞戎语业隆话 ɣbjəm^{55}

木雅语六巴话 ndʑe^{55} ɦu^{33}

木雅语石棉话 Vu^{55}zə^{55}

纳木依语倮坡话 ge^{55} zɿ^{55}

普米语九龙话	dʑẽ^{35}；dʑa^{11}dʑẽ^{55}
普米语兰坪话	gue^{13} tsi^{55}
普米语鲁甸话	gə^{13} tsi^{55}
普米语箐花话	gue^{13} tsi^{55}
普米语三岩龙话	gue^{13} tɕi^{13}
普米语桃巴话	guɛ^{35} tɕi^{35}
普米语拖七话	guɛ^{13} tɕi^{13}
普米语新营盘话	guə^{13} tsi^{55}
普米语左所话	guə^{13} tɕi^{13}
羌语曲谷话	jytshu
羌语蒲溪话	jy tsha
羌语麻窝话	wə
却域语尤拉西话	ɕe^{55} bʑi^{33}
史兴语兰满话	dʑyæ^{53}
西夏语	dʑjwow^{1}；we^{1}
扎坝语扎拖话	ptsia^{33} ptsi^{55}

（26）布谷鸟

尔龚语道孚话	ku ku
尔苏语则拉话	kæ^{33} pu^{53}
嘉戎语卓克基话	khuk tut
拉坞戎语观音桥话	lɣɑɣ^{55}
拉坞戎语业隆话	ku^{33} xtut^{55}
木雅语六巴话	kə^{55} ku^{33}
木雅语石棉话	ko^{55}pu^{55}
纳木依语倮坡话	qa^{55} pu^{31}
普米语九龙话	kɯ^{11} pu^{55}
普米语兰坪话	qei^{55} pu^{13}
羌语曲谷话	kup puku
羌语麻窝话	qeput

却域语尤拉西话	ku^{55} ku^{33}
史兴语兰满话	ku^{53} pʊ^{33}
扎坝语扎拖话	go^{55}

（27）猫头鹰

尔龚语道孚话	khʉ
尔苏语则拉话	khu^{33} mu^{53}
贵琼语麦崩话	wʉ^{35} pʉ^{55}
嘉戎语二岗理话	qho
嘉戎语日部话	pu ku
嘉戎语卓克基话	pkɑ khu
拉坞戎语观音桥话	qho^{55}
拉坞戎语业隆话	qho^{55}
木雅语六巴话	khu^{55} mbə^{33} sə^{55} ɣø^{53}
木雅语石棉话	xu^{55}xu^{55}
纳木依语倮坡话	zuo^{31} ŋuo^{55}
普米语九龙话	khɑ̃^{35}
普米语兰坪话	u^{55} u^{55}
普米语鲁甸话	ku^{13} ku^{55}
普米语箐花话	ɣu^{55} ɣu^{55}
普米语三岩龙话	mu^{55} ju^{55}
普米语桃巴话	mu^{55} ju^{53}
普米语拖七话	mu^{55} ju^{53}
普米语新营盘话	ɦu^{55} ɦu^{55}
普米语左所话	khiõ^{13}
羌语曲谷话	juχu̥
羌语蒲溪话	jy kho
羌语麻窝话	nəχl̥əbɑlɑ
却域语尤拉西话	khu^{55} lu^{55} xu^{33}
史兴语兰满话	pha^{33} wũ^{53}

扎坝语扎拖话	khu^{55} po^{55} lo^{33}

（28）乌鸦

尔龚语道孚话	kɑ ʁ̥e
尔苏语则拉话	kua^{33} li^{53}
贵琼语麦崩话	ka^{35} li^{55}
嘉戎语二岗理话	qɑ bi
嘉戎语日部话	qɑ rɐ；pho rok
嘉戎语卓克基话	ki
拉坞戎语观音桥话	qɑ^{33} di^{53}
拉坞戎语业隆话	qa^{33} di^{55}
木雅语六巴话	qa^{33} ra^{53}
木雅语石棉话	ka^{33}ta^{53}
纳木依语倮坡话	la^{53} quo^{31}
普米语九龙话	qɑ^{11} lɛi^{55}
普米语兰坪话	go^{13} i^{13}
普米语鲁甸话	ko^{13} ji^{13}
普米语箐花话	go^{13} i^{13}
普米语三岩龙话	khʌ^{55} tʌ^{53}
普米语桃巴话	kuɐ^{35} jo^{35}
普米语拖七话	kuə^{13} jo^{55}
普米语新营盘话	go^{13} je^{55}
普米语左所话	ko^{13} ji^{13}
羌语曲谷话	noʁo
羌语蒲溪话	meŋɑ;neŋɑ
羌语麻窝话	ʂtɕɑku
却域语尤拉西话	qa^{33} lə^{55}；phu^{55} ro^{55}
史兴语兰满话	qhu^{55} la^{33}
西夏语	·jow^{2}；njaa^{1}
扎坝语扎拖话	kha^{55} ji^{33}

（29）喜鹊

尔龚语道孚话	skhja
尔苏语则拉话	$tʂhæ^{33}$ $tʂhæ^{53}$
贵琼语麦崩话	kua^{35} sa^{55}
嘉戎语卓克基话	sɑ khi cçɐk cçɐk
拉坞戎语观音桥话	qa^{55} $rcçha^{33}$
拉坞戎语业隆话	kar^{55} $tɕhuaq^{33}$
木雅语六巴话	$tʂa^{55}$ $tʂa^{53}$
木雅语石棉话	$tɕa^{33}tɕa^{55}$
纳木依语倮坡话	$tʂha^{33}$ $tʂha^{55}$
普米语九龙话	$tɕe^{55}$ $tɕe^{55}$
普米语兰坪话	$ʃtʃɛ^{13}$ $ʃtʃa^{55}$
普米语鲁甸话	$ʂə^{55}$ $ʂə^{55}$
普米语箐花话	$stʃɛ^{13}$ $stʃa^{55}$
普米语三岩龙话	$tɕɛ^{13}$ $tɕɛ^{13}$
普米语桃巴话	$kā^{35}$ $tə^{55}$
普米语拖七话	$kõ^{13}$ $tə^{53}$
普米语新营盘话	$tɕᴀ^{13}$ $tɕᴀ^{55}$
普米语左所话	$kõ^{13}$ $tə^{53}$
羌语曲谷话	ɕtɕeɕtɕaq
羌语蒲溪话	ɕtɕi ɕtɕaqe
羌语麻窝话	qɑɹqɑɹ
却域语尤拉西话	$ɕa^{55}$ $ʁa^{55}$
史兴语兰满话	$tʂa^{33}$ $tʂa^{53}$
西夏语	$khia^{2}$
扎坝语扎拖话	$və^{13}$ $cça^{55}$ $cça^{55}$

（30）麻雀

尔龚语道孚话	ɣzə
尔苏语则拉话	xua^{33} $jʉ^{53}$

贵琼语麦崩话	tshə^{55} tsə^{31}
嘉戎语二岗理话	pje zi
嘉戎语日部话	cçim pʁɐ tʃhə
嘉戎语卓克基话	pɑ tsɑ
拉坞戎语观音桥话	pji^{55} zi^{55}
拉坞戎语业隆话	pik^{33} zi^{55}
木雅语六巴话	tɕhe^{55} βu^{33} u^{55} zə^{53}
木雅语石棉话	vu^{33}zʅ^{55}
纳木依语倮坡话	ge^{55} zʅ^{55} a^{31} tsʅ^{55}
普米语九龙话	wə^{11} tsi^{55}
普米语兰坪话	gɯ^{55} ʂɑ^{13}
普米语鲁甸话	gə^{13} dʐʌ^{13}
普米语箐花话	gɯ^{55} ʂa^{13}
普米语三岩龙话	gə^{13} bi^{53}
普米语桃巴话	guɛ^{35} tɕi^{35}
普米语拖七话	guɛ^{13} tɕi^{13}
普米语新营盘话	gə^{13} tsi^{55}
普米语左所话	bø^{13} fu^{13}
羌语曲谷话	ʁujy
羌语蒲溪话	jy tsha
羌语麻窝话	ʁewə
却域语尤拉西话	ɣo^{13} tɕhy^{33}
史兴语兰满话	dʑyæ^{33} mi^{53}
西夏语	we^{1}；so^{2}
扎坝语扎拖话	və^{55} zə^{55}

（31）蝙蝠

尔龚语道孚话	ʂta ɬa
尔苏语则拉话	ji^{53} ɕi^{53} kæ^{33} li^{33}
贵琼语麦崩话	kə^{35} tsə^{55} phɔ̃^{55}

嘉戎语日部话　ʁɑ və rvᴇ

嘉戎语卓克基话　mbər rwɑ

拉坞戎语观音桥话　va^{33} rzə^{55}

拉坞戎语业隆话　ʁve^{55} rvu^{55}

木雅语六巴话　ʁuə̠^{53} dʑi^{33}

木雅语石棉话　ŋgə^{33}zʅ^{55}

纳木依语倮坡话　jæ^{35} lao^{53} ʂuei^{53}

普米语九龙话　pɑ^{55} pɑ^{55}

普米语兰坪话　tɕɑ^{55} fpy^{13}

普米语鲁甸话　ɬi^{55} tsi^{13} fᴀ^{13} fᴀ^{55}

普米语箐花话　tɕa^{55} spy^{13}

普米语三岩龙话　ʐũ^{13} ʐï^{55} pᴀ^{13} pᴀ^{55}

普米语桃巴话　ɕõ^{35} gue^{55} pᴀ^{55} pᴀ^{55}

普米语拖七话　ɕõ^{13} pᴀ^{13} pᴀ^{55}

普米语新营盘话　ɕõ^{13} pᴀ^{13}

普米语左所话　rõ^{13} tsu^{55} phɛ^{53}

羌语曲谷话　putɕipala

却域语尤拉西话　mɳa^{55}

史兴语兰满话　dʑi^{55} wu^{53}

西夏语　rjur^{2}

扎坝语扎拖话　ptsia^{55} ma^{33} tsi^{33}

（32）龙

尔龚语道孚话　ndʐu；nbru

尔苏语则拉话　ji^{53} nbu^{53}

贵琼语麦崩话　ndʐu^{35}

嘉戎语二岗理话　mbrək

嘉戎语日部话　mbro ʁlok

嘉戎语卓克基话　tɑ rmok

拉坞戎语观音桥话　ʁjə^{55} mbrəɣ^{33}

拉坞戎语业隆话	mbruk^{55}
木雅语六巴话	ndʐu^{53}
木雅语石棉话	ndə^{55}
纳木依语倮坡话	lu^{55} əɹ^{31}
普米语兰坪话	ɕi^{55}
普米语鲁甸话	dʐu^{13}
普米语箐花话	ɕi^{55}
普米语三岩龙话	bʐo^{55}
普米语桃巴话	bʐo^{55}
普米语拖七话	bʐu^{55}
普米语新营盘话	bʐou^{55}
普米语左所话	bʐəu^{55}
羌语曲谷话	ɕuɹwu̥
羌语蒲溪话	ʐbu
却域语尤拉西话	mdʐy^{13}
史兴语兰满话	mʉ^{33} dʑyɐ^{53}
西夏语	we^{1}
扎坝语扎拖话	mtʂə^{55}

（33）蛇

尔龚语道孚话	mtʂhi；mphri
尔苏语则拉话	bɯ^{33} ɣɯɹ^{35}
贵琼语麦崩话	tʂu^{35}
嘉戎语卓克基话	khɑ brᴇ
拉坞戎语观音桥话	bə^{55} rə^{33}
拉坞戎语业隆话	bi^{33} ri^{55}
木雅语六巴话	ro^{53}
木雅语石棉话	lo^{55}
纳木依语倮坡话	bəəɹ^{53}
普米语九龙话	bu^{11} ʐɛi^{55}

普米语兰坪话 bɐ^{13} ʐɑ^{55}
普米语鲁甸话 bᴀ^{13} rᴀ^{13}
普米语箐花话 bɐ^{13} ʐa^{55}
普米语三岩龙话 bu^{13} rei^{53}
普米语桃巴话 bɐ^{35} re^{53}
普米语拖七话 bɐ^{13} rei^{55}
普米语新营盘话 bə^{13} rei^{55}
普米语左所话 pu^{13} rei^{53}
羌语曲谷话 bəs
羌语蒲溪话 bawu
羌语麻窝话 bəs
却域语尤拉西话 pə^{55} rɛ^{55}
史兴语兰满话 bɐ^{33} ru^{53}
西夏语 phio^{2}
扎坝语扎拖话 tʂʌ^{33} ptʂʅ^{55}

（34）鱼
尔龚语道孚话 ʁjə
尔苏语则拉话 ȵæ^{35}
贵琼语麦崩话 tʃə^{55} ni^{55}
嘉戎语卓克基话 pʃəu jo
拉坞戎语观音桥话 ʁdə^{33} ju^{55}
拉坞戎语业隆话 roq^{55} jo^{33}
木雅语六巴话 ʁuə̠^{53}
木雅语石棉话 vʉ^{55}
纳木依语倮坡话 zu^{55}
普米语九龙话 dʑɯ^{35}
普米语兰坪话 dʒə^{55}
普米语鲁甸话 dʒə^{55}
普米语箐花话 dʒə^{55}

普米语三岩龙话	dʑɨ^{53}
普米语桃巴话	dʑɨ^{53}
普米语拖七话	dʑɨ^{53}
普米语新营盘话	dʒə^{55}
普米语左所话	dʑɨ^{53}
羌语曲谷话	ʁzə
羌语蒲溪话	ʁəi
羌语麻窝话	ʁdʑə
却域语尤拉西话	n̥a^{13}
史兴语兰满话	ʔu^{53}
西夏语	ʑju^{2}
扎坝语扎拖话	dʑy^{13}

（35）虫

尔龚语道孚话	ba bə
尔苏语则拉话	be^{33} dʑi^{53}
贵琼语麦崩话	mbu^{35} ha^{55}；mbu^{35} sə^{33}
嘉戎语二岗理话	mbə ndʑo
嘉戎语日部话	tɑ-mbə
嘉戎语卓克基话	kə lu
拉坞戎语观音桥话	bə^{55} jo^{33}
拉坞戎语业隆话	ku^{33} lu^{55}
木雅语六巴话	mbə^{33} tʂɑ^{24}
木雅语石棉话	mbu^{33}ta^{55}
纳木依语倮坡话	bu^{55} dʑi^{31}
普米语九龙话	bu^{35}
普米语兰坪话	bu^{55}
普米语鲁甸话	bu^{55}
普米语箐花话	bu^{55}
普米语三岩龙话	bu^{55}

普米语桃巴话　bu^{55}
普米语拖七话　bu^{53}
普米语新营盘话　bu^{55}
普米语左所话　bu^{53}
羌语曲谷话　biʑi
羌语蒲溪话　bolo
羌语麻窝话　bulu
却域语尤拉西话　pu^{55} tʃa^{31}
史兴语兰满话　bʉ^{33} lɐ^{55}
西夏语　bə^{2}
扎坝语扎拖话　po^{33} pi^{55}

（36）蛆
尔龚语道孚话　ɕhɛ bə
尔苏语则拉话　hĩ^{33} mæ^{53}
贵琼语麦崩话　mə^{35} sə^{55} mbu^{35} ʐu^{55}
嘉戎语卓克基话　tə phʃᴇ kə lu
木雅语六巴话　mbə^{55} ʁo^{33}；ʂə^{53} mbə^{33} tʂɑ^{33}
木雅语石棉话　mbo^{55}do^{55}
纳木依语倮坡话　lu^{35}
普米语九龙话　liõ^{35}
普米语兰坪话　m̥ã^{13}
普米语鲁甸话　rũ^{55}
普米语箐花话　m̥ã^{13}
普米语三岩龙话　lõ^{55}
普米语桃巴话　lõ^{53}
普米语拖七话　lõ^{55}
普米语新营盘话　lõ^{55}
普米语左所话　lõ^{55}
羌语曲谷话　biʑi

羌语麻窝话 qhʂəbulu

却域语尤拉西话 pu^{55} rlo^{55}

史兴语兰满话 rũ^{53}

西夏语 bə^{2}；lu̩^{1}

扎坝语扎拖话 lo^{13}

（37）蚯蚓

尔龚语道孚话 ɕhɑ ndʑu

尔苏语则拉话 ȵi^{33} nkhuo^{53} be^{33} dʑi^{31}

贵琼语麦崩话 mbu^{35} di^{55}

嘉戎语卓克基话 khɐ rdə lu

拉坞戎语观音桥话 χtɕhe^{55} bə^{55} dʑa^{33}

拉坞戎语业隆话 qar^{33} di^{55} ku^{55} lu^{55}

木雅语六巴话 rɐ^{53} mbə^{33} tʂɑ^{33}

木雅语石棉话 ȵəɹ^{55}mbu^{33}ta^{55}

纳木依语倮坡话 bu^{55} tsɿ^{55}

普米语九龙话 bu^{11} dɑ^{55} tsɛ^{55} li^{11}

普米语兰坪话 bu^{13} dɑ^{55}

普米语鲁甸话 bu^{13} dᴀ^{13}

普米语箐花话 bu^{13} da^{55}

普米语三岩龙话 bu^{13} ȵe^{53}

普米语桃巴话 bʉ^{55} rə̃^{55}

普米语拖七话 bʉ^{55} ku^{53}

普米语新营盘话 bu^{13} dᴀ^{13}

普米语左所话 tɕhi^{13} ʂᴀ̄^{55} tsï^{53}

羌语曲谷话 mo:du biʑi

羌语蒲溪话 ʥoʥo belie

羌语麻窝话 qhsɑbulu

却域语尤拉西话 sɛ^{33} ndʒo^{13}

史兴语兰满话 ki^{55} wu^{55} lɐ^{53}

扎坝语扎拖话　tsɿ^{55} pə^{55} ti^{33}

（38）苍蝇

尔龚语道孚话　vu za

尔苏语则拉话　be^{33} hĩ^{53}

贵琼语麦崩话　mbu^{35} hɔ̃^{55}；mbu^{35} jɔ̃^{55}

嘉戎语卓克基话　kə wɐs

拉坞戎语观音桥话　ɣva^{55} za^{55}

拉坞戎语业隆话　ɣvəs^{55}

木雅语六巴话　u^{33} zæ^{53}

木雅语石棉话　zɿ^{55}la^{55}

纳木依语倮坡话　ʁuo^{31} pæ^{53}

普米语九龙话　pɯi^{11} tsɿ^{55}

普米语兰坪话　phʃi^{13} tsə^{55}

普米语鲁甸话　pi^{13} tsi^{55}

普米语箐花话　phʒi^{13} tsə^{55}

普米语三岩龙话　pe^{13} dzï^{53}

普米语桃巴话　tɕi^{35} tsə^{35}

普米语拖七话　dʑə^{13} tsə^{53}

普米语新营盘话　dʑu^{13} tsi^{55}

普米语左所话　tɕhue^{13} tsï^{53}

羌语曲谷话　buȵu

羌语蒲溪话　beɕy

羌语麻窝话　bəp

却域语尤拉西话　pu^{55} ɕa^{55}

史兴语兰满话　bʉ^{55} zɿ^{33}

西夏语　mə^{2}；tsji^{2}

扎坝语扎拖话　po^{33} jo^{55}

（39）蚊子

尔苏语则拉话	ʂua^{33} nphʑi^{53}
贵琼语麦崩话	tshɑ̃^{55}
嘉戎语卓克基话	wɐs stsɐ
拉坞戎语观音桥话	xsje^{33} ɣva^{33} za^{53}
拉坞戎语业隆话	pau^{55} sai^{33}
木雅语六巴话	tɕuæ̃^{33} tɕhə^{53}
木雅语石棉话	Pu^{55}tsha^{55}
纳木依语倮坡话	ʁuo^{31} pæ^{53}
普米语九龙话	tɕo^{11} phi^{55}
普米语兰坪话	tʃhɛ^{13} fphø^{13}
普米语鲁甸话	dʑə^{13} fu^{13}
普米语箐花话	tʃhɛ^{13} sphø^{13}
普米语三岩龙话	tɕə^{13} phø^{13}
普米语桃巴话	tɕyɛ^{35} pø^{35}
普米语拖七话	tɕə^{13} phø^{13}
普米语新营盘话	dʑe^{13} phø^{13}
普米语左所话	tɕu^{13} phu^{13}
羌语曲谷话	bumbaq
羌语蒲溪话	wentsə
羌语麻窝话	bəpqəzi
却域语尤拉西话	phɛ^{33} rvə^{55}
史兴语兰满话	rõ^{55} ma^{33}
西夏语	sjij^{1}；tsji^{2}
扎坝语扎拖话	pho^{33} mɛ^{55}

（40）蜘蛛

尔龚语道孚话	a mbə
尔苏语则拉话	kæ^{55} əɹ^{53}
贵琼语麦崩话	tʂuɔ^{35} kɔ^{55} ʐɔ^{55}

嘉戎语二岗理话　　qhɑ ɕnɑ
嘉戎语日部话　　ʁɑ sn̥ək
嘉戎语卓克基话　　khɑ ʃnɑ
拉坞戎语观音桥话　　qhɛ^{33} sn̥ɑ^{55}
拉坞戎语业隆话　　qha^{33} sna^{55}
木雅语六巴话　　ji^{55} mɐ^{53} qɑ^{33} rɑ^{33}
木雅语石棉话　　kuaɹ^{55}mi^{55}mi^{55}
纳木依语倮坡话　　tʂe^{31} tʂu^{55}
普米语九龙话　　bu^{35} qɑ^{55} ʐõ^{11}
普米语兰坪话　　bɐ^{13} dʒõ^{55}
普米语鲁甸话　　bᴀ^{13} ko^{55}
普米语箐花话　　bɐ^{13} dʒõ^{55}
普米语三岩龙话　　bu^{13} dʐũ^{53}
普米语桃巴话　　bʉ^{35} kɯ^{35} rᴀ^{53}
普米语拖七话　　bə^{13} kᴀ^{13} rõ^{55}
普米语新营盘话　　bu^{13} gʐõ^{55}
普米语左所话　　bu^{13} rõ^{55} tɕhõ^{53}
羌语曲谷话　　tʂhəʂ miep
羌语蒲溪话　　tʂhətʂhə
羌语麻窝话　　tʂhəʂ
却域语尤拉西话　　qa^{13} ra^{55}
史兴语兰满话　　bɐ^{33} lɐ^{33} kha^{33} da^{53}
西夏语　　tsjṳ^{1}
扎坝语扎拖话　　ka^{33} ʐa^{55} mi^{33}

（41）臭虫

尔龚语道孚话　　ndʐi ɕho
尔苏语则拉话　　tʂhəu^{35} tshuŋ^{31}
贵琼语麦崩话　　ndʒi^{35} ʃə^{55}
嘉戎语二岗理话　　ndʐi ɕo

嘉戎语日部话	ndʐi ɕək
嘉戎语卓克基话	mdʐə ʃək
拉坞戎语观音桥话	ndʐi^{55} ɕɑu^{33}
拉坞戎语业隆话	dʑaŋ^{33} səˀr^{53}
木雅语六巴话	ndʐe^{33} ɕi^{53}
木雅语石棉话	tshɿ^{55}phu^{55}
纳木依语倮坡话	qæ^{53} bu^{31}
普米语兰坪话	dʐo^{55} ʃə^{55}
普米语鲁甸话	dʐu^{13} ʂi^{55}
普米语箐花话	dʐo^{55} ʃə^{55}
普米语三岩龙话	ku^{55} ɕi^{53}
普米语桃巴话	dʑA̅^{55} ɕi^{55}
普米语拖七话	ku^{55} ɕi^{53}
普米语新营盘话	kuʌ^{55} ɕi^{55}
普米语左所话	ko^{55} ɕi^{53}
羌语曲谷话	tʂhəutʂhuŋ
羌语麻窝话	dʑuxtʂ
却域语尤拉西话	ndʐe^{13} ʃi^{55}
史兴语兰满话	miæ^{55} ɕæ^{55}
扎坝语扎拖话	ndʐɿ^{55} ɕi^{55}

（42）虱子

尔龚语道孚话	ɕo
尔苏语则拉话	ʂu^{33} mæ^{53}
贵琼语麦崩话	ʃə^{31}
嘉戎语二岗理话	tɕhoɣ
嘉戎语日部话	sɛr
嘉戎语卓克基话	sor
拉坞戎语观音桥话	sɛr^{55}
拉坞戎语业隆话	so^{33} ru^{55}

木雅语六巴话	tshə^{55} mɑ^{53}
木雅语石棉话	tshɿ^{33}mi^{55}
纳木依语倮坡话	ʂu^{55}
普米语九龙话	ɕi^{55}
普米语兰坪话	ʃi^{55}
普米语鲁甸话	ʂi^{55}
普米语箐花话	ʃi^{55}
普米语三岩龙话	ɕi^{53}
普米语桃巴话	ɕi^{53}
普米语拖七话	ɕi^{53}
普米语新营盘话	ɕi^{55}
普米语左所话	ɕi^{53}
羌语曲谷话	xtʂə
羌语蒲溪话	χtʂə
羌语麻窝话	xtʂə
却域语尤拉西话	ʃi^{55}
史兴语兰满话	ɕæ^{55} mi^{55}
西夏语	ɕjiw^{2}
扎坝语扎拖话	ɕha^{13}

（43）虮子

尔龚语道孚话	ɕə
尔苏语则拉话	ʂu^{33} pe^{53} tshe^{31}
贵琼语麦崩话	wɑ^{31}
嘉戎语二岗理话	sə rə
嘉戎语日部话	ndʒi ri
嘉戎语卓克基话	ndʒə ru
拉坞戎语观音桥话	srə^{55}
拉坞戎语业隆话	dʑu^{33} ru^{55}
木雅语六巴话	tshə^{55} rə^{53}

木雅语石棉话　　tshi^{53}re^{33}va^{55}
纳木依语倮坡话　　ʂu^{55} æɹ^{55} ʁuo^{55}
普米语九龙话　　ɕi^{11} tsɿ^{11} ʐɑ^{55} qu^{11}
普米语兰坪话　　skhi^{55} tsə^{13}
普米语鲁甸话　　khi^{55} tsü^{55}
普米语箐花话　　skhi^{55} tsə^{55}
普米语三岩龙话　　tshi^{55} khi^{53}
普米语桃巴话　　khi^{55} tsə^{53}
普米语拖七话　　ɕi^{55} tsə^{53}
普米语新营盘话　　khi^{55} tsə^{55}
普米语左所话　　tʂhi^{55} tsï^{53}
羌语曲谷话　　xtʂəʐdʐụ
羌语蒲溪话　　ʁdʐu
羌语麻窝话　　xtʂiuɣdʐ
却域语尤拉西话　　ʂsi^{13}
史兴语兰满话　　ɕæ^{55} ʁu^{53}
西夏语　　ɕjụ^{1}
扎坝语扎拖话　　sʌ^{33} tsi^{55}

（44）跳蚤
尔龚语道孚话　　zɮu
尔苏语则拉话　　ɬe^{33}
贵琼语麦崩话　　ʒə^{35} wu^{33}
嘉戎语二岗理话　　sə
嘉戎语日部话　　mdzɐl ɟjə
嘉戎语卓克基话　　ndzɑ jᴇ
拉坞戎语观音桥话　　sə^{55}
拉坞戎语业隆话　　dza^{33} ji^{55}
木雅语六巴话　　rə̠^{33} tshi^{53}
木雅语石棉话　　ndʐə^{33}tshʅ^{55}

纳木依语倮坡话	nthuo^{33} zʅ^{31}
普米语九龙话	ɬɛi^{55}
普米语兰坪话	ɬa^{55}
普米语鲁甸话	ɬᴀ̄^{55}
普米语箐花话	ɬa^{55}
普米语三岩龙话	ɬei^{53}
普米语桃巴话	ɬe^{53}
普米语拖七话	ɬei^{53}
普米语新营盘话	ɬei^{55}
普米语左所话	ɬei^{53}
羌语曲谷话	tsun
羌语蒲溪话	χtsolo
羌语麻窝话	tsun
却域语尤拉西话	ɬlɯ^{13}；sɬɯ^{13}
史兴语兰满话	rua^{55} mi^{33}
西夏语	lə^{2}
扎坝语扎拖话	sʌ^{33} phi^{55}

（45）蚂蟥

尔苏语则拉话	nbi^{35}
贵琼语麦崩话	ma^{55} xuɑ̃^{31}
嘉戎语卓克基话	smon mbɐ kə lu
木雅语六巴话	tsæ^{55} mbø^{55}
普米语九龙话	phɛ^{35}；bə^{35}
普米语兰坪话	fphã^{13}
羌语曲谷话	ma χuan
羌语麻窝话	bulu
史兴语兰满话	mbi^{33}
西夏语	bə^{2}；zjɪɪr^{2}；bə^{2}

（46）蚂蚁

尔龚语道孚话	skhro
尔苏语则拉话	bu^{33} əɹ^{53}
贵琼语麦崩话	mbu^{35} ha^{55}
嘉戎语卓克基话	kho rok
拉坞戎语观音桥话	skhrɑɣ^{53}
拉坞戎语业隆话	kho^{33} roq^{55}
木雅语六巴话	tʂuɑ^{24}
木雅语石棉话	su^{55}kua^{55}
纳木依语倮坡话	bu^{55} tsɿ^{55}
普米语九龙话	bu^{11} ʐø^{55}
普米语兰坪话	by^{55} zgie^{13}
普米语鲁甸话	bu^{55} ɣi^{55}
普米语箐花话	by^{55} sgie^{13}
普米语三岩龙话	bo^{13} ro^{13}
普米语桃巴话	bʉ^{55} rio^{55}
普米语拖七话	bu^{55} gəu^{53}
普米语新营盘话	bu^{13} ki^{13}
普米语左所话	bu^{13} kiu^{13}
羌语曲谷话	tɕiukhuə, mæhæ～
羌语蒲溪话	χtɕytʂhua
羌语麻窝话	tiuku
却域语尤拉西话	pu^{55} rye^{55} a^{55} ȵe^{55}
史兴语兰满话	tshɐ^{53} ru^{33}
西夏语	kjiwr^{1}
扎坝语扎拖话	po^{55} ʐo^{55}

（47）蜜蜂

尔龚语道孚话	rbu ma
尔苏语则拉话	bi^{35}

贵琼语麦崩话	wi^{35} tsi^{53}
嘉戎语二岗理话	vɐl ʒu
嘉戎语日部话	wu jɑ
嘉戎语卓克基话	mbɑ mbu
拉坞戎语观音桥话	rpi^{33} ɣva^{33} za^{55}
拉坞戎语业隆话	rpi^{55} lo^{55} vər^{55}
木雅语六巴话	mbə^{33} lø^{53}
木雅语石棉话	mbu^{55}le^{55}
纳木依语倮坡话	ndzɿ^{53}；nbzɿ^{53}
普米语九龙话	bi^{35} lĩ^{55}
普米语兰坪话	bʒɛ^{13} tʃə^{55}
普米语鲁甸话	dʑə^{13} tʂi^{55}
普米语箐花话	bʒɛ^{13} tʃə^{55}
普米语三岩龙话	dʐə^{55} gi^{53}
普米语桃巴话	dʑyɐ^{55} ɣio^{55}
普米语拖七话	dʑyə^{13} go^{55}
普米语新营盘话	dʑye^{13} tɕe^{55}
普米语左所话	dʑʌ^{55} kʌ^{53}
羌语曲谷话	bu
羌语蒲溪话	be
羌语麻窝话	bə
却域语尤拉西话	pʃa^{55}
史兴语兰满话	dʑɛ̃^{55} dʑyɐ^{33}
西夏语	bowr^{1}；ɕiwe^{1}
扎坝语扎拖话	tsɿ^{33} pu^{33} jo^{33}

（48）青蛙

尔龚语道孚话	spu ntɕhɛn
尔苏语则拉话	pi^{33} mæ^{53}
贵琼语麦崩话	bi^{35} pʉ^{55}

嘉戎语卓克基话	khɑ ʃpɑ
拉坞戎语观音桥话	span^{33} cçhɑ^{53}
拉坞戎语业隆话	kha^{33} ɕpa^{55}
木雅语六巴话	mbə^{53} mbɑ^{33}
木雅语石棉话	mbə^{33}mba^{55}
纳木依语倮坡话	pa^{33} mi^{55}
普米语九龙话	pɐ^{55} de^{55}
普米语兰坪话	fpɑ^{55}
羌语曲谷话	dzupi
羌语麻窝话	dzupi
却域语尤拉西话	spa^{13}
史兴语兰满话	pʊ^{55} mi^{33}
西夏语	piẹ̩^{1}
扎坝语扎拖话	pi^{33} tɕe^{55} kə^{33}

（49）蝌蚪

尔龚语道孚话	a mbə ɬle
尔苏语则拉话	pi^{33} mæ^{55} ɣuo^{33} n̥u^{33}
贵琼语麦崩话	pi^{31} tɕo^{35} tsə^{31}
嘉戎语卓克基话	tʃə pɑ li li
拉坞戎语观音桥话	ɣdə^{33} ɣvu^{55}
拉坞戎语业隆话	kha^{33} ɕpa^{55} sŋaq^{33}
木雅语六巴话	mbɑ^{33} ɦu^{55}
纳木依语倮坡话	pa^{33} mi^{55} æɹ^{55} ʁuo^{55}
普米语兰坪话	pɐ^{13} liu^{55}
普米语鲁甸话	py^{13} liu^{55}
普米语箐花话	pi^{55} liu^{55}
普米语三岩龙话	pɐ^{13} ɬiu^{53}
普米语桃巴话	pɐ^{35} ɬiu^{53}
普米语拖七话	pɐ^{13} ɬiu^{53}

普米语新营盘话	pe^{55} liu^{55}
普米语左所话	pɐ^{55} tʂï^{13} lɛ^{53}
羌语曲谷话	biaʁʐ
羌语麻窝话	zɑqəpɑtʂ
却域语尤拉西话	n̥a^{13} mu^{55} ŋɢa^{33} li^{33}
史兴语兰满话	ku^{55} pĩ^{33} li^{33}
西夏语	piə̣j^{2}
扎坝语扎拖话	pi^{33} lo^{55} lo^{33}

（50）犄角

尔龚语道孚话	qrə mbə
尔苏语则拉话	əɹ^{33} bu^{53}
贵琼语麦崩话	wi^{55}
嘉戎语二岗理话	zɐ^{ɹ}
嘉戎语日部话	tə-vzər
嘉戎语卓克基话	tə ru
拉坞戎语观音桥话	rə^{53}
拉坞戎语观音桥话	ə^{55} zər^{55}；zər^{55}
拉坞戎语业隆话	ru^{55}
拉坞戎语业隆话	ə^{33} zur^{55}
木雅语六巴话	tʂhə̱^{53}；tʂhə̱^{55} mbɐ^{53}
木雅语石棉话	tʂhə^{53}
纳木依语倮坡话	khu^{53} əɹ^{31}
普米语九龙话	tʂhu^{55} bø^{55}
普米语兰坪话	tʂhy^{55}
羌语曲谷话	ʐaq
羌语蒲溪话	mʐe
却域语尤拉西话	tʂhi^{55} mbə^{55}
史兴语兰满话	qhuɐ^{53}

西夏语 khiwə^{1}

扎坝语扎拖话 ʐʌ^{33} pə^{55}

（51）尾巴

尔龚语道孚话 rŋa ma

尔苏语则拉话 mu^{33} kəɹ^{53}

贵琼语麦崩话 mi^{55} kuɛ^{55}

嘉戎语卓克基话 tɐ jmi

拉坞戎语观音桥话 lmi^{53}

拉坞戎语业隆话 lmi^{55}

木雅语六巴话 mə^{24}

木雅语石棉话 mə^{35}

纳木依语倮坡话 mæ^{31} ku^{31}

普米语九龙话 mɛi^{31}；mã^{35}

普米语兰坪话 mɐ^{13} ɬɪɛ^{55}

普米语鲁甸话 mᴀ̄^{13} li^{55}

普米语箐花话 mɐ^{13} ɬiɛ^{55}

普米语三岩龙话 mɐ^{13} ɬiu^{53}

普米语桃巴话 mɐ^{35} ɬio^{35}

普米语拖七话 mɐ^{13} ɬiu^{53}

普米语新营盘话 mə^{13} ɬi^{55}

普米语左所话 mɐ^{13} ɬiu^{53}

羌语曲谷话 suku

羌语蒲溪话 suɑ

羌语麻窝话 suka

却域语尤拉西话 rnə^{13}

史兴语兰满话 m̥æ^{33} tsũ^{55}

西夏语 mjiij^{1}

扎坝语扎拖话 ʂɲ̥ʌ^{55} pʌ^{55} ti^{33}

4. 植物类

（1）小麦

尔龚语道孚话	ʁ̞e
尔苏语则拉话	ʂæ^{53}
贵琼语麦崩话	jɔ̃^{55}　ɕɛ̃^{55}
嘉戎语二岗理话	ʁjɯ
嘉戎语日部话	qɑ
嘉戎语卓克基话	ti
拉坞戎语观音桥话	ʁji^{53}
拉坞戎语业隆话	ʁji^{55}
木雅语六巴话	qø^{24}
木雅语石棉话	Si^{53}
纳木依语倮坡话	ʂu^{31}
普米语九龙话	ɕə^{35}
普米语兰坪话	ʃɐ^{55}
普米语鲁甸话	ʂɐ^{55}
普米语箐花话	ʃɐ^{55}
普米语三岩龙话	ɕə^{53}
普米语桃巴话	ɕə^{53}
普米语拖七话	ɕe^{53}
普米语新营盘话	ʂə^{55}
普米语左所话	ɕe^{13}　ji^{53}
羌语曲谷话	ʁlə
羌语蒲溪话	ʁle
羌语麻窝话	ʁlə
却域语尤拉西话	lɯ^{55}
史兴语兰满话	dʐʅ^{55}
西夏语	rer^{2}
扎坝语扎拖话	shi^{55}

（2）青稞

尔龚语道孚话	ɕi
尔苏语则拉话	ʂu53
贵琼语麦崩话	khi31
嘉戎语二岗理话	ɕə
嘉戎语日部话	tɑ-ʃə
嘉戎语卓克基话	swi
拉坞戎语观音桥话	ɕə 53
拉坞戎语业隆话	ɕi55
木雅语六巴话	ʂɑ24
木雅语石棉话	sua35
纳木依语倮坡话	zu55；lʉ55
普米语九龙话	kũ35 tsũ55
普米语兰坪话	na13；kõ13 tsõ55
羌语曲谷话	ʥə
羌语麻窝话	səβæ
却域语尤拉西话	ʃa55
史兴语兰满话	zũ55
扎坝语扎拖话	tsɿ55

（3）荞麦

尔龚语道孚话	brɛ və
尔苏语则拉话	ngi35；ji33 mu53
贵琼语麦崩话	ŋgi35
嘉戎语二岗理话	ɕor̥
嘉戎语日部话	ɕok
嘉戎语卓克基话	ʃok
拉坞戎语观音桥话	ɕɑɣ53
拉坞戎语业隆话	ɕok55
木雅语六巴话	sə55 rə53

木雅语石棉话	su^{33}vu^{55}
纳木依语倮坡话	ji^{31} qha^{53}
普米语九龙话	tʃɑ̃^{11} tɕɯ^{55}；tɕi^{11} mi^{55}
普米语兰坪话	tɑ̃u^{13} tʃə^{13}
羌语曲谷话	ʥə
羌语蒲溪话	ʥuɑʁuɑ
羌语麻窝话	ʥə
西夏语	ɣow^{1}
扎坝语扎拖话	mo^{33} mi^{55}

（4）豆

尔苏语则拉话	tu^{33} pɯ^{53}
贵琼语麦崩话	ȵo^{35}
拉坞戎语观音桥话	tu^{55}
拉坞戎语业隆话	tu^{55}
木雅语六巴话	də^{33} xə^{53}
木雅语石棉话	tu^{55}su^{55}（黄豆）
纳木依语倮坡话	nʉ^{55} lʉ^{31}
普米语九龙话	ȵo^{35}
普米语兰坪话	təu^{55} tsə^{55}；ȵiu^{55}
普米语鲁甸话	təu^{13} tsə^{55}
普米语箐花话	təu^{55} tsə^{55}
普米语三岩龙话	ȵũ^{55}
普米语桃巴话	ȵo^{53}
普米语拖七话	ȵũ^{55}
普米语新营盘话	ȵõ^{55}
普米语左所话	ȵũ^{55}
羌语曲谷话话	də
羌语蒲溪话	təutsə
羌语麻窝话	təɸu

却域语尤拉西话	mȵye^{55}
史兴语兰满话	nu^{33} nbæ^{55}
西夏语	dwu^{2}；ka^{2}

（5）树

尔龚语道孚话	lə phu
尔苏语则拉话	se^{33} pu^{53}
嘉戎语二岗理话	tshɐ pho
嘉戎语日部话	ɕɑŋ phu
嘉戎语卓克基话	ʃə phu
拉坞戎语观音桥话	sɛ^{33} pho^{53}
拉坞戎语业隆话	se^{33} χpho^{55}
木雅语六巴话	tshə^{33} pho^{24}
木雅语石棉话	tshu^{55}pho^{53}
纳木依语倮坡话	sɿ^{33} po^{55}
普米语九龙话	sẽ^{11} bũ^{55}
普米语兰坪话	siɛ̃^{13} vbõ^{55}
普米语鲁甸话	sẽ^{13} bõ^{55}
普米语箐花话	siɛ̃^{13} sbõ^{55}
普米语三岩龙话	sẽ^{13} pũ^{53}
普米语桃巴话	sẽ^{35} bõ^{35}
普米语拖七话	sẽ^{13} bõ^{55}
普米语新营盘话	sẽ^{13} bõ^{55}
普米语左所话	sẽ^{13} põ^{53}
羌语曲谷话	səɸ
羌语蒲溪话	pho
羌语麻窝话	phuəq
却域语尤拉西话	se^{55}
史兴语兰满话	sĩ^{55} põ^{33}
西夏语	sji^{1}；phu^{2}；bo^{1}

扎坝语扎拖话　　shɛ^{33} pu^{55}

（6）松树

尔龚语道孚话　　tɛ lə；thõ lə

尔苏语则拉话　　tɕhu^{53} pu^{53}

贵琼语麦崩话　　thɑ^{53} ka^{55} ʐa^{55}

嘉戎语二岗理话　　the le se

嘉戎语日部话　　tɑ-thɑ ɕɑŋ phu

嘉戎语卓克基话　　tho lo

拉坞戎语观音桥话　　ɣdɛ^{33} tɕhu^{33} se^{53}

拉坞戎语业隆话　　tɕhi^{33} se^{55}

木雅语六巴话　　thɑ^{53} tshə^{33}；thɑ^{53} pho^{53}

木雅语石棉话　　Tha^{33}tshɿ^{55}pha^{55}

纳木依语倮坡话　　thuo^{31} po^{31}

普米语九龙话　　thiẽ^{11} bũ^{55}

普米语兰坪话　　ʃtʃhɛ̃^{13} vbõ^{55}

普米语鲁甸话　　ɕĩ^{13} wũ^{55}

普米语箐花话　　stʃhɛ̃^{13} sbõ^{55}

普米语三岩龙话　　tɕhẽ^{13} pũ^{53}

普米语桃巴话　　ɕĩ^{35} bõ^{35}

普米语拖七话　　tɕhẽ^{13} bõ^{55}

普米语新营盘话　　tɕhẽ^{13} bõ^{55}

普米语左所话　　tɕhẽ^{13} põ^{53}

羌语曲谷话　　ɕipie

羌语麻窝话　　phuəq

却域语尤拉西话　　ʃi^{55}

史兴语兰满话　　thũ^{53} sĩ^{33}

西夏语　　ljɪ^{1}；phu^{2}

扎坝语扎拖话　　tho^{33} pu^{55}

（7）竹子

尔龚语道孚话　ʁɮə
尔苏语则拉话　ȵ̊i^{53}
贵琼语麦崩话　mɛ^{55}
嘉戎语二岗理话　ʁju
嘉戎语日部话　sȵuŋ mᴇ
嘉戎语卓克基话　ɟjo
拉坞戎语观音桥话　ʁju^{53}
拉坞戎语业隆话　ʁji^{55} se^{33}
木雅语六巴话　rə^{33} mbə^{55} tɕø^{53}
木雅语石棉话　tu^{35}
纳木依语倮坡话　ma^{35}
普米语九龙话　mɐ^{35}
普米语兰坪话　mʐɐ^{55}
普米语鲁甸话　mɐ^{55}
普米语箐花话　mʐɐ^{55}
普米语三岩龙话　mɐ^{53}
普米语桃巴话　mɐ^{53}
普米语拖七话　mɐ^{53}
普米语新营盘话　mɐ^{55}
普米语左所话　mɐ^{53}
羌语曲谷话　ʂ̥pu
羌语蒲溪话　χpu
羌语麻窝话　ʂ̥pu
却域语尤拉西话　lam^{55}；lma^{55}
史兴语兰满话　miæ^{55}
西夏语　lhjụ^{2}
扎坝语扎拖话　mɛ^{55}

（8）藤子

尔苏语则拉话	tshɿ^{33} ba^{53}
贵琼语麦崩话	pã^{31} tɑ̃^{55}
嘉戎语卓克基话	thən tsə
拉坞戎语观音桥话	ʁji^{55} bre^{55}
拉坞戎语业隆话	zan^{33} ndʐe^{55}
木雅语六巴话	bæ^{53}
木雅语石棉话	tsha^{55}
纳木依语倮坡话	ȵa^{33} bo^{55}
普米语九龙话	ʐũ^{35} ʐɛ^{55}
普米语兰坪话	ȵa^{13} nã^{13}
羌语曲谷话	kum
羌语蒲溪话	bʐile
史兴语兰满话	sa^{33} ra^{55}

（9）花椒

尔龚语道孚话	ɬtshav
尔苏语则拉话	tshu^{53}
贵琼语麦崩话	tsɑ̃^{55} mɑ̃^{55}
嘉戎语卓克基话	ndzɑ rtsɑ
拉坞戎语观音桥话	rtshav^{55}
拉坞戎语业隆话	rtshap^{55}
木雅语六巴话	zɐ^{53}
木雅语石棉话	ʥi^{33}pha^{55}（花椒树）
纳木依语倮坡话	dzʉ^{31}
普米语九龙话	se^{55}
普米语兰坪话	xuɑ^{55} tɕɑu^{55}
羌语曲谷话	tshiɦĩ
羌语蒲溪话	tshen
羌语麻窝话	tshaχi

却域语尤拉西话	ʂsɛ^{55}
史兴语兰满话	tsi^{53}
扎坝语扎拖话	ʂtsɛ^{33} ɕʌ^{55}

（10）蒜

尔龚语道孚话	skə
尔苏语则拉话	fu^{33} khuæ^{53}
贵琼语麦崩话	ʂu^{55}
嘉戎语二岗理话	skɐ lou
嘉戎语日部话	cçəm skuə
嘉戎语卓克基话	tʃəm ʃko
拉坞戎语观音桥话	skɛ^{33} lɑɣ^{53}
拉坞戎语业隆话	jem^{33} ɕku^{55}
木雅语六巴话	kuə^{55} mə^{53}
木雅语石棉话	suã^{13}
纳木依语倮坡话	fu^{31}
普米语兰坪话	skɯ^{55}
普米语鲁甸话	xɯ^{55}
普米语箐花话	skɯ^{55}
普米语三岩龙话	kə^{53}
普米语桃巴话	xɨ^{53}
普米语拖七话	kɯ^{53}
普米语新营盘话	kə^{55}
普米语左所话	kɯ^{53}
羌语曲谷话	tɕitsqha
羌语蒲溪话	ʂketu
羌语麻窝话	tɕiʂk
却域语尤拉西话	ɕy^{55}
史兴语兰满话	kuɐ^{53}
西夏语	kju̩^{1}；tɕhiow

扎坝语扎拖话	ku^{33} po^{55} lo^{33}

（11）蘑菇

尔龚语道孚话	lmo
尔苏语则拉话	$hũ^{55}$
贵琼语麦崩话	$ʒə^{35}$ tsi^{55}；$ɕa^{55}$ mu^{55}
嘉戎语卓克基话	mdzə rnu
拉坞戎语观音桥话	$lmɑɣ^{55}$
拉坞戎语业隆话	$lmok^{55}$
木雅语六巴话	mi^{33} $tɕha^{53}$
木雅语石棉话	$mə^{13}$
纳木依语倮坡话	mu^{31} $tʂha^{55}$
普米语九龙话	$mỹ^{35}$
普米语兰坪话	$mʐ̩i^{13}$
羌语曲谷话	mujy
羌语蒲溪话	məɹwu
羌语麻窝话	mərə
却域语尤拉西话	$lmɯ^{55}$；$rmɯ^{55}$
史兴语兰满话	mu^{35}
扎坝语扎拖话	$m̥ʌ^{13}$

（12）苎麻

尔龚语道孚话	sha mə ra tsa
尔苏语则拉话	tse^{53}
贵琼语麦崩话	khu^{55} $ʃə^{55}$
嘉戎语二岗理话	skhi
嘉戎语日部话	tɑ-sɑ
嘉戎语卓克基话	tɑ sɑ
拉坞戎语观音桥话	$ltshi^{55}$
拉坞戎语业隆话	$ltshi^{55}$

木雅语六巴话	tsha^{53}
木雅语石棉话	sa^{55}
纳木依语倮坡话	sa^{31}
普米语九龙话	so^{35}
普米语兰坪话	sɑu^{13}
普米语鲁甸话	sɐ^{13}
普米语箐花话	sau^{13}
普米语三岩龙话	sɐ^{13}
普米语桃巴话	so^{35}
普米语拖七话	sʌu^{13}
普米语新营盘话	sʌu^{13}
普米语左所话	sɐ^{13}
羌语曲谷话	su
羌语蒲溪话	sɑ
羌语麻窝话	su
史兴语兰满话	sa^{53}
西夏语	se^{1}
扎坝语扎拖话	ʐɪ^{33} ptso^{55}

（13）柴

尔龚语道孚话	mə si
尔苏语则拉话	se^{35}
贵琼语麦崩话	sã^{31}
嘉戎语卓克基话	ʃᴇ
拉坞戎语观音桥话	se^{55}
拉坞戎语业隆话	se^{55}
木雅语六巴话	tshə^{33} rø^{53}
木雅语石棉话	tshu^{55}tu^{53}
纳木依语倮坡话	si^{35}
普米语九龙话	sẽ^{55}

普米语兰坪话	siɛ̃^{13}
羌语曲谷话	si
羌语蒲溪话	si
羌语麻窝话	si
却域语尤拉西话	se^{55}
史兴语兰满话	sĩ^{53}
扎坝语扎拖话	shɛ^{13}

（14）草

尔龚语道孚话	rŋə rŋa
尔苏语则拉话	ʐu^{35}；bu^{35}
贵琼语麦崩话	ɳ̠õ^{55}；ɳ̠õ^{31}
嘉戎语卓克基话	kɑ tsɑ
拉坞戎语观音桥话	lno^{55} ba^{55}
拉坞戎语业隆话	lna^{33} ba^{53}
木雅语六巴话	ɣu^{53}
木雅语石棉话	ɦu^{55}
纳木依语倮坡话	ʐu^{55}
普米语九龙话	ʐə̃^{35}
普米语兰坪话	zgiɑ̃u^{13}
羌语曲谷话话	hæ̃ɹŋw
羌语蒲溪话	ɕiχu
羌语麻窝话	dʐu
却域语尤拉西话	ry^{13}；ʁry
史兴语兰满话	ʑɪ^{55}
西夏语	ɕjɪʔ；kjii^{1}
扎坝语扎拖话	tʂu^{13}

（15）穗

尔龚语道孚话	sɲ̟o lmɛ

尔苏语则拉话	dʑi^{53}
嘉戎语卓克基话	tə mpor
拉坞戎语观音桥话	snəm^{53}
拉坞戎语业隆话	ɕnam^{55}
木雅语六巴话	te^{55} mɑ^{53}
纳木依语倮坡话	nbi^{35}
普米语九龙话	n̥ẽ^{55}
普米语兰坪话	n̥iə^{55}
羌语曲谷话	ɕtɕəq
羌语蒲溪话	ɕtɕe
羌语麻窝话	sitiaq
却域语尤拉西话	ɕȵoŋ^{13}
史兴语兰满话	hã^{53} ȵi^{33}
西夏语	nio̧^{2}
扎坝语扎拖话	ne^{33} dʑi^{55}

（16）叶子

尔龚语道孚话	lba lə
尔苏语则拉话	se^{33} phʑæ^{53}
贵琼语麦崩话	je^{55} je^{55}；pa^{55} pa^{55}
嘉戎语二岗理话	phɑ lɑ
嘉戎语日部话	tɐl vʁɑk
嘉戎语卓克基话	tɐi wɐk
拉坞戎语观音桥话	lphɑ^{55} lɑ^{55}
拉坞戎语业隆话	lphaq^{55}
木雅语六巴话	lo^{33} mɑ^{55}
木雅语石棉话	tɕhi^{55}tsɿ^{53}
纳木依语倮坡话	sɿ^{33} phsɿ^{53}
普米语九龙话	pɑ^{55}
普米语兰坪话	sɐ^{13} fpɑ^{55}

普米语鲁甸话	sẽ^{13} phio^{55}
普米语箐花话	sɐ^{13} spa^{55}
普米语三岩龙话	sə^{13} pᴀ^{53}
普米语桃巴话	pᴀ^{35}
普米语拖七话	pᴀ^{53}
普米语新营盘话	sᴀ^{13} pᴀ^{55}
普米语左所话	pᴀ^{53}
羌语曲谷话	xtɕapa
羌语蒲溪话	pho tɕhe
羌语麻窝话	khɕɑq
却域语尤拉西话	ba^{13} la^{55}
史兴语兰满话	sĩ^{55} jyæ^{33}
西夏语	ba̩^{2}
扎坝语扎拖话	lo^{33} ma^{55}

（17）花

尔龚语道孚话	me to
尔苏语则拉话	mi^{33} tɕu^{53}；mi^{33} tuo^{53}
贵琼语麦崩话	mĩ^{31} tɔ^{55}
嘉戎语二岗理话	me tɑ
嘉戎语日部话	mᴇ tok
嘉戎语卓克基话	mən tok
拉坞戎语观音桥话	me^{33} tɑ^{53}
拉坞戎语业隆话	me^{33} toq^{55}
木雅语六巴话	mi^{33} to^{53}
木雅语石棉话	mo^{33}to^{55}
纳木依语倮坡话	mi^{55} tɕuo^{33}
普米语九龙话	pɐ^{11} tsɿ^{55}
普米语兰坪话	pɐ^{13} tsə^{55}
普米语鲁甸话	pɐ^{13} tsi^{55}

普米语鲁甸话	tʂhʌ^{55}
普米语箐花话	pɐ^{13} tsə^{55}
普米语箐花话	xua^{55} ti^{55}
普米语三岩龙话	pɐ^{13} tsï^{53}
普米语三岩龙话	tʂhʌ^{55} lo^{55}
普米语桃巴话	pɐ^{35} tsə^{53}
普米语桃巴话	tʂhɛ^{55} ro^{55}
普米语拖七话	pə^{13} tsə^{53}
普米语拖七话	tʂhʌ^{55} tʂhɛ^{55}
普米语新营盘话	pə^{13} tsə^{55}
普米语新营盘话	tʂhʌ^{55} nõ^{55}
普米语左所话	pɐ^{13} tsï^{53}
普米语左所话	tʂhʌ^{55} lo^{55}
羌语曲谷话	lapa
羌语蒲溪话	patsu
羌语麻窝话	lanpa
却域语尤拉西话	mu^{13} tye^{55}
史兴语兰满话	bu^{33} hu^{53}
西夏语	wja̩^{1}
扎坝语扎拖话	me^{33} to^{55}

（18）水果

尔龚语道孚话	ɕhõ tho
尔苏语则拉话	se^{33} sɿ^{53}
嘉戎语二岗理话	sɐ tɑ
嘉戎语日部话	ɕɑŋ tok
嘉戎语卓克基话	ʃəŋ tok
木雅语六巴话	mə^{55} mɑ^{33}
纳木依语倮坡话	sɿ^{55} pu^{31}
普米语九龙话	sẽ^{11} sy^{55}

普米语兰坪话　ku^{55} tʂu^{55}
羌语麻窝话　səɹəmi
却域语尤拉西话　ɕe^{55} tye^{55} ri^{13} ro^{33}
史兴语兰满话　dʑyɐ^{53} dʑyɐ^{33} a^{33} ki^{33}
西夏语　dew^{2}；mjaa^{1}
扎坝语扎拖话　shɛ^{33} ɕʌ^{55}

（19）果核
尔龚语道孚话　ʂqhə cçha
尔苏语则拉话　kuo^{33} mæ^{53}
贵琼语麦崩话　kui^{55} jɑ̃^{31}
嘉戎语卓克基话　wui mo
拉坞戎语观音桥话　ɕe^{33} rə^{53}
拉坞戎语业隆话　Rvi^{55}
木雅语六巴话　ndʐɐ^{33} bu^{55}
木雅语石棉话　lu^{55}ku^{53}
纳木依语倮坡话　sɿ^{55} pu^{31} quo^{31}
普米语九龙话　phʐʅ^{55}
普米语兰坪话　phʂɑ^{55}
普米语鲁甸话　phʐᴀ^{55}
普米语箐花话　phʐa^{55}
普米语三岩龙话　phʐᴀ^{53}
普米语桃巴话　phʐᴀ^{53}
普米语拖七话　phʐᴀ^{53}
普米语新营盘话　phʐᴀ^{55}
普米语左所话　phʐᴀ^{53}
羌语曲谷话　zu
羌语麻窝话　zə
却域语尤拉西话　ɕe^{55} tye^{55} ʃə^{55} rə^{55}
史兴语兰满话　phiæ^{53}；qõ^{53}

扎坝语扎拖话	vʑʌ13

（20）种子

尔龚语道孚话	fɬhə
尔苏语则拉话	ɣɯɹ33 zʅ53
贵琼语麦崩话	tɕhyi55
嘉戎语二岗理话	rvə
嘉戎语日部话	tə-rvə
嘉戎语卓克基话	tə rpi
拉坞戎语观音桥话	rvə55
拉坞戎语业隆话	rvi55
木雅语六巴话	ɣə24
纳木依语倮坡话	ʐuo31 ʐʅ55
普米语九龙话	lɛi35
普米语兰坪话	la55
普米语鲁甸话	lᴀ̄13
普米语箐花话	la13
普米语三岩龙话	lɛi13
普米语桃巴话	le35
普米语拖七话	lɛi13
普米语新营盘话	lᴀ13
普米语左所话	le13
羌语曲谷话	zu
羌语麻窝话	tʃhaz
却域语尤拉西话	rlɯ55
史兴语兰满话	rua53
西夏语	sjwɪ1；ljwi1
扎坝语扎拖话	vʑʌ13

（21）芽

尔龚语道孚话　ɣə lmɛ si
尔苏语则拉话　dzʅ^{33} n̥i^{53}
贵琼语麦崩话　ja^{31} tsə^{55}
嘉戎语卓克基话　tɑ tsru
拉坞戎语观音桥话　ʁrn̥əm^{53}
拉坞戎语业隆话　ta^{33}tɕik^{55}
木雅语六巴话　tho^{55} ŋuə^{53}
木雅语石棉话　dʐə^{55}
纳木依语倮坡话　kæ^{33} læ^{53}
羌语曲谷话　phəq
羌语蒲溪话　jɑ
却域语尤拉西话　ʂtse^{55}
史兴语兰满话　ʁʊ^{35} tu^{53}
西夏语　ljij^{1}
扎坝语扎拖话　ŋʌ^{33} n̥ʌ^{55}

（22）刺儿

尔龚语道孚话　xtɕhə
尔苏语则拉话　tʂhʅ^{35}
贵琼语麦崩话　tsə^{31} ka^{55}
嘉戎语卓克基话　tə mdzo
拉坞戎语观音桥话　vdzu^{55}
拉坞戎语业隆话　vdzu^{55}
木雅语六巴话　tshuə̠^{53}
木雅语石棉话　tshʅ^{55}
纳木依语倮坡话　ntʂhʅ^{31}
普米语九龙话　tsu^{35}
普米语兰坪话　tsu^{55}
羌语曲谷话话　tshəma，tshama

羌语蒲溪话 tshu
羌语麻窝话 tshəp
却域语尤拉西话 tshi^{55}
史兴语兰满话 tshɐ^{53} ki^{33}
西夏语 ʑjuu^{1}
扎坝语扎拖话 tɕhẽ^{55} tɕhʌ^{55}

5. 人体器官类

（1）身体

尔龚语道孚话 ɣzu pu
尔苏语则拉话 zu^{33} pu^{53}
贵琼语麦崩话 li^{31} pu^{55};wɔ̃^{55} pu^{55}
嘉戎语二岗理话 lə rpu
嘉戎语日部话 tə-phoŋ mbə
嘉戎语卓克基话 tə skru
拉坞戎语观音桥话 lə^{33} spu^{55}
拉坞戎语业隆话 lə^{33} spu^{55}
木雅语六巴话 kho^{55} pɑ^{53};ly^{33} pu^{53}
木雅语石棉话 gə^{55}me^{55}le^{55}
纳木依语倮坡话 gu^{55} mi^{55}
普米语九龙话 phũ^{55} py^{55}
普米语兰坪话 gə^{13} m̥u^{13}
普米语鲁甸话 gə^{13} mu^{55}
普米语箐花话 gə^{13} m̥u^{13}
普米语三岩龙话 phõ^{55} pə^{53}
普米语桃巴话 ly^{35} pu^{53}
普米语拖七话 gu^{55} me^{53}
普米语新营盘话 giõ^{55} m̥e^{55}
普米语左所话 gõ^{55} mi^{53}
羌语曲谷话 pəŋʂ̥ə

羌语蒲溪话　ɕepəi

羌语麻窝话　kuti

却域语尤拉西话　lɛ^{13} po^{55}

史兴语兰满话　li^{33} ʂʅ^{33} pu^{53}

西夏语　kow^{1};gjṳ^{2};ljṳ^{2}

扎坝语扎拖话　zʅ^{33} pu^{55}

（2）头

尔龚语道孚话　ʁə

尔苏语则拉话　wu^{33} li^{53}

贵琼语麦崩话　wã^{31} jɛ̃^{55}

嘉戎语卓克基话　tɑ ko

拉坞戎语观音桥话　ʁu^{55}

拉坞戎语业隆话　wu^{55}

木雅语六巴话　ʁɐ̰^{53} lø^{33}

木雅语石棉话　ɐ^{55}ɭu^{33}

纳木依语倮坡话　ʁuo^{53} əɪ^{31} lʉ^{31}

普米语九龙话　qhuo^{55}

普米语兰坪话　qho^{55}

羌语曲谷话　qapɑtʂ

羌语蒲溪话　qeʐbe

羌语麻窝话　qəpɑtʂ

却域语尤拉西话　qho^{55}

史兴语兰满话　ʁʊ^{33} ˈqhʊ^{33} lu^{53}

西夏语　ljṳ^{2};ɣu^{1}

扎坝语扎拖话　gu^{13};gu^{33} po^{55} lo^{33}

（3）头发

尔龚语道孚话　ʁə rmi

尔苏语则拉话　tɕe^{31}

贵琼语麦崩话 ʐu^{31} pu^{55}

嘉戎语二岗理话 ʁe rme

嘉戎语日部话 tɑ-ku rmᴇ

嘉戎语卓克基话 tɑ ko rŋ̥ᴇ

拉坞戎语观音桥话 ʁə^{33} rmə^{55}

拉坞戎语业隆话 wu^{55} mər^{55} ma^{55}

木雅语六巴话 ʁɐ̱^{53} mo^{33}

木雅语石棉话 ɐ^{55}ma^{53}

纳木依语倮坡话 ʁuo^{53} hũ^{31}

普米语九龙话 qhuo^{11} mɛi^{35}

普米语兰坪话 qho^{55} ma^{55}

普米语鲁甸话 xo^{13} mᴀ̄^{55}

普米语箐花话 qho^{55} ma^{55}

普米语三岩龙话 khu^{55} mei^{53}

普米语桃巴话 khu^{55} mɛ̃^{53}

普米语拖七话 khu^{55} m̥ᴀ̄^{53}

普米语新营盘话 kho^{55} mᴀ̄^{55}

普米语左所话 khu^{55} mei^{53}

羌语曲谷话 qəŋw

羌语蒲溪话 qeʐbe

羌语麻窝话 qətɕu

却域语尤拉西话 qha^{55} m̥e^{33}

史兴语兰满话 ʁʊ^{33} mõ^{55}

西夏语 tswa^{1};ɣu^{1};piə̣j^{2}

扎坝语扎拖话 gu^{33} tshĩ^{55}

（4）脑髓

尔龚语道孚话 dva

尔苏语则拉话 nu^{53}

贵琼语麦崩话 le^{55} pũ^{55}

嘉戎语二岗理话	nɒk
嘉戎语日部话	te-rnok
嘉戎语卓克基话	tə rnok
拉坞戎语观音桥话	$naɣ^{53}$
拉坞戎语业隆话	wu^{33} nok^{55}
木雅语六巴话	ni^{24}
木雅语石棉话	ni^{35}
纳木依语倮坡话	$ʁuo^{55}$ $ɬʉ^{31}$
普米语九龙话	$nuɐ^{35}$
普米语兰坪话	$nɐ^{55}$
普米语鲁甸话	$nɐ^{13}$
普米语箐花话	$mɐ^{55}$
普米语三岩龙话	$nɐ^{13}$
普米语桃巴话	$nuɐ^{35}$
普米语拖七话	$nɐ^{13}$
普米语新营盘话	$nʌ^{13}$
普米语左所话	$nɐ^{13}$
羌语曲谷话	qeȵi
羌语蒲溪话	qeʑȵi
却域语尤拉西话	$rnuə^{55}$
史兴语兰满话	$ʁʊ^{33}$ $hu̠^{53}$
西夏语	lho
扎坝语扎拖话	$ʂno^{55}$；$n̥o^{55}$

（5）眼睛

尔苏语则拉话	$nduo^{33}$ se^{53}
贵琼语麦崩话	$ȵɑ^{35}$
嘉戎语二岗理话	mək
嘉戎语日部话	tə-mȵɑk
嘉戎语卓克基话	tə mȵɑk

拉坞戎语观音桥话	mɑu^{53}
拉坞戎语业隆话	mək^{55} rqo^{55}
木雅语石棉话	mi^{55}
纳木依语倮坡话	miæ^{53} lʉ^{31}
普米语九龙话	ȵə^{35}
普米语兰坪话	miɑ^{55}
羌语曲谷话	ȵoəɹpu,mi:
羌语蒲溪话	bzə
羌语麻窝话	qən
却域语尤拉西话	mȵe^{55}
史兴语兰满话	ȵɐ^{33} jĩ^{55}
扎坝语扎拖话	ȵa^{55}

（6）鼻子

尔龚语道孚话	sni
尔苏语则拉话	ki^{33} mu^{53}
贵琼语麦崩话	ȵə^{55} kũ^{55}
嘉戎语二岗理话	sne
嘉戎语日部话	tə-sȵiy̥
嘉戎语卓克基话	tə ʃnɑ
拉坞戎语观音桥话	sni^{53}
拉坞戎语业隆话	sne^{55}
木雅语六巴话	sə^{53}
木雅语石棉话	sə̃^{55}mbə^{53}
纳木依语倮坡话	ȵi^{31} nga^{55}
普米语九龙话	ȵ̊ĩ^{11} gõ^{35}
普米语兰坪话	xiɛ̃^{13} dʒõ^{55}
普米语鲁甸话	n̥ə^{13} ɣõ^{55}
普米语箐花话	xiɛ^{13} dʒõ^{55}
普米语三岩龙话	ȵ̊i^{13} kiõ^{53}

普米语桃巴话　nə^{35} ɣiᴀ̄^{53}
普米语拖七话　n̥ᴀ^{13} gõ^{55}
普米语新营盘话　n̥i^{13} dʑõ^{55}
普米语左所话　n̥ə^{13} kiõ^{53}
羌语曲谷话　stuəts
羌语蒲溪话　χəm paqa
羌语麻窝话　stɤq
却域语尤拉西话　ɕȵi^{55}
史兴语兰满话　ȵɐ^{53} qõ^{33}
西夏语　njii^{2}
扎坝语扎拖话　ȵu^{33} cçu^{55}

（7）耳朵
尔龚语道孚话　ȵə
尔苏语则拉话　na^{53} pi^{53}
贵琼语麦崩话　nɔ^{35};nɑu^{35}
嘉戎语卓克基话　tə rnɑ
拉坞戎语观音桥话　ȵu^{53}
拉坞戎语业隆话　ni^{55}
木雅语六巴话　ȵuə^{24}
木雅语石棉话　ȵæ^{35}
纳木依语倮坡话　ʔhĩ^{31} pæ^{55}
普米语九龙话　nə^{55} tsu^{55}
普米语兰坪话　na^{55} dʒo^{55}
普米语鲁甸话　ȵe^{55} dʐu^{55}
普米语箐花话　na^{55} dʒo^{55}
普米语三岩龙话　nɐ^{55} dʑu^{53}
普米语桃巴话　nɐ^{55} pɐ^{53}
普米语拖七话　ɬe^{13} dʑu^{53}
普米语新营盘话　nə^{13} dʑo^{55}

普米语左所话	ɬi^{13} tɕu^{53}
羌语曲谷话	ȵikụ
羌语蒲溪话	ŋka
羌语麻窝话	nəku
却域语尤拉西话	rȵi^{55}
史兴语兰满话	ɬɐ^{55} jy^{53}
西夏语	nju^{1}
扎坝语扎拖话	ȵ̥ʌ^{33} ʐa^{55}

（8）舌头

尔龚语道孚话	vɮɛ
尔苏语则拉话	ti^{53} pi^{53}
贵琼语麦崩话	dʐə^{35}
嘉戎语卓克基话	tə ʃmᴇ
拉坞戎语观音桥话	sȵi^{55}
拉坞戎语业隆话	sȵi^{55}
木雅语六巴话	rɐ^{24}
木雅语石棉话	tæ^{33}væ^{53}
纳木依语倮坡话	ji^{33} ɬæ^{53}
普米语九龙话	ɬə^{55}
普米语兰坪话	ɬie^{55} qho^{55}
普米语鲁甸话	ɬe^{55}
普米语箐花话	ɬie^{55} qho^{55}
普米语三岩龙话	ɬe^{53}
普米语桃巴话	ɬiɛ^{53}
普米语拖七话	ɬe^{53}
普米语新营盘话	ɬe^{55}
普米语左所话	ɬe^{53}
羌语曲谷话	zəq
羌语蒲溪话	zəqe

羌语麻窝话　zəq
却域语尤拉西话　ɬli^{55}
史兴语兰满话　ʂʅ^{53}
西夏语　lhjwa^{1}
扎坝语扎拖话　di^{33}

（9）牙齿
尔龚语道孚话　ɕə
尔苏语则拉话　fu^{35}
贵琼语麦崩话　xui^{55}
嘉戎语卓克基话　tə swɑ
拉坞戎语观音桥话　ɕɣi^{53}
拉坞戎语业隆话　ɕɣi^{55}
木雅语六巴话　xuə^{24}
木雅语石棉话　sʅ^{35}
纳木依语倮坡话　xi^{31}；xə^{31}
普米语九龙话　xui^{55}
普米语兰坪话　ʂy^{55}
普米语鲁甸话　ʂo^{55}
普米语箐花话　ʂy^{55}
普米语三岩龙话　ʂuei^{53}
普米语桃巴话　ʂʉ^{53}
普米语拖七话　ʂʉ^{53}
普米语新营盘话　ʂʐuə^{55}
普米语左所话　ʂü^{53}
羌语曲谷话　ʂuə
羌语蒲溪话　suə
羌语麻窝话　ʂə
却域语尤拉西话　ski^{55}
史兴语兰满话　wuɐ^{53}

西夏语 ɕjwi^{1}；kowr^{2}；phə^{1}
扎坝语扎拖话 ʃu^{13}

（10）手

尔龚语道孚话 ɮa
尔苏语则拉话 le^{33} pi^{53}
贵琼语麦崩话 kuɔ^{55}
嘉戎语卓克基话 tɐ jɐk
拉坞戎语观音桥话 jɑɣ^{55}
拉坞戎语业隆话 jek^{55}
木雅语六巴话 ɣi^{53}
木雅语石棉话 ti^{55}ge^{53}
纳木依语倮坡话 læ^{31} kæ^{31}
普米语九龙话 jə^{13};ja^{13}
普米语兰坪话 ʒɛ^{13}
羌语曲谷话 japa
羌语蒲溪话 ji
羌语麻窝话 dʒəpɑ
却域语尤拉西话 le^{55} pa^{55}
史兴语兰满话 li^{35}
西夏语 ɕjwa^{1};lạ^{1}
扎坝语扎拖话 ja^{33} pa^{55}

（11）手指甲

尔龚语道孚话 ldzə；nɛ ldzə
尔苏语则拉话 le^{33} tsa^{53}
贵琼语麦崩话 kuɔ^{55} ɕɛ̃^{55}
嘉戎语卓克基话 tɑ ndzru
拉坞戎语观音桥话 tho^{33} vɣər^{53} pa^{33}
木雅语六巴话 ra^{33} ndza^{55}

木雅语石棉话	ta^{33}ndza^{55}mi^{55}
纳木依语倮坡话	læ^{31} ȵi^{31} tʂʅ^{33} qo^{55}
普米语九龙话	dʒã^{35}
普米语兰坪话	ʒdʒã^{13}
普米语鲁甸话	xᴀ^{55} dzï^{55} kᴀ^{13} kᴀ^{55}
普米语箐花话	quɑ^{55} bu^{55}
普米语三岩龙话	bu^{13} tʂuᴀ^{55}
普米语桃巴话	bu^{35} kuᴀ^{53}
普米语拖七话	bu^{13} dʑy^{53}
普米语新营盘话	xᴀ^{55} ʐᴀ^{13} khu^{13} lᴀ^{13}
普米语左所话	bu^{13} pu^{13} tsï^{53}
羌语曲谷话	jis
羌语蒲溪话	jisi
羌语麻窝话	ɣdʒəsi
却域语尤拉西话	ʂtsɛ^{13} ɕȵi^{55}
史兴语兰满话	li^{33} ȵĭ^{33} tʂɛ̃^{53}
西夏语	dzji̩^{1}
扎坝语扎拖话	ja^{33} dzi^{55}

（12）拳头

尔龚语道孚话	rɣə
尔苏语则拉话	luo^{33} tsu^{53} ku^{33} lʉ^{33}
贵琼语麦崩话	kuɔ^{55}
嘉戎语二岗理话	tə-ʁə
嘉戎语日部话	tɑ-nkət
嘉戎语卓克基话	tɑ rkut
木雅语六巴话	rɐ^{24} tshə^{33} kua^{33} lø^{33}
木雅语石棉话	tu^{33}ʦu^{55}ku^{55}lu^{53}
纳木依语倮坡话	tiŋ^{35} tsʅ^{31}
普米语兰坪话	dɑu^{55} lɑu^{13}

普米语鲁甸话	ʐʌ^{13} tʂhuə^{55}
普米语箐花话	ʒɛ^{13} ko^{13} ʐu^{55}
普米语三岩龙话	ʐɛ^{13} wu^{55} lo^{53}
普米语桃巴话	ʐɛ^{35} liõ^{55}
普米语拖七话	ʐɛ^{13} lõ^{55}
普米语新营盘话	ʐʌ^{13} kə^{13} lõ^{13}
普米语左所话	ʐɛ^{13} tu^{13} lo^{53}
羌语曲谷话	juʂqul
羌语蒲溪话	χtʂuɳe
羌语麻窝话	ʐənthu
却域语尤拉西话	ʂkə^{33} pɔ^{13}
史兴语兰满话	li^{33} qɐ^{33} ʂʅ^{53}
扎坝语扎拖话	ʂkʌ^{55} tshe^{55}

（13）脚

尔龚语道孚话	ʂko
尔苏语则拉话	li^{33} phiæ^{53}
贵琼语麦崩话	ŋga^{35}
嘉戎语二岗理话	qɑ le
嘉戎语日部话	tə-mə
嘉戎语卓克基话	tɑ mᴇ
拉坞戎语观音桥话	gav^{55};qɑ^{33} li^{55}
拉坞戎语业隆话	gro^{55}
木雅语六巴话	ŋgɐ^{24}
木雅语石棉话	ŋgi^{33}gæ^{53}
纳木依语倮坡话	tʂhʅ^{53} tʂhʅ^{31}
普米语九龙话	tʂhʅ^{55}
普米语兰坪话	tʂhə^{55}
普米语鲁甸话	khʐə^{55}
普米语箐花话	tʂhə^{55}

普米语三岩龙话 tʂhï^{53}
普米语桃巴话 tʂhə^{53}
普米语拖七话 tʂhə^{53}
普米语新营盘话 khʐə^{55}
普米语左所话 tʂhï^{53}
羌语曲谷话 guaqa
羌语蒲溪话 dʑi
羌语麻窝话 dʒɑqu
却域语尤拉西话 ʂko^{55}
史兴语兰满话 khɐ^{55}
西夏语 kjaa^{1}; kjaa^{1}; dow^{2}
扎坝语扎拖话 tʂhʌ^{13}

（14）乳房
尔龚语道孚话 nu nu
尔苏语则拉话 dʐæ^{33} ȵʉ^{53}
贵琼语麦崩话 ni^{55} ni^{55}
嘉戎语二岗理话 no no
嘉戎语日部话 tə-noɣ
嘉戎语卓克基话 tə nu
拉坞戎语观音桥话 na^{33} no^{55}
拉坞戎语业隆话 nu^{33} nu^{55}
木雅语六巴话 nə^{33} nø^{24}
木雅语石棉话 ȵu^{55}ȵu^{53}
纳木依语倮坡话 ȵʉ^{33} ȵʉ^{55}
普米语九龙话 ny^{35}
普米语兰坪话 niɑu^{13} po^{13}
普米语鲁甸话 no^{13} po^{13}
普米语箐花话 niãu^{13} po^{13}
普米语三岩龙话 ȵõ^{13}

普米语桃巴话	ȵõ^{35}
普米语拖七话	ȵõ^{13}
普米语新营盘话	ȵõ^{13}
普米语左所话	ȵõ^{13}
羌语曲谷话	pa:pa
羌语蒲溪话	ȵyȵy
羌语麻窝话	pɑpɑ
却域语尤拉西话	nɯ^{13} mɯ^{55}
史兴语兰满话	ȵu^{53} ȵu^{33}
西夏语	new^{1};ner^{2}
扎坝语扎拖话	nə^{55} nə^{55}

（15）肛门

尔龚语道孚话	χsu
尔苏语则拉话	ʂuo^{53} ma^{53}
嘉戎语卓克基话	tɑ sop khɐi du
拉坞戎语观音桥话	qhɛ^{33} sə^{33} səv^{53}
拉坞戎语业隆话	ka^{55} sop^{55} sop^{55}
木雅语六巴话	tɕhø^{55} mbə^{53}
木雅语石棉话	sɿ^{33}tɕu^{33}lo^{55}
纳木依语倮坡话	tshɿ^{33} tshɿ^{33} qu^{55} tu^{31}
普米语兰坪话	su^{55} lõ^{55}； uɑ^{13} so^{55}
羌语曲谷话	χsuɹ
羌语蒲溪话	χʂə dʐo
羌语麻窝话	qhʂəʐu
却域语尤拉西话	tɕhi^{55} mbə^{55} tɕy^{13}
史兴语兰满话	bu^{55} mæ^{53}
西夏语	dʑjɪr^{2}
扎坝语扎拖话	she^{55} lɪ^{55} cçu^{55}

（16）男生殖器

尔龚语道孚话	xtsə
尔苏语则拉话	nbaɹ^{33} mu^{53}
贵琼语麦崩话	bie^{35} tsi^{33}
嘉戎语卓克基话	tə lɐm
木雅语六巴话	mba^{53}
木雅语石棉话	ʙa^{55}
纳木依语倮坡话	nbæ^{33}tshɿ^{55}sɿ^{55}ȵi^{33}ʁu^{33}
普米语九龙话	kuɯ^{35}
普米语兰坪话	skəu^{55}
羌语曲谷话	liaq
羌语蒲溪话	ʂtaqa
羌语麻窝话	bəɹəwutʃɑ
却域语尤拉西话	ɕto^{13}
史兴语兰满话	bæ^{33} tu^{53}
西夏语	thu^{2}
扎坝语扎拖话	ko^{55} ti^{55}

（17）女生殖器

尔龚语道孚话	stə
贵琼语麦崩话	ɕui^{55} tsi^{33}
嘉戎语卓克基话	tə ʃtu
木雅语六巴话	tə^{24}
木雅语石棉话	ba^{55}
纳木依语倮坡话	pa^{55} pa^{33} jæ^{35}
普米语九龙话	qa^{11} pha^{55}
普米语兰坪话	tiu^{55}
羌语曲谷话	phatʂu̥
羌语蒲溪话	ɕpi
羌语麻窝话	khaz

却域语尤拉西话	sue^{55}
史兴语兰满话	a^{33} bæ^{53}
西夏语	·ij^{1}
扎坝语扎拖话	nɟje^{55}

（18）心脏

尔龚语道孚话	zjar
尔苏语则拉话	ti^{53} mi^{53}
贵琼语麦崩话	tɔ̃^{31} tɔ̃^{55}
嘉戎语卓克基话	tə ʃnᴇ
木雅语六巴话	jɐ^{53}
木雅语石棉话	Ji^{35}
纳木依语倮坡话	ȵi^{33} mi^{55}
普米语九龙话	xuə^{55}
普米语兰坪话	skhyɛ^{55}
羌语曲谷话	xtɕijmi
羌语蒲溪话	ɕtɕe
羌语麻窝话	sti:mi
却域语尤拉西话	sme^{55} rmi^{33}
史兴语兰满话	ȵɐ^{53} mi^{33}
西夏语	njiij^{1}
扎坝语扎拖话	n̥ɛ^{13}；ʂnɛ^{13}

（19）肺

尔龚语道孚话	ʂtse
尔苏语则拉话	ntshʉ^{53}
贵琼语麦崩话	lʉ^{55} wʉ^{55}
嘉戎语二岗理话	rtshe
嘉戎语日部话	tə-rtshos
嘉戎语卓克基话	tə rtshos

拉坞戎语观音桥话　rtshɛl^{55}
拉坞戎语业隆话　rtshot^{53}
木雅语六巴话　tshə̰^{53}
木雅语石棉话　ʦhu^{55}to^{55}
纳木依语倮坡话　ntshʉ^{35}
普米语九龙话　tshu^{55}
普米语兰坪话　tshy^{13}
普米语鲁甸话　tshü^{13}
普米语箐花话　tshy^{13}
普米语三岩龙话　tshø^{13}
普米语桃巴话　tshø^{35}
普米语拖七话　tshø^{13}
普米语新营盘话　tshø^{13}
普米语左所话　tshø^{13}
羌语曲谷话　tshu
羌语蒲溪话　tshu
羌语麻窝话　tshuŋpɑ
却域语尤拉西话　ʁlo^{55} phe^{55}
史兴语兰满话　tshʊ^{55}
西夏语　tsə̣^{1}
扎坝语扎拖话　tse^{55} pe^{55}

（20）肝
尔龚语道孚话　shi
尔苏语则拉话　tsha^{35}
贵琼语麦崩话　phu^{55}
嘉戎语二岗理话　phse
嘉戎语日部话　tə-mtshi
嘉戎语卓克基话　tə pʃu
拉坞戎语观音桥话　fse^{55}

拉坞戎语业隆话	fsje^{55}
木雅语六巴话	zə^{53}
木雅语石棉话	zɿ^{55}
纳木依语倮坡话	si^{55}
普米语九龙话	tsu^{35}
普米语兰坪话	tsyɛ̃^{55}
普米语鲁甸话	tsyẽ^{55}
普米语箐花话	tsyɛ̃^{55}
普米语三岩龙话	tsuẽ^{53}
普米语桃巴话	tsuẽ^{53}
普米语拖七话	tsuẽ^{53}
普米语新营盘话	tsuẽ^{55}
普米语左所话	tsuẽ^{53}
羌语曲谷话	sæhæ̃ɹ
羌语蒲溪话	si
羌语麻窝话	si
却域语尤拉西话	ze^{13}
史兴语兰满话	suɛ̃^{53}
西夏语	sji^{2}
扎坝语扎拖话	sei^{13}；sei^{33}

（21）苦胆

尔龚语道孚话	skrə
尔苏语则拉话	kəɹ^{53}
贵琼语麦崩话	ʒɔ̃^{31}；ʒɑ̃^{31}
嘉戎语二岗理话	khrə
嘉戎语日部话	tə-ʃkrət
嘉戎语卓克基话	tə mdʒə kri
拉坞戎语观音桥话	skhrə^{55}
拉坞戎语业隆话	skhrə^{55}

木雅语六巴话	tʂə^{53}
木雅语石棉话	də^{55}
纳木依语倮坡话	tʂʅ^{31} lʉ^{55}
普米语九龙话	tʂʅ^{35}
普米语兰坪话	tʂə^{55}
普米语鲁甸话	kʐə^{55}
普米语箐花话	tsə^{55}
普米语三岩龙话	tʂə^{53}
普米语桃巴话	tʂə^{55}
普米语拖七话	tʂə^{53}
普米语新营盘话	kʐə^{55}
普米语左所话	tʂə^{53}
羌语曲谷话	xtʂə
羌语蒲溪话	χtʂə
羌语麻窝话	xtʂə
却域语尤拉西话	tʂhi^{55} kpe^{55}
史兴语兰满话	tɕɐ^{53}
西夏语	kjɪɪr^{2}
扎坝语扎拖话	ʂtʂʌ^{13}

（22）肾

尔龚语道孚话	rɣə
尔苏语则拉话	nbo^{33} ly^{53}
贵琼语麦崩话	khi^{55} mʉ^{55}
嘉戎语卓克基话	tə bo tɐm
拉坞戎语观音桥话	po^{33} tam^{53}
拉坞戎语业隆话	rʁa^{33} zə^{55}
木雅语六巴话	pɐ^{55} lɐ^{53}
木雅语石棉话	pəɹ^{35}
纳木依语倮坡话	fʉ^{33} lʉ^{55}

普米语九龙话　pu^{11} lũ^{55}

普米语兰坪话　fpõ^{55} ɣõ^{13}

羌语曲谷话　ʂpuɭ

羌语蒲溪话　χpolo

羌语麻窝话　ʂpu

却域语尤拉西话　rvu^{13} lo^{33}

史兴语兰满话　bu^{53} hĩ^{33}

西夏语　wər^{2}；low^{2}

扎坝语扎拖话　vʌ^{33} le^{55}

（23）膀胱

尔龚语道孚话　pə xsi

尔苏语则拉话　bu^{33} sʉ^{53} sʉ^{31}

贵琼语麦崩话　e^{55} ʃə^{55} mɔ̃^{35} kuɔ^{33}

嘉戎语卓克基话　tɑ sti

拉坞戎语观音桥话　χsu^{55}

拉坞戎语业隆话　χse^{55}

木雅语六巴话　phə^{33} si^{53}

木雅语石棉话　Su^{33}bu^{33}ɭo^{53}

纳木依语倮坡话　pu^{33} pu^{33} sʉ^{55} lʉ^{55}

普米语兰坪话　ɬo^{13} tsə^{13}

普米语鲁甸话　ɬi^{13} tsi^{13}

普米语箐花话　ɬo^{13} tsə^{13}

普米语三岩龙话　ɬiu^{13} tsï^{53}

普米语桃巴话　ɬio^{35} tsə^{35}

普米语拖七话　ɬu^{13} tsə^{13}

普米语新营盘话　ɬiu^{13} tsi^{13}

普米语左所话　ɬu^{13} tsï^{55}

羌语曲谷话　tʂhətʂ

羌语蒲溪话　pieχpu

却域语尤拉西话	pə^55 si^33
史兴语兰满话	sɐ^53 pɐ^33
西夏语	sjo^2
扎坝语扎拖话	ɕo^55 lo^55

（24）肉

尔龚语道孚话	bjoŋ noŋ
尔苏语则拉话	ʂʅ^53
贵琼语麦崩话	ɕi^55
嘉戎语卓克基话	ʃɑ
拉坞戎语观音桥话	sru^55,them^55
拉坞戎语业隆话	thom^55
木雅语六巴话	ndo^53
木雅语石棉话	ndo^35
纳木依语倮坡话	ʂʅ^31
普米语九龙话	thũ^55；ʃi^55
普米语兰坪话	ʃɤ^55
羌语曲谷话	ȵi
羌语蒲溪话	tshe
羌语麻窝话	pies
却域语尤拉西话	tho^55
史兴语兰满话	ɕu^53
西夏语	tɕhji^1
扎坝语扎拖话	thei^13

（25）肌肉

尔龚语道孚话	bjoŋ noŋ
尔苏语则拉话	ʂʅ^53
贵琼语麦崩话	ɕi^55
嘉戎语卓克基话	ʃɑ

拉坞戎语观音桥话 thəm^{55}
拉坞戎语业隆话 thom$^{53-55}$
木雅语六巴话 rə^{33} tɕhə^{53}
木雅语石棉话 ndo^{55}
纳木依语倮坡话 əɹ^{55} ʂʅ^{31}
普米语九龙话 thũ^{55}
普米语兰坪话 ʃɤ^{55}
羌语曲谷话 n̥i
羌语蒲溪话 tshe
羌语麻窝话 pis
却域语尤拉西话 tho^{55}
史兴语兰满话 ɕu^{53}
扎坝语扎拖话 thei^{13}；nthei^{13}

（26）骨头
尔龚语道孚话 rə ra
尔苏语则拉话 əɹ^{33} khuo^{53}
贵琼语麦崩话 wʉ^{55} wʉ^{33}
嘉戎语卓克基话 ʃɐ rə
木雅语六巴话 tɕhue^{55} rə^{53}
木雅语石棉话 tɕhõ^{33}mba^{55}
纳木依语倮坡话 ʂa^{55} qa^{55}
普米语九龙话 ʐɑ^{11} qɑ^{55}
普米语兰坪话 ʐɑ^{55} qɑ^{13}
羌语曲谷话 ʐeke
羌语蒲溪话 tshəɹ
羌语麻窝话 ɹəpatʂ
却域语尤拉西话 ʃə^{55} rə^{55}
史兴语兰满话 ɕæ^{55} əɹ^{33}
西夏语 rjijr^{2}；rjɪr^{1}

扎坝语扎拖话	$xə^{55}$ $ʐə^{55}$；$ɕə^{55}$ $ʐə^{55}$

（27）骨节

尔龚语道孚话	ʂtshɛ ʂtsho
尔苏语则拉话	$tshʅ^{33}$ $tshʅ^{53}$ ta^{33} ta^{33}
贵琼语麦崩话	$ntshə^{55}$ wu^{55} tsi^{33}
嘉戎语卓克基话	tshək
木雅语六巴话	$tshi^{53}$
纳木依语倮坡话	$ntsæ^{33}$ $ntshæ^{31}$
普米语九龙话	$tsɛi^{35}$
普米语兰坪话	tsi^{55}
羌语曲谷话	quɲu qutʂ
羌语麻窝话	sɑq
却域语尤拉西话	tsi^{55}
史兴语兰满话	$tshi^{53}$
扎坝语扎拖话	$tshʅ^{55}$

（28）肋骨

尔龚语道孚话	na rze
尔苏语则拉话	$ɲuo^{53}$ $əɹ^{53}$
贵琼语麦崩话	$nɑ̃^{55}$ $tɕe^{55}$
嘉戎语二岗理话	ʁrəm
嘉戎语日部话	tə-rnɑm ɕɐ rə
嘉戎语卓克基话	tɑ rnɑm ʃɐ rə
拉坞戎语观音桥话	$ʁrnəm^{53}$ $ɕɛ^{33}$ $rə^{33}$
拉坞戎语业隆话	$rnam^{55}$ $ɕa^{33}$ ru^{55}
木雅语六巴话	$tsə^{55}$ $mæ^{53}$；no^{55} $pɐ^{33}$
木雅语石棉话	$nõ^{55}mbi^{55}$
纳木依语倮坡话	$ɬuo^{53}$ $əɹ^{31}$
普米语九龙话	$nõ^{35}$ ki^{55} $ʐɑ^{35}$ $qɑ^{11}$

普米语兰坪话	li^{13} ʐɑ^{13}；nõ^{55}
普米语鲁甸话	nõ^{55}
普米语箐花话	nõ^{55}
普米语三岩龙话	nõ^{13}
普米语桃巴话	nõ^{35}
普米语拖七话	nõ^{55}
普米语新营盘话	nõ^{55}
普米语左所话	nõ^{53}
羌语曲谷话	hæɹ
羌语麻窝话	χəɹ
却域语尤拉西话	ŋ̥õ^{35} po^{33} ro^{33}
史兴语兰满话	nõ^{33} ɕi^{53}
西夏语	no^{1}；lji̩^{2}
扎坝语扎拖话	nɪ^{55} ʐʌ^{55}

（29）筋

尔龚语道孚话	krə kra
尔苏语则拉话	tæ^{53} pu^{53}
贵琼语麦崩话	gu^{35}
嘉戎语二岗理话	gru
嘉戎语日部话	tə-ŋgro
嘉戎语卓克基话	tə wro
拉坞戎语观音桥话	gru^{55}
拉坞戎语业隆话	gru^{33} ru^{55}
木雅语六巴话	ndʐə^{24}
木雅语石棉话	ndu^{33}mi^{53}
纳木依语倮坡话	gu^{55} tsæ^{31}
普米语九龙话	se^{55}
普米语兰坪话	stie^{55}
普米语鲁甸话	te^{55}

普米语箐花话	stie^{55}
普米语三岩龙话	dʐu^{53}
普米语桃巴话	dʐu^{53}
普米语拖七话	dʐu^{53}
普米语新营盘话	te^{55}
普米语左所话	dʐu^{53}
羌语曲谷话	geɹ
羌语蒲溪话	tʂe
羌语麻窝话	gəɹ
却域语尤拉西话	tʂy^{55}
史兴语兰满话	guɐ^{35}
西夏语	gju^{2}
扎坝语扎拖话	tʂu^{13}

（30）血

尔龚语道孚话	she
尔苏语则拉话	ʂu^{35}
贵琼语麦崩话	tsə^{55}
嘉戎语二岗理话	sə
嘉戎语日部话	tɑ-sɑ
嘉戎语卓克基话	tɑ ʃi
拉坞戎语观音桥话	sə^{53}
拉坞戎语业隆话	sə^{55}
木雅语六巴话	sa^{53}
木雅语石棉话	sa^{55}
纳木依语倮坡话	sæ^{31}
普米语九龙话	sɛi^{35}
普米语兰坪话	sa^{13}
普米语鲁甸话	sĀ^{13}
普米语箐花话	sa^{13}

普米语三岩龙话	sei^{13}
普米语桃巴话	se^{35}
普米语拖七话	sei^{13}
普米语新营盘话	sei^{13}
普米语左所话	sei^{13}
羌语曲谷话话	sa
羌语蒲溪话	sa
羌语麻窝话	sɑ
却域语尤拉西话	si^{55}
史兴语兰满话	sæ^{53}
西夏语	sjij^{1}
扎坝语扎拖话	çhʌ^{13}

（31）皮肤

尔龚语道孚话	dʑi dʑa
尔苏语则拉话	ngaɹ^{33} pi^{53}
贵琼语麦崩话	pa^{55} pa^{55}
嘉戎语卓克基话	tə ndʐi
拉坞戎语观音桥话	dʑə^{33} dʑu^{53}
拉坞戎语业隆话	dʑi^{55} dʑa^{33}
木雅语六巴话	rə^{33} mbɐ^{53}
木雅语石棉话	ɭə̃^{33}mbi^{55}
纳木依语倮坡话	əɹ^{55} ʂʅ^{31}
普米语九龙话	zʅ^{35}
普米语兰坪话	ʐɤ^{13}
普米语鲁甸话	rə^{13}
普米语箐花话	ʐɤ^{13}
普米语三岩龙话	rə^{53}
普米语桃巴话	rə^{53}
普米语拖七话	rə^{53}

普米语新营盘话　　rə^{13}
普米语左所话　　rə^{53}
羌语曲谷话　　miaəɹpi
羌语蒲溪话　　ʐɑpie
羌语麻窝话　　nəɹəpi
却域语尤拉西话　　ri^{13} riɛ^{33}
史兴语兰满话　　hĩ^{53} qua^{33} tʂʅ^{33}
西夏语　　dʑjɪ^{1}；djwar^{1}

（32）毛

尔龚语道孚话　　spə；spə spa
尔苏语则拉话　　dʐʉ^{35}
嘉戎语二岗理话　　smək
嘉戎语日部话　　tɑ rmᴇ
嘉戎语卓克基话　　tɑ rɳᴇ
拉坞戎语观音桥话　　rmə^{53}
木雅语六巴话　　mo^{24}
木雅语石棉话　　mo^{35}
纳木依语倮坡话　　ʔhũ^{31}；hũ^{31}
普米语九龙话　　mɛi^{35}；mã^{35}
普米语兰坪话　　ma^{55}
普米语鲁甸话　　mᴀ̄^{55}
普米语箐花话　　ma^{55}
普米语三岩龙话　　mɛi^{13}
普米语桃巴话　　mɛ̃^{35}
普米语拖七话　　m̥ᴀ̄^{53}
普米语新营盘话　　mᴀ̄^{55}
普米语左所话　　mɛi^{53}
羌语曲谷话　　pəŋw
羌语蒲溪话　　me χəm

羌语麻窝话	hupɑ
却域语尤拉西话	m̥e^{13}　rie^{55}
史兴语兰满话	sũ^{53}
西夏语	mej^{2}；mjar^{1}

（33）伤口

尔龚语道孚话	ɣmɛ
嘉戎语二岗理话	rmi
嘉戎语日部话	tə-ʁmi
拉坞戎语观音桥话	ɣmi^{55}
拉坞戎语业隆话	ɣmi^{55}
木雅语石棉话	khə^{33}ki^{33}sɿ^{55}
普米语兰坪话	ʃɑ^{55}　tu^{55}
普米语鲁甸话	m̥ɐ^{55}　mu^{55}
普米语箐花话	m̥ɐ^{55}
普米语三岩龙话	m̥ɐ^{53}
普米语桃巴话	m̥ɐ^{53}
普米语拖七话	m̥ɐ^{53}
普米语新营盘话	m̥ɐ^{55}
普米语左所话	m̥ɐ^{53}
羌语曲谷话	tshuejmi
史兴语兰满话	miæ^{55}
西夏语	mja̩^{1}；mja̩^{1}

6. 人物类

（1）人

尔龚语道孚话	vdzi
尔苏语则拉话	tshuo^{53}
贵琼语麦崩话	mũ^{35}
嘉戎语二岗理话	rɟu

嘉戎语日部话	tə-rmᴇ
嘉戎语卓克基话	tə rmi
拉坞戎语观音桥话	vɟu^{55}（有时亦指男人）
拉坞戎语业隆话	ʁbji^{55}
木雅语六巴话	mə^{33} ni^{55}
木雅语石棉话	vu^{33}ȵ̥i^{55}
纳木依语倮坡话	tshuo^{31}；dʐʅ^{31}
普米语九龙话	mi^{35}
普米语兰坪话	mi^{55}
普米语鲁甸话	mi^{55}
普米语箐花话	mi^{55}
普米语三岩龙话	mi^{53}
普米语桃巴话	mə^{53}
普米语拖七话	mə^{53}
普米语新营盘话	mi^{55}
普米语左所话	mi^{53}
羌语曲谷话	mi
羌语蒲溪话	me
羌语麻窝话	nə
却域语尤拉西话	m̥ə^{55}
史兴语兰满话	hĩ^{53}
西夏语	mjɪr^{1}；dʑjwu^{1}；wji̩^{1}
扎坝语扎拖话	sy^{55}

（2）舅舅

尔龚语道孚话	a ʑu；a ʑoŋ
尔苏语则拉话	æ^{33} ɣɯ^{53}
贵琼语麦崩话	ɑ̃^{31} ku^{55}
嘉戎语卓克基话	tɑ ku
拉坞戎语观音桥话	a^{55}ɣa^{33}

拉坞戎语业隆话　wu^{55}

木雅语六巴话　æ^{33} ɣø^{55}

木雅语石棉话　zu^{55}

纳木依语倮坡话　a^{55} vu^{55}

普米语九龙话　a^{11} ki^{55}

普米语兰坪话　kəu^{13} kəu^{55}

羌语曲谷话　^{ʔ}akua

羌语蒲溪话　ɑku

羌语麻窝话　əku

却域语尤拉西话　ə^{55} ʑo^{55}

史兴语兰满话　a^{55} guɛ^{53}

西夏语　ɣjɪ^{1}

扎坝语扎拖话　a^{55} wu^{33}

（3）婴儿

尔龚语道孚话　a ŋa ze

尔苏语则拉话　ja^{53} ka^{53} zæ^{33} zæ^{31}

贵琼语麦崩话　bɔ̃^{31} dza^{55} e^{55} le^{55} tsə^{3}

嘉戎语二岗理话　lŋɑk

嘉戎语日部话　tɑ-lŋɑk

嘉戎语卓克基话　khol ŋɑ

拉坞戎语观音桥话　ɕɛ^{33} lŋɑ^{55}

拉坞戎语业隆话　khor^{33} ŋaq^{55}

木雅语六巴话　za^{33} ndʐa^{55}

木雅语石棉话　tsa^{33}tsa^{55}

纳木依语倮坡话　əɹ^{31} zæ^{33} zæ^{55}

普米语兰坪话　tʃə̃^{13} li^{55}

羌语曲谷话　tsehĩ

羌语蒲溪话　kebʐə

羌语麻窝话　tɕi： miȵɑχu̥

却域语尤拉西话	pçe^{13} na^{55} qi^{33}
史兴语兰满话	gõ^{55} ga^{33}
西夏语	ze^{1}；nwu^{1}；zjɪ̩^{1}
扎坝语扎拖话	lɛ^{55} zʅ^{33} zʅ^{33}

（4）汉族

尔龚语道孚话	rɟja
尔苏语则拉话	dʑæ^{53}
贵琼语麦崩话	ndʑɛ̃^{35}
嘉戎语卓克基话	rɟjɐ rək；kə pɑ
拉坞戎语观音桥话	kə^{33} pa^{55}
拉坞戎语业隆话	kə^{33} pa^{55}
木雅语六巴话	ʁɐ̱^{24}
木雅语石棉话	wa^{35}
纳木依语倮坡话	ʁua^{53}；va^{53}
普米语九龙话	çə^{11} de^{55}
普米语兰坪话	ʂɛ^{13}
普米语鲁甸话	ʂə^{13} mi^{55}
普米语箐花话	ʂɛ^{13}
普米语三岩龙话	çɛ^{13}
普米语桃巴话	çə^{35}
普米语拖七话	çɛ^{13}
普米语新营盘话	çe^{13}
普米语左所话	çɛ^{13}
羌语曲谷话	ʐʁə
羌语麻窝话	ʁəɹ
却域语尤拉西话	rdʑa^{13}
史兴语兰满话	hɛ̃^{33} pɑ^{53}
西夏语	zar^{1}
扎坝语扎拖话	ɟja^{55} zʅ^{55}

7. 食物

（1）米

尔龚语道孚话 mdʐe

尔苏语则拉话 ntʂhu^{53}

贵琼语麦崩话 dɔ^{35}

嘉戎语卓克基话 khri

木雅语六巴话 ndʐue^{53}

木雅语石棉话 su^{55}thu^{55}

纳木依语倮坡话 ntʂhu^{55}

普米语九龙话 mbʐe^{35}

普米语兰坪话 tʂhuɛ^{13}

羌语曲谷话 qhaɹ

羌语蒲溪话 tʂhə

羌语麻窝话 qhəɹ

却域语尤拉西话 mdʐiɛ^{13}

史兴语兰满话 tɕhæ^{53} mi^{33}

西夏语 khie^{2}

扎坝语扎拖话 mdʐe^{13}；mbʐe^{13}

（2）粮食

尔龚语道孚话 mdʐe mdʐə

尔苏语则拉话 pɯ^{33} pɯ^{53}

贵琼语麦崩话 jɔ̃^{35} jɔ̃^{55}

拉坞戎语观音桥话 rgɑɣ^{55}(lɑɣ^{55})

拉坞戎语业隆话 rgok^{55}

木雅语六巴话 ndʐɐ^{53} ndʐə^{33}

木雅语石棉话 lu^{35}

纳木依语倮坡话 ʐuo^{31}

普米语九龙话 la^{11} lẽ^{55}

普米语兰坪话 pa^{13} ʐa^{55}

普米语鲁甸话	ʐɛ̃^{55}
普米语箐花话	sdʒɛ̃^{55}
普米语三岩龙话	gio^{55}
普米语桃巴话	ɣio^{55}
普米语拖七话	gio^{55}
普米语新营盘话	dʐẽ^{13}
普米语左所话	gio^{55}
羌语曲谷话	ʐguə,ʂkuʐ̥i
却域语尤拉西话	mdʐi^{13} ri^{55}
史兴语兰满话	hɑo^{53}
西夏语	ɕjɪj^{1}
扎坝语扎拖话	mdʐu^{33} ʐe^{55}

（3）蛋

尔龚语道孚话	zgə ŋa
尔苏语则拉话	ɣua^{33} tɕu^{53}
贵琼语麦崩话	na^{31} ʃə^{55}
嘉戎语二岗理话	thɒɣ
嘉戎语二岗理话	sthov
嘉戎语日部话	tɑ-gum
嘉戎语日部话	tɑ-ŋgum
嘉戎语卓克基话	tɑ gɑm
拉坞戎语观音桥话	sthɑɣ^{55}
拉坞戎语业隆话	sthek^{55}
木雅语六巴话	vɐ̰^{33} vɑ^{53}
木雅语石棉话	wu^{33}lo^{55}ɦo^{55}
纳木依语倮坡话	ɦæɹ^{55} ʁuo^{55}
普米语九龙话	ʐɑ^{11} qu^{55}
普米语兰坪话	ʐa^{13} qu^{55}；qu^{55}
普米语鲁甸话	xi^{55} tsi^{55}

普米语箐花话	skhi^{55} tsə^{55}
普米语三岩龙话	ro^{13} ku^{53}
普米语桃巴话	rɐ^{35} ku^{55}
普米语拖七话	rɐ^{13} ku^{55}
普米语新营盘话	ku^{55}
普米语左所话	rɐ^{13} ku^{55}
羌语曲谷话	jyst
羌语蒲溪话	ʂ̥te
羌语麻窝话	tɕiwəst
却域语尤拉西话	rgə^{13} ŋa^{55}
史兴语兰满话	ra^{33} ʁu^{55}
西夏语	tew^{1}；dʑiã^{2}；ŋa^{2}
扎坝语扎拖话	ʂ̥kui^{13}

（4）盐

尔苏语则拉话	tshɿ^{53}
贵琼语麦崩话	tshi^{55}
嘉戎语日部话	tshi
嘉戎语卓克基话	tshɐ
拉坞戎语观音桥话	tshi^{55}
拉坞戎语业隆话	tshə^{55}
木雅语六巴话	tshə^{53}
木雅语石棉话	tshɿ^{55}
纳木依语倮坡话	tshi^{31}
普米语九龙话	tshi^{55}
普米语兰坪话	tshi^{13}
普米语鲁甸话	tshi^{13}
普米语箐花话	tshi^{13}
普米语三岩龙话	tshi^{13}
普米语桃巴话	tshi^{35}

普米语拖七话	tshi¹³
普米语新营盘话	tshi¹³
普米语左所话	tshi¹³
羌语曲谷话	tshə
羌语蒲溪话	tsholo
羌语麻窝话	tshə
却域语尤拉西话	tɕhi⁵⁵
史兴语兰满话	tshɐ⁵³
西夏语	tshjɪ²;u²
扎坝语扎拖话	tshʅ³³;tshʅ³¹

8. 工具、器物类

（1）仓库

尔龚语道孚话	ʁn̥ɛr khoŋ
尔苏语则拉话	tsha⁵³ n̥i⁵³
嘉戎语二岗理话	zgi
嘉戎语日部话	zwi
嘉戎语卓克基话	mdzot kho
拉坞戎语观音桥话	zgi⁵³
拉坞戎语业隆话	zgi⁵⁵
木雅语六巴话	ndzui⁵³
木雅语石棉话	lu³³dʑye⁵⁵dʑye³³pu⁵³
纳木依语倮坡话	ʐuo³¹ ʂu³³ ʂu⁵³ jʉ⁵⁵ lʉ⁵³
普米语兰坪话	ʒdʐɛ̃¹³
普米语鲁甸话	ʐɿ̃⁵⁵
普米语箐花话	sdʒẽ⁵⁵
普米语三岩龙话	dʑẽ⁵³
普米语桃巴话	ʑẽ⁵³
普米语拖七话	ʑẽ⁵³
普米语新营盘话	dʑẽ⁵⁵

普米语左所话　dʑẽ^{53}
羌语曲谷话　ɑ^{31} kɑ^{35}
却域语尤拉西话　ʂtɕe^{55}
史兴语兰满话　dʑɛ̃^{35}
西夏语　·u^{2}；bju^{2}
扎坝语扎拖话　tʂõ^{33} kho^{55}

（2）门
尔龚语道孚话　ʁɑ
尔苏语则拉话　ngæ^{35}
贵琼语麦崩话　mẽ^{31}
嘉戎语二岗理话　ʁəm
嘉戎语日部话　kum
嘉戎语卓克基话　kɑm
拉坞戎语观音桥话　ɣəm^{53}
拉坞戎语业隆话　wom^{53}
木雅语六巴话　ʁə̱^{24}
木雅语石棉话　æ^{35}
纳木依语倮坡话　qhuo^{55} bu^{53}
普米语九龙话　kɑ̃^{35}
普米语兰坪话　kɑ̃u^{13}
普米语鲁甸话　kõ^{13}
普米语箐花话　kɑ̃u^{13}
普米语三岩龙话　kiõ^{13}
普米语桃巴话　kiᴀ̃^{35}
普米语拖七话　kõ^{13}
普米语新营盘话　kiõ^{13}
普米语左所话　kõ^{13}
羌语蒲溪话　ʥo
羌语麻窝话　diu

却域语尤拉西话	ʁa^{13}
史兴语兰满话	tɕhĩ^{55} hũ^{33}
西夏语	ɣa^{1}
扎坝语扎拖话	ngɪ^{13}

（3）梯子

尔龚语道孚话	sɬhə
尔苏语则拉话	ɬi^{33} ki^{53}
贵琼语麦崩话	də^{35} thũ^{55}
嘉戎语卓克基话	ndzəi la
木雅语六巴话	dʑɐ^{33} kɐ^{53}
木雅语石棉话	tɕi^{55}gə^{55}
纳木依语倮坡话	ɬi^{55} dʐʅ^{55}
普米语九龙话	ɬi^{55}
普米语兰坪话	bʐɑ^{13}
普米语鲁甸话	bʐᴀ^{13}
普米语箐花话	bʐɑ^{13}
普米语三岩龙话	ɬi^{13}
普米语桃巴话	ɬi^{35}
普米语拖七话	ɬi^{13}
普米语新营盘话	bʐᴀ^{13}
普米语左所话	ɬi^{13}
羌语曲谷话	zdə
羌语蒲溪话	zde
羌语麻窝话	zdə
却域语尤拉西话	ɬi^{55} ki^{33}
史兴语兰满话	ɕɐ^{33} lɛ̃^{33} dʑɐ^{35} kæ^{33}
西夏语	rewr^{2}
扎坝语扎拖话	sʊ^{55} cçu^{33}

（4）碗

尔龚语道孚话	qhə zi
尔苏语则拉话	khuo^{33} la^{53}
贵琼语麦崩话	kuɔ^{31}
嘉戎语卓克基话	khə tsɑ
拉坞戎语观音桥话	qhu^{55}
拉坞戎语业隆话	Step^{55}
木雅语六巴话	kɐ^{55} jy^{53}；phə^{33} lɑ^{55}
木雅语石棉话	ndze^{33}wu^{55}
纳木依语倮坡话	qha^{31}
普米语九龙话	kuə^{35}
普米语兰坪话	khuɑ^{13}
羌语曲谷话	ʁuatʂa
羌语蒲溪话	ʁu
羌语麻窝	ʁutʂa
却域语尤拉西话	ʒa^{13} vu^{55}
史兴语兰满话	qhʊ^{53}
西夏语	khu^{1}
扎坝语扎拖话	tɕho^{55} lo^{55}

（5）臼

尔龚语道孚话	dʑɛ rdoŋ
尔苏语则拉话	tsuo^{53} mo^{53}
贵琼语麦崩话	khɔ^{35} pu^{55}
嘉戎语卓克基话	tshəu mbo
拉坞戎语观音桥话	xtsəm^{33} tɕo^{53}
拉坞戎语业隆话	tsan^{33} poq^{55}
木雅语六巴话	tsø^{33} qhø^{24}；do^{33} qhø^{24}
木雅语石棉话	ko^{33}qho^{55}（木质的）ndʑu^{55}lu^{53}（石质的）
纳木依语倮坡话	tʂuo^{33} ma^{55}

普米语九龙话　kɯ^{11} tɕõ^{55}

普米语兰坪话　ʃtʃə^{55} lo^{55}

羌语曲谷话　ʁlu（大石臼）

羌语麻窝话　tshɑʁubu

却域语尤拉西话　xtue^{55}

史兴语兰满话　tɕɐ^{53} qũ^{53}

西夏语　tsowr^{1}；khu^{1}；tsjij^{1}

扎坝语扎拖话　du^{55} ko^{55}；tɕa^{33} do^{55}

（6）镰刀

尔龚语道孚话　re

尔苏语则拉话　dʑe^{35}

贵琼语麦崩话　sə^{55} li^{55}

嘉戎语卓克基话　ɕha re；ɕha ren

拉坞戎语观音桥话　rja^{33} zar^{55}

拉坞戎语业隆话　χtji^{55}

木雅语六巴话　so^{33} le^{55}

木雅语石棉话　sa^{33}ke^{55}

纳木依语倮坡话　ʂu^{31} gu^{31}

普米语九龙话　zʅ^{35}

普米语兰坪话　ʐɤ^{13}

普米语鲁甸话　rə^{13} nu^{55}

普米语箐花话　ʐɤ^{13}

普米语三岩龙话　ʐi^{13}

普米语桃巴话　ɣi^{35}

普米语拖七话　rə^{13}

普米语新营盘话　rə^{13}

普米语左所话　rə^{13}

羌语曲谷话　sed

羌语蒲溪话　mlie

羌语麻窝话	sad
却域语尤拉西话	sho^{33} li^{55}
史兴语兰满话	ɕu^{53} ʁu^{33}
西夏语	dʑji̩^{1}
扎坝语扎拖话	so^{33} le^{55}

（7）弓

尔龚语道孚话	və
尔苏语则拉话	maɹ^{35}
贵琼语麦崩话	ʃẽ^{55}
嘉戎语二岗理话	mȵək
嘉戎语日部话	tə-cçə
嘉戎语卓克基话	ʃəm mȵɑ
拉坞戎语观音桥话	mda^{55} ʑə^{33}
拉坞戎语业隆话	mdaq^{33} ʑi^{55}
木雅语六巴话	ʑə^{33} mɑ^{53}
木雅语石棉话	ʥu^{33}tha^{55}mi^{53}
纳木依语倮坡话	li^{53}
普米语九龙话	ji^{35}；ji^{35} tsɿ^{55}
普米语兰坪话	ʒə^{55}
普米语鲁甸话	tᴀ^{13} nᴀ̄^{13}
普米语箐花话	ʒə^{55}
普米语三岩龙话	zə^{53}
普米语桃巴话	zə^{53}
普米语拖七话	zə^{53}
普米语新营盘话	ʒə^{55}
普米语左所话	zə^{53}
羌语曲谷话	dewe
羌语蒲溪话	ʁze
羌语麻窝话	sərpiʐatsa

却域语尤拉西话　ʁji^{55}
史兴语兰满话　lɐ^{55} mi^{33}
西夏语　lhjɪ̩^{1}
扎坝语扎拖话　ʑi^{13}

（8）箭
尔龚语道孚话　ɣɮə；ɣɮə və
尔苏语则拉话　maɹ^{33} ji^{53}
贵琼语麦崩话　dʒi^{35}
嘉戎语卓克基话　kə pᴇ
拉坞戎语观音桥话　mȵi^{55}
拉坞戎语业隆话　mȵi^{55}
木雅语六巴话　ʑə^{33} tʂhɑ^{53}
木雅语石棉话　ʥu^{33}tha^{55}
纳木依语倮坡话　khu^{31}
普米语九龙话　la^{11} sẽ^{55}
普米语兰坪话　ɹɛ^{55} siɛ̃^{55}
普米语鲁甸话　je^{55} sei^{55}
普米语箐花话　iɛ^{55} siɛ̃^{55}
普米语三岩龙话　je^{13} sẽ^{53}
普米语桃巴话　jɛ^{55} sẽ^{55}
普米语拖七话　jɛ^{55} sẽ^{55}
普米语新营盘话　je^{55} sẽ^{55}
普米语左所话　jɛ^{55} sẽ^{55}
羌语曲谷话　ɭə
羌语蒲溪话　lə
羌语麻窝话　ʂpu
却域语尤拉西话　mda^{13}
史兴语兰满话　lɐ^{55} si^{33}
西夏语　da̩^{1}；lji̩^{1}

扎坝语扎拖话　mda^{55}；nda^{55}

（9）鼓

尔龚语道孚话　rbi

尔苏语则拉话　dzaŋ^{35}

贵琼语麦崩话　zã^{35}

嘉戎语二岗理话　ʁbo

嘉戎语日部话　ʁbɑ

嘉戎语卓克基话　tə rbo

拉坞戎语观音桥话　ɣbo^{53}

拉坞戎语业隆话　ɣbo^{55}

木雅语六巴话　ŋæ^{53}

木雅语石棉话　gæ^{55}

纳木依语倮坡话　ndʐʅ^{53} ndʐʅ^{31}

普米语九龙话　dzã^{35}

普米语兰坪话　dzã^{55}

普米语鲁甸话　dzÃ^{55}

普米语箐花话　dzã^{55}

普米语三岩龙话　dzA̰^{55}

普米语桃巴话　dze^{35}

普米语拖七话　dzei^{53}

普米语新营盘话　dzÃ^{55}

普米语左所话　dze^{55}

羌语曲谷话话　ʐwu

羌语蒲溪话　ɕitɕinbu

羌语麻窝话　rbu

却域语尤拉西话　rŋe^{55}

史兴语兰满话　da^{55} qu^{33}

西夏语　bar^{1}

扎坝语扎拖话　ptʂu^{55}

（10）锣

尔龚语道孚话	mkhar ŋa
尔苏语则拉话	luo^{31}
贵琼语麦崩话	$ʃuã^{31}$
嘉戎语二岗理话	χɕe
嘉戎语日部话	mkhɐ rŋᴇ
嘉戎语卓克基话	skə rbo
拉坞戎语观音桥话	$mkhar^{33}ŋa^{53}$
拉坞戎语业隆话	$skər^{33}$ bo^{55}
木雅语六巴话	$khɐ^{55}$ $ŋæ^{53}$
木雅语石棉话	$so^{55}ŋua^{55}$
纳木依语倮坡话	luo^{31}
普米语九龙话	$qhɑ^{55}$ $ŋɑ^{55}$
普米语兰坪话	$ɣã^{55}$ lo^{55}
普米语鲁甸话	lo^{13} $ŋᴀ^{55}$
普米语箐花话	$ɣã^{55}$ lo^{13}
普米语三岩龙话	$ɕᴀ^{13}$ $ŋᴀ^{53}$
普米语桃巴话	$ɕᴀ^{35}$ $ŋᴀ^{53}$
普米语拖七话	$khᴀ^{55}$ $ŋᴀ^{53}$
普米语新营盘话	lo^{13} $ŋᴀ^{55}$
普米语左所话	$ɕɐ^{13}$ $ŋᴀ^{53}$
羌语曲谷话	hoəɹwuɹ
羌语蒲溪话	tɑlo
羌语麻窝话	χɑɹβu
却域语尤拉西话	qha^{55} $rŋa^{55}$
史兴语兰满话	$ɕɐ^{33}$ $ŋɑo^{55}$
扎坝语扎拖话	khe^{33} $ŋa^{55}$

（11）笛子

尔龚语道孚话	mtʂhi ʁlə

尔苏语则拉话	ndza^{33} ɬa^{53}；ɬa^{53}
嘉戎语二岗理话	ʁle
嘉戎语日部话	fsʒo
嘉戎语卓克基话	sjou
拉坞戎语观音桥话	ɣle^{53}
拉坞戎语业隆话	sjok^{33} li^{53}
木雅语六巴话	tʂhe^{55} lĩ^{55}
木雅语石棉话	ʥua^{55}la^{53}
纳木依语倮坡话	fu^{33} zɿ^{55}
普米语九龙话	ɬã^{55}
普米语兰坪话	xã^{55}
羌语曲谷话	tɕhiɭ
羌语蒲溪话	tietsə
羌语麻窝话	ʂpuɣli
却域语尤拉西话	ʁlɛ^{55} vu^{33}
史兴语兰满话	hæ̃^{55} tu^{33}
西夏语	lju^{1}；ɣiwəj^{1}
扎坝语扎拖话	tʂha^{33} li^{55}

（12）绳子

尔龚语道孚话	sku lu
尔苏语则拉话	baɹ^{35}
贵琼语麦崩话	ʒa^{31} pu^{55}
嘉戎语卓克基话	tə brᴇ
拉坞戎语观音桥话	bre^{53}
拉坞戎语业隆话	bre^{55}
木雅语六巴话	wɐ^{53}
木雅语石棉话	vi^{55}
纳木依语倮坡话	zɿ^{55}
普米语九龙话	sɑ^{55} ʐɛi^{55}

普米语兰坪话	bʐə̃^{13}
普米语鲁甸话	bʐə̃^{13}
普米语箐花话	bʐə̃^{13}
普米语三岩龙话	bʐẽ^{13}
普米语桃巴话	sɐ^{35} bʐẽ^{35}
普米语拖七话	sɐ^{13} dʐuẽ^{13}
普米语新营盘话	sə^{13} rei^{55}
普米语左所话	sə^{13} bʐẽ^{13}
羌语曲谷话	dʐəʐwu̥
羌语蒲溪话	sal
羌语麻窝话	bir̥
却域语尤拉西话	ʂta^{55} thi^{55}
史兴语兰满话	rʉ^{55}
西夏语	ˑo^{2}；kwə^{2}；lu^{2}
扎坝语扎拖话	ptʂɪ^{55}

（13）楔子

尔龚语道孚话	zav
尔苏语则拉话	ndze^{35}
贵琼语麦崩话	ze^{35}
嘉戎语二岗理话	zɐy̥
嘉戎语日部话	tɑ-mtʃhɑ
嘉戎语卓克基话	tɐ cçhə
拉坞戎语观音桥话	sɛ^{33} fçe^{53}
拉坞戎语业隆话	fço^{55}
木雅语六巴话	tshə^{33} zɐ̱^{53}
木雅语石棉话	tsua^{55}
纳木依语倮坡话	ʂuo^{35}
普米语九龙话	tso^{35}
普米语兰坪话	siɛ̃^{13} dzə^{55}

羌语麻窝话	sæsəɹ
却域语尤拉西话	ʂsa^{55}
史兴语兰满话	ʂõ^{53}
扎坝语扎拖话	cçhʌ^{13}

（14）针

尔龚语道孚话	ʁɑr
尔苏语则拉话	ɣɯ^{35}；ɣa^{35}
贵琼语麦崩话	khə^{55}
嘉戎语卓克基话	tɑ kɑp
拉坞戎语观音桥话	ʁav^{53}
拉坞戎语业隆话	ʁap^{55}
木雅语六巴话	ʁɐ̰^{53}
木雅语石棉话	Wa^{55}
纳木依语倮坡话	ʁuo^{31}
普米语九龙话	qho^{55}
普米语兰坪话	qho^{55}
普米语鲁甸话	kho^{55}
普米语箐花话	qho^{55}
普米语三岩龙话	kho^{53}
普米语桃巴话	kho^{35}
普米语拖七话	kho^{53}
普米语新营盘话	kho^{55}
普米语左所话	kho^{53}
羌语曲谷话	χæ
羌语蒲溪话	χi
羌语麻窝话	χe
却域语尤拉西话	qha^{55}
史兴语兰满话	ʁʊ^{35}

9. 文化、宗教类

（1）话

尔龚语道孚话	skɛ tɕha
尔苏语则拉话	kha^{33} thuo^{53}
贵琼语麦崩话	ndzɑ̃^{35}
嘉戎语卓克基话	tə rjo
拉坞戎语观音桥话	ska^{53}
拉坞戎语业隆话	rdi^{55}
木雅语六巴话	kɐ^{55} tɕæ^{53}
纳木依语倮坡话	duo^{55}
普米语九龙话	kha^{55} la^{55}
普米语兰坪话	gu^{55} tʃə^{55}
普米语鲁甸话	gyei^{55}
普米语箐花话	gu^{55} tʃə^{55}
普米语三岩龙话	ɬe^{55} / kə^{53}
普米语桃巴话	ɬiɛ^{55}
普米语拖七话	khe^{55} je^{55}
普米语新营盘话	khɛ^{55} jɛ^{55}
普米语左所话	ɬie^{55}
羌语曲谷话	dʐuwuɹ
却域语尤拉西话	kə^{55} tɕhə^{55}
史兴语兰满话	ki^{55} tɕɐ^{53}
西夏语	ŋwuu^{1}
扎坝语扎拖话	ke^{55} tɕha^{55}

（2）声音

尔龚语道孚话	skɛ ɕy
尔苏语则拉话	tʂhɯ^{35}
贵琼语麦崩话	sa^{55}
嘉戎语二岗理话	skɐ

嘉戎语日部话	skɐt zgrᴇ
嘉戎语卓克基话	tə skɐt
拉坞戎语观音桥话	sji^{55}
拉坞戎语业隆话	sɣi^{55}
木雅语六巴话	kɐ^{53}
木雅语石棉话	ki^{55}
纳木依语倮坡话	khu^{31} la^{55}
普米语九龙话	dʐa^{35}
普米语兰坪话	tʂhɑ̃u^{55}
普米语鲁甸话	khõ^{55}
普米语箐花话	tʂhõ^{55}
普米语三岩龙话	tʂhõ^{53}
普米语桃巴话	tʂhõ^{55}
普米语拖七话	tʂhõ^{53}
普米语新营盘话	tʂhᴀ̄^{55}
普米语左所话	tʂhõ^{55}
羌语蒲溪话	tshə
却域语尤拉西话	skɛ^{55}
史兴语兰满话	qhũ^{53}
西夏语	mə^{2}；ɣie^{2}
扎坝语扎拖话	ʂke^{55}

（3）字

尔龚语道孚话	dʑi də
尔苏语则拉话	dʐɯ^{33} ndʑi^{53}
贵琼语麦崩话	tɕhi^{31}
嘉戎语卓克基话	tɑ scços
拉坞戎语观音桥话	dʑə^{33} də^{55}
拉坞戎语业隆话	thi^{55}
木雅语六巴话	ɣə^{55} ndə^{33}

纳木依语倮坡话 dzʅ^{33} dʑi^{55} miæ^{55} æɹ^{55}
普米语九龙话 dʑi^{11} dʑi^{35}
普米语兰坪话 dʒə^{13} dʒi^{13}
普米语鲁甸话 dʑi^{13} dʑi^{13}
普米语箐花话 dʒə^{13} dʒə^{13}
普米语三岩龙话 dʑi^{13} dʑi^{13}
普米语桃巴话 dʑi^{35} dʑi^{35}
普米语拖七话 dʑi^{13} dʑi^{13}
普米语新营盘话 dʑi^{13} dʑi^{13}
普米语左所话 dʑi^{13} dʑi^{13}
羌语曲谷话 ləɣʐ
羌语麻窝话 zətphi
却域语尤拉西话 rguə^{55}
史兴语兰满话 tɕhɪ^{55} rʉ^{33} nɐ^{33} jĩ^{55}
西夏语 dji^{2}
扎坝语扎拖话 jɪ^{33} ndʐə^{55}

（4）纸

尔龚语道孚话 ɕɑ və
尔苏语则拉话 tʂha^{33} wo^{53}
贵琼语麦崩话 ʃuɔ^{55} wu^{55}
嘉戎语二岗理话 ɕɑ və
嘉戎语日部话 ɕok ɕok
嘉戎语卓克基话 ʃok ʃok
拉坞戎语观音桥话 ɕɑ^{33} və^{55}
拉坞戎语业隆话 ɕa^{33} vut^{55}
木雅语六巴话 ɕo^{55} βə^{55}
纳木依语倮坡话 ʂu^{55} wu^{55}
普米语九龙话 ɕo^{11} wi^{55}
普米语兰坪话 ʂəu^{13} gɯ^{55}

普米语鲁甸话	ʂo^{13} kɯ^{55}
普米语箐花话	ʂəu^{13} gɯ^{55}
普米语三岩龙话	ɕo^{13} wei^{53}
普米语桃巴话	ɕɛ^{35} ju^{53}
普米语拖七话	ɕu^{13} ɕu^{13}
普米语新营盘话	ɕe^{13} kiəu^{55}
普米语左所话	ɕɛ^{13} ju^{55}
羌语曲谷话	zədʐ
羌语麻窝话	khɕuχu
却域语尤拉西话	ʃa^{13} wu^{55}
史兴语兰满话	ʂu^{33} ʂu^{53}
西夏语	kjwɪ̣j^{1}
扎坝语扎拖话	ɕo^{33} wu^{55}

（5）歌

尔龚语道孚话	rga ʁlə；gra ʐe
尔苏语则拉话	giæ^{35}
贵琼语麦崩话	ndə^{35} lə^{55}
嘉戎语卓克基话	khɐ bʒə
木雅语六巴话	ʐe^{24}
纳木依语倮坡话	ɕa^{55} mu^{55}
普米语九龙话	a^{11} la^{11} lɑ^{55} mu^{11}
普米语兰坪话	dʐi^{13}
羌语曲谷话	zəm
羌语麻窝话	lɑmɑ（酒歌）
却域语尤拉西话	ʁlɯ^{55}
史兴语兰满话	khõ^{55} xi^{33}
西夏语	kiọ^{1}；·jow^{2}；kjạ^{2}
扎坝语扎拖话	lə^{55}

（6）生命

尔龚语道孚话　ʂso
尔苏语则拉话　kuo^{33} tɕhi^{53}
贵琼语麦崩话　sɔ^{55}
嘉戎语二岗理话　srɒ
嘉戎语日部话　tə-srok
嘉戎语卓克基话　tə srok
拉坞戎语观音桥话　srɑ^{53}
拉坞戎语业隆话　sroq^{55}
木雅语六巴话　so^{53}；qɑ^{24}
木雅语石棉话　Kua^{33}zæ^{53}
纳木依语倮坡话　quo^{33} pæɹ^{53}
普米语兰坪话　mə^{55} tsi^{55}
普米语鲁甸话　xõ^{13}
普米语箐花话　xõ^{13}
普米语三岩龙话　khiõ^{55}
普米语桃巴话　khiõ^{55}
普米语拖七话　khõ^{13}
普米语新营盘话　khõ^{13}
普米语左所话　khõ^{13}
羌语曲谷话　su
羌语麻窝话　ʂuʐ
却域语尤拉西话　so^{55}
史兴语兰满话　qõ^{55}
西夏语　kạ^{1}
扎坝语扎拖话　sho^{55}

（7）灵魂

尔龚语道孚话　so ʂtsa；vla
尔苏语则拉话　ɣɯɹ^{33} læ^{53}

贵琼语麦崩话	mĩ^{31} dʐɑ̃^{55}
嘉戎语二岗理话	rnɑm ʃes
嘉戎语日部话	rnɐ mɕi
嘉戎语卓克基话	rnɐm ʃəs
拉坞戎语观音桥话	ʁrnam^{53} ɕa^{33}
拉坞戎语业隆话	rnam^{33} ɕeˀs^{55}
木雅语六巴话	læ^{24}
纳木依语倮坡话	əɹ^{55} ɬi^{31}
普米语九龙话	dʑy^{55}
普米语兰坪话	ba^{13} dʐɑ̃^{55}
普米语鲁甸话	xʌ^{55} dzu^{55}
普米语箐花话	dʐu^{13}
普米语三岩龙话	dʐu^{13}
普米语桃巴话	dʐu^{35}
普米语拖七话	dʐu^{13}
普米语新营盘话	dzu^{13}
普米语左所话	dʐu^{13}
羌语曲谷话	sudʐu
羌语麻窝话	ʑyʑy
却域语尤拉西话	bla^{55} so^{55}
史兴语兰满话	ɬɐ^{35}
西夏语	mjijr^{2}
扎坝语扎拖话	ne^{55} ɕi^{55}

（8）属相

尔龚语道孚话	lu
尔苏语则拉话	lʉ^{53}
贵琼语麦崩话	lʉ^{35} ŋkhʉ^{55}
嘉戎语二岗理话	lu
嘉戎语日部话	lə-ɕwi

嘉戎语卓克基话	lo
拉坞戎语观音桥话	lu^{55}
拉坞戎语业隆话	lo^{55}
木雅语六巴话	ɣu^{24}
纳木依语倮坡话	lʉ^{33} sʉ^{31}
普米语九龙话	lu^{35}
普米语兰坪话	mi^{55} ɣu^{13}
羌语曲谷话	dʐuə
羌语麻窝话	ʤəs
却域语尤拉西话	lo^{13} ɕn̥i^{55}
史兴语兰满话	khu^{55}
扎坝语扎拖话	lu^{13}

（9）影子

尔龚语道孚话	ɣra mn̥a
尔苏语则拉话	əɹ^{35} na^{53}
贵琼语麦崩话	jĩ^{31} pi^{55} pi^{55} tsə^{31}
嘉戎语二岗理话	ʁgrəv
嘉戎语日部话	tə-ʁjɛv
嘉戎语卓克基话	tɐ bjəs
拉坞戎语观音桥话	zgrəv^{53}
拉坞戎语业隆话	zgrup^{55}
木雅语六巴话	dzɑ^{33} rə^{53}
纳木依语倮坡话	da^{33} əɹ^{31}
普米语九龙话	dʐu^{35} dʐu^{35}
普米语兰坪话	dzɑ^{55}
普米语鲁甸话	dzʌ^{55}
普米语箐花话	dzɑ^{55}
普米语三岩龙话	dzʌ^{55}
普米语桃巴话	dzʌ^{55}

普米语拖七话 dzᴀ^{53}

普米语新营盘话 dzᴀ^{55}

普米语左所话 dzᴀ^{53}

羌语曲谷话 ɕyæ:q

羌语麻窝话 qhsiɑɹquə

却域语尤拉西话 ȵe^{13} qo^{55}

史兴语兰满话 ȵi^{55} wu^{55}

西夏语 rar^{2}

扎坝语扎拖话 ʂo^{55}；ʂha^{55} na^{55}

（10）梦

尔龚语道孚话 rȵi lam

尔苏语则拉话 ʐi^{35} ma^{53}

贵琼语麦崩话 mɑ̃^{35}

嘉戎语卓克基话 tɑ rmo

木雅语六巴话 mə^{33} lɐ^{53}

纳木依语倮坡话 jʉ^{31} mæ^{35}

普米语九龙话 ʐi^{35} mɑ̃^{55}

普米语兰坪话 ʒe^{13} mɛ^{13}

羌语曲谷话 ^{ʔ}uʐmu（动词）

却域语尤拉西话 rmo^{55} lo^{55}

史兴语兰满话 ʐɐ^{33} mo^{55}

西夏语 mjiij^{1}

扎坝语扎拖话 ma^{55}

（11）神仙

尔龚语道孚话 ɬa skə

贵琼语麦崩话 ɬə^{55}

嘉戎语卓克基话 ɬɐ

木雅语六巴话 læ^{53}

纳木依语倮坡话　si^{55} zæ^{55}；ɬæ^{31}

普米语兰坪话　tʂõ^{13} sõ^{55}

羌语曲谷话　ʂençæn

羌语蒲溪话　χsi

羌语麻窝话　khsi

史兴语兰满话　gɪ^{33} ɬa^{55}

西夏语　sji^{2}；nja̩^{1}

扎坝语扎拖话　ɬa^{55}

（12）佛

尔龚语道孚话　shoŋ rɟje

尔苏语则拉话　saŋ^{33} dʑi^{53}

贵琼语麦崩话　sɑ̃^{55} dʑi^{35}

嘉戎语二岗理话　sɑŋ dʑe

嘉戎语日部话　sɑŋ rɟjis

嘉戎语卓克基话　sɑŋ rɟjᴇs

拉坞戎语观音桥话　sɑŋ^{33} rɟje^{53}

拉坞戎语业隆话　saŋ^{33} rɟji^{55}

木雅语六巴话　sɑ^{33} ndʑe^{55}

普米语九龙话　sõ^{55} dʑe^{55}

普米语兰坪话　sõ^{55} dʑe^{55}

羌语曲谷话　çipitsqu

羌语蒲溪话　χsi

羌语麻窝话　sɑŋrʥis

却域语尤拉西话　so^{55} rdʑe^{55}

史兴语兰满话　sõ^{55} dʑɪ^{33}

西夏语　tha^{1}

扎坝语扎拖话　sha^{33} ɟje^{55}

（13）鬼

尔龚语道孚话	jə
尔苏语则拉话	$\mathrm{tʂhæ}^{53}$
贵琼语麦崩话	$\mathrm{ȵe}^{35}$
嘉戎语二岗理话	dju
嘉戎语日部话	ɬɑ ndʐᴇ
嘉戎语卓克基话	ɬɐ ndʐə
拉坞戎语观音桥话	$\mathrm{ndʐi}^{53}$；$\mathrm{ɬa}^{55}$ $\mathrm{ndʐi}^{33}$
拉坞戎语业隆话	$\mathrm{ndʐe}^{55}$
木雅语六巴话	wui^{24}
纳木依语倮坡话	$\mathrm{tʂha}^{21}$
普米语九龙话	$\mathrm{dʐi}^{35}$
普米语兰坪话	tsu^{55}
普米语鲁甸话	tsu^{55}
普米语箐花话	tsu^{55}
普米语三岩龙话	tsu^{53}
普米语桃巴话	tsu^{55}
普米语拖七话	tsu^{55}
普米语新营盘话	tsu^{55}
普米语左所话	tsu^{53}
羌语曲谷话	duk mi
羌语蒲溪话	duə
羌语麻窝话	χluʂ
却域语尤拉西话	$\mathrm{ɬy}^{55}$
史兴语兰满话	tshu^{35}
西夏语	$\mathrm{·ju}^{1}$
扎坝语扎拖话	$\mathrm{ɕhʌ}^{33}$ $\mathrm{tʂhi}^{55}$

（14）毒

尔龚语道孚话	du

尔苏语则拉话	dʑy^{35}
贵琼语麦崩话	du^{35}
嘉戎语卓克基话	tək
拉坞戎语观音桥话	dɑɣ^{53}
拉坞戎语业隆话	dok^{55}
木雅语六巴话	tu^{24}
纳木依语倮坡话	du^{31}
普米语九龙话	du^{35}
普米语兰坪话	tu^{13}
羌语曲谷话	du
羌语麻窝话	də
却域语尤拉西话	tu^{55}
史兴语兰满话	du^{35}
西夏语	do^{1}；do^{2}
扎坝语扎拖话	tu^{55}

（15）记号

尔龚语道孚话	ʂtɑ
尔苏语则拉话	ntshæ^{53}
贵琼语麦崩话	tɑ^{55}
嘉戎语二岗理话	r̥tɑ
嘉戎语日部话	r̥tɑk
嘉戎语卓克基话	rtak
拉坞戎语观音桥话	rtɑ^{53}
拉坞戎语业隆话	rtaq^{55}
木雅语六巴话	tɑ^{53}
纳木依语倮坡话	ntshæ^{35}
普米语九龙话	tɑ^{55}
普米语兰坪话	ta^{55} dzu^{55}
羌语曲谷话	tɕiqua

羌语蒲溪话	tɕiχɑu
却域语尤拉西话	ʂta^{55}
史兴语兰满话	ta^{55} tsi^{55}
西夏语	zjɪr^{1}
扎坝语扎拖话	ʂta^{55}

（16）尖儿

尔龚语道孚话	ʁə xçi
尔苏语则拉话	wu^{33} tɕy^{53}
贵琼语麦崩话	tsi^{55} mu^{53}
嘉戎语卓克基话	wɑ ko
拉坞戎语观音桥话	ə^{33} ʁu^{53}
拉坞戎语业隆话	ə^{33} fto^{55}
木雅语六巴话	tsi^{55} mu^{53}
纳木依语倮坡话	ʁuo^{55} ba^{55}
普米语九龙话	thiə^{11} thiə^{55}
普米语兰坪话	tse^{55}
羌语曲谷话	tsitstsæq
史兴语兰满话	ʁʊ^{35} tu^{55}
西夏语	dzu^{2}

（17）角落

尔龚语道孚话	stoŋ gu
尔苏语则拉话	dʉ^{35}
贵琼语麦崩话	zʉ^{35}
嘉戎语卓克基话	te zur
木雅语六巴话	zy^{24}
纳木依语倮坡话	qhuo^{55} dzuo^{55}
普米语九龙话	dzɿ^{35}
普米语兰坪话	zu^{13}

普米语鲁甸话　tsü^{13} dzü^{55}
普米语箐花话　dzə^{13} pu^{55}
普米语三岩龙话　dzi^{13} khu^{53}
普米语桃巴话　zə^{35} khu^{53}
普米语拖七话　zə^{13} khu^{53}
普米语新营盘话　zə^{13} pu^{55}
普米语左所话　dzï^{13} khu^{53}
羌语曲谷话　ʐdʐuə
史兴语兰满话　dʑyæ^{35}
西夏语　phja^{1}
扎坝语扎拖话　zʌ^{13}

（18）力气

尔龚语道孚话　ɕu；ɕhe mə
尔苏语则拉话　ʂʅ^{53} mu^{53}
贵琼语麦崩话　ʃə^{55} mu^{55}
嘉戎语二岗理话　χɕɐ
嘉戎语日部话　tə-χɕᴇt
嘉戎语卓克基话　tə khʃət
木雅语六巴话　ɕu^{53}
纳木依语倮坡话　ma^{31} ʁa^{31}
普米语兰坪话　qa^{13}
普米语鲁甸话　kə^{13}
普米语箐花话　qa^{13} ta^{55}
普米语三岩龙话　kᴀ^{13}
普米语桃巴话　kᴀ^{35}
普米语拖七话　kᴀ^{13}
普米语新营盘话　kᴀ^{13}
普米语左所话　kᴀ^{13}
羌语曲谷话　qu

羌语蒲溪话	dʐəqɑ
羌语麻窝话	gəɹqu
却域语尤拉西话	ʃa^{55}
史兴语兰满话	ʁɑo^{53}
西夏语	ɣie^{1}
扎坝语扎拖话	ɕa^{55} ɕe^{55}

（19）名

尔龚语道孚话	mɲ̥oŋ
尔苏语则拉话	mi^{35}
贵琼语麦崩话	mĩ^{31} tshɔ^{55}
嘉戎语卓克基话	tə r̥mᴇ
拉坞戎语观音桥话	rme^{53}
拉坞戎语业隆话	rme^{53}
木雅语六巴话	mi^{53}
纳木依语倮坡话	mi^{33} khu^{53}
普米语九龙话	mã^{35}
普米语兰坪话	ma^{55}
普米语鲁甸话	mᴀ̃^{55}
普米语箐花话	ma^{55}
普米语三岩龙话	mᴀ̄^{55}
普米语桃巴话	mɛ̃^{55}
普米语拖七话	mᴀ̄^{55}
普米语新营盘话	mᴀ̃^{55}
普米语左所话	mᴀ̄^{55}
羌语曲谷话	ʐmə
却域语尤拉西话	rmi^{55}
史兴语兰满话	ma^{55}
西夏语	mjiij^{2}；mjiij^{2}

扎坝语扎拖话　mẽ^{13}

10. 代词类

（1）我

尔龚语道孚话　ŋa

尔苏语则拉话　æ^{53}；a^{33} duo^{53}

贵琼语麦崩话　ŋə^{35}

嘉戎语二岗理话　ŋɐ

嘉戎语二岗理话　ŋɐ

嘉戎语日部话　ŋə

嘉戎语日部话　ŋə (ŋə jᴇ)

嘉戎语卓克基话　ŋɑ

拉坞戎语观音桥话　ŋa^{53}

拉坞戎语业隆话　ŋo^{55}

木雅语六巴话　ŋə^{53}

木雅语石棉话　ŋo^{55}

纳木依语倮坡话　ŋa^{55}

普米语九龙话　ie^{55}

普米语兰坪话　ɛ^{55}

普米语鲁甸话　ɛ^{55}

普米语箐花话　ɛ^{55}

普米语三岩龙话　ʔᴀ^{55}

普米语桃巴话　ʔᴀ^{35}

普米语拖七话　ʔɛ^{53}

普米语新营盘话　ʔɛ^{55}

普米语左所话　ʔᴀ^{53}

羌语曲谷话　qa

羌语蒲溪话　ŋa,qa

羌语麻窝话　qɑ

却域语尤拉西话　ŋa^{13}；ŋɯ^{13}

史兴语兰满话　ŋɐ^{35}；ŋa^{55}

扎坝语扎拖话　ŋa^{13}

（2）你

尔龚语道孚话　n̥i

尔苏语则拉话　ne^{53}

贵琼语麦崩话　nũ^{35}

嘉戎语二岗理话　n̥e

嘉戎语日部话　nə ɟjo

嘉戎语卓克基话　no

拉坞戎语观音桥话　nu^{53}；n̥e^{53}

木雅语六巴话　næ^{53}

木雅语石棉话　næ^{53}

纳木依语倮坡话　nuo^{31}

普米语九龙话　n̥ɯ^{35}

普米语兰坪话　nɛ^{13}

普米语鲁甸话　ne^{13}

普米语箐花话　nɛ^{13}

普米语桃巴话　n̥i^{35}

羌语曲谷话　ˀũ

羌语蒲溪话　no,kue

羌语麻窝话　kuə

史兴语兰满话　ni^{35}

扎坝语扎拖话　nʊ^{55}

（3）这

尔龚语道孚话　ə də

尔苏语则拉话　the^{33}

贵琼语麦崩话　ti^{35}

嘉戎语卓克基话　ʃtə

拉坞戎观音桥话　cçə^{53}

拉坞戎业隆话　cçi^{53}

木雅语六巴话　ɐ^{53} tsə^{33}

木雅语石棉话　æ^{33}pu^{53}

纳木依语倮坡话　tæ^{55} lʉ^{53}

普米语九龙话　dɯ^{11}

普米语兰坪话　di^{13}

羌语曲谷话　tsə,tsa

羌语蒲溪话　tsi

羌语麻窝话　tsa:,tsə

却域语尤拉西话　tʃi^{55}

史兴语兰满话　ha^{55}

西夏语　thjɪ^{2}

扎坝语扎拖话　kʊ^{13}

（4）那

尔苏语则拉话　ɦa^{33}

贵琼语麦崩话　ji^{35} ki^{55}

嘉戎语二岗理话　ʃə ji

嘉戎语日部话　ʔə kə

嘉戎语卓克基话　wu tə

拉坞戎语观音桥话　ə^{55} tə^{33}(亲见)；a^{33} tə^{55}(未亲见)

拉坞戎语业隆话　ai^{55} ti^{33}

木雅语石棉话　the^{55}pu^{53}

纳木依语倮坡话　tʂhuo^{31}

普米语九龙话　dɑ^{35}

普米语兰坪话　tə^{13}

普米语鲁甸话　thʌ^{13}

普米语箐花话　tə^{13}

普米语三岩龙话　dʌ^{13}

普米语桃巴话	$də^{35}$ $ɣi^{35}$
普米语拖七话	$tə^{13}$
普米语新营盘话	$tə^{13}$
普米语左所话	$tə^{13}$
羌语曲谷话	thə,tha
羌语蒲溪话	thi
羌语麻窝话	thə,tha:
却域语尤拉西话	$tsɛ^{13}$
史兴语兰满话	thi^{53}

（5）谁

尔龚语道孚话	shə
尔苏语则拉话	se^{53}
贵琼语麦崩话	$sʉ^{55}$
嘉戎语二岗理话	sə
嘉戎语二岗理话	sə
嘉戎语日部话	sə
嘉戎语日部话	sə
嘉戎语卓克基话	sə
拉坞戎语观音桥话	$sə^{53}$
拉坞戎语业隆话	su^{53}
木雅语六巴话	$ɦæ^{24}$ $nə^{33}$
木雅语石棉话	$æ^{55}ji^{55}$
纳木依语倮坡话	qhe^{55} ji^{55}
普米语九龙话	$ȵĩ^{55}$ di^{35}
普米语兰坪话	$xɛ^{55}$
普米语鲁甸话	$xʌ^{13}$
普米语箐花话	$xɛ^{13}$
普米语三岩龙话	$xɛ^{53}$
普米语桃巴话	$xɛ^{53}$

普米语拖七话	$xɛ^{53}$
普米语新营盘话	$hɛ^{13}$
普米语左所话	$xᴀ^{53}$
羌语曲谷话	sə
羌语蒲溪话	ʂi, ʂa, ʂe, ʂeɹ
羌语麻窝话	sə
却域语尤拉西话	$ɕe^{55}$
史兴语兰满话	$ȵi^{55}$
西夏语	$thwo^{2}$；$sjwɪ^{2}$；$sjwɪ^{1}$
扎坝语扎拖话	$shə^{55}$

（6）哪里

尔龚语道孚话	lo rə
尔苏语则拉话	$khæ^{53}$ wu^{53}
贵琼语麦崩话	$ə^{55}$ $lə^{55}$
嘉戎语卓克基话	kə təi
拉坞戎语观音桥话	$ŋə^{55}$ la^{33}
拉坞戎语业隆话	$ŋo^{55}$ to^{33}
木雅语六巴话	$ɐ^{33}$ $xɐ^{53}$ $tɕhɐ^{33}$
木雅语石棉话	$de^{33}khi^{53}$
纳木依语倮坡话	$qhuo^{53}$
普米语九龙话	a^{11} $ʐi^{55}$
普米语兰坪话	$ɛ^{55}$ $tɕi^{13}$
普米语鲁甸话	$xᴀ^{55}$ $tɕe^{55}$
普米语箐花话	$xɛ^{55}$ $tɕi^{13}$
普米语三岩龙话	$xɛ^{55}$ $tɕe^{53}$
普米语桃巴话	$xɛ^{55}$ $tɕe^{53}$
普米语拖七话	$xɛ^{55}$ $tɕi^{53}$
普米语新营盘话	$hɛ^{13}$ $tɕe^{55}$
普米语左所话	$xᴀ^{55}$ $tɕᴀ^{53}$

羌语曲谷话 tɕila
羌语麻窝话 tɑnu
却域语尤拉西话 lɯ^{55} kɯ^{55}
史兴语兰满话 zɑo^{35}
西夏语 wa^{2}；do^{2}
扎坝语扎拖话 ke^{55}

11. 数词类

（1）一

尔龚语道孚话 ro
拉坞戎语业隆话 rək^{55}
木雅语六巴话 tɐ^{53}；tɕi^{53}
木雅语石棉话 tu^{35}
普米语三岩龙话 ti^{13}
普米语新营盘话 ti^{13}
却域语尤拉西话 tɯ^{55}
史兴语兰满话 dʑĩ^{35}
扎坝语扎拖话 tɛ^{55}
普米语九龙话 ta^{11}
普米语兰坪话 ti^{13}
普米语鲁甸话 ti^{13}
普米语箐花话 ti^{13}
普米语拖七话 ti^{13}
普米语左所话 ti^{13}
羌语曲谷话 ˀa,tɕi
羌语蒲溪话 a
羌语麻窝话 a,tɕi
嘉戎语卓克基话 kə tᴇk

（2）二

龚语道孚话	ɣnə
尔苏语则拉话	ne^{35}
贵琼语麦崩话	ŋi^{35}
嘉戎语二岗理话	ɣnɐ
嘉戎语日部话	ʁnis
嘉戎语卓克基话	kə nᴇs
拉坞戎语观音桥话	ɣna^{53}
拉坞戎语业隆话	ɣnes^{55}
木雅语六巴话	nə^{53}；ȵi^{53}
木雅语石棉话	nʉ^{35}
纳木依语倮坡话	ȵi^{53}
普米语九龙话	nɯ^{11}
普米语兰坪话	ni^{13}
普米语鲁甸话	ȵi^{13}
普米语箐花话	ni^{13}
普米语三岩龙话	nə^{13}
普米语桃巴话	nə^{35}
普米语拖七话	nə^{13}
普米语新营盘话	ȵi^{13}
普米语左所话	nə^{13}
羌语曲谷话	ɦĩ
羌语蒲溪话	n
羌语麻窝话	ɣnə
却域语尤拉西话	ȵi^{55}
史兴语兰满话	ȵa^{33} ku^{53}
西夏语	njɪɪ^{1}；lọ^{2}
扎坝语扎拖话	nɛ^{13}

（3）三

尔龚语道孚话　xsu
尔苏语则拉话　ɕi^{53}
贵琼语麦崩话　sɔ̃^{55}
嘉戎语二岗理话　χsəm
嘉戎语二岗理话　fsəm
嘉戎语日部话　χsum
嘉戎语日部话　fɕum
嘉戎语卓克基话　kə sɑm
拉坞戎语观音桥话　xsəm^{53}；xso^{53}
拉坞戎语业隆话　xsom^{53}
木雅语六巴话　so^{53}；sõ^{53}
木雅语石棉话　so^{35}
纳木依语倮坡话　suo^{53}
普米语九龙话　sũ^{11}
普米语兰坪话　sɑ̃u^{13}
普米语鲁甸话　sũ^{13}
普米语箐花话　sɑ̃u^{13}
普米语三岩龙话　sõ^{13}
普米语桃巴话　sõ^{35}
普米语拖七话　sõ^{13}
普米语新营盘话　sõ^{55}
普米语左所话　sõ^{13}
羌语曲谷话　xsi
羌语蒲溪话　χsi
羌语麻窝话　khsi
却域语尤拉西话　so^{55}
史兴语兰满话　sɐ^{55} ku^{33}
西夏语　so̩^{1}
扎坝语扎拖话　sɪ^{55}

（4）四

尔龚语道孚话	ɣɮə
尔苏语则拉话	ʐu^{35}
贵琼语麦崩话	tsə^{55}
嘉戎语二岗理话	vdə
嘉戎语日部话	vldi
嘉戎语卓克基话	kə wdi
拉坞戎语观音桥话	vdə^{55}
拉坞戎语业隆话	ɣdi^{55}
木雅语六巴话	rə̠^{53}；ʑi^{53}
木雅语石棉话	də^{35}
纳木依语倮坡话	zɿ^{31}
普米语九龙话	ʒə^{11}
普米语兰坪话	ʒɛ^{55}
普米语鲁甸话	ʐʌ^{55}
普米语箐花话	ʒɛ^{55}
普米语三岩龙话	ʐɐ^{53}
普米语桃巴话	ʐɐ^{55}
普米语拖七话	ʐɐ^{53}
普米语新营盘话	ʐə^{55}
普米语左所话	ʐɐ^{53}
羌语曲谷话	ɣʐə
羌语蒲溪话	dzə
羌语麻窝话	gʐə
却域语尤拉西话	bʒi^{13}
史兴语兰满话	ʑyɐ^{33} ku^{53}
西夏语	ljɪɪr^{1}
扎坝语扎拖话	dʌ^{13}

（5）五

尔龚语道孚话 nɢvɛ
尔苏语则拉话 ŋa^{53}
贵琼语麦崩话 ŋa^{55}
嘉戎语二岗理话 mŋo
嘉戎语二岗理话 mŋɐ
嘉戎语日部话 kə-mŋɑ
嘉戎语日部话 mŋo
嘉戎语卓克基话 kə mŋo
拉坞戎语观音桥话 mŋa^{55}
拉坞戎语业隆话 mŋa^{55}
木雅语六巴话 ɴɑ^{53}；ŋæ^{53}
木雅语石棉话 ŋua^{35}
纳木依语倮坡话 ŋa^{31}
普米语九龙话 ŋuə^{11}
普米语兰坪话 ɣuɑ̃^{55}
普米语鲁甸话 wᴀ̄^{13}
普米语箐花话 ɣuɑ̃^{55}
普米语三岩龙话 ŋuə^{55}
普米语桃巴话 ŋuɐ^{55}
普米语拖七话 ŋuɐ^{55}
普米语新营盘话 ŋuᴀ^{55}
普米语左所话 ŋuɐ^{53}
羌语曲谷话 ʁua
羌语蒲溪话 ʁuɑ
羌语麻窝话 ʁuɑ
却域语尤拉西话 ŋua^{55}
史兴语兰满话 ɦõ^{55} ku^{53}
西夏语 guu^{2}；tsjɪɪr^{1}；ŋwə^{1}
扎坝语扎拖话 ŋøi^{13}

（6）六

尔龚语道孚话	xtɕho
尔苏语则拉话	tʂhʉ^{53}
贵琼语麦崩话	khuɔ^{55}
嘉戎语二岗理话	rtʃɐu
嘉戎语二岗理话	ptɕəɣ
嘉戎语日部话	kə-tʃoɣ
嘉戎语日部话	ftʃoɣ
嘉戎语卓克基话	kə tʂok
拉坞戎语观音桥话	xtɕu^{55}
拉坞戎语业隆话	xtɕok^{55}
木雅语六巴话	tɕhuə^{53}；tʂu^{53}
木雅语石棉话	tshu^{35}
纳木依语倮坡话	qhu^{31}
普米语九龙话	tʂhu^{11}
普米语兰坪话	tʂhu^{13}
普米语鲁甸话	tʂhu^{13}
普米语箐花话	tʂhu^{13}
普米语三岩龙话	tʂhu^{13}
普米语桃巴话	tʂhu^{35}
普米语拖七话	tʂhu^{13}
普米语新营盘话	tʂhu^{13}
普米语左所话	tʂhu^{13}
羌语曲谷话	ʂtʂu
羌语蒲溪话	χtʂu
羌语麻窝话	χtʂə
却域语尤拉西话	tʃhi^{55}
史兴语兰满话	tɕhu^{55} ku^{53}
西夏语	we^{1}；ʑjiw^{1}；tɕhjiw^{1}
扎坝语扎拖话	tʂho^{55}

（7）七

语言/方言	形式
尔龚语道孚话	zȵe
尔苏语则拉话	skɯŋ^{53}
贵琼语麦崩话	ȵi^{35}
嘉戎语二岗理话	sȵe
嘉戎语二岗理话	fsȵɐ
嘉戎语日部话	kə-snɑs
嘉戎语日部话	snɑs
嘉戎语卓克基话	kə ʃnəs
拉坞戎语业隆话	χsȵeˀs^{53}
木雅语六巴话	ȵuə^{53}；dø^{53}
木雅语石棉话	ȵi^{35}
纳木依语倮坡话	ʂʅ^{31}
普米语九龙话	ŋ̥ɯ^{55}
普米语兰坪话	xiɛ̃^{13}
普米语鲁甸话	ŋ̥e^{13}
普米语箐花话	xiɛ̃^{13}
普米语三岩龙话	xĩ^{55}
普米语桃巴话	ŋ̥ĩ^{35}
普米语拖七话	ŋ̥ə^{13}
普米语新营盘话	ŋ̥ø^{13}
普米语左所话	ŋ̥ə^{13}
羌语曲谷话	ste
羌语蒲溪话	ʂən
羌语麻窝话	stə
却域语尤拉西话	sna^{55}
史兴语兰满话	ʂa^{55} ku^{33}
西夏语	ɕjạ^{1}；kạ^{1}
扎坝语扎拖话	ŋ̥ɛ^{55}；ʂnɛ^{55}

（8）八

尔龚语道孚话	rjɛ
尔苏语则拉话	dʑi^{35}
贵琼语麦崩话	ie^{55}
嘉戎语二岗理话	wrjo
嘉戎语二岗理话	vje
嘉戎语日部话	və-rɟjɐt
嘉戎语日部话	vrɟjᴇ
嘉戎语卓克基话	wə rjɑt
拉坞戎语观音桥话	vja^{55}
拉坞戎语业隆话	ʁvjat^{53}
木雅语六巴话	ɕuɐ^{53}；dʑue^{53}
木雅语石棉话	ɕi^{35}
纳木依语倮坡话	ʔhĩ^{31}
普米语九龙话	ɕyə^{11}
普米语兰坪话	ʂuɛ^{13}
普米语鲁甸话	ʂye^{13}
普米语箐花话	ʂuɛ^{13}
普米语三岩龙话	ɕyɛ^{13}
普米语桃巴话	ɕyɐ^{35}
普米语拖七话	ɕyɛ^{13}
普米语新营盘话	ʂye^{13}
普米语左所话	ɕyɛ^{13}
羌语曲谷话	kheɹ
羌语蒲溪话	tʂha
羌语麻窝话	khaɹ
却域语尤拉西话	pʃɛ^{13}
史兴语兰满话	ɕi^{55} ku^{53}
西夏语	˙jar^{1}
扎坝语扎拖话	ɟje^{55}

（9）九

尔龚语道孚话	ngə
尔苏语则拉话	ngɯ^{35}
贵琼语麦崩话	ŋgui^{35}
嘉戎语二岗理话	ngə
嘉戎语二岗理话	vngu
嘉戎语日部话	kə-ŋgət
嘉戎语日部话	ŋgit
嘉戎语卓克基话	kə ngu
拉坞戎语观音桥话	ŋgə^{53}
拉坞戎语业隆话	ŋgu^{55}
木雅语六巴话	ŋguə^{53}；gu^{53}
木雅语石棉话	ŋgə^{35}
纳木依语倮坡话	ngu^{31}
普米语九龙话	gɯ^{11}
普米语兰坪话	zgiɯ^{55}
普米语鲁甸话	gə^{55}
普米语箐花话	sgiɯ^{55}
普米语三岩龙话	gə^{53}
普米语桃巴话	ɣi^{55}
普米语拖七话	gɯ^{53}
普米语新营盘话	giə^{55}
普米语左所话	gi^{53}
羌语曲谷话	ʐgu
羌语蒲溪话	ʐguə
羌语麻窝话	rguə
却域语尤拉西话	ku^{55}
史兴语兰满话	quɐ^{33} ku^{53}
西夏语	gjɪ^{1}
扎坝语扎拖话	ngʌ^{13}

（10）十

尔龚语道孚话	zʁa
尔苏语则拉话	tɕhe^{53} tɕhe^{53}
贵琼语麦崩话	sə^{55}
嘉戎语卓克基话	ʃtʃᴇ
拉坞戎语观音桥话	sɣə^{53}
拉坞戎语业隆话	sɣi^{55}
木雅语六巴话	ɦæ^{33} kø^{53}；tɕuə^{53}
木雅语石棉话	a^{55}ko^{55}
纳木依语倮坡话	χuo^{31}
普米语九龙话	qɑ^{11} ta^{55}
普米语兰坪话	qa^{55} stiɛ̃^{55}
普米语鲁甸话	kᴀ^{55} tẽ^{55}
普米语箐花话	qa^{55} stiɛ̃^{55}
普米语三岩龙话	kᴀ^{55} tĩ^{55}
普米语桃巴话	kᴀ^{55} tĩ^{55}
普米语拖七话	kᴀ^{55} tẽ^{53}
普米语新营盘话	kᴀ^{55} tẽ^{55}
普米语左所话	kᴀ^{55} tẽ^{53}
羌语曲谷话	hoʥu
羌语蒲溪话	χaʥy
羌语麻窝话	hədiu
却域语尤拉西话	ʂ̥qa^{13} rdə^{55}
史兴语兰满话	dzi^{33} ɕa^{53}
西夏语	ɣa̩^{2}
扎坝语扎拖话	tshʅ^{55}

（11）百

尔龚语道孚话	rjə
尔苏语则拉话	te^{33} ʑæ^{53}

贵琼语麦崩话　ŋã^{31} bu^{55}；dʑə^{35}

嘉戎语二岗理话　vrji

嘉戎语日部话　pər rɟji

嘉戎语卓克基话　pə rjɐ

拉坞戎语观音桥话　vrji^{53}

拉坞戎语业隆话　vrje^{53}

木雅语六巴话　ta^{55} ra^{53}；dʑæ^{55}

木雅语石棉话　ta^{33}la^{35}

纳木依语倮坡话　ʔhĩɔ^{53}

普米语九龙话　ta^{55} ʐe^{55}

普米语兰坪话　si^{55}

普米语鲁甸话　ʂï^{55}

普米语箐花话　ʂə^{55}

普米语三岩龙话　rei^{53}

普米语桃巴话　re^{53}

普米语拖七话　ɕi^{55}

普米语新营盘话　ɕi^{55}

普米语左所话　ɕi^{53} , re^{53}

羌语曲谷话　ʔekheɹ

羌语蒲溪话　tʂhə

羌语麻窝话　khiɹ

却域语尤拉西话　bdʑə^{13}

史兴语兰满话　ɕa^{53}

西夏语　ˑjir^{2}

扎坝语扎拖话　ɟji^{13}

（12）千

尔龚语道孚话　stoŋ mtʂhɑ

尔苏语则拉话　tu^{53}

贵琼语麦崩话　tõ^{55} tshʉ^{55} ta^{55}；tɕuŋ^{55}

嘉戎语二岗理话	stoŋ tso
嘉戎语日部话	stoŋ tsn
嘉戎语卓克基话	stoŋ tso
拉坞戎语观音桥话	stuŋ^{33}tso^{53}
拉坞戎语业隆话	stuŋ^{33} tso^{55}
木雅语六巴话	tõ^{53}
木雅语石棉话	ta^{33}to^{55}
纳木依语倮坡话	tu^{31}
普米语九龙话	tõ^{55} tʂhɑ^{55}
普米语兰坪话	stĩ^{55}
普米语鲁甸话	tĩ^{55}
普米语箐花话	stĩ^{55}
普米语三岩龙话	tõ^{55}
普米语桃巴话	tiᴀ̄^{55}
普米语拖七话	tõ^{55}
普米语新营盘话	tĩ^{55}
普米语左所话	tĩ^{53}
羌语曲谷话	stu̥
羌语蒲溪话	ʂto
羌语麻窝话	stuŋtsu
却域语尤拉西话	ʂtoŋ^{55} tʂha^{55} tɯ^{55}
史兴语兰满话	tõ^{55} dʐa^{53}
西夏语	tu̦^{1}
扎坝语扎拖话	ʂtʊ^{55} ntʂha^{55}

12. 动词类（按音序排列）

（1）拔（草）

尔龚语道孚话	nɬhi
尔苏语则拉话	tse^{53}
嘉戎语卓克基话	kɑ phot

拉坞戎语观音桥话	a^{33} n̥a^{55}
拉坞戎语业隆话	pɣaq^{55}
木雅语六巴话	ti^{55} nø^{53}
木雅语石棉话	tu^{33}tsu^{33}ŋuɐ^{55}
纳木依语倮坡话	nphʐʅ^{35}
普米语九龙话	ɬy^{55} ɬyə^{11}
普米语兰坪话	thə^{13} ɬø^{13}
普米语鲁甸话	tə^{55} põ^{55}
普米语箐花话	thə^{13} ɬø^{13}
普米语三岩龙话	nə^{13} ɬə^{53}
普米语桃巴话	nə^{35} ɬõ^{55}
普米语拖七话	thə^{13} ɬõ^{53}
普米语新营盘话	thə^{13} ɬõ^{13}
普米语左所话	thə^{13} ɬõ^{53}
羌语曲谷话	stuestu̥
羌语蒲溪话	phʐa,ʂtua
羌语麻窝话	stɑ
却域语尤拉西话	thyə^{55} pthə^{55}
史兴语兰满话	tsu^{53}
西夏语	lhjii^{1}
扎坝语扎拖话	ŋo^{55} pto^{55}

（2）帮助

尔龚语道孚话	ro rəm və
尔苏语则拉话	ɣu^{33} ɣu^{53}
贵琼语麦崩话	ji^{35} ʐo^{55} di^{35}
嘉戎语二岗理话	ʁɐl
嘉戎语日部话	kɑ-ʁor
嘉戎语卓克基话	kɐ kor
拉坞戎语观音桥话	ɣər^{55}

拉坞戎语业隆话	ɣu^{ʔ}r^{53}
木雅语六巴话	qhə̠^{33} ʁo^{55}
木雅语石棉话	khu^{33}to^{33}ɦo^{55}
纳木依语倮坡话	ʁuo^{55} ʁuo^{31}
普米语九龙话	xɐ^{11} qu^{55}
普米语兰坪话	thə^{13} dʑe^{13} dʑe^{13}
普米语鲁甸话	dʑe^{13} dʑe^{13}
普米语箐花话	thə^{13} dʑe^{13} dʑe^{13}
普米语三岩龙话	ko^{13} ku^{53}
普米语桃巴话	kʌ^{55} ku^{35}
普米语拖七话	kʌ^{13} ku^{53}
普米语新营盘话	hə^{13} dʑe^{13} dʑe^{13}
普米语左所话	kʌ^{13} ku^{53}
羌语曲谷话	zʁua
羌语蒲溪话	ʁuʁu
羌语麻窝话	ʁuɑɹ
却域语尤拉西话	ro^{13} ʁde^{55} kɯ^{55} ɣɛ^{55}
史兴语兰满话	la^{33} qa^{33} qɑo^{55}
西夏语	·wu^{2}
扎坝语扎拖话	zo^{33} de^{55}

（3）饱

尔龚语道孚话	fkə
尔苏语则拉话	de^{33} ɣuæ^{53}
贵琼语麦崩话	ku^{35}
嘉戎语卓克基话	kɐ pkɐ
拉坞戎语观音桥话	vɣi^{55}(a^{33} vɣi^{53})
拉坞戎语业隆话	vɣje^{ʔ55}(o^{33} vɣje^{55})
木雅语六巴话	tu^{33} tɕə^{53}
木雅语石棉话	tu^{55}tɕu^{55}

纳木依语倮坡话	ŋu^{55} ku^{53}
普米语九龙话	tɯ^{55} kui^{55}
普米语兰坪话	tə^{55} kui^{55}
普米语鲁甸话	kuei^{55}
普米语箐花话	tə^{55} kui^{55}
普米语三岩龙话	tə^{55} kuei^{53}
普米语桃巴话	tə^{55} kui^{53}
普米语拖七话	tə^{55} kui^{53}
普米语新营盘话	kui^{55} nõ^{55}
普米语左所话	tə^{55} kui^{53}
羌语曲谷话	təχə̊
羌语蒲溪话	χe
羌语麻窝话	χə
却域语尤拉西话	bdʑe^{13}
史兴语兰满话	du^{33} gu^{55}
西夏语	·iij^{1}；zjijr^{1}
扎坝语扎拖话	ə^{55} kui^{55}

（4）背（柴）

尔龚语道孚话	ngju
尔苏语则拉话	de^{33} bæ^{53}
贵琼语麦崩话	pə^{55}
嘉戎语二岗理话	ve rke
嘉戎语二岗理话	vɣər
嘉戎语日部话	tə-zgɑ
嘉戎语日部话	kɑ-fkor
嘉戎语卓克基话	kɐ pkor
木雅语六巴话	za^{24} tu^{55} mbə^{33}
木雅语石棉话	tæ^{33}mbe^{55}
纳木依语倮坡话	bæ^{33} bæ^{55}

普米语九龙话 nə^{11} ku^{55}
普米语兰坪话 tə^{55} skiu^{55}
普米语鲁甸话 tə^{55} xu^{55}
普米语箐花话 tə^{55} skiu^{55}
普米语三岩龙话 nə^{13} ku^{53}
普米语桃巴话 nə^{35} xu^{35}
普米语拖七话 tə^{55} ku^{53}
普米语新营盘话 tə^{55} ku^{55}
普米语左所话 nə^{13} ku^{53}
羌语曲谷话 bie
羌语蒲溪话 bie
羌语麻窝话 bi
却域语尤拉西话 pɛ^{13} pe^{55}
史兴语兰满话 pɑo^{33} pɑo^{55}
西夏语 wạ^{2}；·u^{2}
扎坝语扎拖话 ə^{55} cçi^{33}

（5）编（辫子）
尔龚语道孚话 mɬhe
尔苏语则拉话 ŋe^{33} phʐu^{53}
贵琼语麦崩话 thã^{55}
嘉戎语卓克基话 kɐ kpjɐt
木雅语六巴话 ɦo^{24} lɐ̰^{53}
木雅语石棉话 ɦu^{55}la^{55}
纳木依语倮坡话 tɕhi^{33} phʐə^{33} phʐə^{53}
普米语九龙话 khɯ^{11} phʐə^{11} phʐə^{55}
普米语兰坪话 nə^{13} tʃhə^{55}
羌语曲谷话 ke
羌语蒲溪话 tɕe
羌语麻窝话 Xliapi

却域语尤拉西话	pɬo^{13}
史兴语兰满话	hyi^{53}
西夏语	lhwa
扎坝语扎拖话	a^{33} ntha^{33}

（6）病

尔龚语道孚话	ŋo
尔苏语则拉话	de^{33} ȵi^{53}
贵琼语麦崩话	tɕhi^{55} nda^{55}
嘉戎语卓克基话	kɑ nə wo
木雅语六巴话	tə^{33} ŋe^{24}
木雅语石棉话	tə^{55}ŋə^{53}
纳木依语倮坡话	nguo^{55}
普米语九龙话	ȵẽ^{35}
普米语兰坪话	ȵɛ^{55}
羌语蒲溪话	ʑdʐe
羌语麻窝话	rdʑi
却域语尤拉西话	ȵuŋ^{55}
史兴语兰满话	gõ^{55}
西夏语	thew^{2}；za^{2}；ŋo^{2}
扎坝语扎拖话	ȵi^{13}

（7）补（衣服）

尔龚语道孚话	phe le ncçhə
尔苏语则拉话	pe^{53} pe^{53}
贵琼语麦崩话	ba^{31} tɕe^{55} tɕa^{35}
嘉戎语二岗理话	spi lɐ
嘉戎语日部话	kɑ-spᴇs
嘉戎语卓克基话	kɑ mphji
木雅语六巴话	thɐ^{55} phe^{53} læ^{33}

木雅语石棉话　khəɹ^{33}le^{55}
纳木依语倮坡话　χa^{31} pu^{53}
普米语九龙话　pha^{11} la^{11} de^{35}
普米语兰坪话　xə^{13} fphɛ^{13}
普米语桃巴话　xə^{35} phiɛ^{35}
普米语新营盘话　hə^{13} phɛ^{55}
羌语蒲溪话　ʐəʐə
羌语麻窝话　ʂpa
却域语尤拉西话　sphɛ^{55} liɛ^{55} kɯ^{55} rə^{33}
史兴语兰满话　ʔu^{53}
西夏语　djwu^{2}；wji̥j^{2}；djwu^{2}
扎坝语扎拖话　ko^{33} tʂo^{55}

（8）成熟（果子）

尔龚语道孚话　ɣə smən
尔苏语则拉话　de^{33} hĩ^{53}
贵琼语麦崩话　mĩ^{55}
嘉戎语卓克基话　kə ndʒɑk
木雅语六巴话　tha^{33} tshə̱^{53}
木雅语石棉话　tə^{55}mə^{55}
纳木依语倮坡话　mi^{31} gæ^{53}
普米语九龙话　m̥ɛ̃^{55}
普米语兰坪话　mʐe^{13}
羌语曲谷话　tiʥi
羌语麻窝话　daɕiɣli
却域语尤拉西话　ɕe^{55} tye^{55} ta^{55} rma^{55}
史兴语兰满话　lɐ^{55} mi^{55}
西夏语　we^{1}
扎坝语扎拖话　a^{33} me^{55}

（9）吹（火）

尔龚语道孚话	zbre
尔龚语道孚话	ɣmɛ
尔龚语道孚话	xpə rju
尔苏语则拉话	de^{33} phʐa^{53}；ntʂha^{53}
尔苏语则拉话	te^{53} mu^{53}
尔苏语则拉话	me^{33} le^{53} læ^{33}
贵琼语麦崩话	mʉ^{35}
贵琼语麦崩话	mʉ^{31} ji^{55} ʃuɔ^{55}
嘉戎语卓克基话	kɑ phro
嘉戎语卓克基话	kɑ wɑ phu
嘉戎语卓克基话	kə pɑ
木雅语六巴话	tu^{33} rə^{53}
木雅语六巴话	phə^{53} tə^{33} tə^{53}
木雅语六巴话	tə̰^{33} mə̰^{53}
木雅语石棉话	khu^{33}ŋu^{53}
普米语九龙话	mo^{35}
普米语九龙话	phy^{11} ti^{11} tɯ^{55} te^{11}
普米语九龙话	mu^{11} lə^{11} zɿ^{55}
普米语兰坪话	mũ^{13} py^{55}
普米语兰坪话	ɣɑ^{13} do^{55}
普米语箐花话	khə^{13} m̥ə^{13}
普米语桃巴话	xə^{35} m̥ə^{35}
羌语曲谷话	phu
羌语蒲溪话	phə
羌语麻窝话	χtsəɸ
却域语尤拉西话	xpe^{55}
却域语尤拉西话	ty^{13}
史兴语兰满话	hũ^{53}
史兴语兰满话	ɕũ^{55}；tɕhũ^{55}

西夏语	xju^{1}；mәә^{1}；wor^{1}
扎坝语扎拖话	a^{33} mɛ^{55}；a^{33} ko^{55}
扎坝语扎拖话	kә^{55} mɛ^{55}
扎坝语扎拖话	lu^{55} ʐa^{13}

（10）搓（绳子）

尔龚语道孚话	nɮav
尔苏语则拉话	do^{33} guo^{53}
贵琼语麦崩话	tsã^{31} kha^{31} jɔ^{35}
嘉戎语二岗理话	ske leɣ
嘉戎语日部话	kɑ-ʁldɑ kɑ-pi
嘉戎语卓克基话	kɑ cçɑp
木雅语六巴话	ti^{33} ɣә^{53}
木雅语石棉话	dә^{33}gә^{33}tә^{55}
纳木依语倮坡话	jy^{31}
普米语九龙话	tɯ^{55} li^{55}
普米语兰坪话	thә^{13} li^{55} ʐɑ^{13}
普米语鲁甸话	xә^{13} tshu^{13}
普米语箐花话	thә^{13} li^{55} ʐɑ^{13}
普米语三岩龙话	khә^{13} li^{53}
普米语桃巴话	khә^{35} li^{53}
普米语拖七话	thә^{13} li^{53}
普米语新营盘话	thә^{13} li^{55} le^{55}
普米语左所话	khә^{13} li^{53}
羌语曲谷话	lәllә
羌语蒲溪话	lәtɕhe
羌语麻窝话	ʤәʤ
却域语尤拉西话	rlә^{13}
史兴语兰满话	bɐ^{35}
西夏语	neej^{2}

扎坝语扎拖话	o^{55} do^{55}

（11）打架

尔龚语道孚话	ncçhə nccçhə
尔苏语则拉话	kæ^{53} kæ^{53}
贵琼语麦崩话	di^{35} di^{55} tshe^{55}
嘉戎语卓克基话	tɐ lɐ lɐt kɑ pɑ
拉坞戎语观音桥话	χtshə^{55} tshə^{33}
拉坞戎语业隆话	nda^{33} la^{55} lat^{55}
木雅语六巴话	tə^{55} sə^{55} sɐ^{33}
木雅语石棉话	də^{33}da^{53}
纳木依语倮坡话	ndu^{55} ndu^{55}
普米语九龙话	qo^{55} quɑ^{55}
普米语兰坪话	tsa^{55} tsiɯu^{55}
普米语鲁甸话	tsɐ^{55} tsəu^{55}
普米语箐花话	tsɐ^{55} thiɯu^{55}
普米语三岩龙话	tsə^{55} tsəu^{53}
普米语桃巴话	tsə^{55} tsu^{53}
普米语拖七话	tsə^{55} tsəu^{53}
普米语新营盘话	tsɐ^{55} tsəu^{55}
普米语左所话	tsə^{55} tsəu^{53}
羌语曲谷话	quqqua
羌语麻窝话	ʁdʐəʁdʐə
却域语尤拉西话	ʁme^{55} vi^{55}
史兴语兰满话	ʁa^{55} dɐ^{53}
扎坝语扎拖话	dy^{55} dy^{55}

（12）打猎

尔苏语则拉话	mu^{33} nbæ^{53} mu^{31}
贵琼语麦崩话	khu^{55} ɬɑ̃^{55}

嘉戎语二岗理话	rŋɒ vi
嘉戎语日部话	kɑ-ʁɐr ŋᴇ
嘉戎语卓克基话	tɐ rwɐk kɑ pɑ
拉坞戎语观音桥话	rŋa^{53}～rŋa^{53} vi^{53}
拉坞戎语业隆话	rŋa^{55} vzo^{55}
木雅语六巴话	ni^{33} ŋguæ^{53}
木雅语石棉话	khu^{33}ɭo^{53}
纳木依语倮坡话	hĩ^{55} qha^{53}
普米语九龙话	gue^{35} py^{55}
普米语兰坪话	tʃhə^{55} xiɛ^{55}
普米语鲁甸话	ʂi^{55} xe^{55}
普米语箐花话	tʃhə^{55} xiɛ^{55}
普米语三岩龙话	khi^{55} rʌ^{55} pʉ^{53}
普米语桃巴话	guɛ^{55} pʉ^{53}
普米语拖七话	gue^{55} pʉ^{53}
普米语新营盘话	tɕhə^{55} hie^{55}
普米语左所话	guɛ^{55} pʉ^{53}
羌语曲谷话	qhuɹkə̊
羌语麻窝话	qhuɹkə
却域语尤拉西话	tɕha^{33} rɛ^{55}
史兴语兰满话	guæ^{55} ʁuɐ^{53}；qu^{53}
扎坝语扎拖话	tʂhɪ^{55} phɪ^{55}

（13）断（线）

尔龚语道孚话	də brɛ
尔苏语则拉话	the^{53} tse^{53}
贵琼语麦崩话	tʂue^{35}
嘉戎语卓克基话	kə mbrɐt
木雅语六巴话	nɐ^{55} ndʐuɐ^{53}
木雅语石棉话	thə^{33}ʥa^{53}

纳木依语倮坡话　tɕhi^{31} nphʐə^{31}

普米语九龙话　nə^{11} bʐə^{55}

普米语兰坪话　thə^{13} pʂɛ^{13}

羌语曲谷话　debbeɹ

羌语蒲溪话　phʐa

羌语麻窝话　dagə̊ɹ

却域语尤拉西话　ta^{55} qa^{13}

史兴语兰满话　na^{33} bʉ^{33} ra^{55}

西夏语　bja^{2}

扎坝语扎拖话　tə^{55} ptʂi^{55}

（14）堆

尔龚语道孚话　spɑ lɑ

尔苏语则拉话　kheɹ^{33} bi^{53}

贵琼语麦崩话　thu^{31} tɕyo^{31} tɕyo^{55} ku^{35}

嘉戎语二岗理话　mbo

嘉戎语日部话　kɑ-stɑk

嘉戎语卓克基话　kɑ rɑ ɲ̥uk

木雅语六巴话　thu^{55} mbə^{33}

木雅语石棉话　ti^{33}mbəɹ^{35}

纳木依语倮坡话　luo^{33} bu^{33} bu^{33}

普米语九龙话　tɯ^{55} by^{55}

普米语兰坪话　vbu^{55}

普米语鲁甸话　xə^{13} bu^{55}

普米语箐花话　xə^{13} sbu^{55}

普米语三岩龙话　xə^{13} bu^{53}

普米语桃巴话　xə^{35} bu^{53}

普米语拖七话　xə^{13} bu^{53}

普米语新营盘话　hə^{13} bu^{55}

普米语左所话　xə^{13} bu^{53}

羌语曲谷话　ʈə bbə
羌语麻窝话　bu
却域语尤拉西话　kɯ^{55} ldzɛ^{13}
史兴语兰满话　pũ^{55}
西夏语　twe^{1}
扎坝语扎拖话　be^{33} le^{55}

（15）饿

尔龚语道孚话　mdʑu
尔苏语则拉话　ji^{33} de^{53} ŋæ^{53}
贵琼语麦崩话　phɔ^{55} ȵ̥ũ^{35}；mu^{55}
嘉戎语二岗理话　mo
嘉戎语日部话　kɑ-mtshir
嘉戎语卓克基话　kɑ mo
拉坞戎语观音桥话　mo^{55} (nɛ^{33}～^{53})
拉坞戎语业隆话　mo^{ʔ55} (ə^{33} mo^{55})
木雅语六巴话　to^{33} zo^{55}
木雅语石棉话　tə^{55}zua^{55}
纳木依语倮坡话　ŋu^{55} zʉ^{55} kuo^{53}
普米语九龙话　tɕe^{35} ʐũ^{55}
普米语兰坪话　tʃø^{55} ʐõ^{55}
普米语鲁甸话　tʂõ^{55} rõ^{55}
普米语箐花话　tʃø^{55} ʐõ^{55}
普米语三岩龙话　tɕɛ^{55} rõ^{55}
普米语桃巴话　tɕɛ^{55} rõ^{55}
普米语拖七话　tɕɛ^{55} rõ^{55}
普米语新营盘话　tɕɛ^{55} rõ^{55}
普米语左所话　tɕɛ^{55} rõ^{55}
羌语曲谷话　tuɕy
羌语麻窝话　daʂpi

却域语尤拉西话 $tə^{55}$ $bʑe^{33}$
史兴语兰满话 $ʐyæ^{55}$
西夏语 $dʑjwiw^{2}$；·jwɪ
扎坝语扎拖话 $ŋə^{55}$ $ȵa^{55}$

（16）发抖
尔龚语道孚话 nkhri tɕha
尔苏语则拉话 nga^{33} nga^{53}
贵琼语麦崩话 $thɛ^{55}$ $thɛ^{55}$
嘉戎语卓克基话 kɐ wɐ dɐr dɐr
拉坞戎语观音桥话 $nvsar^{53}$
拉坞戎语业隆话 $nda^{ʔ}r^{55}$ ；$dzik^{55}$ $dzik^{33}$ $vzo^{ʔ55}$
木雅语六巴话 $nɐ^{33}$ $tɐ^{55}$ $tɐ^{33}$
木雅语石棉话 ti33ti53
纳木依语倮坡话 $ntʂhu^{33}$ $ntʂhu^{31}$
普米语九龙话 $dʐy^{11}$ $dʐyi^{55}$
普米语兰坪话 $dʐuei^{13}$
普米语鲁甸话 $dʐɯ^{13}$
普米语鲁甸话 $xə^{13}$ $tʂuei^{55}$
普米语箐花话 $dʐui^{13}$
普米语箐花话 $nə^{13}$ $dzui^{13}$
普米语三岩龙话 $dʐuei^{13}$
普米语三岩龙话 $xə^{13}$ $dzui^{13}$
普米语桃巴话 $dʐuei^{35}$
普米语桃巴话 $xə^{35}$ $dzui^{35}$
普米语拖七话 $dʐuei^{13}$
普米语拖七话 $xə^{13}$ dzy^{13}
普米语新营盘话 $dʐuei^{13}$
普米语新营盘话 $hə^{13}$ $dzui^{13}$
普米语左所话 $dʐuei^{13}$

普米语左所话	xə^{13} dzui^{13}
羌语曲谷话	Leme xse
羌语麻窝话	khsaɹma
却域语尤拉西话	ndɛr^{13} ndɛ^{55}
史兴语兰满话	tʂu^{55} ʐu^{33}
西夏语	khjɪɪ^{1}
扎坝语扎拖话	tsɪ^{33} ntsɪ^{55}

（17）发疯

尔龚语道孚话	rə lʁɑ
尔苏语则拉话	du^{55} mu^{53}
贵琼语麦崩话	mbɔ^{35}
嘉戎语卓克基话	kɐ sŋ̊o
木雅语六巴话	tə̠^{55} ʁɑ^{33}
木雅语石棉话	tʉ^{33}kua^{55}
普米语九龙话	xɐ^{11} qõ^{55}
普米语兰坪话	xqɑ̃u^{55}
羌语曲谷话	tuʁu
羌语麻窝话	ʁuʁula
却域语尤拉西话	rʁa^{13}
史兴语兰满话	mu^{55} tshuɐ^{33}
扎坝语扎拖话	tɕhɪ^{33} tʂe^{55}

（18）发酵

尔龚语道孚话	zgə
尔苏语则拉话	de^{33} gu^{53}
嘉戎语卓克基话	kə rwɐs
拉坞戎语观音桥话	nvəɣ^{53} (nə^{55}～^{55})
拉坞戎语业隆话	sjup^{55}(ko$^{33-55}$)
木雅语六巴话	khi^{33} rə^{53}

木雅语石棉话	nə̃^{33}mbu^{53}
纳木依语保坡话	læ^{33} bæ^{55} χuo^{35}
普米语九龙话	xɐ^{11} ʂy^{55}
普米语兰坪话	xə^{13} vbõ^{13}
羌语麻窝话	ʂtɕawa
却域语尤拉西话	ɣuə^{55} pɕe^{55}
史兴语兰满话	phɐ^{53} xi^{33}
扎坝语扎拖话	kə^{55} ʂə^{55}

（19）放牧

尔龚语道孚话	ɬho lɛ
尔苏语则拉话	zuo^{33} ŋuo^{53} ku^{53}
嘉戎语卓克基话	tə kok kɑ pɑ
拉坞戎语观音桥话	lɑɣ^{53} ；lɑɣ^{53} vi^{33}
拉坞戎语业隆话	lok^{55}
木雅语六巴话	lə^{33} mi^{53} rɑ^{53}
木雅语石棉话	su^{55}dʑu^{55}lo^{55}
纳木依语保坡话	tshɿ^{35} tshɿ^{53}；ɣə^{31} tshɿ^{35}
普米语兰坪话	thə^{13} ɬi^{55}
普米语鲁甸话	khə^{13} ɬi^{55}
普米语箐花话	khə^{13} ɬi^{55}
普米语三岩龙话	ɬi^{53}
普米语桃巴话	ɬi^{35}
普米语拖七话	ɬi^{53}
普米语新营盘话	ɬi^{55}
普米语左所话	ɬi^{53}
羌语曲谷话	ʂtʂuə
羌语麻窝话	stə
却域语尤拉西话	pla^{55}
史兴语兰满话	gu^{33} lu^{35}

西夏语　lhew^{1}
扎坝语扎拖话　syø^{55}

（20）飞
尔龚语道孚话　bjo
尔苏语则拉话　bʑe^{35}
贵琼语麦崩话　phu^{31}
嘉戎语卓克基话　kɑ bjɑm
拉坞戎语观音桥话　ɣmbjəm^{53}
拉坞戎语业隆话　ɣbjam^{55}
木雅语六巴话　thi^{33} ndʑue^{55}
木雅语石棉话　ge^{55}ge^{55}
纳木依语倮坡话　mi^{33} ndʐu^{55} ndʐu^{55}
普米语九龙话　khɯ^{11} bã^{35}
普米语兰坪话　bʒɛ̃^{13}
普米语鲁甸话　bẽ^{13}
普米语箐花话　khə^{13} bʒɛ̃^{13}
普米语三岩龙话　khə^{13} bᴀ̃^{13}
普米语桃巴话　khə^{35} bẽ^{35}
普米语拖七话　khə^{13} bᴀ̃^{55}
普米语新营盘话　khə^{13} pᴀ̃^{55}
普米语左所话　khə^{13} bᴀ̃^{55}
羌语曲谷话　la
羌语麻窝话　gzi
却域语尤拉西话　rde^{13}
史兴语兰满话　dʑɛ̃^{55}
扎坝语扎拖话　tə^{55} mdzɪ^{55}

（21）缝（衣服）
尔龚语道孚话　ra vji

尔苏语则拉话	ndʐɯ^{53} ndʐɯ^{53}
木雅语六巴话	khə^{33} tʂɐ^{53}
木雅语石棉话	khə^{33}ɭe^{55}
纳木依语倮坡话	ʐu^{33} ʐu^{55}
普米语兰坪话	dʐi^{13}
羌语曲谷话	jej
羌语麻窝话	ʐiʐi
却域语尤拉西话	tʂa^{55}
史兴语兰满话	ru^{35}
西夏语	rər^{1}
扎坝语扎拖话	ko^{33} tʂo^{55}

（22）孵（小鸡）

尔龚语道孚话	sɬho
尔苏语则拉话	ɣua^{33} jʉ^{53} khe^{33} xŋ^{31}
贵琼语麦崩话	nã^{31} tsi^{55} mɔ̃^{35} ku^{33}
嘉戎语卓克基话	tɑ gɑm kɑ skɑm
拉坞戎语观音桥话	χsphəm^{55}(kə^{33}～^{53})
拉坞戎语业隆话	zgo^{ʔ55}(ko^{33} zgo^{55})
木雅语六巴话	khu^{55} tɕə^{53}
木雅语石棉话	khʉ^{33}tɕu^{55}pə^{53}
纳木依语倮坡话	ɦæɹ^{55} ʁuo^{55} mi^{33} χuo^{35}
普米语九龙话	ʐə^{11} pɐ^{13} ti^{55}
普米语兰坪话	xə^{13} pɐ^{13}
普米语鲁甸话	xə^{13} pʌ^{13}
普米语箐花话	xə^{13} pɑ^{13}
普米语三岩龙话	xə^{13} pɐ^{13}
普米语桃巴话	pɐ^{35} ti^{53}
普米语拖七话	xə^{13} pɐ^{13}
普米语新营盘话	hə^{13} pʌ^{13}

普米语左所话	xə^{13} pᴀ^{13}
羌语曲谷话	ʑdʑe
羌语麻窝话	zdi
却域语尤拉西话	rgə^{13} ŋa^{55} kɯ^{55} ɬlo^{55}
史兴语兰满话	bʉ^{35}
西夏语	bo^{2}
扎坝语扎拖话	kø^{33} mo^{55}

（23）腐烂

尔龚语道孚话	nə tshə
尔苏语则拉话	ne^{33} tʂhu^{53}
贵琼语麦崩话	bu^{35}
嘉戎语二岗理话	nɑ χtsɑ
嘉戎语日部话	kə-tsə
嘉戎语卓克基话	kə tʃə
拉坞戎语观音桥话	xtsə^{55}
拉坞戎语业隆话	χtsit^{55}
木雅语六巴话	nɐ^{33} mbə^{53}
木雅语石棉话	nũ^{33}mbu^{53}
纳木依语倮坡话	bo^{33} tʂhʅ^{53}
普米语九龙话	nə^{11} bɯi^{55}
普米语兰坪话	ry^{13}；nə^{13} bie^{55}
羌语曲谷话	ɦaqts□qa
羌语麻窝话	dɑsqɑ
却域语尤拉西话	pɔ^{55}
史兴语兰满话	lɐ^{33} tshuɐ^{53}
扎坝语扎拖话	kʌ^{33} pia^{55}

（24）告诉

尔龚语道孚话	jə

尔苏语则拉话	dʑi^{35}
贵琼语麦崩话	ɕe^{55}
嘉戎语二岗理话	re
嘉戎语二岗理话	sə-mtso
嘉戎语日部话	kɑ-sə mtshɑ
嘉戎语日部话	kɑ-sə-mtsho
嘉戎语卓克基话	kɑ sə mtso
拉坞戎语观音桥话	ldze^{53}(nə^{33}～^{55})
拉坞戎语业隆话	sə^{33} vzoʔ^{55}(o$^{33-33}$ vzo^{55})
木雅语六巴话	khə^{55} ʑə^{53}
木雅语石棉话	khə^{33}mə^{33}də^{55}
纳木依语倮坡话	ŋu^{35}
普米语九龙话	nə^{11} zuẽ^{55}；tɕɯ^{35} ŋɑ^{55}
普米语兰坪话	thə^{13} xĩ^{55}
普米语鲁甸话	thə^{13} tʂi^{13}
普米语鲁甸话	thə^{13} tʃə^{13}
普米语箐花话	thə^{13} xĩ^{55}
普米语箐花话	thə^{13} xĩ^{55}
普米语三岩龙话	xə^{13} tɕɨ^{13}
普米语三岩龙话	khə^{13} tɕɨ^{3} nõ^{55}
普米语桃巴话	thə^{35} tɕɨ^{35}
普米语桃巴话	khə^{35} tɕɨ^{35} nõ^{55}
普米语拖七话	thə^{13} tɕɨ^{13}
普米语拖七话	khə^{13} tɕɨ^{13} tʌ^{13}
普米语新营盘话	thə^{13} kẽ^{55}
普米语新营盘话	thə^{13} tʃə^{13}
普米语左所话	thə^{13} tɕɨ^{3}
普米语左所话	khə^{13} tɕɨ^{13} nũ^{55}
羌语曲谷话	ji
羌语麻窝话	sysy

却域语尤拉西话　ȵo^{13}
史兴语兰满话　pɐ^{53} ʁõ^{33}
西夏语　mji̩^{1}；nji̩^{1}
扎坝语扎拖话　ɕe^{55}

（25）给

尔龚语道孚话　fkho
尔苏语则拉话　khe^{35}
贵琼语麦崩话　kɑ̃^{55}
嘉戎语二岗理话　qho
嘉戎语日部话　kɑ-mbə
嘉戎语卓克基话　kɐ wə
拉坞戎语观音桥话　khə^{53}(nə^{33} ~^{55})
拉坞戎语业隆话　bi^{55}(na^{33} bi^{ʔ55})
木雅语六巴话　tho^{33} tɐ^{53}
木雅语石棉话　thə^{33}khə^{55}
纳木依语倮坡话　tɕhi^{31} kuo^{31}
普米语九龙话　xɐ^{11} khẽ^{13}
普米语兰坪话　thə^{13} khuɛ̃^{13}
羌语曲谷话　dele
羌语麻窝话　gʐə
却域语尤拉西话　kho^{55}
史兴语兰满话　kɛ̃^{55}
扎坝语扎拖话　tʌ^{33} khɪ^{55}

（26）耕（田）

尔龚语道孚话　kru
尔苏语则拉话　la^{35}
贵琼语麦崩话　dʑɑ̃^{31} ʒu^{35}
嘉戎语二岗理话　phoɣ vi

嘉戎语日部话　　kɐ-rɐ wᴇt
嘉戎语卓克基话　　kɐ tshok
木雅语六巴话　　nɐ^{33} tʂhø^{53}
木雅语石棉话　　thu^{55}
纳木依语倮坡话　　li^{55}
普米语九龙话　　lɛ̃^{11} lɛ̃^{55}
普米语兰坪话　　xə^{13} ɪɛ̃^{55}
羌语曲谷话　　ɭə
羌语麻窝话　　liu
却域语尤拉西话　　bliɛ^{55}
史兴语兰满话　　jĩ^{55}
西夏语　　lji̩^{1}
扎坝语扎拖话　　pho^{55} phi^{55}；a^{33} pho^{55}

（27）灌（水）
尔龚语道孚话　　xat^{55}
尔苏语则拉话　　ka̠t^{55}
贵琼语麦崩话　　akuchopu shilo
嘉戎语卓克基话　　nə ri
木雅语六巴话　　ne^{33} ku^{53}
木雅语石棉话　　nũ^{33}do^{55}
纳木依语倮坡话　　tʃə^{55} mi^{35} ɬã^{55}
普米语九龙话　　kɐ lɐt
普米语兰坪话　　rə^{33} khuə^{53}
羌语曲谷话　　ʂu
羌语麻窝话　　e ji
却域语尤拉西话　　lɛ̃^{11} ti^{55}
史兴语兰满话　　nə^{13} lu^{55}
西夏语　　ɹu^{55}
扎坝语扎拖话　　ptə^{55}；pʃi^{55}

（28）跪

尔龚语道孚话	rŋə dzu
尔苏语则拉话	pi^{53} nbĩ^{53} khe^{33} kɯ^{53}
贵琼语麦崩话	pu^{55} mu^{55} tsu^{55}
嘉戎语卓克基话	tə mŋɑ kɐ tshok
拉坞戎语观音桥话	rŋi^{53} tshɑɣ^{33}
拉坞戎语业隆话	rŋe^{55} tshok^{33}
木雅语六巴话	ŋuə^{33} phə^{53} lɑ^{33} khi^{33} nd
木雅语石棉话	khu^{33}ndu^{53}
纳木依语倮坡话	ʁua^{31} ntsha^{55} tɕhi^{31} nthu^{3}
普米语兰坪话	xə^{13} dzu^{55}
普米语鲁甸话	nə^{13} tsi^{55}
普米语箐花话	nə^{13} tsi^{55}
普米语三岩龙话	xə^{13} dzu^{13}
普米语桃巴话	ɣõ^{35} dʐu^{35}
普米语拖七话	xə^{13} dʐəu^{13}
普米语新营盘话	hə^{13} tsi^{55}
普米语左所话	xə^{13} dzu^{13}
羌语曲谷话	ʐʁu tshu
羌语蒲溪话	kutu
羌语麻窝话	ʁuɹ ŋbəɹktshu
却域语尤拉西话	rŋi^{13} psy^{55}
史兴语兰满话	ȵu^{55} qũ^{33} miæ^{33} tshu^{53}
扎坝语扎拖话	pu^{33} mo^{55} ko^{33} tsho^{33}

（29）滚

尔龚语道孚话	zə le
尔苏语则拉话	la^{33} la^{53}
贵琼语麦崩话	tɕa^{35} phɔ̃^{55} lɔ̃^{31} te^{35}
嘉戎语二岗理话	spo

嘉戎语日部话	kə-ndzov
嘉戎语卓克基话	kə wɑ lor lor
拉坞戎语观音桥话	rgɛ^{33} lə^{55} le^{33}
拉坞戎语业隆话	ler^{33} leˀr^{53}
木雅语六巴话	nɑ^{33} və̰^{53} la^{33}
木雅语石棉话	kə^{33}tə^{55}
纳木依语倮坡话	bu^{33} li^{55}
普米语兰坪话	nə^{13} ʒo^{55} lo^{55}
普米语鲁甸话	nə^{13} bø^{55} li^{55}
普米语三岩龙话	nə^{13} jĩ^{55}
普米语桃巴话	nə^{35} ɬĩ^{55} jĩ^{55}
普米语拖七话	nə^{13} ɬĩ^{55} ɬĩ^{55}
普米语新营盘话	nə^{13} ʐu^{13} lo^{55}
普米语左所话	zə^{55} rõ^{53}
羌语曲谷话	ɭəɭɭu
羌语蒲溪话	ʁlio
羌语麻窝话	ʁlut
却域语尤拉西话	kɯ^{55} ɬli^{55} ɣɯ^{13} ɬli^{55}
史兴语兰满话	bɐ^{33} jĩ^{55}
扎坝语扎拖话	jʌ^{33} lʌ^{55} lʌ^{33}

（30）害怕

尔龚语道孚话	scçɛr
尔苏语则拉话	de^{33} kɯ^{53}
贵琼语麦崩话	ŋɑ̃^{55}
嘉戎语卓克基话	kɐ ʒdɐr
拉坞戎语观音桥话	nscçər^{53}(n̠ɛ^{55} ～^{55})
拉坞戎语业隆话	nə^{33} scçər^{53};zdaˀr^{53}
木雅语六巴话	thɑ^{55} qɑ^{53}
木雅语石棉话	mə^{33}na^{55}

纳木依语倮坡话 luo^{31} ku^{31}
普米语九龙话 nɑ^{55} ŋuɛ̃^{55}；kə^{55}
普米语兰坪话 skiɛ^{13}
羌语曲谷话 qu
羌语麻窝话 qu
却域语尤拉西话 ɣa^{13} ʃtʃa^{55}
史兴语兰满话 ʑu^{33} wɐ^{53}
西夏语 ŋewr^{1}；le^{2}

（31）喝
尔龚语道孚话 thi
尔苏语则拉话 tɕhi^{53}
嘉戎语卓克基话 kɑ mot
拉坞戎语观音桥话 the^{53}（nə^{33} the^{55}）
拉坞戎语业隆话 the^{55}（ko^{33} the^{55}）
木雅语六巴话 ɦæ^{33} tɕhə^{53}
木雅语石棉话 tɕhi^{55}
纳木依语倮坡话 dʐʅ^{35}
普米语九龙话 thɛ̃^{55}
普米语兰坪话 thiɛ̃^{55}
普米语鲁甸话 thiẽ^{13}
普米语箐花话 thiɛ̃^{55}
普米语三岩龙话 thiẽ^{13}
普米语桃巴话 thiẽ^{35}
普米语拖七话 thiõ^{13}
普米语新营盘话 thiõ^{13}
普米语左所话 thiẽ^{13}
羌语曲谷话 suqu
羌语蒲溪话 tɕhe
羌语麻窝话 thi

却域语尤拉西话	ɣɯ^{13} tho^{55}
史兴语兰满话	tɕhĩ^{35} ɕĩ^{55}
西夏语	thji^{1}
扎坝语扎拖话	kʌ^{33} thɪ^{55}

（32）混合

尔龚语道孚话	də sto zʒə
尔苏语则拉话	de^{33} tʂhu^{53}
嘉戎语卓克基话	kə ŋɐ cço lo
拉坞戎语观音桥话	scçhɛ^{33} lu^{53}(nɑ^{33} xcçhɛ^{33} ～^{55})
拉坞戎语业隆话	χcçhi^{33} la^{55} la^{33}
木雅语六巴话	khə^{33} dø^{55}
木雅语石棉话	to^{33}lu^{55}di^{33}sɿ^{55}
纳木依语倮坡话	qa^{33} qa^{53}
普米语九龙话	xɐ^{11} dũ^{55}
羌语曲谷话	ɕtɕye
史兴语兰满话	lɐ^{33} khu^{33} khuɐ^{53}
西夏语	lwụ^{2}；ɕiar^{1}
扎坝语扎拖话	ə^{33} pa^{55} pa^{33}

（33）挤（奶）

尔龚语道孚话	tshu
尔苏语则拉话	ntshʉ^{53}
贵琼语麦崩话	ntʃhə^{55}
嘉戎语卓克基话	kɐ snɑr
木雅语六巴话	nɐ^{33} tsui^{55}
木雅语石棉话	nə^{33}dʑi^{55}dʑi^{55}
纳木依语倮坡话	ntshʉ^{53}
普米语九龙话	tsɿ^{55}
普米语兰坪话	tsə^{55}

羌语曲谷话	sue
羌语蒲溪话	tɕithɑ
羌语麻窝话	tʂhitʂhi
却域语尤拉西话	lɛ^{55} tsɛ^{55}
史兴语兰满话	tshu^{53}
西夏语	tswər^{1}；khjuu^{1}
扎坝语扎拖话	a^{33} tshɿ^{55}

（34）剪

尔苏语则拉话	pæ^{33} tɕi^{53}
贵琼语麦崩话	mi^{55} kə^{55}
嘉戎语卓克基话	kɐ rzək
拉坞戎语观音桥话	rtsa^{33} mtu^{53}(nə^{55} ～^{55}～^{55})
拉坞戎语业隆话	rthom^{53}(nəʁ^{33} thom^{55})
木雅语六巴话	ɦæ^{33} tsɐ^{53}；tə^{33} tʂuɑ^{24}
木雅语石棉话	æ^{33}ʥi^{55}
纳木依语倮坡话	qæ^{55} ɳu^{55}
普米语九龙话	xɐ^{11} gẽ^{35}
普米语兰坪话	nə^{13} ɢa^{13}
普米语鲁甸话	nə^{13} gə^{13}
普米语箐花话	nə^{13} gɑ^{13}
普米语三岩龙话	thə^{13} gẽ^{55}
普米语桃巴话	nə^{35} gẽ^{55}
普米语拖七话	nə^{13} gẽ^{55}
普米语新营盘话	thə^{13} gẽ^{13}
普米语左所话	thə^{13} kẽ^{53}
羌语曲谷话	tua
羌语蒲溪话	tsu
羌语麻窝话	xtʂixtʂi
却域语尤拉西话	lə^{55} rye^{55}；la^{55} rdei^{55}

史兴语兰满话 bʉ^{33} tshʅ^{55}

西夏语 bjuu^{2}；gjịj^{1}

扎坝语扎拖话 tʌ^{33} ptʂua^{55}

（35）焦（糊）

尔龚语道孚话 gə tɕhu

尔苏语则拉话 khe^{33} tʂʅ^{53} nua^{31}

贵琼语麦崩话 tɕhi^{31}

嘉戎语卓克基话 kə ʃki

木雅语六巴话 khə^{55} ndə^{53}

木雅语石棉话 khũ^{33}ndu^{53}

纳木依语倮坡话 qhæɹ^{31} mi^{31} tsu^{53}

普米语兰坪话 tsi^{55}

羌语曲谷话 ɦedʐdʐe

羌语麻窝话 dɑdʐi

却域语尤拉西话 pu^{13} rye^{55} wu^{55}

史兴语兰满话 lɐ^{33} nga^{55}

西夏语 tɕjiw^{2}；zeew^{2}

扎坝语扎拖话 kə^{55} pia^{55}

（36）叫（称呼）

尔龚语道孚话 zmə

尔苏语则拉话 mi^{35} ku^{53} dʑi^{31}

贵琼语麦崩话 ŋi^{35}

嘉戎语卓克基话 kɑ mə rmᴇ

木雅语六巴话 ŋɐ^{24}

纳木依语倮坡话 mi^{31} khu^{53} tɕhi^{31} tshʉ^{31}

普米语兰坪话 mi^{55} mã^{13}

羌语曲谷话 ʐmə

羌语麻窝话 rmə ʂpi

却域语尤拉西话　qa^{55} po^{33}
史兴语兰满话　ma^{53}
西夏语　mjiij^{2}
扎坝语扎拖话　tʂhi^{55}

（37）教

尔龚语道孚话　ɣʑi ɣʑa
尔苏语则拉话　suo^{35}
贵琼语麦崩话　tsã^{55}
嘉戎语卓克基话　kɑ sə khʃot
拉坞戎语观音桥话　ldze^{53}
拉坞戎语业隆话　sə^{33} ndzoˀs^{53}
木雅语六巴话　khi^{33} zi^{53}
木雅语石棉话　khə^{33}zɿ^{33}zɿ^{53}
纳木依语倮坡话　mi^{33} mi^{55}
普米语兰坪话　xə^{13} syɛ̃^{55}
普米语鲁甸话　xə^{13} syẽ^{55}
普米语箐花话　xə^{13} syɛ̃^{55}
普米语三岩龙话　xə^{13} suẽ^{53}
普米语桃巴话　xə^{35} suẽ^{53}
普米语拖七话　xə^{13} suẽ^{55}
普米语新营盘话　hə^{13} suẽ^{55}
普米语左所话　xə^{13} suẽ^{53}
羌语曲谷话　su
羌语麻窝话　sy
却域语尤拉西话　rze^{55}
史兴语兰满话　tsõ^{55} ɦo^{55}
西夏语　dzjii^{2}；neej^{2}；dzjiij^{2}
扎坝语扎拖话　ko^{55} ʂtsu^{55}

（38）结（果子）

尔龚语道孚话	ge smən
尔苏语则拉话	khe^{33} $sæ^{53}$ $xæ^{31}$
贵琼语麦崩话	$j\tilde{ə}^{35}$ $j\tilde{ə}^{55}$ $ʑi^{35}$；$ŋi^{35}$
嘉戎语卓克基话	kə ndzok
木雅语六巴话	$ɦæ^{33}$ $rɐ^{53}$；$khə^{55}$ $ndʑə^{53}$
木雅语石棉话	$khu^{33}dʑu^{53}$
纳木依语倮坡话	$tɕhi^{31}$ $tsæ^{35}$
普米语兰坪话	$nə^{13}$ $dʒə^{55}$
羌语曲谷话	dʐudʐdʐu
羌语麻窝话	siɹmidʑu
却域语尤拉西话	$ɣɯ^{13}$ ty^{33}
史兴语兰满话	$t\tilde{o}^{53}$
扎坝语扎拖话	$ŋə^{55}$ $tsho^{55}$

（39）结冰

尔龚语道孚话	gə lvo
尔苏语则拉话	khe^{33} $nphi^{35}$
贵琼语麦崩话	$p\tilde{a}^{55}$ $tɕa^{55}$
嘉戎语二岗理话	kə-rphəm
嘉戎语日部话	tɑ-lvɑm kə-pi
嘉戎语卓克基话	tɑ rkɑm kə pɑ
木雅语六巴话	$nɐ^{33}$ ku^{24}
木雅语石棉话	$khu^{33}ku^{53}$
纳木依语倮坡话	$ndzu^{55}$ $ndzu^{55}$ $tɕhi^{33}$ tua^{31}
普米语九龙话	$ʐ\tilde{e}^{35}$ $ʐɿ^{55}$
普米语兰坪话	$xə^{13}$ $b\tilde{o}^{13}$
羌语曲谷话	kukku
羌语麻窝话	datʃə
却域语尤拉西话	spo^{55} $tɕha^{55}$

史兴语兰满话	põ^{55} hõ^{33} ku^{55}
扎坝语扎拖话	kə^{55} tɕha^{55}

（40）解开

尔龚语道孚话	ɣə phrə
贵琼语麦崩话	wu^{35} tʂhu^{55} tʂhu^{33}
嘉戎语日部话	kɑ-lqhi
嘉戎语卓克基话	kɑ ldɑ
拉坞戎语观音桥话	phrə^{53} (nə^{55} ～^{55})
拉坞戎语业隆话	phrə^{33}(nəq^{33} phrə^{ʔ55})
木雅语六巴话	thi^{55} bɐ^{53}
木雅语石棉话	thæ^{33}pu^{55}tɕe^{55}
纳木依语倮坡话	mi^{33} phʐə^{53}
普米语九龙话	xɑ^{11} tʂhɑ^{55}
普米语兰坪话	dʐɑ^{55}
羌语曲谷话	phuɹqæ
羌语麻窝话	phɑʁɑ,pəpa
却域语尤拉西话	ɣɯ^{13} ʂtʂhɛ^{33}
史兴语兰满话	bɐ^{33} phɐ^{53}
西夏语	lhew^{2}
扎坝语扎拖话	ŋə^{55} tʂha^{55}

（41）借（物）

尔龚语道孚话	rŋi
尔苏语则拉话	khe^{33} hĩ^{31}
贵琼语麦崩话	ŋĩ^{55}
嘉戎语卓克基话	kɑ rŋɑ
木雅语六巴话	khə^{55} ŋuə^{53}；thɐ^{55} ŋuə^{53}
木雅语石棉话	khə^{33}zɿ^{53}

纳木依语倮坡话	ȵi^{31}
普米语九龙话	dɯ^{11} ȵi^{55}；xɐ^{11} ȵi^{55}
普米语兰坪话	də^{13} ni^{13}
羌语曲谷话	ɦũese
羌语麻窝话	ŋuəsa
却域语尤拉西话	ɣɯ^{13} ʂŋ̊o^{33}
史兴语兰满话	ŋɐ^{35}
扎坝语扎拖话	kə^{55} ȵi^{55}

（42）借（钱）

尔龚语道孚话	zŋi
尔苏语则拉话	khe^{33} ɕu^{53}
贵琼语麦崩话	ŋĩ^{55}
嘉戎语卓克基话	kɑ scçi
木雅语六巴话	khi^{33} zi^{53}；thi^{33} zi^{53}
木雅语石棉话	khə^{33} zʅ^{53}
纳木依语倮坡话	ntʂhʅ^{53}
普米语九龙话	dɯ^{11} thø^{55}；xɐ^{11} thø^{55}
普米语兰坪话	də^{13} sthø^{13}
羌语曲谷话	ɦũese
羌语蒲溪话	ŋɑsə
羌语麻窝话	ŋuəsa
却域语尤拉西话	ɣɯ^{13} ɬlo^{33}
史兴语兰满话	khɐ^{55} læ^{55}
西夏语	njir^{2}
扎坝语扎拖话	ty^{55}

（43）浸泡

尔龚语道孚话	zbav

尔苏语则拉话 ne^{33} ndʑu^{53}
贵琼语麦崩话 mi^{55} bɑ̃^{55}
嘉戎语卓克基话 kɑ səu lɑ
拉坞戎语观音桥话 sli^{55} (nə^{33} sli^{53})
拉坞戎语业隆话 sle^{ʔ55}(naχ^{33} sle^{55})
木雅语六巴话 ne̱^{33} bɑ̃^{24}
木雅语石棉话 nũ^{33}ʥu^{55}sɿ^{55}
纳木依语倮坡话 mi^{31} thuo^{31}
普米语九龙话 nə^{11} ɬy^{55}
普米语兰坪话 nə^{13} dʐi^{55}
羌语曲谷话 tədda
羌语麻窝话 stɤ
却域语尤拉西话 spɛ^{55}
史兴语兰满话 miæ^{33} pɑ̃^{55}
扎坝语扎拖话 a^{33} be^{55}

（44）居住
尔龚语道孚话 ndzu
尔苏语则拉话 ne^{33} ʑi^{31}；ne^{33} ʑæ^{31}
贵琼语麦崩话 nɔ̃^{31}
嘉戎语卓克基话 kɑ ȵi
拉坞戎语观音桥话 rje^{53}(kɛ^{33}～^{55})
拉坞戎语业隆话 rje^{ʔ55} (na^{33} rje^{55})
木雅语六巴话 mbi^{53}
木雅语石棉话 nə^{33}tɕhe^{55}
纳木依语倮坡话 ndzu^{53}
普米语九龙话 dzə̃^{35}
普米语兰坪话 nə^{13} dzu^{13}
羌语曲谷话 le,ʑi

羌语麻窝话 ɕi,dzu
却域语尤拉西话 tɕo55
史兴语兰满话 miæ55 tɕha55
西夏语 dʑjiij1
扎坝语扎拖话 mø33 ʂti55

（45）锯
尔龚语道孚话 dʐa
尔苏语则拉话 ne33 tʂhʅ53
贵琼语麦崩话 kã35
嘉戎语二岗理话 sɒ ləɣ lɐ
嘉戎语日部话 ʁɑ rɛt kɑ-tʁɑr
嘉戎语卓克基话 soŋ lə kɐ lɐt
拉坞戎语观音桥话 sɑ33 li53 lɛ33
拉坞戎语业隆话 soŋ33 le55 lat55
木雅语六巴话 nɐ33 ki53
木雅语石棉话 nə33gə33ge55
纳木依语倮坡话 khi53
普米语九龙话 tɯ55 tʂuɛ55
普米语兰坪话 ʒɛ13
羌语曲谷话 xtɕixtɕi
羌语麻窝话 khaɹ
却域语尤拉西话 qhei13
史兴语兰满话 tʊ53
西夏语 kiər1
扎坝语扎拖话 tə33 tshə55

（46）卷（布）
尔龚语道孚话 dʐəl

尔苏语则拉话 de^{33} ku^{33} tæ^{31}

贵琼语麦崩话 ʐi^{35} ji^{35} lʉ^{55} lʉ^{33}

嘉戎语日部话 kɑ-tʂi

嘉戎语卓克基话 kɐ tʂəl

木雅语六巴话 ɦæ^{33} kui^{55} rə^{33}

木雅语石棉话 nə^{33}gə^{33}ge^{55}

纳木依语倮坡话 le^{33} le^{55}

普米语九龙话 xɐ^{11} tʂʅ^{55} tʂe^{55}

普米语兰坪话 xə^{13} li^{53}

普米语桃巴话 xə^{35} li^{55}

羌语曲谷话 ʅəɭɭə

羌语麻窝话 ɳ̥ullə

却域语尤拉西话 riɛ^{13} kɯ^{55} tʂi^{13}

史兴语兰满话 lɐ^{33} lu^{33} lu^{55}

西夏语 thjɪ̣^{1}；thjɪ̣^{2}

扎坝语扎拖话 kʌ^{33} de^{55} li^{33}

（47）嚼

尔龚语道孚话 ngə ga

尔苏语则拉话 na^{33} ta^{53} ta^{33}

贵琼语麦崩话 mi^{31} kuɔ^{31} kuɔ^{55}

嘉戎语卓克基话 kɑ wɑ ŋkᴇi

拉坞戎语观音桥话 ntɕɑ^{55} tɕɑ^{33}

拉坞戎语业隆话 ntɕaq^{55} tɕaq^{33}

木雅语六巴话 nɐ^{33} tsə^{55} tsɐ^{33}

木雅语石棉话 nu^{33}tsua^{55}

纳木依语倮坡话 ŋi^{31} ŋi^{55}；ŋi^{31}

普米语九龙话 nə^{11} ti^{55} qɑ^{11}

普米语兰坪话 nə^{13} ti^{55}

普米语鲁甸话 xə^{13} gɯ^{55}

普米语箐花话	nə^{13} ti^{55}
普米语三岩龙话	nə^{13} ti^{53}
普米语桃巴话	nə^{35} ti^{53}
普米语拖七话	nə^{13} ti^{53}
普米语新营盘话	nə^{13} ti^{55}
普米语左所话	nə^{13} ti^{53}
羌语曲谷话	dzidzdzi
羌语麻窝话	tʃɑqtʃɑqʥə
史兴语兰满话	ti^{55} ri^{55}
西夏语	ɣjiw^{1}；gjii^{1}
扎坝语扎拖话	tɛ^{33} ptɛ^{55}

（48）开（水）

尔龚语道孚话	də lə
尔苏语则拉话	de^{33} tsʉ^{53}
贵琼语麦崩话	tsə^{55} dʉ^{31}
嘉戎语卓克基话	kə stso
木雅语六巴话	tə^{55} tsuə^{33}
木雅语石棉话	tu^{33}ʦu^{55}
纳木依语倮坡话	luo^{31} tshʉ^{31} dʐu^{31}
普米语九龙话	tɯ^{55} tsɿ^{55}
普米语兰坪话	tʃə^{55} fpe^{55}
羌语曲谷话	tuχsu
羌语蒲溪话	χsu
却域语尤拉西话	ʐi^{13} tə^{55} tʂha^{33}
史兴语兰满话	bɐ^{33} tshuɐ^{55}
西夏语	le^{2}
扎坝语扎拖话	ʌ^{33} ʂcça^{33}

（49）开花

尔龚语道孚话	ɣə lbo
尔苏语则拉话	de^{33} mu^{53} $tɕu^{31}$
贵琼语麦崩话	phe^{55}
嘉戎语卓克基话	kə lɐt
木雅语六巴话	$ɦæ^{24}$ mbi^{33}
木雅语石棉话	$tu^{55}wa^{53}$
纳木依语倮坡话	luo^{31} $ʁuæ^{53}$
普米语九龙话	$tɯ^{55}$ $pɐ^{55}$
普米语兰坪话	$ɕa^{55}$
普米语鲁甸话	$tə^{55}$ $pɐ^{55}$
普米语箐花话	$tə^{55}$ $pɐ^{55}$
普米语三岩龙话	$tə^{55}$ $pɐ^{53}$
普米语桃巴话	$tə^{55}$ $pɐ^{35}$
普米语拖七话	$tə^{55}$ $pɐ^{53}$
普米语新营盘话	$tə^{55}$ $pɐ^{55}$
普米语左所话	$tə^{55}$ $pɐ^{53}$
羌语曲谷话	dapa
羌语麻窝话	lanpapa
却域语尤拉西话	$tə^{55}$ mu^{55} tye^{33}
史兴语兰满话	hu^{53}
西夏语	$phie^{2}$；bie^{2}
扎坝语扎拖话	$ŋʌ^{33}$ bo^{55}

（50）砍（树）

尔龚语道孚话	khvɛ
尔苏语则拉话	$dzɿ^{35}$
贵琼语麦崩话	$lɑ^{55}$
嘉戎语二岗理话	pho
嘉戎语日部话	kɑ-ʁot

嘉戎语卓克基话　kɑ phot

木雅语六巴话　nɑ^{33} tsɑ^{53}

木雅语石棉话　ʦua^{55}

纳木依语倮坡话　ndæ^{35}

普米语九龙话　gi^{55}；khɯ^{11} phʐə^{55}

普米语兰坪话　thə^{13} ʃtʃɑ^{55}

普米语鲁甸话　ɕᴀ^{55}

普米语箐花话　thə^{13} stʃɑ^{55}

普米语三岩龙话　nə^{13} tɕɛ^{53}

普米语桃巴话　ɕɛ^{53}

普米语拖七话　nə^{13} tɕɛ^{53}

普米语新营盘话　nə^{13} tʂᴀ^{55}

普米语左所话　xə^{13} tɕɛ^{53}

羌语曲谷话　khəɹ

羌语蒲溪话　tshua,qhi

羌语麻窝话　xtʂi

却域语尤拉西话　qhi^{13}

史兴语兰满话　tɪ^{53}

西夏语　kjwɪ^{1}；khjwɪ

扎坝语扎拖话　tə^{33} tshə^{55}

（51）烤（火）

尔龚语道孚话　mtshɛ zɮu

尔苏语则拉话　me^{33} tɕe^{53}

贵琼语麦崩话　min^{31} ta^{55} khə^{53}

嘉戎语二岗理话　mphjom

嘉戎语日部话　kɑ-nə-phjum

嘉戎语卓克基话　kɐ nə pjɐm

木雅语六巴话　khə^{55} rø^{53}

木雅语石棉话　khũ^{33}du^{55}

纳木依语倮坡话	ɣæ^{35}
普米语九龙话	ɬə̃^{55}；ʂẽ^{55}
普米语兰坪话	mɐ^{13} lɛ̃^{55}
普米语鲁甸话	mɐ^{13} lẽ^{55}
普米语箐花话	mɐ^{13} lɛ̃^{55}
普米语三岩龙话	mɐ^{13} liõ^{55}
普米语桃巴话	mɐ^{55} liᴀ̃^{55}
普米语拖七话	mɐ^{13} lẽ^{55}
普米语新营盘话	mɐ^{13} lĩ^{55}
普米语左所话	mɐ^{13} lẽ^{55}
羌语曲谷话	ʂkue
羌语蒲溪话	khua
羌语麻窝话	ʂkua
却域语尤拉西话	kɯ^{55} rlɛ^{13}
史兴语兰满话	kõ^{55}
西夏语	tshjwa^{1}；wə̣^{1}
扎坝语扎拖话	kə^{55} vʑi^{55}

（52）渴

尔龚语道孚话	spa
尔苏语则拉话	de^{33} ʂu^{53}
贵琼语麦崩话	tʃə^{55} ɣi^{55}
嘉戎语二岗理话	svi
嘉戎语日部话	kɑ-sphjɑk
嘉戎语卓克基话	kɑ ʃpɑk
拉坞戎语观音桥话	sviu^{55}（nɛ^{33} ～^{55}）；svi^{55}
拉坞戎语业隆话	ɕvuk^{55}(nə$^{33-55}$)
木雅语六巴话	ti^{33} βi^{55}
木雅语石棉话	də^{55}zə^{55}
纳木依语倮坡话	luo^{31} fuæ^{35}

普米语九龙话　tɕyə^{11} ʐũ^{55}

普米语兰坪话　ʃɑ^{13} ʐõ^{55}

普米语鲁甸话　ʂᴀ^{13} rõ^{55}

普米语箐花话　stʃa^{13} ʐõ^{55}

普米语三岩龙话　tsə^{13} rõ^{55}

普米语桃巴话　sɛ^{55} rõ^{55}

普米语拖七话　sᴀ^{13} rõ^{55}

普米语新营盘话　tʂɛ^{13} rõ^{55}

普米语左所话　sᴀ^{13} rõ^{55}

羌语曲谷话　ɕpi

羌语麻窝话　ʂpi

却域语尤拉西话　tə^{55} pɕe^{13}

史兴语兰满话　pi^{55}

西夏语　pa̩^{2}；khar^{1}

扎坝语扎拖话　ɕo^{55}

（53）啃（骨头）

尔龚语道孚话　ndʐɛ lɛ

尔苏语则拉话　tʂhɯ^{35}

贵琼语麦崩话　ndʐuɛ^{35}

嘉戎语卓克基话　kɑ nə ntsok

拉坞戎语观音桥话　ŋxɕɑɣ^{55}（nə^{33} ŋxɕuɣ^{55}）

拉坞戎语业隆话　nə^{33} rqa^{53}(o^{55} nə^{55} rqa^{ʔ55})

木雅语六巴话　nɑ^{33} qo^{55} la^{33}

木雅语石棉话　khə^{33}ŋə^{55}khə^{33}ŋə^{55}

纳木依语倮坡话　nqhæ^{31}

普米语九龙话　tʂə̃^{35}

普米语兰坪话　nə^{13} di^{55}

普米语鲁甸话　nə^{13} khɯ^{13}

普米语箐花话　nə^{13} di^{13}

普米语三岩龙话	nə^{13} tʂõ^{55}
普米语桃巴话	nə^{35} tʂõ^{35}
普米语拖七话	nə^{13} tʂõ^{55}
普米语新营盘话	nə^{13} di^{13}
普米语左所话	nə^{13} tʂõ^{55}
羌语曲谷话	ʐʁaɬe
羌语麻窝话	ʁɑɹɬa
却域语尤拉西话	ʃa^{13} ndʐa^{33}
史兴语兰满话	ti^{55} ri^{55}
西夏语	kieej^{1}
扎坝语扎拖话	a^{33} ka^{55} la^{33}

（54）哭

尔龚语道孚话	zjo ra
尔苏语则拉话	ŋu^{35}
贵琼语麦崩话	guɔ^{35}
嘉戎语日部话	kɑ-ŋɑ mbli
嘉戎语卓克基话	kɑ ŋɑ kru
拉坞戎语观音桥话	ʁbə^{55} lə^{33}(nɑ^{33} ～^{33}～^{55})
拉坞戎语业隆话	ndvo^{33} vo^{53}(o$^{33-33}$ vo^{ʔ55})
木雅语六巴话	tə̱^{55} ɴɢɐ̱^{53}
木雅语石棉话	nu^{33}ŋu^{55}
纳木依语倮坡话	ngu^{55} ndʑu^{53}
普米语九龙话	kuɛ^{55}
普米语兰坪话	ɣquɑ^{55}
普米语鲁甸话	xuÃ^{55}
普米语箐花话	squa^{55}
普米语三岩龙话	kuei^{53}
普米语桃巴话	xue^{55}
普米语拖七话	kuei^{53}

普米语新营盘话 kuei^{55}
普米语左所话 xue^{55}
羌语曲谷话 zej
羌语麻窝话 zɤɹɤ
却域语尤拉西话 ptʂa^{55}
史兴语兰满话 qua^{55}
西夏语 kwar^{1}；ŋwu^{2}；lwụ^{1}
扎坝语扎拖话 phu^{33} ko^{55}

（55）拉
尔龚语道孚话 ɣə ndʑi dʑə
尔苏语则拉话 de^{33} ntsha^{53}
贵琼语麦崩话 ji^{35} ŋguã^{55}
嘉戎语二岗理话 kə-nthɐʴ
嘉戎语日部话 kɑ-rɑ skɑ
嘉戎语卓克基话 kɐ kthən
拉坞戎语观音桥话 rə^{33} rçə^{53}(rə^{55} ～^{55})
拉坞戎语业隆话 fse^{53}(nə$^{33-55}$)；nthen^{55}(nəʁ^{33} nthen^{53})
木雅语六巴话 ɦɑ^{33} tø^{55}
木雅语石棉话 tua55
纳木依语倮坡话 tɕhi^{33} sæ^{53} tæ^{31}
普米语九龙话 khɯ^{11} kẽ^{55}
普米语兰坪话 xə^{13} tsuə̃^{55}
普米语鲁甸话 tsyẽ^{55}
普米语箐花话 xə^{13} tsuə̃^{55}
普米语三岩龙话 khə^{13} tsuẽ^{55}
普米语桃巴话 khə^{35} pʐo^{35}
普米语拖七话 khə^{13} tsuẽ^{55}
普米语新营盘话 hə^{13} tsuẽ^{55}
普米语左所话 khə^{13} tsuẽ^{55}

羌语曲谷话	ʂkuʂku
羌语麻窝话	təkuɑ
却域语尤拉西话	ɣɯ^{13} nthe^{33} tho^{33}
史兴语兰满话	gi^{53}
西夏语	tɕjɪ^{1}
扎坝语扎拖话	ŋʌ^{33} ʂtʂe^{55}

（56）来

尔龚语道孚话	lʒɛ
尔苏语则拉话	læ^{31}；læ^{35}
贵琼语麦崩话	ji^{35} hɛ^{55} we^{35}
嘉戎语卓克基话	kɑ po
拉坞戎语观音桥话	və^{53}(və^{55})；rə^{33} to^{53}(rə^{33} tho^{55})
拉坞戎语业隆话	vi^{53} ； ko^{33} tho^{53}
木雅语六巴话	rɐ^{53}
木雅语石棉话	di^{35}
纳木依语倮坡话	dæ^{35}
普米语九龙话	li^{35}
普米语兰坪话	i^{13}；ʒə^{13}
普米语鲁甸话	ʑi^{13}
普米语箐花话	i^{13}
普米语三岩龙话	ji^{13}
普米语桃巴话	ju^{53}
普米语拖七话	ji^{13}
普米语新营盘话	ji^{13}
普米语左所话	ji^{13}
羌语曲谷话	ɭu
羌语麻窝话	ly（未来式）,tɕu
却域语尤拉西话	kɯ^{55} ty^{13}
史兴语兰满话	lu^{35}；tɕhõ^{35}

西夏语	ljɪ̩^{1}；rjar^{1}；lja^{1}
扎坝语扎拖话	vʌ^{13}

（57）懒惰

尔龚语道孚话	ʁju rgɛn
尔苏语则拉话	ma^{33} thu^{53}
贵琼语麦崩话	ʑi^{35} lu^{55} ȵi^{55} nda^{35}
嘉戎语卓克基话	kə nə pɑŋ ke
拉坞戎语观音桥话	nlʁo^{55}
拉坞戎语业隆话	ndʁo^{ʔ55}
木雅语六巴话	ȵũ^{55} tʂhø^{53}；ȵu^{33} tɕu^{53}
木雅语石棉话	mə^{33}ʨu^{55}
纳木依语倮坡话	mæ^{55} thu^{55}
普米语九龙话	mɑ^{55} tʂuɑ^{55}
普米语兰坪话	skiɯ^{13} ʐə^{55}
普米语鲁甸话	lᴀ̄^{13} kᴀ̄^{55}
普米语箐花话	skiɯ^{13} ʐə^{55}
普米语三岩龙话	dʑy^{13} ti^{53}
普米语桃巴话	mᴀ^{35} dzio^{55} mə^{53}
普米语拖七话	mᴀ^{13} dzu^{13} mə^{53}
普米语新营盘话	dᴀ^{13} nᴀ^{55}
普米语左所话	kᴀ^{55} ru^{55}
羌语曲谷话	ʂqə
羌语麻窝话	ʂqe
却域语尤拉西话	ma^{13} ʃi^{55} tɕe^{33}
史兴语兰满话	mu^{55} ʔɛ̃^{55}
西夏语	low^{2}；lwow^{1}
扎坝语扎拖话	ʑi^{33} ge^{55}

（58）连接

尔龚语道孚话	gə ɬtɕha
尔苏语则拉话	khe^{33} tsu^{53}
嘉戎语二岗理话	ldʑə ndʑe
嘉戎语日部话	kɑ-mthu
嘉戎语卓克基话	kɐ mthəp
拉坞戎语观音桥话	sʁɛ^{33} sə^{55} sə^{33}；sʁɛ^{33} dʑə^{55} dʑe^{33}
拉坞戎语业隆话	sə^{33} ɣdʑe^{55} dʑe^{33}
木雅语六巴话	nu^{33} thə^{53}
木雅语石棉话	to^{33}lu^{55}
纳木依语倮坡话	tɕhi^{31} tʂa^{33} tʂa^{53}
普米语兰坪话	xə^{13} ʃtʃɛ^{13} ʃtʃɑ^{13}
普米语鲁甸话	xə^{13} tʂɛ^{13}
普米语箐花话	xə^{13} stʃɛ^{13} stʃɑ^{13}
普米语三岩龙话	xə^{13} tɕyə^{53}
普米语桃巴话	xə^{35} thyi^{55}
普米语拖七话	xə^{13} tɕu^{53}
普米语新营盘话	hə^{13} tʂuə^{13}
普米语左所话	xə^{13} thyi^{55}
羌语曲谷话	zdəzdə
羌语麻窝话	zdɤ
却域语尤拉西话	khɯ^{55} mthe^{55}
史兴语兰满话	khu^{33} tɕyæ^{55}
西夏语	thjwɪ^{2}；ljị^{2}
扎坝语扎拖话	kʌ^{33} tse^{55} tse^{33}

（59）裂开

尔龚语道孚话	də bja
尔苏语则拉话	ŋe^{33} khæ^{53} khæ^{31}
贵琼语麦崩话	si^{55} pha^{55}

嘉戎语卓克基话	tɑ tsor kə ji
木雅语六巴话	$tə^{55}$ $ʂə^{33}$
木雅语石棉话	$a^{33}ti^{55}kua^{55}$
纳木依语倮坡话	$qhæ^{35}$ $gæ^{31}$
普米语九龙话	$tɯ^{55}$ $tsɑ^{55}$
普米语兰坪话	$thə^{13}$ $pʃɑ^{55}$
普米语鲁甸话	$thə^{13}$ $tɕo^{55}$
普米语箐花话	$thə^{13}$ $pʒɑ^{55}$
普米语三岩龙话	$nə^{13}$ $tɕe^{13}$
普米语桃巴话	$nə^{35}$ $tɕɛ^{35}$
普米语拖七话	$nə^{13}$ $tɕʌ^{53}$
普米语新营盘话	$nə^{13}$ $tɕʌ^{55}$
普米语左所话	$thə^{13}$ $tɕʌ^{53}$
羌语曲谷话	dɑdʐdʐa
羌语麻窝话	dɑdʐɑ
却域语尤拉西话	$lə^{55}$ $tɕhye^{55}$
史兴语兰满话	$bʉ^{33}$ $ʁu^{55}$
西夏语	$gjiw^{2}$
扎坝语扎拖话	$kə^{55}$ $tʂe^{55}$

（60）漏

尔龚语道孚话	zda
尔苏语则拉话	$ntshe^{53}$
贵琼语麦崩话	ju^{35}
嘉戎语二岗理话	χtsɐr
嘉戎语日部话	kɑ-ri
嘉戎语卓克基话	kə ŋɑ ndʒɑk
木雅语六巴话	$nɐ^{55}$ ndu^{53}
木雅语石棉话	$no^{33}ndu^{55}$
纳木依语倮坡话	$dʐu^{31}$

普米语兰坪话	nə^{13} zi^{13}
普米语鲁甸话	khə^{13} ʐə^{13}
普米语箐花话	khə^{13} sdʒə^{13}
普米语三岩龙话	khə^{13} dʐə^{13}
普米语桃巴话	nə^{35} ʐə^{35}
普米语拖七话	nə^{13} dʐə^{13}
普米语新营盘话	nə^{13} dʐə^{13}
普米语左所话	dʐe^{13} dʐə^{53}
羌语曲谷话	zə
羌语麻窝话	zɤ
却域语尤拉西话	ʑy^{13}
史兴语兰满话	lʊ^{55}
西夏语	rar^{2}
扎坝语扎拖话	a^{33} the^{55}

（61）滤（过滤）

尔龚语道孚话	mtshɑ
尔苏语则拉话	ne^{33} tsua^{53}
贵琼语麦崩话	wu^{35} tsha^{55}
嘉戎语二岗理话	ftshɑk (ftshɑ)
嘉戎语日部话	kɑ-ftsɑk
嘉戎语卓克基话	kɐ ptsɐk
拉坞戎语观音桥话	ftshɑ^{55}(nɛ$^{55\sim53}$)
拉坞戎语业隆话	ftshaq^{55}(na$^{33-55}$)
木雅语六巴话	ɦo^{33} tsɑ^{53}
木雅语石棉话	Nu^{33}tsuæ^{55}
纳木依语倮坡话	mi^{33} ki^{33} ki^{53}
普米语九龙话	nə^{11} tho^{55}
普米语兰坪话	tsha^{55}
羌语曲谷话	ʂa

羌语麻窝话	təly
却域语尤拉西话	$tsha^{55}$
史兴语兰满话	$bʉ^{33}$ ri^{55}
扎坝语扎拖话	a^{33} tsa^{55}

（62）埋

尔龚语道孚话	zgo
尔苏语则拉话	be^{33} gi^{53}
贵琼语麦崩话	$dʑã^{31}$ phe^{55} mi^{35} $nʉ^{55}$
嘉戎语卓克基话	kɑ sɑ ku
拉坞戎语观音桥话	$zdɛ^{53}$
拉坞戎语业隆话	$nkho^{ʔ55}$
木雅语六巴话	$nɑ^{33}$ pho^{55} $phɑ^{33}$
木雅语石棉话	$nə^{33}phu^{55}$
纳木依语倮坡话	mi^{31} pu^{55} pu^{55}；mi^{33} $tæ^{35}$
普米语九龙话	$nə^{55}$ ty^{35}
普米语兰坪话	$nə^{13}$ bo^{13}
普米语鲁甸话	$nə^{13}$ pu^{55}
普米语箐花话	$nə^{13}$ $tɑ̃u^{13}$ $ʐɤ^{13}$
普米语三岩龙话	$nə^{13}$ pu^{53}
普米语桃巴话	pu^{35} zu^{35}
普米语拖七话	$xə^{13}$ pu^{53}
普米语新营盘话	$nə^{13}$ pu^{55}
普米语左所话	$xə^{13}pu^{13}$
羌语曲谷话	kuele
羌语蒲溪话	bəi
羌语麻窝话	stɤ
却域语尤拉西话	$lə^{55}$ $tʃi^{13}$
史兴语兰满话	$miæ^{55}$ $bɑo^{55}$
西夏语	$lə̣^{1}$

扎坝语扎拖话	a^{33} do^{55}

（63）买

尔龚语道孚话	rə
尔苏语则拉话	vu^{33} ji^{53}
贵琼语麦崩话	$ȵy\tilde{ɔ}^{35}$
嘉戎语日部话	kɑ-χtə
嘉戎语卓克基话	kɑ ki
拉坞戎语观音桥话	$ɣdə^{53}$ ($kə^{33}$ $\sim^{55}$)
拉坞戎语业隆话	$ɣru^{ʔ55}$ (ko^{33} $ɣru^{55}$)
木雅语六巴话	$qhə̠^{33}$ $tə̠^{53}$
木雅语石棉话	$Khu^{33}to^{55}$
纳木依语倮坡话	$hæ^{31}$
普米语九龙话	$xɐ^{11}$ xui^{55}
普米语兰坪话	$ʂy^{55}$
普米语鲁甸话	$ʂu^{55}$
普米语箐花话	$ʂy^{55}$
普米语三岩龙话	$ʂʉ^{53}$
普米语桃巴话	$ʂʉ^{35}$
普米语拖七话	$ʂʉ^{53}$
普米语新营盘话	$ʂu^{55}$
普米语左所话	$ʂʉ^{53}$
羌语曲谷话	pə
羌语蒲溪话	po
羌语麻窝话	pu
却域语尤拉西话	$skuə^{55}$
史兴语兰满话	$jæ^{55}$
扎坝语扎拖话	$kə^{55}$ $ɕi^{33}$

（64）卖

尔龚语道孚话	zʐə
尔苏语则拉话	nkhæ^{35}
贵琼语麦崩话	khi^{55}
嘉戎语二岗理话	ntsrəɣ
嘉戎语日部话	kɑ-ntswi
嘉戎语卓克基话	kɐ mphɐr
拉坞戎语观音桥话	ntshə^{55} (nə^{33}～^{53})
拉坞戎语业隆话	nə^{33} sɣit^{55} (kə$^{33-33-55}$)
木雅语六巴话	thy^{55} jy^{53}
木雅语石棉话	thu^{33}jy^{55}
纳木依语倮坡话	ntʂhʅ^{53}
普米语九龙话	xɐ^{11} ki^{55}
普米语兰坪话	ski^{55}
普米语鲁甸话	xi^{55}
普米语箐花话	ski^{55}
普米语三岩龙话	ki^{53}
普米语桃巴话	xi^{53}
普米语拖七话	ki^{53}
普米语新营盘话	ki^{55}
普米语左所话	ki^{53}
羌语曲谷话	χua
羌语蒲溪话	phɑ
羌语麻窝话	χuɑ
却域语尤拉西话	ske^{55}
史兴语兰满话	tʂhʅ^{55}
西夏语	ʑji^{2}；lwə^{2}
扎坝语扎拖话	tə^{55} nkhi^{55}

（65）满

尔龚语道孚话	rə xsɛ

语言/方言	形式
尔苏语则拉话	de^{33} baɹ^{53}
贵琼语麦崩话	dʑi^{35}
嘉戎语卓克基话	kə mɲ̥ot
木雅语六巴话	to^{55} sə^{33}
木雅语石棉话	tu^{33}su^{55}
纳木依语倮坡话	bu^{55} tæ^{53}
普米语九龙话	tɯ^{55} su^{55}
普米语兰坪话	nə^{13} tʂə^{55}
羌语曲谷话	sue
羌语麻窝话	dɑsɑ
却域语尤拉西话	ndo^{13}
史兴语兰满话	dʑi^{33} lu^{55}
西夏语	tjɪr^{1}；sə^{1}；sjɪr^{1}
扎坝语扎拖话	ʌ^{33} pei^{55}

（66）灭（火）

语言/方言	形式
尔龚语道孚话	də qə
尔苏语则拉话	tha^{33} pha^{53}
贵琼语麦崩话	mã^{35}
嘉戎语卓克基话	kə rmᴇk
拉坞戎观音桥话	bjɑ^{55}
拉坞戎业隆话	bjaq^{55}
木雅语六巴话	ni^{33} phi^{53}
木雅语石棉话	thə^{33}tɕhi^{55}
纳木依语倮坡话	mi^{33} qha^{35}
普米语九龙话	xə^{11} se^{55}
普米语兰坪话	nə^{13} si^{55}
羌语曲谷话	dejimi
羌语蒲溪话	χpa
却域语尤拉西话	phie^{55}

史兴语兰满话 lɐ^{33} ʁɑ^{53}
西夏语 lha^{1}
扎坝语扎拖话 to^{55} ʂpu^{55}

（67）磨（刀）
尔龚语道孚话 fsi
尔苏语则拉话 te^{53} su^{53}
贵琼语麦崩话 wu^{35} sə^{55}
嘉戎语卓克基话 kɑ phʃᴇ
拉坞戎语观音桥话话 fsə^{53}
拉坞戎语业隆话话 fsi^{53} fsas^{53}
木雅语六巴话 to^{55} so^{33}
木雅语石棉话 to^{55}so^{55}
普米语九龙话 khɯ^{11} sy^{55}
普米语兰坪话 khə^{13} syi^{13}
羌语曲谷话 su
羌语蒲溪话 ʁlie
羌语麻窝话 sə
却域语尤拉西话 tɕhi^{55} skɯ^{55} lə^{55} psu^{5}
史兴语兰满话 suɐ^{53}
西夏语 kjii^{1}；sjwo^{2}；wjijr^{2}
扎坝语扎拖话 ə^{55} sɿ^{33} sɿ^{33}

（68）呕吐
尔龚语道孚话 phɛ
尔苏语则拉话 nphi^{53}
贵琼语麦崩话 hɑ^{31}
嘉戎语二岗理话 mphɐt
嘉戎语日部话 tə-nbᴇs
嘉戎语卓克基话 kɐ mə mphɐt

拉坞戎语观音桥话　phɛl^{33}　vi^{53}(ə^{33}　vzu^{55})

拉坞戎语业隆话　χphaˀs^{55}(o^{33}　χphis^{55})

木雅语六巴话　tu^{24}　phɐ^{33}

木雅语石棉话　phi^{55}

纳木依语倮坡话　mi^{33}　nphiæ^{33}　dæ^{53}

普米语九龙话　tɯ^{55}　phə^{55}

普米语兰坪话　tə^{55}　fphɛ^{13}

普米语鲁甸话　tə^{55}　fe^{55}

普米语箐花话　tə^{55}　sphɛ^{13}

普米语三岩龙话　tə^{53}　phə^{53}

普米语桃巴话　tə^{55}　tiɛ^{53}

普米语拖七话　tə^{55}　phø^{53}

普米语新营盘话　tə^{55}　phø^{55}

普米语左所话　tə^{55}　phø^{53}

羌语曲谷话　wuɹ

羌语麻窝话　ɹɑ

却域语尤拉西话　sphɔ^{55}

史兴语兰满话　phi^{53}

扎坝语扎拖话　phɛ^{55}

（69）跑

尔龚语道孚话　mɟjə　ra

尔苏语则拉话　pʑe^{35}

贵琼语麦崩话　xe^{55}

嘉戎语二岗理话　gər

嘉戎语日部话　kɑ-rɟjək

嘉戎语卓克基话　kɐ　rɟjək

拉坞戎语观音桥话　mbra^{33}　rɟjuɣ^{53}

拉坞戎语业隆话　rɟjuk^{55}

木雅语六巴话　thɐ^{55}　tsɐ^{55}　xə^{33}

木雅语石棉话 kə^{33}ka^{55}
纳木依语倮坡话 suæ^{53}
普米语九龙话 dʐã^{11} tshə^{55}
普米语兰坪话 khə^{13} phʃã^{55}；khə^{13} bʒẽ^{13}
普米语鲁甸话 dʐᴀ̃^{13}
普米语箐花话 khə^{13} phʒã^{55}
普米语三岩龙话 khə^{13} phᴀ̄^{53}
普米语桃巴话 dʐɛ̃^{53}
普米语拖七话 khə^{13} phᴀ̄^{53}
普米语新营盘话 khə^{13} phᴀ̃^{55}
普米语左所话 khə^{13} dʐẽ^{53}
羌语曲谷话 tʂhətʂhtʂhə
羌语蒲溪好 zɡa
羌语麻窝话 dəɹ
却域语尤拉西话 rdʑu^{55}
史兴语兰满话 dzõ^{33} dzõ^{55}
西夏语 ta^{1}
扎坝语扎拖话 tə^{55} mɟjo^{55}

（70）赔偿
尔龚语道孚话 ntshav；xsav
尔苏语则拉话 de^{33} nbu^{53}
贵琼语麦崩话 phe^{31}
嘉戎语二岗理话 phje
嘉戎语日部话 kɑ-rɑ lᴇ
嘉戎语卓克基话 kɐ rɐi jlə
拉坞戎语观音桥话 phji^{55} phja^{55} vi^{53}(nə^{33} vzu^{55})
拉坞戎语业隆话 phje^{ʔ55}(o^{33} phje^{53})
木雅语六巴话 thi^{55} tshɐ^{53}
木雅语石棉话 tə^{55}phi^{55}

纳木依语倮坡话　tsʉ^{35}
普米语九龙话　tshue^{33}
普米语兰坪话　xə^{13} tshyi^{55}
羌语曲谷话　tiphejtha
羌语麻窝话　ɹɑli
却域语尤拉西话　tɕo^{13} sko^{13}
史兴语兰满话　lɐ^{33} tshĩ^{55}
西夏语　tshja^{2}
扎坝语扎拖话　cçi^{55} mba^{55} tʂe^{55}

（71）膨胀
尔龚语道孚话　sop sop də tɕhe
尔苏语则拉话　de^{33} bo^{53}
嘉戎语二岗理话　nə ɣbu
嘉戎语日部话　kə-vək
嘉戎语卓克基话　kə pək
拉坞戎语观音桥话　ɣbu^{53}；nə^{33} vəɣ^{53}
拉坞戎语业隆话　roʔ^{55}(肚子胀)；vək^{55}(东西胀)
木雅语六巴话　tə^{33} phɑ̃^{24}
木雅语石棉话　dɑ̃^{33}ndʐə^{55}
纳木依语倮坡话　mi^{31} pu^{53} qa^{31}
普米语兰坪话　vbi^{55}
羌语曲谷话　təppha
羌语麻窝话　təphɑ
却域语尤拉西话　tə^{55} mphər^{55} si^{33}
史兴语兰满话　lɐ^{33} wu^{33} rõ^{55}
扎坝语扎拖话　ʌ^{55} ptɕa^{55}

（72）劈（柴）
尔龚语道孚话　krə

尔苏语则拉话	pha^{53}
贵琼语麦崩话	sã^{31} phɑ^{55}
嘉戎语二岗理话	rək
嘉戎语日部话	kɑ-kphɑk
嘉戎语卓克基话	kɑ phjɑ
木雅语六巴话	ɦa^{24} pha^{33}
木雅语石棉话	nə^{33}pha^{55}
纳木依语倮坡话	qhæ^{35}
普米语九龙话	sø^{55}
普米语兰坪话	nə^{13} sy^{55}
普米语鲁甸话	sü^{55}
普米语箐花话	nə^{13} sy^{55}
普米语三岩龙话	nə^{13} sʉ^{53}
普米语桃巴话	nə^{35} sʉ^{53}
普米语拖七话	nə^{13} sʉ^{53}
普米语新营盘话	khə^{13} suə^{55}
普米语左所话	nə^{13} sʉ^{53}
羌语曲谷话	qheɹqqhəɹ
羌语蒲溪话	qhi
羌语麻窝话	qhəɹqhəɹ
却域语尤拉西话	la^{55} kɕye^{55}
史兴语兰满话	qhʊ^{55}
西夏语	tɕjaa^{1}；phia^{1}
扎坝语扎拖话	ŋʌ^{33} the^{55}

（73）破（衣服）

尔龚语道孚话	bə dʑo
尔苏语则拉话	mæ^{33} li^{53}
嘉戎语卓克基话	kə mbrə
拉坞戎语观音桥话	bjɑɣ^{55}

拉坞戎语业隆话　bjak^{55}
木雅语六巴话　nɐ^{33} pɐ^{53}
木雅语石棉话　tha^{33}mba^{55}
纳木依语倮坡话　bæ^{33} læ^{53}
普米语九龙话　khɯ^{11} dʐe^{55}
普米语兰坪话　tɕo^{13}
羌语曲谷话　haqqhuaɹ
羌语麻窝话　ʁe
却域语尤拉西话　tə^{55} riɛ^{55}
史兴语兰满话　bɐ^{33} ra^{55}
西夏语　ljiij^{2}
扎坝语扎拖话　tə^{55} tɕi^{55}

（74）骑（马）

尔龚语道孚话　cçhi
尔苏语则拉话　dze^{53}
贵琼语麦崩话　zə^{55}
嘉戎语卓克基话　kɐ nɐ mə
拉坞戎语观音桥话　rtsə^{53}
拉坞戎语业隆话　nə^{33} rtsu^{53}
木雅语六巴话　qhə̤^{33} ndza^{53}
木雅语石棉话　ndza^{33}ndza^{55}
纳木依语倮坡话　tsæ^{53}
普米语九龙话　dzɛi^{35}
普米语兰坪话　nə^{13} dzã^{55}
普米语鲁甸话　nə^{13} dzÃ^{55}
普米语箐花话　nə^{13} dzã^{55}
普米语三岩龙话　nə^{13} dzei^{53}
普米语桃巴话　nə^{35} dze^{35}
普米语拖七话　nə^{13} dzei^{53}

普米语新营盘话	nə^{13} dzei^{55}
普米语左所话	nə^{13} dzei^{55}
羌语曲谷话	tsa
羌语麻窝话	tsɑ
却域语尤拉西话	ɣɯ^{13} ʂtɕa^{55} po^{33}
史兴语兰满话	dzæ^{53}
西夏语	dzeej^{2}；dzoo^{2}；dzeej^{1}
扎坝语扎拖话	a^{33} ndʑʌ^{55}

（75）牵（牛）

尔龚语道孚话	mtshi
尔苏语则拉话	de^{33} ntsha^{53}
嘉戎语卓克基话	kɑ prɑk
拉坞戎语观音桥话话	fser^{55}
拉坞戎语业隆话话	phrek^{55}
木雅语六巴话	ro^{33} zə̱^{53}
木雅语石棉话	thu^{33}zu^{55}
纳木依语倮坡话	sæ^{55} sæ^{53}
普米语九龙话	dɯ^{55} tsuɛ^{55}
普米语兰坪话	də^{13} tsuə̃^{55}
普米语鲁甸话	xə^{13} tsuẽ^{55}
普米语箐花话	də^{13} tsuə̃^{55}
普米语三岩龙话	tsuẽ^{55}
普米语桃巴话	tsuẽ^{35}
普米语拖七话	tsuẽ^{55}
普米语新营盘话	hə^{13} tsuẽ^{55}
普米语左所话	tsuẽ^{55}
羌语曲谷话	xʂəʂku.
羌语麻窝话	ʂaʂkua
却域语尤拉西话	tə^{55} zo^{55}

史兴语兰满话　suɛ̃^{55}
西夏语　sjwi^{2}
扎坝语扎拖话　ə^{55} su^{33}

（76）切（菜）
尔龚语道孚话　tso
尔苏语则拉话　ne^{33} tɕhu^{53}
贵琼语麦崩话　zã^{31} pa^{55} dʉ^{35}
嘉戎语卓克基话　kɑ rɑ ntsik
拉坞戎语观音桥话　rpe^{55} tse^{53}
拉坞戎语业隆话　rpe^{55} tset^{53}
木雅语六巴话　nɐ^{33} tʂhi^{53}
木雅语石棉话　nə̃^{33}ŋge^{55}
纳木依语倮坡话　ʐu^{55} ʐu^{53}
普米语九龙话　nə^{11} tʂhi^{55}
普米语兰坪话　nə^{13} tʂhi^{55}
羌语曲谷话　khukkhuɹ
羌语蒲溪话　tʂhu,tʂhutʂhu
羌语麻窝话　qhuɑɹ
却域语尤拉西话　tʂhi^{13} tʂhɛ^{55}
史兴语兰满话　ri^{35}
西夏语　tshjɪr^{1}；khwu̩^{2}
扎坝语扎拖话　a^{33} the^{55} the^{33}

（77）融化
尔龚语道孚话　də dʑə
尔苏语则拉话　ne^{33} ɬi^{31}
贵琼语麦崩话　gu^{35}
嘉戎语卓克基话　kə ndʐi
拉坞戎语观音桥话　ʥə^{53}

拉坞戎语业隆话话	dʑiʔ^{55}
木雅语六巴话	nɐ^{33} rø^{55}
木雅语石棉话	thu^{33}du^{55}
纳木依语倮坡话	mi^{31} li^{53}
普米语九龙话	nɑ^{11} dʐuɑ^{11}
普米语兰坪话	xə^{13} iɑ̃u^{55}
羌语曲谷话	ɦadʐə̥
羌语麻窝话	dɑrɤ
却域语尤拉西话	tə^{55} ʑi^{55}
史兴语兰满话	miæ^{55} ji^{55}
西夏语	kjiir^{2}；tɕhjwi^{1}；dʑjwi^{1}
扎坝语扎拖话	a^{33} ji^{55}

（78）揉（面）

尔龚语道孚话	lne
尔苏语则拉话	khe^{33} ku^{53}
贵琼语麦崩话	zã^{55} za^{55} tʉ^{55}
嘉戎语二岗理话	lni
嘉戎语日部话	kɑ-χtsov
嘉戎语卓克基话	kɑ ni
拉坞戎语观音桥话话	lni^{53}
拉坞戎语业隆话话	lne^{53}
木雅语六巴话	no^{33} zə̠^{53}
木雅语石棉话	khu^{33}dʑu^{55}nuæ^{55}
纳木依语倮坡话	læ^{33} bæ^{53} zuo^{31}
普米语九龙话	tɕhə^{55} ȵi^{55}
普米语兰坪话	xə^{13} dzi^{55}
羌语曲谷话	siɕtɕyi
羌语蒲溪话	ʐua-tha
羌语麻窝话	pəlitʃə

却域语尤拉西话	kɯ^{55} ɬɛ^{55}
史兴语兰满话	ɕyɐ^{53}
西夏语	rewr^{2}；lju̩^{1}
扎坝语扎拖话	kʌ^{33} ʂtʂə^{55}

（79）撒（尿）

尔龚语道孚话	lbi lɛ
尔苏语则拉话	nbaɹ^{55}le^{53}
贵琼语麦崩话	e^{55} ʃə^{31} wu^{35} khuɔ^{55}
嘉戎语卓克基话	tɑ ʃtʃi kɐ lɐt
拉坞戎语观音桥话话	le^{55}
拉坞戎语业隆话话	lat^{55}
木雅语六巴话	bi^{24} nɐ^{33} bi^{53}
木雅语石棉话	bu^{33}nu^{55}
纳木依语倮坡话	nbæɹ^{31} ti^{55} ti^{53}
普米语九龙话	pʐɛ̃^{55}
普米语兰坪话	dɑ̃u^{55}
羌语曲谷话	ɬie
羌语麻窝话	bi
却域语尤拉西话	spɛ^{13} ɣɯ^{13} ɬa^{55}
史兴语兰满话	ɬæ^{55}
西夏语	bji̩^{1}
扎坝语扎拖话	ʐʌ^{13}

（80）撒（种）

龚语道孚话	sphro
尔苏语则拉话	ɣɯɹ^{33} pi^{53}
嘉戎语卓克基话	tə rpi kɐ ktor
拉坞戎语观音桥话	xter^{55}
拉坞戎语业隆话	lat^{55}

木雅语六巴话	khə^{33} tə^{53}
木雅语石棉话	khe^{33}tə^{55}
纳木依语倮坡话	ʐʅ^{55} npha^{31}
普米语九龙话	pʐɛ̃^{55}
普米语兰坪话	xə^{13} zdi^{13}
普米语鲁甸话	lʌ̄^{13} di^{55}
普米语箐花话	xə^{13} sdi^{13}
普米语三岩龙话	xə^{13} di^{55}
普米语桃巴话	xə^{35} di^{55}
普米语拖七话	xə^{13} dy^{53}
普米语新营盘话	hə^{13} di^{55}
普米语左所话	xə^{13} di^{55}
羌语曲谷话	se
羌语麻窝话	sɤi
却域语尤拉西话	rlɯ^{55} tə^{55} mtɕhe^{55}
史兴语兰满话	phɐ^{53}
西夏语	lju^{2}
扎坝语扎拖话	kə^{55} tu^{33}

（81）洒（水）

尔龚语道孚话	sphro
尔苏语则拉话	de^{33} pi^{53}
贵琼语麦崩话	wu^{35} khuɔ^{55}
嘉戎语卓克基话	tʃhɐt tʃhɐk kɐ lɐt
木雅语六巴话	khə^{33} tə^{53}
纳木依语倮坡话	luo^{33} ɦæɹ^{35}
普米语九龙话	pʐɛ̃^{55}
普米语兰坪话	nə^{13} tɕi^{55}
普米语鲁甸话	nə^{13} tsï^{55}
普米语箐花话	nə^{13} tɕi^{55}

普米语三岩龙话	xə^{13} tɕi^{53}
普米语桃巴话	xə^{35} tɕi^{53}
普米语拖七话	khə^{13} si^{53}
普米语新营盘话	thə^{13} tɕi^{55}
普米语左所话	xə^{13} tɕi^{53}
羌语曲谷话	se
羌语麻窝话	dɑsi
却域语尤拉西话	kɯ^{55} mtɕhe^{55}
史兴语兰满话	dʑɐ^{33} phʉ^{33}
西夏语	ɕjụ^{1}
扎坝语扎拖话	kə^{55} vʐe^{55}

（82）扫（地）

尔龚语道孚话	ndə rja
尔苏语则拉话	ŋe^{33} phʑæ^{53}
贵琼语麦崩话	tɕha^{55}
嘉戎语卓克基话	kɑ rit
拉坞戎语观音桥话	nsra^{55}
拉坞戎语业隆话	phji^{ʔ}s^{53}
木雅语石棉话	ɦæ^{24} ruə^{55} ræ^{33};
	ə^{33}ɭu^{55}ɭuæ^{55}
纳木依语倮坡话	ʁuæ^{35}
普米语九龙话	khɯ^{11} ʂy^{55}
普米语兰坪话	thə^{13} ʂy^{55} ʂye^{55}
普米语鲁甸话	thə^{13} ʂᴀ^{13}
普米语三岩龙话	xə^{13} ʂuei^{13}
普米语桃巴话	ʂʉ^{53}
普米语拖七话	thə^{13} ʂʉ^{53}
普米语新营盘话	thə^{13} ʂʐuei^{55}
普米语左所话	khə^{13} ʂuei^{13}

羌语曲谷话 dʑudʑdʑu

却域语尤拉西话 ɣɯ^{13} ri^{55} re^{33}

史兴语兰满话 biæ^{35}

西夏语 ɕjwo^{1}

扎坝语扎拖话 a^{33} ʐo^{55}

（83）杀（猪）

尔龚语道孚话 shɛ；ntɕə

尔苏语则拉话 ngaɹ^{53}；ntʂhʅ^{53}

贵琼语麦崩话 se^{55}

嘉戎语卓克基话 kɑ sɑt

拉坞戎语观音桥话 sa^{53}

拉坞戎语业隆话 sat^{55}

木雅语六巴话 nɐ^{33} sɐ^{53}

木雅语石棉话 nə^{33}ɕi^{55}

纳木依语倮坡话 nɢuo^{31}；tu^{35}

普米语九龙话 sə^{55}

普米语兰坪话 thə^{13} suɛ^{13}

普米语鲁甸话 se^{13}

普米语箐花话 thə^{13} sɛ^{13}

普米语三岩龙话 nə^{13} tʂhə^{53}

普米语桃巴话 tʂhʌ^{53}

普米语拖七话 khə^{13} tʂhə^{53}

普米语新营盘话 hə^{13} tʂhuei^{13}

普米语左所话 khə^{13} tʂhɛ^{55}

羌语曲谷话 tʂə,qəte

羌语麻窝话 tʃə

却域语尤拉西话 pse^{55}

史兴语兰满话 si^{55}；qhɑo^{55}

西夏语 sja^{1}；ljɪ̣^{1}

扎坝语扎拖话　kʌ^{33} she^{55}；she^{55}

（84）筛（米）

尔龚语道孚话　mtshɑ

尔苏语则拉话　se^{53} se^{53}

贵琼语麦崩话　dɔ^{35} wu^{35} ɣɑ^{55} ɣɑ^{33}

嘉戎语卓克基话　kɑ ʃkrɑ

拉坞戎语观音桥话　sprɑɣ^{55}

拉坞戎语业隆话　ɕkraʔ^{55}

木雅语六巴话　no^{33} tsɑ^{53}

木雅语石棉话　næ^{33}tshæ^{55}le^{55}

纳木依语倮坡话　ku^{33} ku^{35}

普米语九龙话　khɯ^{11} tʂe^{35}

普米语兰坪话　tʂø^{55}

羌语曲谷话　se

羌语蒲溪话　ʂi

羌语麻窝话　təʂtɕiʐ

却域语尤拉西话　ʂtʂa^{55}

史兴语兰满话　tʂʅ^{55}

扎坝语扎拖话　a^{53} ptsa^{55}

（85）射（箭）

尔龚语道孚话　fqe

尔苏语则拉话　maɹ^{33} tʂhɯ^{53}

贵琼语麦崩话　dʒi^{35} di^{35}

嘉戎语卓克基话　kə pᴇ kɐ lɐt

拉坞戎语观音桥话　le^{55}

拉坞戎语业隆话　lat^{55}

木雅语六巴话　qho^{55} lə̱^{53}

木雅语石棉话　khu^{33}lo^{55}

纳木依语倮坡话　qha^{31}
普米语九龙话　de^{35}
普米语兰坪话　khə^{13} tʂhɑ^{55}
普米语鲁甸话　khə^{13} tʂhʌ^{55}
普米语箐花话　khə^{13} tʂhɑ^{55}
普米语三岩龙话　khə^{13} tʂhʌ^{53}
普米语桃巴话　khə^{35} tʂhʌ^{35}
普米语拖七话　khə^{13} tʂhʌ^{53}
普米语新营盘话　khə^{13} tʂhʌ^{55}
普米语左所话　khə^{13} tʂhʌ^{13}
羌语曲谷话　qhuɹ
羌语麻窝话　qhuɹ
却域语尤拉西话　mda^{13} ʁʒi^{55} brə^{33}
史兴语兰满话　khi^{53}
西夏语　tɕjiɪr^{2}；khia^{1}
扎坝语扎拖话　mda^{33} ʑi^{13}

（86）射中
尔龚语道孚话　gə sɬhə
尔苏语则拉话　ɖe^{33} sæ^{53}
嘉戎语卓克基话　kə pᴇ kə stsok
拉坞戎语观音桥话　ni^{53}；ltshə^{55}
拉坞戎语业隆话　sne^{ʔ55}
木雅语六巴话　khə^{33} zi^{53}
木雅语石棉话　khə^{33}zɿ^{55}
纳木依语倮坡话　zuo^{55} quo^{53}
普米语九龙话　a^{11} tsẽ^{55} ɕi^{11}
普米语兰坪话　xə^{13} tsiɛ̃^{55}
羌语曲谷话　dewez̧ə̥
却域语尤拉西话　kɯ^{55} za^{33}

史兴语兰满话	khu^{55} zõ^{53}
西夏语	dʑjaa^{1}
扎坝语扎拖话	ko^{33} zu^{55}

（87）生气

尔龚语道孚话	tshu pa za
尔苏语则拉话	de^{33} tɕhæ^{53}
贵琼语麦崩话	tsə^{55} pu^{55} zə^{55}
嘉戎语卓克基话	kɐ khɐs
拉坞戎语观音桥话	sjar^{53} rkho^{33}；ŋqhu^{55} va^{33}
拉坞戎语业隆话	sjar^{55} kho^{55} ；nmə^{55} ru^{55}
木雅语六巴话	mə^{55} rə^{33} tə^{55} tsə^{33}
木雅语石棉话	ji^{55}tə^{55}ŋə^{55}
纳木依语倮坡话	luo^{31} ku^{31} tshɿ^{31}
普米语九龙话	xuɑ^{55} qhɑ^{55}
普米语兰坪话	sɐ^{13} pa^{55}
普米语鲁甸话	sɐ^{13} khõ^{55}
普米语箐花话	sɐ^{13} pa^{55}
普米语三岩龙话	kõ^{55} ni^{55} pʉ^{53}
普米语桃巴话	xA̅^{55} ni^{53}
普米语拖七话	kiõ^{55} pʉ^{53}
普米语新营盘话	sə^{13} kiõ^{55}
普米语左所话	xõ^{13} pʉ^{53}
羌语曲谷话	khuikkhue
羌语麻窝话	khuəkhua
却域语尤拉西话	tə^{55} ʂn̥e^{55} qho^{13}
史兴语兰满话	ʁuɐ^{53} lɐ^{53}
西夏语	tshjạ^{1}
扎坝语扎拖话	ʌ^{33} ɕe^{55} tʃu^{55}

（88）是

尔龚语道孚话	ŋu
尔苏语则拉话	ʑi^{35}
贵琼语麦崩话	dʒə^{35}
嘉戎语二岗理话	ŋɐ
嘉戎语日部话	ŋo
嘉戎语卓克基话	ŋos
拉坞戎语观音桥话	ŋɛ^{55}
拉坞戎语业隆话	ŋo^{ʔ}s^{55}
木雅语六巴话	ŋɐ^{24}；ni^{53}
木雅语石棉话	ni^{55}
纳木依语倮坡话	dʑi^{55}
普米语九龙话	di^{35}；te^{35}
普米语兰坪话	də^{13}
普米语鲁甸话	də^{13}
普米语箐花话	də^{13}
普米语三岩龙话	də^{13}
普米语桃巴话	də^{35}
普米语拖七话	də^{13}
普米语新营盘话	də^{13}
普米语左所话	də^{13}
羌语曲谷话	ɦũ
羌语麻窝话	ŋuə
却域语尤拉西话	si^{13}；tshi^{31}
史兴语兰满话	ɦuɛ̃^{35}
西夏语	ŋwu^{2}
扎坝语扎拖话	tɕe^{13}

（89）释放

尔龚语道孚话	lɛ˙

尔苏语则拉话 the^{33} le^{53}
贵琼语麦崩话 ɬɑ̃^{55}
嘉戎语卓克基话 kɐ lɐt
拉坞戎语观音桥话 lɛ^{55} (nə^{33} li^{53})
拉坞戎语业隆话 lat^{55} (nə^{33} lit^{55})
木雅语六巴话 tho^{55} lə̠^{53}
木雅语石棉话 thu^{33}lʉ^{55}
纳木依语倮坡话 mi^{31} tʂhʅ^{35}
普米语兰坪话 xə^{13} ɬi^{55}
羌语曲谷话 ɬiɬɬi
羌语麻窝话 ɬi
却域语尤拉西话 tə^{55} pɬə^{33}
史兴语兰满话 bʉ^{33} xi^{53}
扎坝语扎拖话 tə^{55} le^{55}

（90）收割

尔龚语道孚话 khvɛ
尔苏语则拉话 khu^{53}
贵琼语麦崩话 jɔ̃^{55} ka^{55}
嘉戎语二岗理话 mpho
嘉戎语日部话 tə twi kɐ-pi
嘉戎语卓克基话 kə rtʃəp kɑ pɑ
拉坞戎语观音桥话 phɛ^{55}；sjar^{55} zɛr^{55}
拉坞戎语业隆话 thje^{53}
木雅语六巴话 thɐ^{55} kuɐ^{53}
木雅语石棉话 nduæ̃^{33}nduæ^{53}
纳木依语倮坡话 khuo^{53}
普米语九龙话 kɯ^{55} ʐe^{55}
普米语兰坪话 xə^{13} kɯ^{55}
羌语麻窝话 çiɣli

却域语尤拉西话	ʑdye^{13} rye^{55}
史兴语兰满话	qu^{55} ta^{33}
扎坝语扎拖话	tɕhy^{55}

（91）守卫

尔龚语道孚话	shɛ ʂsoŋ və
尔苏语则拉话	ʂu^{33} su^{53}
嘉戎语卓克基话	kɑ psroŋ
拉坞戎语观音桥话	jo^{55}
拉坞戎语业隆话	sruŋ^{55}
木雅语六巴话	ji^{33} ɣu^{55}
木雅语石棉话	ji^{55}wu^{55}
纳木依语倮坡话	ʂu^{31}
普米语兰坪话	xə^{13} sõ^{55}
羌语曲谷话	gəɹggəɹ
羌语麻窝话	gəɹgəɹ
却域语尤拉西话	ʂso^{55}
史兴语兰满话	lɐ^{33} guɐ^{33} tʂa^{55}
扎坝语扎拖话	su^{55}

（92）梳（头）

尔龚语道孚话	rʁə ʑa
尔苏语则拉话	ʂʅ^{53}
贵琼语麦崩话	tʂu^{55}
嘉戎语卓克基话	kɐ sɐ ʃot
拉坞戎语观音桥话	sɣa^{33} zəɣ^{55}
拉坞戎语业隆话	sta^{33}ɕot^{55}
木雅语六巴话	ɦæ^{24} tʂui^{33}
木雅语石棉话	a^{33}thu^{33}nɐ^{53}
纳木依语倮坡话	pəɹ^{31}

普米语九龙话	pʐo^{35}
普米语兰坪话	nə^{13} pʂɯu^{55}
普米语鲁甸话	nə^{13} pʐəu^{55}
普米语箐花话	nə^{13} pʐɯu^{55}
普米语三岩龙话	nə^{13} pʐəu^{53}
普米语桃巴话	nə^{35} pʐʌ^{53}
普米语拖七话	nə^{13} pʐəu^{53}
普米语新营盘话	nə^{13} pʐəu^{55}
普米语左所话	nə^{13} pʐəu^{53}
羌语曲谷话	khəɹxəɹ
羌语麻窝话	khaɹla
却域语尤拉西话	lə^{55} ʂtʂhe^{55}
史兴语兰满话	hæ^{53}
西夏语	za^{2}；za^{1}
扎坝语扎拖话	a^{33} zia^{55}

（93）熟（饭）

尔龚语道孚话	gə mə
尔苏语则拉话	de^{33} hĩ^{53}
贵琼语麦崩话	mĩ^{55}
嘉戎语卓克基话	kə smən
拉坞戎语观音桥话	sme^{55}
拉坞戎语业隆话	smeʔ^{55}
木雅语六巴话	tə^{33} mi^{55}
木雅语石棉话	tə^{55}mə^{55}
纳木依语倮坡话	mi^{31} gæ^{53}
普米语九龙话	m̥ɛ̃^{55}
普米语兰坪话	tɕø^{55} si^{55}
羌语曲谷话	ɦam
羌语麻窝话	ɑnɤ

却域语尤拉西话 tə⁵⁵ sm̥in⁵⁵
史兴语兰满话 lɐ⁵⁵ mi⁵⁵
西夏语 we¹
扎坝语扎拖话 kʌ³³ me⁵⁵

（94）栓（牛）
尔龚语道孚话 phro
尔苏语则拉话 khe³³ phu⁵³
嘉戎语卓克基话 kɑ prɑk
拉坞戎语观音桥话 zgle⁵⁵
拉坞戎语业隆话 zglo?⁵⁵
木雅语六巴话 khu³³ wɐ⁵³
木雅语石棉话 u³³ʥua⁵⁵
纳木依语倮坡话 tɕhi³¹ nphæ⁵³
普米语九龙话 xə¹³ wə⁵⁵
普米语兰坪话 xə¹¹ ʂɛ¹³
羌语曲谷话 qustu dele
却域语尤拉西话 ta⁵⁵ rqha⁵⁵
史兴语兰满话 ʔu⁵⁵ tshu³³
西夏语 wejr²
扎坝语扎拖话 kə⁵⁵ ji⁵⁵

（95）睡
尔龚语道孚话 rgə
尔苏语则拉话 khe³³ ju⁵³
贵琼语麦崩话 ju³⁵
嘉戎语卓克基话 kɑ rmɑ
拉坞戎语观音桥话 jəv⁵³
拉坞戎语业隆话 juˀp⁵⁵
木雅语六巴话 khi⁵³

木雅语石棉话 khə^{33}ji^{55}

纳木依语倮坡话 jʉ^{33} jʉ^{55}

普米语九龙话 khɯ^{11} ʑɯ^{55}

普米语兰坪话 nə^{13} ʒə^{13}

普米语鲁甸话 nə^{13} ʒə^{13}

普米语箐花话 nə^{13} ʒə^{13}

普米语三岩龙话 khə^{13} ʑɨ^{13}

普米语桃巴话 khə^{35} ʑɨ^{35}

普米语拖七话 nə^{13} ʑɨ^{3}

普米语新营盘话 nə^{13} ʒə^{13}

普米语左所话 nə^{13} ʑɨ^{13}

羌语曲谷话 nə

羌语蒲溪话 ne

羌语麻窝话 nɤ

史兴语兰满话 lɐ^{33} ʐʉ^{55}

西夏语 ·jɪ^{2}；me^{2}；ŋwə^{1}

扎坝语扎拖话 kə^{55} mi^{33}

(96) 吮（奶）

尔龚语道孚话 mtsu lja

尔苏语则拉话 tɕhi^{31}

贵琼语麦崩话 tɕha^{35}

嘉戎语卓克基话 kɑ mə scçup

拉坞戎语观音桥话 ndzrev^{55}

拉坞戎语业隆话 Ndzrop^{55}

木雅语六巴话 ɦu^{24} tɕə^{33}

木雅语石棉话 æ^{33}dʑye^{55}

纳木依语倮坡话 ȵʉ^{33} ȵʉ^{55}

普米语九龙话 thɛ̃^{55}；tɕy^{11} tɕyɛ^{55}

普米语兰坪话 nə^{13} tɕe^{55}

羌语曲谷话	tʂhe
羌语麻窝话	tʂhə
却域语尤拉西话	ʂnɯ13
史兴语兰满话	tu53 tu33
扎坝语扎拖话	ŋʌ33 nə55 nə33

（97）说

尔龚语道孚话	fɕɛ；jə
尔苏语则拉话	dʑi35
贵琼语麦崩话	ɕe55
嘉戎语二岗理话	ɣ̊ɕɐ
嘉戎语日部话	kɑ-tshə
嘉戎语卓克基话	kɑ rjo
拉坞戎语观音桥话	fɕɛ53 ；rɛ55
拉坞戎语业隆话	fɕat55 ；reˀs55
木雅语六巴话	tu33 ɕɐ53
木雅语石棉话	tə55ɕi55
纳木依语倮坡话	ʂ̊uo53
普米语九龙话	kha55 la55 py35；tɕɯ35
普米语兰坪话	khə13 tʃə55
普米语鲁甸话	tʃə13
普米语箐花话	tʃə13
普米语三岩龙话	tɕɨ3
普米语桃巴话	tɕi35
普米语拖七话	tɕɨ3
普米语新营盘话	tʃə13
普米语左所话	tɕi13
羌语曲谷话	wuɹ
羌语麻窝话	ɹu
却域语尤拉西话	la55 bɕe55；ɳ̥i13

史兴语兰满话　pɐ^{55}
西夏语　tshjiij^{2}；tshjiij^{1}
扎坝语扎拖话　a^{33} ɕe^{55}；tsu^{55}

（98）撕（布）

尔龚语道孚话　spə tɕo
尔苏语则拉话　ne^{33} phʐɯ^{53}
贵琼语麦崩话　wu^{35} phe^{55}
嘉戎语卓克基话　kɑ prə
拉坞戎语观音桥话　cçə^{55} lə^{33} (nə^{33} ～^{33}～^{55})
拉坞戎语业隆话　prit^{55} (naq$^{33-55}$)
木雅语六巴话　ɦæ^{33} tʂæ^{53}
木雅语石棉话　æ^{33}mi^{33}le^{55}
纳木依语倮坡话　mi^{31} nphʐə^{35}
普米语九龙话　khɯ^{11} tʂhe^{55}
普米语兰坪话　thə^{13} tʂɛ̃^{55}
普米语鲁甸话　thə^{13} tʂhə^{55}
普米语三岩龙话　khə^{13} tʂhe^{53}
普米语桃巴话　nə^{35} ɕu^{53}
普米语拖七话　nə^{13} tɕu^{53}
普米语左所话　nə^{13} tʂhu^{53}
羌语曲谷话　phipphi
羌语麻窝话　phiɹphiɹ
却域语尤拉西话　tə^{55} ʃi^{55} ʂo^{33}
史兴语兰满话　bɐ^{33} pɐ^{33} ra^{55}
扎坝语扎拖话　tə^{55} tɕe^{55}

（99）死

尔龚语道孚话　də shɛ
尔苏语则拉话　the^{33} ʂu^{53}

嘉戎语二岗理话	sə
嘉戎语日部话	kɑ-sə
嘉戎语卓克基话	kɑ ʃi
拉坞戎语观音桥话	sə^{53}(nɛ^{33} sɛ^{53})
拉坞戎语业隆话	sə^{55} (nə^{33} set^{55})
木雅语六巴话	thɐ^{33} sə^{53}
木雅语石棉话	thə^{33}sɿ^{55}
纳木依语倮坡话	ʂɿ^{31} quo^{53}
普米语九龙话	nə^{11} sɿ^{11}
普米语兰坪话	nə^{13} sɤ^{13}
普米语鲁甸话	nə^{13} sï^{13}
普米语箐花话	nə^{13} sɤ^{13}
普米语三岩龙话	nə^{13} sï^{13}
普米语桃巴话	nə^{35} sə^{35}
普米语拖七话	nə^{13} sə^{13}
普米语新营盘话	nə^{13} sə^{13}
普米语左所话	nə^{13} sï^{13}
羌语曲谷话	çi
羌语蒲溪话	ça
羌语麻窝话	çi
史兴语兰满话	lɐ^{33} çɐ^{53}
西夏语	sji^{2}; sjɪ^{1}
扎坝语扎拖话	tə^{55} ʂə^{55}

（100）算（计算）

尔龚语道孚话	ʂtse dʐu ncçhə
尔苏语则拉话	su^{53} ndʐæ^{53}
贵琼语麦崩话	wu^{35} suã^{55} di^{35}
嘉戎语二岗理话	rtsɐl
嘉戎语日部话	kɑ-rtsəs

嘉戎语卓克基话	kɑ rtsə
拉坞戎语观音桥话	rtʂə^{55} tsəu^{55}(nə^{33}～^{33}～^{53})
拉坞戎语业隆话	frtsi^{ʔ55}(naq^{33} frtsi^{53})
木雅语六巴话	tə^{33} tsi^{53} tʂu^{33}
木雅语石棉话	tu^{33}su^{55}ʥua^{55}
纳木依语倮坡话	mi^{31} suo^{55} ndʐa^{53}
普米语九龙话	tɯ^{55} sɿ^{55} tʂy^{11}
普米语兰坪话	tsə^{13} tsə^{13}
普米语鲁甸话	tsi^{55} tsi^{55}
普米语箐花话	tsə^{55} tsə^{55}
普米语三岩龙话	xə^{13} tsi^{53}
普米语桃巴话	tə^{55} tsi^{55}
普米语拖七话	xə^{13} tsi^{53}
普米语新营盘话	tɕᴀ^{55} tɕᴀ^{55}
普米语左所话	xə^{13} tsi^{53}
羌语曲谷话	sussua
羌语麻窝话	səsɑ
却域语尤拉西话	ʂtsi^{55}
史兴语兰满话	tsi^{55} dʐu^{55}
西夏语	sej^{1}；ŋewr^{1}
扎坝语扎拖话	ə^{33} ʂtsə^{55}

（101）锁（门）

尔龚语道孚话	nə nkhvo
尔苏语则拉话	no^{33} nkhuo^{53}
贵琼语麦崩话	zi^{35} tsi^{55} ji^{35} di^{35}
嘉戎语二岗理话	rtʃhɒ
嘉戎语二岗理话	χcçho lɐ
嘉戎语日部话	zgwɑ tsi
嘉戎语日部话	tɑ-tsʁi kɑ-tʁɑr

嘉戎语卓克基话　tɐ ɲɟjə kɐ lɐt

拉坞戎语观音桥话　χcçho^{55} me^{53}

拉坞戎语业隆话　χcçho^{33} poq^{55}

木雅语六巴话　n̥ɹi^{33} ɕe^{53}；ji^{33} ɕe^{53}

木雅语石棉话　nu^{33}ɭo^{55}

纳木依语倮坡话　mi^{33} tʂhʅ^{31}

普米语兰坪话　xə^{13} skĩ^{55}

普米语箐花话　sɑ^{13}

普米语三岩龙话　dʑe^{55} tsi^{53}

普米语桃巴话　zə^{55} tsi^{53}

普米语拖七话　khi^{53}

普米语新营盘话　sʌ^{13}

普米语左所话　khi^{53}

羌语曲谷话　sua

羌语麻窝话　ɑsɑ

却域语尤拉西话　kɯ^{55} ʂtɕho^{33}

史兴语兰满话　tsi^{53} xi^{33}

西夏语　kjwi^{1}；wjịj^{2}

扎坝语扎拖话　kʌ^{55} ɕi^{55}

（102）抬

尔龚语道孚话　tɕam

尔苏语则拉话　de^{33} ntɕhu^{53}

贵琼语麦崩话　pɑ^{55}

嘉戎语卓克基话　kɑ mɑ rpɑk

拉坞戎语观音桥话　nlvɑɣ^{33} tshɑɣ^{53}（ə^{55} tshəɣ^{55}）

拉坞戎语业隆话　lvak^{55}（lə^{33} lvik^{55}）

木雅语六巴话　tə^{55} tɕuɐ^{33}

木雅语石棉话　æ^{33}zʅ^{55}

纳木依语倮坡话　ntɕhu^{31}

普米语九龙话	tə[55] jo[55] ʒɑ[11]
普米语兰坪话	tʃɑ[55]；tə[55] tu[55]
普米语鲁甸话	tə[55] ju[55]
普米语箐花话	tə[55] io[55]
普米语三岩龙话	tu[53]
普米语桃巴话	tu[55]
普米语拖七话	tu[53]
普米语新营盘话	nə[13] thiu[55]
普米语左所话	tu[53]
羌语曲谷话	titstsi
羌语蒲溪话	tui
羌语麻窝话	tɤ
却域语尤拉西话	tɕɛ[13]
史兴语兰满话	bũ[35]
扎坝语扎拖话	o[55] tɕo[55]

（103）逃跑

尔龚语道孚话	də phji
尔苏语则拉话	pho[35]
贵琼语麦崩话	la[35]
嘉戎语卓克基话	kɑ pho
拉坞戎语观音桥话	pho[53]
拉坞戎语业隆话	pho[53]
木雅语六巴话	thɐ[33] thɐ[53]；tɕhy[55] xə[53]
木雅语石棉话	tɕhi[55]la[55]sɿ[55]
纳木依语倮坡话	pho[53] χa[31]
普米语九龙话	phã[55]
普米语兰坪话	phʃɛ̃[13]
普米语鲁甸话	thə[13] ɬi[55]
普米语箐花话	thə[13] ɬi[55]

普米语三岩龙话	thə^{13} ɬi^{53}
普米语桃巴话	thə^{35} ɬi^{53}
普米语拖七话	thə^{13} ɬi^{53}
普米语新营盘话	thə^{13} ɬi^{55}
普米语左所话	thə^{13} ɬi^{53}
羌语曲谷话	phu
羌语麻窝话	phu
却域语尤拉西话	tə^{55} phe^{33}
史兴语兰满话	phɛ̃^{35}
西夏语	piəj^{2}；lja^{1}
扎坝语扎拖话	tʌ^{33} phu^{55}

（104）踢

尔龚语道孚话	ʂtshu
尔苏语则拉话	ɣuo^{33} ɣuo^{53}；ɣuo^{35}
贵琼语麦崩话	mi^{55} dʐə^{55} di^{35}
嘉戎语二岗理话	zbre tshə
嘉戎语二岗理话	zbro tshə
嘉戎语日部话	tɑ-χsu kɑ-tʁɑr
嘉戎语日部话	kɑ-nɑ χsu
嘉戎语卓克基话	tɑ zbro kɐ lɐt
拉坞戎语观音桥话	zbre^{55} tshə^{53} ；nzbre^{55}
拉坞戎语业隆话	zbro^{ʔ55}
木雅语六巴话	ʁə̰^{24} tso^{33}
木雅语石棉话	khu^{33}tso^{55}
纳木依语倮坡话	ntshʉ^{53}
普米语九龙话	tʂhɿ^{55} tsũ^{35}
普米语兰坪话	tə^{55} tsõ^{55}
普米语鲁甸话	xə^{55} tsõ^{55}
普米语箐花话	tə^{55} tsõ^{55}

普米语三岩龙话	nə^{13} tsõ^{55}
普米语桃巴话	nə^{35} tsõ^{35}
普米语拖七话	nə^{13} tsõ^{55}
普米语新营盘话	nə^{55} tsõ^{55}
普米语左所话	nə^{13} tsõ^{55}
羌语曲谷话	puqutʂu̥
羌语蒲溪话	tshu
羌语麻窝话	pɑχtʂuʁɑ
却域语尤拉西话	ptso^{55} rə^{55}
史兴语兰满话	hũ^{53}
西夏语	dji̠^{1}
扎坝语扎拖话	ə^{55} tsɿ^{33}

（105）剃（头）

尔龚语道孚话	ro
尔苏语则拉话	ne^{33} ɣu^{53} əɹ^{53}；ne^{33} ʐʉ^{53}
嘉戎语二岗理话	vʑɐr
嘉戎语日部话	kɑ-qros
嘉戎语卓克基话	kɐ bʒɐr
拉坞戎语观音桥话	vʑar^{55}
拉坞戎语业隆话	vʑa^{ʔ}r^{53}
木雅语六巴话	nɐ^{33} ɣui^{53}
木雅语石棉话	nə^{33}vi^{55}le^{55}
纳木依语倮坡话	ntʂhu^{35}
普米语兰坪话	ʐi^{55}
普米语鲁甸话	ri^{55}
普米语箐花话	ʐi^{55}
普米语三岩龙话	ri^{53}
普米语桃巴话	ri^{53}
普米语拖七话	ri^{53}

普米语新营盘话　ri^{55}

普米语左所话　ri^{53}

羌语曲谷话　khueɹ

羌语蒲溪话　qetu tsu

羌语麻窝话　khuaɹχuəɹ

却域语尤拉西话　qho^{55} lə^{55} rye^{55}

史兴语兰满话　su^{55}

西夏语　gji̠j^{1}

扎坝语扎拖话　a^{33} ʐo^{55}

（106）舔

尔龚语道孚话　pqɑ

尔苏语则拉话　de^{33} ɣɯ^{53}

嘉戎语日部话　kɑ-ldɑk

嘉戎语卓克基话　kɑ nə ntsok

拉坞戎语观音桥话　ndzɛɣ^{53}(ə^{33} ndzəɣ^{55})

拉坞戎语业隆话　ndzok^{55} (nə^{33} ndzuk^{55})

木雅语六巴话　thi^{33} ndʑuɐ^{53} læ^{33}

木雅语石棉话　khu^{33}ʥy^{55}luæ^{55}

纳木依语倮坡话　jæ^{31}

普米语九龙话　tɕu^{11} ndʐɛ^{35}

普米语兰坪话　xə^{13} tʂɑ^{13}

普米语鲁甸话　xə^{13} tʂʌ^{13}

普米语箐花话　xə^{13} tʂa^{13}

普米语三岩龙话　dʐɛ^{13}

普米语桃巴话　dʐɛ^{35}

普米语拖七话　dʐɛ^{13}

普米语新营盘话　hə^{13} tʂɛ^{13}

普米语左所话　dʐɛ^{13}

羌语曲谷话　ȵete

羌语麻窝话	ȵita
却域语尤拉西话	ɣɯ13 pur55 dʑyə13
史兴语兰满话	ji35
西夏语	lhiaa2
扎坝语扎拖话	ə55 da55

（107）挑选

尔龚语道孚话	rə mtsɛl
尔苏语则拉话	de33 ntshɿ53
嘉戎语二岗理话	ntshə lʁe
嘉戎语日部话	kɑ-nsi
嘉戎语卓克基话	kɑ ntʃᴇ
拉坞戎语观音桥话	ntshɛl33 ʁe53
拉坞戎语业隆话	ntshit55; nve55 ve33
木雅语六巴话	ti55 si33
木雅语石棉话	tə33sɿ55ge55
纳木依语倮坡话	sʉ53
普米语九龙话	tɯ55 tshe55 qɑ11
普米语兰坪话	xə13 dɑ̃u13
普米语鲁甸话	xə13 thio13
普米语箐花话	thə13 sthie55
普米语三岩龙话	khə13 thi53
普米语桃巴话	khə35 tshɛ35
普米语拖七话	xə13 the53
普米语新营盘话	hə13 thie55
普米语左所话	khə13 the53
羌语曲谷话	stəsta
羌语麻窝话	sita
却域语尤拉西话	ɣɯ13 pso55
史兴语兰满话	bɐ55 sɿ55

西夏语 tsjiir^{1}；gji·j^{1}

扎坝语扎拖话 a^{33} sɿ^{55}

（108）跳

尔龚语道孚话 pqɑ nɬhə

尔苏语则拉话 tsuo^{35}；nthe^{35}

贵琼语麦崩话 tʃuɛ^{31}

嘉戎语卓克基话 kɐ mtsɐk

拉坞戎语观音桥话 ftse^{53}

木雅语六巴话 tə^{55} tsɐ^{33}

木雅语石棉话 gə^{33}ntɕhi^{55}

纳木依语倮坡话 pæɹ^{35}

普米语九龙话 tɕɯ^{55} tshə^{55}

普米语兰坪话 xə^{13} tsho^{55}

普米语鲁甸话 tə^{55} tsho^{55}

普米语箐花话 tə^{55} stʃə^{55}

普米语三岩龙话 tʂə^{53}

普米语桃巴话 tə^{55} ʂə^{53}

普米语拖七话 tə^{55} tʂə^{53}

普米语新营盘话 tə^{55} tʃə^{55}

普米语左所话 tʂə^{53}

羌语曲谷话 χsute

羌语蒲溪话 χsu

羌语麻窝话 qhsu

却域语尤拉西话 tsi^{55} brɛ^{55}

史兴语兰满话 tsa^{53}

西夏语 gjaa^{1}

扎坝语扎拖话 khu^{55} xtsi^{55}

（109）贴（邮票）

尔龚语道孚话 zbjɛr

尔苏语则拉话	khe^{33} $ɬiæ^{53}$
贵琼语麦崩话	wu^{35} $ntha^{55}$ ku^{35}
嘉戎语卓克基话	kɐ tshok
拉坞戎语观音桥话	$kɛ^{33}$ par^{53}；$kɛ^{33}$ ja^{53}
拉坞戎语业隆话	par^{53}
木雅语六巴话	$tə^{33}$ phe^{53}
木雅语石棉话	$tə^{55}phə^{55}$
纳木依语倮坡话	$tɕhi^{31}$ $jæ^{35}$
普米语九龙话	$tɯ^{55}$ $tɕhə^{55}$
普米语兰坪话	$xə^{13}$ $thiɛ^{13}$
普米语鲁甸话	$xə^{13}$ $tɕho^{55}$
普米语箐花话	$xə^{13}$ $thiɛ^{13}$
普米语三岩龙话	$xə^{13}$ $phɛ^{13}$
普米语桃巴话	$xə^{35}$ $phɛ^{35}$
普米语拖七话	$xə^{13}$ phe^{13}
普米语新营盘话	$hə^{13}$ tei^{13}
普米语左所话	$xə^{13}$ $phɛ^{13}$
羌语曲谷话	ʂpe
羌语蒲溪话	pie
羌语麻窝话	tsitsi
却域语尤拉西话	$bʑa^{13}$
史兴语兰满话	khu^{33} $ɕi^{55}$
扎坝语扎拖话	$kə^{55}$ bi^{55}

（110）听

尔龚语道孚话	lȵi
尔苏语则拉话	$bæ^{33}$ $ȵi^{53}$
嘉戎语日部话	kɑl-sɑ ŋɑ
嘉戎语卓克基话	kɑ rə ŋɑ
拉坞戎语观音桥话	$sŋi^{55}$ $ŋa^{33}$ ($kɛ^{33}$ $\sim^{55}\sim^{55}$)

拉坞戎语业隆话	sŋe^{33} ŋe^{55}(ko$^{33-33-55}$)
木雅语六巴话	qhe̠^{33} se̠^{55} na^{33}
木雅语石棉话	khə^{33}sɿ^{55}ŋa^{55}
纳木依语倮坡话	bæ^{55} hĩ^{55}
普米语九龙话	se^{11} ȵi^{55}
普米语兰坪话	thə^{13} ni^{13}
普米语鲁甸话	thə^{13} xẽ^{13}
普米语箐花话	thə^{13} ni^{13}
普米语三岩龙话	sï^{13} ȵi^{55}
普米语桃巴话	sɛ^{35} ȵi^{53}
普米语拖七话	xə^{13} ȵi^{13}
普米语新营盘话	hə^{13} ȵi^{13}
普米语左所话	se^{13} ȵe^{55}
羌语曲谷话	xsuxsu^{0}
羌语蒲溪话	ʂȵoʂən
羌语麻窝话	khɕut
却域语尤拉西话	ɣɯ^{13} lnə^{33}
史兴语兰满话	lɛ^{55} hĩ^{55}
西夏语	nji^{2}
扎坝语扎拖话	ŋo^{55} ȵu^{33}

（111）痛（头）

尔龚语道孚话	ŋo
尔苏语则拉话	de^{33} ȵi^{31}
贵琼语麦崩话	tɕhi^{55}
嘉戎语二岗理话	ŋəm
嘉戎语日部话	kə-mŋɑm
嘉戎语卓克基话	kə zor
拉坞戎语观音桥话	ŋəm^{55}
拉坞戎语业隆话	am^{55}

木雅语六巴话	tə^{33} ŋe^{24}
木雅语石棉话	tə^{55}ŋə^{55}
纳木依语倮坡话	ʁuo^{35} əɹ^{31} nguo^{31}
普米语九龙话	ȵẽ^{55}
普米语兰坪话	nɛ^{55}
羌语麻窝话	rdʑi
却域语尤拉西话	qho^{55} ȵu^{55}
史兴语兰满话	gõ^{55}
西夏语	ŋo^{2}；zar^{1}
扎坝语扎拖话	ȵi^{13}

（112）偷

尔龚语道孚话	ʂkə
尔苏语则拉话	nphʐɯ^{35}
贵琼语麦崩话	mʉ^{55}
嘉戎语卓克基话	kɑ nə ʃmo
拉坞戎语观音桥话	fkə^{53}
拉坞戎语业隆话	fku^{ʔ55}
木雅语六巴话	kuə^{24} khə^{55} βə^{33}
木雅语石棉话	gu^{35}
纳木依语倮坡话	nkhu^{31}
普米语九龙话	ki^{55} py^{55}
普米语兰坪话	skiɯu^{55}
羌语曲谷话	ʂkuə
羌语麻窝话	ʂkuə
却域语尤拉西话	ʂkɯ^{55} vi^{55}
史兴语兰满话	qhuɐ^{53}
西夏语	kjiir^{2}；kjwɪɪr^{1}；kjur^{2}
扎坝语扎拖话	mə^{55} ma^{55}

（113）投掷

尔龚语道孚话 ɟjɛr qɛ

尔苏语则拉话 ŋe^{33} tɕhæɹ^{53}

嘉戎语卓克基话 kɐ nɐ stəm

拉坞戎语观音桥话 rə^{33} lɛ^{55}

拉坞戎语业隆话 ncço^{ʔ55}

木雅语六巴话 thɐ^{55} dæ^{53}

木雅语石棉话 dæ^{35}

纳木依语倮坡话 tɕhi^{31} xi^{31} xi^{55}

普米语九龙话 tɯ^{55} de^{35}

普米语兰坪话 nə^{13} zdi^{55}

羌语曲谷话 ˀuzgu

羌语麻窝话 guptɑqtʃə

却域语尤拉西话 ɣɯ^{13} sqa^{55} re^{13}

史兴语兰满话 tɕa^{55} wu^{55}

西夏语 dʑji̹^{2}；dʑjwo^{2}

扎坝语扎拖话 a^{33} ɟjo^{55}

（114）吐（口水）

尔龚语道孚话 ʂphə

尔苏语则拉话 nphʑi^{53}

贵琼语麦崩话 wu^{35} tɕã^{55} tɕhy^{31} mɔ̃^{31}

嘉戎语卓克基话 tə ŋɑr kɐ phʃət

拉坞戎语观音桥话 nɟjo^{53}

拉坞戎语业隆话 phet^{55}

木雅语六巴话 thɐ^{55} dæ^{53}

木雅语石棉话 thə^{33}phi^{55}

纳木依语倮坡话 nphi^{31}

普米语九龙话 thy^{35}

普米语兰坪话 khə^{13} phʃɯ^{13}

羌语曲谷话	phu
羌语蒲溪话	pha
羌语麻窝话	ɹɑ
却域语尤拉西话	qha^{55} ʂn̥a^{55} kuə^{55}
史兴语兰满话	tshu^{53}
西夏语	piẹ^{1}；wja^{1}
扎坝语扎拖话	ʌ^{55} nphɛ^{55}

（115）推

尔龚语道孚话	zo
尔苏语则拉话	the^{33} dʑu^{53}
贵琼语麦崩话	wu^{33} tʂhuɔ^{55}
嘉戎语二岗理话	rə rkhɒɣ
嘉戎语日部话	kɑ-stɑk
嘉戎语卓克基话	kɐ ktʂɐk
拉坞戎语观音桥话	rə^{33} ŋkhɑɣ^{55}
拉坞戎语业隆话	tʂaq^{55}
木雅语六巴话	thy^{55} ndy^{53}
木雅语石棉话	duæ^{55}
纳木依语倮坡话	nkhi^{31}
普米语九龙话	tʂə^{55}
普米语兰坪话	khə^{13} sthɛ^{13}
普米语鲁甸话	khə^{13} the^{55}
普米语箐花话	khə^{13} sthɛ^{13}
普米语三岩龙话	khə^{13} tʂhe^{13}
普米语桃巴话	khə^{35} tʂhɛ^{35}
普米语拖七话	khə^{13} tʂhe^{55}
普米语新营盘话	khə^{13} the^{55}
普米语左所话	khə^{13} tʂhə^{13}
羌语曲谷话	tɕhitɕtɕhi

羌语蒲溪话	ɕtɕi
羌语麻窝话	ɑt dɑʁɑ
却域语尤拉西话	$ɣɯ^{13}$ $ɕte^{55}$
史兴语兰满话	$ȵõ^{53}$
西夏语	dju^{1}；du^{1}
扎坝语扎拖话	$tʌ^{13}$ ti^{33} $kɪ^{55}$

（116）吞

尔龚语道孚话	skhru
尔苏语则拉话	ne^{33} mi^{53}
贵琼语麦崩话	mi^{35} $nɔ̃^{55}$
嘉戎语卓克基话	kɑ mə lɟjuk
拉坞戎语观音桥话	$və^{33}$ $ŋqlɑɣ^{55}$
拉坞戎语业隆话	$mqlek^{55}$
木雅语六巴话	$nɑ^{33}$ $ʁə̱^{53}$；$zə̱^{53}$ $ʁə^{35}$
木雅语石棉话	$nu^{33}jy^{55}$
纳木依语倮坡话	$ȵuo^{31}$ $q̥uo^{55}$
普米语九龙话	$khɯ^{11}$ $diẽ^{55}$
普米语兰坪话	$khə^{13}$ $ʒdʒɛ̃^{55}$
普米语鲁甸话	$khə^{13}$ $ɣĩ^{55}$
普米语箐花话	$khə^{13}$ $sdʒɛ̃^{55}$
普米语三岩龙话	$nə^{13}$ di^{53}
普米语桃巴话	$nə^{35}$ $wʌ^{53}$
普米语拖七话	$nə^{13}$ di^{53}
普米语新营盘话	$nə^{13}$ $dʑẽ^{55}$
普米语左所话	$nə^{13}$ di^{53}
羌语曲谷话	siɬi
羌语蒲溪话	thui
羌语麻窝话	səʁzə
却域语尤拉西话	la^{55} $rdʒe^{13}$

史兴语兰满话	miæ^{55} ʔũ^{55}
西夏语	dʑjwij^{1}
扎坝语扎拖话	a^{33} mi^{55}

（117）挖

尔龚语道孚话	nqhu ra
尔苏语则拉话	nbu^{35}
贵琼语麦崩话	tʃuɔ^{55}
嘉戎语二岗理话	ŋqɑ
嘉戎语日部话	kɑ-lwɑ
嘉戎语卓克基话	kɑ lwɑ
拉坞戎语观音桥话	slu^{53}
拉坞戎语业隆话	cçho^{53}
木雅语六巴话	ɦɑ^{33} qo^{53}
木雅语石棉话	pu^{55}we^{55}
纳木依语倮坡话	qæ^{35}
普米语九龙话	pi^{55}
普米语兰坪话	nə^{13} tʂhy^{55}
普米语鲁甸话	tə^{55} tʂu^{55}
普米语箐花话	nə^{13} tʂhy^{55}
普米语三岩龙话	nə^{13} pi^{53}
普米语桃巴话	nə^{35} lu^{55}
普米语拖七话	tə^{55} tʂu^{53}
普米语新营盘话	tə^{55} tʂu^{55}
普米语左所话	nə^{13} pi^{53}
羌语曲谷话	phe
羌语蒲溪话	phie
羌语麻窝话	phiphi
却域语尤拉西话	kɯ^{55} puə^{55}
史兴语兰满话	phɐ^{35}

西夏语 dew^{1}
扎坝语扎拖话 ʌ^{33} vʐe^{55}

（118）挖掘
尔龚语道孚话 nqhu ra
尔苏语则拉话 nbo^{35}
贵琼语麦崩话 ji^{35} hɑ^{55}；tʃuɔ^{55}
嘉戎语卓克基话 kɑ ldzɑ
拉坞戎语观音桥话 po^{53}
拉坞戎语业隆话 pɣak^{55}
木雅语六巴话 tə^{55} qo^{53}
木雅语石棉话 pu^{55}we^{55}
纳木依语倮坡话 qæ^{35}
普米语九龙话 nə^{11} pi^{55}
普米语兰坪话 nə^{13} tʂhy^{55}
羌语蒲溪话 phie
史兴语兰满话 phɐ^{35}
西夏语 khuu^{2}；wjijr^{2}；lo^{1}
扎坝语扎拖话 a^{33} ptʂhʅ^{55}

（119）弯
尔龚语道孚话 nu rʁu；ncçho
尔苏语则拉话 dʐu^{33} khuo^{53} khuo^{31}
贵琼语麦崩话 kuɔ^{55} ʐɔ^{55}
嘉戎语卓克基话 kə ŋɑ rgo rgo
拉坞戎语业隆话 rku^{55} rku^{33}
木雅语六巴话 nɐ^{33} ŋgu^{53}
木雅语石棉话 we^{55}we^{55}
纳木依语倮坡话 qhuo^{55} qhuo^{53}
普米语九龙话 ɑ^{11} qɑ^{55} zʅ^{35}

普米语鲁甸话	kõ^{13}
普米语箐花话	gõ^{55}
普米语三岩龙话	ku^{55} ro^{53}
普米语桃巴话	kõ^{35} mə^{53}
普米语拖七话	kõ^{55} mə^{53}
普米语新营盘话	ko^{55} ruə^{55}
普米语左所话	kõ^{55} mə^{53}
羌语曲谷话	ɦaquət
羌语麻窝话	ɑʁuɑɹ
却域语尤拉西话	tə^{55} sŋi^{55}
史兴语兰满话	gua^{55} ngua^{55}
扎坝语扎拖话	tʌ^{33} ku^{55}

（120）忘记

尔龚语道孚话	də rmə
尔苏语则拉话	the^{33} me^{53}
贵琼语麦崩话	ʃɔ̃^{31} mĩ^{55} ta^{35}
嘉戎语卓克基话	kɐ jməs
拉坞戎语观音桥话	lmə^{53}(nə^{55} ～^{55})
拉坞戎语业隆话	rmit^{55} (nə$^{33-55}$)
木雅语六巴话	thɐ^{55} mə^{53}
木雅语石棉话	thi^{33}mə^{55}
纳木依语倮坡话	ɲ̩i^{31} pæ^{55}
普米语九龙话	a^{11} mã^{11}
普米语兰坪话	thə^{13} mə̃^{55}
普米语鲁甸话	xə^{13} m̥o^{13}
普米语箐花话	thə^{13} m̥ə^{13}
普米语三岩龙话	xə^{13} mʌ̄^{53}
普米语桃巴话	nə^{35} mɛ̃^{53}
普米语拖七话	nə^{13} m̥ə^{53}

普米语新营盘话 thə^{13} m̥ø^{13}
普米语左所话 nə^{13} mẽ^{55}
羌语曲谷话 dæʐmə̊
羌语麻窝话 rmə
却域语尤拉西话 χɛ^{55} wu^{55}
史兴语兰满话 lɐ^{33} ma^{55}
西夏语 mjɪ̩^{2}；baa^{1}
扎坝语扎拖话 tə^{55} mə^{55}

（121）闻（味道）

尔龚语道孚话 no
尔苏语则拉话 te^{53} hɯ̃^{53} hɯ̃^{31}
贵琼语麦崩话 ji^{35} hɔ̃^{55}
嘉戎语卓克基话 kɐ nɐ ŋkhsə ŋkhsət
拉坞戎语观音桥话 nlə^{33} ləm^{53}
拉坞戎语业隆话 ntʂə^{33} ma^{53}
木雅语六巴话 khi^{33} sø^{55} næ^{33}
木雅语石棉话 khu^{33}ȵu^{55}
纳木依语倮坡话 hĩ^{33} hĩ^{53}
普米语九龙话 ʐʅ^{35} nã^{55}；n̥y^{11} n̥e^{55}
普米语兰坪话 xə^{13} n̥iə^{55}
普米语鲁甸话 xə^{13} n̥ũ^{13}
普米语箐花话 xə^{13} n̥iə^{55}
普米语三岩龙话 xə^{13} ȵ̊ỹ^{55}
普米语桃巴话 xə^{35} ȵ̊õ^{35}
普米语拖七话 xə^{13} ȵ̊ũ^{13}
普米语新营盘话 hə^{13} n̥u^{13}
普米语左所话 xə^{13} ȵ̊ỹ^{13}
羌语曲谷话 hiˋete
羌语麻窝话 təbəχtʂi

却域语尤拉西话　ʂnoŋ^{13}
史兴语兰满话　hũ^{55} nu^{55}
西夏语　ljii^{1}
扎坝语扎拖话　ŋʌ^{33} mnɪ^{55} mnɪ^{33}

（122）问
尔龚语道孚话　rjɛ
尔苏语则拉话　te^{53} me^{53} nkhi^{31}
贵琼语麦崩话　wu^{35} mĩ^{55} khɔ̃^{55}
嘉戎语二岗理话　rgɐ
嘉戎语日部话　kɑ-rguit
嘉戎语卓克基话　kɑ tho
木雅语六巴话　khi^{55} mə^{53}
木雅语石棉话　khə^{33}mə^{33}ndə^{55}
纳木依语倮坡话　mi^{31} tuo^{55}
普米语九龙话　du^{11} duɑ^{55}
普米语兰坪话　xə^{13} zduə^{13}
普米语鲁甸话　xə^{13} dʌ^{13}
普米语箐花话　xə^{13} sduə^{13}
普米语三岩龙话　xə^{13} duə^{13}
普米语桃巴话　du^{35} duɐ^{35}
普米语拖七话　xə^{13} duə^{13}
普米语新营盘话　hə^{13} duə^{13}
普米语左所话　xə^{13} duə^{13}
羌语曲谷话　kedʐe
羌语蒲溪话　dʐɑdʐə
羌语麻窝话　dʐɑ
却域语尤拉西话　kɯ^{55} stɔ^{55}
史兴语兰满话　dyi^{35}
西夏语　·jɪr^{1}；·jɪr^{2}

扎坝语扎拖话 kʌ^{33} mə^{55} ki^{33}

（123）洗（衣）

尔龚语道孚话 rʁe
尔苏语则拉话 ne^{33} tshe^{53}
贵琼语麦崩话 wu^{35} ja^{55}
嘉戎语二岗理话 rjɯ
嘉戎语日部话 kɑ-χtʃhə
嘉戎语卓克基话 kɑ rtʃi
木雅语六巴话 nɑ^{33} ʁo^{53}
木雅语石棉话 no^{33}wu^{33}wa^{55}
普米语九龙话 na^{11} tsɛ^{55}；tsɛ^{35} tsɑ^{11}
普米语兰坪话 thə^{13} tsa^{55}
普米语三岩龙话 nə^{13} tsei^{53}
普米语桃巴话 thə^{35} tse^{53}
普米语拖七话 nə^{13} tsei^{53}
普米语新营盘话 nə^{13} tshə^{55}
普米语左所话 nə^{13} tsei^{53}
羌语曲谷话 χula
羌语蒲溪话 χulɑ
羌语麻窝话 χlɑ
却域语尤拉西话 tʂi^{13} tʂo^{55}
史兴语兰满话 gu^{33} zɐ^{33}
西夏语 lwu^{2}；zwər^{1}；dzjiw^{1}
扎坝语扎拖话 a^{55} ntɕhə^{55}

（124）系（腰带）

尔龚语道孚话 də ʂcçi və
尔苏语则拉话 ndzʅ^{33} tsa^{53}
贵琼语麦崩话 ji^{35} dã^{55} hu^{33}

嘉戎语卓克基话 kɐ skrə
拉坞戎语观音桥话 nle^{55}
拉坞戎语业隆话 lat^{55}
木雅语六巴话 khi^{55} rɐ^{53}
木雅语石棉话 tə^{33}ʥi^{53}
纳木依语倮坡话 tɕhi^{31} ki^{35}
普米语九龙话 xɐ^{11} ʂɛ^{55}
普米语兰坪话 xə^{13} tɕĩ^{55}
羌语曲谷话 χʂəχʂə
羌语蒲溪话 χtʂə
羌语麻窝话 ʂtɕei
却域语尤拉西话 ʂtɕe^{55}
史兴语兰满话 ku^{55}
西夏语 tɕjɪr^{1}
扎坝语扎拖话 ko^{33} ʂcço^{55}

（125）瞎
尔龚语道孚话 mo də qə
尔苏语则拉话 no^{33} kuo^{53}
嘉戎语卓克基话 nɑ ŋɑ lo
拉坞戎语观音桥话 pha^{33} qhu^{55}
拉坞戎语业隆话 pha^{33} qho^{ʔ55}
木雅语六巴话 nɐ^{33} lu^{55} wæ^{33}
木雅语石棉话 na^{33}go^{55}
普米语九龙话 nɑ^{11} qu^{55}
普米语兰坪话 xə^{13} lɑ̃u^{13}
羌语曲谷话 ɦaqə̊
羌语麻窝话 ge
却域语尤拉西话 lo^{13}
史兴语兰满话 lɐ^{33} ʁõ^{55}

西夏语	məə^{1}；ku^{2}
扎坝语扎拖话	a^{33} ʐa^{55} ço^{33}

（126）相信

尔龚语道孚话	vlu khe
尔苏语则拉话	dʐɯ^{33} li^{53}
贵琼语麦崩话	tʃə^{55} tʂha^{55} gi^{35}
嘉戎语二岗理话	sem vde
嘉戎语日部话	kə-nə snᴇ χti
嘉戎语卓克基话	kɑ nɑ ndᴇ
拉坞戎语观音桥话	sne^{55} nsti^{33}~ (nə^{33}~^{33})
拉坞戎语业隆话	nə^{33} ftsi^{ʔ55} ；nə^{33} rtsi^{ʔ55}(o$^{33-33}$rtsi^{55})
木雅语六巴话	tɕæ^{53} qho^{55} ʐɑ^{53}
纳木依语倮坡话	ngi^{35}
普米语兰坪话	skhyɛ^{55} bie^{55}
普米语鲁甸话	xye^{55} kɯ^{55}
普米语箐花话	skhyɛ^{55} bie^{55}
普米语三岩龙话	xuə^{55} po^{55} tɕhõ^{53}
普米语桃巴话	giᴀ̄^{35} ʔõ^{55} ʂe^{55}
普米语拖七话	jẽ^{13} tɕhi^{53}
普米语新营盘话	khɯə^{55} tɕhõ^{55}
普米语左所话	dʑẽ^{55} ʑo^{55} nõ^{53}
羌语曲谷话	ɕtɕe
羌语麻窝话	sti
却域语尤拉西话	de^{13} ndʑi^{55}
史兴语兰满话	tɕhɑ^{55} ʁa^{33}
西夏语	dʑiej^{2}
扎坝语扎拖话	nɛ^{33} ʂti^{55}

（127）想

尔龚语道孚话	ntshə sxi

尔苏语则拉话　te^{53} ntɕi^{53} ntɕæ^{53}
贵琼语麦崩话　di^{33} gi^{55}
嘉戎语二岗理话　msɐ mluŋ
嘉戎语日部话　kɑ-sə sɑ
嘉戎语卓克基话　səm mnot kɑ pɑ；sə so kɑ pɑ
拉坞戎语观音桥话　nsam^{33} nuŋ^{53} lɛ^{33} (nə^{33} li^{53})
拉坞戎语业隆话　sem^{33} noŋ^{53} lat^{33-} (nə^{33} lət^{55})
木雅语六巴话　thu^{55} sɐ^{55} mbæ^{33}
木雅语石棉话　no^{33}su^{55}
纳木依语倮坡话　ʂʅ^{53} dʐʅ^{31}
普米语九龙话　sy^{55} dy^{55}
普米语兰坪话　nə^{13} sy^{55} zdiu^{13}
普米语鲁甸话　nə^{13} si^{13} tu^{13}
普米语箐花话　nə^{13} sy^{55} sdiu^{13}
普米语三岩龙话　də^{13} tʂẽ^{13}
普米语桃巴话　nə^{35} sʉ^{55} diu^{35}
普米语拖七话　nə^{13} su^{55} tiu^{13}
普米语新营盘话　nə^{13} su^{55} tuə^{13}
普米语左所话　su^{55} tiu^{53}
羌语曲谷话　stəq lu
羌语麻窝话　χtʃɑ,tɕharba
却域语尤拉西话　se^{33} ʂtɕo^{55}
史兴语兰满话　ɕyɐ^{55} tuɐ^{33}
西夏语　sjiij^{2}
扎坝语扎拖话　ŋʌ^{33} mɛ^{55} mɛ^{33}

（128）笑
尔龚语道孚话　qhɛ
尔苏语则拉话　əɹ^{35}
贵琼语麦崩话　ɣi^{35}

嘉戎语二岗理话	qhɐ
嘉戎语日部话	kɑ-nɐ ri
嘉戎语卓克基话	kɑ nɑ ri
拉坞戎语观音桥话	ŋqhɛ^{53}；qhɛ^{53}(nə^{33} ŋqhi^{ʔ55})
拉坞戎语业隆话	ŋqhat^{55} (nə$^{33-55}$)
木雅语六巴话	ni^{33} ri^{55}
木雅语石棉话	ɭə^{55}
纳木依语倮坡话	dʐʅ^{33} dʐʅ^{55}
普米语九龙话	ʂɑ^{11} ʂɑ^{55}
普米语兰坪话	ʃɑ^{13}
普米语鲁甸话	ʃᴀ^{13}
普米语箐花话	ʃɑ^{13}
普米语三岩龙话	ʂᴀ^{13}
普米语桃巴话	ʂᴀ^{35}
普米语拖七话	ʂᴀ^{13}
普米语新营盘话	ʂʐɛ^{13}
普米语左所话	ʂᴀ^{13}
羌语曲谷话	dʐaɕtɕi
羌语麻窝话	dʐɑ
史兴语兰满话	ra^{33} bʉ^{55}
西夏语	rjijr^{2}；djiij^{1}
扎坝语扎拖话	dʐə^{55} ʂte^{55}

（129）写

尔龚语道孚话	ra
尔苏语则拉话	ɣɯɹ^{35}
贵琼语麦崩话	dʑə^{35}
嘉戎语卓克基话	tɑ scços kɐ lɐt
拉坞戎语观音桥话	rɛ^{55} (kə^{33} ri^{53})
拉坞戎语业隆话	ra^{ʔ}t^{55}(na^{33} rit^{55})

木雅语六巴话	khə^{33} ri^{55}
木雅语石棉话	khə^{33}ɭə^{55}
纳木依语倮坡话	ʐʅ^{33} ʐʅ^{55}
普米语九龙话	dʐy^{35}
普米语兰坪话	xə^{13} dʐy^{13}
普米语鲁甸话	dʐü^{13}
普米语箐花话	xə^{13} dʐy^{13}
普米语三岩龙话	dʐə^{13}
普米语桃巴话	xə^{35} dʐu^{35}
普米语拖七话	nə^{13} dʐu^{13}
普米语新营盘话	nə^{13} dʐu^{13}
普米语左所话	dʐü^{13}
羌语曲谷话	ʐe
羌语麻窝话	ɹa
却域语尤拉西话	rguə^{55} rɛ^{55}
史兴语兰满话	pã^{53}
西夏语	rjar^{1}；khju^{2}
扎坝语扎拖话	kʌ^{33} ʐʌ^{55}

（130）休息

尔龚语道孚话	nə
尔苏语则拉话	bɯ^{33} ȵi^{53}；ŋe^{33} ȵi^{53}
贵琼语麦崩话	ka^{35} ʃɑ̃^{55}
嘉戎语二岗理话	ni
嘉戎语日部话	kɑ-nə-nᴇ
嘉戎语卓克基话	kɑ nə nɑ
拉坞戎语观音桥话	nir^{53}(a^{33} nir^{55})
拉坞戎语业隆话	ne^{ʔ55} (o^{33} ne^{55})
木雅语六巴话	ji^{24} ȵi^{33}；ɣi^{24} ȵi^{33}
木雅语石棉话	æ^{33}ɕi^{33}ȵi^{55}

纳木依语倮坡话	ȵi^{53} tæ^{31}
普米语九龙话	khɯ^{11} ȵĩ^{55}
普米语兰坪话	khə^{13} ni^{55}
普米语鲁甸话	khə^{13} ni^{55}
普米语箐花话	khə^{13} ni^{55}
普米语三岩龙话	khə^{13} ni^{55}
普米语桃巴话	khə^{35} ȵi^{53}
普米语拖七话	khə^{13} ȵi^{55}
普米语新营盘话	khə^{13} ȵi^{55}
普米语左所话	khə^{13} ȵi^{53}
羌语曲谷话	zdə
羌语麻窝话	zdi
却域语尤拉西话	ɣɯ^{13} rnə^{33}
史兴语兰满话	lɐ^{55} ȵɪ^{55}；lɐ^{55} ȵɛ̃^{55}
扎坝语扎拖话	ʌ^{13} ȵi^{33}

（131）学

尔龚语道孚话	ndʑi；ndʑi ndʑa
尔苏语则拉话	suo^{33} suo^{53}
贵琼语麦崩话	tsã^{55}
嘉戎语卓克基话	kɐ slɐp
拉坞戎语观音桥话话	ndʑe^{55}
拉坞戎语业隆话话	ndʑo^{ʔ}s^{55}
木雅语六巴话	khə^{33} tɕuɑ^{55}；khi^{33} zi^{55}
木雅语石棉话	khə^{33}zʅ^{55}zʅ^{55}
纳木依语倮坡话	suo^{31} suo^{53}
普米语九龙话	suɛ̃^{55}
普米语兰坪话	sy^{55} syɛ̃^{13}
普米语鲁甸话	sy^{55} syẽ^{55}
普米语箐花话	sy^{55} syɛ̃^{13}

普米语三岩龙话　su^{55} suẽ^{53}

普米语桃巴话　ɕo^{55} ɕi^{55}

普米语拖七话　su^{13} suẽ^{55}

普米语新营盘话　su^{13} suẽ^{55}

普米语左所话　su^{55} suẽ^{53}

羌语曲谷话　su

羌语麻窝话　sy

却域语尤拉西话　bʑo^{13}

史兴语兰满话　tsõ^{55} ɦõ^{55}

西夏语　ɣiew^{1}；dzjɪ^{2}；wji̥^{2}

扎坝语扎拖话　bdʑʊ̃^{13}

（132）寻找

尔龚语道孚话　ɕha ɕə

尔苏语则拉话　ʂɿ^{33} ʂæ^{53}

贵琼语麦崩话　lu^{35}

嘉戎语二岗理话　mdʐu

嘉戎语日部话　kɑ-ʁɑr si

嘉戎语卓克基话　kɑ sɑr

拉坞戎语观音桥话　ndʐə^{33} ru^{55}

拉坞戎语业隆话　ndu^{33} ru^{ʔ55}

木雅语六巴话　zu^{55} wæ^{33}

木雅语石棉话　thə^{33}tsə^{33}tse^{55}

纳木依语倮坡话　ʂu^{31}

普米语九龙话　sə^{55} ʐe^{55}

普米语兰坪话　thə^{13} ma^{55} ɕi^{55}

普米语鲁甸话　mə^{55} ʂi^{55}

普米语箐花话　thə^{13} ma^{55} ɕi^{55}

普米语三岩龙话　se^{55} ʐe^{53}

普米语桃巴话　me^{35} ɕɛ^{53}

普米语拖七话 me^{13} tɕe^{53}
普米语新营盘话 thə^{13} mə^{55} tʂə^{55}
普米语左所话 me^{13} tɕe^{53}
羌语曲谷话 mez̨ə̊
羌语蒲溪话 ʐmie
却域语尤拉西话 re^{13}
史兴语兰满话 lɐ^{55} ɕæ^{55}
西夏语 mjijr^{2}；·ju^{2}
扎坝语扎拖话 dø^{33} ji^{55}

（133）痒

尔龚语道孚话 ʂcçɛ ʂcçhɛ
尔苏语则拉话 de^{33} dzʅ^{53}
贵琼语麦崩话 tsʉ^{55}
嘉戎语二岗理话 spə
嘉戎语日部话 kə-rɐ jᴇ
嘉戎语卓克基话 kə rɑ jɑk
拉坞戎语观音桥话 ʁrjuɣ^{ʔ55}
拉坞戎语业隆话 rjuk^{55}
木雅语六巴话 ŋgi^{33} ŋə^{53}
木雅语石棉话 tu^{33}wə^{33}zə^{55}
纳木依语倮坡话 luo^{31} nthæ^{31} nthæ^{53}
普米语九龙话 ŋuɯ^{55}
普米语兰坪话 stʃi^{55}
普米语鲁甸话 dzu^{513}
普米语箐花话 dzy^{55}
普米语三岩龙话 dzü^{55} / gᴀ^{13} mi^{53}
普米语桃巴话 xᴀ^{35} mə^{53}
普米语拖七话 gᴀ^{13} nõ^{55}
普米语新营盘话 dzəu^{55} ti^{55}

普米语左所话	gᴀ^{13} nõ^{55}
羌语曲谷话	dze
羌语麻窝话	dzɤi
却域语尤拉西话	ʂqha^{55} ra^{55}
史兴语兰满话	χɐ^{55} χa^{33}
扎坝语扎拖话	ndze^{33} ndze^{55}

（134）溢出

尔龚语道孚话	xɕɛr
尔苏语则拉话	ŋe^{33} bʑi^{53}
贵琼语麦崩话	dʑi^{35} lɛ^{35} pə^{35}
嘉戎语卓克基话	kə mbəm
拉坞戎语观音桥话话	ne^{33}be^{55}
拉坞戎语业隆话话	bus^{55}
木雅语六巴话	nɐ^{33} tɕɐ^{53}
木雅语石棉话	lu^{55}we^{55}
纳木依语倮坡话	bzɿ^{31} mi^{31} gæ^{35}
普米语九龙话	tɯ^{55} pɛi^{55}
普米语兰坪话	khə^{13} ʃtʃə^{55}
普米语鲁甸话	tə^{55} mu^{55} rᴀ^{55}
普米语箐花话	nə^{13} stʃə^{55}
普米语三岩龙话	xə^{13} thᴀ^{53}
普米语桃巴话	tə^{55} thᴀ^{53}
普米语拖七话	thə^{13} thᴀ^{53}
普米语新营盘话	thə^{13} thᴀ^{55}
普米语左所话	khə^{13} tõ^{55}
羌语曲谷话	hæχle
羌语麻窝话	χlɑ
史兴语兰满话	dʑi^{33} lu^{55}
西夏语	bjɪ^{1}；tji^{1}；tjaa^{1}

扎坝语扎拖话 ŋʌ^{33} mdzɪ^{13}

（135）游泳

尔龚语道孚话 dʑi va

尔苏语则拉话 dʐu^{33} kæ^{53} kæ^{31}

贵琼语麦崩话 tʃə^{55} gũ^{55}

嘉戎语二岗理话 ndʑɑ

嘉戎语日部话 kɑ-ldʒɑk

嘉戎语卓克基话 tə ndʒɐk kɑ pɑ

拉坞戎语观音桥话 ʑɑ^{53}(kɛ^{33} ～^{55})

拉坞戎语业隆话 ndʑaq^{55} (na$^{55-33}$)

木雅语六巴话 tɕhə^{55} tɕe^{53} khə^{33} dʑɐ^{53}

木雅语石棉话 tɕi^{55}zu^{55}

纳木依语倮坡话 dʐʅ^{53} dʐu^{35}

普米语鲁甸话 tʃə^{13} sõ^{55}

普米语箐花话 tʃə^{13} siõ^{55}

普米语三岩龙话 tɕɨ^{55} nõ^{55}

普米语桃巴话 tɕi^{55} nũ^{53}

普米语拖七话 tɕi^{55} ɕõ^{55}

普米语新营盘话 tʃə^{13} ɲõ^{55}

普米语左所话 tɕi^{55} ly^{53}

羌语曲谷话 tsə ʁlu

羌语麻窝话 ʁlu

却域语尤拉西话 tʃhi^{55} ptʃa^{55}

史兴语兰满话 dʑɐ^{33} ʑyæ^{55}

扎坝语扎拖话 dʌ^{55} ntʂhe^{55}

（136）有（人）

尔龚语道孚话 ɟji

尔苏语则拉话 dʐu^{53}

贵琼语麦崩话　nɔ̃^{55}
嘉戎语卓克基话　ndo
拉坞戎语观音桥话　ɟje^{55}
拉坞戎语业隆话　ɟjo^{55}
木雅语六巴话　mə^{53}
木雅语石棉话　Ndu^{55}
纳木依语倮坡话　dʐuo^{53}；ndʑi^{55}
普米语九龙话　ʑe^{35}
普米语兰坪话　ʒø^{13}
羌语曲谷话　ʑi
羌语麻窝话　ʑi
却域语尤拉西话　tʃe^{13}
史兴语兰满话　ji^{35}
西夏语　wjij^{1}；wjij^{2}；dju^{1}
扎坝语扎拖话　tɕø^{55}；tɕy^{55}

（137）栽（树）

尔龚语道孚话　ɮə
尔苏语则拉话　khe^{33} gu^{53}
嘉戎语卓克基话　kɑ plu
拉坞戎语观音桥话　sju^{55};tshɑɣ^{53}
拉坞戎语业隆话　fsjo^{55};tshok^{55}
木雅语六巴话　khə^{55} rə^{53}；khi^{33} ndzu^{53}
木雅语石棉话　khõ33ndzu53
普米语九龙话　xə^{11} lɛ̃^{35}
普米语兰坪话　xə^{13} tiu^{55}
羌语曲谷话　phie
却域语尤拉西话　se^{55} ʂpe^{55} ble^{55}
史兴语兰满话　tuɐ^{53}
西夏语　dzjuu^{2}

扎坝语扎拖话	ji^{55}

（138）站立

尔龚语道孚话	rjɛ
尔苏语则拉话	khe^{33} ndʑæ^{53}
贵琼语麦崩话	jə^{35}
嘉戎语二岗理话	tʃhə rɒ
嘉戎语日部话	kɑ-ndzor
嘉戎语卓克基话	kɑ rjɑp
拉坞戎语观音桥话	ʥur^{53}
拉坞戎语业隆话	nʥur^{53}
木雅语石棉话	tə^{33}ŋa^{55}
纳木依语倮坡话	tɕhi^{31} hĩ^{31}
普米语九龙话	tɯ^{55} khẽ^{55}
普米语兰坪话	nə^{13} ʃtʃhə^{55}
普米语鲁甸话	nə^{13} ʂü^{55}
普米语箐花话	nə^{13} stʃə^{55}
普米语三岩龙话	thə^{13} khẽ^{53}
普米语桃巴话	tə^{55} ɕĩ^{53}
普米语拖七话	tə^{55} tʂhə^{53}
普米语新营盘话	nə^{13} tʃhə^{55}
普米语左所话	nə^{13} tʂhɿ^{53}
羌语曲谷话	hatshuɹ
羌语蒲溪话	zə
羌语麻窝话	təs tshɤ
却域语尤拉西话	ʂkhe^{55}
史兴语兰满话	dʑɐ^{33} ɕi^{55}
西夏语	·jar^{1}
扎坝语扎拖话	ə^{55} tɕi^{55} mu^{13}

（139）知道

尔龚语道孚话　hɑ goŋ
尔苏语则拉话　hũ^{33} sʅ^{53}
贵琼语麦崩话　ma^{55} sə^{55}
嘉戎语卓克基话　kɐ ʃə
拉坞戎语观音桥话　χtshru^{55}
拉坞戎语业隆话　tsho^{ʔ55}
木雅语六巴话　khə^{33} kuø^{53}
木雅语石棉话　ma^{33}sua^{55}
纳木依语倮坡话　sʅ^{31}
普米语九龙话　xa^{55} qu^{35}
普米语兰坪话　ma^{13} sə^{55}
普米语鲁甸话　mᴀ̃^{13} sẽ^{55}
普米语鲁甸话　mᴀ̄^{13} sï^{55}
普米语箐花话　ma^{13} sə^{55}
普米语箐花话　ma^{13} sə^{55}
普米语三岩龙话　xᴀ^{55} ko^{13}
普米语三岩龙话　thə^{13} mᴀ̄^{13} sẽ^{55}
普米语桃巴话　xᴀ^{55} ko^{35}
普米语桃巴话　thə^{35} mᴀ̄^{35} sə^{55}
普米语拖七话　ko^{13}
普米语拖七话　thə^{13} mẽ^{13} sẽ^{55}
普米语新营盘话　mẽ^{13} sə^{55}
普米语新营盘话　mɛ̃^{13} si^{55}
普米语左所话　ko^{13}
普米语左所话　thə^{13} mᴀ̄^{13} sï^{55}
羌语曲谷话　nə,dʐəku̥ le
却域语尤拉西话　xa^{55} kuə^{13}；xa^{55} quə^{13}
史兴语兰满话　sɐ^{53}
西夏语　nwə^{1}

扎坝语扎拖话	$sɿ^{55}$　$sɿ^{55}$

（140）织（布）

尔龚语道孚话	ntha
尔苏语则拉话	de^{31}
嘉戎语卓克基话	ka　tak
拉坞戎语观音桥话	$daɣ^{53}$
拉坞戎语业隆话	rak^{55}
木雅语六巴话	$ɦæ^{33}$　ti^{53}
木雅语石棉话	$æ^{55}tə^{55}$
纳木依语保坡话	$ndæ^{31}$
普米语九龙话	dzu^{55}
普米语兰坪话	$nə^{13}$　$tʃa^{55}$
普米语鲁甸话	$nə^{13}$　$tɕᴀ^{55}$
普米语箐花话	$nə^{13}$　$tɕa^{55}$
普米语三岩龙话	$nə^{13}$　$tɕᴀ^{53}$
普米语桃巴话	$nə^{35}$　$tɕε^{35}$
普米语拖七话	$nə^{13}$　$tɕᴀ^{53}$
普米语新营盘话	$hə^{13}$　$tɕᴀ^{55}$
普米语左所话	$nə^{13}$　$tɕᴀ^{53}$
羌语曲谷话	tɕietɕi
羌语麻窝话	titi
却域语尤拉西话	bri^{55}
史兴语兰满话	dyi^{35}
西夏语	la^{2}；$kjiwr^{2}$；la^{1}
扎坝语扎拖话	$ŋʌ^{33}$　ta^{55}

（141）肿

尔龚语道孚话	də　ro
尔苏语则拉话	de^{33}　$əɹ^{35}$

贵琼语麦崩话	ɣã^{35}
嘉戎语二岗理话	mbu
嘉戎语日部话	kə-mɑ rɑm
嘉戎语卓克基话	kə bop
拉坞戎语观音桥话	ɣbu^{53}(a^{33}～^{55})
拉坞戎语业隆话	bup^{55}(nə$^{33-55}$)
木雅语六巴话	tə^{33} re^{55}
木雅语石棉话	təɹ^{55}
纳木依语倮坡话	əɹ^{55} pa^{53}
普米语九龙话	tɯ^{55} ʐɛ̃^{55}
普米语兰坪话	tə^{55} ʐɛ̃^{55}
普米语三岩龙话	tə^{55} rẽ^{53}
普米语桃巴话	tə^{55} rẽ^{53}
普米语拖七话	tə^{55} rẽ^{53}
普米语左所话	tə^{55} rẽ^{53}
羌语曲谷话	phəppha
羌语麻窝话	phɤphɑ
却域语尤拉西话	tə^{55} pɛ^{55} ru^{33}
史兴语兰满话	lɐ^{33} rõ^{35}
西夏语	lhjuu^{1}
扎坝语扎拖话	ʌ^{55} ʐi^{55}

（142）煮（饭）

尔龚语道孚话	zʁe
尔苏语则拉话	khe^{33} tʂu^{53}
贵琼语麦崩话	ji^{35} ʃa^{55}
嘉戎语二岗理话	sə ʁəi
嘉戎语日部话	kɑ-sqɑ
嘉戎语卓克基话	kɑ skɑ
拉坞戎语观音桥话	sji^{53} (kə^{33} ～^{55})；sɣi^{53}(kə^{33} ～^{55})

拉坞戎语业隆话 sɣi$^{\text{ʔ}55}$(ko^{33} sɣe^{55})
木雅语六巴话 khi^{33} tsə^{53}；qhe̜^{55} ʁa^{53}
木雅语石棉话 tə^{33}va^{55}
纳木依语倮坡话 tʂa^{35}
普米语九龙话 dzu^{55}
普米语兰坪话 xqo^{55}
普米语鲁甸话 wÃ^{13}
普米语箐花话 sqo^{55}
普米语三岩龙话 xə^{13} dzu^{53}
普米语桃巴话 xo^{53}
普米语拖七话 xə^{13} ko^{53}
普米语左所话 xə^{13} kəu^{53}
羌语曲谷话 ʂqu
羌语蒲溪话 χqɑ
羌语麻窝话 ʂqu
却域语尤拉西话 ʂqua^{55}
史兴语兰满话 tɕyi^{53}；ngʊ^{35}
西夏语 wie^{2}；tshjwu^{1}；gjịj^{2}
扎坝语扎拖话 a^{55} nthu^{33}

（143）走
尔龚语道孚话 ʂkoŋ thoŋ ɕə
尔苏语则拉话 fu^{33} fu^{53}
贵琼语麦崩话 ji^{35}
嘉戎语二岗理话 y̥tɕhi
嘉戎语二岗理话 ftɕhi
嘉戎语日部话 kɑ-ncçᴇ
嘉戎语日部话 kɑ-hwᴇ
嘉戎语卓克基话 kɑ ptʂᴇ
拉坞戎语观音桥话 ftɕhi^{53}

拉坞戎语业隆话　ftɕhe^{53}

木雅语六巴话　tə^{33} ro^{55} rɑ^{33}

木雅语石棉话　kə^{33}ka^{55}

纳木依语倮坡话　nbæɹ^{53}

普米语九龙话　ʃi^{55}

普米语兰坪话　ʃə^{55}

普米语鲁甸话　ʃə^{55}

普米语箐花话　ʃə^{55}

普米语三岩龙话　ɕɨ^{53}

普米语桃巴话　ɕɨ^{53}

普米语拖七话　ɕɨ^{53}

普米语新营盘话　ʃə^{55}

普米语左所话　ɕɨ^{53}

羌语曲谷话　sel

羌语麻窝话　kə

却域语尤拉西话　ʃa^{55}

史兴语兰满话　ru^{55}

西夏语　dzjwɪ^{2}；dʑjij^{1}

扎坝语扎拖话　ndʐi^{13}

（144）醉

尔龚语道孚话　də jɛ

尔苏语则拉话　the^{33} ju^{53}

贵琼语麦崩话　a^{35} ʐa^{55} dʐa^{35}

嘉戎语卓克基话　kɐ nə cçhɐ

拉坞戎语观音桥话　nvɑɣ^{55}

拉坞戎语业隆话　ndvok^{55}

木雅语六巴话　wui^{53} thɑ^{55} ʁɑ^{53}

木雅语石棉话　tha^{33}wa^{55}

纳木依语倮坡话　vu^{53} əɹ^{31} qa^{35}

普米语九龙话	nə^{11} dʑyə^{35}
普米语兰坪话	nə^{13} zi^{13} si^{55}
羌语曲谷话	ɕiq ʑdʑi
却域语尤拉西话	a^{13} riɛ^{55} bdʑe^{55}
史兴语兰满话	lɐ^{33} ʔɛ̃^{55}
扎坝语扎拖话	a^{33} je^{55}

（145）坐

尔龚语道孚话	ndzu
尔苏语则拉话	ne^{33} ʑi^{53}
嘉戎语二岗理话	rje
嘉戎语日部话	kɑ-mdzo
嘉戎语卓克基话	kɑ ȵi
拉坞戎语观音桥话	rje^{53}(a$^{33～55}$)
拉坞戎语业隆话	rje^{ʔ55}(o^{33} rje^{55})
木雅语六巴话	mbi^{53}
木雅语石棉话	na^{33}ndzu^{55}
纳木依语倮坡话	ndzʉ^{53}
普米语九龙话	nə^{55} dzə̃^{55}
普米语兰坪话	nə^{13} dziɛ̃^{55}
普米语鲁甸话	nə^{13} jĩ^{55}
普米语箐花话	nə^{13} dziɛ̃^{55}
普米语三岩龙话	nə^{13} dzõ^{53}
普米语桃巴话	nə^{35} dziᴀ̃^{55}
普米语拖七话	nə^{13} dzõ^{53}
普米语新营盘话	nə^{13} dzõ^{55}
普米语左所话	nə^{13} dzõ^{53}
羌语曲谷话	dzuə
羌语蒲溪话	dzo
羌语麻窝话	dzu

却域语尤拉西话	ɣɯ^{13} tso^{55}
史兴语兰满话	miæ^{33} zũ^{55}
西夏语	wa；dzuu^{2}
扎坝语扎拖话	o^{35} ɟju^{33}

（146）做（事）

尔龚语道孚话	və va
尔苏语则拉话	mu^{35}
贵琼语麦崩话	bi^{35}
嘉戎语二岗理话	vi
嘉戎语二岗理话	vi
嘉戎语日部话	kɑ-pji
嘉戎语日部话	kɑ-pi
嘉戎语卓克基话	kɑ pɑ
拉坞戎语观音桥话	vi^{53}(nə^{33} vzu^{55})
拉坞戎语业隆话	vzo^{53}(nə^{33} vzu^{53})
木雅语六巴话	thɐ^{55} βə^{53}
木雅语石棉话	thu^{33}wu^{55}
纳木依语倮坡话	mu^{55}
普米语九龙话	py^{35}
普米语兰坪话	py^{55}
普米语鲁甸话	dzu^{13}
普米语箐花话	dzu^{13}
普米语三岩龙话	pʉ^{53}
普米语桃巴话	pʉ^{55}
普米语拖七话	zu^{13} / pʉ^{55}
普米语新营盘话	dzu^{13}
普米语左所话	pʉ^{53}
羌语曲谷话	bəl
羌语麻窝话	bəl,tʃə

却域语尤拉西话　　lə^{55} blu^{55}

史兴语兰满话　　bu^{35}；bɐ^{35}

西夏语　　wji^{1}

扎坝语扎拖话　　a^{33} mu^{55}

（147）做梦

尔龚语道孚话　　rȵ̥i lam nə rȵ̥i

尔苏语则拉话　　ji^{33} ma^{53}

嘉戎语卓克基话　　tɑ rmo kə pɑ

木雅语六巴话　　nɐ^{33} mi^{53}

纳木依语倮坡话　　jʉ^{31} mæ^{35}

普米语九龙话　　ʑi^{11} mã^{11}

普米语兰坪话　　miɑ^{55} lũ^{55}

羌语曲谷话　　ˀuʐm̥u

羌语麻窝话　　rmu

却域语尤拉西话　　rmo^{55} lo^{55} rmo^{13}

史兴语兰满话　　ʑɐ^{33} mõ^{55}

西夏语　　mjiij^{1}

扎坝语扎拖话　　ʌ^{55} m̥a^{55}

13. 形容词类（按音序排列）

（1）白的

尔龚语道孚话　　phru phru；gɛ phru

尔苏语则拉话　　de^{33} lʉ^{53}

贵琼语麦崩话　　ʂɑ̃^{55} ma^{55}

嘉戎语卓克基话　　kə prɑm

拉坞戎语观音桥话　　phrəm^{53}

拉坞戎语业隆话　　phrom^{53}

木雅语六巴话　　tʂhø^{53} tʂhø^{33}

木雅语石棉话　　thu^{55}thʉ^{55}

纳木依语倮坡话　phu^{53} lu^{31}
普米语九龙话　phʐɪ̃^{55} lø^{55} lø^{11}
普米语兰坪话　phʂə̃^{55}
羌语曲谷话　phiχủ
羌语蒲溪话　phʐɪ
羌语麻窝话　phi
却域语尤拉西话　ptʂho^{55} ptʂho^{33}
史兴语兰满话　phu^{33} tɕi^{33} tɕi^{55}
西夏语　lew^{2}；phiow^{1}
扎坝语扎拖话　ptʂhi^{55} ptʂhi^{55}

（2）薄的
尔龚语道孚话　bə be；gɛ bə
尔苏语则拉话　bi^{53} bi^{53}
贵琼语麦崩话　tʂə^{55} ʂa^{55} tsi^{31}
嘉戎语卓克基话　kə mbɑ
拉坞戎语观音桥话　bi^{53}；bi^{33} bi^{53}
拉坞戎语业隆话　bi^{ʔ55}(ko^{33} bi^{55})
木雅语六巴话　ndʑuə^{55} ndʑuə^{53}
木雅语石棉话　ndʑi^{33}dʑi^{55}
纳木依语倮坡话　æ^{33} bi^{53}
普米语九龙话　bi^{35}；bi^{11} bi^{55}
普米语兰坪话　by^{55}
普米语鲁甸话　bu^{55} le^{55}
普米语箐花话　by^{55}
普米语三岩龙话　bʉ^{13} bʉ^{13}
普米语桃巴话　bʉ^{55} mə^{53}
普米语拖七话　bʉ^{13} mə^{53}
普米语新营盘话　bu^{13} bu^{13}
普米语左所话　pe^{13} pe^{13} mə^{53}

羌语曲谷话	bixie,biχə,bə
羌语蒲溪话	pzə
羌语麻窝话	dʐətsi
却域语尤拉西话	pɕi^{55} pɕi^{33}
史兴语兰满话	a^{33} bʉ^{33} bʉ^{55}
西夏语	bji^{1}
扎坝语扎拖话	ptsʅ^{33} ptsʅ^{55}

（3）长的

尔龚语道孚话	gɛ dʑi
尔苏语则拉话	ʂa^{55} ʂa^{53}
贵琼语麦崩话	xĩ^{55}
嘉戎语二岗理话	sre
嘉戎语日部话	kə-rzɑn
嘉戎语卓克基话	kə skrᴇɴ
拉坞戎语观音桥话	xsre^{53}
拉坞戎语业隆话	sre^{55}；sren^{55}(nə^{33} sren^{ʔ55})
木雅语六巴话	zu^{24} rə^{33} rə^{53}
木雅语石棉话	ki^{33}ki^{53}; ɭə^{33}ɭə^{53}
纳木依语倮坡话	da^{53} ʂa^{31}
普米语九龙话	ʂã^{55}；ʂã^{55} ʂã^{55}
普米语兰坪话	ʂã^{55}
普米语鲁甸话	ʂᴀ̃^{55}
普米语箐花话	ʂã^{55}
普米语三岩龙话	ʂᴀ̃^{55} ti^{53}
普米语桃巴话	ʂᴀ̃^{55} mə^{53}
普米语拖七话	ʂᴀ^{55} mə^{53}
普米语新营盘话	ʂʐᴀ̃^{55} mi^{55}
普米语左所话	ʂᴀ̃^{55} mə^{53}
羌语曲谷话	dʐə,ʂam

羌语蒲溪话　　dʐəɬɑ
羌语麻窝话　　dʐʅ
却域语尤拉西话　　qa^{33} ʂsi^{55}
史兴语兰满话　　ma^{33} ʂɛ̃^{55}
西夏语　　dʑjo^{1}
扎坝语扎拖话　　ʂɪ^{55} ʂɪ^{55}

（4）潮湿

尔龚语道孚话　　ɬə ɬə
尔苏语则拉话　　dʑe^{55} dʑe^{53}
贵琼语麦崩话　　thɑ̃^{55} thɑ̃^{55}
嘉戎语卓克基话　　kə ʃtʃit
拉坞戎语观音桥话　　lu^{53}
拉坞戎语业隆话　　χɕit^{55}
木雅语六巴话　　ndʐa^{33} ndʐa^{53}
木雅语石棉话　　ta^{33}nda^{35}
纳木依语倮坡话　　tsuo^{53} tsuo^{31}
普米语九龙话　　zɑ̃^{35} nɑ^{55} nɑ^{11}
普米语兰坪话　　dzɑ̃^{55}
羌语曲谷话　　lenn̥e,n̥in̥n̥i
羌语蒲溪话　　ʂtaʂta
羌语麻窝话　　phiɑɹq
却域语尤拉西话　　tsɯ^{55} tsɯ^{33}
史兴语兰满话　　dʑɐ^{55} dʑe^{53}
西夏语　　tsji^{2}；lhji^{2}；ŋwər^{2}
扎坝语扎拖话　　dʑyi^{33} dʑi^{55}

（5）迟

尔龚语道孚话　　skhrə skhrə
尔苏语则拉话　　thuo^{33} thuo^{53}

贵琼语麦崩话　　dɑ̃^{31} lɛ^{55}
嘉戎语卓克基话　　kə mə ŋku
拉坞戎语观音桥话　　fskhə^{55}；vle^{55}
拉坞戎语业隆话　　nə^{33} mo^{ʔ}r^{53}(na^{55} nə^{33} mor^{33})
木雅语六巴话　　ɦæ^{33} ʁuə̠^{53}
木雅语石棉话　　pu^{33}pe^{55}
纳木依语倮坡话　　miæ^{33} hæ̃^{35}
普米语九龙话　　n̥uɑ̃^{55}；ɑ^{11} n̥uɑ̃^{55}
普米语兰坪话　　n̥uɑ^{55}
普米语鲁甸话　　n̥uʌ^{13} ti^{55}
普米语箐花话　　n̥uɑ^{55}
普米语三岩龙话　　n̥ᴀ̄^{13} n̥ᴀ̄^{53}
普米语桃巴话　　n̥ᴀ̄^{55} mə^{53}
普米语拖七话　　n̥ᴀ̄^{55} mə^{53}
普米语新营盘话　　n̥uə^{55} ti^{55}
普米语左所话　　n̥ᴀ̄^{55} mə^{53}
羌语曲谷话　　ʁla
羌语麻窝话　　ʁla
却域语尤拉西话　　qa^{55} noŋ^{55}
史兴语兰满话　　la^{55} hã^{55}
西夏语　　low^{2}；khə̣^{1}；lwẹ^{2}
扎坝语扎拖话　　a^{33} tsha^{55}

（6）脆的
尔龚语道孚话　　gɛ khru
嘉戎语卓克基话　　tʃhys tʃhys
拉坞戎语观音桥话　　mqru^{55}；mqhru^{55}
拉坞戎语业隆话　　va^{33} χum^{ʔ55}(na^{55} va^{33} χum^{55})
木雅语六巴话　　næ^{53} tshø^{33} tshø^{53}
纳木依语倮坡话　　tshuei^{35}

普米语九龙话　tɯ^{55} pu^{55} ʐɑ^{11}
普米语兰坪话　tʂhi^{55}
羌语曲谷话　qhapqhap,tshuitha
羌语蒲溪话　tshui-thɑ
羌语麻窝话　tshaptshap
却域语尤拉西话　tʂhy^{55} tʂhy^{33}
史兴语兰满话　bu^{33} tu^{33} mu^{33} sɿ^{33} ra^{55}
西夏语　tshjwij^{1}
扎坝语扎拖话　tʂhʊ^{33} ntʂhʊ^{55}

（7）低的
尔龚语道孚话　ʁmɑ ʁmɑ；gɑ ʁmɑa
尔苏语则拉话　ȵ̥i^{53} ȵ̥i^{53}
贵琼语麦崩话　mʉ^{31}
嘉戎语二岗理话　mber
嘉戎语日部话　kə-ŋmɐn
嘉戎语卓克基话　kə ŋmɐn
拉坞戎语观音桥话　bir^{53}(nɛ^{33} mbir^{53})；nɑ^{33} ʁja^{53}
拉坞戎语业隆话　beˀr^{55}(na^{33} ber^{55})
木雅语六巴话　mbɐ^{33} mbɐ^{53}
木雅语石棉话　ma^{33}ma^{55}
纳木依语倮坡话　æ^{33} hĩ^{53}
普米语兰坪话　bʒɑ^{55}
普米语鲁甸话　dʑuʌ^{13}
普米语箐花话　bʒɑ^{55}
普米语三岩龙话　dʑʌ^{13} dʑʌ^{53}
普米语桃巴话　dʑyɛ^{55} mə^{53}
普米语拖七话　dʑyɛ^{55} mə^{53}
普米语新营盘话　dʑuɛ^{55}
普米语左所话　dʑyʌ^{55} mʌ^{53}

羌语曲谷话 ɦewi
羌语蒲溪话 ba
羌语麻窝话 ba
却域语尤拉西话 ʁme^{33} ʁme^{55}
史兴语兰满话 a^{33} tɕy^{55}
西夏语 bjɪ^{1}；bji^{1}；bji̩^{1}
扎坝语扎拖话 ȵi^{55} ȵi^{55}

（8）短的
尔龚语道孚话 lji lje
尔苏语则拉话 da^{53} da^{53}
贵琼语麦崩话 tʂhu^{55}
嘉戎语卓克基话 kə ktʃən
拉坞戎观音桥话 xtəl^{53}
拉坞戎业隆话 xti^{ʔ}s^{55}
木雅语六巴话 tshø^{33} tshø^{53}
木雅语石棉话 tshu^{33}tshu^{55}
纳木依语倮坡话 a^{33} nda^{55}
普米语九龙话 tshũĩ^{11} tshũĩ^{55}
普米语兰坪话 tshiõ^{55}
羌语曲谷话 ɦũe,ɦũetse
羌语蒲溪话 mia
羌语麻窝话 ŋuətsi
却域语尤拉西话 tsho^{55} tsho^{33}
史兴语兰满话 a^{33} dĩ^{33} dɛ̃^{55}
西夏语 wjij̩^{1}；wji̩^{1}；lu^{2}
扎坝语扎拖话 ndʌ^{33} ndʌ^{55}

（9）多的
尔龚语道孚话 ɣre ɣre；gɛ ɣre
尔苏语则拉话 miæ^{53} miæ^{53}

贵琼语麦崩话 tə^{55} mbu^{55}

嘉戎语卓克基话 kə ncçɑ

拉坞戎语观音桥话 vɟjɑχ^{33} tsə^{53}；ʁbo^{53}/qei^{53}/muŋ^{55} me^{55}

拉坞戎语业隆话 ʁbo^{ʔ5}

木雅语六巴话 kæ^{33} ji^{53}

木雅语石棉话 ki^{33}ki^{55}

纳木依语倮坡话 da^{55} bʐə^{31}

普米语九龙话 ʑi^{11} py^{55}

普米语兰坪话 ʒə^{55}

普米语鲁甸话 ʒə^{55}

普米语箐花话 ʒə^{55}

普米语三岩龙话 ʑɨ^{13} ti^{53}

普米语桃巴话 ʑɨ^{55} mə^{53}

普米语拖七话 ʑɨ^{13} mə^{53}

普米语新营盘话 ʒə^{55}

普米语左所话 ʑɨ^{55} mə^{53}

羌语曲谷话 wuɹ

羌语麻窝话 quəɣli

却域语尤拉西话 qa^{55} ji^{33}

史兴语兰满话 bã^{35}

西夏语 rejr^{2}

扎坝语扎拖话 pɛ^{33} pɛ^{55}

（10）肥的

尔龚语道孚话 gɑ ʁjɛ

尔苏语则拉话 de^{33} tshʉ^{53}；tshʉ^{53} tshʉ^{53}

贵琼语麦崩话 dʑa^{35}

嘉戎语卓克基话 kə tsho

拉坞戎语业隆话 tshu^{ʔ55}

木雅语六巴话 ŋi^{33} ŋɐ^{53}

木雅语石棉话	bu^{55}ʥuæ^{55}
纳木依语倮坡话	nqha^{53}
普米语九龙话	tshʅ^{35}
普米语兰坪话	tshɤ^{13}
普米语鲁甸话	tshï^{13}
普米语箐花话	tshɤ^{13}
普米语三岩龙话	dʑᴀ^{13} mi^{53}
普米语桃巴话	m̥õ^{55} mə^{53}
普米语拖七话	dʑᴀ^{13} mə^{53}
普米语新营盘话	tshə^{13} nõ^{55}
普米语左所话	dʑᴀ^{13} mə^{53}
羌语曲谷话	lie
羌语蒲溪话	lue
羌语麻窝话	tshɤ
却域语尤拉西话	tɕhy^{55} tɕhy^{33}
史兴语兰满话	tshuɐ^{35}
西夏语	na^{1}；wiə^{1}；tshwu^{1}
扎坝语扎拖话	sha^{33} na^{55} ɕe^{55}

（11）干净

尔龚语道孚话	xtsoŋ ma
尔苏语则拉话	ʂu^{33} ʂu^{53}
贵琼语麦崩话	tsɑ̃^{55} mə^{55} tsi^{31}
嘉戎语卓克基话	kə ʃo
拉坞戎语观音桥话	ɕa^{33} rəm^{55}
拉坞戎语业隆话	ɕo^{33} ram^{ʔ55} ；ɕro^{ʔ55}
木雅语六巴话	tsõ^{55} mɑ^{53}
木雅语石棉话	tso^{55}ma^{55}
纳木依语倮坡话	ʂa^{33} ʂa^{53}
普米语九龙话	sə̃^{55} mã^{55}

普米语兰坪话　ʂõ^{55} ne^{55}
普米语鲁甸话　ʂũ^{55}
普米语箐花话　ʂõ^{55} ne^{55}
普米语三岩龙话　ʂõ^{55} me^{53}
普米语桃巴话　ʂᴀ̄^{55} n̥iɛ^{53}
普米语拖七话　ʂõ^{55} mə^{53}
普米语新营盘话　ʂõ^{55} nõ^{55}
普米语左所话　ʂõ^{55} n̥y^{53}
羌语曲谷话　khuets
羌语蒲溪话　ʂytɕy
羌语麻窝话　ɕutiu,ɕyty
却域语尤拉西话　xtso^{55} me^{55}
史兴语兰满话　ʂõ^{55} ɳ̥æ^{55}
西夏语　sej^{1}
扎坝语扎拖话　ʂtsʊ̃^{55} ma^{55}

（12）干燥

尔龚语道孚话　ɣro ɣro
尔苏语则拉话　de^{33} dʐʉ^{53}
贵琼语麦崩话　su^{55} tɕɑ̆^{55}
嘉戎语卓克基话　kə rɑm
拉坞戎语观音桥话话　zbjiu^{53}
拉坞戎语业隆话话　zbuk^{55}
木雅语六巴话　ra^{33} ra^{53}
木雅语石棉话　tə^{55}la^{55}
纳木依语倮坡话　fu^{33} tʂɿ^{33} gæ^{53}
普米语九龙话　ɣu^{11} ɣu^{55}
普米语兰坪话　ɢu^{55}
羌语曲谷话　jyku
羌语蒲溪话　zekua

羌语麻窝话　ɹətɕi

却域语尤拉西话　ru^{13} ru^{33}

史兴语兰满话　pɐ^{55}

西夏语　rowr^{1}

扎坝语扎拖话　tʂy^{33} tʂy^{55}

（13）高的

尔龚语道孚话　gɛ mthu；gɛ cçhɛ

尔苏语则拉话　bo^{53} nbo^{53}

贵琼语麦崩话　thoʔ^{55} nthoʔ^{55}

嘉戎语二岗理话　ʔɐ-mbre

嘉戎语日部话　kə-mbrɑ

嘉戎语卓克基话　kə mbro

拉坞戎语观音桥话　bre^{53}

拉坞戎语业隆话　bro^{55}

木雅语六巴话　thø̃^{33} thø^{53}

木雅语石棉话　ki^{33}ki^{55}

纳木依语倮坡话　da^{53} mo^{31}

普米语九龙话　ʐuẽ^{35} mi^{55}

普米语兰坪话　zgyɛ̃^{55}

普米语鲁甸话　ɣuẽ^{55}

普米语箐花话　sgyɛ̃^{55}

普米语三岩龙话　guẽ^{55} mə^{53}

普米语桃巴话　ɣuẽ^{55} mə^{53}

普米语拖七话　guẽ^{55} mə^{53}

普米语新营盘话　guẽ^{55}

普米语左所话　guẽ^{55} mə^{53}

羌语曲谷话　tiwi

羌语蒲溪话　bʐu

羌语麻窝话　buɹ

却域语尤拉西话	mthy^{33} mthy^{55}
史兴语兰满话	ma^{33} rõ^{55}
西夏语	bjịj^{1}；bjij^{2}；so^{2}
扎坝语扎拖话	ndʐo^{55} ndʐo^{55}

（14）光滑

尔龚语道孚话	mbla mbla；ga mbla
尔苏语则拉话	hĩ^{53} hĩ^{53} la^{33} la^{53}
贵琼语麦崩话	ndʑɑ̃^{35}
嘉戎语卓克基话	kə mno
拉坞戎语观音桥话	vlɑɣ^{55}
拉坞戎语业隆话	vleˀk^{55}
木雅语六巴话	na^{55} na^{53}
木雅语石棉话	thə^{33}mbu^{33}nda^{55}
纳木依语倮坡话	ʂæ^{33} ʂæ^{55}
普米语九龙话	m̥y^{11} lo^{55} lo^{11}
普米语兰坪话	dʐuɛ̃^{13} ɪɛ̃^{55} ɪɛ̃^{55}
普米语鲁甸话	tsuẽ^{55} ti^{55}
普米语箐花话	tsuẽ^{55} ti^{55}
普米语三岩龙话	tsuẽ^{55} tʂᴀ^{53}
普米语桃巴话	tsuẽ^{55} mə^{53}
普米语拖七话	tsuẽ^{55} mə^{53}
普米语新营盘话	tsuɛ̃^{55} ti^{55}
普米语左所话	tsuẽ^{55} ji^{55} mə^{53}
羌语曲谷话	ɬa:ɬa,ɬəɬa
羌语蒲溪话	ʂɳɑ
羌语麻窝话	ɬɑɬɑ
却域语尤拉西话	n̥a^{55} n̥a^{33}
史兴语兰满话	ɬæ^{55} mo^{55}
西夏语	nejr^{1}

扎坝语扎拖话	ɕi^{55} fɕi^{55}

（15）黑的

尔龚语道孚话	ȵa ȵa；ga ȵa
尔苏语则拉话	de^{33} nua^{53}
贵琼语麦崩话	ȵi^{35} ka^{33} ʐa^{33}
嘉戎语卓克基话	kə nɐk
拉坞戎语观音桥话	ȵɑ^{55}
拉坞戎语业隆话	ȵaˀq^{55}
木雅语六巴话	ȵi^{55} ȵi^{33}
木雅语石棉话	ȵe^{33}thə^{55}thə^{55}
纳木依语倮坡话	næ^{55} nqhæ^{53}
普米语九龙话	ȵɑ^{11} nɑ^{55} nɑ^{11}
普米语兰坪话	ȵɑ^{13}
羌语曲谷话	ȵiqhaq,ȵiq
羌语蒲溪话	naɕpie
羌语麻窝话	ȵiq
却域语尤拉西话	ȵe^{55} ȵe^{33}
史兴语兰满话	nu^{33} bɐ^{33} bɐ^{55}
西夏语	mur^{1}；njaa^{1}；njaa^{1}
扎坝语扎拖话	na^{55} na^{55}

（16）红的

尔龚语道孚话	ngi ngi；gɛ ngi
尔苏语则拉话	de^{33} ȵi^{53}
贵琼语麦崩话	ȵĩ^{55} hĩ^{55}
嘉戎语卓克基话	kə wu rnᴇ
拉坞戎语观音桥话	mnəɣ^{53}
拉坞戎语业隆话	mnik^{55}(na^{55} mniˀk^{33})
木雅语六巴话	ni^{55} ni^{33}

木雅语石棉话　ni^{55}tse^{55}tse^{55}

纳木依语倮坡话　ɬuo^{53} χuo^{31}

普米语九龙话　ne^{35} tsɑ^{55} tsɑ^{11}

普米语兰坪话　ȵø^{55}

普米语鲁甸话　ȵye^{55}

普米语箐花话　ȵø^{55}

普米语三岩龙话　ȵe^{55} mi^{53}

普米语桃巴话　ȵɛ^{55} mə^{53}

普米语拖七话　ȵe^{55} mə^{53}

普米语左所话　ȵe^{55} mə^{53}

羌语曲谷话　ɕuppu,hi`

羌语蒲溪话　ʂ̡ən

羌语麻窝话

却域语尤拉西话　ȵ̥e^{55} ȵ̥i^{33}

史兴语兰满话　hi^{33} lɪ^{33} lɪ^{55}

西夏语　njij^{1}；dʑjɪ̩^{2}

扎坝语扎拖话　ȵi^{55} ȵi^{33}

（17）厚的

尔龚语道孚话　ɣɮa ɣɮa；ga ɣɮa

尔苏语则拉话　ʑy^{53} ʑy^{53}

贵琼语麦崩话　ja^{31} kuã^{55}

嘉戎语卓克基话　kə jɑk

拉坞戎语观音桥话　jɑɣ^{53}

拉坞戎语业隆话　jak^{55}

木雅语六巴话　ɣui^{33} ɣui^{53}

木雅语石棉话　də^{33}də^{55}

纳木依语倮坡话　dæ^{53} ɬæ^{31}

普米语九龙话　lɑ^{35}；lɑ^{11} mi^{11}

普米语兰坪话　ɣa^{13}

普米语鲁甸话	ɣᴀ^{13}
普米语箐花话	ɣa^{13}
普米语三岩龙话	ɣᴀ^{55} ti^{53}
普米语桃巴话	ɣᴀ^{55} mə^{53}
普米语拖七话	ɡᴀ^{13} mə^{53}
普米语新营盘话	ɡᴀ^{13} ti^{55}
普米语左所话	ɣᴀ^{13} mə^{53}
羌语曲谷话	lie
羌语蒲溪话	lieka
羌语麻窝话	li
却域语尤拉西话	ɬie^{55} ɬie^{33}
史兴语兰满话	mɐ^{33} yi^{55}
西夏语	la̩^{1}；laa^{1}
扎坝语扎拖话	dy^{55} dy^{55}

（18）滑（路）

尔龚语道孚话	rȵɛ lɛ；ɡə χsə
尔苏语则拉话	de^{33} ndʐu^{53}
贵琼语麦崩话	wu^{55} ʂa^{55}
嘉戎语卓克基话	kə nɟjo
拉坞戎语观音桥话	sqhre^{55} le^{55}
拉坞戎语业隆话	sə^{33} ɕqhlat^{55}
木雅语六巴话	thi^{33} tɕhuɐ^{53}
木雅语石棉话	ndʑi^{33}ndʑi^{55}
纳木依语倮坡话	luo^{31} ɬæ^{35}
普米语九龙话	thɑ^{11} mbʐɛ^{55}
普米语兰坪话	ɬe^{13} by^{55}
羌语曲谷话	ɬa
却域语尤拉西话	pʃɔ^{55}
史兴语兰满话	ɬæ^{55} thu^{33}

扎坝语扎拖话	tshɛ^{33} lɛ^{55} lɛ^{33}

(19) 浑的

尔龚语道孚话	phəl ɣe
尔苏语则拉话	tʂhʉ^{53}
贵琼语麦崩话	thã^{55} thã^{55}
嘉戎语卓克基话	kə blo
拉坞戎语观音桥话	ʁdəm^{55}
拉坞戎语业隆话	ʁdom^{55}
木雅语六巴话	na^{33} tɕhæ^{53}
木雅语石棉话	no^{33}tɕo^{33}la^{55}
纳木依语倮坡话	mæ^{53} ʂæ^{33} ʂæ^{31}
普米语九龙话	n̥o^{55}
普米语兰坪话	çe^{55}
羌语曲谷话	ʁluaɹ
羌语麻窝话	ʁla
却域语尤拉西话	ʂn̥ua^{55}
史兴语兰满话	bu^{33} du^{33} ru^{53}
西夏语	dzji̯j^{1}；niəj^{1}；tew^{1}
扎坝语扎拖话	no^{55} zi̯^{55}

(20) 尖的

贵琼语麦崩话	ze^{31} ze^{55} tsi^{31}
拉坞戎语观音桥话	zɑu^{55}
拉坞戎语业隆话	zoˀq^{55}
木雅语石棉话	ndzuã^{33}ndzua^{55}
纳木依语倮坡话	nthæ^{33} nthæ^{55}
普米语九龙话	thiə^{11} thiə^{55}
普米语兰坪话	qho^{55}
普米语鲁甸话	kho^{55}

普米语箐花话　qho^{55}

普米语三岩龙话　tɕhɛ^{55} mi^{53}

普米语桃巴话　tɕhɛ^{55} mə^{53}

普米语拖七话　tɕhɛ^{55} mə^{53}

普米语新营盘话　khu^{55} ti^{55}

普米语左所话　tɕhɛ^{55} mə^{53}

羌语蒲溪话　tsia

羌语麻窝话　tsia

却域语尤拉西话　qɑ^{33} kɕe^{55}

史兴语兰满话　ʁʊ^{35} tu^{53}

西夏语　rewr^{1}；dzu^{2}

扎坝语扎拖话　thʊ^{55} thʊ^{55}

（21）近的

尔龚语道孚话　nthɑ ne

尔苏语则拉话　əɹ^{33} ȵi^{53}

贵琼语麦崩话　nɔ̃^{31} pha^{31}

嘉戎语卓克基话　kə wɑt

拉坞戎语观音桥话　tɕha^{33} ba^{55}

拉坞戎语业隆话　rə^{55} bat^{33}

木雅语六巴话　qɐ^{55} rɐ^{53}

木雅语石棉话　ŋgi^{55}li^{55}ŋgi^{55}li^{55}

纳木依语倮坡话　æ^{33} ndʑʉ^{55}

普米语九龙话　ʐuə^{11} ȵ̥ĩ^{55}

普米语兰坪话　ʐuɐ^{13} ȵ̥i^{13}

普米语鲁甸话　ruə^{13} ȵ̥e^{13}

普米语箐花话　ʐuɐ^{13} ȵ̥i^{13}

普米语三岩龙话　ȵ̥o^{55} ti^{53}

普米语桃巴话　ȵ̥ə^{55} mə^{53}

普米语拖七话　ȵ̥ə^{55} mə^{53}

普米语新营盘话　　ruə^{55} ŋ̥i^{55}
普米语左所话　　ŋ̥ə^{55} mə^{53}
羌语曲谷话　　jyn
羌语麻窝话　　guəɹn
却域语尤拉西话　　qɛ^{13} qɛ^{55}
史兴语兰满话　　tshi^{55} kʉ^{33}
西夏语　　njij^{1}；ɣiə^{1}
扎坝语扎拖话　　ȵʌ^{55} ʐu^{33}

（22）旧的
尔龚语道孚话　　rȵoŋ ba
尔苏语则拉话　　phæ^{33} læ^{53}
贵琼语麦崩话　　ŋã^{55} pʉ^{55}
嘉戎语卓克基话　　kə wi
拉坞戎语观音桥话　　rȵɑŋ^{33} ba^{33}；ba^{55} la^{33} 旧(衣)
拉坞戎语业隆话　　rȵoŋ^{33} ba^{ʔ55}
木雅语六巴话　　ȵi^{55} mbæ^{53}；mbɐ^{55}
木雅语石棉话　　mbi^{55}
纳木依语倮坡话　　gæ^{35}
普米语九龙话　　wi^{35} mi^{55}
普米语兰坪话　　vu^{55}
普米语鲁甸话　　gu^{55}
普米语箐花话　　vu^{55}
普米语三岩龙话　　gu^{13} mi^{53}
普米语桃巴话　　gu^{55} mə^{53}
普米语拖七话　　guə^{55} mə^{53}
普米语新营盘话　　gu^{55} mi^{55}
普米语左所话　　gu^{13} mə^{53}
羌语曲谷话　　ba
羌语麻窝话　　bɑ

却域语尤拉西话 ɳ̥ur^{13} pe^{55}
史兴语兰满话 luɐ^{55} luɐ^{55}
西夏语 kjwi^{1}；lhjwi^{2}
扎坝语扎拖话 ɳ̥ʌ^{33} mi^{55}

（23）苦的
尔龚语道孚话 sɳ̥a sɳ̥a；ga sɳ̥a
尔苏语则拉话 de^{33} kha^{53}
贵琼语麦崩话 khi^{55} mu^{55}
嘉戎语二岗理话 tɕhɑ
嘉戎语日部话 kə-kᴇr̥
嘉戎语卓克基话 kə tʃɑp
拉坞戎语观音桥话 tɕhɑ^{53}
拉坞戎语业隆话 tɕha?q^{55}
木雅语六巴话 tə̱^{33} qha^{53}
木雅语石棉话 tə^{55}kha^{55}
纳木依语倮坡话 luo^{31} qha^{31}
普米语九龙话 qhɑ^{55}；qhɑ^{11} tʂʅ^{55} tʂʅ^{1}
普米语兰坪话 qhɑ^{13}
普米语鲁甸话 khᴀ^{13}
普米语箐花话 qhɑ^{13}
普米语三岩龙话 khᴀ^{13} mi^{53}
普米语桃巴话 khᴀ^{35} mə^{53}
普米语拖七话 khᴀ^{13} mə^{53}
普米语新营盘话 khᴀ^{13} ti^{55}
普米语左所话 khᴀ^{13} mə^{53}
羌语曲谷话 qha
羌语麻窝话 qhɑ
却域语尤拉西话 rnua^{55} rnua^{33}
史兴语兰满话 qhɑo^{55} sõ^{33}

西夏语	khie¹；khie¹；kha²
扎坝语扎拖话	ʂcçi⁵⁵ cçi⁵⁵

（24）快的

尔龚语道孚话	mɟjo mɟjo
尔苏语则拉话	tʂhu⁵³ ntʂhu⁵³
贵琼语麦崩话	ʂɑ̃⁵⁵
嘉戎语二岗理话	mbjəm
嘉戎语二岗理话	bjəm
嘉戎语日部话	kɑ-mbɑm
嘉戎语日部话	kə-mbjɑm
嘉戎语卓克基话	kɑ ʒgro；kə ŋɑ ʒgro
拉坞戎语观音桥话	bjəm⁵³
拉坞戎语业隆话	bjam⁵⁵
木雅语六巴话	xə⁵⁵ xə⁵³
木雅语石棉话	ɕi⁵⁵ɕi⁵⁵
纳木依语倮坡话	khu⁵³
普米语九龙话	tʂhõ⁵⁵
普米语鲁甸话	tʂhõ⁵⁵
普米语三岩龙话	tʂhõ⁵⁵ ti⁵³
普米语桃巴话	tʂhᴀ̄⁵⁵ mə⁵³
普米语拖七话	tʂhõ⁵⁵ mə⁵³
普米语新营盘话	tʂhõ⁵⁵ nõ⁵⁵
普米语左所话	tʂhõ⁵⁵ mə⁵³
羌语曲谷话	ɬuɬɬu
羌语蒲溪话	duədɑ
羌语麻窝话	ɬyɬy
却域语尤拉西话	tɕho⁵⁵ tɕho³³
史兴语兰满话	tʂhõ³⁵
西夏语	dzjɪr¹；ljwa¹

扎坝语扎拖话　ptsɪ^{55} ptsɪ^{55}

（25）宽的

尔龚语道孚话　gɛ lo

尔苏语则拉话　dzɿ^{53} dzɿ^{53}

贵琼语麦崩话　lɔ̃^{31} wu^{55}

嘉戎语卓克基话　kə rɟjɑm

拉坞戎语观音桥话　ləm^{55}

拉坞戎语业隆话　rjam^{ʔ55}

木雅语六巴话　ki^{33} kɐ^{53}

木雅语石棉话　phe^{55}phe^{55}

纳木依语倮坡话　da^{53} χuo^{31}

普米语九龙话　po^{55}；po^{55} qã^{55} qã^{11}

普米语兰坪话　fpo^{55}

普米语鲁甸话　fu^{55}

普米语箐花话　spo^{55}

普米语三岩龙话　po^{55} ti^{53}

普米语桃巴话　po^{55} mə^{53}

普米语拖七话　po^{55} mə^{53}

普米语新营盘话　po^{55}

普米语左所话　po^{55} mə^{53}

羌语曲谷话　la

羌语麻窝话　stɑ

却域语尤拉西话　spɛ^{55} spɛ^{33}；qa^{33} spɛ^{55}

史兴语兰满话　mɐ^{33} pũ^{35}

西夏语　zjij^{1}；low^{2}

扎坝语扎拖话　fi^{33} fi^{55}

（26）辣的

尔龚语道孚话　rzɑv rzɑv；gɛ rzɑv

尔苏语则拉话	de^{33} $jʉ^{53}$
贵琼语麦崩话	$ʐəu^{55}$ mu^{55}
嘉戎语二岗理话	rzɒv
嘉戎语日部话	kə-mɑ r̥tsɑp
嘉戎语卓克基话	kə mɑ rtsɑp
拉坞戎语观音桥话	$rzav^{55}$
拉坞戎语观音桥话	$rzav^{55}$
拉坞戎语业隆话	$rza^{ʔ}p^{55}$
木雅语六巴话	$tə^{33}$ $dzɐ^{53}$
木雅语石棉话	$də^{33}ʑi^{55}$
纳木依语倮坡话	luo^{31} $tsɿ^{31}$
普米语九龙话	$tsũ^{35}$
普米语兰坪话	$skɯ^{55}$
普米语鲁甸话	$kɯ^{55}$ ti^{55}
普米语箐花话	$skɯ^{55}$
普米语三岩龙话	$sï^{55}$ mi^{53}
普米语桃巴话	$sə^{55}$ $mə^{53}$
普米语拖七话	$sə^{55}$ $mə^{53}$
普米语新营盘话	$kɯ^{55}$ ti^{55}
普米语左所话	$sï^{55}$ $mə^{53}$
羌语曲谷话	ɣʐə
羌语蒲溪话	ʁdʐe
羌语麻窝话	tsəsti
却域语尤拉西话	$rzɯ^{13}$ $zɯ^{33}$
史兴语兰满话	a^{55} $tsæ^{55}$
西夏语	zar^{1}；$tɕhjwiw^{2}$
扎坝语扎拖话	xu^{33} tso^{55} zo^{33} zo^{55}

（27）冷的

尔龚语道孚话	ʂ̥khu ʂ̥khu

尔苏语则拉话	de^{33} nphi^{53}
贵琼语麦崩话	kuɔ̃^{55} mũ^{31}
嘉戎语卓克基话	kə mə ʃtɑk
拉坞戎语观音桥话	rkho^{53}
拉坞戎语业隆话	rkho^{ʔ55}
木雅语六巴话	ndza^{33} ndza^{55}
木雅语石棉话	tu^{55}ku^{55}
纳木依语倮坡话	gæ^{53}；bo^{55}
普米语九龙话	thə^{11} kɑ̃^{55}
普米语兰坪话	bõ^{13}
普米语鲁甸话	bõ^{13}
普米语箐花话	bõ^{13}
普米语三岩龙话	kiõ^{13} ti^{53}
普米语桃巴话	kiᴀ̄^{55} mə^{53}
普米语拖七话	kiõ^{55} mə^{53}
普米语新营盘话	bõ^{13}
普米语左所话	kiõ^{55} mə^{53}
羌语曲谷话	də
羌语蒲溪话	ʂ̥tu, m pəi
羌语麻窝话	dʐɤ:dʐe
却域语尤拉西话	tʃa^{13} tʃa^{55}；qa^{55} tʃa^{13}
史兴语兰满话	dʑõ^{35}
西夏语	dʑjij^{2}；kjụ^{1}；kjiwr^{1}
扎坝语扎拖话	ʌ^{55} guɛ^{55}；vɪ^{55} vɪ^{55}

（28）凉快

尔苏语则拉话	nbi^{33} ʂuæ^{53} ʂuæ^{31}
贵琼语麦崩话	liɑ̃^{31} khuɛ^{31}
嘉戎语卓克基话	mɑ kə stsᴇ
拉坞戎语业隆话	va^{55} sam^{55}(na^{55} va^{33} sam^{ʔ55})

木雅语六巴话	ndza^{33} ndza^{55}
木雅语石棉话	ndza^{33}ndza^{55}
纳木依语倮坡话	sy^{33} syæ^{35}
普米语九龙话	tsə^{35} mɑ^{11} zʅ^{55}
普米语兰坪话	dʐuɑ^{55}
普米语鲁甸话	tsᴀ^{13} tsᴀ^{55}
普米语箐花话	dʐuɑ^{55}
普米语三岩龙话	ru^{13} si^{55}
普米语桃巴话	so^{35} sɛ^{55} mə^{53}
普米语拖七话	sɛ^{13} sɛ^{13} mə^{53}
普米语新营盘话	sᴀ^{13} sᴀ^{13}
普米语左所话	sɛ^{13} sɛ^{13}
羌语曲谷话	liankhuæj
羌语蒲溪话	liankhuai
羌语麻窝话	məm
却域语尤拉西话	tu^{13} si^{33} si^{33}
史兴语兰满话	su^{33} sæ^{55}
西夏语	ɕju^{1}；ɕjuu^{1}
扎坝语扎拖话	vɪ^{55} sɿ^{33} sɿ^{33}

（29）聋的

尔龚语道孚话	mbji
尔苏语则拉话	ne^{33} nbo^{53}
贵琼语麦崩话	wã^{31}
拉坞戎语观音桥话	mbo^{53}
拉坞戎语业隆话	mbo^{ʔ55}
木雅语六巴话	nɑ^{33} mbɑ^{24}
木雅语石棉话	n̥a^{33}mba^{55}
纳木依语倮坡话	hĩ^{31} nbo^{35}
普米语兰坪话	nə^{13} xɑ̃u^{53}

羌语曲谷话	ȵiků bu
羌语麻窝话	nakůbu
却域语尤拉西话	rȵ̥i^{55} pa^{13}
史兴语兰满话	zɐ^{33} bõ^{55}
扎坝语扎拖话	mbʊ

(30) 慢的

尔龚语道孚话	ve lve
尔苏语则拉话	dʑi^{33} wæ^{53}
贵琼语麦崩话	thɔ^{55}
嘉戎语卓克基话	kə tɑl
拉坞戎语观音桥话	vle^{55}
拉坞戎语业隆话	dai^{33} dzi^{55}
木雅语六巴话	tho^{33} tho^{53}；ɣo^{24} ɣo^{33}
木雅语石棉话	tɕo^{55}lo^{55}
纳木依语倮坡话	ʔæ^{33} zæ^{31}
普米语九龙话	tʃhɛ^{11} ʐɑ^{55}
普米语兰坪话	tʃha^{13} po^{55}
普米语鲁甸话	tʂhʌ^{13} nu^{55}
普米语箐花话	tʃhɑ^{13} po^{55}
普米语三岩龙话	n̥ʌ̄^{13} n̥ʌ̄^{55}
普米语桃巴话	n̥ʌ̄^{55} mə^{53}
普米语拖七话	n̥ʌ̄^{55} mə^{53}
普米语新营盘话	tʂhʌ^{13} nõ^{55}
普米语左所话	n̥ʌ̄^{55} mə^{53}
羌语曲谷话	basta
羌语蒲溪话	ʁui
羌语麻窝话	ʁlɑ
却域语尤拉西话	tiɛ^{13} tiɛ^{55}

史兴语兰满话　ha^{35}
西夏语　lwẹ^{2}
扎坝语扎拖话　ma^{33} ptsɪ^{55}

（31）暖和
尔龚语道孚话　xtsɛ
尔苏语则拉话　mæ^{33} nphi^{53} mæ^{33} tshæ^{31}
贵琼语麦崩话　jɔ^{35}
嘉戎语卓克基话　kə stsᴇ
拉坞戎语观音桥话　tshi^{53}
拉坞戎语业隆话　mbja^{ʔ55}
木雅语六巴话　tʂy^{55} tʂy^{53}
木雅语石棉话　tɕi^{33}tɕi^{55}
纳木依语倮坡话　bo^{55} lʉ^{55} luæ^{53}
普米语九龙话　tsɑ̃^{35} mɑ^{11} ʐʅ^{55}
普米语兰坪话　ʂu^{55}
普米语鲁甸话　ʂü^{13} ʂü^{55}
普米语箐花话　ʂu^{55}
普米语三岩龙话　tʂo^{13} ti^{53}
普米语桃巴话　jᴀ̄^{55} mə^{53}
普米语拖七话　jĩ^{55} mə^{53}
普米语新营盘话　ʂu^{55} ti^{55}
普米语左所话　jĩ^{55} mə^{53}
羌语曲谷话　khue,khukhue
羌语蒲溪话　χɬə
羌语麻窝话　ʂtɕɑl
却域语尤拉西话　ɬy^{55} ɬy^{33}
史兴语兰满话　jĩ^{55} jĩ^{55}
西夏语　lhjii^{1}

扎坝语扎拖话　　tʂhʅ^{55} sʅ^{33}

（32）平的

尔龚语道孚话　　ɣde ɣde
贵琼语麦崩话　　tɕa^{55} tɕa^{55} tsi^{31}
嘉戎语卓克基话　　kə ntɑp
拉坞戎语观音桥话　　ɣdav^{53}
拉坞戎语业隆话　　ɣdap^{55}
木雅语六巴话　　tə̠^{33} tə̠^{53}；na^{33} na^{53}
木雅语石棉话　　na^{33}na^{55}
纳木依语倮坡话　　quo^{33} mi^{55}
普米语九龙话　　due^{35}；due^{11} due^{35}
普米语兰坪话　　stiɛ̃^{13}
普米语鲁甸话　　xuĀ^{55}
普米语箐花话　　stiɛ̃^{13}
普米语桃巴话　　xuɛ̃^{55} mə^{53}
普米语拖七话　　kuĀ^{55} mə^{53}
普米语新营盘话　　kuĀ^{55} nõ^{55}
普米语左所话　　kuĀ^{55} mə^{53}
羌语麻窝话　　ɣliɑquɑ
却域语尤拉西话　　ʂto^{55} ʂto^{33}
西夏语　　ʼjuu^{1}；djịj^{1}；ka^{1}
扎坝语扎拖话　　tʂu^{33} tʂu^{55}

（33）轻的

尔龚语道孚话　　ɣjə ɣje；gɛ ɣje
尔苏语则拉话　　gu^{33} gu^{53}
贵琼语麦崩话　　jã^{31} wu^{55}
嘉戎语二岗理话　　je
嘉戎语日部话　　kə-jɑ

嘉戎语卓克基话　kə jo
拉坞戎语观音桥话　je^{53}
拉坞戎语业隆话　jo^{55}
木雅语六巴话　ɣi^{55} ɣi^{53}
纳木依语倮坡话　ja^{55} tshæ
普米语兰坪话　ʒdʒɛ̃^{55}
普米语鲁甸话　ʐə̃^{13}
普米语箐花话　sdʒɛ̃^{55}
普米语三岩龙话　dʑẽ^{13} ti^{53}
普米语桃巴话　ʑĩ^{55} mə^{53}
普米语拖七话　ʑẽ^{13} mə^{53}
普米语新营盘话　dʑẽ^{13} ti^{55}
普米语左所话　ʑẽ^{13} mə^{53}
羌语曲谷话　dzike
羌语蒲溪话　ʁdʑy
羌语麻窝话　dzi
却域语尤拉西话　ʑe^{55} ʑe^{33}
史兴语兰满话　jõ^{35}
西夏语　·jij^{1}
扎坝语扎拖话　dʊ^{33} dʊ^{55}

（34）热的
尔龚语道孚话　xtsɛ xtsɛ
尔苏语则拉话　tshæ^{53} tshæ^{53}
贵琼语麦崩话　pɔ̃^{55} mũ^{55}
嘉戎语卓克基话　kə wɑ stsᴇ
拉坞戎语观音桥话　ski^{55}
拉坞戎语业隆话　ɕki^{ʔ55}
木雅语六巴话　tsɐ^{33} tsɐ^{53}
木雅语石棉话　tə^{33}tɕi^{55}

纳木依语俣坡话 tshæ^{53}；tshi^{33} æ^{31}
普米语九龙话 tsə^{11} ʐʅ^{55}
普米语兰坪话 tsa^{55}
普米语鲁甸话 tse^{55}
普米语箐花话 tsa^{55}
普米语三岩龙话 tsʌ^{55} ti^{53}
普米语桃巴话 ɕyi^{35} mə^{53}
普米语拖七话 tsʌ^{55} mə^{53}
普米语新营盘话 tsə^{55}
普米语左所话 tsʌ^{55} mə^{53}
羌语曲谷话 də
羌语蒲溪话 sə
羌语麻窝话 dʐɤ:dʐe
却域语尤拉西话 lu^{55} lu^{33}；qa^{55} lu^{55}
史兴语兰满话 tʂɪ^{35}
西夏语 mej^{1}；tɕiew^{1}；tshja^{1}
扎坝语扎拖话 kʊ^{55} lyø^{55}；ȵi^{55}

（35）容易
尔龚语道孚话 jɛ jɛ
尔苏语则拉话 khe^{33} du^{53} phæ^{35}
贵琼语麦崩话 dʑɛ̃^{35}
嘉戎语卓克基话 kə wɑt
拉坞戎语观音桥话 pi^{33} ba^{55}
拉坞戎语业隆话 ba^{ʔ}t^{55}
木雅语六巴话 ɣi^{55} ɣɐ^{53}
木雅语石棉话 to^{33}kua^{55}mə^{55}ni^{55}
纳木依语俣坡话 xi^{31}
普米语九龙话 dʑə^{35} dʑə^{35}
普米语兰坪话 ʃtʃɛ^{13} ʃtʃɛ^{35}

普米语鲁甸话　tsᴀ^{13} tsᴀ^{13}

普米语箐花话　stʃɛ^{13} stʃɛ^{55}

普米语三岩龙话　dʑy^{13} dʑuə^{13}

普米语桃巴话　ʑe^{35} ʑe^{35} mə^{53}

普米语拖七话　ʑe^{13} ʑe^{13} mə^{53}

普米语新营盘话　dʑe^{13} dʑe^{13} mə^{55}

普米语左所话　ʑe^{13} ʑe^{13} nõ^{53}

羌语曲谷话　ze

羌语蒲溪话　zia

羌语麻窝话　za

却域语尤拉西话　ʒɛ^{13} ʒɛ^{55}

史兴语兰满话　ju^{33} ji^{55}

西夏语　ljɪ^{2}

扎坝语扎拖话　di^{13} mu^{33}

（36）软的

尔龚语道孚话　ndvə ndve；ɬɑv ɬav

尔苏语则拉话　n̥u^{53} n̥u^{53}

贵琼语麦崩话　thəu^{55} thəu^{55} tsi^{31}

嘉戎语卓克基话　kə ndʒɐm

拉坞戎语观音桥话　mnu^{53}

拉坞戎语业隆话　ndʑam^{ʔ55} ；ndvət^{55}

木雅语六巴话　βə^{33} βə^{53}

木雅语石棉话　wu^{33}ɭə^{55}

纳木依语倮坡话　pu^{55} qa^{31}

普米语兰坪话　fpu^{55} ti^{55}

普米语鲁甸话　pu^{55} ti^{55}

普米语箐花话　spu^{55} ti^{55}

普米语三岩龙话　pu^{55} ti^{53}

普米语桃巴话　pu^{55} mə^{53}

普米语拖七话	pu^{55} mə^{53}
普米语新营盘话	pu^{55} nõ^{55}
普米语左所话	pu^{55} mə^{53}
羌语曲谷话	matʂtʂa
羌语蒲溪话	pho-thɑ
羌语麻窝话	mətʂɑ
却域语尤拉西话	lvə^{55} lvə^{33}
史兴语兰满话	mi^{33} ȵi^{33} mɐ^{33} ȵæ^{55}
西夏语	lhjii^{1}
扎坝语扎拖话	nu^{33} nu^{55}

（37）少的

尔龚语道孚话	ɣzə ɣze；gɛ ɣzə
尔苏语则拉话	ȵi^{53} ȵi^{53}
贵琼语麦崩话	te^{35} tɕi^{55} tɕɑ̃^{55}
嘉戎语卓克基话	kə mnᴇ
拉坞戎语观音桥话	tsɛ^{55} ka^{33}；mə^{33} rthiu^{53}
拉坞戎语业隆话	mneʔ^{55}
木雅语六巴话	ni^{55} ni^{53}
木雅语石棉话	ma^{33}ma^{53}
纳木依语倮坡话	æ^{33} ȵi^{55}
普米语九龙话	nɛ̃^{11} nɛ̃^{55}
普米语兰坪话	nɛ^{55}
普米语鲁甸话	ȵe^{13} ȵe^{55}
普米语箐花话	nɛ^{55}
普米语三岩龙话	ȵe^{13} ȵe^{55}
普米语桃巴话	ȵi^{55} mə^{53}
普米语拖七话	ne^{55} mə^{53}
普米语新营盘话	ȵe^{13} ȵe^{55}
普米语左所话	ȵe^{13} ȵe^{55}

羌语曲谷话　ketɕi
羌语麻窝话　ketɕi
却域语尤拉西话　ȵuŋ^{13} ȵuŋ^{55}
史兴语兰满话　ȵɪ^{55}；khɐ^{55} ȵɪ^{55}
西夏语　zjɪɪr^{1}；bjɪ^{1}
扎坝语扎拖话　nɪ^{33} nɪ^{55}；mnɪ^{55}

（38）酸的

尔龚语道孚话　zgo zgo；gɛ zgo
尔苏语则拉话　de^{33} tʂu^{53}
贵琼语麦崩话　tsɑ̃^{55} mu^{55}
嘉戎语二岗理话　ʁtʃɐr
嘉戎语日部话　kə-tʃor
嘉戎语卓克基话　kə tʃor
拉坞戎语观音桥话　χtɕhur^{53}
拉坞戎语业隆话　χtɕhur^{53}
木雅语六巴话　tə^{33} tɕu^{53}
木雅语石棉话　tɕu^{55}lu^{55}
纳木依语倮坡话　luo^{31} tʃu^{31}
普米语九龙话　tʃu^{35}；tʃu^{35} tsũ^{55}
普米语兰坪话　tʃu^{55}
普米语鲁甸话　tʃu^{55}
普米语箐花话　tʃu^{55}
普米语三岩龙话　tɕu^{55} ti^{53}
普米语桃巴话　tɕu^{55} mə^{53}
普米语拖七话　tɕu^{55} mə^{53}
普米语新营盘话　tʃu^{55} mi^{55}
普米语左所话　tɕu^{55} mə^{53}
羌语曲谷话　tsue
羌语蒲溪话　tsuanpie

羌语麻窝话 tʃɑqe
却域语尤拉西话 tʃε^{55} tʃε^{33}
史兴语兰满话 tɕy^{55}
西夏语 tɕhjwɪ^{1}；ljɪj^{2}
扎坝语扎拖话 zo^{33} zo^{55}

（39）甜的

尔龚语道孚话 thə thə；gε thə
尔苏语则拉话 de^{33} tʂhu^{53}
贵琼语麦崩话 kua^{55} mu^{55}
嘉戎语卓克基话 kə cçhi
拉坞戎语观音桥话 thə^{53}
拉坞戎语业隆话 thi^{55}
木雅语六巴话 mbə^{53} tə^{33} ne^{53}
木雅语石棉话 tu^{33}thu^{55}
纳木依语倮坡话 luo^{31} ntshɿ^{31}
普米语九龙话 bi^{35}
普米语兰坪话 thø^{13}
普米语鲁甸话 thu^{13}
普米语箐花话 thø^{13}
普米语三岩龙话 thɨ^{55} mi^{53}
普米语桃巴话 thɨ^{35} mə^{53}
普米语拖七话 thɨ^{13} mə^{53}
普米语新营盘话 thə^{13}
普米语左所话 thɨ^{13} mə^{53}
羌语曲谷话 tʂhətʂ
羌语蒲溪话 tshy
羌语麻窝话 buɲi
却域语尤拉西话 tʃhi^{55} tʃhi^{33}
史兴语兰满话 dʑyɐ^{33} sõ^{55}

西夏语	thjwi^{1}
扎坝语扎拖话	ʐe^{33} zo^{55}

（40）弯的

嘉戎语卓克基话	kɑ rgo rgo
拉坞戎语业隆话	rku^{55} rku^{33}
木雅语六巴话	tha^{55} qua^{55}
木雅语石棉话	we^{55}we^{55}
纳木依语倮坡话	qhuo^{55} qhuo^{55}
普米语九龙话	mɑ^{11} tu^{55}
普米语兰坪话	gõ^{55}
普米语鲁甸话	kõ^{13}
普米语箐花话	gõ^{55}
普米语三岩龙话	ku^{55} ro^{53}
普米语桃巴话	kõ^{35} mə^{53}
普米语拖七话	kõ^{55} mə^{53}
普米语新营盘话	ko^{55} ruə^{55}
普米语左所话	kõ^{55} mə^{53}
羌语曲谷话	qəʐʁuə
羌语麻窝话	dzəquɑɹ
却域语尤拉西话	tɕa^{55} me^{55} tɕi^{33} ku^{33}
史兴语兰满话	gua^{55} ngua^{55}
西夏语	ɣju^{1}
扎坝语扎拖话	tʌ^{33} ku^{55}

（41）新的

尔龚语道孚话	xso xso
尔苏语则拉话	sæ^{33} pæ^{53}
贵琼语麦崩话	sʉ^{55} pʉ^{55}
嘉戎语卓克基话	kə ʃək

拉坞戎语观音桥话　　sɛr^{55} pa^{33}
拉坞戎语业隆话　　sar^{33} pa^{ʔ55}
木雅语石棉话　　se^{55}pe^{55}
纳木依语倮坡话　　sɿ^{55} tsæ̠^{31}
普米语兰坪话　　ʂi^{13} ʂi^{13}
普米语鲁甸话　　ʂə^{55}
普米语箐花话　　ʂə^{55} ʂə^{55}
普米语三岩龙话　　ɕi^{13} ɕi^{13} mi^{53}
普米语桃巴话　　ɕi^{55} ɕi^{55} mə^{53}
普米语拖七话　　ɕi^{55} ɕi^{55} mə^{53}
普米语新营盘话　　ɕi^{13} ɕi^{13}
普米语左所话　　ɕi^{55} mə^{53}
羌语曲谷话　　xsə
羌语蒲溪话　　χsə
羌语麻窝话　　khsə
史兴语兰满话　　ʂɛ̃^{55} tsi^{33}
西夏语　　sjɪ^{2}；sjiw^{1}；sji^{2}

（42）硬的

尔龚语道孚话　　rgi rgi；gɛ rgi
尔苏语则拉话　　kua^{33} kua^{53}
贵琼语麦崩话　　ka^{55} ta^{55} ʐa^{33}
嘉戎语卓克基话　　kə rko
拉坞戎语观音桥话　　rqo^{55}
拉坞戎语业隆话　　ŋkhraŋ^{ʔ55}
木雅语六巴话　　ɴɢua^{33} ɴɢua^{53}
木雅语石棉话　　ŋga^{33}ŋga^{55}
纳木依语倮坡话　　lu^{33} væ^{55}
普米语九龙话　　tʃõ^{35}；tʃõ^{11} qɑ^{55} qɑ^{11}
普米语兰坪话　　tʂõ^{55}

普米语鲁甸话　　tsõ^{55}
普米语箐花话　　tsõ^{55}
普米语三岩龙话　　tsõ^{55} ti^{53}
普米语桃巴话　　tɕᴀ̄^{55} mə^{53}
普米语拖七话　　tɕõ^{55} mə^{53}
普米语新营盘话　　tsõ^{55} ti^{55}
普米语左所话　　tsõ^{55} mə^{53}
羌语曲谷话　　ʂkuɕtɕi
羌语蒲溪话　　ʂkuɕtɕe
羌语麻窝话　　ʂkuʂtɕi
却域语尤拉西话　　qɯ^{55} qɯ^{33}
史兴语兰满话　　kuɐ^{55} tə^{55} ra^{55}
西夏语　　·jijr^{1}
扎坝语扎拖话　　kha^{33} kha^{55}

（43）圆的

尔龚语道孚话　　ʁɑr ʁɑr
尔苏语则拉话　　ɣua^{33} ɣua^{53}； ta^{33} li^{55} li^{31}
贵琼语麦崩话　　lɔ̃^{31} lɔ̃^{55} tsi^{31}
嘉戎语卓克基话　　kɐ pə rlor
木雅语六巴话　　rø^{53} rø^{55}； gø^{33} gø^{53}
木雅语石棉话　　do^{33}lo^{55}lo^{55}
纳木依语倮坡话　　ʁa^{55} ʁa^{55}
普米语九龙话　　ʐu^{11} ʐuə^{55}
普米语兰坪话　　ʐuɐ^{13} ʐuɐ^{13}
普米语鲁甸话　　wei^{55} wei^{55}
普米语箐花话　　ʐuɐ^{55} ʐuɐ^{13}
普米语三岩龙话　　ruɛ^{55} ruɛ^{55}
普米语桃巴话　　ruᴀ^{55} ruᴀ^{55}
普米语拖七话　　ruə^{13} ruə^{13}

普米语新营盘话 ʐuə^{13} ʐuə^{13}

普米语左所话 ruᴀ^{13} ruᴀ^{53}

羌语曲谷话 pa:ləw

羌语麻窝话 patʂ

却域语尤拉西话 ɣar^{13} ɣa^{55} mə^{33}

史兴语兰满话 guɐ^{55} guɐ^{55}；ku^{55} tu^{33} lu^{33}

西夏语 khjwi^{2}；khwe

扎坝语扎拖话 the^{55} vʐe^{55} vʐe^{33}

（44）远的

尔龚语道孚话 gɛ tɕe dʑi

尔苏语则拉话 əɹ^{33} ʂa^{35}

贵琼语麦崩话 thã^{55} xĩ^{55}

嘉戎语二岗理话 tɕhe rdə

嘉戎语日部话 kɑ-qə

嘉戎语卓克基话 kə cçhə

拉坞戎语观音桥话 nthɑŋ^{55} rɑŋ^{55}

拉坞戎语业隆话 thaq^{33} raŋ^{53} ； rə^{55} rdi^{33}

木雅语六巴话 qhuɐ^{55} rɐ^{53}

木雅语石棉话 ɦa^{35}ɭə^{33}ɭə^{55}

纳木依语倮坡话 da^{53} qhu^{31}

普米语九龙话 ʐuə^{11} ʂã^{55}；tɛi^{55} kɯ^{55}

普米语兰坪话 ʐuɐ^{13} ʂã^{55}

普米语鲁甸话 ruə^{13} ʂᴀ̃^{55}

普米语箐花话 ʐuɐ^{13} ʂã^{55}

普米语三岩龙话 ʐᴀ^{55} ti^{53}

普米语桃巴话 ʐᴀ^{55} mə^{53}

普米语拖七话 ʐᴀ^{55} mə^{53}

普米语新营盘话 dʐᴀ^{55} nõ^{55}

普米语左所话 ʐᴀ^{55} mə^{53}

羌语曲谷话	jyxua
羌语麻窝话	guəɹχe
却域语尤拉西话	tha⁵⁵ ri⁵⁵
史兴语兰满话	qhua⁵⁵ la³³
西夏语	khwa¹；khwa¹
扎坝语扎拖话	tʂi⁵⁵ tʂi⁵⁵

（45）窄的

尔龚语道孚话	xtɕhe xtɕhe
尔苏语则拉话	vu⁵³ vu⁵³
贵琼语麦崩话	dɑ³¹ wu⁵⁵
嘉戎语卓克基话	kə tʃor
拉坞戎语观音桥话	tsra⁵⁵
拉坞戎语业隆话	tshres⁵⁵
木雅语六巴话	tshe⁵⁵ tshe⁵³
木雅语石棉话	tshʅ³³tshʅ⁵³
纳木依语倮坡话	æ³³ zʉ⁵⁵
普米语九龙话	tɕhy¹¹ tɕhy⁵⁵
普米语兰坪话	ʃtʃə⁵⁵
羌语曲谷话	tshi,tshe
羌语蒲溪话	tɕhe
羌语麻窝话	ʂpuʂpu
却域语尤拉西话	tʃhə⁵⁵ tʃhə³³
史兴语兰满话	a³³ tshʅ⁵³ tshĩ⁵⁵
西夏语	rur¹；tɕhjɪ¹
扎坝语扎拖话	tɕhi⁵⁵ tɕhi⁵⁵

（46）粘的

尔龚语道孚话	sphu sphu；gɛ sphu

贵琼语麦崩话　ndzə^{33} ndzə^{55}

嘉戎语卓克基话　kə zok

拉坞戎语观音桥话　dzav^{55}；ʁdzəl^{33} dzəɣ^{53}

拉坞戎语业隆话　dzo^{ʔ}p^{55}(na^{55} dzop^{33})

木雅语六巴话　ndzə^{33} ndzə^{53}

木雅语石棉话　zə̃^{33}mbi^{53}

纳木依语倮坡话　ndzuo^{31}

普米语兰坪话　dʑa^{13} ti^{55}

羌语曲谷话　dzədzdza,be

却域语尤拉西话　mdʑa^{35} pso^{55} pso^{55}

史兴语兰满话　khu^{33} tʂha^{55}

扎坝语扎拖话　dʒi^{13} dʒi^{33}

（47）直的

尔龚语道孚话　dʐoŋ dʐoŋ

尔苏语则拉话　tɕy^{53} tɕy^{53}

贵琼语麦崩话　ta^{55} kha^{55}

嘉戎语卓克基话　kɑ sto

拉坞戎语观音桥话　stu^{53}

拉坞戎语业隆话　stu^{55}

木雅语六巴话　tə̱^{33} tə̱^{53}

木雅语石棉话　tu^{55}tu^{55}

纳木依语倮坡话　tʂʅ^{33} tæ^{35}

普米语九龙话　tə^{11} tu^{55}

普米语兰坪话　stu^{55}

普米语箐花话　stu^{55}

普米语三岩龙话　tu^{13} tuə^{53}

普米语桃巴话　tu^{55} mə^{53}

普米语拖七话　tu^{55} mə^{53}

普米语新营盘话　tu^{55} ti^{55}

普米语左所话　tə^{55} tu^{55}

羌语曲谷话　stətʂ

羌语蒲溪话　ʂtə

羌语麻窝话　stəɹ

却域语尤拉西话　sto^{55} sto^{33}

史兴语兰满话　bu^{55} tu^{55}；tɐ^{55} tu^{33}

西夏语　twụ^{1}

扎坝语扎拖话　tʂu^{33} tʂu^{55}

（48）重的

尔龚语道孚话　gɛ nʤə

尔苏语则拉话　de^{33} de^{53}

贵琼语麦崩话　jĩ^{35} wu^{55}

嘉戎语卓克基话　kə li

拉坞戎语观音桥话　ʁrdə^{53}

拉坞戎语业隆话　ʁrdit^{55}

木雅语六巴话　ɣə^{33} ɣə^{53}

木雅语石棉话　nə^{33}zɿ^{55}

纳木依语倮坡话　lu^{31} ʐæ^{35}

普米语九龙话　lɛi^{35}；lɛi^{35} qɑ^{55} qɑ^{11}

普米语兰坪话　la^{55}

普米语鲁甸话　lĀ^{55}

普米语箐花话　la^{55}

普米语三岩龙话　lɛi^{55} ti^{53}

普米语桃巴话　le^{55} mə^{53}

普米语拖七话　lei^{55} mə^{53}

普米语新营盘话　lei^{55} ti^{55}

普米语左所话　lei^{55} mə^{53}

羌语曲谷话　dzike

羌语蒲溪话　dzə

羌语石棉话	dzi
却域语尤拉西话	qa[55] rlə[55]
史兴语兰满话	rua[35]
西夏语	ljɪɪ[1]；tjɪr[1]；tsewr[2]
扎坝语扎拖话	lo[55] lo[55]

14. 否定词类

（1）不

尔龚语道孚话	mi
尔苏语则拉话	ma[33]
贵琼语麦崩话	me[35]
嘉戎语卓克基话	mɑ
木雅语六巴话	ȵ̥i[55]
木雅语石棉话	mə[33]
纳木依语倮坡话	mæ[33]
普米语鲁甸话	mʌ[13]
普米语三岩龙话	mʌ[13]
普米语桃巴话	mʌ[35]
普米语拖七话	mʌ[13]
普米语新营盘话	mʌ[13]
普米语左所话	mʌ[13]
羌语蒲溪话	mi
羌语麻窝话	ma
却域语尤拉西话	ma[55]
史兴语兰满话	mu[55]
扎坝语扎拖话	ma[55]

（2）别、没

尔龚语道孚话	dʑi
尔苏语则拉话	tha[55]

贵琼语麦崩话	$th\varepsilon^{33}$
嘉戎语卓克基话	mə
木雅语六巴话	$tɕə^{55}$
木雅语石棉话	$mə^{55}$
纳木依语倮坡话	$thæ^{55}$
羌语麻窝话	tha
却域语尤拉西话	$t\varepsilon^{13}$
史兴语兰满话	tha^{55}
扎坝语扎拖话	ta^{33}

（3）没有

尔龚语道孚话	ma rə
尔苏语则拉话	ma^{33} bo^{55}
贵琼语麦崩话	$mã^{35}$
嘉戎语二岗理话	mi
嘉戎语日部话	kə-mət
嘉戎语卓克基话	mi
拉坞戎语观音桥话	mei^{55} (a^{33} mi^{53})
拉坞戎语业隆话	mit^{53} (o^{33-55})
木雅语六巴话	$ȵi^{33}$ $mə^{53}$
木雅语石棉话	$mə^{55}$
纳木依语倮坡话	$mæ^{33}$ $dʐuo^{55}$
普米语九龙话	$mɑ^{11}$ $bõ^{35}$
普米语兰坪话	$mɑ^{13}$ $bõ^{55}$
普米语鲁甸话	$mᴀ^{13}$ $bõ^{55}$
普米语鲁甸话	$mᴀ^{13}$ $bõ^{55}$
普米语箐花话	$mɑ^{13}$ $bõ^{55}$
普米语箐花话	$mɑ^{13}$ $bõ^{55}$
普米语三岩龙话	$mᴀ^{13}$ $bõ^{55}$
普米语三岩龙话	$mᴀ^{13}$ $bõ^{55}$

普米语桃巴话	mᴀ^{35} bõ^{35}
普米语桃巴话	mᴀ^{35} bõ^{55}
普米语拖七话	mᴀ^{13} bõ^{55}
普米语拖七话	mᴀ^{13} bõ^{55}
普米语新营盘话	mə^{13} bõ^{55}
普米语新营盘话	mᴀ^{13} bõ^{55}
普米语左所话	mᴀ^{13} bõ^{55}
普米语左所话	mᴀ^{13} bõ^{55}
羌语曲谷话	mewe,
羌语麻窝话	mu:
却域语尤拉西话	ma^{55} ra^{55}
史兴语兰满话	mu^{33} ʐõ^{55}
扎坝语扎拖话	ma^{33} pʊ^{55}

参 考 文 献

Baxter, William H.1992, A Handbook of Old Chinese phonology, Berlin: Mouton de Gruyter.

BENEDICT, Paul K. 1972. Sino-Tibetan: a Conspectus. Contributing Editor, James A. MATISOFF. Princeton-Cambridge Studies in Chinese Linguistics #2. New York: Cambridge University Press. (STC).

BENEDICT, Paul K. 1975. Austro-Thai Language and Culture, with a glossary of roots. New Haven: HRAF Press.

BJORVERUD, Susanna. 1998. A Grammar of Lalo. Lund University, Sweden: Department of East Asian Studies.

Bodman, Nicholas Cleaveland, Proto-Chinese and Sino-Tibetan: data towards establishing the nuture of the relationship. 1980, 潘悟云中译文载《原始汉语和汉藏语》，第 242 页，中华书局 1995 年版。

Boyd Michailovsky.2002.Limbu-English Dictionary of the Mewa Khola dialect with English-Limbu index.

BURLING, Robbins. 1967/1968.Proto-Lolo-Burmese. Indiana Publications in Anthropology and Linguistics #43. The Hague: Mouton and Co. Issued simultaneously as a Special Publication,IJAL 33.2, Part II.

BURLING, Robbins. 1969. "Proto-Karen: a reanalysis." OPWSTBL1:1-116.

BURLING, Robbins. 1971. "The historical place of Jinghpaw in Tibeto-Burman." OPWSTBL2: 1-54.

BURLING, Robbins. 1983. "The sal languages." LTBA 7.2:1-32.

CAUGHLEY, Ross. 1972.A Vocabulary of the Chepang Language.Kirtipur: SIL and Institute of Nepal Studies.

CAUGHLEY, Ross. 1982.The Syntax and Morphology of the Verb in Chepang.

Pacific Linguistics B-84. Canberra: Australian National University.

Coblin,Weldon South,1986,A Sinologist's Handlist of Sino-Tibetan Lexical Comparisons.

D. D. Sharma.1982.A descriptive Analysis of Pattani (A dialect of Lahaul).

D.D. Sharma.1988.A Descriptive Grammar of Kinnauri.

D.D.Sharma.1994.A Comparative Grammar of Tibeto-Himalayan Languages.

DAS GUPTA, Kamalesh. 1971 An Introduction to the Nocte Language. Shillong: Philology Section, Research Department, Northeast Frontier Agency.

David and Nancy Watters.1973.An English-Kham Kham-English Glossary.

David E. watters.2004.A Dictionary of Kham: Taka dialect (a Tibeto-Burman Languaga of Nepal.

David Solnit.1996.Eastern Kayah Li (Grammar, Texts, Glossary).

David Bradley. 1979. Proto-Loloish. Scandinavian Institute of Asian Studies, Monograph #39. London: Curzon Press.

Davies,Henry Rudolph ,1909,"Yun-nan:the link between India and the Yangtze" Cambridge,University Press.

DRIEM, George VAN 1998.Dzongkha. Leiden: School of Asian, African and Amerindian Studies.

DRIEM, George VAN 2001.Languages of the Himalayas: an ethnolinguistic handbook of the greater Himalayan region, containing an introduction to the symbiotic theory of language(2vols.). Leiden: Brill.

E. W. Clark.1981.The Ao Naga grammar with Illustrations Phrases and Vocabulary.

EVANS, Jonathan P. 2001.Introduction to Qiang Phonology and Lexicon: synchrony and diachrony. Tokyo: ILCAA.

FRENCH, Walter T. 1983.Northern Naga: a Tibeto-Burman Mesolanguage. Ph.D. Dissertation, City University of New York.

GENETTI, Carol. 1994.A Descriptive and Historical Account of the Dolakha Newari Dialect. Tokyo: ILCAA.

GIRIDHAR, P. P. 1991. "On the word in Angami Naga."LTBA14.1:1-54.

GONG Hwang-cherng,龚煌城. 1985. "The phonological reconstruction of Tangut through examination of phonological alternations." Paper presented at ICSTLL #18, Bangkok。

GONG Hwang-cherng,龚煌城. 1994a. "A hypothesis of three grades and vowel length distinction in Tangut."JAAS 46/47: 305-314。

GONG Hwang-cherng,龚煌城. 1994b. "The first palatalization of velars in Late Old Chinese." In Matthew Y. Chenand Ovid J. L. Tzeng, eds.,Linguistics Essays in Honor of William S.-Y. Wang: interdisciplinary studies on language and language change, pp. 131-142. Taipei: Pyramid Press。

GONG Hwang-cherng,龚煌城. 1995. "The system of finals in Proto-Sino-Tibetan." In William S.-Y. Wang, ed.,The Ancestry of the Chinese Language, pp. 41-92. Berkeley: POLA。

Hale,Austin ,1982,Research on Tibeto-Burman Languages.Mouton publishers.

HANDEL, Zev J. 1998.The medial systems of Old Chinese and Sino-Tibetan. Ph.D. dissertation.Berkeley: University of California.

HANDEL, Zev J. 2001. "Proto-Lolo-Burmese velar clusters and the origin of Lisu palatal sibiliants."Paper presented at ICSTLL #34, Kunming.

HANSSON, Inga-Lill. 1989. "A comparison of Akha, Hani, Khatu and Pijo." LTBA 12.1:6-91.

HARTMANN, Helga. 2001a. "Prenasalization and preglottalization in Daai Chin, with parallel examples from Mro and Mara." LTBA 24.2:123-142.

Heleen Plaisier.2003.Catalogue of Lepcha Manuscripts in the Van Manen Collection.

HENDERSON, Eugenie J. A. 1965.Tiddim Chin: a descriptive analysis of two texts. London Oriental Series #15. London: Oxford University Press.

HENDERSON, Eugenie J. A. 1997.Bwe Karen Dictionary. London: School of Oriental and African Studies, University of London.

HOUGHTON, Bernhard. 1896. "Outlines of Tibeto-Burman linguistic palaeontology." JRAS 23-55.

J. Herbert Lorrain Fred W. Savidge.1984.The Lushai Grammar and Dictionary.

Jackson Sun.1991.A Historical-comparative Study of the Tani (Mirish) Branch in Tibeto-Burman.

Jean Robert Opgenort.2005.A Grammar of Jero.

K. das Gupta.1963.An Introduction to the Gallong Language.

LAHAUSSOIS, Aimee. 2002.Aspects of Thulung Rai Grammar. Ph.D. Dissertation, University of California, Berkeley.

Lalnunthangi Chhangte.1986.A Preliminary Grammar of the Mizo Language.

Languages: a contribution to the history of ideas.Chicago: University of Chicago Press.

LAPOLLA, Randy J. and HUANG Chenglong. 1997.Grammatical Sketch of the Qiang Language, with texts and annotated glossary.MS. City University of Hong Kong.

LORRAIN, J. Herbert. 1940.Dictionary of the Lushai Language.Bibliotheca Indica #261. Calcutta: Royal Asiatic Society of Bengal. (Reprinted 1965, 1976).

LORRAIN, Reginald Arthur. 1951.Grammar and Dictionary of the Lakher or Mara Language. Gauhati: Department of Historical and Antiquarian Studies, Government of Assam.

LUCE, Gordon H. 1986.Phases of Pre-Pagan Burma: Languages and History.2 vols. Oxford and New York: Oxford University Press.

MALLA, Kamal P. 1985.The Newari Language: a working outline. Monumenta Serindica #14. Tokyo: ILCAA.

Mark Turin.2006.A Grammar of the Thangmi Language.

MARRISON, Geoffrey E. 1967.The Classification of the Naga Languages of Northeast India. Doctoral dissertation, SOAS, University of London.

MATISOFF, James A. 1998. "Dayang Pumi phonology and adumbrations of comparative Qiangic." MKS 27:171-213.

MATISOFF, James A. 1972b. "Tangkhul Naga and comparative Tibeto-Burman." TAK 10.2:1-13.

MATISOFF, James A. 1973b. The Grammar of Lahu. University of California Publications in Linguistics #75. Berkeley and Los Angeles: University of California Press. Reprinted 1982.

MATISOFF, James A. 1974. "The tones of Jinghpaw and Lolo-Burmese: common origin vs. independent development." ALH 15.2:153-212.

MATISOFF, James A. 1976a. "Lahu causative constructions: case hierarchies and the morphology/syntax cycle in a Tibeto-Burman perspective." In GCC, pp. 413-42.

MATISOFF, James A. 1978b. "Mpi and Lolo-Burmese microlinguistics." Monumenta Serindica 4:1-36. Tokyo: ILCAA.

MATISOFF, James A. 1980. "Stars, moon, and spirits: bright beings of the night in Sino-Tibetan." GK 77:1-45.

MATISOFF, James A. 1982a. "Proto-languages and proto-Sprachgefuhl." LTBA 6. 2:1-64.

MATISOFF, James A. 1985a. "God and the Sino-Tibetan copula, with some good news concerning selected Tibeto-Burman rhymes." JAAS 29:1-81 (GSTC).

MATISOFF, James A. 1985b. "Out on a limb: arm, hand, and wing in Sino-Tibetan." In LSTA, pp. 421-50.

MATISOFF, James A. 1986. "The languages and dialects of Tibeto-Burman: an alphabetic/genetic listing, with some prefatory remarks on ethnonymic and glossonymic complications." In CSTS, pp. 1-75.

MATISOFF, James A. 1988a. "Universal semantics and allofamic identification: two Sino-Tibetan case-studies: 'straight/flat/full' and 'property/livestock/talent'." In Akihiro SATO, ed.,Languages and History in East Asia: Festschrift for Tatsuo Nishida on the Occasion of his 60th Birthday, pp. 3-14. Kyoto: Shokado.

MATISOFF, James A. 1988b. The Dictionary of Lahu. University of California Publications in Linguistics, #111. Berkeley, Los Angeles, London: University of California Press. ("DL").

MATISOFF, James A. 1989a. "The bulging monosyllable, or the mora the merrier: echo-vowel adverbialization in Lahu." In J. Davidson, ed., South-East Asian Linguistics: Essays in Honour of Eug|enie J.A. Henderson, pp. 163-97. London: SOAS.

MATISOFF, James A. 1989b. "Tone, intonation, and sound symbolism in Lahu: loading the syllable canon." LTBA 12.2: 147-163. Reprinted (1995) in L. HINTON, J. NICHOLS, and J.J.OHALA, eds., Sound Symbolism, pp. 115-129,

Cambridge University Press.

MATISOFF, James A. 1990a. “On megalocomparison.” Language 66.1:106-120.

MATISOFF, James A. 1990b. “The dinguist’s dilemma: l/d interchange in Sino-Tibetan.” Paper presented at ICSTLL #23, University of Texas, Arlington.

MATISOFF, James A. 1991a. “Sino-Tibetan linguistics: present state and future prospects. Annual Review of Anthropology 20:469-504.

MATISOFF, James A. 1992. “Following the marrow: two parallel Sino-Tibetan etymologies.” LTBA 15.1:159-177.

MATISOFF, James A. 1994a. “Regularity and variation in Sino-Tibetan.” In CISTL, pp. 36-58.

MATISOFF, James A. 1994b. “Sangkong of Yunnan: secondary “verb pronominalization” in Southern Loloish.” In CISTL, pp. 588-607. Also published (1993) in LTBA 16.2:123-142.

MATISOFF, James A. 1995a. “Sino-Tibetan palatal suffixes revisited.” In NHTBM, pp. 35-91. Osaka: National Museum of Ethnology (“Pal. suff.”).

MATISOFF, James A. 1995b. “Sino-Tibetan numerals and the play of prefixes.” Bulletin of the National Museum of Ethnology (Osaka) 20.1:105-252. Republished (1997) as “Sino-Tibetan numeral systems: prefixes, protoforms, and problems”, Pacific Linguistics B-114, Canberra: Australian National University.

MATISOFF, James A. 1996a. Languages and Dialects of Tibeto-Burman. With Stephen P. BARON and John B. LOWE. STEDT Monograph Series #2. Berkeley: University of California Center for Southeast Asia Studies.

MATISOFF, James A. 1996b. “The cognate noun/verb construction in Lahu.” LTBA 19.1:97-101.

MATISOFF, James A. 1997a. “Primary and secondary laryngeal initials in Tibeto-Burman.” In Anne O.YUE and Mitsuaki ENDO, eds., In Memory of Mantaro J. Hashimoto, pp. 29-50. Tokyo: Uchiyama Books Co ((PSLTB)).

MATISOFF, James A. 1997b. “Vowels and feature shuffling in monosyllabic languages.” Paper presented at Symposium on Vowels as Victims and Perpetrators of Phonetic Variation. U.C.Berkeley: Phonology Laboratory.

MATISOFF, James A. 1999a. "Tibeto-Burman tonology in an areal context." In Shigeki KAJI, ed., Proceedings of the Symposium "Cross-Linguistic Studies of Tonal Phenomena: Tonogenesis, Typology, and Related Topics." Tokyo: ILCAA.

MATISOFF, James A. 1999b. "A preliminary sorting of materials for the reconstruction of Proto-Qiangic."Paper presented at Workshop on Qiangic Languages and Linguistics, Academia Sinica, Taipei.

MATISOFF, James A. 1999c. "In defense of Kamarupan." LTBA 22.2:173-182.

MATISOFF, James A. 2000a. "An extrusional approach to *p-/w- variation in Sino-Tibetan." Language and Linguistics (Taipei) 1.2: 135-186.

MATISOFF, James A. 2001a. Y ong xiezi qiao kai wenti ["Using a wedge to pry open a problem."] YYYJ (Wuhan) 1:106-27. Published (2002) under the title "Wedge issues"in LTBA 25.2:137-64.References 742.

MATISOFF, James A. 2001b. "The interest of Zhangzhung for comparative Tibeto-Burman." In Yasuhiko NAGANO and Randy J. LAPOLLA, eds.,New Research on Zhangzhung and Related Tibeto-Burman Languages, pp. 155-180. Senri Ethnological Reports #19. Osaka:National Museum of Ethnology.

MATISOFF, James A. 2001c. "Genetic vs. contact relationship: prosodic diffusibility in Southeast Asian languages." In Alexandra Y. AIKHENVALD and R.M.W. DIXON, eds., Areal Diffusion and Genetic Inheritance: problems in comparative linguistics, pp. 291-327.New York: Oxford University Press.

MATISOFF, James A. 2001d. "On the genetic position of Bai within Tibeto-Burman." Paper presented at the 34th ICSTLL, Kunming.

MAZAUDON, Martine. 1985. "Proto-Tibeto-Burman as a two-tone language? Some evidence from Proto-Tamang and Proto-Karen." In LSTA:201-229.

MEI Tsu-lin 梅祖麟. 1989. "The causative and denominative functions of the *s- prefix in Old Chinese." InProceedings of the 2nd International Conference on Sinology. Taipei:Academia Sinica.

MICHAILOVSKY, Boyd. and Martine MAZAUDON. 1994. "Preliminary notes on the languages of the Bumthang group." In Per KVAERNE, ed.,Proceedings of the 6th Seminar of the International Association for Tibetan Studies, pp. 545-57.

Fagernes, Norway.

MILLER, Roy Andrew. 1974. "Sino-Tibetan: inspection of a conspectus." JAOS 94.2:195-209.

NAYLOR, Leonhard Brown. 1925.A Practical Handbook of the Chin Language (Siyin Dialect). Rangoon.

OKELL, John. 1995. "Three Burmese dialects." In David Bradley, ed.,Papers in Southeast Asian Linguistics. No. 13.Studies in Burmese Languages. pp. 1-138. Canberra: Pacific Linguistics,A-83.

OSTAPIRAT, Weera. 1998. "Tiddim Chin tones in historical perspective." LTBA 21.1:235-248.

PATENT, Jason. 1997. "Lai verb lists." LTBA 20.2:57-112.

PEIROS, Ilia and S.A. STAROSTIN. 1996.A Comparative Vocabulary of Five Sino-Tibetan Languages. 5 Fascicles. Melbourne: University of Melbourne.

PETTIGREW, William. 1918.Tangkhul Naga Grammar and Dictionary(Ukhrul Dialect).Shillong: Assam Secretariat Printing Office. Reprinted (1979) by the Tangkhul Naga Baptist Convention, Ukhrul, Manipur.

Phukan Basumatary.2005.An Introduction to the Boro Language.

W.Pettigrew,.1918.Tangkhul Naga and Dictionary (Ukhrul Dialect)With Illustrative Sentences.

Robbins Burling.2002.The Language of the Modhupur Mandi (Garo).

Ruhlen, Merritt, 1987, A Guide to the World's Languages, Vol.1:Classification. Stanford University Press.

SAGART, Laurent. 1999.The Roots of Old Chinese. Amsterdam Studies in the Theory and History of Linguistic Science, 184. Amsterdam: John Benjamins.

Sagart,Laurent ,1993,Chinese and Austronesian: evidence for a genetic relationship,JCL 21.1:1-62.

Sagart,Laurent ,1994,Old Chinese and Proto-Austronesian.Oceanic Linguistics 33.2:271-308.

Shafer, Robert, Introduction to Sino-Tibetan. OTTO HARRASSOWITZ. WIESBADEN, 1974.

SMITH, Tomoko Y. 1998. “The middle voice in Lai.” LTBA 21.1:1-52.

SOLNIT, David B. 1979. “Proto-Tibeto-Burman*r in Tiddim Chin and Lushai.” LTBA 4.2:111-21.

SRINUAN Duanghom. 1976.An Mpi Dictionary. Edited by Woranoot Pantupong. Working Papers in Phonetics and Phonology #1, Indigenous Languages of Thailand Research Project. Bangkok: Chulalongkorn University.

Stuart N. Wolfenden.1929.Outlines of Tibeto-Burman Linguistic Morphology.

Suhnu Ram Sharma.2007. Byangsi Grammar and Vocabulary.

Sun Hongkai and Liu Guangkun.2009.A Grammar of Anong.Brill.The Netherlands.

SUN, Jackson Tianshin 孙天心. 1994. “Caodeng rGyalrong phonology: a first look.” LTBA 17.2:29-47.

THOUDAM, Purna Chandra. 1980.A Grammatical Sketch of Meiteiron. Ph.D. dissertation.New Dehli: Jawaharlal Nehru University.

THURGOOD, Graham. 1982. “The Sino-Tibetan copula*w.y.” CLAO 11.1:65-81. Originally presented at ICSTLL 14 (1981), University of Florida.

THURGOOD, Graham. 1981.Notes on the Origins of Burmese Creaky Tone. Monumenta Serindica #9. Tokyo: ILCAA.

THURGOOD, Graham. 1984. “The Rung languages: a major new TB subgroup.” In Proceedings of the Tenth Annual Meeting of the Berkeley Linguistics Society. pp. 338-349. University of California, Berkeley.

THURGOOD, Graham., James A. MATISOFF and David BRADLEY, eds. 1985.Linguistics of the Sino-Tibetan Area: the State of the Art. Canberra: Pacific Linguistics C-87 (“LSTA”).

WALKER, G. D. 1925.A dictionary of the Mikir Language, Mikir-English and English-Mikir. Shillong: Assam Government Press.

Walter T. French.1983.Northern Naga: A Tibeto-Burman Mesolanguage.

Warren W. Glover Jessie R. Glover Deu Bahadur Gurung.1977. Gurung-Nepali-English- Gurung Dictionary with English and Nepali-Gurung Indexes.

WEIDERT, Alfons K. 1975.Componential Analysis of Lushai Phonology.

Amsterdam:J. Benjamins B. V.

WEIDERT, Alfons K. 1987.Tibeto-Burman Tonology: a comparative account. Current Issues in Linguistic Theory #54. Amsterdam and Philadelphia: John Benjamins.

Yasuhiko Nagano,.2001.New Research on Zhangzhung and Related Himalayan Languages.

Yasuhiko Nagano.1984.A Historical Study of the rGyarong Verb System.

《藏缅语语音和词汇》编写组编：《藏缅语语音和词汇》，中国社会科学出版社 1991 年版。

奥德利古尔：《越南语声调的起源》，《民族语文情报资料集》1954 年第 7 辑，第 88－96 页。

白碧波等：《撒都语研究》，民族出版社 2011 年版版。

常竑恩主编：《拉祜语简志》，民族出版社 1986 年版。

戴庆厦、常俊之：《元江苦聪话概况》，《民族语文》2009 年第 3 期。

戴庆厦、崔志超：《阿昌语概况》，《民族语文》1983 年第 3 期。

戴庆厦、崔志超：《阿昌语简志》，民族出版社 1985 年版。

戴庆厦、蒋颖等：《波拉语研究》，民族出版社 2007 年版。

戴庆厦、李洁：《勒期语概况》，《民族语文》2006 年第 1 期。

戴庆厦、徐悉艰：《浪速话初探》，《语言研究》1983 年第 2 期。

戴庆厦：《藏缅语族某些语言弱化音节探源》，《民族语文》1984 年第 2 期。

戴庆厦：《我国藏缅语族松紧元音来源初探》，《民族语文》1979 年第 1 期。

戴庆厦：《浪速语研究》，民族出版社 2005 年版。

邓晓华：《藏缅语族语言的数理分类及其分析》，《民族语文》2003 年第 4 期。

邓晓华：王士元：《中国的语言及方言的分类》，中华书局 2009 年版。

丁邦新、孙宏开主编：《汉藏语同源研究（一）：汉藏语研究的历史回顾》，广西民族出版社 2000 年版。

丁邦新、孙宏开主编：《汉藏语同源研究（二）：汉藏、苗瑶同源词专题研究》，广西民族出版社 2001 年版。

丁邦新、孙宏开主编：《汉藏语同源研究（三）：汉藏语研究的方法论探索》，广西民族出版社 2004 年版。

丁邦新、孙宏开主编：《汉藏语同源研究（四）：汉藏、侗台关系研究》，广西民族出版社 2011 年版。

盖兴之：《基诺语概况》，《民族语文》1981 年第 1 期。

盖兴之：《基诺语简志》，民族出版社 1986 年版。

盖兴之：《堂郎话概况》，《民族语文》2002 年第 3 期。

龚群虎：《扎坝语研究》，民族出版社 2007 年版。

和即仁、姜竹仪：《纳西语简志》，民族出版社 1986 年版。

胡坦，1980，藏语（拉萨话）的声调研究，《民族语文》第 1 期。

华侃主编：《藏语安多方言词汇》，甘肃民族出版社 2002 年版。

黄布凡，《从藏缅语同源词看藏缅族群史前文化》，《民族语文》1998 年第 5 期。

黄布凡：《道孚语语音和动词形态变化》，《民族语文》1990 年第 5 期。

黄布凡：《拉乌戎语研究》，民族出版社 2007 年版。

黄布凡：《拉坞戎语概况》，《民族语文》2003 年第 3 期。

黄布凡：《木雅语概况》，《民族语文》1985 年第 3 期。

黄成龙：《纳木依语研究》，民族出版社 2012 年版。

黄成龙：《蒲溪羌语研究》，民族出版社 2006 年版。

黄良荣、孙宏开：《汉嘉绒词典》，民族出版社 2002 年版。

江荻：《藏语 db-音类的演化过程及时间层次》，《民族语文》1997 年第 5 期。

江荻：《历史比较法是否具有普适性？》，1999 年《中国民族年鉴》，比较法学术座谈会论文。

江荻：《论藏语声母高低分化的噪音机制》，载《汉语和少数民族语音学论集》，香港城市大学出版社 1998 年版。

江荻：论声调的起源和声调的发生机制。《民族语文》1998 年第 5 期。

江荻：《20 世纪的历史语言学》，《中国社会科学》2000 年第 4 期。

江荻：《藏语语音史研究》，民族出版社 2002 年版。

江荻：《汉藏语“冰雪”类词的音变及关系溯源》，《民族语文》2007 年第 6 期。

江荻：《汉藏语言演化的历史音变模型——历史语言学的理论和方法探索》，民族出版社 2002 年版。
江荻：《论汉藏语言历史比较词表的确定》，《民族语文》2000 年第 3 期。
江荻：《义都语研究》，民族出版社 2005 年版。
江荻等：《达让语研究》，民族出版社 2012 年版。
姜竹仪：《纳西语概况》，《民族语文》1980 年第 3 期。
金鹏主编：《藏语简志》，民族出版社 1983 年版。
李大勤：《崩如语概况》，《民族语文》2003 年第 5 期。
李大勤：《格曼语研究》，民族出版社 2002 年版。
李大勤：《苏龙语概况》，《民族语文》2005 年第 1 期。
李大勤：《苏龙语研究》，民族出版社 2004 年版。
李大勤：《扎话概况》，《民族语文》2001 年第 6 期。
李方桂：《藏语前缀音对於声母的影响》，1933 年史语所集刊第 4 本第 2 分，第 135—157 页。
李方桂：《藏汉系语言研究方法》1951 年国学季刊第 7 卷第 2 期，第 5 页。
李生福：《彝语峨颇话概况》，《民族语文》2007 年第 6 期。
李永燧、王尔松：《哈尼语简志》，民族出版社 1986 年版。
李永燧：《哈尼语概况》，《民族语文》1979 年第 2 期。
李永燧：《米必苏语初探》，《民族语文》1991 年第 2 期。
李永燧：《桑孔语研究》，中央民族大学出版社 2002 年版。
刘光坤：《麻窝羌语研究》，四川民族出版社 1998 年版。
刘璐：《景颇族语言简志（景颇语）》，民族出版社 1984 年版。
陆绍尊：《错那门巴语简志》，民族出版社 1986 年版。
陆绍尊：《门巴语方言研究》，民族出版社 2002 年版。
陆绍尊：《普米语方言研究》，民族出版社 2001 年版。
陆绍尊：《普米语概况》，《民族语文》1980 年第 4 期。
陆绍尊：《普米语简志》，民族出版社 1983 年版。
陆绍尊：《扎巴话概况》，《民族语文》1985 年第 2 期。
马世册：《拉祜语概况》，《民族语文》1984 年第 3 期。
木仕华：《卡卓语研究》，民族出版社 2002 年版。
木玉璋、段伶：《傈僳语概况》，《民族语文》1983 年第 4 期。

木玉璋等：《傈僳语方言研究》，民族出版社 2012 年版。
潘悟云 《对华澳语系假说的若干支持材料》 in William S-Y.Wang,1995。
潘悟云《汉藏语历史比较中的几个声母问题》，《语言研究集刊》，复旦大学出版社 1987 年版；
普丽春：《小白彝语概况》，《民族语文》2007 年第 1 期。
瞿霭堂，《汉藏语言历史比较研究的新课题——系属问题及其他》，《中国社会科学》1985 年第 5 期。
瞿霭堂，《谈谈声母清浊对声调的影响》，《民族语文》1979 年第 2 期；
瞿霭堂:《论汉藏语言的声调》，《民族语文》1993 年第 6 期。
瞿霭堂：《嘉戎语概况》，《民族语文》1984 年第 2 期。
瞿霭堂：《嘉戎语上寨话》，《民族语文》2007 年第 5 期。
宋伶俐：《贵琼语研究》，民族出版社 2010 年版。
孙宏开:《关于汉藏语系分类研究中的一些问题》《国外语言学》1995 年第 3 期。
孙宏开:《藏缅语语音和词汇·导论》，中国社会科学出版社 1991 年版。
孙宏开:《20 世纪的中国少数民族语言文字研究》，《20 世纪的中国语言学》，北京大学出版社 1998 年版。
孙宏开:《藏缅语复辅音的结构特点及其演变方式》《中国语文》1985 年第 6 期。
孙宏开，《藏缅语复辅音研究》，第十七届国际汉藏语言学会议，1984 年。
孙宏开，《藏缅语语音和词汇》P50-69，中国社会科学出版社 1991 年版。
孙宏开，《关于汉藏语分类研究的回顾与存在问题》，《民族语文》1998 年第 3 期。
孙宏开，《原始藏缅语构拟中的一些问题——以“马”为例》，《民族语文》，1989 年第 6 期。
孙宏开，《原始汉藏语的复辅音问题——关于原始汉藏语音节结构构拟的理论思考之一》，《民族语文》1999 年第 6 期。
孙宏开：《羌语支属问题初探》载《民族语文研究文集》，青海民族出版社 1982 年版。
孙宏开，《试论中国境内藏缅语的谱系分类》载 Languages and History in East Asia, 日本 Kyoto/Shokado1988 年。
孙宏开，《原始汉藏语的复辅音问题》《民族语文》1999 年第 6 期。

孙宏开、胡增益、黄行主编：《中国的语言》，商务印书馆2007年版。
孙宏开、黄成龙、周毛草：《柔若语研究》，中央民族大学出版社2002年版。
孙宏开、江荻：《汉藏语言系属分类之争及其源流》,《当代语言学》1999年第2期。
孙宏开、刘光坤：《阿侬语研究》，民族出版社2005年版。
孙宏开、刘光坤：《也谈西夏语里的小舌音问题》,《宁夏大学学报》（人文社会科学版）2001年第6期。
孙宏开、刘璐：《怒族语言简志（怒苏语）》，民族出版社1986年版。
孙宏开、齐卡佳、刘光坤：《白马语研究》，民族出版社2007年版。
孙宏开、王贤海：《阿坝藏语语音中的几个问题》《民族语文》1987年第2期。
孙宏开：《阿侬语概况》,《民族语文》2000年第4期。
孙宏开：《白马语是藏语的一个方言或土语吗?》,《语言科学》2003年第1期。
孙宏开：《藏缅语亲疏关系的计量分析方法》,《语言研究》1993年第2期。
孙宏开：《藏语在藏缅语族语言研究中的历史地位》,《中国藏学》1998年第2期。
孙宏开：《从词汇比较看西夏语与藏缅语族羌语支的关系》,《民族语文》1991年第2期。
孙宏开：《独龙语概况》,《民族语文》1979年第4期。
孙宏开：《独龙语简志》，民族出版社1982年版。
孙宏开：《尔苏(多续)话简介》,《语言研究》1982年第2期。
孙宏开：《关于汉藏语分类研究的回顾与存在问题》,《民族语文》1998年第3期。
孙宏开：《关于汉藏语系分类研究中的一些问题》,《当代语言学》1995年第3期。
孙宏开：《汉藏语系假设——中国语言学界的“歌德巴赫猜想”》,《学术探索》2009年第3期。
孙宏开：《汉藏语系历史类型学研究中的一些问题》,《语言研究》2011年第1期。
孙宏开：《汉藏语研究方法之我见》,《语言科学》2007年第6期。
孙宏开：《汉藏语研究中的一些问题》,《语言科学》2006年第1期。
孙宏开：《记阿侬语——对一个逐渐衰亡语言的跟踪观察》,《中国语文》1999

年第 5 期。

孙宏开：《纳西语在藏缅语族语言中的历史地位》,《语言研究》2001 年第 1 期。

孙宏开：《怒族柔若语概况》，《民族语文》1985 年第 4 期。

孙宏开：《羌语简志》，民族出版社 1981 年版。

孙宏开：《我对藏语支语言特点的初步认识》,《南开语言学刊》2004 年第 2 期。

孙宏开：《我国部分藏缅语中名词的人称领属范畴》,《中央民族大学学报》（哲学社会科学版）1984 年第 1 期。

孙宏开：《西夏语鼻冠声母构拟中的几个问题——从《掌中珠》西夏语汉字注音谈起》,《民族语文》1996 年第 4 期。

孙宏开：《义都珞巴话概要》，《民族语文》1983 年第 6 期。

孙宏开：《原始藏缅语构拟中的一些问题——以“马”为例》,《民族语文》1989 年第 6 期。

孙宏开：《原始汉藏语的复辅音问题——关于原始汉藏语音节结构构拟的理论思考之一》,《民族语文》1999 年第 6 期。

孙宏开：《原始汉藏语辅音系统中的一些问题——关于原始汉藏语音节结构构拟的理论思考之二》,《民族语文》2001 年第 1 期。

孙宏开：《原始汉藏语中的介音问题——关于原始汉藏语音节结构构拟的理论思考之三》,《民族语文》2001 年第 6 期。

孙宏开等：《史兴语研究》，民族出版社 2014 年版。

田德生、何天贞等：《土家语简志》，民族出版社 1986 年版。

田德生：《土家语概况》，《民族语文》1982 年第 4 期。

田德生：《土家语话语材料》，《民族语文》1988 年第 5 期。

田阡子、江荻、孙宏开：《东亚语言常见爆发音的类型学特征》,《语言科学》2009 年第 6 期。

田阡子、孙宏开、江荻：《汉藏语数据与东亚人类的渊源》,《西南民族大学学报（人文社科版）》2007 年第 11 期。

汪大年：《缅甸语东友方言》，《民族语文》2007 年第 3 期。

王锋：《西山白语概况》，《民族语文》2001 年第 5 期。

武自立、纪嘉发：《彝文字典》，四川民族出版社 2006 年版。

武自立：《云南富宁县末昂话初探》，《民族语文》1993 年第 2 期。

武自立：《云南省广南县嘎苏语初探》，《民族语文》1994 年第 2 期。
武自立等：《彝汉简明词典》，云南民族出版社 1984 年版。
向柏霖：《嘉戎语研究》，民族出版社 2008 年版。
邢公畹，《汉藏语系研究和中国考古学》，《民族语文》1996 年第 4 期。
邢公畹：《汉藏系语言及其民族史前情况试析》，《语言研究》1984 年第 2 期。
邢公畹：《汉藏语系研究和中国考古学》，《民族语文》1996 年第 4 期。
邢公畹：《汉苗语语义学比较法试探研究》，《民族语文》1995 年第 6 期。
邢公畹：《汉台语比较研究中的深层对应》，《民族语文》1993 年第 5 期。
邢公畹：《汉台语舌根音声母字深层对应例证》，《民族语文》1995 年第 1 期。
邢公畹：《汉语南岛语声母的对应——L.沙加尔〈汉语南岛语同源论〉述评补证》，《民族语文》，1991 年第 4 期。
邢公畹：《汉语南岛语声母及韵尾辅音的对应——L.沙加尔〈汉语南岛语同源论〉述评补正》，《民族语文》1991 年第 5 期。
徐琳、木玉璋、盖兴之：《傈僳语简志》，民族出版社 1986 年版。
徐琳、赵衍荪：《白语简志》，民族出版社 1984 年版。
徐世璇：《毕苏语研究》，上海远东出版社 1998 年版。
徐世璇：《缅彝语几种音类的演变》，《民族语文》1991 年第 3 期。
徐悉艰、徐桂珍：《景颇族语言简志（载瓦语）》，民族出版社 1984 年版。
徐悉艰：《景颇族载瓦语概要》，《民族语文》1981 年第 3 期。
燕海雄：《建立语言历史音变规则的基本方法》，《东方语言学》第 6 辑。
燕海雄：《论汉藏语言龈腭塞音的来源》，《汉藏语学报》2011 年第 5 期。
意西微萨·阿错：《倒话研究》，民族出版社 2004 年版。
尹蔚彬：《木雅语研究》，民族出版社 2011 年版。
尹蔚彬：《业隆话概况》，《民族语文》2000 年第 6 期。
尹蔚彬：《业隆拉坞戎语研究》，民族出版社 2007 年版。
俞敏：《汉藏同源字谱稿》《民族语文》1989 年第 1 期。
岳麻腊：《景颇语杜连话概况》，《民族语文》2006 年第 4 期。
张济川，《藏语拉萨话声调分化的条件》，《民族语文》1981 年第 3 期。
张济川：《仓洛门巴语简志》，民族出版社 1986 年版。
周德才：《末昂语研究》，民族出版社 2011 年版。

周德才：《他留话概况》，《民族语文》2002 年第 2 期。
周发成等：《汉羌词典》，文联出版社 2010 年版。
周毛草：《玛曲藏语研究》，民族出版社 2003 年版。
朱文旭、张静：《彝语水田话概况》，《民族语文》2005 年第 4 期。

索　引

A

阿昌语 136，142，144，153，154，155
阿侬语 135，136，165，225

B

Bahing 157
Berthold Laufer 7
Bisu 157
巴兴语 157
白马语 130，132，140，143，146，152，153，168，169，199，200，222，227
白语 130，137，139，140，141，142，145，151，152，155，168，20，227
背崩话 196
边仕明 130

C

仓洛语 129，140，144，157，196，218，219，220，227
常竑恩 164
陈士林 7，130，162
崔志超 136

D

Dhimal 157
达让语 120，121，122，123，124，129，141，143，166，167，170，171，191，198，199，200
大渡河 16，17，18，92
戴庆厦 6，8，20，21，25，136，219
独龙语 8，14，21，116，117，118，119，120，121，122，123，124，127，134，135，137，142，144，153，155，161，168，170，172，174，175，177，179，180，182，183，184，185，186，190，191，201，210，217，218，223，225
多尔吉 25
多续语 3，25，72，120，150

E

尔苏语 3，9，10，12，17，25，27，72，76，77，83，120，121，122，123，124，136，140，141，150，151，156，157，161，168，193，194，214，218，224，228

二岗理话 38

F

傅爱兰 8，20，25

傅懋勣 4，5，20，26

G

Garo 130

Gurung 157

嘎龙语 227

嘎若语 129，130，132，146

盖兴之 137，164

格范畴 14，118，122，147，155，159

格曼语 129，132，141，143，157，165，171，175，176，178，180，181，182，183，185，187，199，210，222，228

骨勒茂才 131

观音桥话 24，96，97

贵琼语 2，25，27，92，133，137，168，169，193，194，222，227，228

H

Hayu 157

哈尼语 136，141，142，143，154，155，169，227

汉藏语 2，5，6，7，8，10，11，19，20，22，25，27，33，38，54，61，77，92，111，126，128，154，157，159，175，210，226

互动范畴 15，21，189，190，191，192，193，195，196，197，198，200，201

黄布凡 2，3，6，7，10，14，21，22，24，25，77，96，97，214，221

黄成龙 25

J

基诺语 137，144，151，155，165，183，227

嘉戎语 2，4，8，9，10，11，12，17，18，20，21，22，23，24，25，27，38，39，51，52，59，60，96，120，121，123，124，127，131，133，146，169，173，174，175，176，177，179，180，181，182，183，184，185，186，187，192，193，195，202，210，211，212，213，214，218，223，224，225，227

翦伯赞 18

姜竹仪 130，196

金鹏 4，5，120，129，131，168，173，192，

210，221，222，223
金沙江 16，17，18
景颇语 7，11，12，13，14，19，20，21，22，125，126，129，132，133，138，140，143，144，146，152，155，172，175，176，178，180，183，184，185，187，188，189，193，197，210，219，220，227
景颇语支 7，11，12，13，19，20，22，129，138，146，155，188，189

K

Kuki 157
科波罗语 227
克伦语 20，130，131，132，137，138，142，146
克伦语支 20

L

Lim-bu 157
Lotha 157
拉祜语 137，144，164，169，200，227
拉坞戎语 2，24，96
劳费尔 7，126
李绍明 8，16，26，59
李秀清 130
李永燧 20，21，26，136，169
傈僳语 124，126，134，135，136，142，144，164，171，199，200，227
林向荣 23，26，96，173
刘光坤 1，6，10，11，26，167
刘菊黄 8，20
刘璐 125，129，178，193，219
刘尧汉 8
陆绍尊 6，7，26，194，210
罗常培 20，26，116，117
罗季光 5
珞巴语 132，145，153，157，167，199，200，227

M

Matisoff J.A. 26
麻窝话 148，176，184，189，190，202，207，208，209，216，225
马世册 137
马提索夫 7，11，20，21
马学良 6，20，21，25
马长寿 59
门巴语 129，132，140，143，146，152，153，168，198，218，222，227
缅甸语 131
缅语支 7，11，12，13，20，21，22，130，132，138，146，155
岷江 16，17，18
命令范畴 215
木雅语 2，5，7，11，17，25，27，54，58，59，111，133，137，144，148，149，155，

157，162，163，170，171，174，183，186，193，194，195，222，223，224，225，227
木玉璋 124，164，199

N

Nagano Yasuhiko 26
Newari 157
Nocte 130，173
那加语 227
纳木依语 3，10，24，25，27，77，78，140，144，165，170，193，195，222，227，228
纳西语 12，24，83，130，131，134，135，141，154，155，168，183，196，198，227
怒苏语 120，121，122，123，124，152，164，168，170，224，227
诺克特语 132

P

帕达姆语 227
普米语 1，4，6，8，10，17，18，25，26，27，32，33，37，83，111，127，131，133，137，140，144，146，150，151，157，163，172，175，176，178，180，183，186，187，191，192，202，210，211，212，213，214，220，221，223，225，227

Q

羌语 1，2，3，4，5，6，7，8，9，10，11，12，13，14，15，17，18，19，20，21，22，24，25，26，27，32，33，38，54，61，72，77，83，92，97，111，116，117，127，130，131，132，137，138，140，141，142，143，144，146，147，148，150，151，153，155，157，165，167，172，173，174，175，176，177，180，181，182，183，184，185，186，187，188，189，190，191，192，193，195，196，197，198，201，202，204，205，206，207，209，210，211，212，213，214，215，216，217，218，221，222，223，224，225，227，228
羌语支 1，2，3，4，5，6，7，8，9，10，11，12，13，14，15，17，18，19，20，21，22，24，25，26，27，33，38，54，61，72，77，83，92，97，111，116，117，127，130，132，138，140，146，147，150，153，155，173，188，189，190，191，193，195，196，197，198，201，202，210，214，215，218，223，224，225，227，228
羌语组 8，21
箐花话 33，37，191
邛笼 15，17，18
趋向范畴 14，21，24，25，39，201，202，

204，206，207，209，210，211，212，213，214，223
瞿霭堂 8，25，26，96
却域语 2，6，9，25，87，111，115，168，224，225，227

R

Robins Burling 130
冉光荣 8，16，26
人称范畴 14，19，26，39，51，127，128，159，173，178，180，185，186，187，188，189，201，206，216，224，226，227，228
人称领属范畴 116，117，118，119，120，121，124，126，127，128
柔若语 137，138，139，140，143，165，171，224

S

史兴语 3，9，10，12，25，27，83，137，140，153，193，195，196，198，201，214，222，228
宋兆麟 8
孙宏开 5，6，7，26，96，97，199
孙天心 2，23，25，26，96，97

T

Tomas 4
塔金语 227
谭克让 156，173
田德生 130
同源词 5，9，10，12，21，24，25，77，201
土家语 130，137，144，145，172

W

王静如 4
王士宗 59，60
闻宥 4

X

西田龙雄 3，6，7，19，25，26，72，83，150，196
西夏语 1，3，5，7，20，25，131，185，186，189，196，197
西义郎 14，226
喜马拉雅语支 20
徐琳 130，134，164
徐悉艰 131，219

Y

雅砻江 16，17，18
严木初 38
严汝娴 8
杨焕典 134
业隆话 96

彝语 3，7，10，11，12，13，15，20，21，22，24，72，83，86，94，130，132，137，138，140，141，144，145，146，147，153，154，155，162，171，172，189，198，227
彝语支 3，7，10，11，12，13，15，20，21，22，24，72，86，94，130，132，138，146，147，155，189，198，227
义都语 132，140，166，169，199
尹蔚彬 96
英语 160，161，165，169，173

Z

载瓦语 131，134，135，141，144，152，155，188
扎坝语 2，6，7，25，27，87，133，153，165，174，193，194，222，227
张公瑾 8
张琨 4
藏缅语族 1，5，6，7，8，9，10，11，13，14，15，16，19，20，21，22，24，25，26，27，33，38，54，61，116，117，128，145，147，150，153，154，155，158，164，168，170，173，178，188，191，198，201，206，210，215，218，222，224，226，227，228，77，83，92，97，111
藏语 5，7，8，11，12，13，17，20，22，23，54，57，59，60，77，83，87，91，92，94，96，108，111，113，114，126，128，129，132，133，140，143，146，152，153，155，156，168，188，189，198，221，222，223，226，228，
藏语支 7，8，11，12，13，20，22
赵衍荪 126，130
周锡银 8，16，26
卓克基话 38，39

后　记

做羌语支语言的比较研究，是我多年的夙愿，但是由于各种条件的限制，现在看来，完成的最终成果并不十分理想。本项目的参加者，尤其是其他几位青年学者，主要做的是前期工作，完成了许多阶段性成果，没有参与最终成果的撰稿，只有尹蔚彬副研究员在同源词表初稿出来后，又为这个同源词表补充了她收集的几个点的最新资料，因此，这项成果如果要有什么不足、缺点或问题，应该由我个人负责，与课题组其他成员无关。但是话又要说回来，如果这项研究还有一些可取之处，那应该是集体的功劳，我在最终成果撰稿过程中，使用了一些他们收集的未发表的原始资料。

课题立项以来，我承担了太多太多的其他“杂事”：国家民委委托的《语言简志》修订工作、中国社会科学院A类课题二期《中国新发现语言丛书》的编辑工作、教育部《汉藏语词汇语音数据库》的资料汇集工作、《中国的语言》撰稿审稿和定稿工作……这些都占用了我本来可以全心全意做羌语支语言研究的时间，但是这怨不得别人，只能够怨自己。回顾20世纪60年代初，我在写《羌语概况》（该文发表在《中国语文》1962年第12期）一文时，首先提出应该在藏缅语族内建立羌语支以来，50多年过去了，经过了许许多多的艰难曲折，个中酸甜苦辣，只有我最清楚。50多年来，我们在语言资料的积累、新发现许多羌语支语言、逐个报道他们的分布情况和特点、一个个语言的深入实地调查研究、基本上确定了他们中间的远近关系、报道了他们内部的方言土语差异、把西夏语也拉到羌语支中间来、羌语支语言研究成为国内外的研究热点……想到这些，也可以聊以自慰了。

本项目原计划2010年底完成，但是那个时候实在是拿不出像样的成果，硬着头皮向国家社会科学基金办公室写了申请延期一年的报告，得到他们的理解，回函同意延期。这一年多来，我夜以继日，抓紧撰稿，终于完成了现在这个样子的初稿。从高标准、严要求来看，问题肯定不少，但是项目再不结题是说不过去了。稿子中肯定有许多不当之处，敬请评审专家不吝批评指正。

孙宏开

2012 年 2 月 4 日

图书在版编目（CIP）数据

藏缅语族羌语支研究／孙宏开著．—北京：中国社会科学出版社，2016.3
（国家哲学社会科学成果文库）
ISBN 978－7－5161－7656－6

Ⅰ．①藏…　Ⅱ．①孙…　Ⅲ．①羌语—研究　Ⅳ．①H274

中国版本图书馆 CIP 数据核字（2016）第 030935 号

出 版 人　赵剑英
责任编辑　任　明
责任校对　韩天炜
责任印制　戴　宽

出　　版　中国社会科学出版社
社　　址　北京鼓楼西大街甲 158 号
邮　　编　100720
网　　址　http://www.csspw.cn
发 行 部　010－84083685
门 市 部　010－84029450
经　　销　新华书店及其他书店

印刷装订　环球东方（北京）印务有限公司
版　　次　2016 年 3 月第 1 版
印　　次　2016 年 3 月第 1 次印刷

开　　本　710×1000　1/16
印　　张　37.25
字　　数　609 千字
定　　价　138.00 元